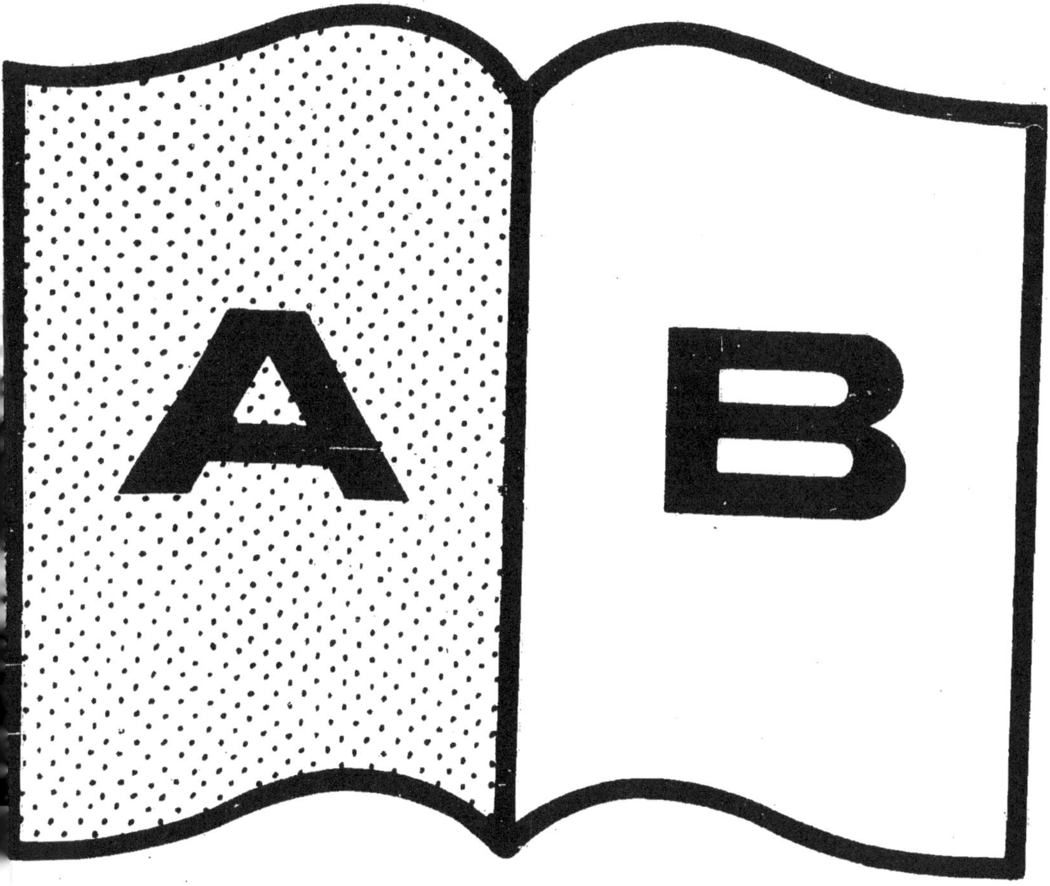

Contraste insuffisant

NF Z 43-120-14

BIBLIOTHÈQUE
FRANÇOISE
DE
LA CROIX DU MAINE.
TOME PREMIER.

LES BIBLIOTHÉQUES
FRANÇOISES
DE LA CROIX DU MAINE
ET
DE DU VERDIER
SIEUR DE VAUPRIVAS;
NOUVELLE ÉDITION,
DÉDIÉE AU ROI,

Revue, corrigée & augmentée d'un Discours sur le Progrès des Lettres en France, & des Remarques Historiques, Critiques & Littéraires de M. de la Monnoye & de M. le Président Bouhier, de l'Académie Françoise; de M. Falconet, de l'Académie des Belles-Lettres.

Par M. Rigoley de Juvigny*, Conseiller Honoraire au Parlement de Metz.*

TOME PREMIER.

A PARIS,

Chez { Saillant & Nyon, Libraires, rue S. Jean de Beauvais.
{ Michel Lambert, Imprimeur, rue de la Harpe, près S. Côme.

M. DCC. LXXII.

AU ROI.

SIRE,

Les deux Bibliothèques Françoises, que j'ai l'honneur
de présenter à VOTRE MAJESTÉ, sont les premiers
Monumens consacrés, peu de temps après la renaissance
des Lettres, à la mémoire des Savans qui ont illustré

la France. J'ose espérer , SIRE, que vous daignerez approuver mon hommage , quand vous honorez de la protection la plus éclatante les Sciences & les Lettres , & que vous distinguez par les graces les plus flatteuses ceux qui les cultivent pour la gloire de votre règne. En applaudissant à leurs travaux , la Postérité admirera , comme eux , les vertus douces & bienfaisantes de VOTRE MAJESTÉ , & leur enviera le bonheur d'avoir vécu sous un MONARQUE adoré , & le plus digne de l'être.

Je suis avec un très-profond respect ,

SIRE,

DE VOTRE MAJESTÉ,

Le très-humble & très-obéissant Serviteur
& fidèle Sujet , RIGOLEY DE JUVIGNY.

PRÉFACE.

Nous croyons rendre service aux Gens de Lettres , en donnant cette nouvelle Edition des *Bibliothèques Françoises de la Croix du Maine, & de du Verdier, Sieur de Vauprivas*. Ces deux monumens glorieux de notre ancienne Littérature , étoient devenus rares dès l'année 1724. Leur rareté avoit inspiré à Bernard de la Monnoye, de l'Académie Françoise, le dessein de les faire revivre, mais accompagnés des corrections nécessaires, & des remarques critiques qu'il avoit faites, soit sur les Auteurs, soit sur les Ouvrages, cités dans ces Bibliothèques.

Nous n'avons pas besoin de relever le mérite de cet excellent Littérateur ; il est assez connu. Nous dirons seulement que son grand âge , car il avoit alors quatre-vingt-quatre ans , l'empêcha d'exécuter son projet. Son Manuscrit , entièrement de sa main , fut vendu à sa mort , & s'est trouvé, long-temps après , entre les mains d'un Libraire en Hollande, duquel M. Pâris de Meyzieu, bon juge de la valeur de ce Manuscrit, l'acheta. Ce sage Citoyen qui, fuyant le vain éclat de la Renommée, honore en paix les Lettres , & les cultive pour sa propre satisfaction , se dessaisit en notre faveur de ce précieux Ouvrage , à la prière de M. de Foncemagne , de l'Académie Françoise.

Après avoir examiné ce Manuscrit attentivement , nous jugeâmes de quelle utilité pouvoit être en effet une Edition nouvelle des *Bibliothèques Françoises* , avec les seules remarques de M. *de la Monnoye* , & telle qu'il l'auroit donnée , si son grand âge ne s'y fût pas opposé. Nous sentîmes en même temps , que les recherches curieuses & intéressantes de ce judicieux critique , étoient susceptibles d'être perfectionnées ; soit en ajoutant de nouvelles recherches aux siennes , soit en corrigeant quelques erreurs qui lui sont échappées. L'entreprise étoit hasardeuse pour nous. Nous étions encouragés , il est vrai , par le vœu de l'Académie des Inscriptions & Belles-Lettres au sujet d'une *Bibliothèque Françoise.* " Comme cette Bibliothèque , est-il dit (dans l'Analyse d'un *Mémoire* de M. Falconet , lu en 1727, *sur nos premiers Traducteurs François , avec un Essai de* Bibliothèque Françoise) " auroit un objet trop vaste , il suffiroit
» d'entreprendre la correction de La Croix du Maine
» & de du Verdier... Un des savans hommes de ce
» siècle (M. de la Monnoye) ajoute M. Falconet ,
» a déjà corrigé ces deux Bibliographes avec la dernière
» exactitude , & il faut espérer que quelque occasion favorable nous procurera la jouissance de son travail (*). »

(*) Voy. Mémoires de l'Académie des Inscriptions & Belles-Lettres, Tom. VII , pag. 299 de l'Histoire des Ouvrages de cette Académie.

D'heureuses

D'heureuses circonstances nous avoient fait recouvrer le Manuscrit de M. de la Monnoye ; *l'occasion* desirée depuis si long-temps nous paroissoit *favorable* ; mais pouvions - nous nous flatter d'être en état de la saisir ? Nous n'aurions pas persisté dans le dessein de nous charger d'un travail qui exige , avec des connoissances très - étendues , un goût sûr & une critique exacte & éclairée , si nous n'avions pas eu lieu de compter sur les secours de Messieurs *de Foncemagne , de la Curne de Sainte-Palaye & de Bréquigny.* Ces savans Académiciens dissipèrent en partie nos craintes , en nous offrant avec bonté de nous aider de leurs recherches & de leurs conseils. Ils nous permirent même de les nommer dans le Prospectus de cette nouvelle Edition , proposée par soufcription. Leur honnêteté alla plus loin encore ; ils nous confièrent toutes les remarques que feu M. Falconet avoit faites sur différens sujets , afin d'y choisir tout ce qui pourroit convenir à notre Ouvrage , & de joindre ces remarques à celles de M. de la Monnoye.

Nous savions d'ailleurs que M. le Président de Bourbonne, petit-fils de l'illustre Président *Bouhier ,* possédoit un Exemplaire de chacune de ces Bibliothèques, enrichies de notes marginales, de la main de ce savant Magistrat, l'admirateur & l'ami de M. de la Monnoye. Dès que M. le Président de Bourbonne fut instruit de notre dessein , il nous communiqua le plus obligeamment du monde ces deux Bibliothèques, & nous laissa la liberté d'en faire usage.

Nous étions fans doute affez riches, en raffemblant les différentes remarques de ces excellens Littérateurs ; nous avons ofé cependant y joindre auffi les nôtres. Mais nous ne les aurions jamais hafardées (nous le publions ici avec la plus grande reconnoiffance) fans les fecours que nous avons reçus principalement de M. de Bréquigny, de l'Académie des Belles-Lettres. C'eft avec la même bonté que M. de Sainte-Palaye nous a ouvert fes tréfors litté-raires : enforte que fi les remarques que nous avons ajou-tées fe trouvent être de quelque prix, nous en fommes redevables à l'amitié dont ces deux favans Académiciens nous honorent.

Nous ne laifferons pas non plus ignorer les obligations que nous avons à M. l'Abbé Richard, de Dijon, fi avan-tageufement connu depuis long-temps dans la Répu-blique des Lettres. Les matériaux qu'il nous a fournis, ne font pas la moindre partie de notre Ouvrage.

Nous avons donc tâché de rendre, avec de tels fecours, les *Bibliothèques Françoifes* de La Croix du Maine & de du Verdier, non-feulement plus intéreffantes, mais plus utiles encore qu'elles ne l'ont été jufqu'à préfent. Les remar-ques fuivent immédiatement les Articles, & pour que le lecteur fache à qui les attribuer, elles portent à la fin le nom de leur Auteur. A l'égard de nos remarques nous nous fommes contentés de les diftinguer par de fimples aftérifques ou étoiles.

Les additions ou fupplémens, qui fe trouvent dans l'une

& l'autre Bibliothèque, sont ramenés dans cette nouvelle Edition à leurs Articles primitifs , ou rangés séparément & suivant l'ordre alphabétique , lorsqu'ils forment un Article particulier. Nous donnerons une table exacte des Auteurs , par leurs surnoms , à la fin de chaque Bibliothèque.

Indépendamment de cette table , nous en formerons une des *Matières* , c'est-à-dire , de tous les Ouvrages divers cités & détaillés , soit dans les Articles mêmes des Auteurs dont parlent nos deux Bibliographes ; soit dans les Remarques qui y sont jointes , & nous distinguerons chaque Ouvrage par le titre qui lui est propre ; comme , *Théologie, Jurisprudence , Histoire , Poësie , Grammaire ,* &c. Cette table nous a paru d'autant plus nécessaire , qu'en satisfaisant d'un coup-d'œil la curiosité du Lecteur , elle facilitera la recherche des Ouvrages manuscrits ou imprimés de ces temps éloignés , pour savoir s'ils existent encore , ou s'ils sont perdus sans retour : elle découvrira même, que quelques Auteurs de nos jours n'ont pris d'autre peine, que de rajeunir celles de ces productions anciennes, qu'ils ont cru devoir être en droit de s'approprier.

M. de la Monnoye nous a servi de guide pour corriger les fautes des deux Bibliographes , pour rétablir les noms & les faits qu'ils ont altérés , & l'ordre qu'ils ont interverti, pour corriger en un mot leur orthographe , en conservant néanmoins celle qui étoit autorisée par l'usage.

Nous demanderons quelque indulgence pour les fautes

qui peuvent nous être échappées. Celles qui font fufceptibles d'*Errata*, feront exactement relevées : mais comment réparer celles où nous fommes tombés, plus par impuiffance de faire mieux, que par négligence ? Nous cherchons moins à défarmer la critique par cet aveu, qu'à l'adoucir : car elle eft néceffaire, & ne révolte l'amourpropre qu'autant qu'il eft aveugle & ridicule.

Pour faire connoître maintenant en peu de mots nos deux Bibliographes, nous abrégerons ce qu'en a dit M. de la Monnoye, dans la Préface qu'il comptoit mettre à la tête de la nouvelle Edition des Bibliothèques Françoifes, & qu'on a inférée à la fin du fecond volume de fes *Œuvres Choifies*, pag. 451 de l'Edition *in-*4°. (*)

FRANÇOIS GRUDÉ, furnommé *LA CROIX DU MAINE*, d'une terre qu'il avoit dans le Maine, appelée *La Croix*, naquit, en 1552, au Mans. Il paroît qu'il tire fon origine de Sablé, petite ville du Maine, où exiftoit une famille du nom de *Grudé*. Cependant il n'a jamais pris ce nom. Il s'eft contenté de le défigner par la lettre initiale G, à la tête de fon Difcours, adreffé au Vicomte de Paulmy, en 1579.

(*) Cette Préface n'eft inférée que dans l'Edition *in-*4°. des *Œuvres Choifies* de *Bernard de la Monnoye*, 1770, dont le fieur Des Ventes le père, Libraire à Dijon, eft le feul Editeur. On ne fait pas pourquoi il a retranché de l'Edition *in-*8°. qu'il a donnée en même temps, *cette Préface* que nous lui avions communiquée. Nous n'avons aucune part à ces deux Editions. Nous avons fourni feulement les *Mémoires Hiftoriques fur la vie & les Ecrits* de ce favant Critique, que l'on trouve à la tête du premier volume.

De tous les Recueils que ce laborieux Bibliographe avoit faits, sa seule Bibliothèque Françoise nous reste. Dorat en a parlé très-avantageusement, ce qu'il n'a pas fait des autres recherches de cet Auteur. Il est à présumer que si elles eussent été de quelque utilité, elles auroient été conservées.

La Croix du Maine préparoit deux Bibliothèques à la fois ; l'une qu'il a nommée *la Grande*, mais qui n'a point paru : l'autre qu'il a intitulée *Premier Volume*, & qu'on peut appeler *la Petite*, est celle que nous donnons, & dont il parle dans son Discours au Vicomte de Paulmy, sous le titre d'*Epitome de la Grande*. Il avoit également promis une Bibliothèque Latine, & n'a point tenu sa promesse. Il est mort fort jeune. Nous n'avons de lui, en Latin, que le court éloge funèbre qu'il fit de son ami du Monin, assassiné à Paris la nuit du Mercredi 5 Novembre 1586, imprimé l'année suivante chez Etienne Prevosteau, sous le titre de *Tombeau* (*) *de Jean-Edouard du Monin*. Cet éloge pourroit servir peut-être à fixer l'époque de la mort de La Croix du Maine, parce qu'en effet, depuis cette époque, cet Auteur n'a donné aucun Ouvrage.

On croit communément que La Croix du Maine étoit Huguenot. Ménage le premier l'a écrit ; d'autres après lui l'ont répété. Le soin que La Croix du Maine prend de dissimuler sa pensée, & de parler quelquefois le langage Catholique ; l'art avec lequel il fait adoucir ses expres-

____

(*) Cet Eloge est rapporté par M. de Beauchamps dans ses *Recherches sur les Théâtres*, second âge, pag. 58 & 59 de l'Edition *in-*4°.

fions ; le ménagement dont il ufe envers les deux partis ; fon attention à ne rien laiffer échapper d'injurieux contre *Favel, Calvin, Viret, Béze* & autres fameux Miniftres ; non plus que contre les Docteurs *le Picart, de Mouchy, de Sainctes*, &c. leurs adverfaires, peuvent en effet confirmer le fentiment de Ménage & de ceux qui l'ont fuivi. Voilà tout ce qu'on a pu découvrir touchant La Croix du Maine.

ANTOINE DU VERDIER, Sieur *DE VAUPRIVAS*, Gentilhomme, naquit à Montbrifon le 11 Novembre 1544. Son nom de famille étoit *Verd*, comme l'établiffent plufieurs actes publics, où il eft nommé *Antoine Verd du Verdier*. Il prit fon furnom, d'une maifon qu'il poffédoit à *Vauprivas*. Indépendamment de fes charges & qualités, rapportées dans La Croix du Maine, Antoine du Verdier étoit Gentilhomme ordinaire de la maifon du Roi. La fortune confidérable dont il jouiffoit, lui fournit les moyens de fatisfaire fon goût pour les livres, & de former la plus riche Bibliothèque qu'on pût avoir alors, compofée de livres tant imprimés que manufcrits, Grecs, Latins, François, Efpagnols & Italiens. Il les communiquoit volontiers aux Gens de Lettres, & fouvent même il leur donnoit ceux dont ils pouvoient avoir befoin. C'eft ainfi qu'il fit préfent du Manufcrit de Polybe à Cafaubon, qui l'avoit prié, par fa lettre du 28 Août 1596, de le lui prêter feulement. Jofeph Scaliger profita de la même manière, de plufieurs Manufcrits Arabes. Antoine du Verdier mourut le 25

Septembre 1600, laiſſant un fils unique, nommé *Claude du Verdier*, héritier univerſel des grands biens de ſon père, mais qu'il diſſipa entièrement pour ſuivre un pro-cès, après la perte duquel il ne traîna plus qu'une vie longue, obſcure & miſérable.

Les Ouvrages de nos deux Bibliographes ont eu à-peu-près la même deſtinée. Celui qu'ils ont intitulé, à l'envi l'un de l'autre, *Bibliothèque Françoiſe*, eſt le ſeul eſti-mable, & qui ait ſauvé leurs noms de l'oubli.

La Croix du Maine & du Verdier ſe ſont diſputé la gloire & le mérite de cette entrepriſe. M. de la Monnoye penſe avec raiſon, que La Croix du Maine eſt le premier qui en ait conçu le deſſein, & qui l'ait exécuté. Il ſe fonde ſur la manière naïve dont cet Auteur rend compte de ſon travail, qu'il ſe trouva en état de publier en 1584, âgé ſeulement de trente-deux ans.

Du Verdier, à cent lieues de La Croix du Maine, ſans le connoître, ni en être connu, forma, vers 1577, le même projet. Il eſt très-vraiſemblable que chacun de ſon côté étoit inſtruit de ce qui ſe paſſoit, & qu'on leur communiquoit les cahiers à meſure qu'on les imprimoit. Tous deux proteſtèrent de leur bonne foi. Du Verdier ce-pendant pourſuivit ſon Ouvrage avec tant de diligence, que ſur la fin de l'année 1584 (la même année que la Bi-bliothèque de la Croix du Maine fut imprimée à Paris) la ſienne le fut à Lyon.

Lᴀ Cʀ. ᴅᴜ M. *Tome I.*

On peut aisément apprécier le mérite & l'utilité de ces deux Bibliothèques. Celle de La Croix du Maine est estimée, parce qu'elle a l'avantage d'être écrite avec précision, & qu'on y trouve souvent des particularités curieuses sur la naissance & la mort des Auteurs.

Du Verdier s'est plus attaché à les faire connoître par leurs Ouvrages, en remplissant sa Bibliothèque d'*Extraits*, quelquefois trop longs, mais toujours intéressans pour tout Lecteur qui cherche à s'instruire. Ces Extraits d'ailleurs nous mettent au fait d'une multitude de Livres singuliers, épargnent la peine de recourir à l'Original, lorsqu'il ne s'agit que d'en prendre une idée, & diminuent le regret de ne pouvoir consulter l'Ouvrage même, quand on n'est pas à portée de l'avoir.

Ce Bibliographe s'est avisé très-judicieusement de placer à la tête de ses Articles tout Auteur étranger, soit Grec, soit Latin, Arabe, Italien ou Espagnol, qui a été, & souvent plus d'une fois, traduit en François; enforte que si l'on veut savoir, par exemple, quelles font les Traductions de *Platon*, du Verdier fournit sur le champ, au mot PLATON, l'éclaircissement desiré; éclaircissement qu'on chercheroit en vain dans La Croix du Maine.

On doit encore savoir gré à du Verdier d'avoir indiqué, à la fin de chaque lettre de l'Alphabet, les Livres anonymes, la plupart très-rares.

A l'égard de l'érudition, elle étoit superficielle chez
l'un

l'un & l'autre Bibliographe. Peu verfés dans la langue Grecque, ils fe contentèrent d'acquérir la faculté de s'exprimer en Latin. La Croix du Maine & du Verdier poffédoient affez cette langue pour pouvoir compofer, le premier, fa Bibliothèque Latine (qu'il n'a point donnée ;) & le fecond, fon Supplément de *GESNER.* Quant à la diction Françoife, quoique celle de La Croix du Maine foit très-incorrecte, elle eft plus fupportable que celle de du Verdier, lequel, outre les vices du terroir, gâtoit encore le peu de ftyle qu'il avoit, par fes lectures Latines & Italiennes, & par fon affectation à inventer pour fes Livres des titres Grecs, qu'il ne favoit pas même orthographier.

Malgré les défauts que nous venons de relever dans ces Bibliographes, Jofeph Scaliger leur a rendu juftice à l'un & à l'autre, en avouant l'utilité de leur travail, & le fecours dont il eft pour les Savans. Quelle reconnoiffance en effet la République des Lettres ne doit-elle pas à des hommes, qui, pour fon fervice, ont bien voulu fe charger d'une collection fi pénible ? Ils ont d'ailleurs confervé le véritable tableau de l'ancienne Littérature Françoife, par lequel on peut juger combien elle étoit alors brillante, fertile & favante. Mais une chofe digne d'être remarquée, c'eft que *La Croix du Maine* & *du Verdier*, obligés, par la nature même de leur travail, de donner indifféremment place dans leurs *Bibliothèques* à tous les Auteurs morts ou exiftans, connus ou anonymes, témoignent le regret qu'ils ont d'y placer ceux, dont les Ouvrages pouvoient, par leur impiété ou leur licence , être contraires à la Religion ou aux bonnes mœurs. On doit remarquer encore, qu'en parlant d'un fi grand nombre d'Auteurs & d'Ouvrages, ils ont été affez honnêtes & affez retenus pour qu'il ne leur foit échappé, ni à l'un ni à l'autre, même la plus légère critique capable de bleffer la délicateffe des Ecrivains.

» Quand à toute forte d'Efcrits (dit du Verdier en finiffant » fa Préface) & libelles diffamatoires, plains d'impofture » & de calomnie, je les ai déboutez de ma Bibliothè- » que, où ils n'auront aucune place, comme pernicieux » à la République, & ne fervans qu'à corrompre les » bonnes mœurs & d'apprendre à mefdire ».

DISCOURS

SUR LE PROGRÈS

DES LETTRES EN FRANCE,

Par M. RIGOLEY DE JUVIGNY, Conseiller Honoraire au Parlement de Metz.

La France étoit depuis long-temps ensevelie dans les ténèbres de l'ignorance & de la barbarie, lorsque Charles V appela près de lui les hommes les plus éclairés de l'Europe, & les encouragea autant par son exemple, que par les honneurs & les récompenses dont il les combla. Son règne annonça les beaux jours qui devoient éclairer, quelques siècles après, les Sciences & les Arts. Mais leurs progrès furent insensibles sous les successeurs de ce sage Monarque, soit par les malheureuses circonstances des temps ; soit parce qu'ils ne sentirent pas comme lui, l'utilité de la culture des Lettres, ni combien elles contribuent à rendre un Royaume florissant. Enfin François I les ranima, & mérita d'être surnommé leur Père & leur restaurateur, titre peut-être moins flatteur pour l'orgueil du maître, mais plus cher à sa nation & plus précieux à l'humanité. C'est à cette époque mémorable, que la lumière succéda pour toujours aux ténèbres, & que l'étude des Lettres produisit enfin des hommes. On sentit le besoin qu'on avoit d'être instruit, & l'émulation devint générale. Les livres se multiplièrent, & déja leur nombre étoit affez confidérable au feizième fiècle , pour faire naître l'idée de former , du nom feul des Auteurs & du titre de leurs Ecrits , un ouvrage non moins utile qu'intéreffant.

Les Bibliothèques Françoises de la Croix du Maine, & de Duverdier, Sieur de Vauprivas, font en ce genre le premier monument élevé à la gloire de la Littérature Françoife. Ces deux Auteurs, fans fe connoître , & fans s'être communiqué leur deffein , conçurent le même projet, l'exécutèrent, & fe difputèrent à l'envi le mérite & l'honneur de l'invention. Mais , fans examiner ici lequel des deux a eu le premier cette idée , nous devons également leur favoir gré de leur travail , & nous avouerons que fi les Auteurs dont ils nous ont confervé les noms & indiqué les ouvrages, ne méritent pas tous l'efpèce d'immortalité qu'ils leur ont procurée, ils en ont du moins parlé avec une impartialité digne d'éloge.

Pour peu qu'on jette les yeux fur les ouvrages des anciens Ecrivains François , on voit quels obftacles ils eurent à vaincre , foit pour rendre leurs propres penfées, foit pour faire paffer dans une langue encore au berceau les beautés de deux langues, dont le fort étoit fixé , & la fupériorité reconnue depuis tant de fiècles. Les modèles que l'Antiquité Grecque & Latine préfentoit à ces premiers Littérateurs , devoient en même temps exciter en eux le fentiment de l'admiration, & celui du défefpoir de les imiter ; mais le goût naiffoit à mefure qu'ils les étudioient. La langue Françoife, timide, groffière , embarraffée , n'ofoit encore s'élever jufqu'aux Arts & aux Sciences ; elle étoit même obligée d'emprunter pour l'hiftoire, pour les Actes & les Traités publics, le langage de l'ancienne Rome. Des Fables , des Romans , des Récits de faits & geftes fabuleux furent long-temps fon partage ; c'eft-à-dire , fes feuls objets & tous fes fruits : elle étoit trop peu féconde pour en produire d'autres , trop pauvre pour atteindre à la richeffe d'expreffion qu'exigent les grands fujets , trop barbare & trop rude, pour peindre avec fuccès les nuances délicates des fujets d'agrément. Mais lorfqu'on eût appris à penfer dans les Ecrits d'Athènes & de Rome, lorfque le génie éclairé par ces guides immortels eût pris fon effor, & que l'efprit folidement nourri ne fe laiffa plus entraîner au hafard , ou emporter aux caprices de la fantaifie, avec quelle fierté la langue Françoife ne brifa-t-elle pas fes entraves ? Enrichie des dépouilles de fes deux rivales, elle eft enfin parvenue aujourd'hui à les furpaffer en clarté , & à les égaler prefque pour l'énergie, l'expreffion, la douceur & l'harmonie. Elle feroit encore privée de tous ces avantages, fans l'étude que des hommes, nés pour faifir le beau & le vrai, ont faite de l'Antiquité ; & fi les Grecs & les Romains exiftoient aujourd'hui dans toute leur fplendeur, ne feroit-ce pas à bien plus jufte titre, qu'ils fe diroient encore les Maîtres du Monde? En effet, à quel haut degré de perfection n'auroient-ils pas porté nos découvertes , utiles ou agréables, fi elles euffent été faites de leur temps ? Par conféquent, quelles richeffes leurs langues n'auroient-elles pas acquifes ? Plus les connoiffances augmentent , plus les idées naiffent en nombre, fe développent, s'étendent, s'agrandiffent, & plus les images qui les expriment, varient, s'animent & fe multiplient. La variété, l'abondance & la richeffe d'une langue dépendent donc des connoiffances plus ou moins étendues que nous poffédons. La langue eft néceffairement pauvre chez un peuple fauvage , dont les idées ne font, pour ainfi dire, que des fenfations, & dont les réflexions & les connoiffances ne s'étendent pas au-delà de ce qui le touche ou l'environne. Soumis & livré aux feuls befoins de la nature, fans eux à peine s'appercevroit-il de fon exiftence. Quoique plus à plaindre, il n'en eft guère plus malheureux : car ce malheur de l'état d'ignorance , quelque réel qu'il foit, n'eft ni apprécié ni fenti que par ceux qui s'élèvent au-deffus. Le fauvage , & même le peuple des nations policées, a peu d'idée de fon ignorance , & n'en a point du tout du favoir qui lui manque.

Les Arts agréables font les enfans de nos plaifirs ; les Arts utiles font le produit du hafard ou de la néceffité ; les fciences au contraire font le fruit de nos travaux & de nos veilles. Tous ont leur germe au fein de la nature , ils n'attendent que le foufle du génie pour éclore. C'eft le génie qui diftingua particulièrement les Grecs des autres peuples de la terre. Dès qu'ils furent fortis de la barbarie , qu'ils ceffèrent d'être errans & pauvres, & qu'ils purent jouir de leurs conquêtes , ils cherchèrent les moyens de refpirer en paix, fous l'heureux climat qu'ils avoient choifi. Avides de s'inftruire, ils allèrent puifer chez les Phéniciens & les Egyptiens les connoiffances qui leur manquoient, les Arts dont ils avoient befoin ; & ils ne tardèrent pas à furpaffer leurs maîtres. Ils adoptèrent une partie de leur Théogonie & de leurs cérémonies religieufes. Leurs Poëtes, après un long féjour en Egypte, où ils s'étoient fait initier dans les Myftères des Dieux du pays , de retour dans leur patrie, chantèrent les premiers ces Divinités étrangères. Ils furent écoutés avec tranfport par des hommes dont l'imagination brûlante s'enflammoit aifément. La Grèce fut bientôt remplie de Dieux de toute efpèce : le Ciel, la Terre, les Elémens, tout dans la nature, jufques aux paffions mêmes, eut des Temples, des Prêtres & des Autels. Tant il eft vrai que l'efprit humain, abandonné à fes feules lumières, eft facile à féduire, & fujet à s'égarer.

Homère vivoit à-peu-près dans le temps que ce culte nouveau étoit encore dans toute fa fplendeur. Quel vafte champ pour ce génie fublime & fécond, que ces fables où l'orgueil humain trouvoit à s'exalter, où les paffions jouoient un fi grand rôle, où le merveilleux éclipfoit la raifon, où le menfonge & l'erreur, ingénieufement traveftis, & triomphans de la vérité, excitoient, augmentoient fans ceffe l'enthoufiafme d'un peuple amoureux de fon origine, en lui rappelant le fouvenir des Héros dont il croyoit defcendre! Quoi de plus fufceptible d'images agréables, qu'une Religion faite exprès, où tout invitoit les fens à jouir, où la volupté préfidoit aux myftères, où l'imagination enfin créoit à fon gré des Déeffes & des Dieux! C'eft avec ces matériaux fi légers, fi brillans, fi propres à la Poëfie, qu'Homère jeta les fondemens de fa gloire, & qu'il compofa ces Ouvrages immortels, dans lefquels il déploya toute la grandeur & toute la beauté de fon génie. Depuis ce Poëte divin, quelle foule de grands hommes la Grèce n'a-t-elle pas produits? Poëtes, Orateurs, Hiftoriens, Philofophes, tous trouvoient dans leur langue abondante, énergique, harmonieufe & fonore, l'expreffion propre à chaque Art & à chaque fcience : elle exprimoit, elle animoit, elle repréfentoit tout ; en un mot, elle étoit en tout genre le pinceau du génie.

Il s'en faut bien que la langue Latine ait eu le même avantage. Les foibles commencemens de la République Romaine ne permirent pas à cette langue d'atteindre d'abord à la perfection. Il importoit, avant tout, aux Romains d'affermir un Empire, qu'ils avoient conquis par les armes. L'auftérité de leurs premières mœurs n'admettoit ni jeux, ni fpectacles publics ; & leur langue fe reffentit long-temps de cette auftérité. Les intervalles de repos que laiffoit la victoire à ce peuple belliqueux, étoient employés à la culture des terres ; & cette vie champêtre, fi favorable à l'innocence & fi conforme à la fageffe, en tempérant les mœurs, fit perdre infenfiblement à ce peuple, une certaine férocité, inféparable du tumulte des armes & de la fureur des combats. Les dépouilles des vaincus , partagées entre les familles de l'Etat & le Tréfor public, n'eurent pas plutôt formé un patrimoine aux particuliers, & affuré un fonds à la République, qu'il fallut des Loix. Les Romains eurent recours aux Grecs, qui virent bientôt leurs Dieux avoir un culte & des autels dans Rome, leurs fciences & leurs Arts y jeter de profondes racines , leurs loix fervir de bafe aux loix Romaines , & le Sénat fe former à l'imitation de l'Aréopage. Rome néanmoins , uniquement occupée de fa gloire, n'emprunta des Grecs que ce qui pouvoit contribuer à fon élévation & à fon agrandiffement. Un gouvernement fage, une politique habile & profonde , une fuite non interrompue de victoires , des mœurs que le luxe n'avoit point encore amollies ni corrompues, rendoient fans doute les Romains un peuple illuftre & redoutable ; mais c'eft

aux

aux Arts & aux sciences de la Grèce, dont ils firent une étude suivie, qu'ils doivent la portion la plus estimable de leur gloire, & celle que le temps respectera toujours.

Ils firent donc entrer, dans le plan de l'éducation de la jeunesse, l'étude de la langue Grecque, & cette étude étoit la première de toutes. Cependant la fierté Romaine, en faisant l'aveu de la nécessité d'apprendre le Grec, ne souffroit pas qu'on le parlât publiquement. Il étoit juste que la langue Latine eût la préférence, puisqu'elle étoit la langue de la nation. Cette préférence, loin de lui nuire, lui servit beaucoup, par l'application que l'on mit à étudier les principes de l'une & de l'autre langue à la fois. Cette étude n'étoit pas seulement celle de la jeunesse, elle l'étoit encore de l'âge avancé. Caton en faisoit les délices de sa vieillesse ; & Cicéron lui-même, le plus éloquent des Romains, eût été peut-être moins admiré, moins digne de l'être, sans les leçons qu'il prit des Rhéteurs & des Philosophes Grecs.

C'est ainsi que les Romains, non moins ingénieux, non moins spirituels que les Grecs, les reconnoissoient cependant pour leurs maîtres. Ils l'étoient en effet, par la longue habitude qu'ils avoient des sciences & des Arts ; source de l'abondance & de la richesse de leur langue, dont nous ignorons l'origine & l'accroissement, puisqu'elle étoit dans toute sa perfection & dans toute sa beauté du temps d'Homére, le modèle de tous ceux qui ont écrit après lui : on ne voit pas du moins qu'elle ait varié depuis ; au lieu qu'on ne peut fixer l'époque de la perfection de la langue Latine, qu'au siècle d'Auguste. Avant

cette époque, elle avoit sans doute de la force & de la majesté, parceque c'étoient des Républicains qui la parloient ;
mais elle n'avoit pas cette douceur, cette élégance, cette
urbanité, qu'une Cour polie & voluptueuse sut y répandre ; car les mœurs influent sur la langue, autant que le
génie, témoin l'Atticisme & le Laconisme : l'un étoit le
fruit de tous les Arts & de toutes les Sciences dont Athènes
étoit l'asile ; l'autre répondoit à la sévérité des mœurs de
Lacédémone, où l'on ne cultivoit que les vertus du plus
austère patriotisme.

La langue Latine n'a donc pu se perfectionner que
lentement & à mesure que le luxe adoucissoit les mœurs,
& les corrompoit. Ce fut la suite de la conquête de la
Grèce par les Romains. Alors la Tragédie & la Comédie
abandonnèrent Athènes, & se réfugièrent dans Rome,
où elles reprirent un nouvel éclat. Les Poëtes Tragiques &
Comiques trouvèrent dans les Grecs des modèles admirables, & en profitèrent. Nous ne pouvons guères juger de
la Tragédie Latine, que sur les pièces qui nous restent
sous le nom de Séneque, bien inférieures en tout aux
Tragédies Grecques. La Comédie, au contraire, eut un
sort plus heureux, & ne démentit point son origine.
Elle eut à la vérité ses différens âges *tirés de la rudesse ou*
de la politesse des plumes qui la traitèrent, comme le remarque le P. Brumoy dans son Discours sur la Comédie
Grecque. Livius Andronicus, Nevius, Ennius même,
étoient à l'égard des Romains du siècle d'Auguste, ce que
sont aujourd'hui pour nous les Jodelles & les Garniers.
Pacuvius, Cecilius & Accius, remplissent l'intervalle du
second âge jusqu'à Plaute. Le bel âge de la scène Co-

mique Latine ne commença qu'à ce Poëte , qui mérita les suffrages de son temps , malgré les défauts & les irrégularités de ses pièces , par l'enjouement & le sel de la satire qu'il sut y répandre , par la fertilité de son génie , par la simplicité de ses sujets , par ses saillies plaisantes & par ses bons mots, qu'Horace cependant ne paroît pas approuver (*). Mais Térence , dont le style simple , noble , élégant & poli , joint à la connoissance parfaite des mœurs , & à la vérité frappante des caractères, fit dire à l'envie que Scipion & Lælius avoient plus de part que lui à ses Comédies ; Térence , dis-je , en copiant Ménandre , fut le premier qui donna le modèle de la bonne Comédie , & la fit goûter. Cependant , quoiqu'il possédât seul le talent de faire passer dans l'idiome Latin , toute la douceur de l'idiome Grec , il ne put pas en rendre toute la richesse & toutes les beautés. Virgile lui-même , le seul Poëte digne de traduire Homère , éprouva les mêmes difficultés. Ces difficultés proviennent , suivant Quintilien (**), de ce que la langue Latine , peu riche & peu féconde , est obligée de se servir de métaphores & de circonlocutions , pour exprimer beaucoup de choses qui n'ont point de nom propre ; & dans celles , ajoute cet excellent Rhéteur , qui ont une dénomination , la disette de la langue est si grande , qu'elle ramène souvent les

_____

(*)　　At vestri Proavi Plautinos & numeros &
　　　　Laudavère Sales , nimiùm patienter utrumque
　　　　Nè dicam stultè mirati. . . Hor. *de Arte Poët.*

(**) « His illa potentiora , quod res plurimæ carent appellationibus , ut eas » necesse sit *transferre* aut *circumire :* etiam in iis quæ denominata sunt , » summa paupertas in eadem nos frequentissimè revolvit. At illis , non ver- » borum modò, sed linguarum etiam inter se differentium copia est ». Quint. Lib. XII , Cap. 10.

mêmes termes ; au lieu que les Grecs étoient riches, non-
seulement en mots, mais en idiomes tous différens les uns
des autres. Tels font les défauts qu'on reprochoit à la
langue Latine ; aussi les Ecrivains, pour les éviter, se
servoient-ils de termes Grecs (*) toutes les fois qu'ils
vouloient donner, à leur profe ou à leurs vers, plus de douceur & d'harmonie. Ce n'étoit pas le feul avantage qu'ils
en tiroient : ils trouvoient encore chez les Grecs des modèles en tout genre, de forte qu'écrire & parler attique-
ment, c'étoit écrire & parler de la manière la plus pure.
Atticè dicere, effe optimè dicere. Or, fi les Maîtres de l'éloquence, les Cicéron, les Hortenfius, les Quintilien ; fi
les plus grands Poëtes & les plus beaux génies de Rome,
Virgile & Horace, embellifloient leurs ouvrages, en imi-
tant les Grecs, pourquoi négligeons-nous fi fort aujour-
d'hui ces mêmes modèles, toujours également admirables ?
Tant de chef-d'œuvres parvenus jufqu'à nous d'âge en
âge, & qui font depuis tant de fiècles les délices & l'admiration des gens de Lettres, vraiment dignes de ce nom,
prouvent bien la fupériorité des Grecs & des Romains ;
& fi leurs langues font devenues celles du monde favant,
c'eft moins encore par leur beauté, leur richeffe & leur
énergie, que par le génie, le goût, le naturel & le fublime, qui brillent dans les ouvrages immortels que ces
grands hommes nous ont laiffés. Difons plus, ces deux
langues ont été confervées de préférence à celles de tant
d'autres peuples contemporains, parce que la Providence,
en permettant qu'elles ferviffent de barrière contre l'igno-

____

(*) « Itaque tantò eft fermo Græcus Latino jucundior, ut noftri Poëtæ,
» quoties dulce carmen effe voluerunt, illorum id nominibus exornent ».
Id. Ibid.

rance, les avoit deftinées en même temps à tranfmettre les oracles des divines Ecritures, & à devenir l'une & l'autre par ce moyen, la langue univerfelle de toutes les Nations éclairées par la lumière de l'Evangile (*).

LES AUTEURS GRECS furent connus des Gaulois, prefque en même temps que des Latins. Marfeille, fondée par une Colonie de Phocéens fortis de l'Ionie, reffentit la première l'heureufe influence des fciences & des arts. Son Académie, tout-à-coup célèbre, devint bientôt la rivale de celle d'Athènes, & même rivale préférée. L'alliance des Romains avec la République de Marfeille, leur facilita la conquête des Gaules, qu'ils méditèrent long-temps avant que de l'entreprendre. Ainfi les Gaulois n'ont connu les ouvrages de l'Antiquité Latine, que fous la domination des Romains, accoutumés à impofer aux vaincus la néceffité d'apprendre, de parler & d'écrire la langue des vainqueurs; car leur politique étoit d'étendre l'ufage de leur langue auffi loin que leurs conquêtes : politique négligée par les Grecs, & à laquelle la langue Latine eft redevable de la gloire d'être conftamment demeurée la langue vulgaire de tous les gens de Lettres; tandis que la langue Grecque n'eft aujourd'hui bien connue que d'un petit nombre de Savans.

(*) Aucune langue des anciens peuples ne fubfifte. Elles font toutes enfevelies dans la nuit des temps. Les Juifs mêmes, après leur longue captivité à Babylone, oublièrent leur propre langue, & apprirent le Chaldéen, dont le génie étoit à-peu-près le même que celui de l'Hébreu. Depuis ce temps, on ne trouve plus chez les Juifs l'Ecriture Sainte qu'en lettres Chaldaïques. Ils formèrent alors un Grec mêlé d'Hébraïfmes, qu'on appelle le *langage Helleniftique* : la verfion des Septante eft en ce langage. Les Samaritains feuls ont confervé le Pentateuque en anciens caractères Hébraïques. Quant à nous, les Saintes Ecritures ne nous ont été tranfmifes qu'en Grec ou en Latin ; les feules langues que l'Eglife ait adoptées.

Quoi qu'il en soit, les Gaulois, en subissant la loi du vainqueur, y trouvèrent un très-grand avantage. Instruits déjà, ils joignirent de nouvelles connoissances à celles qu'ils avoient acquises. La langue Latine, dans laquelle ils se perfectionnèrent, jusqu'à la parler avec l'élégance & la pureté la plus grande, remplaça peu-à-peu l'idiome vulgaire, & leur ouvrit le chemin des honneurs & des dignités. On les vit bientôt occuper les premières places de la République, qui ne se donnoient qu'au mérite, & qu'on ne peut en effet remplir dignement, que lorsqu'on fait penser & parler assez bien, pour faire penser les autres.

L'étude des Belles-Lettres, cultivée de tout temps dans les Gaules, étoit négligée, ou pour mieux dire, tout-à-fait ignorée des Romains. Les Gaulois leur en inspirèrent le goût. Toute la Littérature se bornoit alors à la Rhétorique & à la Poëtique. Les Romains, toujours sous les armes, accoutumés à des exercices violens, ne connoissoient point ceux du paisible Lycée. Ils étoient plus Soldats que Poëtes & Orateurs ; mais ils le devinrent par la suite. Ils établirent des Ecoles publiques, où ils se plaisoient à venir entendre les leçons des Gaulois. On peut juger de la célébrité de ces Ecoles, du mérite & de l'habileté des maîtres qui y présidoient, par leurs disciples, au nombre desquels on trouve les noms illustres de Cesar & de Cicéron. Temps heureux, où pour entrer dans les charges, pour parvenir aux premières dignités & commander aux autres, il falloit un mérite réel & des talens reconnus ! Il étoit donc de l'intérêt des Gaulois d'étudier avec soin la langue Latine, puisque, sans cette

étude , leur éloquence leur devenoit inutile : d'ailleurs la néceſſité leur en faiſoit une loi. Comment auroient-ils pu défendre dans les Tribunaux , dont les
Juges étoient Romains , leur innocence ou leurs droits
attaqués ? Indépendamment de ce motif de néceſſité , ils
en avoient un autre d'émulation ; ils étoient aſſurés , en
poſſédant bien cette langue , de devenir membres de la
République , & par conſéquent de pouvoir prétendre aux
charges les plus éminentes du gouvernement. Si les Gaulois n'euſſent été qu'un peuple ignorant & guerrier , une
fois vaincus, ils euſſent honteuſement langui ſous la domination Romaine ; mais l'amour des ſciences élevoit trop
leur ame, pour ne pas leur inſpirer une noble émulation, &
c'eſt par-là qu'ils ſe firent reſpecter de leurs vainqueurs.
Rome, toute guerrière encore, & ne connoiſſant d'autre
gloire que celle des armes, apprit ainſi des Gaulois, qu'il
étoit une autre gloire plus digne du ſage & plus utile ,
celle des Lettres. Telle eſt la force de l'exemple , le
génie le ſaiſit en maître. Les Romains profitèrent des
inſtructions des Gaulois : les Gaulois à leur tour perfectionnèrent leurs connoiſſances dans le commerce établi
entre eux & les Romains : l'ardeur pour les Lettres étoit
générale , & Rome & les Gaules pouvoient à l'envi ſe
diſputer l'avantage de produire & de poſſéder dans leur
ſein le plus grand nombre d'hommes illuſtres.

CES BEAUX JOURS s'éclipsèrent à la chûte de l'Empire
Romain. Les Gaules devinrent la proie d'hommes ſauvages & féroces , ſortis des antres du Nord & des bois de la
Germanie. Elles ſe trouvèrent infeſtées de ces Barbares ,
qui , tour-à-tour , leur impoſoient des fers ; & les Francs

furent les derniers qui s'en emparèrent pour toujours. Peu sensibles aux charmes des Lettres, ces nouveaux Maîtres, après avoir exterminé les hommes de leur temps, mutilèrent encore les générations à venir, en brûlant les livres & détruisant les monumens qui auroient pu faire revivre le goût & le génie. Les Gaulois, accablés sous le joug, ne s'occupèrent plus qu'à le rendre moins dur, & à se procurer la subsistance. Ainsi commença la décadence des Lettres : l'esprit de la nation Gauloise s'abâtardit insensiblement, & des siècles ont à peine suffi pour réparer une perte si fatale aux Arts & aux Sciences.

MALGRÉ les ténèbres de l'ignorance qui paroissoient se répandre de plus en plus, malgré cette fureur grossière & barbare qui sembloit devoir tout détruire, la Providence veilloit à la conservation des précieux ouvrages de l'Antiquité, en inspirant à de pieux Solitaires le soin d'en copier les originaux. Les sublimes productions des plus grands génies d'Athènes & de Rome, trouvèrent un asile assuré dans les retraites de la Religion, & c'est de-là qu'elles ont passé de siècle en siècle jusqu'à nous. L'Eglise qui avoit adopté les langues Grecque & Latine, les parla toujours ; & sans elle, l'ignorance eût prévalu. Mais il falloit des hommes retirés du monde, consacrés à la retraite par choix, à l'étude par goût, au travail par devoir, animés du même esprit & du même zèle, vivant en commun sous un même régime, qui voulussent employer les loisirs de leur solitude, à la fastidieuse occupation de transcrire sans cesse. C'est pour le bonheur des sciences & des lettres, que ces Corps ont subsisté : jamais des Particuliers, dissipés par les affaires domestiques, détournés par celles du

dehors,

dehors, n'auroient pu se livrer à un travail si long & si pénible ; & c'est un des grands avantages qu'on ait tiré de ces laborieux & savans Solitaires, qui, du fond de leur retraite, éclairoient le monde qu'ils avoient quitté.

Les Moines possédoient & conservoient tous ces chef-d'œuvres de l'esprit humain, & en jouissoient autant que leur état pouvoit le permettre, tandis que les Grands & toute la Nation croupissoient dans la plus honteuse igno-rance. Un jargon barbare succéda à la langue divine des Homère & des Virgile, des Démosthène & des Cicé-ron. Comme celle-ci ne conduisoit plus aux dignités & aux récompenses, elle fut entièrement oubliée. Alors plus d'émulation, plus d'empressement, plus d'attrait pour les sciences. Chaque jour hâtoit leur ruine ; &, s'il se trouvoit encore des hommes qui voulussent se distinguer par leur savoir, entraînés par le mauvais goût, incapables de con-sulter les originaux, ils abandonnoient ces guides sûrs, pour ne suivre que des abréviateurs infidèles. Cette négligence, ou plutôt ce mépris pour les bons modèles, porta la cor-ruption du goût à un tel excès, qu'il sembloit que les ouvrages de l'Antiquité n'eussent jamais existé, ou qu'ils dussent être pour toujours ensevelis dans la poussière des Cloîtres.

On n'eut pas seulement à déplorer alors la perte des Arts & des Lettres, on eut à gémir encore sur l'oubli des Loix & sur la ruine entière des mœurs ; suites inévitables de l'ignorance, dont les ravages sont d'autant plus fu-nestes, que, par-tout où elle règne, il n'existe point de vertu, & qu'au contraire le vice y domine dans toute sa force sans frein & sans remords.

QUELS QUE foient les avantages de l'homme fur tous les autres Êtres de la nature , il a befoin que l'inftruction développe les facultés de fon ame , féconde fon efprit, touche fon cœur , fixe fes idées morales & phyfiques, lui démontre la néceffité d'obéir à la raifon , lui apprenne à connoître la juftice, à fe la rendre à lui-même & aux autres , en domptant fes paffions & en évitant les actions nuifibles à la fociété : de-là naîtra l'amour de la fageffe, fondé fur le fentiment lumineux du vrai , du jufte ; fentiment qui feul peut lui fervir de guide pour marcher conftamment dans le fentier de la vertu , & le détourner de la voie du vice. S'il n'eft pas éclairé , de combien d'illufions & d'erreurs fon efprit brut ne fera-t-il pas offufqué ? Quels devoirs remplira-t-il s'il les ignore ? Et il les ignorera, s'il n'eft conduit que par un inftinct aveugle. Pour qui aura-t-il de l'amour & de la reconnoiffance , de l'obéiffance & du refpect, fi fon cœur vide de fentiment n'en connoît pas la néceffité & n'en fait pas même apprécier la valeur ? Borné par fa nature à fes feuls appétits , femblable aux animaux par fes befoins, qu'aura-t-il au-deffus d'eux, s'il n'a pas même la honte de leur reffembler ? C'eft là pourtant l'état auquel voüdroit nous réduire un de ces Philofophes nouveaux , qui emploie toute fon éloquence à foutenir les plus étonnans paradoxes. Quoi ! parce que quelques hommes , fe difant fages , & qui ne font qu'orgueilleux & hardis, abufent de leur talent pour corrompre les efprits , & déraciner ces principes fi néceffaires à notre bonheur : qu'il eft des vertus à pratiquer & des vices à fuir ! Quoi ! parce qu'ils ofent combattre la vérité par des argumens puifés dans les fources impures du menfonge , & qu'ennemis nés de la fociété ils se plaisent à jeter le trouble dans les ames foibles, pour les abandonner ensuite au tourment affreux du doute ou du désespoir! Enfin parce qu'eux-mêmes, punis d'avance par les reproches secrets de leur propre conscience, cachent en faux braves l'inquiétude qui les dévore, & fiers de leurs vaines lumières, ne cherchent à les répandre que pour éblouir & pour égarer les victimes qu'ils surprennent ; semblables à ces feux trompeurs, dont la funeste clarté ne sert pendant la nuit, qu'à augmenter la terreur de celui qui voyage, & à redoubler l'horreur de l'obscurité ; il faudra bannir de l'univers toute vertu & toute vraie science, rompre tous les liens de la société, vivre esclaves de l'ignorance & de nos passions, abjurer en un mot pour toujours les droits sacrés de l'humanité ! Non, si la science est une arme fatale, ce n'est qu'entre leurs mains. Elle ne nous est donnée que pour nous conduire, & ne leur a servi que pour les égarer. Le goût de la vérité, l'amour de la sagesse, voilà la vraie science de l'homme ; c'est d'elle que dépend notre bonheur, la paix du cœur la suit, & l'ame du sage qu'elle gouverne, libre & calme au milieu de la prison qu'elle habite, jouit déja de l'immortalité qui l'attend.

C'est au sein de l'ignorance, que naquirent les désordres qui désolèrent toutes les conditions. Elle enfanta les premières erreurs qui affligèrent l'Eglise, & tout concourut au progrès du mal. L'éducation, si celle qu'on donnoit alors mérite d'être honorée de ce nom, consistoit à apprendre à lire, encore n'étoient-ce que ceux qu'on destinoit à l'Etat Ecclésiastique, qui la recevoient. On avoit entièrement oublié l'usage de la langue Latine, & l'on ne parloit, on n'écrivoit plus qu'en langue

Romance, ou ruſtique ; c'eſt - à - dire, dans un idiome barbare, mêlé d'un Latin corrompu. Auſſi quels écrits vit - on éclore ? Comme le goût tient à la vérité, & qu'il étoit perdu depuis long - temps, le faux prit la place du vrai. L'Hiſtoire traveſtie perdit ſon exactitude & ſa ſévérité ; les Romans, digne nourriture des eſprits vides & inappliqués, pleins d'un merveilleux abſurde, firent les délices d'une imbécille oiſiveté. Le ſuccès de ce nouveau genre d'écrits, dont la durée fut longue, n'a rien qui doive étonner. Quoique l'homme ſoit né pour connoître & pour aimer la vérité ; l'erreur, l'illuſion & le menſonge aſſiégent ſon berceau. Comment les en écarter, ſi ce n'eſt par l'inſtruction ? Quiconque eſt ſans principes, eſt néceſſairement ſans goût, ſans ſageſſe & ſans vertu. Séduit par ſes ſens, il s'abandonne à la pente la plus facile, & c'eſt celle du vice. Envain portons-nous en nous-mêmes le germe des plus belles qualités, il faut le féconder ; la raiſon veut être éclairée, & ſi le nom ſacré de la vérité n'a jamais frappé notre oreille & pénétré juſqu'à notre ame, tout ce qui nous environne a droit de nous ſéduire & de nous tromper. L'éducation eſt notre ſauve-garde & peut ſeule nous garantir de ce danger : or elle manquoit dans ces temps barbares ; il n'eſt donc pas ſurprenant que les fables & les contes les plus abſurdes aient été préférés à la vérité, l'ignorance y conduiſoit, le ſuppoſoit, l'exigeoit ; au lieu que chez les Grecs & les Romains, les Fables, ou plutôt les Apologues moraux, étoient le fruit d'une imagination brillante, de la politeſſe & de l'érudition, comme l'ont judicieuſement remarqué les Auteurs de l'Hiſtoire Littéraire de la France (*).

(*) Hiſt. Litt. de la France, Tom. VI, pag. 12.

CE N'EST PAS néanmoins que quelques Princes n'aient tenté de favoriſer les Lettres ; mais les obſtacles qu'ils avoient à vaincre, ſe renouvelant ſans ceſſe, rendirent leurs efforts inutiles. L'ignorance avoit jeté de trop profondes racines, pour pouvoir facilement arrêter ſes progrès.

LA POÉSIE eſt peut-être le ſeul Art auquel nous ſoyons redevables de la conſervation des Lettres. On ne la cultive pas ſans un peu de goût & de génie. Quelque ignorant ou malheureux que ſoit un peuple, il chante même ſes malheurs ; & c'eſt à l'aide de la Poëſie qu'il charme ſes ennuis, calme ſes inquiétudes, oublie ſa miſère, célèbre ſes plaiſirs, & rend hommage à la Divinité. Le Poëte alors choiſit un langage moins vulgaire pour s'exprimer, & ce langage imparfait & groſſier s'épure & s'adoucit inſenſiblement, ſur-tout quand c'eſt un homme de génie qui l'emploie. Si d'un côté les Romans nuiſirent à l'Hiſtoire, de l'autre ils furent favorables à la Poëſie, étant preſque tous écrits en vers. Ce goût pour la Poëſie eſt naturel aux François : on a même remarqué que le moindre évènement, ſérieux ou comique, étoit toujours le ſujet d'une Chanſon, & c'eſt de-là qu'eſt né le Vaudeville.

LES TOURNOIS (*), cette eſpèce de jeux militaires, preſqu'auſſi meurtriers que la guerre, qui tiroient leur origine de l'ancienne Chevalerie, contribuèrent également à faire fleurir le règne de la Poëſie. Le ſang qu'on y répandoit en éloigna d'abord les femmes : mais lorſque ce ſexe, ſenſible à la gloire autant qu'à la galanterie, fait

(*) Voy. les excellens *Mémoires* de M. de la Curne de Sainte-Palaye *ſur l'ancienne Chevalerie.*

pour n'éprouver & n'infpirer que de douces émotions, eût furmonté fa répugnance, il accourut en foule à ces fpectacles ; l'honneur & l'amour devinrent l'ame de ces combats. Les Chevaliers, armés par les Dames, parés de leurs dons, animés par leur préfence, faifoient des prodiges de valeur & d'adreffe. On leur difoit avant la joûte :

> Servants d'amour, regardez doucement
> Aux échaffauts, Anges de Paradis,
> Lors joûterez fort & joyeufement,
> Et vous ferez honorés & chéris.

Le Tournoi fini, ils fe préfentoient, couverts d'une glorieufe pouffière, pour recevoir de la Beauté, fouveraine de ces jeux folennels, le prix de leur victoire. Leurs hauts faits d'armes devenoient bientôt le fujet des converfations publiques & particulières, & l'objet des poëmes & des chanfons que chantoient les Dames & les Demoifelles, accompagnées du fon des inftrumens. Ces jeux, devenus les fpectacles les plus intéreffans de la nation, fe célébroient avec autant d'appareil, que de magnificence. Ils étoient annoncés par des Hérauts : les Chevaliers s'y préparoient long-temps d'avance, & il falloit être fans reproche pour y être admis. Le concours de la nobleffe de tous les pays du monde, & de la plus belle jeuneffe, compofoit la plus nombreufe & la plus brillante affemblée. La beauté des Dames, l'éclat & la richeffe de leurs atours & de leurs habillemens, (dont elles fe dépouilloient quelquefois pour en revêtir les Chevaliers), la valeur & le nom des Héros, tout devoit animer la Poëfie, & l'inviter à joindre fes chants aux acclamations publiques. Mais fi la Poëfie y trouva tant d'avantages, les mœurs y gagnèrent auffi (du moins tant qu'on obferva rigoureufement les loix de la Chevalerie) par l'extrême attention qu'apporta la jeune Noblesse, à ne rien faire qui pût ternir sa gloire, & lui fermer l'entrée de la barrière.

CET ATTRAIT pour la Poësie réveilla l'indolence des Provençaux, plongés, comme tous les autres peuples de la Gaule, dans la plus profonde ignorance. Les *Trouvers* ou *Troubadours* (les premiers Poëtes que la Provence ait produits) après avoir composé leurs Poëmes, alloient de ville en ville, où ils étoient reçus chez les plus grands Seigneurs, les réciter ou les chanter, accompagnés de leurs *Méneſtrels* ou *Jongleurs*. Cette vie errante, qui resembloit assez à celle des anciens Poëtes Grecs, n'avoit rien de deshonorant ; mais elle prouve que de tout temps les favoris des Muses n'ont jamais été ceux de la fortune. Par-tout où passoient les Troubadours, ils étoient défrayés, & on les payoit en *armes, habits ou chevaux* *, *& même en argent*. Les personnes de la plus haute naissance, les Princes mêmes, ne dédaignoient pas d'embrasser cette profession, qui, ayant commencé vers le milieu du onzième siècle, prolongea sa durée jusques vers le milieu du treizième. L'amour & la galanterie étoient presque toujours la base de leurs Contes ou de leurs Chansons, & souvent les faveurs des Dames étoient la récompense de leurs chants. Quelle imagination ne se feroit pas enflammée à ce prix ? Mais aussi ce n'étoit qu'aux bons Poëtes qu'il étoit permis d'y prétendre. Dans ces temps de loyauté, l'esprit avoit autant d'empire sur le sexe, que les richesses, la bonne mine & l'éclat d'un grand nom en ont aujourd'hui. Il faut l'avouer, si l'envie de plaire aux fem-

* Voy. Œuvres de Fontenelle, Tom. III, pag. 6.

mes , donne prefque toujours atteinte à l'innocence des mœurs , elle infpire du moins la politeffe & l'urbanité. La différence de ces fiècles au nôtre , c'eft que la fidélité, la franchife & la difcrétion étoient le partage des amans, & que depuis, ces vertus ont difparu, & même cédé la place aux vices oppofés.

L'EXEMPLE des Troubadours s'étendit jufques dans les Provinces les plus éloignées. Ils ont la gloire d'avoir inf- piré les Mufes d'Italie : ils apprirent à Pétrarque à chanter la belle Laure , & nous leur fommes redevables de la régularité de la rime , inconnue avant eux. Mais quand on jette les yeux fur leurs productions , on ne fauroit s'empêcher d'y remarquer l'empreinte profonde de l'igno- rance. On eft dévoré d'ennui , avant que de trouver dans ces fortes de Poëfies , quelques endroits paffables. On y rencontre pourtant quelquefois de ces heureux élans de l'ame, de ces expreffions naïves du fentiment, que l'efprit tenteroit envain d'imiter : comment ne leur feroit – il pas échappé de ces expreffions heureufes, ils avoient la nature & l'amour pour maîtres !

ON SE LASSE à la fin de fuivre les mêmes traces. Les Troubadours , d'abord unis entre-eux, fe partagèrent. Les uns continuèrent à chanter leurs vers & à les accompagner de la harpe ou de la vielle ; les autres fe mirent à compofer des efpèces de fcènes en Dialogues, qu'ils jouoient eux-mê- mes. Ces Dialogues étoient, ou des fatyres, dans lefquelles ils reprenoient avec la plus grande liberté les vices du temps ; (il eft aifé de croire qu'alors la profeffion de Troubadour ne fervoit plus à enrichir ;) ou des récits de quelques hauts faits, & des louanges adreffées aux Dames & aux Seigneurs

devant

devant lefquels ils étoient déclamés. De-là on les nomma *Comiques* ou *Comédiens* ; &, à proprement parler, telle eft la naiffance de la Tragédie & de la Comédie parmi nous. Enfin le règne des Troubadours paffa. Ils s'avilirent de façon, & fe livrèrent à une telle licence, que les derniers qui portèrent ce nom, craints & méprifés, furent chaffés honteufement.

Les siècles s'écouloient, & l'ignorance régnoit toujours. Les Troubadours, les Jongleurs, les Mimes & Pantomimes, ainfi que les Farceurs, ayant été profcrits, on leur fubftitua un nouveau genre de fpectacle, digne de la groffière fimplicité de ces temps-là. Les traces de la favante Antiquité étoient tellement effacées, qu'on n'en avoit pas même confervé la plus légère idée. Quels fujets pouvoit-on choifir, pour amufer l'oifiveté des Grands, & délaffer le Peuple de fes travaux? Au défaut des fources profanes, la Religion fervit les Poëtes. Leur choix étoit d'autant plus naturel, que l'Eglife condamnoit les fpectacles, & qu'elle avoit, long-temps auparavant, blâmé, prohibé les Tournois, ainfi que les Farces, tant à caufe du fang humain qu'on répandoit dans les uns, que de la trop grande licence qui régnoit dans les autres. On joua donc les Myftères, les Actes des Martyrs & des Saints. La dévotion infpiroit les Auteurs, animoit les Acteurs. Ces pièces étoient partagées en plufieurs journées, & les Repréfentans qui y faifoient les perfonnages, étoient fouvent des gens diftingués, & même des Eccléfiaftiques (*).

(*) » L'an 1437, lorfque Conrad Bayer, Evêque de Metz, fit exécuter le
» Myftère de la Paffion en la Plaine de Veximiel près cette Ville, fut Dieu
» un Sire, appelé Seigneur Nicolle Don Neufchatel en Touraine, lequel

Nous jugeons aujourd'hui, peut-être avec un peu trop de févérité & de dédain, ces fortes-de fpeétacles : le mélange indécent des plus groffières bouffonneries avec les chofes les plus facrées, a fans doute de quoi révolter. Mais fi les Auteurs n'avoient d'autre deffein que de toucher & d'attendrir, fi les fpeétateurs étoient en effet touchés, attendris jufqu'aux larmes, fi quelques-uns même d'entr'eux revenoient de ce fpeétacle avec la réfolution de changer leurs mœurs, pouvons-nous, fans injuftice, les accufer les uns & les autres de profanation & d'impiété? En quoi font-ils donc blâmables ? Abftraétion faite des fujets qu'ils choififfoient, & qui doivent être l'objet, plutôt de nos méditations & de notre refpeét, que de notre amufement, ils faififfoient le vrai but de la Tragédie, qui eft de toucher, d'émouvoir & d'intéreffer. Ce feroit avec bien plus de raifon qu'ils nous blâmeroient, s'ils pouvoient revenir aujourd'hui & affifter à nos pièces de théâtre : avec quel étonnement, quelle indignation même, entendroient-ils les applaudiffemens donnés aux tirades impies, fcandaleufes & déplacées de nos Tragédies ! Ils frémiroient à ces maximes hardies, qui attaquent également & le Trône & l'Autel. Quel jugement porteroient-ils des Auteurs & des fpeétateurs ? Nos fpeétacles feroient donc, avec plus de fondement pour eux, un fujet de fcandale, que leurs jeux ne le doivent être pour nous. Au refte, en ne confidérant les

---

» étoit Curé de Saint Viétour de Metz, lequel fut prefque mort en la croix, » s'il n'avoit été fecouru, & convint que un autre Prêtre fût mis en la croix » pour parfaire le perfonnage du crucifiement, & le lendemain ledit Curé de » Saint Viétour parfit la réfurreétion, & fit très-hautement fon perfonnage..... » Un autre Prêtre, qui s'appeloit Meffire Jean de Nicey, qui étoit Chapelain » du Métrange, fut Judas, lequel fut prefque mort en pendant, car le Cuer » lui faillit, & fut bien haftivement defpendu & porté en voye ». *Voy.* Hiftoire du Théâtre François, Tom. II, pag. 285 & 286.

chofes que du côté de l'Art, la naiffance de la Tragédie chez nos Ayeux, fut la même que chez les Grecs. Les uns & les autres ont puifé leurs premiers fujets de Tragédies dans les fources facrées de la Religion, avec cette diffé-rence, que les Myftères refpeétables de la nôtre ne laiffent à l'imagination aucune liberté, tandis que les Grecs pou-voient à leur gré parler de leurs Divinités, embellir leurs fables, & donner l'effor à leur génie. Tel a toujours été le caraétère diftinétif du menfonge, il eft fufceptible de toutes les altérations poffibles, au lieu que la vérité eft inal-térable. Aujourd'hui que l'art eft perfeétionné, nous avons le même avantage que les Grecs. La Fable & l'Hiftoire nous fourniffent des fujets, & l'Art feroit encore dans l'enfance, fans les reffources qu'elles nous ont procurées.

Tout informes, tout groffiers qu'étoient les fpeétacles dans ces temps barbares, on fait avec quel empreffement les Grands & le Peuple s'y rendoient en foule. Doit-on en être étonné ? C'étoit le feul délaffement qu'ils euffent, ils ne pouvoient en avoir d'autres. La fimplicité des mœurs, une dévotion peu éclairée, les objets de notre vénération mis en aétion fous les yeux, tout concouroit à porter dans l'ame la plus vive impreffion & le plus grand in-térêt. Aujourd'hui la leéture de ces fortes de pièces n'eft pas fupportable, non pas tant à caufe de la rudeffe de l'ancien langage ; mais parce qu'on n'y trouve ni fel, ni génie, ni beautés, & que le mauvais goût & la groffié-reté des images, font, de tous les défauts, ceux qui rebu-tent le plus.

Quand on réfléchit fur la nature de l'efprit humain, qu'il eft aifé d'humilier fon orgueil, & de le réduire à

ſes juſtes dimenſions ! Privé de toute inſtruction, il
eſt nul. L'éclair qui l'annonce, les idées qu'il conçoit,
les penſées qui l'agitent ou qu'il produit, le jugement qui
le conſeille, le goût qui le guide, l'imagination qui l'em-
bellit, en agrandiſſant tous les objets intellectuels ou ſenſi-
bles, la mémoire, ce miroir utile & officieux, qui les lui
rappelle à ſon gré ; toutes ces admirables qualités ne ſont-
elles pas relatives au plus ou moins d'inſtruction, & par
conſéquent bornées au produit de l'éducation ? Que ſont-
elles donc par leur nature, & que deviennent-elles en
effet, quand elles ſont enveloppées des voiles épais de
l'ignorance ? Fiers de la vaine parure d'une fauſſe Philoſophie, nous regardons avec mépris ces ſiècles peu éclairés.
Mais n'avons-nous pas à craindre, malgré de ſi grandes
lumières acquiſes depuis, d'éprouver un jour le même ſort?
Ces ſpectacles, qui nous paroiſſent avec raiſon ſi ridicules
& ſi contraires au goût, n'étoient pas tels aux yeux de nos
Ancêtres. Auſſi les *Myſtères* furent-ils repréſentés pendant
plus de cent cinquante ans de ſuite. Les *Moralités* & les
Farces ou *Sotties* eurent leur tour. La moralité n'étoit autre
choſe qu'un Dialogue, où les Interlocuteurs repréſentoient,
tantôt des perſonnages illuſtres & vertueux, vrais ou feints,
dont les actions ne pouvoient qu'inſpirer les bonnes mœurs ;
tantôt c'étoit une ſimple Allégorie, ſervant également à
l'inſtruction des ſpectateurs. La *Farce* ou *Sottie* étoit li-
vrée au contraire à la licence la plus diſſolue ; les actions
& les paroles les plus obſcènes y étoient admiſes : exemple
frappant du rapport qu'ont entr'eux les mauvaiſes mœurs
& le mauvais goût !

On ne peut retenir ſa ſurpriſe, en parcourant cet intervallé immenſe de plus de douze ſiècles, de ce qu'ils n'offrent pas, du moins de temps en temps, quelque rayon de lumière. Si par haſard on en apperçoit, il eſt ſi foible, qu'il ne peut percer la profonde obſcurité qui les couvre. Le jour qui devoit la diſſiper étoit loin encore, lorſque l'Art de l'Imprimerie fut inventé.

CET ART par excellence, qui peut ſeul, d'âge en âge, tranſmettre tous les autres Arts à la poſtérité la plus reculée, & qui, dépoſitaire des penſées, des opinions & des ſentimens divers des hommes, fixe invariablement l'eſprit de tous les ſiècles, reſſuſcita les Lettres, en tirant de l'oubli, & répandant de tous côtés les reſtes précieux de l'Antiquité. C'eſt par lui qu'ils reçurent une nouvelle vie : ſes progrès réparèrent avec rapidité les pertes des ſiècles précédens, & les bons Auteurs, multipliés par l'impreſſion, trouvèrent bientôt une foule de lecteurs, en état de les entendre & de les lire avec fruit. Chaque moment qui s'écouloit depuis la découverte de l'Imprimerie, hâtoit celui qui devoit opérer la révolution favorable aux Arts & aux Sciences ; mais il étoit réſervé à FRANÇOIS I de les faire renaître. Il fut le Dieu tutélaire des Savans, qu'il aima, qu'il encouragea, & qu'il protégea toujours. Après plus de douze cens ans écoulés & perdus dans l'ignorance, on ouvrit enfin les yeux, & l'on ſortit de la plus honteuſe léthargie. Cette aurore du bon goût, qui brilla d'abord ſur les heureuſes contrées de l'Italie, où régnoient les Médicis, répandit bientôt ſa lumière ſur toute l'Europe ; &, pour parler le langage du Préſident Hénault, ce fut deux fois le ſort de la Grèce d'inſtruire & d'embellir l'Occident.

ON REPRIT donc l'étude des Anciens, l'amour des Sciences se ralluma, tous les genres de Littérature furent également cultivés. Le génie sentit ses forces & les essaya ; l'esprit, auparavant aride & paresseux, tenta d'heureux efforts ; & l'imagination, plus sage & mieux réglée, n'en devint que plus brillante & plus solide. Un changement si subit fût l'ouvrage de la protection du Prince ; mais la promptitude inexprimable avec laquelle il s'opéra, fut la suite de l'ardeur que l'on mit à étudier les Anciens. On se les rendit bientôt assez familiers, pour oser les faire passer, soit Grecs, soit Latins, dans notre langue, toute barbare qu'elle étoit encore. Quelque imparfaites que fussent ces Traductions, elles donnoient du moins une idée de l'Antiquité, & inspiroient le desir de connoître les originaux & de les consulter. Les Grands alors, loin de rougir d'ajouter à leurs titres celui de Savans, étoient de tous les gens de Lettres les plus instruits ; ils le seroient encore aujourd'hui, s'ils vouloient se persuader, que l'éclat d'un beau nom ne suffit pas, pour acquérir une véritable considération ; que destinés par leur naissance à former la Cour des Rois, ils sont faits aussi pour entrer dans leurs Conseils ; que là, autant leurs talens & leur mérite sont utiles au Prince, à l'Etat, aux Peuples, autant leur ignorance est préjudiciable au bien public ; enfin, que plus ils sont élevés au-dessus des autres hommes, plus ils doivent s'efforcer de mériter de l'être, & faire cesser ce murmure jaloux, qui réclame sans cesse les droits de l'égalité, & ceux du mérite négligé, contre les caprices d'une aveugle fortune.

A MESURE que la carrière des sciences s'étendoit, la

nature se hâtoit de former des hommes dignes de la parcourir : l'éloquence devenoit plus mâle & plus pure ; une critique plus éclairée, discutant les faits, rétablissoit l'Histoire dans son ancienne splendeur ; la Poësie s'embellissoit des larcins qu'elle faisoit aux Muses Grecques & Latines ; & les Arts commençoient à briller sous une forme plus élégante & plus belle.

CEPENDANT la langue Françoise ne triomphoit point encore de sa rudesse & de sa grossiéreté. Dénuée qu'elle étoit de graces, d'élégance & de précision, les Ecrivains n'osoient s'en servir, sur-tout pour les ouvrages dont les sujets nobles, utiles & intéressans, demandoient à être présentés avec grandeur, & traités avec soin. Si elle se fût perfectionnée tout-à-coup, peut-être alors auroit-elle nui à l'étude des langues d'Athènes & de Rome. Ses défauts au contraire engagèrent les Savans à s'appliquer avec encore plus d'ardeur à cette étude importante. Aussi les ouvrages les plus estimés qui nous soient restés de ces temps-là sont-ils écrits dans l'une de ces deux langues ; preuve évidente que les Ecrivains ne pouvoient s'exprimer dans la leur. Une autre raison décisive pour faire usage de ces langues anciennes, c'est qu'il falloit s'instruire, & qu'il n'existoit aucun ouvrage en François, dont il fût possible de tirer la moindre utilité. Il étoit donc nécessaire de recourir aux véritables sources du goût & du génie. Notre langue devoit à la fin s'épurer, mais c'étoit l'affaire du temps ; il falloit commencer par éclairer l'esprit, parce que l'art de s'exprimer n'a jamais précédé, mais a toujours suivi l'art de penser. Ce n'est pas que quelques Auteurs ne cherchassent les moyens d'enrichir la langue Françoise, & de lui donner une certaine harmonie ; mais ce n'étoit encore qu'un mélange barbare de mots Grecs ou Latins qu'on tâchoit de naturalifer. Ces efforts ne furent pas tout-à-fait inutiles ; ils accoutumèrent du moins à une forte de cadence & de mefure dans le ftyle, dont il étoit auparavant entièrement dépourvu. Ajoutons, que la fimplicité des mœurs ne contribua pas peu à la lenteur des progrès de la langue.

LA LUMIÈRE croiffoit toujours, & répandoit un nouvel éclat fur la République des Lettres, lorfque Jodelle (*), fentant tout le ridicule de la repréfentation des Myftères, des Moralités, des Farces & dès Sotties, imagina de compofer des Tragédies & des Comédies d'après celles de l'Antiquité. Son exemple fut fuivi par fes fucceffeurs. On n'invoqua plus que les noms des Efchyle, des Sophocle & des Euripide ; les pieufes & ridicules Moralités & les indécentes Sotties furent bannies du théâtre ; la Scène Tragique s'ennoblit ; la Scène Comique renverfa fes tréteaux, rompit fes mafques, & lança fes traits avec plus de décence ; une foule de Poëtes de tout rang & de tous états faifoient l'ornement du Parnaffe François (**), & le Monarque même ne dédaignoit pas d'y monter avec eux.

TANDIS QUE les Mufes faifoient retentir au loin leurs concerts, les Loix fleuriffoient, reprenoient une nouvelle vigueur, & trouvoient des interprètes fidèles & favans. La fphère des idées s'agrandiffoit de jour en jour ; les connoiffances fe multiplioient ; les progrès de l'efprit

(*) Voy. *Recherches fur les Théâtres*, Premier âge du Théâtre François, pag. 20, Ed. *in-4°*.

(**) Voy. *Recherches* de Pâquier, Liv. VII, Chap. VI,

humain

humain devenoient de plus en plus fenfibles ; la Nature mieux connue , plus exactement obfervée , offroit un vafte champ aux méditations du Philofophe ; chaque art, & chaque fcience étoient mieux employés , plus approfondis ; on jugeoit plus méthodiquement & fur des principes ; le raifonnement acquéroit plus de force & de folidité ; mais le goût manquoit encore.

Le goût, ce fentiment exquis de l'ame , ce tact fi délicat & fi prompt, que la nature accorde quelquefois fans efforts, qu'elle refufe également à fon gré , & qu'on n'acquiert pas toujours, même par l'étude la plus opiniâtre , pouvoit bien en effet être négligé par des hommes plus occupés à jouir, qu'à penfer aux moyens de joindre l'agréable à l'utile. Voifins encore de la barbarie, & rougiffant pour leurs Ayeux, ils fe hâtoient d'entaffer richeffes fur richeffes, & de les prodiguer. C'étoit même une affaire d'amour - propre & de vanité , qui tournoit entièrement au profit des Sciences & des Lettres, par l'émulation qu'elle infpiroit. On cherchoit moins en effet à briller par les fineffes de l'Art, que par un prodigieux étalage d'érudition. On citoit à tout propos les Auteurs Grecs ou Latins. Cette affectation nuifoit fans doute à l'Eloquence, & nous blâmons avec raifon ce défaut de goût ; mais convenons qu'alors, la plus grande partie des auditeurs ou des lecteurs , n'avoit pas befoin d'interprète : à peine au contraire, trouveroit-on aujourd'hui dans une affemblée nombreufe, quelques perfonnes affez inftruites, pour pouvoir s'en paffer. Malheureufement nous avons réformé l'abus par un abus plus grand , en perdant entièrement l'ufage des langues favantes.

g

Quoi qu'il en soit, la langue Françoise furmontoit, lentement à la vérité, les obftacles qui retardoient fes progrès. Elle acquéroit infenfiblement plus de nombre & plus d'harmonie ; on étoit plus févère fur le choix des mots ; l'éloquence étaloit des charmes inconnus jufqu'a-lors ; mais c'étoit aux dépens de la noble fimplicité. On employoit, pour exprimer les chofes les plus communes, des termes ampoulés, on prodiguoit les métaphores & les comparaifons les plus outrées ; &, comme l'oreille étoit flattée, on ne s'appercevoit pas de ces défauts ; on faifoit plus, on les admiroit. Tandis que la Profe fe chargeoit ainfi d'ornemens confus & déplacés, la Poëfie fe paroit de graces naturelles & prenoit un vol fublime. Malherbe enfin toucha fa lyre ; fes accords réguliers, fes chants, pleins d'une harmonie nouvelle, triomphèrent de la du-reté de la langue, & n'en firent fentir que la douceur & les beautés.

Les temps où le goût devoit naître étoient arrivés. Tout annonçoit l'époque la plus brillante de la Littérature. La génération qui l'avoit précédée étoit enfin parvenue à détruire l'ignorance & la barbarie : elle avoit vaincu toutes les difficultés, furmonté tous les obftacles, & con-tente de la gloire qu'elle avoit acquife au prix de tant de travaux & de peines, elle laiffoit à la génération fuivante le plaifir & le foin de recueillir le fruit de fes veilles. En effet, quelles obligations n'avons-nous pas à tant d'illuftres Savans, dont les recherches, auffi la-borieufes qu'utiles, ont fait revivre les ouvrages de l'An-tiquité, en ont éclairci ou rétabli les textes, & nous ont mis à portée d'en profiter ? Sans les efforts de ces hommes courageux & vraiment doctes, que nous eftimons trop peu aujourd'hui, parce que nous croyons n'en avoir plus befoin, nous ferions peut-être encore plongés dans l'ignorance, ou du moins nos progrès auroient été beaucoup plus lents. L'amour qu'ils avoient infpiré pour l'étude des Anciens, demeura dans toute fa vigueur ; mais il étoit bien plus aifé de fuivre & d'embellir la route qu'ils avoient tracée, que de l'ouvrir & de la frayer.

Il ne s'agiffoit plus que d'épurer le goût, & de réfléchir fur les beautés qu'offrent en foule les modèles de l'Antiquité. Ce n'eft pas qu'ils n'euffent déja fervi de guides à plufieurs Ecrivains, mais c'étoit fans difcernement & fans choix. Ces Ecrivains luttoient contre le mauvais goût de leur fiècle ; & fi, malgré leurs efforts, la victoire leur eft échappée, ils ont du moins la gloire d'avoir combattu les premiers, & nous devons leur favoir gré de l'exemple qu'ils nous ont donné. Si Jodelle n'eût pas tenté de fubftituer aux ridicules fpectacles de fon temps des fpectacles plus réguliers, il eft prefque certain que les Myftères, les Moralités & les Sotties auroient peut-être fait, pendant des fiècles encore, l'amufement d'un peuple toujours également ignorant. Il avoit cependant à détruire, comme le remarque l'Auteur des Recherches fur les Théâtres, une prévention d'autant plus difficile à vaincre, qu'elle étoit fondée fur l'ignorance & fur une longue habitude. Jodelle ne fut point effrayé de l'obftacle : fon génie & fes talens le fervirent également bien. Sa hardieffe eut heureufement des imitateurs, qui, à leur tour, en ont eu, d'âge en âge, jufqu'à nous.

Le Cardinal de Richelieu, Miniftre dont les

vaſtes deſſeins ne tendoient qu'à élever ſur les fondemens les plus ſolides la gloire de ſon Maître & de la Monarchie, fut le premier qui ſentit la néceſſité de s'occuper particulièrement du ſoin de polir la langue Françoiſe & de la perfectionner ; paſſionné pour tout ce qui pouvoit contribuer à l'utilité de l'Etat, peut-être entra-t-il autant de politique, que d'amour pour les Lettres, dans l'établiſſement qu'il forma en leur faveur. Un Royaume, quelque riche & puiſſant qu'il ſoit, quelque ſupériorité qu'il ait ſúr ſes voiſins par la politique & par les armes, eſt loin encore de la véritable puiſſance, s'il n'eſt pas également ſupérieur par les lumières. L'homme ne peut qu'autant qu'il ſait : la Nation la plus inſtruite doit bientôt être la plus puiſſante; la France l'étoit dès-lors, & n'avoit plus qu'un pas à faire, pour être la rivale d'Athènes & de Rome.

Richelieu, en formant l'Académie Françoiſe, anima par ſon exemple & par ſes bienfaits les membres dont il la compoſa. Occupé des plus vaſtes projets au milieu de l'adminiſtration la plus orageuſe, chargé ſeul de tout le poids des affaires, ſans ceſſe en butte au reſſentiment des Grands qu'il avoit abaiſſés, impatiemment ſupporté par ſon Maître, il trouvoit encore des momens à donner aux Muſes. Mais quelque attention qu'il eût, de n'admettre dans ſon établiſſement que des hommes d'un mérite rare, ils ne pouvoient avoir que celui de leur ſiècle. On n'étoit encore que ſavant, & l'on ne connoiſſoit ni l'art de l'Orateur, ni la manière d'écrire avec goût, ni le goût même.

Cependant la langue Françoiſe acquit ſous ces nouveaux maîtres, plus de douceur & d'harmonie. Les Auteurs qui travailloient alors pour le Théâtre, étoient plus fé-

conds, qu'élégans & corrects. On commençoit, il eſt vrai,
à obſerver les règles Dramatiques, à deſſiner mieux un
plan, à ſoutenir davantage les caractères ; mais on ignoroit
l'art de *joindre* (*) *à ces mêmes règles la majeſté de la Tragédie, la nobleſſe des caractères & la force de la verſification.*
CORNEILLE parut : la langue Françoiſe étoit avant lui dénuée de graces & de force, il la rendit ſublime. Son eſſai (**),
quoiqu'imparfait, étonna. On vit éclore un art nouveau.
Ce grand homme, rempli d'Ariſtote & d'Horace, tira de
ſon génie créateur, & puiſa dans l'élévation de ſon ame,
toutes les beautés mâles dont brillent ſes ouvrages. Le Cid
acheva d'éclipſer pour toujours la gloire de ſes rivaux ;
Richelieu même en fut jaloux, & lui ſuſcita des critiques
qui ne ſervirent qu'à relever davantage l'excellence de
cette pièce. Pour juger des motifs de cette jalouſie, il ſuffit
de dire que le Cardinal de Richelieu ſe glorifia d'être Auteur, & malheureuſement il n'en avoit que l'amour-propre, & non le talent. La nature l'avoit d'ailleurs trop
bien doté, pour qu'il eût à ſe plaindre, de ne pouvoir
joindre à ſa couronne le ſtérile & vain laurier d'Apollon.
Il eut pourtant la foibleſſe de le deſirer, & c'eſt de lui
que nous vient cet uſage, ſi commun & ſi néceſſaire aujourd'hui, de s'aſſurer du ſuffrage d'un grand nombre de
ſpectateurs complaiſans pour applaudir (***). Uſage per-

(*) Voy. la Préface du Tom. IV de l'Hiſtoire du Théâtre François, pag. 6.

(**) Medée.

(***) « Mirame, Tragédie du Cardinal de Richelieu, tomba à la première
» repréſentation. Ce Miniſtre s'étant retiré ſeul à Ruel le ſoir même du mau-
» vais ſuccès de ſa pièce, envoya chercher Deſmarets qui ſoupoit avec Petit
» ſon ami. Deſmarets ſe doutant que l'entrevue ſeroit orageuſe, pria Petit
» de l'accompagner..... Hé bien, leur dit le Cardinal, dès qu'il les vit, les
» François n'auront jamais de goût pour les belles choſes, ils n'ont point été

fide, qui fufpend un moment la chûte d'une mauvaife pièce, pour la rendre enfuite plus certaine & plus
éclatante.

L'INJUSTICE du Miniftre envers Corneille étoit trop peu
fondée pour durer toujours. Richelieu céda enfin à l'Auteur du Cid la palme qu'il avoit ofé lui difputer. Corneille
continua de parcourir en maître la carrière qu'il avoit ouverte, & de marcher à pas de Géant au temple de l'immortalité. Il emprunta peu des Grecs; la fimplicité de
Sophocle & d'Euripide ne cadroit point avec une ame
auffi forte que la fienne. Il imita quelquefois Sénèque,
& toujours le furpaffa. Les Difcours qu'il a joints à fes
pièces de Théâtre renferment une Poëtique admirable,
que nos jeunes Auteurs devroient bien confulter, non-
feulement pour y prendre des inftructions fur l'Art Dramatique, mais des leçons de modeftie fur la véritable
eftime qu'on doit avoir de foi-même. Il femble au contraire
qu'ils veuillent diminuer la gloire de Corneille; & loin
de le refpecter comme leur maître, & de l'imiter comme
leur modèle; loin d'étudier leur art dans fes chef-d'œuvres
& dans fes excellens difcours, ils ofent lui trouver des
défauts, que fouvent il n'a pas, & lui difputer même le
génie de l'invention. Ne diroit-on pas qu'il eft au milieu

» charmés de Mirame. — Monfeigneur, répondit Petit, ce n'eft point la faute
» de la pièce, qui eft admirable, mais celle des Comédiens. Votre Eminence
» ne s'eft-elle point apperçue, que non-feulement ils ne favoient point leurs
» rôles, mais qu'ils étoient tous yvres? Effectivement, reprit le Cardinal, je
» me rappelle qu'ils ont joué d'une manière pitoyable... De retour à Paris
» Defmarets & Petit ne manquèrent point d'aller prévenir les Comédiens, &
» de s'affurer du fuffrage de plufieurs des fpectateurs, enforte qu'à la feconde
» repréfentation de Mirame on n'entendit que des applaudiffemens ». *Recherc.*
fur les Théâtres, Troifième âge du Théâtre François, pag. 142, Ed. *in-4°*.

d'eux, comme étoit autrefois Sully au milieu des jeunes Courtisans de la Cour de Louis XIII?

Ces premiers beaux jours de la Littérature furent suivis de jours plus sereins & plus brillans encore. Les Lettres, sous le règne de Louis XIV, parvinrent au plus haut degré de splendeur, & la nature parut prendre plaisir à s'épuiser, pour rendre le siècle de ce Monarque un des plus célèbres de l'Histoire.

Aux troubles intestins de l'Etat, aux factions les plus puissantes & les plus dangereuses, à la commotion universelle de la chose publique, aux tentatives indiscrètes & criminelles de l'indépendance, en un mot à la fermentation générale des esprits, succéda le calme le plus heureux. Le Monarque jeta des regards bienfaisans sur les Arts & sur les Sciences ; &, comme ils devoient tous concourir à sa gloire, le génie commença d'abord par perfectionner la langue destinée à transmettre à la postérité les merveilles de son règne.

Des hommes que l'amour de la retraite avoit réunis, cultivoient en paix les Lettres au sein de la solitude & de la piété. Ils formoient entre eux une société de Savans, où régnoit le goût de la bonne Littérature & de la saine Philosophie. Occupés également de l'étude des Ecrivains Sacrés & Profanes, ils édifioient à la fois le monde & l'éclairoient. Ce sont eux, qui par leurs Ecrits ont fixé les premiers la langue Françoise, & l'ont soumise à des règles invariables. Celui de leurs ouvrages, auquel on attribue sur-tout la fixation de la langue, sont ces Lettres immor-

telles que le génie dicta , & qu'Athènes auroit avouées.
On voit par l'exemple de ces Solitaires, combien la retraite
est favorable pour pénétrer dans le sanctuaire des Muses ,
& que c'est en méditant dans le silence les oracles du goût,
qu'on parvient à les imiter, & à les égaler.

C'EST ainsi que les hommes éloquens, que le siècle de
LOUIS XIV a vu naître, ont acquis l'immortalité. Le bel-
esprit étoit encore ignoré; ou, s'il osoit se montrer, ce
n'étoit que dans des Écrits de pur amusement , sans prétendre aucun rang dans la République des Lettres. Les
Orateurs montoient à la Tribune doués de toutes les connoissances & de tous les talens nécessaires à leur Art.
Abondante sans superfluité , riche sans faux brillans ,
naturelle sans bassesse , simple avec majesté, élevée sans
affectation , sublime sans efforts , leur éloquence mâle
& nerveuse , tantôt préférant la force du raisonnement aux tours ingénieux & fleuris , s'attachoit moins
à plaire qu'à instruire , qu'à convaincre & persuader ;
tantôt s'élevant avec le vol de l'aigle jusqu'au sein de
la Divinité dont elle sembloit être l'organe , elle éton-
noit, ravissoit, arrachoit des larmes & des sanglots : dans
les uns, pleine de candeur , animée du seul coloris des
graces, tendre, harmonieuse & touchante, elle pénétroit
l'ame de la plus douce émotion , & couvroit de fleurs les
vérités qu'elle vouloit annoncer aux Peuples comme aux
Rois; dans les autres, brillante , énergique & pittoresque,
elle traçoit les mœurs, les vices & les erreurs du temps, &
prenoit des mains de la vérité les armes dont elle les com-
battoit. Faisoit-elle l'Apothéose des Héros ? Alors déployant
toutes les richesses de l'Art , soutenue par une imagination
vive

vive & brillante, toujours guidée par le goût, elle peignoit avec des traits de feu leurs vertus, leurs actions, leurs talens & leur courage, en arrosant de ses larmes les fleurs qu'elle jetoit sur leurs tombeaux. Telle étoit l'éloquence qu'on admiroit autrefois, bien différente de cette fausse éloquence, qu'on nous fait entendre aujourd'hui, toujours guindée, souvent enflée, seche ou puérile, dénuée de graces, de sentiment, de noblesse & d'ingénuité.

DANS ces temps du bon goût, ce n'étoient pas seulement les Orateurs que les filles de Mémoire inspiroient ; elles se plaisoient encore à mêler leurs chants célestes aux accords de la lyre des Quinault & des Lulli ; elles faisoient revivre les pinceaux des Apelles & des Zeuxis, & ranimoient le ciseau des Phydias & des Praxitelles ; elles portoient avec complaisance leurs regards sur ces Monumens immortels, qui s'élevoient par la magnificence & pour la gloire du Monarque & des Arts ; en un mot aucun genre ne pouvoit demeurer imparfait. Mais, ce qu'il y a de plus admirable, c'est que la nature, en prenant plaisir à multiplier le nombre des grands hommes, sembloit ne leur dispenser que le génie propre à chaque Art dans lequel ils devoient exceller.

CORNEILLE avoit ressuscité la Tragédie des Anciens ; & quoiqu'il eût tenté de faire revivre aussi la Comédie, ses efforts furent infructueux. Il n'appartenoit qu'à MOLIÈRE seul d'avoir la gloire de créer de nouveau l'art de la scène Comique, & de le porter fort au-delà de celui des Anciens. Il avoit été, depuis Térence jusqu'à lui, entièrement oublié. La Comédie de *la Mère Coquette* de Quinault, pièce régulière, modèle même, si l'on veut, d'intrigue, existoit vainement. Celui qui d'un œil attentif observe la nature, la suit pas à pas, perce les replis du cœur humain, en démêle avec adresse les passions diverses, distingue habilement leurs nuances & leur caractère, découvre le jeu de leurs ressorts les plus secrets, arrache le masque au vice, saisit les ridicules, quelque imperceptibles qu'ils soient, & sait tirer d'un fonds aussi riche de quoi nous faire rire à nos dépens sans nous en appercevoir, est véritablement l'homme de génie, le créateur de l'Art, & Molière le fut. Il avoit le talent d'émouvoir le cœur & d'intéresser l'ame : il donnoit à sentir à l'un, à penser & à comparer à l'autre. Les Auteurs qui l'avoient précédé, ceux qui couroient avec lui la même carrière, n'avoient-ils pas les mêmes vices, les mêmes passions, les mêmes ridicules à peindre & à combattre ? Pourquoi ne l'ont-ils pas tenté ? C'est que le génie leur manquoit. Molière, pour réussir, eut plus d'obstacles à vaincre que Corneille. Il étoit en effet plus aisé de rétablir la vraisemblance dans la Tragédie, que la vérité dans la Comédie. On étoit accoutumé à un Théâtre licencieux ; c'est-à-dire, que les Poëtes Comiques, ou du moins la plupart d'entre eux *se permettoient des licences, qui ne caractérisoient pas moins la malignité de l'esprit, que la corruption du cœur ; & ce genre étoit reçu & applaudi* (*). Le moyen d'en faire goûter un nouveau, où l'Auteur ne sortant jamais des bornes de la décence & des mœurs, n'attaquoit que les vices & les ridicules sans aucunes personnalités ? Molière en vint à bout, & n'a laissé son génie, son talent à personne.

(*) Voy. Observations sur la Comédie par Riccoboni, p. 117.

Tandis que la Scène Comique s'enrichissoit des chef-d'œuvres de cet Auteur inimitable, Corneille terminoit sa carrière , & voyoit dans Racine , qui commençoit à paroître, un rival digne de lui disputer , ou de partager sa gloire. Elevé à Port-Royal , c'est l'éducation qu'il reçut dans cette savante retraite, qui développa ses talens ; c'est là qu'il puisa dans l'étude de l'Antiquité ce goût, cette élégance, cette pureté, cette correction qu'on admire dans ses ouvrages ; Euripide & Sophocle furent ses guides , & le formèrent. Une récompense qu'il reçut de la part du Roi, pour une Ode qu'il avoit faite, décida pour jamais son talent ; & peut-être Racine seroit-il ignoré sans Chapelain , qui parla si avantageusement à Colbert & de l'Ode & de l'Auteur, que peu de temps après le Ministre lui accorda une pension. Quand on réfléchit sur l'honnêteté de ce procédé , & sur le bien qu'il a produit , on voudroit oublier , que l'honnête Chapelain étoit un mauvais Poëte.

Pour que les talens naissent, s'élèvent & se fortifient, il faut les protéger , les aider , les encourager. Colbert, ami des Arts & du bien public, qui répandoit sur les Savans les bienfaits de son Maître , jusques dans les contrées les plus éloignées , devint le protecteur de Racine. Les succès du jeune Poëte, furent en peu de temps si brillans & si rapides, qu'ils excitèrent la jalousie de Corneille. Mais Corneille étoit vieux , & ses productions étoient plus foibles. Ce n'étoit plus le père du Cid , des Horaces & de Cinna, c'étoit l'Auteur de Pertharite & d'Attila. Les Auteurs n'ont que trop imité depuis sa foiblesse ; malheureusement ils n'ont pas les mêmes titres que ce grand homme, pour se faire un nom , & pour leur servir d'excuse.

Nous ne pouvons trop remarquer, combien les mœurs ont d'empire sur les ouvrages d'esprit. Un Roi jeune & victorieux, une Cour brillante, qui ne respiroit que la gloire & la galanterie, où l'on ne songeoit qu'à plaire, où du sein des plaisirs on voloit à la victoire, frappèrent les premiers regards de RACINE ; ainsi, lorsqu'il choisit l'amour pour être l'ame de ses Tragédies, il suivoit à la fois le goût qui dominoit alors, & le penchant de son cœur. Les hommes ne font, que ce que les circonstances veulent qu'ils soient. Corneille, au contraire, né dans un temps où la guerre civile déchiroit l'Etat, où les factions entraînoient dans des intrigues sanglantes, où les passions les plus fortes jetoient dans les esprits une sorte de courage & d'élévation, donnoient plus de vigueur à l'ame, augmentoient son ressort, Corneille n'avoit vu que des événemens, propres à faire germer dans son ame ces sentimens dignes des premiers Romains, & si bien exprimés dans toutes ses Tragédies. Les mœurs influèrent donc sur le goût de ces deux grands hommes, & imprimèrent à leurs ouvrages ce sentiment dans l'expression, ce caractère de vérité, qui les distinguent si essentiellement, & dont jusqu'à présent aucun Auteur Tragique n'a pu se flatter d'approcher.

TANT que les admirateurs de Corneille ne combattirent qu'en faveur de sa gloire les succès de Racine ; tant qu'ils n'opposèrent que chef-d'œuvre à chef-d'œuvre, on pouvoit leur pardonner leur enthousiasme pour un grand homme, dont les triomphes n'étoient plus douteux, & dont la place étoit marquée d'avance au Temple de Mémoire. Cette préférence, cet enthousiasme même, n'avoient rien d'humiliant pour Racine. Mais, lorsque l'intrigue & le mauvais goût se liguèrent contre lui , en s'efforçant de faire triompher Pradon , on ne vit plus alors dans cette conduite qu'une baffe jaloufie , & la plus aveugle prévention du Bel-efprit , ennemi né du génie. Ce qu'il y a de plus étonnant; c'eft que des femmes aimables , inftruites, ayant un nom, de l'efprit, des talens même pour écrire, étoient à la tête de la cabale. Les Athéniennes ne jugeoient ni les Sophocles , ni les Euripides ; elles ne donnoient point le ton aux Auteurs de la Grèce. Puifque nos mœurs plus douces & moins fières avoient laiffé ufurper au beau fexe le fouverain empire du goût , qu'étoit donc devenue la fenfibilité qui lui eft fi naturelle? Comment avoit-il pu la perdre au point de fe déclarer contre l'Auteur le plus tendre , & le plus digne de lui plaire ?

EN EFFET , que de charmes , que de magie , que de merveilles intellectuelles dans le ftyle de Racine ! Quelle nobleffe , quelle fublimité , quelle délicateffe de fentiment dans fa Poëfie ! Quelle jufteffe & quelle netteté d'expreffion ! Quelle harmonie , quelle facilité dans fes vers, où l'on ne trouve pas une épithète oifive , pas un mot de furcharge ou d'enflure , pas une feule nuance de fentiment imparfaite ou manquée ! C'eft le Peintre du cœur, le Poëte de toutes les ames fenfibles, qui, dans fes ouvrages, a porté la langue Françoife au dernier degré de perfection & de pureté. Il eut le bonheur d'être le contemporain & l'ami de Boileau. BOILEAU ! dont notre fiècle auroit befoin pour faire juftice des Pradons & des Cotins modernes ! Il femble que la nature l'ait fait naître exprès dans le fiècle du goût, pour en enfeigner le culte, le préferver de la corruption , le perpétuer , & pour chaffer de fon temple tous ceux qui voudroient le profaner. Elle lui accorda le don de la Satire ; il l'employa toujours utilement contre les mauvais Auteurs, qu'il ne craignit jamais, parce qu'il étoit aussi honnête homme, qu'excellent Ecrivain.

On lui fait cependant un crime aujourd'hui de ses Satires ; on ne le traite que de versificateur, quoiqu'il soit un Poëte de génie & un très-grand Poëte. Ne diroit-on pas que ces Juges injustes, si délicats à la fois & si rigoureux, craignent qu'il ne renaisse de sa cendre ? Ne croiroit-on pas qu'ils lisent déja leurs noms, à la place de ceux des mauvais Auteurs qui figurent si bien dans ses Satires ?

Rendons graces néanmoins à notre heureuse destinée du courage, & du succès avec lesquels ce Législateur du Parnasse a combattu & poursuivi le mauvais goût, qui peut-être eût triomphé, escorté comme il l'étoit alors du bel-esprit. Combien peu s'en est-il fallu que Pradon ne l'ait emporté sur Racine ? N'a-t-on pas vu le moment où les Anciens alloient être dégradés & bannis de la République des Lettres ?

Au milieu des triomphes des Corneille, des Racine & des Molière, le Bel-esprit, mécontent de ne jouer depuis long-temps qu'un rôle subalterne, s'admirant dans ses productions frivoles, jaloux d'étaler son clinquant & son faux-savoir, trouva le secret enfin d'entrer en lice pour la première fois ; & pour qu'on doutât moins de ses talens, il voulut se signaler, en disputant aux Anciens leur supériorité sur les Modernes. Cette pensée ne pouvoit venir, que d'un fonds d'orgueil & d'ignorance infuppor-table. Cependant PERRAULT fe chargea de l'attaque, &, foutenu par quelques beaux-efprits auxiliaires , il engagea le combat.

PERRAULT ne favoit point le Grec (*) , par confé-quent n'avoit jamais lu ni Homère , ni Pindare , ni Sophocle. Il ignoroit, de fon aveu , quelle étoit l'Ode d'Horace à laquelle Jules Scaliger donnoit la préférence ; il ne favoit pas même juger, quelle étoit la plus belle Ode de Malherbe, pour l'oppofer aux Anciens. Comment ofe-t-on décider des rangs, apprécier le mérite, quand on eft inca-pable de comparer par foi-même les talens des uns & des autres ? Si Corneille , par la fécondité de fon génie fu-blime , a fu égaler les Anciens ; fi nous retrouvons Euri-pide & Sophocle dans Racine , Ariftophane , Plaute & Terence dans Molière ; Horace & Juvenal dans Boileau , Efope & Phedre dans la Fontaine , Lucien dans Fonte-nelle , Pindare dans l'illuftre & malheureux Rouffeau , qui fera toujours , malgré l'envie , le premier Poëte Ly-rique de la France ; fi nous croyons encore entendre les Demofthène , les Ifocrate & les Cicéron dans tant d'Orateurs qui les ont fait revivre ; en un mot, fi le fiècle de Louis XIV a produit lui feul, ce que des fiècles entiers n'ont pu produire que lentement fous les heureux climats de la Grèce & de l'Italie ; en doit-on conclure que les Modernes l'emportent fur les Anciens ? Tandis au con-traire que, fans les Anciens, ces Modernes fi célèbres au-

(*) Voy. *Variétés férieufes & amufantes*, nouvelle Edition , 1769 , Tom. I, pag. 371 , où M. Sablier, qui en eft l'Auteur , rapporte une lettre écrite à un de fes parens, & dont il a l'original de la main de Perrault, dans laquelle cet adverfaire des Anciens avoue qu'il ne les connoît pas.

jourd'hui , fi dignes de l'être , feroient peut-être demeurés dans l'oubli ! car le génie eft languiffant, s'il n'eft pas fortement ébranlé par la beauté , la grandeur , l'excellence & la vérité des objets qui le frappent & le faififfent ; ce n'eft qu'alors qu'il s'anime, qu'il s'enflamme & qu'il crée. Eft-il Poëte ? Ce n'eft plus Homère, Pindare, Virgile , Horace qu'il vient de lire , c'eft l'efprit de tous qui l'infpire à la fois ; c'eft une Divinité qui s'empare de lui ; il chante, les vents fe taifent , & la terre eft attentive à fes accens. Eft-il Orateur ? Les Harangues de Demofthène & de Cicéron pénétrent fon ame, développent fes talens ; il vole à la tribune , & fon éloquence, fans faux ornemens, fans éclat emprunté, coule délicieufement de fes lèvres, enchante, touche & perfuade. Eft-il Hiftorien ? Hérodote , Xénophon , Thucydide, Céfar , Tite-Live & Tacite forment tour-à-tour fon ftyle , lui montrent la route difficile & dangereufe de la vérité , dont il ne doit jamais s'écarter, lui apprennent à tenir le fil néceffaire pour ne pas s'égarer dans le labyrinthe de l'Hiftoire , & lui découvrent en même temps le fecret d'attacher , d'inftruire & de plaire.

Il faut donc néceffairement au génie une première impulfion, qui provoque fon feu , lui donne de l'action , & l'enflamme. Cette impulfion une fois donnée , l'imagination s'allume à fon tour , & produit fans peine & fans efforts les images les plus grandes & les plus frappantes. Ceux que nous appelons Anciens par rapport à nous, ont été précédés par des Peuples qui les ont inftruits ; & en remontant jufqu'à l'enfance du Monde , les premiers Hommes avoient pour maître les merveilles de la nature. Ce fpectacle auffi intéreffant

que

que fublime , qui frappoit fans ceffe leurs fens , élevoit leur efprit jufqu'à leur divin Auteur , & leurs premiers ouvrages n'ont été que des Cantiques de reconnoiffance à fa gloire. Mais à mefure que la nature s'eft corrompue , que l'innocence a ceffé d'habiter la terre , que le féjour des Villes eft devenu néceffaire à une fociété plus nombreufe, que le fer n'a plus été travaillé , pour ouvrir feulement le fein de la terre & le rendre fertile , qu'on en a forgé des armes cruelles , & que des ruiffeaux de fang ont coulé dans les campagnes ; les befoins alors ont fait naître l'induftrie , les Arts ont dû leur découverte au hafard , le luxe les a multipliés , l'expérience d'âge en âge a perfectionné les connoiffances , les fciences fe font formées & ont été le produit des méditations conftantes de l'efprit humain , les peuples de proche en proche fe les font communiquées , & ceux chez lefquels elles ont jeté les plus profondes racines, ont été les plus favorifés de la nature. Or, quelque étendue de génie que nous ayons reçue d'elle, cette faveur eft un partage, & par conféquent elle eft toujours bornée ; elle nous devient même inutile, fi nous ne la cultivons pas. Nous devons donc confulter ceux, qui peuvent nous donner le plus de lumières analogues à ce fens intellectuel qui agit en nous. C'eft par-là que les grands hommes du fiècle dernier, fe font affuré les éloges & l'admiration de la poftérité la plus reculée ; & loin d'avoir eu le fot orgueil de fe croire fupérieurs à leurs maîtres , ils ont avoué qu'ils leur étoient redevables des beautés qu'on trouvoit répandues dans leurs ouvrages. En effet , parcourez leurs Ecrits , tout y refpire le goût , tout y porte l'empreinte du génie , tout y rappelle la favante Antiquité. Tel eft encore aujourd'hui, le caractère diftinctif des ou vrages du Pline de la France (*) , ce Savant illuſtre , ce génie vraiment créateur , l'honneur & la gloire de ſon ſiècle , ce Philoſophe profond , cet Hiſtorien éloquent & ſublime de la Nature , auquel elle ſemble avoir pris plaiſir à révéler ſes ſecrets les plus cachés.

LES ANCIENS feront toujours les maîtres & les modèles de tout Auteur , qui , jaloux de ſa gloire , voudra que ſes Ecrits paſſent à la poſtérité. C'eſt moins la mal-adreſſe & l'ignorance de Perrault qui l'ont fait ſuccomber, que l'impoſſibilité de ſoutenir & de défendre une cauſe auſſi ridicule & auſſi mauvaiſe que celle qu'il avoit entrepriſe. Les Boileau , les Racine eux-mêmes y auroient échoué. Qui pouvoit mieux cependant y réuſſir que ces grands hommes, dont les veilles avoient été conſtamment employées à l'étude de l'Antiquité? Qui devoit par conſéquent juger avec plus d'autorité , de connoiſſance & d'intérêt les beautés & les défauts des ouvrages des Anciens? A quoi ſongeoit donc le bel-eſprit , de s'expoſer , par ſon ignorance , à la honte d'une défaite certaine , en n'employant même contre lui que les armes du ſens commun ? Envain appela-t-il à ſon ſecours & LA MOTTE & FONTENELLE. Ces deux Ecrivains étoient eux-mêmes un exemple, qui n'établiſſoit pas la ſupériorité des Modernes. Si l'on eſtime dans l'un le proſateur ingénieux, le verſificateur de la raiſon , on eſt forcé d'avouer que les trois quarts de ſes Odes & de ſes Fables glacent d'ennui le lecteur le plus bénévole. Si l'on aime dans l'autre l'art d'orner & d'embellir le compas d'Uranie ; ſi l'on applaudit à la touche ingénieuſe & ſavante de ſes *Oracles*, à la fineſſe

(*) M. le Comte de *BUFFON*.

de ſes *Dialogues*, à l'agréable Philoſophie de ſes *Mondes*, au tour inimitable de ſes *Eloges*, on eſt, malgré ſoi, dégoûté du jargon fade & précieux de ſes *Idylles* & de ſes *Eglogues*, ſi éloignées du naturel & de l'élégante ſimplicité de Théocrite & de Virgile.

On doit être étonné, qu'une pareille diſpute ſe ſoit élevée dans un ſiècle, où les Sciences étoient ſi manifeſtement redevables aux Anciens de l'éclat qu'elles répandoient ſur toute la France. Mais le bel-eſprit alors imitoit Séneque, qui ne ceſſa, pour ſoutenir ſa réputation, de déprimer les Anciens, ſentant bien que, ſi l'on s'attachoit une fois à la lecture de leurs ouvrages, on ne pourroit jamais lire ni goûter les ſiens (*). C'eſt ainſi que la décadence du goût ſuivit le beau ſiècle d'Auguſte ; c'eſt ainſi que le nôtre touche peut-être de près à l'époque humiliante de l'ignorance des premiers ſiècles.

La Nature a paru ſe repoſer, après avoir enfanté tant de merveilles pendant le ſiècle dernier. Mais dire qu'elle ſe ſoit épuiſée, c'eſt l'outrager ; c'eſt autoriſer la pareſſe, qui, bercée de la fauſſe idée qu'il n'eſt plus rien de neuf à inventer, ferme les livres, laiſſe-là l'étude & s'endort ; c'eſt étouffer le génie naiſſant, l'empêcher d'éclore, & le détourner de tenter des efforts heureux ; c'eſt rendre, enfin à l'ignorance tout ſon empire, & au bel-eſprit la gloire de ſe ſoutenir par ſes frivoles & inutiles productions. Envain on objecte ſans ceſſe que les ſources ſont taries, & que les ſentiers ſont trop battus : à force de le répéter,

(*) « Quem non equidem omnino conabar excutere, ſed potioribus præ-
„ ferri non ſinebam, quos ille non deſtiterat inceſſere, cùm diverſi ſibi
„ conſcius generis, placere ſe in dicendo poſſe iis, quibus illi placerent,
„ diffideret. » Quintil. Lib. X, Cap. I, in fin.

on le croit, & le goût fe perd. Quoi ! les ouvrages de ces génies immortels de l'Antiquité, n'ont plus de beautés pour nous ! Ils n'ont plus le pouvoir de nous enflammer, parce qu'ils ont enflammé ceux qui nous ont précédés ! Pourquoi donc Horace recommandoit-il avec tant de force aux Écrivains de fon temps & aux Écrivains à venir, de les lire & relire jour & nuit ?

N'accusons de ce préjugé, malheureufement trop établi, que notre méthode d'éducation. Les langues Grecque & Latine y tiennent fi peu de place, que l'Elève les oublie pour toujours, dès qu'il eft une fois forti des mains de fon maître. Cependant elles font la clef de toutes les Sciences & de tous les Arts : elles font utiles, dans tous les temps de la vie, à quiconque en a fu profiter : elles aident & favorifent les difpofitions naturelles des ames heureufement nées, elles écartent le foupçon honteux d'ignorance & d'éducation négligée, elles ornent l'efprit, étendent les connoiffances, conduifent directement aux fources premières du goût, ajoûtent enfin un plus haut prix au mérite perfonnel de l'homme en place. Que l'on jugeoit mieux autrefois des avantages réels & de l'utilité de ces deux langues ! Il eft vrai qu'alors l'inftitution de la jeuneffe étoit mâle & vigoureufe : auffi formoit-on des hommes. La fcience précédoit la connoiffance du monde ; & loin de regarder comme perdues ces premières années confacrées à l'étude, & fi néceffaires à bien employer pour fonder quelque efpérance fur l'avenir, les heures n'étoient pas encore affez longues pour remplir un objet fi effentiel & fi intéreffant. Rapportons-nous-en au compte qu'en rendoit, pour l'inftruction de fa famille, un des

Ancêtres (*) du premier Préfident de Mêmes. La jeuneffe éveillée dès l'Aube du jour, voloit à l'étude. Elle fe faifoit un jeu de la lecture des meilleurs Auteurs de l'Antiquité Grecque & Latine ; elle s'en nourriffoit, & l'on voyoit avec plaifir l'efprit fe développer, le jugement fe former, le goût devenir pur & folide. Le cours des études fini, on entroit dans le monde, non avec ces graces qui doivent tout à l'art, cette confiance hautaine, dont la préfomp-tion eft la mère, ce ton libre & décidé qu'on applau-dit, & qu'il feroit plus fage de réprimer ou de contenir ; mais avec ces graces ingénues, cette candeur aimable, cet embarras modefte, qui annoncent l'innocence des mœurs, cette jufte méfiance de foi-même, compagne des vrais talens que l'expérience achève de perfectionner, & qui conduifent aux places deftinées à la naiffance, briguées par la fortune, accordées à la faveur & que le mérite attend.

Si cette méthode d'élever la jeuneffe fe fût confervée, nous aurions encore des hommes. Mais nos mœurs font trop énervées, pour que l'éducation ne foit pas amollie.

(*) Henry de Mêmes en 1584. « Nous étions, écrivoit-il, debout à quatre
» heures du matin & allions à cinq aux études. . . . Nous oyions les lectures
» jufques à dix heures fonnées fans intermiffion. . . Après dîner nous lifions
» par forme de jeu Sophocle, ou Ariftophanes, ou Euripide, & quelquefois
» Demofthenes, Cicero, Virgilius, Horatius . . . . Et le foir nous lifions en
» Grec ou en Latin ». Voy. *Traité des Etudes* de Rollin, Tom. I, pag. 123
& 124, Edit. *in-4°.*
J'ai actuellement fous les yeux une Traduction des Philippiques & de plu-fieurs Oraifons de Demofthènes, faite par M. N. de Nicolay, premier Pré-fident de la Chambre des Comptes de Paris, ayeul de M. de Nicolay, aujourd'hui premier Préfident de la même Chambre. Cette Traduction, qui n'eft que manufcrite, pourroit foutenir le grand jour de l'impreffion, même à côté de l'excellente Traduction de feu M. l'Abbé d'Olivet. L'amour des Lettres, le mérite & les talens ne font pas moins héréditaires dans cette illuftre Maifon, que la vertu, l'honneur & la probité.

De-là naiſſent la plupart des vices du cœur & des travers de l'eſprit. Au moyen de la foible nourriture qu'on lui donne, il ne prend qu'une conſiſtance factice. Il reſſemble à ces fruits ſauvages, qui plaiſent d'abord à la vue, & dont la ſaveur détruit le charme. Comme il eſt vide, ſes idées toujours vagues, quelquefois brillantes, ne ſont jamais ſolides : préſomptueux, il croit ſaiſir tous les objets qu'il n'eſt pas capable d'atteindre ; ſuperficiel, il les effleure tous & n'en embraſſe aucun : fier, autant de ce qui lui manque, que de ce qu'il poſſéde, il s'arroge la ſupériorité, prend le ton, prononce & décide en maître ; ſon goût eſt toujours ou faux, ou bizarre, ou frivole : eſclave de l'imagination, il en eſt tyranniſé & ſéduit tour-à-tour ; ſans jugement & ſans principes, il ſe laiſſe emporter au premier vent des opinions, l'erreur l'entraîne, & c'eſt envain que la raiſon & la vérité tentent de le ramener : il eſt trop aveuglé pour les reconnoître ; il n'eſt pas aſſez fort pour rétrograder ſur lui-même.

MALGRÉ l'évidence de ces défauts, qui deviennent de jour en jour plus communs, il ſemble qu'on ſe ligue aujourd'hui pour ôter à la jeuneſſe le goût de la ſeule étude qui lui convienne, en ne l'occupant qu'à des exercices, ſans doute utiles, mais qui pourroient ſi facilement s'allier avec ceux qui donnent à l'ame de la force & de l'élévation, au génie du reſſort & de l'étendue, à l'eſprit de la juſteſſe & de la ſolidité. Cette indifférence eſt le fruit du luxe & de l'abus des richeſſes. En effet, à quoi peuvent ſervir la ſcience & le mérite, quand la fortune & la protection diſpoſent de tout, conduiſent à tout ? On ne réfléchit pas néanmoins aſſez ſur le malheur d'une mauvaiſe éducation :

ce malheur ne se répare jamais, parce qu'il n'est senti que lorsqu'il n'est plus temps d'y remédier. L'ignorance, qui en est ordinairement la suite , nous expose, quelque profession que nous embrassions, à commettre les fautes les plus graves ; & les gens en place , quelquefois dépourvus de talens, incapables de les apprécier dans autrui , assez injustes pour les rabaisser, pour en être jaloux & les craindre, sont souvent la victime de leurs subalternes , parce que ceux-ci, mieux élevés qu'eux & plus instruits, secrètement offensés du joug humiliant auquel ils sont asservis, se vengent ordinairement de l'espèce d'hommage qu'ils sont contraints de rendre à l'ignorance, en méprisant l'homme autant qu'ils respectent sa place.

NOTRE SIÈCLE cependant se glorifie d'être le siècle de l'esprit ; c'est-à-dire, que nous faisons revivre le temps de Sénèque & de Lucain. Nous nous flattons encore d'avoir étendu les progrès de la Philosophie. Mais quel triste retour sur nous-mêmes, quand nous sommes forcés d'avouer que c'est aux dépens du génie , du goût & de l'imagination ! Etrange Philosophie , dont l'art est de détruire en nous toute sensibilité ! Funeste Morale , dont le but est d'attaquer des vérités consacrées à jamais , & d'ôter à l'humanité ses sentimens, à l'ame ses vertus, son espérance & ses consolations, à l'esprit son calme & sa gaïeté , aux mœurs leur pureté , leur candeur & leur frein !

LA POSTÉRITÉ sera bien étonnée, quand elle cherchera vainement dans nos Ecrits prétendus Philosophiques (s'il est vrai qu'ils parviennent jusqu'à elle) cette abondance de lumières merveilleuses , que nous vantons avec tant d'emphase & de complaisance ! Elle demandera quelles vérités nouvelles nous avons enseignées, quelles erreurs nous avons détruites, quelles ténèbres nous avons dissipées? Notre égoïsme révoltant ne lui imposera point: elle verra que nous nous sommes fait illusion à nous-mêmes; que notre imagination exaltée n'a enfanté que des rêves ridicules ou dangereux; que nous nous sommes crus riches de quelques lambeaux ramassés dans l'école d'un scepticisme effronté: elle nous comparera aux enfans, qui, par une indiscrète curiosité, déchirent & brisent tout ce qu'ils touchent; enfin elle décidera, que nos lumières & notre esprit n'ont servi qu'à corrompre notre cœur, & à nous égarer.

La Postérité sera bien plus étonnée encore, quand elle apprendra par nos propres ouvrages, que, loin de soutenir l'art admirable des Corneille, des Racine & des Molière, nous l'avons ridiculement travesti en Pantomimes & en Drames froids, insipides & dégoûtans (genre cependant dont nous nous faisons honneur d'être les inventeurs). Quelle gloire! ou plutôt quelle erreur, quel abus de l'esprit! Mais comment pourroit-on faire aujourd'hui des Tragédies, *nos mœurs*, disons-nous, ne sont point *Poëtiques*? L'étoient-elles davantage du temps de Corneille & de Racine? Est-il besoin que le poignard & le laurier de Melpomène soient toujours teints & arrosés de sang? Qu'entendons-nous par *mœurs Poëtiques*? Faut-il que des révolutions soudaines, des guerres cruelles, des orages imprévus, des événemens extraordinaires & sinistres, des coups de foudre redoublés, jettent le trouble dans notre ame & nous agitent comme le Démon de la Pithonisse? Faut-il que le sang coule sur les Autels, que la terre en soit abreuvée, que l'ennemi vainqueur boive celui du vaincu?

Si cela eſt, les Caraïbes ont des *mœurs* bien *Poëtiques*, & leurs Poëtes doivent être horriblement Tragiques ! N'allons point chercher des modèles de l'Art dans des mœurs auſſi atroces ; rendons graces à la Providence de ce que les nôtres ſont douces & civiliſées ; & périſſe plutôt l'Art à jamais, que de devoir ſa perfection & ſon excellence aux malheurs publics !

LA TRAGÉDIE chez tous les Peuples du monde, où elle eſt connue & cultivée, a toujours eu pour fondement *la Terreur* & *la Pitié*, & jamais *l'Horreur*. Voilà ſes deux ſeuls reſſorts, c'eſt au génie à les employer. O Athéniens ! Peuple avide de gloire, dont les Arts annonçoient le goût, les ſciences le génie, & la gaïeté le caractère ! Vous qui ſuiviez avec le même attrait & l'auſtère ſageſſe & l'aimable folie ! Peuple charmant & frivole, humain & brave, ingénieux & ſavant, philoſophe & voluptueux, avec lequel nous avons tant de reſſemblance, n'aviez-vous pas des Sophocle & des Euripide, des Ariſtophane & des Menandre, des Socrate & des Platon, dans les temps même où vos proſpérités rendoient vos mœurs encore plus douces & plus voluptueuſes ?

LA STÉRILITÉ que nous éprouvons dans preſque tous les genres, peut bien autoriſer nos plaintes ; mais elle démontre en même temps, que le ſiècle de la fauſſe Philoſophie, ne peut être celui du génie. Nous ſentons nos pertes, & plus encore l'impuiſſance de les réparer. Les commencemens de ce ſiècle, ſembloient s'annoncer par de plus heureux préſages.

MELPOMÈNE pleuroit encore Racine, lorſque

k

CRÉBILLON parut. Ce grand homme, par lequel la nature vouloit terminer les prodiges du règne de LOUIS XIV, s'ouvrit une nouvelle route pour marcher à l'immortalité. Un Athlète qui descendoit dans l'arène où Corneille & Racine avoient triomphé tant de fois, devoit trembler. Crébillon ne se le dissimula point : mais, avec une ame forte & un génie mâle, il s'empara d'un genre qu'aucun autre avant lui n'avoit osé tenter, & vint, la coupe d'*Atrée* à la main, s'asseoir entre l'Auteur du Cid & celui d'Athalie. L'envie voudroit envain lui disputer le laurier dont il est couronné, Crébillon sera toujours regardé comme le Poëte le plus Tragique que la France ait eu. La terreur est l'ame de toutes ses Tragédies ; elles respirent la noble simplicité de l'Antique. Il se forma particulièrement sur les Grecs qu'il aimoit, qu'il avoit étudiés & approfondis ; il semble sur-tout qu'il ait pris Eschyle & Sophocle pour modèles & pour maîtres. Son coloris est vigoureux & sombre, son style pathétique & serré, sa versification noble & majestueuse, & dont les taches sont effacées par les plus grandes beautés (*). C'est par le genre dont Crébillon s'est saisi, que la Postérité le distinguera de tous ceux qui l'ont précédé. Quoiqu'il ait assez travaillé pour sa gloire, il auroit enrichi davantage le Théâtre François, sans de malheureuses circonstances qui l'en éloignèrent trop long - temps pour les progrès de l'Art. Une Protectrice (**) bienfaisante l'y rappela, lorsqu'il étoit plus qu'octogénaire. Il termina sa glorieuse carrière par le *Triumvirat*, dans lequel on re-

---

(*)   *Verùm ubi plura nitent in carmine, non ego paucis*
     Offendar maculis. . . HOR. de Arte Poëticâ.

(**) Madame la Marquise de Pompadour.

-trouve encore avec furprife cette touche fière & hardie , qui le caractérifera toujours. Indépendamment de
fon talent fupérieur , qui le rendoit indulgent pour les
talens des autres, Crébillon eut un mérite qu'on ne fauroit
trop admirer. Pendant le cours de la vie la plus longue,
fon cœur fut conftamment fermé à l'envie & à la baffe
jaloufie. Heureux les Auteurs qui peuvent dire comme lui :

» Aucun fiel n'a jamais empoifonné ma plume ! »

C'eft une juftice qu'il fe rendit publiquement le jour de
fa réception à l'Académie Françoife , & que le Public
confirma par les plus grands applaudiffemens.

Ainsi les hommes de génie ont fenti dans tous les temps
le prix de l'étude de l'Antiquité. Tant que fa lumière riche,
féconde & pure s'eft répandue fur les Arts & fur les Sciences, elle les a non-feulement embellis, mais perfectionnés.
Pourrions-nous oublier que c'eft elle, qui nous a tirés de
cette honteufe & profonde ignorance où nous avons langui pendant tant de fiècles? Serions-nous affez ingrats pour
méconnoître ce que nous lui devons , & pour croire que
les prétendues richeffes de l'efprit ne s'épuifent jamais ?
Une terre , quelque fertile qu'elle foit , a befoin de culture : elle ne produit d'elle-même que des herbes fauvages.
Le prix, l'excellence & la bonté de fes productions, dépendent toujours de la femence qu'on a dépofée dans fon fein,
& des foins qu'on lui donne. Or , fi nous avons négligé
de nous nourrir jufqu'à préfent des excellens écrits de l'Antiquité , devons-nous être étonnés de la difette des bons
ouvrages, de la décadence du goût , & de la frivolité des
productions de notre fiècle ?

LE SYSTÊME de Law qui changea, il y a quelques années, la fortune de presque tous les Citoyens, changea aussi les mœurs publiques & particulières. La révolution devint générale, dans le Moral comme dans le Physique. Des hommes nouveaux, éblouis de leur fortune, & n'ayant d'existence que par leurs richesses, crurent qu'elles étoient le seul & le souverain bien : ils le dirent, & agirent en conséquence ; & leur exemple persuada la multitude. Ils étalèrent un luxe qui fit gémir le pauvre, & rougir l'honnête médiocrité. Personne ne fut plus à sa place, chacun sortit de son rang, la corruption gagna tous les états, & l'esprit se ressentit de ce désordre extrême. On songea moins alors à rendre l'éducation utile que somptueuse, & la mollesse prit la place de l'austérité des mœurs antiques. Ce n'est point au sein des richesses & de l'abondance que se forment les Héros & les grands hommes. La gloire exige de ceux qui la recherchent, des peines, des veilles, des sacrifices & de longs travaux : l'homme riche, énervé dès sa naissance, est incapable de les soutenir. D'ailleurs quel genre de gloire pourroit l'intéresser, quand il est sans cesse entouré de vils flatteurs, qui encensent ses vices, & font l'éloge de ses sotises? Tandis que l'homme de mérite, souvent abandonné de la fortune, souffre, gémit, veille, travaille, & n'entend autour de lui que les sifflemens de l'envie irritée, & quelquefois les hurlemens affreux de la calomnie !

LE GOÛT de la Littérature & des Arts éprouva la même révolution que les mœurs. Les conditions confondues ensemble se corrompirent mutuellement. De-là naquirent l'intérêt sordide, les faux airs & les ridicules de toute

_espèce. Les richesses balancèrent l'avantage des dignités &
des rangs ; les plus élevés s'abaissèrent devant l'idole de la
fortune , & ne desirèrent plus que ses faveurs. La stu-
pide opulence paya les Arts , gagea l'Artiste , & com-
manda au génie des Grotesques , pour remplacer les
chef-d'œuvres des Le Brun, des Le Sueur & des Mignard.
La noble & majestueuse simplicité de nos Ancêtres dispa-
rut , & nos yeux, accoutumés autrefois à ce beau simple ,
furent tout-à-coup éblouis par un luxe porté à l'excès.

Telle est , dans ce siècle , l'époque où les Lettres
commencèrent à languir parmi nous. Cependant l'Auteur
de *Rhadamiste* règnoit encore sur la scène, & Melpomène
annonçoit, par le succès brillant d'*Œdipe*, un nouvel Elève
comblé de ses faveurs. Mais *Zaire* , *Brutus* , *Mahomet* ,
Mérope , & tant d'autres pièces qui cimentent la gloire &
forment la couronne de ce célèbre & fécond Auteur ,
n'ont point empêché le mauvais goût de prévaloir. M. DE
VOLTAIRE eut à combattre, en s'élançant dans la carrière,
les paradoxes du bel - esprit, qui ne tendoient à rien moins
qu'à proscrire à la fois du Théâtre , les règles les plus
sages & les charmes de la Poësie. Dans ce combat
inégal , La Motte fut terrassé par de bonnes raisons & par
d'excellens vers.

Le bel-esprit est en Littérature, ce que sont en Morale
les Casuistes relâchés. L'austérité des préceptes l'effraie ; &
comme il n'a ni le courage, ni la force de les pratiquer ,
il lui est plus commode de s'y soustraire. En cela, il a pour
partisans le plus grand nombre. La nouvelle tentative qu'il
venoit de faire n'étoit pas plus raisonnable que la guerre

qu'il avoit déclarée aux Anciens ; mais il étoit de son
intérêt d'attaquer toujours ; ses défaites ne le découra-
geoient point. Il savoit bien qu'il révolteroit quelques ri-
goristes ; il s'en mettoit peu en peine, pourvu qu'il gagnât
du terrein. En effet il répandit le mauvais goût avec une
rapidité surprenante. Adroit Protée, il se métamorphosa
dans tous les genres d'Eloquence. On le vit dans la Chaire, sur le Théâtre, au Barreau ; il écrivit l'Histoire,
composa des Romans, disserta, versifia, & se fit tour-à-
tour Métaphysicien, Géomètre & Philosophe. La Critique
le poursuivit sous tous ses déguisemens, & le força toujours de reparoître sous sa forme naturelle. Elle fut la terreur du Néologisme, qu'il s'efforçoit d'établir ;& défendit
la pureté, l'élégance & la clarté de la langue des Fénélon,
des Racine & des Boileau. Jamais enfin la saine critique
n'eut plus d'occasions d'exercer sa sévérité contre tant
d'ouvrages, " que le mauvais goût fait admirer, malgré
» l'obscurité, la bassesse, l'enflure, l'affectation & les
» puérilités dont ils sont remplis ; ouvrages cependant
» qui ont non-seulement une approbation presque géné-
» rale, mais qui ne l'ont que parce qu'ils sont mauvais ;
» car un Discours sensé, qui n'a rien que de naturel, n'est
» d'aucun mérite ; on n'y trouve point d'esprit. Mais ce
» qui est recherché, détourné, hors de la droite raison,
» voilà ce qu'on admire aujourd'hui (*) ».

(*) „Ne id quidem inutile, etiam corruptas aliquandò & vitiosas orationes,
„quas tamen plerique judiciorum pravitate, mirantur, legi palàm pueris,
„oftendique in his quàm multa impropria, obscura, tumida, humilia,
„sordida, lasciva, effœminata sunt : quæ non laudantur modò à plerisque,
„sed (quod pejus est) propter hoc ipsum quod sunt prava, laudantur. Nam
„sermo rectus & secundùm naturam enunciatus, nihil habere ex ingenio
„videtur : illa verò quæ utcunque deflexa sunt, tanquam exquisitiora mi-
„rantur„. Quintil. Lib. II, Chap.

RIEN n'annonçoit plus le mauvais état des lettres & la décadence du bon goût, que cette foule de Romans de toute espèce, qui se succédoient les uns aux autres si rapidement, que les femmes même ne pouvoient suffire à les lire tous. Ce genre d'ouvrages, accrédité par la plume féconde, agréable, intéressante & facile d'un Ecrivain (*), exercé d'ailleurs plus utilement, devint presque l'occupation générale de tous nos Ecrivains beaux-esprits. Le Public fut inondé de brochures, de Contes & d'Anecdotes. Encore, s'il n'y eût eu à la lecture de tant d'Ecrits frivoles d'autre perte à craindre que celle du temps ! Malheureusement l'innocence & la pureté des mœurs y étoient intéressées. Dans les uns, la licence la plus cynique sembloit conduire les crayons obscènes & grossiers du libertinage : dans les autres, non moins dangereuse, mais plus délicate & plus réservée, affectant même une certaine retenue, elle ne laissoit tomber qu'à moitié le voile sur la nudité. Ceux qui n'étoient point infectés de ces vices, avoient d'autres défauts. Le plus apparent étoit le style maniéré, métaphysique & souvent même inintelligible. Ce torrent de Romans s'écoula. Telle est l'inconstance de l'esprit à la mode ; tout frivole qu'il est, il se lasse bientôt de la frivolité même, & cherche à renouveler sans cesse les objets de son amusement. Le croira-t-on ? La Géométrie eut son cours comme les Romans : l'engoument pour cette science fut universel ; tout, jusqu'aux femmes, s'en mêla : on alla même, pour leur plaire, jusqu'à traiter la galanterie géométriquement. N'est - ce pas là l'emploi le plus faux, & l'abus le plus froid que l'on pût faire du bel-esprit ?

(*) L'Abbé Prevost.

Il avoit déja depuis quelque temps, introduit au Théâtre son jargon Métaphysique & ses Epigrammes, tandis que l'Auteur du *Glorieux*, échappant aux vices à la mode, soutenoit encore la Scène Comique sur son penchant, & y recevoit des applaudissemens justement mérités. Mais moins Comique que Regnard, il a le premier altéré le masque de Thalie, & il peut être regardé comme le précurseur d'un genre, où il falloit tout le talent de LA CHAUSSÉE pour réussir. Ce genre hermaphrodite, absolument inconnu aux Anciens, auquel on a donné le nom de *Comique larmoyant*, n'a pas triomphé sans peine des contradictions qu'il a essuyées dans sa naissance; & les Auteurs médiocres ont bien abusé depuis de l'indulgence qui l'a fait admettre. La Chaussée, Ecrivain correct & bon versificateur, n'avoit aucun modèle à se proposer : sa sensibilité naturelle fut son seul guide. Sa manière de voir, différente en tout de celle de Molière, ne lui présentoit jamais les objets du côté comique ou plaisant. Il ne chercha point à exciter le rire de la malignité, en faisant la satire du vice ou du ridicule; il voulut seulement intéresser le cœur, en nous peignant ses foiblesses. Il n'envisagea dans son Art, que la gloire de plaire au sexe le plus sensible, & le plaisir de faire couler ses pleurs au récit tendre & passionné des sentimens qu'il inspire. Si cette manière de peindre les passions n'a rien de révoltant, elle n'a rien non plus qui serve à nous en corriger; & ce n'étoit pas sans doute le but de l'Auteur de *Mélanide*. Cette pièce, une des meilleures productions de la Chaussée, doit servir de modèle à tous ceux, qui, comme lui, ne peuvent pas atteindre au véritable but de la Comédie. Le pathétique y est heureusement soutenu, sans aucun mélange de comique trivial.

Mais,

Mais , malgré le mérite de ce nouveau genre , quand même on le porteroit au plus haut degré de perfection , il sera toujours infiniment au – deſſous de celui de la bonne Comédie. Quelques Cenſeurs trop févères auroient même voulu le proſcrire du Théâtre : peut-être avoient-ils raiſon. Les partiſans de la mode & de la nouveauté ont beau dire, que nous nous ſommes enrichis d'un genre ignoré de Molière , & qu'il ne faut pas borner nos plaiſirs , dont le cercle eſt déja trop étroit : d'accord ; mais qu'il naiſſe donc des la Chauſſées , & que ſes triſtes & impitoyables imitateurs ceſſent de multiplier nos ennuis (dont le cercle eſt beaucoup trop grand) par leurs Drames éternels , échafaudés ſur des fables triviales , mal conçues , ſans génie , ſans goût , ſans vraiſemblance , ſans chaleur & ſans ſtyle.

Quels sont , en effet, la plupart de ces Drames , tant vantés par la médiocrité , & preſque tous calqués les uns ſur les autres, ſinon des Romans auſſi froidement écrits que mal dialogués , dont les aventures platement bourgeoiſes, irreligieuſes ou révoltantes, n'excitent en nous d'autre ſentiment que le dégoût , en laiſſant l'ame douloureuſement triſte, dans l'impuiſſance de ſe rendre raiſon de ſa triſteſſe, & de s'y plaire ? Romans , dont ſouvent le ſeul but eſt de fronder les uſages reçus, d'établir des opinions nouvelles, & de faire l'Apologie des écarts & des erreurs dans leſquels les paſſions jettent une jeuneſſe indocile & fougueuſe , en lui faiſant contracter des alliances également condamnées par la raiſon , par l'honneur & par les loix.

Mais , ſuppoſons nos Drames auſſi parfaits qu'ils pourroient l'être, quels avantages les mœurs en retireront-

elles ? Quels vices corrigeront-ils ? De quels ridicules arrê-
teront-ils le cours ? Quels fentimens nouveaux feront-ils
naître dans notre ame ? Quelles vertus nous infpireront-
ils ? Cet attendriffement, ces pleurs qu'ils prétendent arra-
cher, & fur lefquels ils fondent tout leur mérite, peuvent-
ils jamais nous dédommager de la perte de la bonne
Comédie ? Ofera-t-on foutenir qu'ils font capables de la
remplacer ? Ils ont chaffé les Ris du Théâtre & même de
la fociété, en changeant journellement nos mœurs. Ils ont
pris un fi grand empire, qu'ils l'étendent même jufques fur
le fpectacle le moins fufceptible de trifteffe (l'Opéra Comique) d'où ils ont fi mal-adroitement banni le Vaudeville, cet enfant malin de la gaieté Françoife. Avouons-le :
les Dramatiftes & les Chimiftes de nos jours fe reffem-
blent affez (*) par le fecret qu'ils ont trouvé de détruire
fans retour, les uns, les plus belles & les plus précieufes
productions du génie ; les autres, celles de la nature, fans
qu'on puiffe retirer la moindre utilité de leurs découvertes.

N'EST-CE donc pas porter un coup mortel au bon goût,
que de s'efforcer d'introduire fur la fcène ce nouveau genre
de Drame, où les moyens de réuffir coûtent fi peu, par
la dangereufe facilité dont il eft fufceptible ? où il fuffit
feulement d'avoir l'imagination fantafque & l'efprit Ro-
manefque, où il ne faut qu'étudier quelques effets fingu-

(*) Voy. dans le Journal Encyclopédique du mois d'Octobre 1771,
Tom. VII, Part. II, pag. 286 & fuiv. « l'expérience faite le 16 Août 1771
» dans le laboratoire du fieur Rouelle, Démonftrateur de Chimie au Jardin
» Royal, par laquelle il a été prouvé que le diamant s'évapore au grand feu, &
» s'y volatilife tout entier, fans laiffer dans le creufet aucune trace de matière. »
Ô ! l'heureux fiècle, où

Le cuivre devient or, & l'or devient à rien !

liers, & les deffiner, compaffer le jeu des Interlocuteurs, pour en compofer une pantomime, & fe guindant fur les échaffes d'une morale commune, étaler d'un ton emphatique des tirades, des maximes, & des fentimens préparés de loin & coufus après coup au Roman : genre où le ftyle eft ce qu'on foigne le moins, dont la lecture, dénuée de l'illufion & de l'appareil du Théâtre, n'eft pas fupportable ; monftre, en un mot, qu'Horace, dans fon Art Poëtique, auroit eu peine à décrire, pour en donner l'idée.

Comment reconnoître, à cette fombre trifteffe, à ces pleurs, à ces longs & ennuyeux gémiffemens, à ces fanglots ridicules, la riante Thalie ? La reconnoîtra-t-on davantage, quand, nouvelle Euménide, elle s'arme du fouet des Furies, pour en frapper publiquement des Citoyens honnêtes & vertueux, & que dans fes jeux cruels elle fe plaît à ranimer les cendres du cynique Ariftophane ?

Ce n'est pas fous ces déguifemens difformes, mais accompagnée, comme elle devroit l'être toujours, des Jeux & des Ris folâtres, que M. Piron nous la préfente dans l'heureux fujet de la *Métromanie.* Cette Comédie admirable, digne du génie de Molière, eft la feule Comédie, qui exifte dans le vrai genre, depuis le *Mifantrope.* Quelle fimplicité dans le plan ! Quelle vérité dans les caractères ! Quelle chaleur dans l'action ! Que de beautés & de traits piquans dans les détails ! Quel fonds inépuifable de vrai Comique ! Quelle pièce enfin peut-on lui comparer, où le *vis Comica* brille davantage & à moins de frais ? » Si, comme le dit M. Piron (*),

(*) Voy. Œuvres de M. Piron, Tom. III, la Préface de *la Métromanie,* pag. 215.

« ce fut pour Molière une bonne journée de Philoso-
» phe, lorsqu'après avoir fait le plan du Misantrope, il
» entra dans ce champ vaste, où tous les ridicules se
» venoient présenter en foule, & comme d'eux-mêmes,
» aux traits qu'il savoit si bien lancer : » quelle excellente
journée aussi pour M. Piron, quand, après avoir conçu
le plan de la Métromanie, il entra dans un champ non-
moins vaste, où de nouveaux ridicules venoient également en foule s'offrir pour être immolés sur la scène par
l'imagination la plus riante ? Nous ne craignons point de
le dire, Molière n'eût pas fait mieux ; & s'il est quelque
chef-d'œuvre dont notre Théâtre Comique puisse se glori-
fier, la *Métromanie* est celui qui fait le plus d'honneur à
notre siècle, & suffit pour immortaliser son Auteur.

Le Peintre charmant de *Ververt* & de *la Chartreuse*
n'a pas moins mérité les suffrages du goût, lorsqu'il a
mis sur le Théâtre sa Comédie du *Méchant*. Style, coloris, situations, traits Comiques, tout dans cette pièce annonce un Maître élevé dans les bonnes lettres & dans l'E-
cole de Thalie. Un favori des Muses, tel que M. Gresset,
dont le pinceau agréable & facile est fait pour traiter tous
les sujets, pouvoit-il s'écarter des règles de son Art ?

Rien n'étoit plus capable d'arrêter, dès sa source, le
torrent du mauvais goût, que le succès bien mérité de
la *Métromanie*. Mais que peuvent le bon sens & la
raison contre l'enthousiasme, la folie, la mode & la
nouveauté ? Notre siècle est fait pour offrir les con-
trastes les plus frappans. N'avons-nous pas vu la majesté
de la Scène Lyrique souillée par de pitoyables Bouffons,
dignes à peine des tréteaux d'Italie, tandis que l'Orphée-

de nos jours faifoit retentir le temple de l'harmonie de ſes divins concerts. Avec quel reſpect, cet homme ſublime dans ſon art, traita-t-il toujours Lulli ? Il le regardoit non-ſeulement comme ſon maître, mais il avouoit qu'il lui devoit tout ; &, loin de déprimer la muſique de ce Père du Théâtre Lyrique, il n'en parloit que pour en faire admirer les beautés. C'eſt ainſi que l'homme de génie montre ſa ſupériorité, & aſſocie ſa gloire à celle des grands hommes qui l'ont précédé. Que RAMEAU dut-être flatté, lorſque, ſans le prévoir, ni l'avoir recherché, malgré le goût des Fredons d'Italie qui commençoit à dominer, il reçut l'éclatant témoignage de l'eſtime que la Nation faiſoit de ſon talent ! Tel fut l'hommage qu'on rendit à Virgile (*), préſent & ſpectateur par haſard au moment où l'on récitoit ſes vers ſur le Théâtre, le peuple l'ayant apperçu dans la foule, ſe leva de concert & s'inclina devant lui, comme il eût fait devant AUGUSTE.

QUOIQUE nous n'ayons point de Virgile parmi nous, nous imitons les Romains, lorſque nous demandons à grands cris l'Auteur (ſouvent d'une mauvaiſe pièce) & que nous l'applaudiſſons. Ce ſuffrage public, dont l'époque eſt encore récente, feroit d'un prix ineſtimable, s'il n'étoit accordé qu'au grand mérite. Malheureuſement on le prodigue aujourd'hui, & malgré cette condeſcendance, la modeſtie eſt ſi peu de mode dans ce ſiècle, que nous ne rougiſſons point de nous donner à nous-mêmes les plus grands éloges, quand d'ailleurs on nous les refuſe

(*) ,, Teſtis ipſe populus, qui, auditis in theatro verſibus Virgilii, ſurrexit ,, univerſus, & fortè præſentem ſpectantemque Virgilium, veneratus eſt, ,, ſic quaſi Auguſtum ,,. *Dialog. de Orat. C. Cornel. Taciti*, Tom IV, p. 131, *Edit. Gabrielis Brottier.*

avec juſtice. Ne s'imagineroit - on pas , en liſant les Préfaces de certains Drames ou Tragédies Bourgeoiſes, que leurs Auteurs excellent dans l'art de peindre les paſ-ſions & de les émouvoir? N'eſt-il pas auſſi plaiſant que ri-dicule, de les entendre, on ne dit pas ſe comparer modeſte-ment à Corneille, à Racine , à Molière, mais ſe mettre hardiment au - deſſus d'eux ? Paroît - il en effet un ſeul Drame, qui ne ſoit accompagné d'une Poëtique nouvelle, où l'Auteur , eût-il été ſifflé , ne faſſe le plus grand éloge de ſa pièce , ne juſtifie ſa manière ſur les principes qu'il s'eſt formés , & ne cherche à perſuader qu'il en ſait plus qu'Ariſtote & Horace? C'eſt bien pis , quand, par indul-gence & pour l'encourager , on a cru devoir l'applaudir. Rien ne peut alors égaler ſon orgueil , quoique ſouvent ſa première production ſoit auſſi la dernière.

TELLE EST, en général , la deſtinée de la plupart de nos modernes Athlètes. Devroit-on être étonné de leur foibleſſe & de leur ſtérilité, ſi l'on faiſoit attention au peu de nour-riture qu'ils ont priſe en tout genre ? A les voir néanmoins s'élancer dans l'Arène , ne croiroit-on pas leur victoire aſſurée. Mais comme ils n'ont point conſulté leurs for-ces , à peine ont-ils franchi la barrière, qu'ils ſont ter-raſſés , & leur chûte ne les rend que plus vains. Eh ! com-ment ne le feroient-ils pas? Prônés par la cabale & ſoute-nus par l'intrigue, ils intéreſſent à leur ſort l'amour-propre de leurs Protecteurs : or, peut-on accuſer des Protecteurs d'ignorance & de mauvais goût ? Protéger, n'eſt-ce pas jouer un perſonnage, s'ériger en arbitre du goût, en diſpen-ſateur de la gloire, en juge des talens ? Perſonne, en fait d'eſprit , ne ſe récuſe ; chacun ſe croit en droit de tenir

le Tribunal où l'Auteur vient préfenter fa pièce : elle y
eft infailliblement applaudie : on immole de concert à
ce chef - d'œuvre nouveau tous les chef - d'œuvres des
Corneille, des Racine & des Molière ; & l'Auteur, enivré
de l'encens le plus groffier , par un trait qui peint bien
à la fois & fon orgueil & la fottife de fes admirateurs , les
félicite à fon tour , de pouvoir apporter comme une preuve
certaine d'efprit , de difcernement & de goût , les éloges
qu'ils ont prodigués aux beautés de fon ouvrage.

Ce manège d'aller de maifon en maifon déclamer fes
ouvrages, pour fe faire des partifans, n'a jamais été employé
par les hommes à talens fupérieurs. Ils n'ont pas befoin de
ces fuffrages obfcurs , mendiés par la médiocrité , prefque
toujours accordés par l'ignorance , & fouvent furpris à
la diftraction. Une lecture rapidement faite , avec toute la
chaleur de l'amour-propre , à des oreilles peu exercées , à
des amis complaifans , à de prétendus connoiffeurs , à des
efprits prévenus , à des fots même auffi vains que Midas ,
laiffe-t-elle la liberté de remarquer les défauts d'un ouvrage ? N'eft-on jamais la dupe de l'art du déclamateur ,
dont l'intérêt eft de gliffer légèrement fur les endroits
foibles ou défectueux, & d'appuyer fur quelques beautés
de détail ?

Ce n'est donc point dans ces cotteries Littéraires ,
auxquelles l'envie , la malignité & la jaloufie préfident
tour-à-tour ; moins encore dans ces cercles brillans, que
la curiofité , le défœuvrement & l'ennui raffemblent ,
dont le bel-efprit & la frivolité font les Divinités tutélai-
res, où l'on parle beaucoup fans rien dire , & où l'on juge

de tout fans rien favoir , où la fatuité daigne à peine écou-
ter , où la prétention élève la voix , où la fottife s'extafie , &
la minauderie décide en faifant des nœuds ; c'eft dans le
filence du cabinet , qu'un Auteur , jaloux de fa renommée ,
doit chercher un Ariftarque. Là , dépouillé de tout fentiment d'amour-propre , le crayon à la main , toujours prêt
à effacer , il peut , fans bleffer la modeftie , profiter des
avis , ou recevoir les fuffrages légitimes de la raifon , du
goût & de la vérité. Ainfi fe conduifoit RACINE : c'étoit
à la Critique elle-même qu'il lifoit fes ouvrages , en les
lifant à BOILEAU.

LES TEMPS font bien changés depuis Racine ! On ne
confulte pas pour mieux faire , on ne cherche qu'à s'étaler ;
on n'eft avide que de louanges éphemères. A peine la
critique ofe - t - elle élever la voix , qu'elle irrite la bile
des Auteurs , arme la calomnie , produit les haines & les
inimitiés les plus cruelles. La licence à cet égard eft portée
à l'excès. Jamais fiècle n'*a mêlé à fon efcrime* , pour me fervir des expreffions de Montagne (*) , *tant d'injures & tant
d'indifcrétions.* D'où naît cette extrême fenfibilité , fi ce
n'eft d'une vanité mal - entendue , d'un fonds d'orgueil
défordonné ? Depuis quand n'eft-il plus permis à la Critique de s'exercer , & même de lancer fes traits contre *la
Théféide de l'enroué Codrus* (**) ? Quel eft fon crime ,
quand elle s'oppofe au torrent du mauvais goût , & qu'elle
dénonce à la Poftérité les Cotins , les Pradons & les Chapelains de notre fiècle ? Si elle eft jufte , honnête & modé-

* Liv. III , Chap. VIII.

(**) . . . . . Nunquam ne reponam
Vexatus toties rauci Theféide Codri ? *Juvenal , Sat. I.*

rée ,

rée, en quoi nous offense-t-elle? Si elle ne l'est pas, faisons-la rougir de ses torts, & contraignons-la, par une conduite opposée à la sienne, à nous respecter & à nous rendre justice. Rien ne deshonore & n'avilit plus les Lettres que ces haines sanglantes, dont le trépas même de l'ennemi ne peut éteindre la fureur & la violence. Nos ouvrages sont-ils donc une partie si essentielle de nous-mêmes, qu'on ne puisse les attaquer sans nous blesser mortellement? Hé-bien! mettons-les à l'abri de toute censure, & rendons-les dignes de voir le jour, sans le craindre. Que tout y respire les bonnes mœurs, la raison & le goût; anoblissons nos travaux & nos veilles, en les consacrant à l'instruction de nos semblables; si nous sommes plus éclairés qu'eux, n'abusons point de nos lumières, ni de leur foiblesse, pour les corrompre, les tromper ou les égarer; servons-nous de notre Philosophie pour faire respecter la Religion, les Loix & les Usages reçus; que la vérité, la sagesse & la vertu brillent dans tous nos ouvrages; qu'ils les inspirent & les fassent aimer; qu'ils ne soient point souillés par cette licence effrenée qui ose tout; bannissons-en cet égoïsme superbe, qui n'a jamais été & ne sera jamais le ton de la modestie & de l'honnêteté; qu'on y découvre les sentimens de notre ame, non par un vain & pompeux étalage de mots, mais par une simplicité noble, modeste, intéressante, & par des principes solidement établis; en un mot, en cherchant à instruire ou à plaire, rappelons - nous toujours que *rien n'est beau que le vrai*. Mais puisque la critique est si redoutable pour nos Auteurs, la Postérité le sera - t - elle moins? Que de couronnes arrachées par le Temps & par la force de la Vérité! Que d'idoles brisées, de lauriers flétris, de faux éloges désavoués, de réputations anéanties!

m

Quelle foule d'Auteurs plongés dans un éternel oubli !
Combien d'autres, dont la mémoire ne subfiftera, que pour
être en horreur & honteufe à jamais !

Les Lettres font la gloire d'un Empire, lorfqu'elles
y font floriffantes, & les Citoyens qui les cultivent avec
fuccès, par amour pour elles, & pour l'utilité publique,
ont droit à notre reconnoiffance autant qu'à notre eftime.
Il ne fuffit pas alors qu'ils foient plus éclairés, plus inftruits ; il faut qu'ils foient encore les plus honnêtes, les plus
vertueux des hommes. La fcience, fans la fageffe, n'eft
qu'un vain nom, une erreur bruiante, une folie même,
dont l'éclat eft toujours dangereux & les écarts fouvent
funeftes ! Nous n'en avons que trop d'exemples dans cette
multitude d'Ecrits ténébreux, enfans de la nuit, du menfonge & de l'orgueil, défavoués en naiffant par leurs propres Auteurs à caufe de leur honteufe origine. Si de pareils
ouvrages démontrent affez la dépravation des mœurs & la
démence des efprits, ils n'annoncent que trop la décadence des Lettres & la corruption du goût.

Depuis que, mécontens de nous-mêmes, nous nous
fommes pris d'enthoufiafme & d'admiration pour tout ce
qui eft étranger ; depuis que l'Anglomanie s'eft emparée
de nous, il femble qu'on veuille, à quelque prix que ce
foit, renverfer toutes les idées reçues. Les vapeurs des
marais d'Albion ont engendré cette épidémie philofophique, qui tue le génie, fait fermenter les efprits, & produit ce goût anti - national, dont les ravages ne font
que trop fenfibles. Plus d'Eloquence, plus de Poéfie,
plus de Mufique. Celle de toutes les Langues qui appro-

che le plus de la langue Grecque, la langue Françoise, adoptée par toutes les Nations, claire, précise, énergique, sublime, pleine de douceur & d'harmonie, susceptible des plus grands effets, n'est plus qu'une langue sourde & monotone, peu propre aux chants de Polymnie. Ainsi Lulli, Rameau & tant d'autres célèbres Musiciens ont travaillé envain ; leurs chef - d'œuvres sont anéantis pour toujours. Ce sont des Etrangers, incapables d'apprécier, de juger notre langue, qui ont semé les premiers parmi nous ces singuliers Paradoxes ; & ce sont des François, incapables de la bien écrire, qui les ont accueillis, soutenus & autorisés!

Oui, sans doute, à juger notre langue d'après quelques ouvrages & quelques Drames modernes, elle est en effet dure, barbare & monotone : mais qu'on la juge d'après les Poëmes d'Armide, de Roland, d'Amadis, &c. qui osera, sans injustice, lui reprocher ces défauts? La Musique de Lulli, de Destouches, de Rameau étoit faite pour elle ; & elle gémit aujourd'hui de se voir défigurée, déchirée impitoyablement & mise à la torture sous des sons peu analogues à son génie & à sa prosodie. Enfin ce siècle raisonneur a tout dégradé, tout altéré, tout détruit. Nous abandonnons les véritables sources du goût, pour en chercher de nouvelles ; & devenus stériles par notre faute, nous nous abaissons jusqu'à devenir les imitateurs & les copistes serviles de tout ce qui porte le caractère étranger.

Dans cet égarement presque général, le Dieu du Goût veille cependant encore sur nous, dans ces Sanctuaires des Lettres, où les Homère, les Démosthène, les Cicéron,

les Virgile & les Horace reçoivent le plus pur encens. Il
est encore des hommes fidèles à la bonne & saine Littérature, qui cherchent à nous ramener aux Anciens, & à
réveiller notre goût pour eux. Homère, Eschyle, Aristote,
Virgile, Térence, Horace, Juvénal revivent depuis peu
parmi nous (*). Heureux, si nous savons en profiter &
rougir du mauvais goût qui nous entraîne loin de ces
excellens modèles ! « Nous avouerons pourtant qu'il y
» a eu de nos jours, & que nous avons encore de très-
» bons Ecrivains : non - seulement nous en conve-
» nons avec plaisir, nous le soutenons même : mais de
» savoir juger quels ils sont, c'est ce qui n'appartient pas
» à tout le monde. Il est plus sûr d'imiter les Anciens,
» dont le mérite n'est plus douteux. C'est pourquoi nous
» conseillons de ne pas s'attacher de si bonne heure aux
» Modernes, de crainte qu'on ne les imite, avant que de
» bien connoître ce qu'ils valent (**) ».

(*) Nous venons de voir paroître successivement les traductions, d'*Eschyle*,
par M. de Pompignan & par M. du Teil ; de l'*Iliade d'Homère* en vers, par
M. de Rochefort ; des *Poëtiques d'Aristote*, *d'Horace*, *de Vida*, par
M. l'Abbé Batteux ; des *Géorgiques de Virgile*, par M. l'Abbé de Lisle,
des *Satires de Juvénal* par M. Dusaulx ; de *Térence*, par M. l'Abbé le
Monnier, &c. &c. &c.

(**) » Quosdam verò etiam quos totos imitari oporteat, & fuisse nuper,
» & nunc esse quidem, libenter non concesserim modò, verùm etiam con-
» tenderim. Sed hi qui sint, non cujusque est pronuntiare. Tutiùs circà Prio-
» res vel erratur : ideoque hanc Novorum distuli lectionem, ne imitatio
» judicium antecederet ». Quintil. Lib. II, Cap. 5, in fin.

A Paris, ce 10 Juin 1771.

BIBLIOTHÉQUE

BIBLIOTHÈQUE
FRANÇOISE
DE
LA CROIX DU MAINE.

A B E.

ABEL FOULON, natif de la Paroiffe de Loué au Maine, à fix lieues du Mans, Poëte François, Philofophe, Mathématicien & Ingénieur, Valet-de-Chambre du Roi Henri II, &c. Il a écrit, de fon invention, l'ufage & defcription de l'Holomètre [1], pour favoir mefurer toutes chofes qui font fous l'étendue du ciel, tant en largeur, qu'en hauteur & profondité; imprimé à Paris, chez Pierre Beguin, l'an 1567: il a écrit un Traité de Machines, Engins, Mouvemens, Fontes métalliques, & autres telles inventions, non encore imprimé;... la Defcription du Mouvement perpétuel, non imprimée... Voilà quant à fes inventions; & touchant ce qu'il a traduit, voici ce que j'en ai pu voir.... Les huit Livres d'Architecture de Marc Vitruve [2], lefquels, pour les avoir communiqués à fes amis, les ont mis en leur nom, & les ont fait imprimer, fans faire mention de lui qui en étoit le Traduc-

<table><tr><td>Tome I.</td><td>A</td></tr></table>

teur. Le Poëme d'Ovide *in Ibin*, ou contre *Ibis*, non imprimé... Les Satires de Perse [3], traduites par ledit Foulon en vers François, imprimées l'an 1544 à Paris [4]. Il a pu composer de son invention, & traduire plusieurs autres choses, desquelles je n'ai pas connoissance. Il est inventeur [5] des Testons forgés au moulin, du tems du Roi Henri, IIe du nom, Roi de France; sa devise est, *moyen ou trop*. Il mourut à Orléans, (non sans soupçon d'avoir été empoisonné pour la jalousie de ses belles inventions) l'an 1563, âgé de 50 ans, ou environ.

[1] Le nom *Holomètre*, en Grec ὁλόμετρον en sous-entendant ὄργανον, est composé d'ὅλος tout, & de μέτρον mesure, parce que cet instrument sert à mesurer toutes choses. Nicolas Stoup, mort l'an 1621, Professeur en Médecine à Basle, y fit imprimer en 1577 *in*-8°. un Livre, où il enseigna les moyens de perfectionner l'Holomètre d'Abel Foulon, & d'en faciliter l'usage. (M. DE LA MONNOYE).

[2] Il devoit dire les *dix Livres* d'Architecture, puisque l'Ouvrage de Vitruve est divisé en dix Livres. Même erreur au mot *Jean Martin*, & dans le discours qu'à la fin de sa Bibliothèque il adresse au Vicomte de Paulmy. Il a dit plus correctement les *dix Livres*, aux mots *Dominique Bertin* & *Jean Gardet*. (*idem*).

[3] Du Verdier, aux mots *Aule Perse* & *Guillaume Durand*, a parlé de cette traduction, sans marquer qu'elle fût d'Abel Foulon; parce que celui-ci, au lieu de son nom, n'y avoit mis que sa devise, *moyen ou trop*, inconnue à du Verdier, mais non pas à la Croix du Maine, compatriote d'Abel Foulon. (*idem*).

[4] Il auroit pu ajouter chez Jacques Gazeau. La Caille, pag. 117 de son Histoire de l'Imprimerie, dit *Jacques Gazeau* ou *Gazelle*; mais mal: ce Libraire n'a jamais eu nom que *Gazeau* (*idem*).

[5] Il étoit excellent ouvrier, employé à Orléans par les Calvinistes, pour y forger de la monnoie au coin du Roi: il avoit eu à Paris la Charge d'un *Maître à monnoie*. Voyez Hist. des Eglises Réformées, Tome II, Livre 5, page 37. (M. FALCONNET).

V. la Bibl. Françoise de M. l'Abbé Goujet, Tome 6, pag. 137 & suiv.

ABEL JOUAN, Poëte François, Orateur & Historien [1]. Il a écrit le Voyage du Roi de France Charles IX, par les principales villes de son Royaume*, imprimé à Paris. Il florissoit l'an 1566 sous ledit Roi.

¹ Il y a eu en 1583 & 1584 à Paris, un Libraire nommé *Timothée Jouan*, parent de cet Abel, & peut-être étoient-ils l'un & l'autre de la famille de ce Jouan, dont Marot a fait l'épitaphe, intitulée, de *Jouan fou de Madame*, c'est-à-dire, de Marguerite de Valois, sœur de François I... J'ajoute à ce que je viens de dire de Jouan, fou de Marguerite, sœur de François I, qu'elle avoit aussi une folle nommée *coquette*, témoin l'épitaphe manuscrite de cette folle & de ce fou que j'ai lue, & qui a été faite par cette Princesse. (M. DE LA MONNOYE).

* Cet ouvrage est intitulé *Recueil & Discours du Voyage du Roi Charles IX*, &c, ès années 1564 & 1565. Il fut publié en 1566 *in-8°*, & on l'a réimprimé en 1759 parmi les pièces fugitives du Baron d'Aubais.

ABEL MATHIEU, natif de Chartres, Sieur des Moistardieres. Il a écrit le premier & le second Devis de la Langue Françoise ¹, imprimés à Paris l'an 1559, de caractères françois, chez Richard Breton, & depuis chez Jean de Bordeaux l'an 1572. Devis & propos touchant la Police & les Etats, imprimés à Paris l'an 1572, chez les susdits... Il florissoit sous Henri II, l'an 1559, & sous Charles IX l'an 1572.

¹ La Croix du Maine s'explique fort mal, quand il dit qu'Abel Mathieu a écrit le *premier & le second Devis de la Langue Françoise*. Abel Mathieu a bien écrit deux Devis, imprimés en un seul & même volume ; mais il n'y a qu'un de ces Devis, savoir, le premier, qui soit de la Langue Françoise, le second est de la Police ; c'est ce que n'ont su distinguer, ni du Verdier, ni la Croix du Maine. (M. DE LA MONNOYE).

V. la Bibliothèque Françoise de M. l'Abbé Goujet, Tome 1, pag. 6 & 85.

ABEL POPIN, Théologien. Il a écrit quelques Œuvres en Théologie, desquelles je ferai mention autre part & pour cause ¹.

¹ Ces mots & *pour cause*, donnent à entendre que la Croix du Maine, Huguenot couvert, craignant de trop se déclarer en parlant des Œuvres Théologiques d'Abel Pepin, (c'est ainsi qu'il devroit le nommer, & non pas Popin) remet, par cette raison, à s'en expliquer ailleurs. Il est à propos de citer ici les paroles suivantes de Beze, p. 66 du T. 1 de son Hist. Ecc. « Lors » aussi (en 1547) prêcha en ce lieu, (à Issoudun en Berri,) un Cordelier, » ayant grande grace de bien dire, nommé Abel Pepin, depuis Ministre de » Genève, contre lequel les autres Cordeliers conçurent une si grande haine, » comme aussi contre Desfosses, (c'étoit le Lieutenant-Général d'Issoudun,) » qu'ils n'épargnèrent même la Royne de Navarre en leurs Sermons. » (M. DE LA MONNOYE).

A ij

ACHATS, ou ACASSE D'ALBIAC, Sieur du Pleſſis, natif du pays de Suiſſe en la Baſſe-Allemagne.... [1]. Il a traduit en vers françois les Proverbes & l'Eccléſiaſte de Salomon, imprimés au Mans l'an 1558... Il a écrit en vers françois pluſieurs Chants & Cantiques à l'honneur de Dieu, ſur le chant d'aucuns Pſalmes de David imprimés. Il floriſſoit l'an 1557.

[1] Du Verdier le fait Pariſien. Pour accorder l'un avec l'autre, il faut ſuppoſer que cet homme naquit à Paris de pere & de mere Suiſſes. Il étoit Calviniſte. (M. DE LA MONNOYE).

ACHILLE DE HARLAI [1], (Meſſire) Chevalier, Seigneur de Beaumont, Conſeiller du Roi en ſon Privé Conſeil, & Premier Préſident en ſa Cour de Parlement à Paris, &c. Il a prononcé pluſieurs doctes Harangues, tant au Parlement de Paris, qu'en autres Cours de France, leſquelles ne ſont encore imprimées; enſemble pluſieurs Arrêts très-mémorables, leſquels ſeront mis en lumière, quand il lui plaira les communiquer au public. Il florit cette année 1584.

[1] Il ſe divertiſſoit quelquefois à la Poëſie, témoin ſes deux Epigrammes, l'une françoiſe, l'autre latine, ſur Etienne Paſquier; dans la derniere deſquelles, par une aſſez plaiſante alluſion, il appelle Paſquier πλόκεις, *tout main*, pour démentir le Peintre, qui, en 1583, peignant Paſquier pendant la tenue des Grands-Jours à Troies, le repréſenta ſans mains; ce qui donna lieu à la Collection de diverſes Poëſies grecques, latines & françoiſes, publiées ſous le titre de la *Main de Paſquier*. Achille de Harlay mourut le 23 Octobre 1616, âgé de 80 ans. (M. DE LA MONNOYE).

V. la Bibliothèque Françoiſe de M. l'Abbé Goujet, Tom. 12, pag. 256.

ACOPARD, ou ACOPHARD, de Trun [1], Mathématicien François, & ſelon d'autres, de Crun, étudioit à Bordeaux au Collège de Bruval l'an 1552. Il a écrit quelques Pronoſtications, imprimées à Rouen l'an 1552.

[1] Ce nom paroît altéré, & n'avoir trouvé place ici que ſur la foi de quelque Mémoire peu ſûr. *Crun* ne ſignifie rien; mais *Trun* eſt un bourg de Normandie, ſur la rivière de Dive. (M. DE LA MONNOYE).

ADAM LE BOSSU [1], natif d'Arras en la Gaule Belgique, lequel ſe rendit Moine en l'Abbaye de Vaucelles [2], l'an 1300, ou environ. Il a écrit un petit Livre, intitulé le Jeu *.

¹ Fauchet a écrit le Boçu à l'antique, conformément aux manufcrits. (M. DE LA MONNOYE).

² Vaucelles, Ordre de Cîteaux, Diocèfe de Cambrai. (*idem*).

* On a fes Chanfons dans le Manufcrit de la Bibliothèque du Roi, n°. 7363.

ADAM FUMÉE ¹, Gentilhomme Parifien, Sieur des Roches en Touraine, homme docte ès Langues, Poëte François, Mathématicien, Jurifconfulte, Orateur, Hiftorien & Philofophe, Maître des Requêtes de l'Hôtel du Roi, frere aîné de M. Fumée, Evêque de Beauvais & Pair de France, &c, ². Il a écrit plufieurs œuvres non encore imprimées. Il mourut au Mans en l'Abbaye de la Couture (auquel lieu il faifoit fa demeure ordinaire, avec fondit frere qui en étoit Abbé) l'an 1575 ³.

¹ Cet Adam Fumée, troifième du nom, étoit arrière-petit-fils d'Adam Fumée, Garde des Sceaux fous Charles VIII, en 1492. (M. DE LA MONNOYE).

² Nommé Nicolas Fumée, mort l'an 1593. (*idem*).

³ Eft-ce de ce même Fumée dont il eft dit dans le recueil de M. Falconnet... Quelles particularités fçait-on de la vie, de la mort & des ouvrages de N. Fumée, Auteur foi-difant Traducteur d'Athénagoras, du vrai & parfait Amour ? Connoît-on Bernard de S. Jorry de Touloufe qui s'en dit l'Editeur, & le fieur de la Mané, Protonotaire du Cardinal d'Armagnac, à qui eft adreffée une lettre de Fumée, qui feint de lui renvoyer l'original Grec du Roman. *V. J. B. Fabricii Biblioth. Græc.* Tome 5, N°. 88. Je ne fçais s'il y remarque que c'eft le Philandrier qui imagina de jouer le tour à Martin Fumée, fieur de Genillé. . . . . V. le même à la fin du Tome 6, p. 800. (M. FALCONNET).

ADAM DE GUIENCI, ancien Poëte François, l'an 1300, ou environ ¹. Il a écrit quelques poëfies amoureufes non imprimées. *

¹ Ou plutôt 1260, fuivant que le laiffe à préfumer Fauchet, qui le place avant Jean Bretel, contemporain de faint Louis. (M. DE LA MONNOYE).

* On a fes enfeignemens de Caton dans le Manufcrit de la Bibliothèque du Roi, n°. 7593. Duchefne en cite des vers, pag. 861 & 866 de fes annotations fur Alain Chartier.

ADAM VUANDELAND, natif de la ville d'Angers, fils

de feu Gilbert Vuandeland , Suiſſe de nation, tous deux ex-cellens Peintres. Il a décrit le plan ou portrait de la Ville , Cité & Univerſité d'Angers , imprimé l'an 1575 , à Paris , chez Nicolas Cheſneau & autres. Il a fait pluſieurs autres deſcriptions de pays , régions ou provinces non imprimées. Il floriſſoit à Angers l'an 1574.

ADENEZ [1] , ſurnommé le Roy [2] , ancien Poëte François & excellent ſonneur d'inſtrumens de muſique. Il a écrit le Roman de Cléomades & celui de Bertin en vieux langage François , leſquels ne ſont encore imprimés. Il floriſſoit l'an de ſalut 1260.

[1] Fauchet, dans ſon livre des anciens Poëtes François , au chap. 116 , intitulé *li Roix Adenez* , parle aſſez au long de ce Poëte , & c'eſt de là que la Croix du Maine en a extrait ce qu'il en dit. Du Verdier , qui naturellement devoit placer ici Adenez , & y rapporter mot à mot , ſuivant ſa coutume , ce que Fauchet lui en auroit fourni , s'eſt aviſé de le transférer au mot *Huë li Maroniers* , à l'article duquel il a couſu peu judicieuſement celui d'*Adenez*. Borel , au Catalogue des Auteurs qu'il cite dans ſon tréſor alphabétique des Antiquités Gauloiſes , croit qu'Adenez eſt le même nom qu'Adam , écrit anciennement *Adams* , ce qu'il a tiré de Paſquier , qui , ch. 5 du liv. 7 de ſes Recherches , rapporte des vers où , à la fin du Roman d'Oger le Danois , Adenez qui en eſt l'Auteur , s'appelle lui-même li Roi Adams. (M. DE LA MONNOYE).

[2] Fauchet croit qu'il a été ſurnommé le Roi , en qualité de Chef des Ménétriers, ou de Roi d'armes du Duc de Brabant ſon maître. J'aime mieux croire avec Paſquier que c'eſt par rapport à quelque combat de poëſie , où cet Adenez ayant remporté le prix , avoit été proclamé Roi ; c'eſt-à-dire , Roi des Poëtes ſes concurrens. (*idem*).

ADRIAN CHARPENTIER. Il a écrit en vers François le triomphe du temps qui court [1] , imprimé l'an 1532.

[1] Cette expreſſion étant équivoque , parce que *le tems qui court* peut ſignifier , ou le tems préſent , ou le tems qui ne s'arrête jamais , qui court toujours ; je ne puis , n'ayant point vu le livre , marquer auquel des deux ſens l'Auteur s'eſt déterminé. (M. DE LA MONNOYE).

ADRIAN D'AMBOISE , Pariſien , Docteur en Théologie à Paris , frere puîné de François d'Amboiſe. Il a compoſé en vers François une tragédie ſainte , nommée Holoferne , extraite de l'histoire de Judith , imprimée à Paris chez l'Angelier, l'an 1580. Il florit à Paris cette année 1584 [1].

[1] Après avoir été Recteur de l'Université de Paris , Grand-Maître du Collège de Navarre , & Curé de S. André , il fut fait Evêque de Tréguier l'an 1604 , & mourut le 28 Juillet 1616. (M. DE LA MONNOYE)*.

* V. Bayle au mot Amboise (Adrien d') & les Mém. de Niceron , Tome 33 , pag. 346.

ADRIAN GEMELLI , ou IUMEL , Prêtre Docteur en Théologie [1] , grand Archidiacre de Laon en Picardie. Il a traduit de Latin en François quelques opuscules de S. Augustin , de l'état de veuvage ; de la manière de prier Dieu ; de la vie de sainte Monique , mere dudit saint Augustin ; le tout imprimé à Paris chez Jean Petit ; la Rhétorique divine de Guillaume , Evêque de Paris , traduite par ledit Iumel , ou Gemelli.

[1] Il fut Licentié de Sorbonne en 1502 , & Prieur pendant sa licence ; son vrai nom étoit *Jumel* , comme le marque la Croix du Maine ; mais ce Docteur aima mieux, à la manière de ce tems-là , mettre son nom au génitif , y ayant en cela je ne sçais quel air d'érudition , parce qu'au titre des livres Latins, les noms des Auteurs sont d'ordinaire au génitif ; ce qui fit qu'en François même on retint cette terminaison , & qu'on s'accoutuma insensiblement à dire dans l'usage journalier *Gemelli* pour Jumel, *Magistri* pour le Maître , *Fabri* pour le Fevre , *Rufi* pour Roussel , *Versoris* pour le Tourneur , *Cenalis* pour Ceneau , &c. (M. DE LA MONNOYE).

ADRIAN DE GUESDOU * , Gentilhomme Chartrain , natif de Thimerais , sieur du Sauffay. Il a mis en lumière quelques siens Poëmes François , l'an 1570.

* Voyez cet Article dans du Verdier. V. aussi la Bibliothèque Françoise de M. l'Abbé Goujet , Tome 13 , pag. 123.

ADRIAN DU HECQUET, Carme , natif d'Arras, en la Gaule Belgique , Docteur en Théologie. Il a écrit un livre des enseignemens des paroisses, contenant familières concions des Epitres & Evangiles de tous les Dimanches de l'an , &c , imprimé à Paris chez Buon,l'an 1572. Il a écrit plusieurs livres en Latin , desquels je ferai mention en ma Bibliothèque Latine *.

* V. la Bibliothèque Françoise de M. l'Abbé Goujet, Tome 12 , pag. 333.

ADRIAN IUMEL : voy. ci-dessus Adrian Gemelli.

ADRIAN L'ALEMANT, Médecin à Paris. Il a composé la Dialectique Françoise, pour les Chirurgiens & Barbiers , imprimée à Paris chez Thomas Ricard, l'an 1553.

ADRIAN DE MONTALAMBERT , Aumônier du Roi François I , l'an 1529. Il a écrit l'histoire merveilleuse de l'esprit qui s'apparut [1] au monastère des Religieuses de S. Pierre de Lyon , imprimée à Rouen , l'an 1529 , par Raulin Gautier [2].

[1] On voit par la lecture du livre qui est fort succinct , que sœur Alix de Téfieux étant morte de la vérole au Monastère des Religieuses de S. Pierre de Lyon , son esprit y apparut à sœur Antoinette de la Grollée , avec laquelle il eut des entretiens depuis le 16 Février , jusqu'au 21 Mars 1526. (M. DE LA MONNOYE).

[2] Je l'ai vu imprimé in-4°. en lettre Gothique à Paris , 1528. (idem).

ADRIAN LE ROY, grand Muficien & excellent joueur de Luth. Il a écrit une instruction fur le Luth , l'instruction fur la Guiterne , ou Guiterre [1]. Il a mis en tablature de Guiterre les psalmes de David , le tout imprimé par lui & Robert Ballard son frere [2].

[1] Ménage , qui dans ses Observations fur la Langue Françoise & dans ses Origines , a parlé fort au long des mots Guiterne , Guiterre & Guitarre , a oublié celui de *Quiterne.* J'ai ma *Quiterne* bien chérie , dit un vieux Noël. (M. DE LA MONNOYE).

[2] C'est-à-dire , son frere utérin ; car il y a bien plus de raifon de l'entendre ainfi , que comme a fait la Caille , qui , pag. 127 , dit qu'Adrien le Roy étoit beau-frere de Robert Ballard. (idem).

ADRIAN SEVIN * , natif de Meung fur Loire , Gentilhomme de la maifon de M. de Gyé. Il a traduit d'Italien en François le Philocope de Bocace , imprimé.

* V. au mot Antoine Sepin.

ADRIAN LE TARTIER , Champenois, Docteur en Médecine , homme docte ès langues. Il a traduit de Latin en François le livre de Guillaume Poftel, intitulé *de Univerfitate,* &c. lequel il dédia à défunt Meffire Jean de Voyer (père de

M. le

M. le Vicomte de Paulmy ; Bailli de Touraine à préfent vivant) laquelle traduction fe voit écrite de la main dudit Tartier, en la Bibliothèque du fufdit Vicomte, & n'eft point encore imprimée [1]. Il florit à Chaumont en Baffigny cette année 1584.

[1] ADRIAN LE TARTIER. Il n'eft fait ici, ni dans Antoine du Verdier , aucune mention des *Promenades printanières*, petit livre *in-16* , au titre duquel l'Auteur eft défigné par ces cinq lettres initiales , A. L. T. M. C. qui fignifient *Adrien le Tartier* , Médecin Champenois , & font un vers Alexandrin. (M. DE LA MONNOYE) *.

* M. le Préfident Bouhier a mis en marge du manufcrit de M. de la Monnoye : « ils ne pouvoient ni l'un ni l'autre parler d'un livre imprimé » en 1586. »

ADRIAN TURNEBE , ou TOURNEBEUF , dit Turnebus [1] , natif d'Andely en Normandie, lecteur du Roi à Paris en Philofophie , l'un des plus doctes hommes de fon tems , & verfé prefque en tous arts & fciences. Outre qu'il a écrit plufieurs œuvres en Latin, il en a auffi compofé en François *, foit en vers ou en profe , non encore imprimés. Il mourut à Paris l'an 1565 , âgé de 53 ans.

[1] Du nom Latin *Turnebus* eft venu le François *Turnébe*, qui n'étoit pourtant pas le nom de famille de cet Auteur. C'eft fur quoi l'on a extrêmement varié. Du Boulai , pag. 918 du Tome 6 de fon Hift. de l'Univerfité de Paris , fait mention de divers particuliers , connus dès 1522 fous le nom de *Tournebu* & de *Tournebus*. Si ce qui eft remarqué , pag. 363 du Tome 2 de la Bibliothèque Angloife eft vrai, qu'Adrien Turnébe étoit fils d'un Gentilhomme Anglois , nommé *Turnebull*, on ne doit pas être furpris qu'en Anglois *bull* fignifiant bœuf, on ait écrit en François *Tournebeuf* ; car le Latin , *bos* en François s'écrit bœuf, & fe prononce *beu*. La prononciation enfuite s'adouciffant , Tournebeu s'eft prononcé *Tournebu* , à la manière des participes *émeu , veu , leu , deçeu* , & même *embeu & fourbeu* , qui , bien qu'écrits par *eu* , fe font prononcés par un *u* fimple , *ému , vu , lu , déçu , embu , fourbu* , &c. Huet , pag. 296 , 297 & 307 de fes Origines de Caën , propofe une autre étymologie. *Torn* , dit-il , eft le Dieu des Goths , & *bu* en vieux Saxon fignifie *village* , d'où il conclud que *Tournebu* eft comme qui diroit le village du Dieu Torn. Ce qu'il y a de fûr , c'eft qu'après la mort du fameux Adrien Turnébe , fes defcendans jugèrent à propos d'écrire leur nom *Tournebu* par un fimple *u* final. Voyez les remarques de Ménage fur la vie de Pierre Ayrault , pag. 188 , & le Ménagiana , pag. 6 du Tome 4. Quant au mot Anglois *Turnebull* , on voit , pag. 575 & 750 des opufcules

de Loifel, qu'en 1524 il y avoit à Paris un Etienne Tournebulle Avocat. (M. DE LA MONNOYE).

*V. la Bibliothèque Françoife de M. l'Abbé Goujet, Tom. 13, pag. 271, & les Mém. de Niceron, Tome 39, pag. 334. On y trouvera un long Catalogue des Ouvrages d'Adrien Turnébe, parmi lefquels on n'en cite aucun qui foit écrit en François.

ADRIAN TURNEBE, ou TOURNEBU, Parifien, fils du fufdit. Il a écrit plufieurs vers Latins & François, fur la mort de fon frere Odet, lequel mourut l'an 1581, imprimés chez Mamert Patiffon. Il florit cette année 1584*.

*Adrien Turnébe le fils mourut en 1598. Ce fut lui qui publia en 1573 les fix derniers livres des *Adverfaria* de fon pere, dont les vingt-quatre premiers avoient paru en 1564 & 1565, avec une Epître dédicatoire au Chancelier de l'Hôpital. Le fils mit à la tête de ces fix derniers livres une Epître dédicatoire à Chriftophe de Thou, premier Préfident du Parlement de Paris, qu'il nomme en Latin *Tuthæus*.

AFRICAN DE MAILLY, Gentilhomme Picard [1], Bailly de Dijon en Bourgogne, Ambaffadeur pour le Roi François I, à Spire en Allemagne, l'an 1543. Il a écrit plufieurs oraifons pour foutenir le parti de fon maître contre Charles le Quint, Empereur des Romains, imprimées chez Robert Etienne, avec celles de Meffieurs du Bellay & autres.

[1] Quoiqu'iffu de la maifon de Mailly en Picardie par une branche établie en Bourgogne depuis long-tems, il n'étoit pas Gentilhomme Picard, mais Bourguignon. Palliot, pag. 129 de fon Parlement de Bourgogne, l'appelle Africain de Mailli, & le qualifie Chevalier Baron d'Efcots, Seigneur de Villars-les-Paux, Confeiller, Chambellan ordinaire & Pannetier du Roi, Chevalier d'honneur du Parlement, & Bailli de Dijon. Il fut reçu dans la charge de Chevalier d'honneur le 15 Novembre 1532, & dans celle de Bailli le 14 Juin 1537. Son ambaffade à la diéte de Spire, où, fuivant le calcul Romain, il alla en 1544 avec le Cardinal du Bellay, & François Olivier, depuis Chancelier de France, fut inutile, parce que Charles-Quint regardant François I comme ennemi de l'Empire, ne voulut point donner de fauf-conduit aux Ambaffadeurs de ce Prince. Sleïdan, liv. 15, ann. 1544, & Palliot, au lieu marqué. Jean Girard, Poëte Latin Dijonnois, adreffe à cet Africain de Mailly la dernière Epigramme de fa troifième Centurie en ces termes: *D. Aphricano Amalleo, Equiti, Divionenfi & Affonienfi Prætori,* c'eft-à-dire, Bailli d'Auffonne, parce qu'en qualité de Bailli de Dijon, il l'étoit d'Auffonne, de Beaune, de Nuis & de S. Jean de l'One. (M. DE LA MONNOYE).

ADVERTISSEMENT AU LECTEUR.

Les noms propres d'hommes se commençans par ces mots Aimard, Aimé, Aimery, Aimond, *&c. voyez-les écrits par* E *en cette sorte :* Emard, Emé, Emery, Emond.

ALAIN BOUCHART, J. C. natif de Bretagne. Il a composé les grandes Chroniques * & Annales de la Bretagne Armorique ou Gauloise, depuis le tems du Roi Brutus [1], jusqu'au regne de Jean, Duc de Bretagne. Elles ont été imprimées à Paris chez Galliot du Pré, l'an 1514, & en autres plusieurs lieux, & à divers temps. Il florissoit du temps de M. de. Anne Duchesse de Bretagne, à laquelle il dédia son livre [2].

* L'Edition de ses grandes Chroniques en 1514 est la première, & ne s'étend que jusqu'à la mort de François, Duc de Bretagne. Elles ont été réimprimées avec des additions en 1531, & plusieurs fois depuis. Le nom de l'Auteur ne se trouve point à la tête de l'Edition de 1514 ; mais on le voit sur le titre de celle de 1531, où il est qualifié *Noble homme & sage Maître, en son vivant Avocat en la Cour de Parlement.*

[1] Les Historiens donnoient alors dans les fables les plus absurdes. Ils dérivoient le nom *Britannia quasi Brutannia* de Brutus, comme *Francia* de *Francus* ou *Francion*, fils d'Hector. C'est sur quoi le P. Lobineau, dans la Préface de son Histoire de Bretagne, a rendu bonne justice à cet Auteur. (M. DE LA MONNOYE).

[2] Devenue Reine de France par son mariage 1°. le 16 Décembre 1491 avec Charles VIII, & 2°. avec Louis XII le 18 Janvier 1499, suivant le calcul François, ou 1500, suivant le Romain. (*idem*).

ALAIN CHARTIER, Normand, Secrétaire des Rois de France, Charles V, VI & VII, Poëte François, Historien & Orateur le plus estimé de son temps. Il a écrit l'histoire du Roi Charles VII, son maître, imprimée à Paris. Il a écrit le Bréviaire des Nobles, lequel a été imprimé depuis, sous le nom de M. d'Allancé, Gentilhomme Angevin [1]. Tous ses Œuvres, tant en vers qu'en prose, ont été imprimés à Paris, chez Galliot du Pré, l'an 1526, & depuis chez Corrozet, l'an 1583, par la diligence de Daniel Chartier d'Orléans, parent du susdit Chartier. Il florissoit l'an 1436 & 1452.

[1] Ce que dit ici la Croix du Maine, que le Bréviaire des Nobles, a été im-

primé sous le nom de M. d'Allancé, Gentilhomme Angevin, ancien Poëte Français, a donné lieu à Baillet de mettre *Allancé* dans sa liste alphabétique des Auteurs déguisés, comme un faux nom sous lequel Alain Chartier s'étoit caché. J'ai fait voir son erreur dans ma note sur cet endroit. La Croix du Maine ne dit autre chose, sinon que le *Bréviaire des Nobles*, imprimé sous le nom de d'Allancé, avoit été écrit, ou imprimé sous celui d'Alain Chartier, ne décidant point qui des deux en étoit l'Auteur, par où il ne nioit pas qu'Alain Chartier ne pût l'être : sur quoi André Duchesne prenant droit, n'hésita point, lorsqu'en 1617 il fit imprimer avec ses notes les Œuvres d'Alain Chartier, à y laisser en son ordre le Bréviaire des Nobles, ainsi qu'il l'avoit trouvé dans toutes les Editions précédentes. Il y laissa de même plusieurs Pièces, qui, de son propre aveu, étoient évidemment fausses; mais comme alors il ne sçavoit pas que l'Histoire de Charles VII fût du nombre, & que le Manuscrit qu'il en avoit ne passoit pas l'an 1458, il crut qu'Alain Chartier étoit mort cette même année dans la soixante-douzieme année de son âge, parce que l'Auteur dit, tout au commencement, qu'en 1402, il en avoit seize. Alain Chartier cependant ne peut être mort si tard ; & c'est de quoi Duchesne devoit bien s'appercevoir, lui qui a reconnu que la Pièce intitulée *l'Hôpital d'Amours* ne peut être d'Alain Chartier, puisqu'il y est parlé de la sépulture d'Alain lui-même. J'ai vu dans la Bibliothèque de feu M. Parisot, Procureur Général au Parlement de Dijon, un Roman manuscrit, qui a pour titre : *La conquête qu'un Chevalier, surnommé LE CŒUR D'AMOUR ÉPRIS, fit d'une dame appelée DOUCE MERCY*, où il est dit que l'*Hôpital d'Amours* étoit l'ouvrage d'un jeune Clerc de Tournai. Du Verdier, à la fin de la lettre C, fait mention du Roman de *cœur d'Amour épris*, & dit qu'il fut imprimé l'an 1503. Il est moitié vers, moitié prose. L'Auteur qui le finit en 1457, y parle d'Alain Chartier en ces termes un peu Normans.

> Autrefois l'ai vu dès m'enfance,
> Car il étoit du païs de France.

Ce qui donne l'idée d'un homme mort, il y avoit déjà du temps. Outre ce qui a été dit ci-dessus du Bréviaire des Nobles, voyez ci-dessous au mot Jean le Masle. Pierre le Fèvre, livr. 2 de son grand & vrai art de pleine Rhétorique, cite Maître Alain au Bréviaire des Nobles. (M. DE LA MONNOYE).

V. la Bibliothèque Françoise de M. l'Abbé Goujet, Tome ix, p. 155 & suiv. & Tome xi, p. 417.

ALBERT BABINOT, Poitevin. Il a écrit en vers Héroïques un Poëme Chrétien, qu'il a nommé la Chrictiade, imprimée à Poitiers, l'an 1559 [1].

[1] La Croix du Maine, en annonçant le Poëme de Babinot sous le nom de Chrictiade, sans ajouter, comme a fait du Verdier, contenant plusieurs sonnets chrétiens, laisseroit à croire que c'est un Poëme Héroïque en vers François (ce qui n'est pas) comme la Chrictiade de Vida, *Hieronimi Vidæ*

Chriſtiàs, en eſt un en vers Latins. Albert Babinot, diſciple ſecret de Calvin, ſema dans pluſieurs de ſes ſonnets l'eſprit des nouvelles opinions. Comme il étoit lecteur des Inſtituts de Juſtinien , dans la ſale qu'à Poitiers on appelle *la Miniſtrerie* , & que chacun par cette raiſon le nommoit M. le Miniſtre , on prétend que Calvin , dont aux environs il enſeignoit la doctrine en ca-chette , prit de-là occaſion de donner le nom de *Miniſtres* aux Paſteurs de ſon égliſe. Florimond de Ræmond qui , liv. 7, chap. 11 de la naiſſance de l'Héréſie, rapporte ceci , parle encore de Babinot liv. 8 , chap. 7 ; & c'eſt là qu'après avoir dit qu'il fut le premier que Calvin créa Diacre, il ajoute burleſ-quement qu'il mourut vendeur de caques de harans. (M. DE LA MONNOYE).

ALBERT DE GONDY, (Meſſire) iſſu d'une très-noble maiſon de Florence , Chevalier des deux ordres du Roi , Duc de Raiz , Maréchal de France , &c. Il a été employé en divers ambaſſades pour les Roys & Roynes de France , tant pour le ſçavoir qui eſt en lui , que pour ſon éloquence , de quoi il a donné & donne tous les jours un ſuffiſant témoignage , tant pour l'alliance qu'il a priſe avec Madame Catherine * de Cler-mont ſa femme (l'une des plus doctes & ſpirituelles femmes de France,) que pour le grand nombre d'hommes doctes , qui ont accès en ſa maiſon , & encore pour la belle & magnifique li-brairie qu'il a. Il florit ſous Henri III, l'an 1584. Il n'a encore rien mis en lumière de ſes compoſitions ; ce ſera , quand il lui plaira , qu'il en fera part à la poſtérité [1].

* Elle ſe nommoit Claude-Catherine de Clermont. Il l'avoit épouſée le 4 Septembre 1565. Elle étoit veuve de Jean d'Annebaut , Baron de Retz , qui lui avoit donné la Baronie de Retz , qu'elle porta à ſon ſecond mari , en fa-veur duquel cette Baronie fut érigée en Duché en 1581.

[1] Il mourut l'an 1602. (M. DE LA MONNOYE).

ALBERT ou ALBERTET DE SISTERON , iſſu des Mar-quis de Maleſpine en Italie , Gentilhomme , natif dudit lieu de Siſteron en Provence , & , ſelon d'autres , de Taraſcon , Poëte Comique & Mathématicien. Il a écrit pluſieurs belles chanſons en langue Provençale , à la louange des Dames & Princeſſes de ſon temps. Il a écrit un livre, intitulé lou Petrarch de Venus , en langue Provençale. Il a écrit pluſieurs livres traitans des Ma-thématiques, non imprimés. Il floriſſoit en Provence, l'an 1390, ſous Philippe le Bel , Roi de France.

ALBIN, voyez Aubin.

ALEXANDRE DE BERNAY [1], furnommé de Paris, ancien Poëte François. Il a aidé à traduire de Latin en François le Roman d'Alexandre le Grand. Il floriſſoit l'an 1200 ou environ. Voyez Cl. Fauchet.

[1] La Croix du Maine auroit dû l'appeler ſimplement Alexandre de Paris, comme a fait du Verdier, conformément aux deux vers que Claude Fauchet, auquel il renvoie, cite en ſon recueil des Poëtes François, chap. 3.

> Alexandre nos dit qui de Bernay fut nez
> Et de Paris reſu ſes ſermons appelez.

Je crois qu'au lieu de *reſu*, il faut lire *refit*, ce qui ſignifie qu'Alexandre né à Bernay en Normandie, ne voulut plus être appelé Alexandre de Bernay, mais Alexandre de Paris.

Ce vieux Poëte uſoit volontiers de vers de ſix pieds ; & parce qu'il ſe nommoit Alexandre, Fauchet a cru que peut-être étoit-ce de là que cette forte de vers avoient été nommés Alexandrins ; mais comme il a cru auſſi qu'ils pouvoient avoir été ainſi nommés, à cauſe que quatre Poëtes contemporains avoient de concert écrit en ce genre de vers la vie d'Alexandre le Grand, j'aime mieux ſuivre cette opinion qui me paroît plus vraiſemblable & mieux fondée. Ces quatre Poëtes du douzième ſiècle étoient Lambert li Cors, Alexandre de Paris, Pierre de Saint-Cloct & Jean li Nivelois, tous quatre ſous le règne de Louis le Jeune. C'eſt au reſte Alexandre de Paris, qu'il faut dire, & non pas Alexandre Paris, comme l'a dit Ménage dans les deux Editions de ſes Origines Françoiſes. (M. de la Monnoye).

V. la Bibl. Françoiſe de M. l'Abbé Goujet, Tome 9, pag. 2, 3.

On le croit auſſi Auteur du Roman d'Athis & de Prophylias. V. les Mém. de l'Académie des Inſcriptions, Tome 2, pag. 731, 742, où on lui attribue encore le livre d'Elene, mere de S. Martin. (Préſident Bouhier).

ALEXANDRE DIONISE [1], maître Chirurgien & Barbier à Vendôme, l'an 1581. Il a écrit un traité, ou réponſe ſur la queſtion propoſée par Angaron & Martel, Chirurgiens du Roi de Navarre, &c. décidée par L. Joubert, Docteur en Médecine à Montpellier, imprimée à Bordeaux, & à Paris chez Jean Parent, l'an 1581.

[1] Régulièrement à tirer ce nom de Διονύσου, il auroit fallu écrire *Dionyſe*, & non *Dioniſe*, comme fait la Croix du Maine, ou *Dyoniſe*,

comme du Verdier. Ceux qui portent aujourd'hui ce même nom , & qui font honneur à la profeſſion, écrivent *Dionis* *. (M. DE LA MONNOYE).

* Cette famille a ſa ſépulture dans une Chapelle qui lui appartient en l'Egliſe de S. Roch à Paris. Pierre Dionis, célèbre Anatomiſte , & premier Chirurgien de Madame la Dauphine , étant Marguillier de cette Paroiſſe , eut un procès avec le Curé : ce procès donna lieu à cette plaiſante Epigramme du grand Rouſſeau.

> Certain Curé , grand enterreur de morts,
> Au chœur aſſis récitoit le ſervice ;
> Certain Frater , grand diſſéqueur de corps,
> De ſon côté chantoit auſſi l'office , &c.

ALEXANDRE GUIBERT, Conſeiller du Roi en l'élection d'Orléans , l'an 1580. Il a écrit un traité pour toiſer , meſurer , & exactement calculer toute maçonnerie , imprimé à Paris chez Charles Macé , l'an 1580.

ALEXANDRE DE PULLY, premier Conſul au ſiège de Niſmes en Languedoc. Il a écrit un Poëme , qu'il a intitulé l'Uranie , imprimé.

ALEXANDRE DE LA TORRETTE ou **TOURETTE**[1], Gentilhomme , Pariſien , Préſident des Généraux , & Maître des Monnoies de France. Il a écrit un Traité des admirables vertus de l'or potable ; l'apologie de la ſcience d'Alchimie ; auxquels livres Jacques Gohorri , Pariſien , a fait réponſe. Ces livres ſuſdits ont été imprimés à Lyon , & depuis à Paris , l'an 1575 , chez Jean de Laſtre.

[1] On reconnoît à cette incertitude , touchant le nom de l'Auteur , que la Croix du Maine n'avoit pas vu le livre imprimé. (M. DE LA MONNOYE).

ALEXANDRE VANDEN-BUSCHE, Flamant , ſurnommé le Sylvain[1], Officier du Roi Charles IX, l'an 1574 , & de Henri III , l'an 1584. Il a écrit un recueil des Dames illuſtres en vertu ; Dialogue d'amour honnête ; Diſcours poëtiques des miſères de ce monde ; le tout imprimé à Paris chez Nicolas Bonfons, l'an 1575 ; les procès tragiques, contenant cinquante & cinq Hiſtoires , imprimés chez ledit Bonfons , l'an 1575 ; cinquante Enigmes Françoiſes avec leurs expoſitions, imprimées chez Gilles Beys , l'an 1581 ; Poëme & Anagrammes dudit Sylvain, imprimés chez Guillaume Julien, l'an 1579 ; l'Arithmétique Militaire, imprimée chez Gilles Gourbin, l'an 1579.

1 Silvain est la signification du nom Flamand Vandenbusche. (M. DE LA MONNOYE).

ALEXIS IVRÉ 1, de Quiers en Piémont, Poëte François du temps de Cl. Marot. Il a écrit quelques Poësies Françoises 2, desquelles fait mention ledit Marot.

1 La Croix du Maine auroit dû, ce semble, écrire IURE par un E féminin muet, comme a fait Marot dans le premier vers de sa trente-huitième Epître, adressée à cet Alexis en ces termes :

Ami Jure,
Je te jure, &c.

2 Il ne nous en reste aucunes, & nous n'y avons pas beaucoup perdu, si elles n'étoient pas meilleures que celles dont il avoit fait part à Marot qui lui témoigne ingénûment ce qu'il en pensoit. (M. DE LA MONNOYE).

ALEXIS PIEDMONTOIS. Il a écrit six livres 1 de secrets & recettes, tant pour le fait de Médecine, qu'autrement, imprimés en divers lieux de France.

1 Le livre de *Distilations*, que du Verdier n'a pas oublié, faisoit le septième. Néander, pag. 256 de sa Préface, imprimée *in-8°*, l'an 1565 de ses *Erotemata Linguæ Grecæ*, compte sept livres de secrets d'Alexis Piémontois : *Alexii Pedemontani de secretis libri 7, mirâ quâdam varietate, utilitateque referti*... François Sansovino publia en 1567, sous le faux nom d'*Alessio Piemontese* un volume de secrets, recueillis par Guillaume Ruscelli. Jamais livre ne s'est mieux débité, comme il est aisé d'en juger par les fréquentes Editions qu'on en a données en Italien, en François, en Latin & en d'autres Langues. Aujourd'hui il est dans l'oubli. Le collecteur de ces secrets, Jérôme Ruscelli, mourut en 1565. (M. DE LA MONNOYE).

ALPHONSE D'ALBENE, OU D'ELBENE 1, issu de la très-ancienne maison Del bene à Florence, Abbé de Hautecombe * en Savoye, l'an 1575. Il a écrit plusieurs Poëmes François, &, entre autres, quelques-uns sur la mort d'Adrien Turnebe, imprimés chez Frédéric Morel, l'an 1565. P. de Ronsard lui a dédié son Art Poëtique.

1 Le nom de cette famille est uniquement Delbéne, sans apostrophe entre la première & la seconde lettre. Alphonse Delbéne, auquel Ronsard

dédia

dédia fon Art Poëtique , dans le tems qu'il n'étoit qu'Abbé de Hautecombe, fut enfuite pendant vingt ans Evêque d'Alby. (M. DE LA MONNOYE).

* Il étoit Abbé de Hautecombe dès 1560. Il fut depuis Evêque d'Alby en 1588 , & mourut en 1618. Ronfard ne fut pas le feul qui lui dédia des livres. Un recueil d'anciennes Infcriptions lui fut auffi dédié par Jufte-Lipfe. Alphonfe Delbéne eft moins connu par fes vers François que par plufieurs Ouvrages Historiques , écrits en Latin, dont on trouvera les titres dans la Bibliothèque Hiftorique de la France.

ALPHONSE DE BEZER , Abbé de Livry, ancien Poëte François. Il a écrit un Traité fur la réformation des habits, con-tenant 63 Articles , imprimé avec le chant des Sereines d'E-tienne Forcadel , J. C. de Tolofe , l'an 1548.

AMADIS JAMIN , Valet de chambre du Roi Charles IX , fon Secrétaire & Lecteur ordinaire [1]. Il a traduit l'Iliade d'Ho-mère , fçavoir eft le refte délaiffé à traduire par Salel , imprimé chez Abel l'Angelier à Paris. Il a fait imprimer un jufte volume de fes Poëfies Françoifes chez Patiffon.

[1] Natif de Chaours en Champagne , au Diocèfe de Langres , fut Page de Ronfard , mourut Grénetier à Châtillon fur Seine. Il demandoit en voyageant à tous les Curés s'ils ne connoiffoient point de forciers ; qu'il cherchoit des diables , & n'en avoit pas vu la queue d'un. (M. FALCONET).

AMAURY BOUCHARD , Xaintongeois , Maître des Re-quêtes de l'Hôtel du Roi , & Chancelier du Roi de Navarre , &c. J. C. & Orateur [1].

[1] La Croix du Maine n'ayant nul ouvrage François à fpécifier de cet Au-teur, devoit au moins marquer qu'il avoit fait mention de lui dans fa Biblio-thèque Latine , puifque dès l'an 1522 Badius a imprimé *in-4°*. un livre Latin d'Amauri Bouchard avec ce titre : *Almarici Bouchardi Angeliaci Santonum Præfidis* Τῆς γυναικείας φύτλης *1. Feminei fexûs Apologia adversùs Andræam Tiraquellum.* On voit par-là qu'Amauri Bouchard étoit de S. Jean d'Angeli , & qu'en 1522 il n'étoit que Préfident au Préfidial de Saintes. Au-devant de fon livre eft une lettre Latine de Pierre Ami , alors Cordelier, connu par les Epîtres Grecques & Latines de Budé , & mentionné chap. 10 du 3 l. de Rabelais, fon ancien confrère. (M. DE LA MONNOYE).

M. de la Monnoye a ignoré le Traité de l'Immortalité de l'Ame , par Amaury Bouchart. Manufcrits de la Bibl. du Roi, 7914. (Préfident BOUHIER).

AMBROISE PARÉ, natif de Laval au Maine, fur les limites de Bretagne, Confeiller & premier Chirurgien des Rois de France, Charles IX & Henri III. Il a écrit plufieurs Traités à part, touchant le fait de Chirurgie ; l'anatomie de la tête, l'anatomie du corps ; Traités de la pefte, de la Mumie, de la licorne & des venins, de la lépre, de la vérole & autres, tous imprimés autrefois féparément, & en divers lieux, & maintenant tous réduits en grand volume, imprimés avec les figures chez Gabriel Buon à Paris, l'an 1579 & l'an 1584. Ils ont auffi été traduits en Latin, & imprimés par Mamer Patiffon pour ledit Buon. Il florit à Paris cette année 1584 [1].

[1] Comme il étoit Huguenot, & qu'étant connu pour tel, il couroit rifque d'être tué à la S. Barthelemy, Charles IX, dont il étoit premier Chirurgien, ne voulant point perdre un fi habile homme, l'envoya querir le foir de la veille du maffacre, & le fit mettre en fûreté près de lui dans une chambre, d'où il lui défendit de fortir fans fa permiffion. *Mémoires de Brantome, au Difcours de Charles IX*, pag. 8. on lit dans le *Borboniana* manufcrit, que les œuvres imprimées fous le nom d'Ambroife Paré font du Médecin Hautin, qui s'en fit bien payer la façon. François Hédelin, Abbé d'Aubignac, naquit à Paris le 4 Août 1604 de Claude Hédelin, Avocat au Parlement, & de Catherine Paré, fille d'Ambroife. (M. DE LA MONNOYE).

AMBROISE DE LA PORTE, Parifien, frère aîné de Maurice de la Porte, Auteur des Epithètes Françoifes. Il étoit homme docte & bien verfé en notre langue ; fes œuvres ne font point en lumière. Il fe voit de lui une Epître mife au-devant des Dialogues de Tahureau [1].

[1] La Croix du Maine fait faute, en attribuant à Ambroife de la Porte l'Epître mife au devant des Dialogues de Tahureau, laquelle eft conftamment de Maurice de la Porte qui l'a fignée, & qui dès les premières lignes commence par regretter la perte qu'il avoit depuis peu faite d'Ambroife fon frère aîné, mort en la vingt-huitième année de fon âge, prefque en même temps & au même âge que Tahureau, qui, felon la Croix du Maine, mourut en 1555. (M. DE LA MONNOYE).

AMBROISE SERGEANT, natif de la Ville du Mans, Protonotoire [1] du faint Siège Apoftolique, l'an 1516. Il a tra-

duit de Latin en vers François un Traité de peſte, compoſé autrefois en Grec par Atila, Médecin & Aſtrologue [2], imprimé
l'an 1516.

[1] Cette faute (Protonotoire) me paroît moins être de l'Imprimeur que
de la Croix du Maine, qui diſant toujours *Juriſconſul* pour *Juriſconſulte*, a
pu fort bien dire auſſi *Protonotoire* pour *Protonotaire*. (M. DE LA MONNOYE).

[2] Cet Atila eſt un Auteur Apocriphe, ſemblable à ceux que cite en grand
nombre le livre intitulé *Lumen animæ*. (*idem*).

ANDRÉ BOUIU, Avocat au Mans, iſſu de la très-ancienne famille des Bouiuz. Il a traduit en François quelques
œuvres de Ciceron, Saluſte, Tite-Live, & autres Auteurs,
tant Grecs que Latins, non encore imprimées. Il florit au
Mans cette année 1584.

ANDRÉ DU BREIL, Angevin, Docteur-Régent en la
Faculté de Médecine à Paris, l'an 1580. Il a écrit un livre de
la police de l'art & ſcience de Médecine, imprimé à Paris
l'an 1580.

ANDRÉ FOURNIER [1] : il a écrit en François un Traité
touchant la décoration de nature humaine.

[1] Le vrai nom de cet Auteur eſt *Le Fournier*, ainſi que l'a écrit du Verdier
qui demeuroit à Lyon, où le livre a été imprimé, & qui en parle comme
l'ayant vu. (M. DE LA MONNOYE).

ANDRÉ GALLUS, Pariſien, Docteur-Régent en la Faculté de Droit Canon, en l'Univerſité de Toloſe. Il a écrit un
advertiſſement pour les Docteurs, Régens de l'Univerſité de
Toloſe, contre les Juges & Officiers Préſidiaux dudit lieu, &c.
imprimé à Paris l'an 1583.

ANDRÉ JEAN, Pariſien, Avocat en Parlement & au
Châtelet de Paris. Il a écrit un Diſcours des derniers propos du
Roi Charles IX, imprimé à Paris. Il a traduit en François la
continuation de l'Hiſtoire de France, écrite par Arnoul du
Ferrier [1], Conſeiller du Roi au Parlement de Bordeaux, ajou-

tée à l'Hiftoire de Paul-Æmile Veronnois, &c. Il n'a encore mis en lumière cette traduction. Il florit à Paris cette année 1584.

¹ Il falloit dire Arnoul du Ferron. (M. DE LA MONNOYE).

ANDRÉ MALESIEU, Chirurgien à Paris. Il a traduit de Latin en François le fommaire de toute la Chirurgie, contenant fix livres, compofés en Latin par M. Etienne Gourmelan, Docteur en Médecine à Paris, imprimés chez Nicolas Chefneau l'an 1571.

ANDRÉ MESLÉ, de Laval au Maine. Il a écrit plufieurs Poëmes François, foit Cantiques ou Noëls, traductions de Poëtes, fonnets de fon invention, defquels il y en a quelques-uns imprimés.

ANDRÉ PREVOST, Gentilhomme Poitevin, Abbé d'Afnieres, iffu de la maifon de Bodet. Il a traduit de Latin en vers François l'Hiftoire de Judith, non encore imprimée ¹.

¹ Cet Auteur n'ofa peut-être faire imprimer fa Judith, ayant vu celle de du Bartas. Gabrielle de Coignard, veuve du fieur de Manfenent, Préfident au Parlement de Touloufe, fut plus hardie. Elle publia en 1595 à Tournon *in*-12 avec fes autres œuvres chrétiennes, un Poëme de près de 1200 vers fur la victoire de Judith. (M. DE LA MONNOYE).

ANDRÉ DE RIVAUDEAU, Gentilhomme du bas Poitou. Il a écrit la Tragédie d'Aman, tirée du feptieme Chapitre d'Efther, imprimée à Poitiers. Plus il a compofé deux livres de Poëmes François; le premier contenant les complaintes, le fecond les diverfes Poëfies; le tout imprimé, avec la Tragédie d'Aman, à Poitiers, l'an 1566; Commentaires fur la Tragédie d'Euripide, intitulée Electra, non imprimés. Il floriffoit l'an 1566.

ANDRÉ DE ROSSANT, Lyonnois, Poëte Latin & François. Il eft Auteur de la Remontrance au Peuple de Flandre, écrite en vers François, en faveur de Monfieur, fils & frère du Roi ¹, &c. imprimée à Paris chez Cheuillot, l'an 1582; l'Onomaftrophie, en laquelle il traite amplement de la manière de faire des Anagrammes , non encore imprimée. Il a écrit & compofé , (outre les œuvres que nous avons récitées ici devant) de très - amples commentaires fur les amours d'Olive, compofés par Joachim du Bellay , Angevin , & contiennent tant de matières diverses que s'ils étoient imprimés , ils pafferoient la groffeur d'un jufte volume. Il florit cette année 1584. Je n'ai pas connoiffance de fes autres écrits ou compofitions Françoifes ; & , quant à fes Latines, j'en ferai mention autre part.

¹ Il entend François duc d'Alençon ; mais au lieu de fils & frère *du* Roi , il devoit dire fils & frère de Roi ; fçavoir , fils d'Henri II , & frère d'Henri III, alors regnant. (M. DE LA MONNOYE).

V. la Bibliothèque Françoife de M. l'Abbé Goujet , tom. 15 , p. 8 , & tom. 16 , p. 44.

ANDRÉ THEVET , natif d'Angoulême , Cofmographe du Roi. Il a écrit plufieurs œuvres imprimées à Paris , à Lyon & Anvers , defquelles s'enfuivent les titres ; les fingularités de la France Antartique , imprimées à Paris l'an 1556 , & à Anvers chez Plantin ; la Cofmographie du Levant , imprimée à Lyon par Jean de Tournes, l'an 1556 ; Difcours de la bataille de Dreux , avec le portrait d'icelle , imprimé à Paris l'an 1563 ; la carte d'Efpagne imprimée ; la carte ou defcription de la France & des Gaules imprimée ; le Globe univerfel imprimé ; l'univers réduit en fleur de lys , imprimé l'an 1583 ; les quatre parties du monde , réduites en quatre feuilles féparées, imprimées à Paris chez l'Huillier ; la vie des hommes illuftres , avec leurs effigies en taille douce, imprimées à Paris chez Kerver & Chaudiere , l'an 1584 ; l'infulaire , non encore imprimé ; Traité des Monnoyes, & leurs portraits, non imprimé ; la Cofmographie , divifée en deux tomes , imprimée à Paris chez l'Huillier. Il florit à Paris cette année 1584 ¹.

¹ Thevet étant forti des Cordeliers dont il avoit pris l'habit , il voyagea , & fit de gros livres , où l'on remarqua beaucoup de menfonges , & fur-tout des ignorances très-groffières , ce qui donna lieu de le repréfenter fous deux

figures à côté l'une de l'autre : la première en habit de Cordelier , tel qu'il l'avoit autrefois porté ; la seconde en habit séculier avec un gros livre sur la tête. Au bas de la première étoit ce vers : *Asne jadis sous ma grise veture* ; au bas de la seconde celui-ci : *Plus Asne encore sous cette couverture.* Il mourut en 1590. (M. DE LA MONNOYE).

Epitaphes de M. Foucault, Tom. 1 , pag. 267... Aux Cordeliers tombé dans l'enclos du Chœur : " Cy gist vénérable & scientifique personne , » M. André Thevet, Cosmographe de quatre Rois , lequel âgé de 88 ans, » est décédé en cette Ville de Paris le 23 Novembre 1592 » *. Thevet a passé pour un grand ignorant. . . (M. FALCONET).

* V. les Mémoires du P. Niceron, tom. 23 , p. 74 , où l'on place la mort de Thevet au mois de Novembre 1590.

ANDRÉ TIRAQUEAU , Poitevin , Conseiller en Parlement , &c. Je ferai mention de lui dans ma Bibliothèque Latine.

ANDRÉ DE LA VIGNE , ancien Poëte François, Historien & Orateur , Secrétaire de la Royne & de M. le Duc de Savoie , & depuis Orateur du Roi de France Charles VIII. Il a écrit par le commandement du Roi son maître l'entreprise & voyage de Naples , fait par ledit Roi l'an 1493 [1]. Ce livre est composé en prose & en vers , imprimé à Paris chez Jean Treperel, & s'intitule le Verger d'honneur [2]. Il a davantage écrit la louange des Roys de France , imprimée à Paris par Eustache de Brie, l'an 1508 ; rondeaux [3] , ballades & chants royaux , à l'honneur de la Vierge. Il florissoit l'an 1493 & 1495.

[1] Charles VIII ne partit de Paris pour son expédition de Naples qu'au mois de Juillet 1494. Le Journal qu'André , ou comme vulgairement on le nomme , Andri de la Vigne, écrivit de ce voyage , commence le Mardi 9 du mois de Septembre suivant , & finit le Samedi 7 Novembre 1495. (M. DE LA MONNOYE).

[2] L'ouvrage , intitulé *le Vergier d'honneur*, est un petit *in folio*, Gothique , rempli de plusieurs Balades , Triolets , Rondeaux & autres vieilles Poësies , à la tête desquelles est le Journal dont je viens de parler. Quoique l'Imprimeur marque dans le titre que c'est un recueil de diverses Poësies d'Octavien de S. Gelais & d'André de la Vigne , la vérité cependant est qu'excepté la complainte d'Octavien de S. Gelais , d'un peu moins de 800 vers, tout le reste

du volume épais d'un bon pouce, eft d'André de la Vigne. Celui-ci a furvécu Octavien de plufieurs années. Il eft un des cinq Poëtes qu'invite Guillaume Cretin à déplorer avec lui la mort du Vicomte de Falaife, Guillaume de Biffipat, tué l'an 1511 à la prife de Boulogne en Italie...

> Secourez-moi, Biguë & Ville-Brême,
> Jean de Paris, Marot & de la Vigne.

Les Rondeaux que j'ai vus de lui fur la mort de la Reine de France Anne de Bretagne, prouvent qu'il vivoit encore en 1514, & je ne doute pas même que le fieur de la Vigne, aux lettres duquel on lit une réponfe de Melin S. Gelais, pour les filles d'honneur de Louife de Savoye, mère de François I, ne foit ce même André de la Vigne, connu par fes écrits dès le temps de Charles VIII, puifque, fuppofé qu'il eut 40 ans en 1498, lorfque ce Prince mourut, il n'en auroit en que 68 en 1526, temps auquel peut lui avoir été faite cette réponfe des filles d'honneur de Louife de Savoye. Ce qu'il y a de fûr, c'eft qu'il mourut avant l'Abbé d'Angle Jean d'Anton, mort l'an 1527, comme nous l'apprend Jean Bouchet dans fa 57e Epître familière, où il met la Vigne au nombre des Poëtes qui reçurent honorablement cet Abbé dans les Champs Elifées. (M. DE LA MONNOYE.)

3 Ces Rondeaux font un ouvrage différent de ce qui précede. (Préfident BOUHIER).

V. la Bibl. Françoife de M. l'Abbé Goujet, tom. 10, p. 283 & fuiv.

ANDRÉ ZEBEDÉE, Miniftre de Noyon [1] & Burfin, Théologien François. Je ferai mention de lui autre part, & pour caufe.

1 *Noviodunum*, c'eft Noyon en Picardie; *Nevidunum*, c'eft Nion en Suiffe. Il faut donc ici au lieu de Noyon, où il n'y a jamais eu de Miniftre, lire Nion, Bourg de Suiffe dans le Bernois, où eft auffi Burfing. C'eft là qu'étoit Miniftre cet André, qui, fous le nom de Zébédée, accufoit Calvin de faire Dieu auteur du péché, & qui, quatre ans après la mort de Calvin, ayant par un défaveu public reconnu la calomnie, brûla lui-même, en préfence des principaux habitans de Nion, un peu avant que de mourir, tous les actes de cette accufation, & fit par là, comme le donne à entendre Beze, amende honorable à la mémoire de Calvin. Voyez Beze dans fa vie Latine de Calvin, année 1555, & dans fa réponfe à Beaudouin, pag. 209 & 210, où il donne une idée fort méprifante de ce Zébédée, *miferi illius Zebedæi*, que Jean Voulté, liv. 1 de fes Epigrammes, ne laiffe pas de remercier du préfent qu'il en avoit reçu d'une Médaille de Marc-Antonin. (M. DE LA MONNOYE).

ANGE CAPEL, fieur du Luat, Gentilhomme Parifien,

Secrétaire du Roi & de fa Chambre, fils de M. l'Avocat du Roi Capel, &c. [1] Il a traduit de Latin en François le livre de la Clémence Divine de Seneque, imprimé à Paris l'an 1578 chez Jean Borel. Traité de la Providence, pris de Seneque, imprimé chez ledit Borel audit an 1578. Le premier livre de Seneque, touchant les bienfaits, imprimé l'an 1580 chez Borel. Quatre opufcules de Seneque, touchant les quatre Vertus, ou bien un formulaire de la vie honnête, imprimé à Paris chez Robert le Magnier, l'an 1582. Il a traduit de Latin en François l'hiftoire de Tacite, non encore imprimée ; la vie de Jules Agricola, extraite dudit auteur Corn. Tacite, & traduite par icelui Capel, a été imprimée à Paris. Il peut avoir traduit plufieurs autres œuvres, defquelles je n'ai pas connoiffance, pour n'avoir encore été mifes en lumière. Il florit à Paris cette année 1584.

[1] C'eft-à-dire, de Jacques Capel, touchant lequel on peut voir l'indice Alphabétique des Avocats, pag. 646. (M. DE LA MONNOYE).

ANNE DU BOURG, Gentilhomme, natif d'Auvergne, Docteur-Régent à Orléans, & depuis Confeiller au Parlement de Paris, &c. neveu de Meffire Antoine du Bourg, Chancelier de France, &c. Il a écrit plufieurs œuvres tant en Latin qu'en François, defquelles il n'a rien été imprimé que fa confeffion de foi [1], Il fut brûlé à Paris [2] pour le fait de la religion, le vingt-unième jour de Décembre, l'an 1559.

[1] Imprimée à Anvers, (c'eft-à-dire, à Genève), in-12. 1561. (M. DE LA MONNOYE).

[2] Beze qui, dans fes images des Hommes illuftres, marque auffi le 21 Décembre, dit, pag. 248 du tom. 1 de fon Hiftoire Eccléfiaftique, en copiant à fon ordinaire le Préfident de la Place, ou le prétendu Regnier de la Planche, que ce fut le 23 Décembre. De Sponde le 20 Novembre. Moreri le 20 Décembre. (idem),

ANNE DE LAUTIER, Dame de Champ - Baudouin, veuve de M. Groflot, Confeiller du Roi en fon Privé Confeil, &c, nièce de M. le Général Lautier, duquel nous ferons

mention

mention ci-après. Cette Demoiselle est si heureusement douée des graces requises aux Dames vertueuses & doctes, qu'elle ne mérite tenir les derniers rangs entre celles qui honorent la France par leurs doctes écrits ; car elle a connoissance de la langue Latine ; elle sait fort bien écrire & en prose & en vers, & n'ignore pas les Mathématiques. Elle n'a encore rien mis en lumière de ses compositions. Elle florit à Paris cette année 1584.

ANNE DE MARQUETS, Demoiselle très-docte en Grec, Latin & François, native du Comté d'Eu au Vexin François, Religieuse à Poissy, près S. Germain en Laye, à six lieues de Paris. Elle a traduit de Latin en vers François les Poëmes sacrés du Poëte Flaminius, imprimés à Paris. Elle a écrit de son invention plusieurs sonnets, prières & devises pour l'assemblée de MM. les Prélats & Docteurs, tenue à Poissy au Diocèse de Chartres, l'an 1561, le tout imprimé à Paris chez Guillaume Morel, l'an 1562. Elle compose encore chacun jour, tant en vers Latins qu'en François ; mais je n'ai vu de ses œuvres imprimées que les susdites[1]. Elle florit à Poissy l'an 1584.

[1] Il n'a point su, non plus que du Verdier, que cette Demoiselle avoit mis en vers François toutes les Collectes qui se lisent en l'Eglise pendant l'année. Elle fit cette traduction, d'après celle en vers latins de Claude Despende, dont l'ouvrage fut imprimé à Paris *in*-8°. 1566. sous le titre, *Collectarum Ecclesiasticarum Liber*, avec un ample & curieux commentaire, où il est parlé de cette Religieuse avec éloge en divers endroits, sans la nommer, parce qu'elle n'avoit pas souhaité y être nommée. Son nom pourtant, à la page 166, y est désigné par ces trois lettres A. D. M. Il est dit, pag. 841 de la Bibliothèque Dominicaine des PP. Quétif & Echard, qu'Anne de Marquets dédia en 1569 sa traduction en vers François, de toutes les Poësies Latines pieuses de Marc-Antoine Flaminius, avec le Latin à côté, à Marguerite, sœur de Charles IX, le tout imprimé *in*-8°. à Paris chez Nicolas Chesneau, 1569. Elle mourut vers 1588, & perdit la vue quelque temps avant sa mort, comme on l'apprend d'un quatrain de Gilles Durant. (M. DE LA MONNOYE).

V. la Bibl. de M. l'Abbé Goujet, tom. 13, p. 109.

ANNE DE MONTMORENCY (Messire), Connétable de France, &c. Aucuns assurent qu'il est auteur[1] du livre de l'Art Militaire, imprimé fous le nom de Meſſire Guillaume du Bellay, Sieur de Langey, duquel je parlerai ci-après. Il mourut à la bataille de S. Denis l'an 1567.

> ¹ Nul auteur, que je ſache, ne l'aſſure , &, ſi quelqu'un l'aſſuroit, il aſſureroit une fauſſeté. *V. la note ſur Guillaume du Bellay.* (M. DE LA MONNOYE).

ANNE DE MOREL, Damoiſelle Pariſienne, depuis nommée Diane de Morel, &c. Voy. ci-après Diane de Morel à la lettre D.

ANNE DU PRAT, Damoiſelle de la Roine mère du Roi, & ſœur puînée de Philippe du Prat, toutes deux filles de feu Meſſire François du Prat, Baron de Thiert ¹ en Auvergne, & de Madame Anne Seguier, à préſent Dame de la Vergne, &c. Je m'aſſure que tous ceux qui ont eu cet heur de la voir & diſcourir avec elle, feront d'accord avec moi que la Nature s'eſt étudiée en elle, de produire ce qu'elle avoit de plus beau & recommandable ; car ayant été inſtruite dès ſes premiers ans ès lettres Latines & Françoiſes, elle montre combien Minerve & le Chœur Aonide lui ont été favorables, de quoi je peux moi-même témoigner, pour le lui avoir vu effectuer, & pluſieurs autres graces & gentilleſſes capables de remplir un juſte volume. Elle florit cette année 1584, & n'a encore fait le Public participant des belles conceptions de ſon divin eſprit.

> ¹ D'autres diſent *Thiern*, & réguliérement on devroit écrire *Tiern*, ſuivant l'ortographe de Gregoire de Tours, cité par Hadrien de Valois dans ſa notice des Gaules, au mot *Tigernum Caſtrum.* Aujourd'hui communément on écrit *Thiers.* (M. DE LA MONNOYE).

ANNE SEGUIER, Dame de la Vergne, femme en premières noces dudit feu ſieur du Prat, Baron de Thiert, & en ſecondes de M. de la Vergne ¹, premier Chambellan de ſon Alteſſe. Elle mérite le los dû à celles qui ſervent d'ornement à la France, pour être une des accomplies Dames & d'eſprit, & de corps, que l'on y puiſſe voir. Ce qu'elle publie aſſez par ſes doctes diſcours, témoins de l'exacte connoiſſance qu'elle a de l'Hiſtoire & de la Poëſie Françoiſe , en laquelle elle s'eſt fort honorablement acquittée , nous ayant fait part de pluſieurs beaux vers Chrétiens , accompagnés d'un Dialogue en proſe , de Vertu , Honneur , Plaiſir , Fortune & la Mort. Elle florit cette année 1584.

¹ Hugues de la Vergne , Sieur de Mouſſi, Chambellan, & Capitaine des Gardes de François , Duc d'Alençon (M. DE LA MONNOYE).

ANNE DE SEMUR, Gentilhomme Vendomois , bien verſé en la poëſie Latine & Françoiſe. Il a écrit quelques ſonnets & autres poëſies non encore imprimés.

ANNE TULONNE, Damoiſelle Mâconnoiſe, ou de Mâcon , près Lyon , fort bien verſée à la poëſie Françoiſe*.

* V. Fr. de Billon , fort inexpugnable de l'honneur féminin , fol 35. v°.

ANNE D'URFÉ , Marquis de Baugé , Baron de Château-Morand , Seigneur d'Urfé , Gentilhomme de la Chambre du Roi , & Bailli pour Sa Majeſtéau pays de Foreſts , fils de Meſſire Jacques d'Urfé , &c. Il a écrit cent ſonnets , étant lors âgé de dix-huit ans ou environ *.

* V. la Bibl. Françoiſe de M. l'Abbé Goujet , tom. 14, p. 363.

ANSELME FAYDIT, ancien Poëte Comique & Tragique, natif d'un Village de Limoſin , nommé Urſeta ¹. Il a écrit une Comédie intitulée l'Heregia dels Preyres , en langage Provençal. Un chant funèbre ſur la mort de Richard , Roi d'Angleterre. Un chant de la deſcription d'amour , de ſon Palais , de ſa Cour , de ſon Etat ou Pouvoir. Il eſt nombré entre les Poëtes Provençaux. Il mourut au ſervice du Seigneur de Sault en Provence , ſurnommé d'Agoult , l'an 1220.

¹ Duverdier , dans cet article , eſt le copiſte de Noſtradamus , & la Croix du Maine en eſt l'abréviateur. Tout ce qu'il ajoute ici du ſien , c'eſt qu'Anſelme Faydit étoit d'Urſéta , Village du Limoſin ; il devoit dire d'Uſerche en Latin *Uſerca* , petite Ville du Limoſin. (M. DE LA MONNOYE).

ANSELME DE MARNAY , Champenois , jeune homme fort docte , & principalement en Grec. Il a compoſé pluſieurs

Poëſies Françoiſes , & autres choſes en proſe, non encore imprimées. Il florit cette année 1584.

ANSELME DE MOSTIER , Podeſtat d'Avignon , fils de
Jacques de Moſtier, riche citoyen d'Avignon. Il étoit Poëte en
toutes langues , grand Mathématicien , & verſé en toutes autres ſciences. Il a écrit pluſieurs choſes en rithme Provençale,
leſquelles ne ſont en lumière. Il mourut à Avignon l'an 1348 [1].

[1] C'eſt un extrait du Chapitre 63 des vies des Poëtes Provençaux par
Noſtradamus. Il eſt étonnant que ce chapitre ait échappé à Duverdier.
Moſtier au reſte ici , c'eſt Moutiers, Ville de Provence , entre Riez &
Senez. (M. DE LA MONNOYE).

ANTOINE ABELLI , Docteur en Théologie à Paris , de
l'ordre des Frères Prêcheurs ou Jacobins , Abbé de Notre-Dame
de Livry en l'Aulnoy , Confeſſeur de la Reine mère du Roi ,
l'an 1582 , & auparavant ſon Prédicateur , &c. Il a écrit en
François des Sermons ſur les Lamentations du ſaint Prophète
Jérémie , imprimés à Paris l'an 1582.

ANTOINE ALAIGRE , natif de la Tour en Auvergne ,
Chanoine de Clermont , l'an 1542. Il a traduit de langue Eſpagnole en la nôtre Françoiſe le mépris de la Cour , & la
louange de la vie ruſtique , par Antoine de Guevare , imprimée à Lyon l'an 1543 , par Etienne Dolet. La Décade
des Empereurs écrite par ledit Guevare [1] en Eſpagnol , & faite
Françoiſe par icelui Alaigre , imprimée à Paris chez Vaſcoſan,
l'an 1567 [*].

[1] Des livres de Guévare ici rapportés, la *Décade Hiſtorique* n'a pas eu
d'autre Traducteur François qu'Antoine Alaigre ; mais en 1591 il parut une
nouvelle verſion Françoiſe , *du Mépris de la Cour* , imprimée *in-16* par Jean
de Tournes le fils , avec l'Eſpagnol à côté & une traduction Italienne au bas.
Le nom du nouveau Traducteur François y eſt déſigné par ces trois lettres
initiales L. T. L. que j'interpréte Louis Turquet, Lyonnois. Moliere, Auteur de la Polixéne, a depuis fait de ce même livre de Guévare une verſion
dont j'ai parlé dans une de mes notes ſur Baillet, p. 124. du Tom. 3. (M. DE
LA MONNOYE).

[*] L'Auteur ſe nommoit *Allegre*, & non pas *Alaigre*. Sa Décade fut publiée
à Paris dès 1556 *in-4°*. Vaſcoſan acheva de l'imprimer le 8 Mai de la même

année , & le privilège avoit été obtenu dès 1553. L'Edition de 1567 eft *in-8°* , & n'eft que la feconde. Quant à l'ouvrage même , il n'y a pas lieu de croire que ce foit une traduction de l'Efpagnol de Guevare , par la façon dont Allegre s'exprime dans fon Epître Dédicatoire à la Reine de France Catherine. Comme les deux Editions de fon livre font fort rares, je citerai fes paroles : " Ayant leu puis un an en çà une Décade que D. Antonio Guevara „ Evêque de Mandonedo en Efpagne , avoit amaffé de plufieurs Auteurs , „ contenant la vie de dix Empereurs Romains, j'ai, à fon imitation, fait auffi en „ François , & gardé même ordre , mais traité en aucuns lieux diverfement „ l'Hiftoire , comme les Auteurs Grecs & Latins ont fait entre eux, que j'ai „ accordé au mieux que j'ai pu , „ &c. Cette Epître eft curieufe ; l'Auteur y fait l'éloge de notre Langue , & il eft un des premiers qui en ait embraffé la défenfe contre les Savans *qui ne trouvoient rien à leur gré , fi ce n'étoit Grec ou Latin* , & qui murmuroient de ce qu'*on travailloit tant à mettre toutes bonnes chofes en vulgaire François*. Il fe plaint en même temps du goût exceffif pour les Romans , fur-tout parmi les Gens de la Cour, chez lefquels, dit-il, *on ne voit guères d'autres livres qu'Amadis , Philocopes & Rolands*. Si Allegre vivoit aujourd'hui , il fe plaindroit bien davantage de la multitude de Brochures fingulières qui inondent & la Ville & la Cour , & qui tournent la tête de nos jeunes afpirans à l'efprit & à la Philofophie.

ANTOINE ANIORROIS , natif de Langres , Avocat au Parlement de Paris, l'an 1583. Il a écrit un traité de l'homme , qu'il appelle autrement le Microcofme , ou petit monde , non encore imprimé.

ANTOINE DE BAIF , fils de Lazare de Baif, &c. Voyez ci-après Jean-Antoine de Baif , à la lettre J.

ANTOINE DE BERTRAND , très-excellent Muficien , natif de Fontanges en Auvergne. Il a mis en mufique les fonnets ou amours de Ronfard , imprimés à Paris l'an 1576 & 1578.

ANTOINE DE BLEGERS (de la Salle) , Gentilhomme Provençal, natif de Carpentras , &c. Mathématicien & Philofophe. Il a écrit un difcours touchant quelques prodiges advenus au Comté de Venaiffin en Provence , & en la Ville de Lyon , l'an 1574. Il a davantage écrit quelques autres prodiges advenus en la Gaule Narbonnoife , imprimés à Lyon l'an 1574.

ANTOINE BRETOCH , Docteur en Médecine , & Aftrologue. Il a écrit quelques Almanachs , ou prognoftications , pour l'an 1550, imprimées audit an. Plus une autre prognof-tication, pour l'an 1551, faite fur les climats de France & autres lieux, imprimée à Rouen l'an 1551.

ANTOINE CARRACCIOLO [1], iffu des Princes de Mel-phe, Abbé de S. Victeur à Paris. Il a écrit le Miroir de la vraie Religion, imprimé à Paris chez Simon de Colines l'an 1544.

[1] Son vrai nom étoit Jean-Antoine Caraccioli, fils de Jean Caraccioli, Prince de Melfe dans le Royaume de Naples. Il vint jeune à la Cour de François I : n'ayant pas de quoi y foutenir le rang dû à fa qualité, il paffa en Provence, & vécut en retraite pendant quelque temps à la Sainte-Baume. De-là étant revenu à Paris dans le deffein de fe rendre Chartreux, il fortit novice du Couvent, & entra l'an 1538 à S. Victor, (& non pas à S. Victeur, comme l'écrit la Croix du Maine) dont peu après il fut Abbé Régulier. Il fut en ce même temps Evêque de S. Jean de Morienne, & ceda en 1551 fon Abbaye à Louis de Lorraine, depuis nommé le Cardinal de Guife, qui de fon côté lui remit fon Evêché de Troyes. Caracciol, imbu de la doctrine des Proteftans, la prêcha dans fon Eglife, gardant néanmoins toujours le titre d'Evêque, comme il paroît par fa lettre Italienne, inférée parmi les *lettere di Principi* du Rufcelli. Elle eft datée de Paris le 14 Juillet 1559, & fignée *Antonio Vefcovo di Troies.* C'eft une relation exactement circonftanciée de la mort funefte de Henri II. Le Zucchi, qui a inféré cette même lettre, p. 59 du Tom. I. de fon *Segretario*, écrit fort mal *il vefcovo Torres*, pour *il vefcovo di Troies.* Nicolas Camufat, dans fon Catalogue des Evêques de Troies, dit avoir appris de bonne part qu'Antoine Caracciol fit en 1557 un voyage à Ro-me, pour tâcher d'obtenir du Pape Paul IV, fon parent, un chapeau de Car-dinal, ce qu'ayant inutilement tenté, il reprit le chemin de France par Genève, où l'entrevue de Calvin & de Beze le rengagea dans leurs fentimens. Il continua cependant à vivre encore quelque temps parmi les Catholiques. Sa lettre, du 14 Juillet 1559, ci-deffus mentionnée, fait voir qu'il recon-noiffoit pour fon confrère en l'Epifcopat, Cornelio Muffo, Evêque de Bri-tonte, à qui elle eft écrite ; & une chofe à remarquer, c'eft que dans cette lettre il paroît très-perfuadé du falut de Henri II, malgré les Edits rigoureux de ce Prince contre les Proteftans. Il biaifa de la forte jufques vers la fin de 1561, qu'à l'inftance de Pierre Martyr, qui, au retour du Colloque de Poiffy, le vit à Troyes en paffant, il leva entièrement le mafque, & pouffa la chofe fi loin, qu'il fe fit Miniftre, joignant cette qualité à celle d'Evêque, dans l'épître Françoife qu'on voit de lui, imprimée in-8°. l'an 1561, fans nom de lieu. L'adreffe en eft ainfi conçue : *Antoine, Evêque & Miniftre du S. Evangile à l'Eglife de Dieu qui eft à Troyes*, &c. Beze, dans fon Hift. Eccl. p. 761. du Tom. I. l'accufe de vie auparavant impudique, & de légé-reté. L'âge put le corriger de la première de ces imperfections. Quant à la feconde, voici les paroles du même Beze : « il fe mit à prêcher, ayant beau-

» coup plus de paroles que de science; mais il se porta très-mal depuis, comme
» il sera dit en son lieu ». Il n'en a cependant depuis parlé ni près ni loin, & ses
paroles, touchant le changement de Caracciol, bien entendues, signifient,
à mon sens, que cet Evêque, avant sa mort, arrivée l'an 1569, abjura le Cal-
vinisme. (M. DE LA MONNOYE).

Antoine Caraccioli *, fils du Prince de Melfe, fut d'abord homme de
guerre, ensuite Abbé de S. Victor de Paris, menant une vie fort dissolue,
après avoir été Moine assez régulier. En 1544, qu'on craignoit la venue de
Charles V à Paris, il se fit Capitaine, & leva des troupes dans Paris ; il fut
ensuite Evêque de Troyes, & finit par être Ministre. Pasquier, Let. 12.
L. 4. Les circonstances de l'homme de guerre à deux reprises manquent dans
les Dictionnaires. . . Teissier sur de Thou, p. 398. & 401. parle d'un Galeas
Caraccioli, fils de Nicolas-Antoine, qui se fit Protestant, se retira à Genève,
se démaria, & s'y remaria. (M. FALCONET).

*Une branche de ces Caraccioli, descendans du Prince de Melfe, s'étoit
établie dans le Charolois. Le dernier de cette branche, Capitaine au Régiment de Bourgogne, Infanterie, fut tué au siège de Fribourg en 1744.

ANTOINE CATHALAN, Albigeois. Il a écrit une Epître
Catholique de la vraie & réalle existence du précieux Corps &
Sang de Notre Seigneur Jesus-Christ, au saint Sacrement de
l'Autel, sous les espèces de Pain & de vin, adressée aux Sei-
gneurs & Syndics de Genefve, pour faire répondre à icelle
Jean Calvin [1], imprimée à Paris l'an 1556. chez Pierre Gaultier.

[1] Beze, dans sa vie Françoise de Calvin, dit qu'en 1556, il composa le
petit livret, intitulé *Réformation*, pour imposer silence à un certain Bélitre,
nommé Antoine Cathelan, jadis Cordelier d'Albigeois. Calvin, dans cet
écrit, dit que Cathelan ayant obtenu à Berne pension d'écolier, pour être
nourri en l'école de Lausanne, Beze, alors Recteur du Collège, lui ordonna d'apporter un thême. Cathelan en apporta un, au bas duquel il avoit
mis : *Per me Anthonius Cathelan ;* sur quoi Beze l'ayant traité d'ignorant ;
comment, dit-il, *omnia nomina propria nonne sunt indeclinabilia ?* (M. DE LA
MONNOYE).

ANTOINE CAUCE, dit CAUCIUS, François de nation. Il
a écrit une Grammaire Latine & Françoise, imprimée l'an
1570. en France & en Almagne [1].

[1] Rabelais, & d'autres, écrivent quelquefois ainsi ce mot (Almagne);
mais cette orthographe, du temps de la Croix du Maine, avoit vieilli.
(M. DE LA MONNOYE).

ANTOINE CHAPUIS, Dauphinois. Il a traduit d'Italien

en François le duel ou combat de Hiérome Mutio[1], avec les réponfes chevalereffes, imprimé à Lyon l'an 1561. par G. Rouville ; la defcription de la Limagne d'Auvergne, écrite par Gabriel Siméon, Florentin, & traduite en François par icelui Chapuis, imprimée à Lyon, par Rouville, l'an 1561. Quant à Gabriel Chapuis, Tourangeau. Voyez ci-après en fon ordre.

[1] Jerome Muzio, né à Padoue le 12 Mars 1496, a toujours voulu dans fa langue être appelé *Hieronimo*, prétendant que *Girolamo*, quoique reçu par l'ufage, étoit une corruption ; & que ce feroit même quelquefois une impertinence d'en ufer, comme fi, par exemple, ayant à parler du Philofophe Rhodien ιερώνυμος, on venoit à l'appeler *Girolamo*. C'eft auffi parce qu'il étoit originaire de Capo d'Iftria qu'il fe nomma toujours *Juftinopolitano*, préférant toujours l'ancien au moderne, & *Juftinopolitano* à *Giuftinopolitano*. (M. DE LA MONNOYE).

ANTOINE CHEVALIER[1], furnommé D'AGNEAUX, natif de Vire en Normandie, frère puîné de Robert Chevalier, &c. Ils ont tous deux traduit fort doctement les œuvres de Virgile en vers François, avec la vie dudit Virgile, imprimées à Paris 1582. chez Perier & Auvray, tant avec le Latin à côté, que féparément. J'entends qu'ils traduifent aujourd'hui les œuvres d'Horace[2]. Ils floriffent cette année 1584, & s'étudient à profiter au public de tout leur pouvoir. Le Gentilhomme François non imprimé, lequel fert d'inftruction pour la civilité pour les courtifans.

[1] Il devoit dire le Chevalier. (M. DE LA MONNOYE).

[2] Ils donnèrent cette traduction en 1586. A Paris *in-*8°. (*idem*).

Etoit-ce le même Chevalier, dont parle Teiffier fur de Thou, Tom. II. p. 437. & 439. comme étant de Normandie, & grand Hébreu. Voyez les mémoires du P. Niceron, Tom. XXVIII. où il eft dit que Chevalier dirigeoit Calvin fur l'Hébreu. (M. FALCONNET).

V. la Bibliothèque Françoife de M. l'Abbé Goujet, Tom. XV. pag. 10.

ANTOINE COLOMBIN., ou COLOMBAIN[1], Docteur ès droits. Il a écrit un Sommaire de la forme de procéder extraordinairement ès caufes criminelles, imprimé à Paris par Denys Janot, l'an 1536.

[1] Cette incertitude fait croire qu'il n'avoit pas vu le livre. La Caille, p. 106.

p. 106. ne l'a rapporté, ſuivant ſa coutume, que d'après la Croix du Maine. (M. DE LA MONNOYE).

ANTOINE LE CONTE , dit CONTIUS , fort docte ès langues , & bien verſé en droit, Docteur, Régent en l'Univerſité de Bourges , l'an 1576, natif de Noyon [1] en Picardie , &c. Il a écrit pluſieurs œuvres en Latin, & en François. Se voit imprimée une ſienne Oraiſon panégyrique , prononcée par lui devant Monſieur, fils de France, & frère du Roi [2], imprimée à Bourges 1576.

[1] Compatriote & couſin germain de Calvin, dont, au rapport du Scaligerana ſecunda , il ne laiſſoit pas de médire extrêmement. Il mourut à Bourges l'an 1577. Cujas, qui ſe divertiſſoit quelquefois à faire des Anagrammes , en fit une ſur Antoine le Conte , par laquelle il témoignoit qu'il n'y auroit eu que du bien à dire de lui , s'il n'avoit été un peu trop ſujet au vin. ANTONIUS CONTIUS , ſi non vino tactus. (M. DE LA MONNOYE).

[2] C'eſt François , Duc d'Alençon. (idem).

ANTOINE COUILLARD [1] , Sieur DU PAVILLON , près Loris en Gâtinois. Il a écrit les contredits à Noſtradamus, imprimés à Paris chez l'Angelier l'an 1555 [2] ; les Antiquités & ſingularités du monde , imprimées à Paris ; les Procédures civiles & criminelles , ſelon le commun ſtyle de France , & Ordonnances du Roi , imprimées à Lyon par Benoît Rigault, l'an 1570 ; les Prophéties du Sieur de Pavillon près Loris , imprimées à Rouen l'an 1556 ; Epître au Roi Henri III. du nom , n'étant pour lors que Roi de Pologne , &c. imprimée à Paris chez G. de Nyverd l'an 1572 [3] , dans laquelle il promet de mettre en lumière les œuvres qui s'enſuivent : La Chronique de France , compoſée par le commandement du Roi Charles IX ; la Chronique Coſmographique & Univerſelle ; le Tableau des Généalogies des Rois de France , depuis Adam juſqu'au Roi de France Charles IX. Ces Livres ſont encore pardevers l'Auteur , deſquels il fait mention en ſon Epître préſentée au Roi l'an 1573. Ledit Sieur du Pavillon , Antoine Couillard , fait mention d'autres ſiennes œuvres , ſur la fin de ſes Prophéties , &c. deſquelles s'enſuivent les titres: Quatre Livres ſur la réponſe aux nouvelles Prophéties, dont le premier traite, que la fageffe des hommes n'eft que folie devant Dieu ; le fecond traite des abus des faux Prophètes ; le tiers traite tant des fauffes que vraies & divines Prophéties de l'Ancien Teftament, & accomplies en la vie & paffion de Notre Seigneur Jefus-Chrift ; le quatrième traite, entre autres chofes, que le monde fera plein d'ans & quafi éternel. Il floriffoit l'an 1573.

[1] Il eft furprenant que cet homme ait laiffé paroître tant d'ouvrages fous un fi vilain nom. Il devoit bien en changer, comme fit ce Maître des Requêtes, de même nom, de même temps, & apparemment de même famille... Un jour que ce Magiftrat grattoit à la porte du Cabinet du Roi ou de la Reine ; comme l'Huiffier lui demanda fon nom, il n'ofa le dire diftinctement à caufe de l'obfcénité. L'Huiffier ne l'entendant pas, lui dit qu'il parlât haut & clair, d'où il fut enfuite nommé *Hauteclair*. Ménage, dans fes Origines Françoifes, au mot *Hauteclair*, dit avoir appris cette particularité de Pierre Dupuy, Garde de la Bibliothèque du Roi, & cite à ce propos un paffage de l'Hiftoire de De Thou, L. VIII. où ce fait eft défigné. Antoine, dont il s'agit ici, avoit fi peu d'envie de changer fon nom, que, pour le mieux conferver, il l'avoit renfermé dans cette Anagramme, qui lui fervoit de devife : ON T'A CI RENDU LOYAL. (M. DE LA MONNOYE).

[2] Ce fut l'an 1560, comme l'a fort bien marqué du Verdier, & comme le marque plus correctement la Croix du Maine lui-même, au mot Michel Noftradamus. (*idem*).

[3] Il faut, conformément à du Verdier, 1573, Henri, Duc d'Anjou, n'ayant été, comme on fait, élu Roi de Pologne que le 9 Mai 1573, & l'Epître dont il s'agit n'ayant pu lui être préfentée qu'à fon retour de la Rochelle à Paris au mois de Juin de la même année. (*idem*).

ANTOINE CRESPIN, dit NOSTRADAMUS [1], natif de Marfeille en Provence, Docteur en Mathématiques, Valet-de-Chambre ordinaire du Roi, & Médecin ordinaire de M. le Comte de Tande, Amiral de Levant, &c. Il a écrit plufieurs Almanachs, Prophéties & prognofticartions, imprimées en divers lieux & en diverfes années, favoir, eft à Paris chez Martin le Jeune & Robert Colombel. Il floriffoir à Marfeille l'an 1570.

[1] Guillaume Colletet, dans fon Difcours de la Poëfie Morale, n°. 63. parlant de cet Antoine Crefpin, l'appelle, non pas *Noftradamus*, mais *Archidamus*, difant néanmoins que cet « Antoine Crefpin Archidamus avoit en

» 1577 adreffé de fades Quatrains Prophétiques au Roi , à la Reine , aux » Princes, Princeffes & autres perfonnes de grande condition ».(M. DE LA MONNOYE).

ANTOINE CRIPPARD [1] , de Cais en Picardie.

[1] Cet Article eft de toute manière défectueux. Pour y fuppléer , il faut recourir à Du Verdier au mot *Antoine Crappier* , mal écrit ici *Antoine Crippart*. (M. DE LA MONNOYE).

ANTOINE DAVY , Angevin , Sieur D'ARGENTRÉ [1] , Avocat à Angers l'an 1575. Il a écrit un Recueil des chofes les plus mémorables , advenues au Pays & Duché d'Anjou , depuis l'an 1559. jufqu'à maintenant. Il ne l'a encore fait imprimer que je fache.

[1] C'eft *d'Argenté* , fuivant Ménage , dans fes Remarques fur la vie de Guillaume Ménage fon père , pag. 448. où il eft dit qu'Antoine Davy , Sieur d'Argenté , étoit fils de Jean Davy , Sénéchal de Doué , & père de François Davy, Sieur d'Argenté , Profeffeur en Droit en l'Univerfité d'Angers. (M. DE LA MONNOYE).

ANTOINE DEMERY [1] , natif d'Abeville en Picardie , Docteur en Médecine à Paris , l'an 1544. Il a écrit une Antidote, ou remède contre la pefte , imprimé à Paris chez Galiot du Pré , l'an 1545.

[1] La Croix du Maine devoit écrire D'EMERY , comme l'a écrit Du Verdier , & comme l'Auteur lui-même l'écrivoit; il n'auroit pas eu befoin d'en faire un nouvel Article. Il devoit encore le placer avant ANTOINE EROET qui fuit. (M. DE LA MONNOYE).

ANTOINE LE DEVIN , natif de la Ville du Mans , Sieur de la Roche en Anjou , & du Tronchay & Montargis au Maine , vulgairement appelé l'Efleu Tronchay [1]. Il a compofé plufieurs Tragédies Françoifes , & , entre autres , celles-ci que j'ai vues , Judith , Efter & Sufanne. Elles ne font encore imprimées. Il a traduit les œuvres de Salufte de Latin en François, non imprimées. Il mourut à Angers , au mois de Janvier , l'an 1570. Il étoit père de le Devin , Confeiller en Bretagne.

[1] Ménage , dans fes remarques ci-deffus alléguées , pag. 318. donne à cet Antoine le Devin , outre les qualités ici marquées , celle d'Elu d'Angers , &

nomme Claude le Devin ; ce Conseiller de Bretagne, fils d'Antoine le Devin. (M. DE LA MONNOYE).

ANTOINE ÉROET [1] , dit de la Maison-neuve. Voyez ci-après ANTOINE HEROET.

[1] Cet Auteur n'a jamais écrit son nom que par un H, Héroet. La Croix du Maine n'a point eu d'autre raison de l'écrire ici par un E, EROET, que par allusion à Ἔρως, à cause des vers Erotiques, c'est-à-dire, amoureux, qu'Héroet avoit faits dans sa jeunesse : ç'a été la pensée de Joachim du Bellay, lorsqu'il a dit :

> Non tua sit Gallis, quamvis heroïca Musa,
> Herois nomen Musa tibi imposuit.
> Tam bene quod nobis verum describis ἔρωτα,
> Imposuit Graïo nomine nomen ἔρως.

Ç'a été aussi celle de Charles Utenhove en ce Distique :

> Seu canis Heroas, seu condis Ἐρωτικά, verum
> Nomen Eroeti, fata dedere tibi. (M. DE LA MONNOYE).

ANTOINE D'ÉMERY. Voy. ci-dessus ANTOINE DEMERY.

ANTOINE DE LA FAIE, Gentilhomme Beaulseron [1]. Il a traduit fort doctement l'Histoire Romaine de Tite-Live Padouan, imprimée à Paris & à Lyon l'an 1582, 1583 & 1584 [2].

[1] De Châteaudun. Pâquier, L. 7. Ch. 11. de ses Recherches, l'appelle mal *Antoine Faye*. La Croix du Maine devoit écrire de *la Faye*, comme l'Auteur lui-même l'écrivoit, & comme l'a écrit du Verdier. (M. DE LA MONNOYE).

[2] Outre la traduction de Tite-Live, dont parle la Croix du Maine, nous avons encore de lui celle de Joseph, en François. Il a aussi donné en Latin la vie de Beze, dont il étoit collègue dans le Ministère à Genève. Cette vie de Beze, traduite en François par Antoine Tessier, fut imprimée in-12 à Genève 1681. De la Faye mourut en 1616, fort âgé apparemment, puisqu'il est parlé de lui dix ans auparavant, comme d'un homme avancé déjà en âge, dans une lettre Françoise de Simon Goulart à Joseph Scaliger, datée d'Octobre 1606. Quant à ses écrits, tant sur l'Ancien que sur le Nouveau Testament, on en peut voir les titres dans *Crouvœus in Elencho*. (idem).

ANTOINE FAUQUEL, Prêtre, natif d'Amiens en Picardie. Il a écrit le discours de la prise de Guynes, imprimé à Paris l'an 1558. par Olivier de Harsy.

ANTOINE FAURE, ou FAUVRE [1], natif de Bourges en Berry, demeurant à Paris. Il a écrit une Arithmétique familière & fuccincte, imprimée à Paris l'an 1576 par Jean Borel & Nicolas du Chemin.

[1] Il devoit écrire uniquement Fauvre. (M. DE LA MONNOYE).

ANTOINE LE FEUBVRE, ou FEVRE [1], dit de la Boderie, frère de Guy & Nicolas les Feubvres, fieurs de la Boderie, tous trois natifs de Falaife en Normandie, hommes doctes ès langues, & qui tous trois ont mis leurs écrits en lumière, comme je le dirai en leur rang, &c. Celui-ci a traduit d'Italien en François le Dialogue de Nobleffe écrit par Torquato Taffo, imprimé à Paris chez Abel l'Angelier *in*-8°. 1584. Il a traduit d'Italien en François un livre de Nennio, Italien, traitant de la Nobleffe, imprimé à Paris chez Abel l'Angelier. Il florit cette année 1584.

[1] Les trois frères, Antoine, Guy & Nicolas, écrivoient tous de la même manière leur nom (le Fevre); on ne doit donc pas en propofer une autre. (M. DE LA MONNOYE).

V. la Bibliothèque Françoife de M. l'Abbé Goujet, Tome XIII, pag. 395 & 410. & les Mém. de Niceron, Tom. XXXVIII, p. 313.

ANTOINE FIANCE [1], natif de Befançon en Bourgogne, Profeffeur en Philofophie & Médecine, en la Cité d'Avignon en Provence, &c. homme docte en Grec & Latin. Il a écrit un œuvre intitulé Platopodologie [2]. Il mourut l'an 1581. le 27 de Mai, âgé de vingt-neuf ans.

[1] Jean Edouard du Monin lui adreffe quelques vers dans fon *Manipulus Poëticus*, & Jean-Aymé de Chavigny a fait des vers fur fa mort. Voyez au mot JEAN-AYMÉ DE CHAVIGNY. (M. DE LA MONNOYE).

[2] Cela fignifie à la lettre un *Traité des pieds larges & plats*. L'Auteur apparemment y raifonne en Médecin fur cette conformation. Pittacus, un des fept Sages, étoit Πλατύπυς ; ce qui donna lieu au Poëte Alcée, fon compatriote, de le nommer, par une exagération un peu forte, σάρἁπυς, non pas fimplement de σύρειν τὼ πόδε, de ce qu'il traînoit les pieds, comme l'entend Diogène Laërce, mais de σωρἑῖν ποσί, comme l'expliquent Grævius & Ménage, parce qu'il fembloit en marchant balayer la terre avec fes pieds. Parmi les Latins ; ceux qui avoient les pieds ainfi faits, ont été ori-

ginairement furnommés, *Planci*, *Ploti*, *Plotii*, *Pedones* & *Pedii*, d'où ces noms font demeurés à leurs defcendans. (*idem*).

ANTOINE FONTANON, natif d'Auvergne, Avocat au Parlement de Paris. Il a traduit de Latin en François la Pratique de Mafuere, ancien J. C. & l'a enrichie d'annotations, imprimée à Paris chez Nivelle l'an 1576. Il a recueilli, & mis par ordre les Edits, Ordonnances & Statuts des Rois de France, depuis le règne du Roi S. Louis, l'an 1270. jufqu'au préfent[1]; le tout réduit en quatre gros volumes imprimés à Paris chez Nicolas Chefneau, l'an 1580. Il florit à Paris cette année 1584.

[1] Pâquier a remarqué dans une lettre au Préfident Briffon, c'eft la première du neuvième livre, pag. 515, que Fontanon étoit le premier qui eût travaillé à réduire en ordre après Rébuffe, mais avec plus de fuccès, les Ordonnances de nos Rois. On peut ajouter aux livres qui lui font attribués la révifion des Inftitutions Forenfes de Jean Imbert, qu'il a diftinguées par chapitres, & corrigées en quelques endroits. Il vivoit encore en 1590. Il faut voir à fon fujet la note fur le mot *Mafuer*. (M. DE LA MONNOYE).

ANTOINE FOUQUELIN[1], natif de Chauny en Vermandois, au pays de Picardie, &c. grand J. C. & Orateur. Il a écrit une Rhétorique Françoife, partie de fon invention, & en partie à l'imitation de celle d'Omer Talon Vermandois, dit Audomarus Talæus, &c. imprimée à Paris chez André Vechel, l'an 1557. Il a écrit quelques livres en droit, en langue Latine. Il floriffoit à Paris l'an 1557.

[1] Pierre de Courcelles, qui fit imprimer une Rhétorique Françoife en la même année 1557, appelle *Fauclin* cet Auteur. Sorel écrit Foclin, & remarque, après Brantôme, que ce fut par ordre de Marie Stuard, Reine d'Ecoffe, que cette Rhétorique fut compofée; mais ils ne remarquent ni l'un ni l'autre qu'Antoine Fouquelin, dans l'Epître dédicatoire, ne donne à cette Reine que de l'Excellence. On lit *Fochain* dans Brantôme, par une faute de l'Imprimeur, fidèlement copiée dans les Editions de Moréri. (M. DE LA MONNOYE).

ANTOINE FORESTIER, Parifien, dit Sylviolus.[1]. Il a écrit plufieurs Comèdies Françoifes, Il floriffoit en l'an 1540, ou environ.

[1] S'il avoit eu nom *Forefteau*, le diminutif *Silviolus* lui auroit mieux

convenu. Les Comédies Françoifes qu'on lui attribue n'ont jamais été imprimées. Ses ouvrages Latins, qui ont vu le jour, ne font guère plus connus. On en voit feulement les titres à la fuite du Catalogue de Trithème, dans la Bibliothèque de Gefner, & dans fes continuateurs. Il étoit contemporain de Robert Gaguin & de Fauftus Andrelinus, ce qui me fait croire que, bien loin d'avoir fleuri en 1540, comme la Croix du Maine le fuppofe, à peine aura-t-il vécu jufqu'en 1520. Plus bas, fur la fin de la lettre F, il le nomme, fans nom de baptême, le Foreftier, & en fait un Moine Céleftin vivant l'an 1520. (M. de la Monnoye).

ANTOINE FRADIN [1], Cordelier, natif de Ville-franche en Beaujolois. Il a écrit quelques œuvres en Théologie. Il floriffoit fous Louis XI, l'an 1478.

[1] C'eft de lui que Menot entend parler, lorfque, dans fon Carême de Paris, il dit : *Vidiftis Fratrem Antonium.* Les œuvres que la Croix du Maine lui attribue font imaginaires. Luc Waddingh n'en a fait nulle mention, non plus que de leur prétendu Auteur. (M. de la Monnoye).

Cet Antoine Fradin, Cordelier, fut banni du Royaume par Louis XI, pour avoir difputé en chaire de l'état de la Couronne. Merc. Franc. Tom. I. fol. 349. (M. Falconnet).

ANTOINE DE FRAISNE, Religieux de l'Ordre de S. François, au Couvent de Louvain en Flandre. Il a traduit de Latin en François les Méditations, Soliloques, ou propos folitaires de l'ame à Dieu, & le Manuel de la contemplation de Jefus-Chrift ; le tout fait par S. Auguftin, imprimé à Anvers chez Tieleus, l'an 1573.

M. ANTOINE FUMÉE, Chevalier, Seigneur de Blandé, Confeiller du Roi en fon privé Confeil, &c. Il a écrit les Hiftoires depuis la conftitution du monde jufqu'à préfent. Il y en a quelques commencemens imprimés à Paris chez Nicolas Chefneau l'an 1574. Il florit cette année 1584.

ANTOINE GEUFROY, Chevalier de Rhodes. Il a écrit un Difcours de l'état de la Cour du grand Turc, l'ordre de fa Gendarmerie & de fes finances, avec un Difcours de leurs conquêtes, depuis le premier de cette race, imprimé à Paris chez Vechel l'an 1543.

ANTOINE DES GOIS. Il a traduit quelques livres d'Aſtro‑logie en notre langue Françoiſe, imprimés à Paris.

ANTOINE GUERSIN [1], Dauphinois. Il a compoſé en ſix livres l'Hiſtoire de Roland, Regnault, & Royer [2], im‑primée à Lyon par G. Rouille.

[1] La Croix du Maine écrit mal Guerſin & Royer, au lieu de Guercin & Roger. (M. DE LA MONNOYE).

ANTOINE HEROET, dit de la Maiſon‑neufve [1], natif de Paris, Evêque de Digne, parent de M. le Chancelier Olivier, &c. Il a compoſé en vers François un livre intitulé la parfaite amie, l'Androgine de Platon, Complainte d'une Dame nouvel‑lement ſurpriſe d'amour, & pluſieurs autres très-doctes Poëſies, imprimées à Lyon chez Jean de Tournes, & à Paris chez G. Thiboult l'an 1544. Il floriſſoit du temps du Roi François I, & étoit fort réputé pour ſa Poëſie [2].

[1] Clément Marot, dans ſon Epître contre Sagon, a marqué ſon eſtime pour Héroet, le mettant au nombre des beaux eſprits de ſon temps. Il ſe diſtingua par ſes Poëſies; elles ſervirent à lui acquérir pour l'Evêché de Digne la nomination de François I. Ses vers de l'Androgyne furent ſur‑tout extrêmement applaudis. Salmonius Macrinus les célébra dans ſes Hendé‑caſyllabes *ad Antonium Heroïcum.* Louis le Roi, dans ſon Commentaire ſur le Banquet de Platon, les cita depuis avec éloge comme une pièce qui, en 1559, paſſoit encore pour élégante. Bayle a inſéré tout au long dans ſon Dictionnaire, au mot *Sadeur,* le paſſage de Louis le Roi. Je ne ſache pas qu'on voie de lui autre choſe que les ouvrages de ſa première jeuneſſe, rapportés par la Croix du Maine & du Verdier, enſorte qu'il ſemble avoir renoncé non‑ſeulement à la Poëſie, mais à toute autre compoſition pendant tout au moins trente ans, n'étant mort qu'en 1568, ſur la fin du mois de Décembre, comme Gaſſendi, Prévôt du Chapitre de Digne, nous l'ap‑prend dans ſa Notice *Eccleſia Dinienſis,* remarquant de plus qu'Héroet étoit un peu accuſé d'adhérer intérieurement à la doctrine de Genève. Il n'étoit pas moins connu ſous le nom de la Maiſon‑neuve que ſous celui d'Héroet; auſſi eſt‑ce de lui qu'entend parler Claude Chappuis, p. 155 de ſon Diſcours de la Court, lorſqu'il dit :

> La Maiſon‑neufve, en ſon ſtyle héroïque,
> Philoſophie a joint à Rhétorique,
> Où le tréſor de ſon bon ſens déploie.

Mais il ne faut pas le confondre avec les deux autres contemporains
de

de même nom , Etienne de la Maiſon-neufve , & Jean de la Maiſon-neufve , dont le nom de famille étoit d'Aubuſſon. Ce dernier , dont il eſt fait mention ci-deſſous , étoit Poëte ; & c'eſt par rapport à lui que Charles de Sainte-Marthe , p. 212 de ſes Poëſies imprimées *in-8°*. l'an 1540 , à Lyon , parle de la Maiſon-neuve & d'Héroet comme de deux Poëtes différens. (M. DE LA MONNOYE).

² On l'appeloit alors *LE POÉTE PHILOSOPHIQUE.* V. FR. DE BILLON , fol. 29 , v°. de ſon fort inexpugnable de l'honneur féminin. (P. BOUHIER).

V. la Bibliothèque Françoiſe de M. l'Abbé Goujet , Tome II , p. 141.

ANTOINE LOISEL , natif de Beauvais en Picardie , Avocat au Parlement de Paris , homme fort docte , & ayant connoiſſance de beaucoup de bonnes ſciences outre ſa profeſſion. Il a écrit trois Remontrances de l'accord & union des ſujets du Roi ſous ſon obéiſſance , imprimées à Paris par Robert le Mangnier l'an 1584. Il florit cette année 1584 ¹.

¹ Il mourut le 28 Avril 1617. Ses œuvres recueillies en un vol. *in-4°*. furent imprimées à Paris l'an 1652 (M. DE LA MONNOYE).

Voy. la Bibl. Françoiſe de M. l'Abbé Goujet , Tom. IX, p. 4 & 5. Mém. de Niceron , Tom. XXXII.

* Toutes les œuvres de Loiſel ne ſont point renfermées dans le Recueil de 1652, qui n'eſt qu'un *Recueil d'opuſcules tirés de ſes Mémoires* , comme le porte le titre même , & parmi leſquels on a inſéré quelques écrits d'autres Auteurs. Son nom étoit L'OISEL ; & c'eſt ainſi qu'il l'écrit à la tête de ſes *Mémoires de Beauvais* , & à la fin de l'Epître Dédicatoire du même ouvrage ; mais il ne le traduit point en Latin par le mot *Avis* , comme quelques-uns de ſes parens. Il ſe nommoit en cette langue *Antonius Oiſelius*. Cependant ſon fils Guy , dans l'épitaphe qu'il conſacra à la mémoire d'un de ſes frères , traduit le nom de Loiſel par *Loiſelius* , & cette dernière orthographe à prévalu. Les hommes ne peuvent ſe diſſimuler que leurs noms ont eu primitivement une ſignification déterminée. Cependant ils affectent ſouvent de les défigurer , & de détruire, autant qu'il eſt poſſible , les traces de cette ſignification primitive. Aux efforts qu'ils font pour y parvenir , il ſembleroit que les ténèbres répandues ſur l'étymologie de leurs noms, pourroient leur être auſſi favorables que celles qu'ils ont ſoin quelquefois de jeter ſur l'origine de l'illuſtration de leur Race.

La vie d'Antoine Loiſel eſt écrite à la tête des opuſcules par Claude Joly , Chanoine de l'Egliſe de Paris. Il naquit à Beauvais en 1536 , & mourut en 1617. Il étoit fils de Jean , petit-fils de Nicolas, dont le frère Jean Loiſel *Avis* , Médecin de Paris , étoit petit-neveu de Jean *Avis* , Doyen de la Faculté en 1506. Etoit-ce de lui que N. le Fevre a dit : *M. Loifel , homme de bien , mais non fçavant ?* Antoine Loifel , Confeiller au Parlement , mort en 1611 , à quarante-un ans , étoit fils d'Antoine dont nous parlons. (M. FALCONET).

ANTOINE MACAULT, natif de Niort en Poitou, Notaire, Secrétaire & Valet-de-Chambre du Roi François I, l'an 1534 , furnommé l'Efleu Macault. Il a traduit plufieurs livres du Latin en François : les Apophtegmes d'Erafme , imprimés à Paris ; les trois premiers livres de Diodore Sicilien , Auteur Grec , imprimés à Paris ; l'oraifon d'Ifocrates à Nicocles , imprimée chez Vechel l'an 1544. Ce livre s'intitule autrement l'inftitution du jeune Prince , &c. L'oraifon de Ciceron pour le rappel de M. Marcellus , Sénateur Romain , imprimée à Paris chez Antoine Augereau l'an 1534 *.

* On peut ajouter à la lifte de fes Traductions Françoifes *le grand combat des Rats & des Grenouilles* , tranflaté du Grec d'Homère en rime Françoife. Paris, 1540, *in-4°.* A la tête de ce livre , Macault prend le titre de *Secrétaire & Valet-de-Chambre du Roi , Eflu fur le fait de fes Aydes & Tailles.*

ANTOINE LE MAÇON , natif de Dauphiné , Confeiller du Roi & Tréforier des guerres. Il a traduit d'Italien en François le Decameron [1] , ou cent Nouvelles de Bocace , imprimé à Lyon par Roville , & à Paris chez Olivier de Harfy , l'an 1569. Il a écrit en vers François les Amours de Phydie & Gelafine , qu'il appelle autrement Erotafmes , d'un mot Grec , imprimés à Lyon.

[1] Pafquier , ch. 6 du 7e l. de fes Recherches , dit que la langue Françoife n'eft pas peu redevable à ce traducteur du Décaméron ; mais il l'appelle mal Jean le Maçon. La Croix du Maine , qui l'appelle ici très-bien *Antoine* , l'appelle mal ailleurs , fans doute par une faute de mémoire , comme Pafquier , *Jean* le Maçon. Une chofe à remarquer , c'eft que les endroits impies du Décaméron , d'abord rendus en François avec toute la force qu'ils ont dans l'original , ont été changés dans les Éditions poftérieures , à l'exemple des changemens qui ont été faits dans l'Italien. (M. DE LA MONNOYE).

ANTOINE MAR. DE CONZIÉ , Gentilhomme Savoifien. Il a compofé plufieurs Poëfies Françoifes , & , entre autres , quelques fonnets amoureux , lefquels il m'a commmniqués à Paris l'an 1569 [1].

[1] L'Auteur de ces Poëfies s'appeloit *ANTOINE MARIN* de Conzié, d'une famille noble & ancienne , originaire de Savoye, établie en Bugey depuis près de 300 ans , comme on le peut voir dans Guichenon. Son nom dans la table alphabétique des Auteurs à la tête de cette Bibliothèque, étoit d'abord mal placé à la lettre M , fous le nom de *Marc-Antoine*, ce que l'on a rectifié dans cette Edition. (M. DE LA MONNOYE).

ANTOINE MARCOURT. Il a écrit une bréve Déclaration de la Meffe , contre les Blafphémateurs d'icelle , imprimée l'an 1561.

ANTOINE MIZAULT [1] , Docteur en Médecine à Paris, natif de Montluffon en Bourbonnois , grand philofophe , & Mathématicien. Il a écrit plufieurs livres en notre langue, outre ceux qu'il a compofés en Latin ; Inftruction fort populaire, pour la connoiffance des Lunes en tout temps, imprimée chez Thomas Ricard , à Paris l'an 1563 ; le Jardin Médicinal, imprimé à Paris l'an 1578 ; le Miroir du temps , & préfages fur le changement d'icelui , imprimé à Paris par R. Chaudiere 1547 ; Météores , ou difcours des chofes qui font faites & engendrés aux trois régions de l'air , avec les caufes, imprimé par Chaudiere 1548 ; Ephémérides de l'air , ou l'Aftrologie ruftique , imprimée chez Kerver l'an 1554 ; Célefte Ephéméride pour l'an 1555 , imprimée chez Kerver 1555 ; Explication , ufage & pratique des Ephémérides céleftes, avec tables d'icelles , imprimée chez Kerver 1556 ; Ephéméride célefte pour l'an 1556, chez Kerver à Paris l'an 1556 ; Ephéméride célefte pour l'an 1557, chez ledit Kerver audit an ; Singuliers fecrets & fecours contre la pefte, imprimés à Paris l'an 1562 chez Frédéric Morel & Mathurin Breville ; les louanges , antiquités & excellences d'Aftrologie , extraites & traduites du Grec de Lucian, imprimées à Paris chez Thomas Ricard l'an 1563 ; Nouvelle invention pour incontinent juger du naturel d'un chacun , par la feule infpection du front, & de fés linéamens, imprimée à Paris chez G. Chaudiere 1565 ; Opufcule des fecrets de la

Lune, & du confent & accord, lequel plufieurs chofes de ce bas monde reconnoiffent, & à vue d'œil ont commun avec ladite Lune, imprimé à Paris chez Frédéric Morel l'an 1570. Il a écrit plufieurs autres Œuvres en Latin, defquelles je ferai mention en ma Bibliothèque Latine, &c. Il mourut à Paris l'an 1578 [*].

[1] On trouve ce même nom écrit *Mizaud*, *Mizauld*, ou *Mizault*; & c'eft de cette troifième manière que l'Auteur l'écrivoit, qui en conféquence auroit dû plutôt s'appeler en Latin *Mizaltus* que *Mizaldus*; il étoit de Mont-luffon, comme le dit la Croix du Maine, & que du Verdier écrit mal *Moluffon*. Le Préfident de Thou l'a honoré d'un éloge que Naudé n'a pas peu affoibli, pag. 135. de fon Mafcurat, où il dit que Pierre Ménard, Libraire, ayant deffein de faire imprimer toutes les Œuvres d'*Antonius Mizaldus* en un vol. *in-fol.* il l'en avoit détourné, parce que c'étoit un homme,

Quælibet à quovis mendacia credere promptus.

Naudé pouvoit ajouter que Mizault a fait en Latin des fautes qu'on ne pardonneroit pas à un écolier de quatrième. (M. DE LA MONNOYE).

[*] Dans un âge affez avancé. Voy. le Catalogue de fes ouvrages dans les Mém. de Niceron, Tom. XI, p. 200.

ANTOINE DE MONCHY [1], furnommé Demochares, Docteur en Théologie à Paris, Doyen des Théologiens, & Inquifiteur de la Foi, &c.

Il a écrit plufieurs livres en Latin, defquels je ferai mention en ma Bibliothèque Latine. Il en a auffi écrit en François, lefquels ne font encore imprimés [2]. Il mourut à Paris, étant fort âgé, l'an 1574, fous Charles IX.

[1] Ou *MOUCHI*. J'ai fait voir, p. 291. du VIe Tom. de Baillet, dans une note fur le nom de *Mouchi*, que *Mouchard*, dans la fignification d'efpion, ne venoit pas de ce qu'Antoine de Mouchi, Inquifiteur de la Foi, envoyoit fous main des gens dans les maifons, pour obferver s'il ne s'y difoit ou faifoit rien en faveur des Huguenots; & pour confirmer l'étymologie que j'ai propofée d'*emungere*, j'aurois pu ajouter, fi je m'en étois alors fouvenu, que *Moucher* pour *épier* fe trouve en ces vers imprimès dès 1532, quelques trente ans avant qu'Antoine de Mouchy fe fût rendu redoutable par fa fonction d'Inquifiteur.

> Les ferpentins, plus infects que couleuvres,
> Jugent toujours à leur intention
> Des mots exquis, & ont contention;
> Et, qui plus eft, mouchent par les Provinces
> Pour mieux oüir & rapporter aux Princes
> Ce qu'on n'a pas en ce point entendu.

C'eft dans l'Epître écrite des Champs Elyfées, fous le nom de Maître

Pierre Faifeu. Avant même le milieu du quinzième siècle , *Moucher* est pris en ce sens, Feüillet 154 , v°. du Mystère de la Passion , ou une servante parlant à des sergens , leur dit :

> Vous êtes bien à de loisir
> D'aller à cette heure moucher ;
> Il est temps de s'aller coucher.

Du reste, le P. Hilarion de Coste , pag. 352. de ses annotations sur la vie de François le Picart , a parlé amplement du Docteur Antoine de Mouchi , qu'on sait ne s'être appelé Démocharés que par une pure allusion de son nom François à ce nom Grec. Il mourut l'an 1574. (M. DE LA MONNOYE).

ᵃ Il faut du moins en excepter celui que du Verdier rapporte , intitulé *Réponse à quelque Apologie que les Hérétiques ont mis en avant , &c. (idem)*.

ANTOINE DU MOULIN , Masconnnois , Valet-de-Chambre de la Royne de Navarre , sœur du Roi François I. Il a traduit les Fables d'Esope , imprimées à Paris par Jean Ruelle , avec la vie dudit Esope ; il a traduit les souverainetés de toutes maladies , écrites en Latin par Marcellus , Auteur ancien , imprimées à Lyon par Jean de Tournes l'an 1582 ; il a écrit en Latin un livre du naturel divers des hommes , lequel il a traduit en François , imprimé à Lyon ; il a revu & recorrigé les Illustrations de Gaule , par Jean le Maire , imprimées à Lyon par Jean de Tournes ; il a revu & recorrigé les Œuvres de Clément Marot , imprimées à Lyon par G. Rouville ; il a mis en lumière les Œuvres de Bonadventure des Periers , lesquelles il a fait imprimer à Lyon par Jean de Tournes , & les a revues & recorrigées ; il a traduit le livre d'Augustinus Nyphus , touchant les augures & devinations, imprimé à Lyon par de Tournes 1546 ; il a revu & recorrigé M. Aurelle , traduit par R. de la Grise , imprimé à Lyon par de Tournes ; la déploration de Vénus , sur la mort du bel Adonis, qui est un recueil de plusieurs chansons , tant musicales que rurales , fait par ledit A. du Moulin , & extrait de plusieurs Poëtes , imprimé à Lyon par de Tournes l'an 1551 ; le Manuel d'Epictete , ancien Philosophe Grec , traduit par ledit du Moulin , imprimé à Anvers chez Plantin l'an 1558. Il promet davantage , de traduire plusieurs autres livres d'anciens Philofophes Grecs & Latins, favoir, eft le livre de la vertu & efficace du cœur; les raiz de ce monde inférieur, des chofes accidentelles ou furvenantes, par lefquelles on peut avoir connoiffance de la penfée des hommes; la chiromance & vraie phyfionomie, ou diverfe nature des hommes, faite par Loxus, Médecin, Ariftote & Polémon, Auteurs Grecs; plufieurs Traités d'Aftrologie, &c. de tous lefquels il fait mention en fa traduction du livre d'Auguftinus Nyphus, &c. Il a revu & recorrigé un livre d'Alchimie, intitulé la Fontaine des amoureux de fcience, écrit par Jean de la Fontaine de Valenciennes en Haynault, imprimé à Lyon avec les figures par Jean de Tournes, lan 1547; il a traduit de Latin en François un livre de Joannes de Rupefciffa, ou de Roquetaillade, intitulé la vertu & propriété de la quinte-effence de toutes chofes, imprimé à Lyon l'an 1581. Il floriffoit à Lyon l'an 1547 [1].

[1] Antoine du Moulin donna encore en 1549. avec des diverfes leçons & quelques notes marginales, une Edition des vers de Serenus Samonicus, plus correcte que les précédentes. Elle eft à la fuite du Cornelius Celfus, imprimé *in-16* l'an 1549 chez Jean de Tournes. Pierre Pithou, qui l'avoit vue, en parle avec eftime, chap. 19 du L. I. de fes *Adverfaria*, & nomme Antoine du Moulin *virum doctum & diligentem*. (M. DE LA MONNOYE).

V. la Bibliot. Françoife de M. l'Abbé Goujet, Tom. IX, pag. 69 & 70; Tom. XI, pag. 422.

ANTOINE MURET, Limofin, citoyen de Rome, &c. Voy. de lui ci-après MARC-ANTOINE DE MURET.

ANTOINE NOGUIER, Tolofain. Il a écrit l'Hiftoire de Tolofe, imprimée audit lieu [1], en 1456, *in-4°*.

[1] Germain la Faille, pag. 182 du Tom. II. de fon Hift. de Touloufe, parle avec beaucoup de mépris de celle d'Antoine Noguier, comme fabuleufe, & mal écrite même pour fon temps. (M. DE LA MONNOYE).

V. la Bibliot. Françoife de M. l'Abbé Goujet, Tom. XIII, p. 106.

ANTOINE DU PART, Angevin, poëte François. Il a écrit quelques Poëmes en l'an 1574.

ANTOINE PICHON, natif de la Chartre fur le Loir au Maine, Principal du Collège de S. Martin de Tours, Orateur Latin & François. Il floriſſoit à Paris l'an 1575. Il a écrit quelques Œuvres Françoiſes [1], non encore imprimées, que j'ai vu. Quant à ſes Latines j'en ferai mention autre part.

[1] Ses Œuvres Françoiſes, s'il y en a eu, n'ont jamais paru ; des Latines, je ne connois que la traduction des Epîtres Grecques de Guillaume Budé, dédiée par le Traducteur aux Chapitres de S. Gatien & de S. Martin de Tours. Elle fut imprimée *in-4°.* à Paris chez Jean Bien-né, 1574, avec le Grec à côté. On a coutume d'y joindre les annotations de Claude de Crau de Coulaines, imprimées aussi à Paris 1579. (M. DE LA MONNOYE).

ANTOINE PIERRE, natif de Rieux en Narbonnois, Licencié ès droits. Il a traduit de Latin en François le Régime de ſanté, & manière de bien vivre, principalement en temps de peſte, avec annotations par ledit Traducteur, imprimé l'an 1544, auquel temps l'Auteur floriſſoit à Poitiers. Il a traduit les vingt livres de Conſtantin Céſar, touchant l'Agriculture ou labourage [1], imprimés à Poitiers par les de Marnef, l'an 1545 [2].

[1] La Collection des Géoponiques, diviſées en vingt livres, ſous le nom de Conſtantin Céſar, parut en Grec pour la première fois à Bâle l'an 1539, par les ſoins de Jean-Alexandre Braſſicanus. La traduction Latine qu'en avoit faite Cornarius ſur le Manuſcrit, avoit été imprimée en la même ville l'année précédente. C'eſt d'après Cornarius qu'Antoine Pierre a donné ſa verſion, par conſéquent peu exacte. Le Conſtantin, ſous le nom duquel l'ouvrage fut publié, n'eſt ni le Grand Conſtantin, ni, comme ſe l'eſt imaginé Cornarius, Conſtantin Pogonat ; mais Conſtantin Porphyrogénète, jeune Empereur ſtudieux, qui, pour ſa commodité, faiſoit réduire en un corps pluſieurs extraits des Auteurs qui traitoient une même matière. De-là nous ſont venus non-ſeulement ces Géoponiques, mais ces Tactiques & ces Hippiatriques, qui nous reſtent encore. Voyez PIERRE NÉEDHAM, dernier Editeur des Géoponiques en ſes Prolégomenes, & Jean-Albert Fabrice, Ch. 5 du L. 5 de ſa Bibliothèque Grecque, où, ſuivant ſa diligence ordinaire, il recueille tout ce qu'il peut ſavoir ſur cette matière, & rejetant l'opinion de ceux qui attribuent le travail de la collection faite ſous Conſtantin, les uns à Caſſius Dionyſius d'Utique, les autres à Vindanius, il doute, à l'exemple de Philippe-Jacques de Mauſſac, qu'elle ait dû être attribuée par un grand nombre de ſavans perſonnages à *Caſſianus Baſſus* avec tant de ſécurité. (M. DE LA MONNOYE).

[2] Et à Lyon 1557. (*idem*).

ANTOINE DU PINET, ou PIGNET, Sieur du Norroy, natif de Beſançon en la Franche-Comté. Il a traduit l'Hiſtoire

Naturelle de Pline fecond , imprimée à Lyon en deux grands volumes par Charles Pefnot ; les plants , portrais & defcriptions de plufieurs villes & forterefles , tant de l'Europe , Afie Afrique , que des Indes & Terres-neuves, avec leurs Antiquités ; le tout imprimé à Lyon chez Gabriel Cotier l'an 1564. Il a traduit les Commentaires de Pierre-André Mathiole fur Diofcoride , imprimés chez ledit Cotier l'an 1566 ; l'Expofition fur l'Apocalypfe de S. Jean, imprimée l'an 1543 ; la Conférence des Eglifes réformées de France, imprimée l'an 1564; il a traduit les fecrets miracles de nature , par Levin Lemne , Médecin de Zirifée , imprimés à Lyon l'an 1567 *. Jacques Gohorry , Parifien , les a traduits après lui , & font imprimés.

* Ajoutez à la lifte des écrits d'Antoine du Pinet *la Taxe des parties cafuelles de la boutique du Pape* , en Latin & en François, avec des annotations. Lyon , 1564 , *in-8°.*

ANTOINE LE POIS[1] , dit en Latin Pifo, Confeiller & Médecin de M. le Duc de Lorraine , &c. frère de Nicolas le Pois , Médecin du fufdit Duc de Lorraine , l'an 1579. Il a écrit un difcours très-docte & bien élabouré fur les Médailles & Gravures antiques , principalement Romaines; plus une expofition particulière de quelques planches ou tables imprimées fur la fin de fon difcours , avec des médailles fort bien repréfentées , le tout imprimé à Paris chez Mamert Patiffon l'an 1579. Mémoires touchant les Terres-neuves, recueillis par ledit Antoine le Pois , non imprimés.

[1] La Croix du Maine a fuivi la bonne ortographe de ce nom ; c'eft ainfi que l'Auteur l'écrivoit , s'étant de-là en Latin nommé *Pifo*. Du Verdier l'a mal ortografié *le Poix*. Son livre fur les Médailles eft eftimé. Le mot *Médaille*, de même que près de cinquante ans après dans Savot, y eft toujours mal écrit *Médalles* , apparemment pour mieux faire fervir l'étymologie de *Metallum*. Antoine le Pois mourut en 1578. (M. DE LA MONNOYE).

ANTOINE POPULE[1] , natif de Roanne au Comté de Foreft , Avocat au Parlement de Paris. Il a écrit quelques Poëfies Françoifes , non imprimées , compofées par lui après fes plus férieufes études. Il florit cette année 1584.

[1] Son vrai nom étoit *Populus*. Antoine Populus eft dans la lifte des Avocats

cats de Loiſel. Il y a eu à Dijon une famille de ce nom-là. (M. DE LA MONNOYE).

ANTOINE DE LA PORTE, Seigneur de Bertha, Echevin de la ville de Lyon l'an 1581, homme fort bien verſé en l'un & l'autre exercice de Pallas (afin d'uſer des mots du Seigneur Claude Guiſchard [1], duquel je l'ai appris). Il a un cabinet fort excellent, rempli de pluſieurs beaux livres & de médailles antiques, &c.

[1] *Du Seigneur*, à l'Italienne, pour *du Sieur*, ou de *Monſieur*. Jacques Peletier, dans ſon Dialogue de l'Ortographe, donne dans cet Italianiſme, écrivant même *Signeur* & *Monſigneur*. Le *Signeur* Jean Martin, le *Signeur* de Béze, *Monſigneur* l'Evêque de Montpellier. (M. DE LA MONNOYE).

ANTOINE DU PRAT (Meſſire), natif d'Auvergne, naquit l'an 1468. Il fut reçu premier Préſident de Paris l'an 1507. Chancelier de France, Cardinal & Légat, &c. homme fort docte [1], & très-conſommé en affaires d'Etat. Il a compoſé pluſieurs Edits, Ordonnances & Réglemens, & prononcé pluſieurs Oraiſons faites par le commandement des Rois de France, François I, & Henri ſon fils, non encore imprimées. Il mourut l'an 1535, en ſa maiſon de Nantouillet, âgé de ſoixante-huit ans. Je ferai plus ample mention de lui ès vies des Chanceliers.

[1] Il ne donna pas une grande preuve de ſa doctrine, lorſqu'ayant oüi lire ces mots d'une lettre du Roi d'Angleterre Henri VIII. à François I, *Mitto tibi duodecim Moloſſos*, il crut que c'étoit douze mulets, & l'interpréta ainſi tout haut : il apprêta bien plus à rire, quand, pour s'excuſer, il m'a ſemblé, dit-il, avoir oüi *Muletos*. Le conte, à la vérité eſt un peu ſuſpect, venant de Henri Etienne, pag. 377. de ſon Apologie d'Hérodote ; outre qu'il n'y a pas d'apparence que Henri VIII. écrivît en Latin à François I. (M. DE LA MONNOYE).

Le Cardinal Duprat a été calomnié par Béze dans le conte où on dit qu'il prit *Moloſſi* pour *Muleti*. Sadolet l'avoit choiſi pour Cenſeur de ſes Œuvres Latines, & ſa Harangue à l'Empereur Maximilien eſt très-éloquente. Maſcurat, pag. 426. Eſpérant d'être Pape, il porta François I. à recevoir le Concordat. Il y a eu un Antoine Duprat, Prevôt de Paris en 1554. Guillaume Duprat, Evêque de Clermont, donna l'hoſpitalité aux premiers Jéſuites. Hiſt. de l'Univ. de Paris, Tom. VI, p. 109. (M. FALCONNET).

ANTOINE PREVOST, natif de la Ville de Vaulreas [1] en Dauphiné. Il a écrit un Traité, qu'il a intitulé l'Amant déconforté, contenant le mal & bien des femmes, avec plufieurs préceptes contre l'amour.

¹ Du Verdier a mieux placé Vaulréas dans le Comtat Venaiſſin, entre le Dauphiné & la Provence. (M. DE LA MONNOYE).

ANTOINE RENAULT, OU REGNAULT, Bourgeois de Paris. Il a écrit un Difcours de fon voyage en la Terre-Sainte, fait par lui l'an 1548, imprimé à Lyon l'an 1573.

ANTOINE ROYET, OU ROYER, natif de Lyon. Il a écrit un Traité de la Pefte, imprimé à Lyon pour Emeran le Melais, l'an 1583, & contient quatorze feuilles. Il florit cette année 1584.

ANTOINE SABLON ¹, OU DE LA SABLE, dit ARENA*, natif de Provence, difciple d'André Alciat, J. C. l'an 1519, &c. Il a écrit quelques vers Elégiaques, plus François que Latins, à l'imitation de Merlinus Cocaius, Poëte Mantuan, efquels il décrit la guerre de Rome, de Naples, & la revenche des Genevois en Italie, avec la guerre d'Avignon, &c. la manière d'apprendre à danfer, & quelques Poëfies amoureuſes, le tout imprimé en divers lieux de France.

¹ Antonius Arena, né à Soliers près Toulon, & mort l'an 1544, Juge de S. Remi près Arles, eft plus connu par fon nom Latin *Arena* que par celui de *Sablon*, ou de *la Sable*, que ne lui donne ici la Croix du Maine qu'en devinant & par conjecture ; encore s'il vouloit parler François, devoit-il dire *du Sable* plutôt que de *la Sable*. La qualité de difciple d'Alciat femble mieux fondée, puifque, à en juger par le titre de fes ouvrages, tel que Gefner & Simler le rapportent, il étudioit à Avignon en droit l'an 1519, temps auquel Alciat l'y enfeignoit. La vérité eft que le Poëme de la prife de Rome en 1527, fe trouve parmi fes ouvrages ; mais il faut croire que n'étant pas dans les premières éditions, il a été depuis ajouté dans les fuivantes, fans qu'on ait changé l'ancienne datte. On auroit bien dû faire entrer dans ces éditions poftérieures un Poëme Macaronique beaucoup plus ample du même Auteur, fur l'irruption de Charles-Quint en Provence, le 25 Juillet 1536, fuivie de fa retraite honteufe, le 10 Septembre de la même année. En voici le titre fidèlement copié : *Meygra Entrepriza Catoliqui Imperatoris, quando de anno Domini 1536 veniebat per Provenſam bene corroſſatus in poſtam prendere Franſam cum villis de Provenſa, propter groſſas & menutas gentes rejohire, per A. Arenam baſtifauſata. Avinione, 1537.* Gothique. L'ouvrage eft de plus de

2000 vers élégiaques. Gefner le défigne fous le nom de *Guerra Maffilienfi.* Naudé qui, dans fon Mafcurat, a fait des recherches fi curieufes fur ces fortes de livres, n'a point parlé de celui-ci, ce qui en marque la rareté. Il parle feulement d'un autre Poëme Macaronique fur le même fujet : *Per J. V. D. Joannem Germanum in Sede Folcalquerii Advocatum.* Antoine de Arena lui a fait l'honneur de le compter entre les illuftres Provençaux, qu'il fuppofe que Charles-Quint avoit donné ordre de remarquer, pour les emmener prifonniers de guerre : *De Forcalquerio Germaniumque cridat.* (M. DE LA MONNOYE).

* Antoine Sablon, dit Arena, fut Juge-Mage de la ville de Saint-Remy en Provence. M. de Fontette, dans fa nouvelle édition de la Biblioth. Hift. de la France, dit que cet Auteur s'appeloit *d'Arene*, & croit que fa famille fubfifte encore à Hieres (Tom. II. n°. 17428). On trouvera dans la Bibliothèque de Clément, Tom. II, des détails Bibliographiques fort curieux fur les ouvrages d'Antoine d'Arene, qui font rares, quoiqu'ils aient été fouvent réimprimés. Son Traité *de Danfis* a été imprimé onze ou douze fois depuis 1519 jufqu'en 1670.

ANTOINE DU SAIX, dit SAXANUS, Savoifien, Commandeur de Bourg [1], Précepteur de Charles, Duc de Savoye, & fon Aumônier, l'an 1532, Orateur Latin & François. Il a écrit quelques Oraifons funèbres imprimées [2].

[1] Il falloit, comme du Verdier, dire Commandeur de S. Antoine de Bourg en Breffe. (M. DE LA MONNOYE).

[2] Il n'en a point écrit d'autre que celle de Marguerite d'Autriche. (*idem*).

ANTOINE DE LA SALLE, Secrétaire du Duc de Calabre [1] & de Lorraine, & de René, Roi de Sicile. Il eft Auteur d'un livre intitulé, LA SALLADE, contenant trente chapitres de diverfes chofes, tant de l'Hiftoire qu'autrement, imprimé à Paris par Michel le Noir l'an 1521 [2]. Il eft Auteur de l'Hiftoire, ou plutôt Roman, du petit Jean de Saintré, imprimé à Paris chez ledit le Noir l'an 1523 [3]. Il a fait un Extrait des Chroniques de Flandres, imprimé fur la fin dudit Roman de Jean de Saintré. Il floriffoit l'an 1422 & 1459. Aucuns de fes Œuvres fe voient écrits à la main en la Bibliothèque du Roi de Navarre à Vendôme.

[1] Les paroles de la Croix du Maine touchant la qualité de cet Auteur étant un peu confufes, j'ai voulu les rectifier dans le *Ménagiana*, p. 237 du Tom. I, où, parlant d'Antoine de la Salle, je l'ai qualifié Secrétaire de

Jean d'Anjou, Duc de Calabre & de Lorraine, fils de René, dit le Bon, Roi de Naples & de Sicile, Comte de Provence, &c. La vérité est cependant, qu'il ne prend nulle part cette qualité, mais que seulement dans la Dédicace de son ouvrage, intitulé *la Salade*, à Jean d'Anjou, il donne à entendre que le père de ce Prince lui en avoit confié l'éducation. Il falloit qu'entre 1457 & 1461 il fût en Brabant, puisque la cinquantième des cent Nouvelles nouvelles est rapportée sous son nom, en présence de Louis Dauphin, depuis nommé Louis XI, alors réfugié auprès de Philippe le Bon, Duc de Bourgogne, au Château de Gueneppe, à quatre lieues de Bruxelles. (M. DE LA MONNOYE).

[2] Michel le Noir, père de Philippe, étant mort le 29 Septembre 1520, comme le marque son Epitaphe rapportée p. 64 du livre de la Caille, ne peut avoir imprimé en 1521. De ce temps-là on n'avançoit pas les dattes des impressions, comme on a fait depuis. C'est encore une plus grande erreur à La Croix du Maine de dire que Michel le Noir imprima le petit Jean de Saintré en 1523; ç'a été Philippe le Noir, fils de Michel, qui le 20 Juin 1523 acheva d'imprimer ce Roman. (*idem*).

[3] Voyez touchant ce livre le Tom. I. du *Menagiana*, dans la page que je viens de marquer, & le P. le Long, n. 13824 de sa Bibliothèque Historique de France, où il rapporte trois autres éditions du même Roman, une de 1513 *in-fol.* une de 1528 *in-8°.* & une de 1553 *in-4°.* Son observation touchant la Dame des Belles Cousines, l'Héroïne du Roman, ne peut subsister; il veut que ce soit Jeanne d'Evreux, fille du Roi de Navarre Charles le Mauvais, femme de Jean V, Comte de Montfort, Duc de Bretagne, laquelle épousa depuis Henri IV, Roi d'Angleterre, mort le 20 Mars 1413; temps auquel il y avoit quarante-neuf ans que le Roi Jean étoit mort; ensorte que quand la Dame des Belles Cousines, qu'on suppose alors veuve, n'auroit eu que dix-huit ans, elle en auroit eu soixante-sept, lorsque le Roi Jean mourut. Ce ne peut donc être nullement la maîtresse de Jean de Saintré; ce peut encore moins être Marie, sœur du Roi Jean, comme se l'est imaginé Brantôme, pag. 220 du Tom. II. de ses Dames Galantes, puisqu'elle mourut l'an 1345, cinq ans avant que son frère fût Roi. Il vient de paroître dans le temps que j'écris ceci une nouvelle édition du petit Jean de Saintré en 3 vol. *in-12.* à Paris, 1724, avec des notes. (*idem*).

ANTOINE SEPIN, natif de Mauge, homme d'armes de la Compagnie de M. le Maréchal de Gyé. Il a traduit d'Italien en François le Philocope de Jean Bocace, Florentin, imprimé à Paris chez Jacques Kerver [1].

[1] La ressemblance d'Adrien Sevin, natif de Meux, à Antoine Sepin, natif de Mauge, l'un & l'autre Traducteurs du Philocope de Bocace, me fait croire qu'il y a ici équivoque, & que le faux Antoine Sepin n'est autre que le véritable Adrien Sevin. (M. DE LA MONNOYE).

ANTOINE DE SURIE , natif de Rouen en Normandie , Contrôleur à Lyſieux. Il a écrit quelques Poëſies Françoiſes , & , entre autres, il s'en trouve d'imprimées, avec les Ruiſſeaux de Charles Fontaine , Pariſien [1].

[1] Je ne ſache pas qu'on voie autre choſe de lui qu'une très-impertinente réponſe en ſept vers , à ces quatre de Charles Fontaine , aſſez jolis pour le temps. . .

> Adieu te dis, ſi adieu te puis dire,
> Mais je ne puis , & auſſi je ne veux ;
> Le mot eſt bon & à dire & à lire,
> Mais un Dieu gard , ſied trop mieux à nous deux.

Ils ſe trouvent pag. 327. des Ruiſſeaux de Charles Fontaine. (M. DE LA MONNOYE).

ANTOINE DE TALON , natif de Montagu en Poitou , Poëte François. Il a écrit quelques Poëmes François.

ANTOINE TYRON. Il a traduit en vers François l'Hiſtoire de l'Enfant Prodigue , de laquelle il a fait une Comédie Françoiſe , imprimée à Anvers l'an 1564 [1] ; la Comédie de Joſeph , qui eſt une Hiſtoire extraite de la ſainte Ecriture , imprimée à Anvers l'an 1564; il a traduit les Epîtres de Textor , Nivernois , imprimées audit lieu.

[1] Cette Comédie eſt imitée de la Latine de Guillaume Volder de la Haye, qui de Γναφεὺς, ſynonyme de ſon nom Hollandois , s'eſt nommé en Latin Gnapheüs. Le ſujet a été de nos jours accommodé en vers François au théâtre avec beaucoup de grace par le P. du Cerceau , Jéſuite. (M. DE LA MONNOYE).

ANTOINE DU VAL. Il a écrit le Miroir des Calviniſtes , & Armure des Chrétiens , imprimé à Paris chez Nicolas Cheſneau l'an 1559 ; les contrariétés & contredits qui ſe trouvent en la doctrine de Calvin , Luther , & autres nouveaux Evangéliſtes de notre temps, avec les demandes & repliques audit Calvin ſur ſon livre de la prédeſtination ; un Recueil d'aucuns écrits d'Eraſme , contre les Luthériens ; le Catéchiſme , ou Sommaire de la Foi ; le tout recueilli par Antoine du Val , tant des Œuvres de Lyndan , Evêque Allemand, que d'autres Auteurs. Les livres fufdits ont été imprimés par ledit Chefneau l'an 1567.

ANTOINE VALET , dit VALETIUS , Docteur en Médecine à Paris , natif de S. Junian en Limofin , homme docte ès langues. Il a traduit quelques livres de Grec , Latin , Italien , & autres langues , en la nôtre. Il floriffoit à Paris l'an 1570. Je ferai mention de fes écrits Latins autre part.

ANTOINE DU VERDIER , Sieur de Vauprivaz , Gentilhomme , natif de Montbrifon en Forêts , Confeiller du Roi , & Elu fur le fait des Guerres , Aides & Tailles audit pays de Forefts , homme d'armes de la Compagnie de M. le Sénéchal de Lyon , Contrôleur général des Finances , &c. Il a écrit plufieurs Œuvres de fon invention , & en a auffi traduit en notre langue , tant de Latins qu'Italiens & autres , lefquels il a fait imprimer , favoir , eft la Profopographie * , ou Defcription des perfonnes infignes , enrichie de plufieurs effigies , &c. imprimée à Lyon par Antoine Gryphius l'an 1573. J'entends qu'il l'a beaucoup augmentée , & qu'il l'a fait imprimer pour la feconde fois. Queftions Enigmatiques , imprimées à Lyon l'an 1568 par Benoît Rigault ; les Omonymes , qui eft un Poëme Satyrique fur les mœurs corrompues de ce fiècle , imprimé à Lyon par Gryphius l'an 1572 ; les diverfes leçons , à l'imitation de Pierre Meffie , Efpagnol , imprimées à Lyon l'an 1577 , & encore depuis ; le Mifopoléme. Il a traduit plufieurs livres d'Italien en François ; les doctes & fubtiles réponfes de Berthelemi Tœgio , imprimées à Lyon l'an 1577 par Berthelemy Honorat. Il a traduit de Latin en François les Images des Dieux , imprimées chez ledit Honorat ; les Œuvres de Seneque , avec annotations par ledit du Verdier. J'entends que Berthelemy Honorat les imprime à Lyon cette année 1584 ; comme auffi l'on m'a affuré qu'il eft après pour faire imprimer une fienne Bibliothèque Françoife , de laquelle tant s'en faut que j'en fois jaloux , qu'au contraire je defire extrêmement que lui , & tous autres , qui auront entrepris des fujets pareils aux miens, les mettent en lumière, pour de plus en plus enrichir notre langue, & pour être cause d'un bien public. Je ne peux vous dire quels autres livres il a écrit, car je n'ai jamais eu ce bien que de le voir ou connoître que par ses laborieux & doctes écrits, mis en lumière tant en Latin qu'en François, desquels Latins je ferai mention dans ma Bibliothèque Latine des Ecrivains Latins, tous natifs de la France ou des Gaules. Il florit à Lyon l'an 1584.

* La *Prosopographie* de Du Verdier, qui avoit paru en 1573 *in-4°*. fut publiée après sa mort en trois volumes *in-fol.* par les soins de son fils en 1603. Antoine du Verdier mourut en 1600. La Croix du Maine se trompe, quand il dit que du Verdier traduisit de Latin en François les Images des Dieux : il devoit dire qu'il traduisit en Latin & en François, cet ouvrage composé en Italien par Vincent Cartari de Rhegio. Ces deux traductions furent imprimées séparément à Lyon en 1581. *in-4°*. On trouvera la liste des écrits de du Verdier dans les Mémoires de Niceron, Tom. XXIV, pag. 275. Mais on n'y verra point la traduction de Seneque que la Croix du Maine lui attribue.

ANTOINE VIGNIER, Parisien.

ANTOINE VIGNON, de Châteaudun au pays Chartrain, Poëte François.

ANTOINETTE DE LOYNES [1], Damoiselle Parisienne, femme de Jean de Morel [2], Gentilhomme, natif d'Ambrun en Dauphiné : duquel mariage sont issues, ses trois perles, & non jamais assez louées Damoiselles, Camille, Lucrece, & Diane de Morel. Ladite de Loynes a écrit quelques Poëmes François, desquels je n'ai vu que ceux-là, qui sont imprimés avec le Tombeau de la Royne de Navarre, Marguerite de Valois, imprimés à Paris chez Michel Fezandat l'an 1551.

[1] *Joannes Maludanus*, en François Jean Maledent, illustre Limosin, dont nous avons plusieurs lettres très-Latines dans le Recueil des *Epistolæ clarorum virorum*, *in-8°*. chez Antoine à Lyon, 1561, parle ainsi d'Antoinette de Loynes à Lambin dans l'une de ses lettres, à l'occasion des vers faits sur la mort de la Reine de Navarre, sœur de François I. " Tenentur omnium ma-
" nibus Tumuli Reginæ Navarræ, quos latinè scripserunt sorores Britan-
" nicæ. In Græcam linguam transtulit Auratus, in Italicam Joannes-Petrus
" Memmius meus familiaris, in Gallicam Ronsardus noster, id est, tuus

» & meus , Bellaïus, Baïfius ; Comes Alfinoüs , Antonia de Loïna ; quæ
» mulier , meo judicio , in eo genere , viris nihil concedit ». (M. DE LA
MONNOYE).

¹ Elle avoit époufé en premières noces un Gentilhomme , nommé d'Allier,
dont elle eut une fille , qui fut mariée au célèbre Jean Mercier , favant Profeffeur en Hébreu. (*idem*).

ANTOINETTE PERONNET ¹. Elle a écrit une Epître ,
mife au-devant du livre de l'Inftitution de la vie humaine , traduite de Grec en François , par Pardoux du Prat, imprimée à
Lyon l'an 1570 , chez la veuve Cotier.

¹ Plus bas , au mot *Pardoux du Prat* , il change cette femme en homme ,
& par une double corruption , il fait d'Antoinette , *Antoine* , & de Peronnet,
Perronet. (M. DE LA MONNOYE).

ARNAULD DE COUTIGNAC , Gentilhomme & Poëte
Provençal. Aucuns l'appellent Guillaume de Coutignac. Il a
écrit un Traité des fouffrances d'amour , lequel il fit quand il
voyagea en Levant. Il mourut l'an 1354.

ARNAULD DANIEL , natif du Château de Ribrac en
Périgueux ¹ , & , felon d'autres , de Limofin. Autres difent qu'il
étoit de Tarafcon , les autres de Montpellier , & autres de
Beaucaire, fomme que pour écrire en langue Provençale en
tous genres de Poëfie, ufités alors , il étoit eftimé le premier de
fon temps. Il a écrit plufieurs Comédies , Tragédies , Aubades,
Martégalles ou Madrigales , Seftines ² , Syrventes ³ , Chanfons,
& autres Poëfies non imprimées. Il étoit fort docte en Latin , &
eft fouvent allégué par Dante, Poëte Florentin , lequel l'a imité en
plufieurs de fes compofitions. Il floriffoit en Provence l'an 1189.

¹ Il falloit dire de Riberac en Périgord. (M. DE LA MONNOYE).

² Sextines , de l'Italien *Seftine* , *Sextines* , ou *Sextinas* , comme le dit
du Verdier , font des chanfons d'ordinaire de fix couplets, chacun de fix
vers , le tout finiffant par une reprife de trois vers. Les règles en feroient trop
embarraffantes à détailler. Il les faut chercher dans les Auteurs qui les ont en-
feignées , & qui les rendent plus intelligibles par les exemples qu'ils en
donnent. La troifième chanfon de Pétrarque eft une Sextine fimple ; car il
y en a de doubles & même de triples ; mais ces dernières font rares , & toujours

jours mauvaises. La Sextine paſſe pour une invention d'Arnauld Daniel. *(idem)*.

3 Je trouve les mots *Sirventès*, *Serventeſes* & *Servantois*, employés pour ſignifier des Poëſies qui n'avoient nulles règles déterminées pour la meſure des vers, pour la ſituation des rimes, & pour le choix des ſujets. Les Poëtes de ce temps-là en uſoient avec la même liberté que ceux du nôtre en ont uſé dans leurs vers irréguliers & dans leurs pièces intitulées *Caprices*. Ainſi Rengifo, Chap. 58 de ſa Poëtique, n'a pas trop de tort, quand il dérive *Serventeſes* du verbe *ſervir*, parce qu'on s'en ſervoit comme on vouloit. Ménage, qui traite de ridicule cette étymologie, propoſe celle de *Sylva* ou *Selva*, moins naturelle de beaucoup. Ces mots empruntés, ſoit du Latin, ſoit de l'Eſpagnol, ſoit de l'Italien, ſe feroient aiſément conſervés ſans altération, comme les ont effectivement conſervés les Italiens & les Eſpagnols, les premiers dans leurs *Selve*, les ſeconds dans leurs *Silvas*. J'ajouterai ici qu'anciennement, parmi les Picards, on appeloit *Servantois* une eſpèce de chant Royal, auquel, ſuivant Pierre le Févre, ou Fabri, Curé de Mérai, on donna le nom de *Servantois* tiré du Latin *Servantes*, parce que les Poëtes étoient obligés de garder au premier vers de chacun des cinq couplets, dont on fait que le chant Royal eſt compoſé, les cinq hémiſtiches donnés par le Prince, c'eſt-à-dire, par le Poëte qui avoit remporté le prix de l'année précédente. (*idem*).

ARNAULT DE MERUEIL, fils du ſieur dudit lieu de Merueil, près d'Aix en Provence, Poëte Provençal, &c. Il a écrit un juſte volume de Chanſons, Sonnets & autres Poëmes en langue Provençale. Pétrarque fait mention de lui. Il mourut l'an 1220.

ARNAULT SORBIN, Gaſcon naturel, natif de Montech ou Monteig en Quercy, autrefois Recteur ou Curé de ſainte Foy en Gaſcogne, Docteur Théologal en l'Egliſe Métropolitaine de Toulouſe, Prédicateur ordinaire du Roi Charles IX, enfin Evêque de Nevers l'an 1578. Il a mis en lumière pluſieurs belles Œuvres, tant de ſa compoſition, que de ſa traduction, entre autres ſont celles-ci : Homélies ſur l'interprétation des dix commandemens de la Loi, imprimées à Paris chez G. Chaudiere l'an 1570 ; Marques de l'Egliſe, imprimées à Paris l'an 1567. Il a traduit de Latin en François l'Hiſtoire des Albigeois, imprimée l'an 1569 chez G. Chaudiere à Paris ; Allegreſſe de la France, pour l'heureuſe victoire obtenue contre les rebelles entre Coignac & Château-neuf, l'an 1569, imprimé à Paris audit an ; l'Histoire, ou Abrégé de la vie de Charles IX, Roi de France, imprimé à Paris chez G. Chaudiere l'an 1574 ; Oraisons funèbres sur la mort de Charles IX, prononcées par ledit Sorbin, tant en l'Eglise de Notre-Dame à Paris, qu'à S. Denis en France, imprimées à Paris ; Oraison funèbre de Madame Claude de France, Duchesse de Lorraine, fille du Roi Henri II, imprimée chez Chaudiere l'an 1575 ; Oraison funèbre de Cosme de Médicis, Grand Duc de Toscane, imprimée chez Chaudiere l'an 1574 ; Oraison funèbre de Messire Anne de Montmorency, Connétable de France, imprimée chez Chaudiere l'an 1567 ; seconde Oraison pour ledit Connétable, imprimée audit lieu l'an 1568 ; Oraison funèbre du sieur de S. Maigrin, Paul de Caussade, imprimée l'an 1568 par Chaudiere ; Oraison funèbre sur la mort d'Antoine de Levy, Comte de Kailus, imprimée à Paris chez Chaudiere l'an 1578. Il peut avoir écrit plusieurs autres choses, desquelles je n'ai rien vu. Il florit à Nevers cette année 1584 [1].

[1] Il mourut le premier Mars 1606, âgé de soixante-quatorze ans. (M. DE LA MONNOYE).

ARNOUL CHAPERON, Poëte François [1]. Il a écrit quelques Rondeaux à l'honneur de la Vierge Marie, imprimés à Rouen.

[1] Du Verdier le nomme au mot *GUILLAUME-ALEXIS*. (M. DE LA MONNOYE).

ARNOUL GREBAN, natif de Compiegne en Picardie, Chanoine du Mans l'an 1450, ou environ, frère de Simon Greban, duquel nous parlerons ci-après [1]. Il a traduit de Latin en François les Actes des Apôtres, achevés par son frère susdit, imprimés à Paris par Galiot du Pré.

[1] Pâquier, au Chap. 6 du 7e liv. de ses Recherches, parlant assez au long des deux Grebans, j'y renvoie les curieux qui pourront y joindre ce qu'ils trouveront dans la Croix du Maine au mot *SIMON GRÉBAN*. On

ne s'accorde point sur le temps auquel ont vécu ces deux frères. Le bon Geoffroy Tory de Bourges, au commencement de son Champ-Fleuri, dit sur la foi de René Macé, Chroniqueur de François I, que Dante a parlé d'Arnoul Gréban avec éloge. Dante n'en a très-affurément parlé nulle part, & ne l'a pu faire, étant mort avant qu'Arnoul fût au monde. René Macé, par un anachronifme groffier de deux cens ans, prenoit pour Arnoul Gréban, Arnauld Daniel dont il eft parlé ci-deffus, & dont fait mention Dante fur la fin du vingt - fixième chant de fon *Purgatoire*. Pierre le Févre, mieux verfé dans la connoiffance de ces fortes de Poëtes, dit au Prologue de fa Rhétorique, en termes fort clairs, qu'Arnoul Gréban, qu'il nomme pourtant mal *Grébon*, Georges Châtelain, Jean Molinet, Guillaume Alexis, & plufieurs autres, reconnoiffent tous Alain Chartier pour leur Maître & fupérieur en éloquence : par où l'on peut juger qu'Alain Chartier étant mort, comme je l'ai infinué plus haut, vers le milieu du quinzième fiècle, les autres lui ont furvécu plus ou moins. Le ftyle feul des douze vers que Pâquier rapporte d'Arnoul Gréban, fait voir que leur Auteur, bien loin d'être plus ancien que Dante, lui eft poftérieur tout au moins de cent-vingt ans. Les vers du treizième fiècle & même des premières années du quatorzième ont l'air beaucoup plus antiques. Auffi Jean Bouchet, furnommé le Traverfeur, voulant, dans fa foixante-unième Epître familière, témoigner à un Me François Tibaud, Avocat à Poitiers, qui fe mêloit de poëtifer, l'envie qu'il avoit de le voir exceller en cet art, finit fa lettre par une tirade de fouhaits, dont le premier eft ainfi conçu :

> En priant Dieu qu'il te donne le ftyle
> Des deux Grébans, dont grand'douceur diftile.

Le P. le Long, dans fa Bibliothèque Hiftorique de France, n. 10877, fait mention de quelques Epitaphes manufcrites du Roi Charles V., compofées par Simon Gréban ; mais il eft vifible qu'il faut lire Charles VII, dont il eft certain qu'en 1461 Simon Gréban, frère d'Arnoul, fit l'Epitaphe, ou les Epitaphes imprimées à Paris *in*-4° *. (Elles font même imprimées à la fin du codicille & teftament de Jean de Meun, avec le Roman de la Rofe à la tête du livre, Edit. d'Ant. Verard *in*-4°.) fur quoi l'on peut voir La Croix du Maine dans l'endroit ci-deffus marqué, & André Duchefne, pag. 63 de fa Bibliothèque des Hiftoriens de France. Quant aux Actes des Apôtres attribués par La Croix du Maine aux deux frères Gréban, Arnoul & Simon, je me réferve à en parler lorfque je ferai à Simon Gréban. *Voyez* auffi La Croix du Maine à la fin de la lettre G, au mot *GRÉBAN*, & ma note fur du Verdier à *RENAUD GRÉBAN*. (M. DE LA MONNOYE).

Arnoul & Simon Gréban de Compiégne. Au milieu du quinzième fiècle, Hift. du Théâtre François, Tom. II, pag. 234 & 235. (M. FALCONET).

* M. de Fontette a rectifié cet article dans fon Edit. de la Bibliot. Hiftor. de la France, Tom. II, p. 738, n°. 26723.

ARNOUL DE HORNE , Evêque de Liége en Allemagne , l'an 1379 , ou environ. Il prononça une Harangue, ou Oraifon Françoife devant le peuple de fon dit Evêché , l'an fufdit 1379. Voy. VASSEBOURG en fes Hiftoires.

ARTUR , ou ARTUS DESIRÉ [1]. Il a écrit plufieurs livres François, tant en profe qu'en vers ; Articles du Traité de la paix entre Dieu & les hommes , imprimé l'an 1558 à Paris chez Pierre Gaultier ; la Loyauté confcientieufe des Taverniers , &c. imprimée à Paris chez Bufet l'an 1550 [2] ; le contrepoifon des cinquante-deux Pfalmes de Marot , qu'il appelle Chanfons, &c. imprimé par Pierre Gaultier l'an 1560 à Paris , & l'an 1562 ; Lamentation de notre mère Sainte Eglife, imprimée à Paris ; le Combat du fidèle Papifte, Pélerin Romain , contre l'Apoftat Antipapifte, &c. enfemble la Defcription de la Cité de Dieu , affiégée des Hérétiques , imprimé à Rouen l'an 1552 [3].

[1] Quoiqu'on dife *Arturus* en Latin , on ne dit en François qu'*Artus* , & cet Auteur ne s'eft jamais nommé autrement. Le Préfident de Thou , qui devoit naturellement, comme Béze , l'appeler en Latin *Artufius Defideratus* , l'appelle *Arturus Defiderius*. C'eft ce fameux Artus Defiré qu'en 1561 le Prevôt des Maréchaux d'Orléans furprit chargé d'un paquet adreffé à Philippe II, Roi d'Efpagne , pour implorer fon fecours dans le befoin où fe trouvoit la Religion Catholique en France d'avoir un protecteur également zélé & puiffant. Artus, qui méritoit d'être pendu , en fut quitte pour faire amende honorable le 14 Juillet de la même année , & de-là être conduit dans un Couvent de Chartreux où on l'enferma, mais d'où il fe fauva quelque temps après , fans qu'il en fût autre chofe. (M. DE LA MONNOYE).

[2] L'ouvrage eft en dizains , & chaque dizain y eft fuivi d'un quatrain en vers de cinq fyllabes. L'exemplaire que j'en ai vu *in-16.* de trente-fept feuillets , lettre Italique , fans nom d'Auteur, & fans marque de lieu ni d'année, avoit pour titre la *Loyauté confcientieufe des Tavernieres* , & non pas des *Taverniers. (idem)*.

[3] Il a encore compofé le Défenfoire de la Foi Chrétienne, contenant en foi le Miroër des Errans, autrement dit, Luthériens, nouvellement augmenté & corrigé , outre les précédentes Editions *in-16.* A Lyon, chez Thibault Payen , 1552. (Préfident BOUHIER).

V. la Bibliothèque Françoife de M. Goujet, Tom. XIII , p. 129 , & les Mém. de Niceron , Tom. XXV , p. 288.

ARTUS DE LOUVIGNY , Sieur de la Martiniere , Hif-torien très-éloquent, Maître-d'Hôtel de M. le Baron de Ferieres en Normandie , l'an 1536. Je n'ai point vu de fes écrits. Jean le Blond d'Evreux en fait mention en fes Œuvres.

ARTUSE DE VERNON, Dame de Theligny, bien verfée en Poëfie Françoife.

AUBIN , ou ALBIN DES AVENELLES , Chanoine en l'Eglife de Soiffons en Picardie. Il a traduit de Latin en vers Francois le Remède d'amour , compofé par Æneas Silvius , Pape Pie II, imprimé avec l'Art d'aimer d'Ovide, en François , chez Bonfons *.

* V. la Bibl. Françoife de M. l'Abbé Goujet , Tom. VII, p. 44 & 45.

AUBIN OLIVIER , natif de Roeffy , en l'Ifle de France, Maître Graveur des Monnoies à Paris l'an 1581. Cet homme mérite d'être mis au rang des hommes excellens pour fon in-duftrie.

AUBIN DE SEZANE , ancien Poëte François , l'an 1260, ou environ. Il a écrit quelques Poëmes amoureux [1].

[1] Aubins de Sezane , dit Fauchet dans fon livre des anciens Poëtes, Ch. 71 , dont ceci eft tiré , *parle comme un fol défefpéré , difant* :

> A tous Saints le di
> Si je pers m'amie ,
> Qu'en Dieu ne me fie ,
> Ne fien ne fuis mie,
> Ainfi je l'affi.

Impiété que le Califto de la Comédie Efpagnole, intitulée *Célefine* , n'imite pas mal , lorfque dans l'excès de fa paffion pour Mélibée fa Maîtreffe , il laiffe échapper des expreffions qui donnent lieu à fon valet de lui dire : *Tu no erès Crifiano* : il lui répond : *yo Melibéeo foy , e a Melibea adoro , e en Melibea creo , e a Melibea amo.* (M. DE LA MONNOYE).

AUDEBERT MACERÉ , Théologien de Paris. Il a tra-duit un Traité de Tertulian, intitulé la Couronne du Soldat , imprimé à Paris chez Vafcofan l'an 1563 ; les défenfes contre les Hérétiques, par Tertulian, traduites par ledit Maceré , &

imprimées audit lieu l'an 1562. Il florissoit à Paris l'an 1563.
Remontrance salutaire aux dévoyés, qu'il n'est permis aux
Sujets, sous quelque prétexte que ce soit, de lever les armes
contre leur Roi ou Prince, le tout prouvé par Ecritures Saintes,
imprimée à Paris chez Chaudiere l'an 1567.

AUGER [1] **FERRIER**, Tolosain, Sieur de Chastillon,
Docteur en Médecine, J. C. & Mathématicien. Il a écrit un
Traité de la peste, imprimé par plusieurs fois, tant à Lyon
qu'à Paris; Traité des Jugemens Astronomiques, imprimé à
Lyon par Jean de Tournes; Advertissement à M. Jean Bodin,
Angevin, sur le quatrième Livre de sa République, Advertis-
semens sur la Loi *Domus* Dig. de Legat I. le tout imprimé à
Paris chez Pierre Cavelat, l'an 1580. Il florissoit l'an 1580.

[1] Il devoit écrire *Augier*, comme l'Auteur l'écrivoit, préférablement à
Auger, qu'il ne désapprouvoit pourtant pas. C'est *Oger* & *Ogier* qu'il désapprouvoit, quoique Jean de Tournes, son Imprimeur, l'eût ainsi nommé, à l'exemple duquel, Bodin, dans les premières Editions de sa République, & du Verdier, dans sa Bibliothèque, ont écrit, celui-ci *Ogier*,
l'autre *Oger*. Il n'y a pas, que je sache, de Saint Augier ni Ogier. Ce dernier
nom est celui d'un Paladin dont nous avons le Roman. Augier Ferrier se
plaignoit sur-tout de la négligence de ceux qui, comme Gesner & ses continuateurs, trouvant *Aug. Ferrerius*, avoient cru qu'*Aug.* signifioit *Augustin*,
ce qui leur avoit donné lieu de rapporter ses Œuvres sous le nom d'*Augusti-*
nus Ferrerius dans leur Catalogue. Au titre de ses Avertissemens à Jean
Bodin, il se qualifie Seigneur de Castillon, & non pas de *Chastillon*. Bodin
l'année suivante, savoir l'an 1581, lui répliqua vertement sous le nom de
René Herpin, qui étoit un Angevin de ses amis. Voy. dans du Verdier,
Ogier Ferrier. La Croix du Maine le cite encore à la lettre O, sous le
nom Ogier Ferrier. (M. de la Monnoye).

AUGIER DE BUSBECK, Gentilhomme, natif de la Ville
de Bruges en Flandres, issu de l'ancienne & illustre maison de
Guislan ou Gislein audit pays, homme très-docte & bien vertueux
Seigneur [1]. Il a été employé en diverses ambassades par l'Empereur Ferdinand, vers le grand Seigneur ou Empereur des Turcs,
par l'espace de sept ans; & encore du jourd'hui il est au service
de Madame Elisabeth d'Autriche, veuve du Roi de France
Charles IX, & est son Ambassadeur vers son frère Henri III,

très-chrétien Roi de France. Plusieurs hommes de marque font très-honorable mention de lui en leurs œuvres, &, entre autres, Pierre-André Mathéole, en ses Commentaires sur Dioscoride, auquel lieu il récite en sa Préface, qu'il a été secouru dudit sieur de Busbeck, de plusieurs livres écrits à la main, qu'il avoit rapportés de son voyage de Constantinople, duquel pays il a écrit une bien docte description, & des choses les plus dignes de mémoire, qu'il a observées durant le temps de sa légation. Ce livre a été imprimé chez Plantin; mais pour ce qu'il est écrit en Langue Latine, nous en ferons mention autre part; & ce qui m'a fait comprendre ledit sieur Ambassadeur en ce livre, c'est pource qu'il a prononcé plusieurs très-doctes Harangues Françoises devant les Majestés des Rois de France, lesquelles ne sont encore imprimées. Il florit à Paris cette année 1584, âgé de cinquante ans, ou environ.

¹ Augier Guilein de Busbeck, fils naturel de Gilles Guilein, Seigneur de Busbeck, étoit non pas de Bruges, mais de Comines, Bourg de Flandres sur la Lis. Ses ouvrages consistent en diverses lettres Latines écrites, ou touchant ses ambassades & voyages en Turquie & Amasie auprès de Soliman II, de la part de Ferdinand I, ou pendant son séjour en France, pour les affaires de Maximilien II & de Rodolphe II. Il n'y a que ses quatre premières lettres qui aient été traduites en François par Simon Gaudon, sous le titre d'Ambassades & Voyages en Turquie & Amasie, *in-8°*. A Paris, 1646. Busbeck étant parti de France en 1592 pour s'en retourner en Flandre, une insulte qui lui fut faite près de Dieppe par des Ligueurs, lui causa une fièvre dont il mourut le 28 Octobre 1592, âgé de soixante-dix ans. (M. DE LA MONNOYE). *

* Quoique ni La Croix du Maine, ni du Verdier ne fassent mention de cet Augier de Busbeck; comme M. de la Monnoye l'a ajouté à son manuscrit d'additions sur les deux Bibliothèques, nous avons cru devoir le conserver au rang où il l'a placé.

AUGUSTIN COSTÉ ¹ , dit COSTEUS, Poëte Latin & François. Il a écrit quelques vers Latins & François sur la mort d'Odet de Tournebu, imprimés avec son tombeau l'an 1582.

¹ Il s'appeloit César-Augustin Coste. Nous avons de lui un Poëme Latin, dont le titre est *Nympha Vivaria, seu Castellodunensis agri descriptio, auctore Cæsare Augustino Cotta*. C'est la description du Dunois. Le nom Latin *Cotta* pourroit faire croire que le François Coste se prononce Cote, & non pas

Coſté. Cependant, outre le témoignage de La Croix du Maine, on voit, pag. 943 du I. Tom. *in-12.* de du Bartas, une pièce en vers, intitulée : *Auguſtin Coſté* à Guillaume de Saluſte. (M. DE LA MONNOYE).

AUGUSTIN MARLORAT [1], natif du pays de Lorraine. Il a écrit pluſieurs livres : Traité du péché contre le S. Eſprit, imprimé à Lyon l'an 1565 ; il a revu & recorrigé le Nouveau Teſtament, & y a ajouté des annotations ; le tout imprimé à Lyon chez Cotier, l'an 1564. Il fut pendu & étranglé à Rouen en Normandie, l'an 1562, le trentième jour d'Octobre, âgé de cinquante-ſix ans, & ce fut pour le fait de la religion.

[1] Dans ſon Arrêt de mort, rapporté pag. 659 & 660 de l'Hiſt. Ecclef. de Béze, Tom. II, il eſt appelé *Auguſtin Marlorat, dit Pâquier.* (M. DE LA MONNOYE).

AVERTISSEMENT AUX LECTEURS.

S'enſuivent les noms d'aucuns Ecrivains François, mis ſur la fin de ce premier ordre de la lettre A *, leſquels j'ai mis ici expreſſément, pour ne ſavoir leurs premiers noms ; &, lorſque j'en ſerai averti, je les remettrai en leur rang, ſelon leur appellation.*

A A.

D'ANTHON [1] (l'Abbé). Voy. JEAN D'ANTHON, Abbé de l'Angle.

[1] Il en ſera parlé au mot *Jean d'Anton ;* car c'eſt ainſi que le nom de cet Auteur doit être écrit. (M. DE LA MONNOYE).

A. B. Il eſt Auteur du Recueil des livres d'Amadis, intitulé le Tréſor d'Amadis [1], imprimé l'an 1559, par Pierre Regnault à Poitiers. Je ne ſais ſi ce ne ſeroit point Albert Babinot, Poitevin.

[1] Il n'y a pas apparence qu'Albert Babinot, zélé difciple de Calvin, s'appliquant, comme il faiſoit, à des compoſitions pieuſes, ſe ſoit amuſé à extraire, des volumes de l'Amadis, le Recueil intitulé *le Tréſor d'Amadis.* (M. DE LA MONNOYE).

A. D. S. D [1]. Il eſt Auteur du livre intitulé, les Contes du Monde Aventureux, imprimés à Lyon & à Paris, par pluſieurs fois.

[1] Ces quatre lettres peuvent ſignifier, *Antoine de Saint-Denis, Abraham de*

de Saint-Dié, *André de Saint-Didier*, où tel autre nom, sans marquer le véritable. Ce qu'il y a de sûr, c'est que l'Auteur étoit Huguenot, & que de ses Contes, qui sont au nombre de cinquante-quatre, il y en a dix-neuf empruntés du Salernitain, c'est-à-dire, du *Novellino de Maſſuccio Salernitano*. Le titre de *Contes du Monde Aventureux* est mal conçu ; car on ne sait si *aventureux* se rapporte à *monde*, ou à *Contes*. Il vaut mieux le rapporter à *Contes* ; & c'est le sens que Wier a suivi, lorsqu'au 23ᵉ Chap. de son 4ᵉ liv. *de Præstigiis Dæmonum*, traduisant le 32ᵉ de ces Contes en Latin, il dit l'avoir lu, *in libello Gallico inscripto*, *NARRATIONES MUNDI FORTUITÆ*. Brantome cependant, pag. 221 du Tom. II. de ses *Dames Galantes*, rapporte le mot *aventureux* à *monde*, car il cite ce livre sous le titre de *Nouvelles du Monde aventureux*, & l'attribue à un Valet de Chambre de la Reine de Navarre. (M. DE LA MONNOYE).

A. SONNIER. Il a traduit de Latin en François la première partie de l'union de plusieurs paſſages de l'Ecriture-Sainte, extraite des Docteurs de l'Eglise Chrétienne, par le Docteur Herman Boduin [1], imprimée à Paris l'an 1539.

[1] Herman Bodius, & non pas *Boduin*, comme il est ici mal nommé, ayant fait imprimer à Cologne *in*-8°. chez Jean Gymnic, 1533, le livre intitulé, *Unio diſſidentium in sacris litteris locorum*, il parut une verſion Françoise de l'ouvrage entier la même année à Anvers. C'est ainſi que j'interpréte ce que du Verdier, au mot *Herman Bodius*, n'a pas expliqué aſſez nettement. J'en dirai davantage, quand j'en ferai là. (M. DE LA MONNOYE).

A. ZAMARIEL [1], qui est un nom suppoſé, comme il me semble. Il a écrit quelques vers contre Pierre de Ronfard, G. Vendomois, imprimés à Orléans l'an 1563. Il a écrit l'Histoire des persécutions, &c. imprimée à Lyon l'an 1563.

[1] Cet A. Zamariel n'est autre qu'Antoine de la Roche-Chandieu, de la Maiſon des Barons de Chandieu dans le Maconnois. Ce fut par une double allusion Hébraïque à son nom composé des mots *Champ*, ou *Chant* & *Dieu*, qu'il se nomma Sadéel & Zamariel ; *Sadéel* dans ses ouvrages Théologiques, *Zamariel* dans ses réponses en vers François à Ronfard, & dans ses Octonaires ou Huitains sur la vanité du monde. Il mourut le 23 Février 1591, âgé de cinquante-sept ans. (M. DE LA MONNOYE).

V. la Bibl. Franç. de M. l'Abbé Goujet, Tom. XII, p. 234, Tom. XIII, p. 8, & les Mém. du P. Niceron, Tom. XXII, p. 281.

D'ALLANCÉ (le Seigneur), Gentilhomme Angevin, ancien Poëte François. Il a écrit le Breviaire des Nobles [1], selon que Jean le Masle, Angevin, l'assure en son livre imprimé l'an 1578, lequel livre a été autrefois imprimé sous le nom d'Alain Chartier, &c. Je ne sais lequel des deux en est l'Auteur.

[1] André du Chesne, dans ses annotations sur les Œuvres d'Alain Chartier, pag. 862, rapporte cette remarque de La Croix du Maine, nonobstant laquelle il paroît n'avoir pas douté que le *Bréviaire des Nobles* ne dût être imprimé sous le nom d'Alain Chartier, plutôt que sous celui d'Allancé. *Voy.* au mot ALAIN CHARTIER. (M. DE LA MONNOYE).

.....ANROUX, Parisien, frère de M. Anroux, Conseiller au Parlement de Paris. Il a écrit un fort ample & bien curieux Discours de son voyage en la Terre-Sainte, commencé le dernier jour d'Avril, l'an 1566, & de son âge le trentième, lequel il finit le seizième de Mars, l'an 1568. Je l'ai pardevers moi écrit de la main de l'Auteur, & non encore imprimé, que je sache.

D'ANTRAGUES (Madame) [1]. Elle a composé plusieurs Rondeaux & Ballades, desquelles fait mention Geufroy Torry, en son Champ-Fleury, &c. Elle florissoit sous le règne du Roi Louis XII, ou environ.

[1] Geoffroy Tory écrit mieux d'*Entragues* dans l'endroit de son Champ-Fleuri, où il rapporte un Rondeau de cette Dame, sans faire mention d'autres vers qu'elle ait composés. La Croix du Maine écrit mal aussi, *Geuffroy Torry*, & ailleurs *Thory*. (M. DE LA MONNOYE).

AUBERT [1], natif au pays du Maine, Médecin à Lausanne, l'an 1570. Il a écrit quelques Traités en Médecine, imprimés à Lausanne chez François le Preux.

[1] Il s'appeloit Jacques. J'ai vu de lui un Discours Latin contre les Chimistes, intitulé *Jacobi Auberti Vindonis* (c'est-à-dire, de Laval au Maine), *De metallorum ortu & caussis contra Chemistas, brevis & dilucida explicatio,* in-8°. A Lyon, 1574. (M. DE LA MONNOYE).

AUSAUX D'ARRAS ; ancien Poëte François, l'an 1260, ou environ. Il a écrit quelques Chansons amoureuses, non imprimées. Il s'appeloit autrement, Car Ausaux d'Arras. CL. F. [1].

[1] Les lettres initiales CL. F. par où La Croix du Maine finit cet Article, désignent CLAUDE FAUCHET, qu'il faut voir Chap. 70 & 75 de ses anciens Poëtes François. (M. DE LA MONNOYE).

B A L

BALTAZAR DE BEAU-JOYEUX [1]. Il a écrit le Balet fur les noces de M. le Duc de Joyeufe, rempli de diverfes devifes, mafcarades, chanfons de Mufique, & autres gentilleffes, imprimé à Paris chez Adrian le Roy & Robert Balart, frères, l'an 1582.

[1] On l'appela d'abord Baltazarin à la Cour de France ; mais depuis il changea de nom, & prit celui de Beaujoyeux. Il étoit, dit Brantome, pag. 175 du Tom. II. des *Dames Galantes*, le meilleur violon de fon temps, & en avoit une bande des plus complettes, avec laquelle le Maréchal de Briffac, Charles de Coffé, l'envoya de Piémont, dont il étoit Gouverneur, à Catherine de Médicis, alors Régente. Beaujoyeux avoit beaucoup de génie pour l'invention des Balets. Il en donna une preuve dans celui qu'il compofa pour les noces d'Anne, Duc de Joyeufe, & de Marguerite de Lorraine, fœur de Louife, époufe d'Henri III. Le P. Menetrier en parle amplement dans fon livre des Repréfentations en Mufique ; & c'eft ce Balet de la defcription duquel fait ici mention La Croix du Maine. (M. DE LA MONNOYE).

BALTHAZAR DE LA BURLE, Poëte Provençal, Valet-de-Chambre de M. le Cardinal de Bourbon. Il a écrit plufieurs vers en langue Provençale, &, entre autres, quelques-uns fur la grande Baulme en Provence [1], traduits en François par Pafchal Robin du Faux Angevin, imprimés avec le fecond volume du Catalogue des Saints.

[1] Naudé, pag. 218 de fon *Mafcurat*, dans l'endroit où il parle des vers Provençaux, n'a point parlé de ceux-ci, apparemment parceque le fujet en étoit pieux. (M. DE LA MONNOYE).

BALTHAZAR DU HUVAL, Maître Barbier, & Chirurgien Juré en la Ville de Paris. Il a écrit un Traité de la pefte, imprimé à Paris par Claude de Montre-œil, l'an 1583.

BAPTISTE DU MESNIL, Avocat du Roi au Parlement de Paris, homme des plus renommés en doctrine & bonne vie qu'autre de fon temps. Je n'ai rien vu imprimé de fes Oraifons & doctes Plaidoyez prononcés par lui, lorfqu'il étoit Avocat du Roi ; mais j'ai opinion que ceux qui feront amateurs de fon honneur , & defireux de perpétuer fa mémoire, les mettront en évidence. Il floriffoit à Paris fous le règne de Henri II [1].

[1] Il mourut le 2 Août 1569 , âgé de cinquante-deux ans , étant né en 1517. Sa vie , & ce qu'on a de fes Œuvres.*, fe trouvent dans l'édition des Opufcules-de Loifel , procurée l'an 1652 , à Paris , *in-4°.* par les foins de Claude Joly, Chanoine de l'Eglife de Paris. (M. de la Monnoye).

Le premier Avocat-Général qui ait fait des Harangues à l'ouverture du Parlement, de Thou l'appelle *Menilius.* Teiffier, Tom. II , pag. 342 & 346… Extrait de fon Plaidoyer fur les Jefuites & fon éloge. Hift. de l'Univerfité , Tom. VI , pag. 139 & 192. (M. Falconet).

*On trouve à la fin des Poëfies du Chancelier de l'Hôpital des vers Latins de B. du Mefnil , dont voici les trois derniers :

> Vos quoque quos colui Rex & Regina valete ;
> Pectora veftra meis non refpondentia votis ,
> Fecere ut properata mihi, mors gratior effet.

BAPTISTE DU TRONCHAY , Sieur de Balladé, Confeiller du Roi au Mans , père de Georges & Loys les du Tronchay, frères, defquels il fera parlé ci-après. Il naquit en la Ville de Sablé au Maine , l'an 1508 , &c. Il a compofé plufieurs Œuvres , tant en profe qu'en vers François , non encore imprimées : favoir, eft une Ode à M. de Langey , contenant deux ou trois cens vers, trois livres d'Amours ; Traité de la Grammaire Françoife, avec l'invention d'aucuns caractères nouveaux. Il mourut au Mans l'an 1557 , le 21 de Juin , âgé de cinquante ans, ou environ. Il étoit frère aîné de Gafpard ou Gazal du Tronchay , Médecin à Rennes en Bretagne , duquel il fera parlé en fon lieu.

BARTAS (Du). Voy. ci-après Guillaume de Salluste , Sieur du Bartas.

BASILE DE LA BROUSQUE , Poëte François *. Il floriffoit l'an 1565.

* Eft-ce le même dont il eft parlé, Tom. XV. de la Bibliothèque Françoife , pag. 97 , fous le nom de Joachim Bernier de la Brouffe , Auteur de différentes Poëfies ?

BAULDE [1] **DE LA CARRIERE**, ancien Poëte François. Il a écrit un Dialogue de l'Amour, de fes yeux & de fo nœcur. Il floriffoit l'an 1250, ou environ.

[1] Fauchet écrit *Baude de la Carriére*. (M. DE LA MONNOYE).

BAULDOUIN [1], ou **BALDUIN** DES AUTELS OU AUTIEX, ancien Poëte François. Il a écrit plufieurs Chanfons amoureufes, en l'an 1250, ou environ.

[1] Fauchet écrit *Baudouin des Autiex* ou *Autels*. (M. DE LA MONNOYE).

BELLENGER, Comte de Provence. Voyez ci – après BERRENGER.

BENJAMIN BEAUSPORT, Religieux de l'Obfervance de S. François, Gardien du Couvent & Oratoire de Malesherbes. Il a écrit l'Harmonie & Accord Evangélique, imprimé à Paris chez Buon, l'an 1560 ; Monoteffaron [1] des Evangiles, qui eft un Recueil comprenant tout ce qui a été traité par les quatre Evangéliftes, touchant la vie de Notre Seigneur Jefus-Chrift, imprimé à Paris chez la veuve de Maurice de la Porte, l'an 1552. Il floriffoit à Paris l'an 1551.

[1] Le titre de *Monoteffaron* revient à celui de *Tétramonon* de Gabriel du Puy-Herbaud, qui fit imprimer en 1547, à Paris, *in-12.* une Hiftoire Evangélique Latine, ainfi intitulée. (M. DE LA MONNOYE).

BENJAMIN JAMIN. Il a traduit de Latin en François les Dialogues de Jean-Loys Vives, imprimés à Paris *.

* Il étoit frère d'Amadis Jamin, dont il a été parlé ci-deffus.

BENIGNE POISSENOT, Licencié ès Loix. Il a écrit en profe Françoife un livre qu'il intitule l'Été [1], contenant trois journées, où font déduites plufieurs Hiftoires & propos récréatifs, tenus par trois Ecoliers, imprimé à Paris chez Micard, l'an 1583 ; Traité Paradoxique fait en Dialogue, auquel eft montré qu'il vaut mieux être en adverfité qu'en profpérité, imprimé à Paris chez Claude Micard, l'an 1583.

[1] Il intitula fon ouvrage l'ÉTÉ, à l'imitation de Jacques Yver, qui, onze

ans auparavant, avoit fait un ouvrage intitulé le *PRINTEMS* , & par un jeu de mots le *PRINTEMS D'YVER*. (M. DE LA MONNOYE).

BENOIST ALIZET [1].

[1] C'est une grande négligence à la Croix du Maine d'avoir donné place en fa Bibliothèque à des hommes , dont, fans marquer le pays , l'âge, la profeffion , ni la famille , il ne rapporte fouvent que le nom tout nud ; tels font ces trois Benoîts , Alizet, Baumet & Poncet. (M. DE LA MONNOYE).

V. la Bibliothèque Françoife de M. l'Abbé Goujet , Tom. XIII , p. 255, où il eft parlé de quelques Poëfies de ces Auteurs.

BENOIST BAUMET , Lyonnois.

BENOIST PONCET. Je ne fais fi ceux-ci ont fait imprimer leurs Œuvres.

BENOIST TEXTOR, Médecin , natif du Pont de Vaux en Breffe , père de Claude Textor , vivant l'an 1545 & 1550 , à Lyon , &c. Il a écrit en Latin un Traité de la manière de fe préferver de la peftilence , & d'en guérir , felon les bons Auteurs , lequel il a traduit en François , imprimé à Lyon par Jean de Tournes , l'an 1551.

BENOIST VORON. Il a écrit la Réjouiffance fur la France défolée , pour l'heureux & defiré retour du très-Chrétien Roi de France & de Pologne , Henri III , imprimée à Lyon par François Didier , & depuis à Paris par Jean Poupy , l'an 1574.

BERAL DES BAUX , Sieur dudit lieu & de Marfeille en Provence , Gouverneur d'Avignon , iffu de la très-noble & très-ancienne famille des Baux en Provence. Il étoit fort bon Poëte Provençal , grand Aftrologue & Mathématicien. Il a écrit plufieurs Poëmes en langage Provençal. Il mourut environ l'an 1229.

BERARD [1] DE GIRARD , Sieur du Haillan. Voy. BERNARD DE GYRARD.

[1] Du Haillan s'eft appelé lui-même *Berardus* dans fes Portraits en vers Latins des Rois de France & des Ducs de Lorraine. On ne l'appelle cepen-

dant jamais *Berard* , & bien moins *Bertrand*, nom que lui donne encore ci-deffous la Croix du Maine. (M. DE LA MONNOYE).

BERNABÉ [1] BRISSON (Meffire) , Chevalier , Sieur de Gravelle , natif de Poitou , premièrement Avocat du Roi , & maintenant Confeiller de fon Privé Confeil d'Etat , & Préfident au Parlement de Paris , &c. homme des plus doctes de notre temps , & des plus éloquens. Il a écrit plufieurs Œuvres très-doctes & infiniment pénibles , tant en Latin qu'en François , & , entre autres , les Oraifons qu'il a prononcées en la Cour , & les doctes Plaidoyez , tant lorfqu'il étoit Avocat du Roi, qu'autrement [2]. Je ferai mention de fes compofitions Latines autre part. Il florit à Paris cette année 1584 [3].

[1] La Croix du Maine écrit *Bernabé* à la Parifienne , au lieu de *Barnabé.* (M. DE LA MONNOYE).

[2] Il eft Auteur du *Code Henri* , imprimé à Paris *in-fol.* 1587. Sa mort tragique arrivée le 15 Novembre 1591 , eft exactement détaillée dans la première lettre & dans la feconde du 17e livre de Pâquier. (*idem*).

[3] Le Préfident Briffon , judicieux , favant, quoiqu'avec une petite tête , & le front racourci , trop paffionné pour le maniment des affaires publiques. Pithou lui prédit que les Ligueurs le pendroient. Il étoit d'un efprit verfatile, ce qui le rendit fufpect aux Seize. (Pâquier , liv. 17 , let. 3e.) Dans la feconde , il eft dit que fa Sentence lue , il demanda d'être enfermé entre quatre murailles , pour achever un ouvrage de Droit encommencé. Ce fut le 15 Novembre 1591... C'eft lui qui le premier vendit la charge d'Avocat-Général à M. Defpeiffes... Loifel , pag. 642..... Briffon , mauvais Harangueur , l'action mauvaife , mauvais termes , il regardoit toujours aux folives. *Perroniana.* ... Du Radier , Tom. II. des *Poitevins* , p. 500 , dit de Briffon , plus favant qu'éloquent. La caufe où il parut le plus , fut celle de la Riviere , où l'on traitoit fi les Empiriques devoient exercer la Médecine , combien de belles chofes , fur l'origine , les progrès, & tout ce qui regarde cet art. Duvair, Traité de l'Eloquence Françoife , pag. 392... Briffon a compilé Tiraqueau , fes Formules font de Rançonnet. *Pithoéana.* .. *De eo J. Fabricii Bibli.* Tom. III , pag. 314 & 315. (M. FALCONET).

V. les Mém. de Niceron, Tom. IX , p. 297, & la Bibl. Franç. de M. l'Abbé Goujet , Tom. XII, p. 256 , Tom. XIV , pag. 263.

BERNARD ABBATIA, Tolofain , Docteur en Médecine , Jurifconful , Philofophe & Mathématicien , homme docte ès langues , & lequel a lu à Paris , tant en public qu'en particulier ,

& enseigné le Droit, les Mathématiques & autres sciences, &c. Il a mis en lumière une Prognostication sur le mariage de Henri, Roi de Navarre, & de Marguerite de France son épouse, imprimée à Paris l'an 1572. Le grand Herbier dudit Abbatia n'est encore imprimé, lequel il a écrit à l'imitation de Fuschius [1], Allemand. Il florissoit à Paris l'an 1583.

[1] C'est une faute copiée par Moréry d'avoir écrit *Fuschius* pour *Fuchsius.* C'est ainsi que s'appeloit ce Médecin. En Allemand *Fuchs* signifie *Renard*, qui parmi nous est aussi un nom de famille. Cornarius, autre Médecin Allemand, a fait contre Fuchsius un livre que, par une allusion Latine au nom de son adversaire, il a intitulé *Vulpecula excoriata.* Du Verdier, au mot *Guillaume Guéroult*, écrit mal *Fuschs*, & plus mal *Foufch*, au mot *Léonard Foufch.* Il faut par-tout écrire *Fuchs*, qui se prononce *Fouchs*. (M. DE LA MONNOYE).

BERNARD DE LA FOREST, Mathématicien & Astrologue, Docteur en Médecine en l'Université de Louvain en Flandres. Il a écrit des prognostications pour diverses années, imprimées à Anvers, à Paris, à Rouen, & autres lieux. Il florissoit l'an 1549.

BERNARD DE GIRARD, Sieur du Haillan, Gentilhomme, natif de Bordeaux en Gascogne, Poëte Latin & François, Historien, & Orateur très-accompli, autrefois Secrétaire de M. le Duc d'Anjou, maintenant Historiographe de France, &c. Il a écrit l'Etat & succès des affaires de France, imprimé à Paris chez Pierre l'Huillier par dix ou douze fois diverses, & toujours avec augmentations de l'Auteur ; l'Abrégé des vies des Comtes & Ducs d'Anjou, jusqu'à maintenant, imprimé à Paris chez ledit Pierre l'Huillier par plusieurs fois ; l'Histoire de France, depuis Pharamond jusqu'à Loys II, imprimée chez Sonnius & l'Huillier, l'an 1576. Il est après pour achever ladite Histoire jusqu'à notre temps. Vers François sur le trépas de Henri II, imprimés à Paris l'an 1559. De la Fortune & vertu de France, avec un sommaire Discours sur le dessein de l'Histoire de France, imprimé à Paris chez l'Huillier, l'an 1570. Il a recueilli des Offices de Cicéron, un Traité des devoirs des hommes

mes

mes, imprimé à Blois par Julien l'Angelier, l'an 1560; l'Union des Princes, par les mariages de Philippes, Roi d'Espagne, & Madame Elisabeth de France, & encore de Philebert-Emmanuel, Duc de Savoye, & de Madame Marguerite de France, imprimé à Paris par Gourmont, l'an 1559. Il a traduit d'Italien en François les Œuvres de Loys Domenichi, touchant les faits & dits des plus illustres hommes. Il a traduit de Latin en François les vies des anciens hommes vaillans en guerre. Il florit à Paris cette année 1584 [1].

[1] On peut voir, touchant cet Ecrivain, né à Bordéaux vers 1535, & mort à Paris le 23 Novembre 1610, ce qu'en a curieusement recueilli Bayle dans son Dictionnaire au mot *Haillan*, &, après lui, mais moins exactement, le P. le Long, pag. 947 de sa Bibliothèque Historique de France. (M. DE LA MONNOYE).

V. les Mémoires de Niceron, Tom. XIV, pag. 209.

BERNARD MARCHIS, ou MARQUIS, Poëte Provençal, Chambellan de Philippes le Long, Roi de France, pour lors Comte de Poictou, l'an 1320. Il a écrit plusieurs chansons en langage Provençal [1].

[1] V. Jean de Notre-Dame, ch. 59, & du Verdier, à la léttre P. dans l'article du Comte de POICTOU. (M. DE LA MONNOYE).

BERNARD PALISSY, natif du Diocèse d'Agen en Aquitaine, inventeur des rustiques figulines, ou poteries du Roi & de la Royne sa mère, Philosophe naturel, & homme d'un esprit merveilleusement prompt & aigu. Il a écrit quelques Traités touchant l'Agriculture *, ou labourage, imprimés l'an 1562, ou environ; Discours admirables de la nature des eaux & fontaines, tant naturelles qu'artificielles, des métaux, des sels & salines, des pierres, des terres, du feu & des émaux; un Traité de la marne, &c. le tout imprimé à Paris chez Martin le Jeune, l'an 1580. Il florit à Paris, âgé de soixante ans & plus, & fait leçons de sa science & profession.

* Voici le titre de ce Traité : *Recepte véritable, par laquelle tous les hommes de la France pourront apprendre à multiplier & augmenter leur bien, par B. PALISSY. La Rochelle, 1563, in-4°.

Ce B. Paliſſy étoit un ſimple Potier de terre , ne ſachant ni le Latin , ni le Grec. La Nature ſeule l'avoit formé Phyſicien : c'eſt lui qui , vers la fin du ſeizième ſiècle , oſa le premier avancer que les coquilles foſſiles étoient de véritables coquilles dépoſées autrefois par la mer dans les lieux où elles ſe trouvoient alors : que des animaux , & ſur-tout des poiſſons , avoient donné aux pierres figurées toutes leurs différentes figures. (*Voy.* Mémoires de l'Académie des Sciences , année 1720 , p. 5 & ſuiv.). Ce ſentiment , comme l'obſerve très-bien l'Auteur de l'Hiſtoire Naturelle , Tom. I , p. 267, *in-*4°. étoit celui des Anciens , & eſt aujourd'hui univerſellement adopté par les plus habiles Phyſiciens. Cependant un Académicien de Londres , de Boulogne , de Pétesbourg , de Berlin , aſſez humble , malgré tous ces titres , pour ſe cacher quelquefois ſous la robe du R. P. Leſcarbotier , *Capucin indigne* , *Prédicateur ordinaire* , & *Cuiſinier du grand Couvent* , oſe attaquer ce ſentiment, & traiter de *Viſionnaire* Paliſſy , dans le chap. 17ᵉ d'une Brochure ſingulière (telle que le dix-huitième ſiècle en produit beaucoup), intitulée *les Singularités de la Nature.* Baſle , 1768 , *in-*8°. Il réſulte , d'après la lecture des *Singularités* de cet Académicien , qu'en fait de Phyſique & de Métaphyſique , il voit & raiſonne en Capucin , peut-être plus ignorant qu'indigne , & que le Potier de terre peut fort bien lui dire comme à ſon voiſin le Cordonnier , *ne Sutor ultrà crepidam.*

BERNARD DU POEY [1] , ou **DU PUY** , de Luc en Béarn , autrement appelé Bernard de Poymonclar , Béarnois. Il a écrit quelques vers en diverſes langues ſur la naiſſance de Henri de Bourbon , Duc de Vendôme , à préſent Roi de Navarre , né l'an 1553 , imprimés à Toloſe l'an 1554. Il a traduit pluſieurs livres d'Italien en François* , imprimés chez Perier à Paris , l'an 1563 & l'an 1565 ; leſquels ont été imprimés de rechef , ſans y mettre les Epîtres dudit Bernard du Puy , & ne ſais pourquoi.

[1] Quoique *Poy* , *Poey* & *Puy* en différens patois ſignifient la même choſe , ſavoir , une hauteur , une éminence , & que du Verdier ait mieux aimé donner à cet Auteur le nom de Bernard de Poymonclar , que de Bernard du Poey , j'incline néanmoins à croire que du Poey étoit le nom d'uſage. François de Rabutin , dans l'Epître Dédicatoire de ſes Commentaires des Guerres Belgiques entre Henri II & Charles-Quint , dit que pour polir ſa diction , il avoit eu recours à Bernard du Poey ſon ami. (M. DE LA MONNOYE).

* Ces Traductions ſont celles de l'Antéros ou Contr'amour de l'Italien de Baptiſte Fulgole , & le Dialogue Latin de Plarine contre les folles amours ; de l'Ecuirie de Fédéric Griſon ; du Traité de Céſar Fiaſque , Ferrarois , de bien embrider , manier & ferrer les chevaux. Thomas Sibilet , dans la Pré-

face , que , fans fe nommer, il a mife au-devant de fa Traduction du Dialogue intitulé *ANTEROS* , fe dit Auteur de tous les autres , fans même en
excepter la traduction de l'Ecuirie de Grifon , qui effectivement étoit de lui ,
& n'avoit été imprimée fous le nom de Puymonclar que par erreur.

  V. la Bibliot. Françoife de M. l'Abbé Goujet , Tom. XIII , p. 338.

  BERNARD RASCAS , Gentilhomme , Limofin , Poëte en
langue Provençale , excellent Théologien, & grand Jurifconfulte de fon tems , parent de Clément VI & Innocent VI , Li-
mofins. Il a écrit plufieurs Œuvres , tant en Théologie qu'en
Droit, & plufieurs Chanfons en langue Provençale. Il mourut
dans Avignon l'an 1553.

  BERNARD DE LA ROCHE ¹ , Tolofain , Confeiller du
Roi au Parlement de Paris , & maintenant premier Préfident
aux Requêtes du Palais à Tolofe. Ce Seigneur de la Roche fut
reçu en l'état de Confeiller à Paris , après avoir été interrogé
devant Meffieurs de la Cour , en la plus honorable affemblée
qui ait été faite depuis long-temps , & à laquelle réception
furent préfens aucuns Princes de France & Etrangers , & remporta tel honneur , pour avoir fi bien & doctement fatisfait
aux points qui lui furent propofés, qu'il s'eft acquis un honneur, qui lui demeurera à jamais , pour en avoir fait preuve
devant un fi grand nombre d'hommes de remarque : en quoi
c'eft un honneur bien grand pour Meffieurs de Tolofe, de
voir que ceux qui ont été appris en leurs écoles font paroître
leur favoir en endroits tant fignalés , comme eft le Parlement
de Paris. Mais , pour venir à parler des écrits dudit Sieur de
la Roche , voici ce que j'ai pu voir de fes inventions & traductions : Confeils Politiques , qui eft un recueil des plus in-
fortunés & finiftres ou malheureux accidens , advenus depuis
quinze cens ans, en tous les Empires , Royaumes , Principau-
tés & républiques du monde, jufqu'à ce jourd'hui , avec les
défauts ou caufes évidentes d'iceux malheurs , auquel livre il
a encore ajouté l'Avertiffement ou confeil auxdits Princes &
Gouverneurs de s'en garder à l'avenir. Ce livre n'eft encore imprimé. Il a traduit de Latin en François les doctes livres de la

République , & de l'inſtitution du Prince, de François Patrice de Sienne en Italie ,non encore imprimés. Il a traduit les Œuvres d'Alexandre Néapolitain , autrement appelé *Alexander ab Alexandro* , intitulés , les Jours Geniaux. Il a recueilli ſix Centuries des plus belles Sentences & ſimilitudes ou comparaiſons , les plus remarquables qu'il a pu obſerver par tous les bons Auteurs qu'il a lus. Outre les Œuvres ſuſdites, il a commencé à faire un Epitome ou Abrégé de tous les conſeils des Docteurs en Droit canon & civil, leſquels il a réduit par titres ou chapitres , ſuivant l'ordre des Pandectes de l'Empereur Juſtinian , lequel il eſpére de faire imprimer en bref , tant en Latin qu'en François, Il a fait une bien curieuſe & très-diligente recherche de la très-noble & très-illuſtre & ancienne maiſon de M. le Duc d'Eſpernon , Meſſire Jean-Louis de Nogaret , Pair de France , &c. laquelle n'eſt encore imprimée. Je l'ai vue écrite à la main , & la copie s'en voit avec les autres preuves de généalogie des Chevaliers du S. Eſprit. Il florit à Toloſe cette année 1584. Je ferai mention de ſes Œuvres & Compoſitions Latines en autre lieu.

    [1] Il s'eſt depuis appelé Bernard de *la Roche-Flavin* , & l'on a de lui , ſous ce nom , un volume imprimé *in-fol.* à Bordeaux , 1617 , & *in*-4°. à Genève , 1621 , où , en 13 livres , il eſt traité amplement de tout ce qui concerne les Parlemens de France. Il avoit auparavant donné un recueil des Arrêts notables du Parlement de Toulouſe. Quelques-uns mettent ſa mort en 1622 , & le font âgé tout au moins de quatre-vingt ans , d'où il s'enſuit qu'il ſeroit né l'an 1542 , ce qui eſt faux , puiſque lui-même , L. 3 des Parlemens , C. 1 , n. 23 , dit qu'il n'avoit que vingt-deux ans , lorſqu'en 1574 il fut reçu le premier Juin Conſeiller au Préſidial de Toulouſe. d'où , par un meilleur calcul , il s'enſuit que c'eſt en 1542 qu'il naquit. (M. DE LA MONNOYE).

BERNARD DE VANTADOUR , natif dudit lieu de Vantadour en Limoſin , Poëte Provençal. Il ſe rendit enfin Religieux au Monaſtère de Montmajour. Il a écrit pluſieurs livres en langage Provençal. Il mourut en ladite Abbaye de Montmajour , l'an 1223 [*].

    [*] V. Jean de Notre-Dame , Ch. 17.

BERNARDIN DE BOUCHETEL , Gentilhomme Berruyer , ou de Berry , Secrétaire du Roi. Il a traduit Euripide de Grec en François *.

* Cette Traduction n'a jamais été imprimée.

BERNARDIN DE SAINT-FRANÇOIS , Gentilhomme , du Maine , premièrement Conseiller d'Eglise à Paris , depuis Maître des Requêtes de l'Hôtel du Roi , Abbé de Fontaine-Daniel au Maine , Prieur de Grandmont , & enfin Evêque de Bayeux en Normandie , en 1573. Il étoit fort docte en Grec , en Latin & François. Il a écrit plusieurs Poësies Françoises , non encore imprimées. Il fut député par les Etats de Normandie , pour les Etats tenus à Blois sous Henri III , en 1577. Il peut avoir écrit plusieurs autres choses , non encore imprimées. Il mourut au Maine l'an 1582 , en Juillet, âgé de cinquante-trois ans, ou environ. Il se voit quelques Sonnets de lui , avec les Amours de Francine , écrits par J. Antoine de Baif.

BERRENGER , ou BELLENGER , Comte de Provence, ancien Poëte Provençal [1].

[1] La Croix du Maine ne fait que répéter ce qu'il a dit ci-dessus au mot BELLENGER , sans ajouter quoi que ce soit qui distingue des autres Comtes de Provence , nommés BERRENGERS , BELLENGERS , BÉRENGERS , ou BÉRENGUIERS , celui dont il entend parler ici. (M. DE LA MONNOYE).

BERRENGER DE LA TOUR , natif d'Albenas en Vivarais , au pays de Languedoc , Poëte François. Il a écrit, à l'imitation d'Arioste , Poëte Italien , un Poëme intitulé l'Amie des Amies, divisé en quatre livres , imprimé à Lyon chez Robert Granjon , l'an 1558. Il a écrit quelques autres Poësies Françoises , savoir , est l'Amie rustique; Choréide , ou louange du bal ; Chants d'amour , Epîtres, Epigrammes , Dialogue traduit de Lucien , Blason du miroir , Naféide , Epitaphes , Enigmes; le tout imprimé à Lyon par Jean de Tournes l'an 1556 ; le Siècle d'or des Philosophes. Il florissoit l'an 1558.

BERRY LE HERAULT , élu Roi d'armes des François [1]. Il a écrit la Chronique de Normandie. Elle se voit écrite à la main dans la Bibliothèque du Roi de Navarre à Vendôme.

[1] C'est le même que ce Jacques ou Gilles le Bouvier, natif de Bourges, Héraut de Charles VII, dont il a été parlé dans une note, au mot *ALAIN CHARTIER*. Le P. le Long, qui, en plus d'un endroit de sa Bibliothèque Historique de France, a eu occasion de parler de ce *Berry*, ne s'est souvenu nulle part de lui attribuer cette Chronique de Normandie, dont fait ici mention la Croix du Maine. (M. DE LA MONNOYE).

BERTHELEMY * ANEAU, dit ANNULUS, natif de Bourges en Berry, Poëte Latin & François, Historien, Jurisconsulte, & Orateur [1]. Il a écrit en vers Latins un livre intitulé, *Picta Poësis*, lequel il a depuis traduit en vers François, & l'a nommé Imagination Poëtique, imprimé à Lyon chez Macé Bon-homme, l'an 1552. Il a traduit de Grec en François l'Histoire d'Alector, ou le Coq, imprimée à Lyon. Il a traduit de Latin en François les Emblêmes d'André Alciat, imprimés à Lyon l'an 1558, & depuis par Guillaume Rouville, l'an 1564. Il a traduit de Latin en François un livre de Conrad Gefner, Allemand, intitulé, le Tréfor d'Evonime, philiatre des secrets remèdes, &c. livre plein d'Alchimie, &c. imprimé à Lyon chez Balthafar Arnoulet, l'an 1555; Lyon Marchand, qui est une Satyre Françoise, sur la comparaison de Paris, Rouen, Lyon, Orléans, & sur les choses mémorables depuis l'an 1524, imprimé à Lyon par Pierre de Tours, l'an 1542. Il a traduit de Latin en François l'Oraison ou Epître de Ciceron à Octave, depuis surnommé Auguste César, imprimée à Lyon par ledit Pierre de Tours, l'an 1542. Il a traduit de Latin en vers François l'Exhortation de S. Euchier, Evêque de Lyon, l'an 1185, envoyée à l'Empereur Valerian son parent, &c. avec annotations du Traducteur, imprimée à Lyon l'an 1552 par Macé Bonhomme. Il florissoit l'an 1548 [2].

* La Croix du Maine écrit par-tout BERTHELEMY *pour* BARTHELEMY ; *nous avons suivi cette prononciation, pour ne rien déranger à l'ordre dans lequel il a placé les Auteurs.*

[1] Il naquit à Bourges au commencement du seizième siècle, dans un temps où, avec un peu de littérature, il étoit aisé de se distinguer. L'opinion qu'on

avoit de fa capacité lui procura un établiffement honnête à Lyon, où, après avoir été pendant trente ans Principal du Collège de la Trinité, il fut tué l'an 1561 * par quelques Catholiques féditieux qui le croyoient Calvinifte. (M. Broffette, pag. 109 de fon nouvel éloge de Lyon, dit que ce fut en 1564). C'étoit dans le fonds un pauvre Ecrivain que Barthelemy Aneau, foit en Latin, foit en François, n'en déplaife à Naudé, qui, pag. 92 de fon Mafcurat, l'appelle le docte Barthelemi Aneau, par rapport à un mauvais Roman intitulé *ALECTOR*, où de bonnes gens croient voir un fens myftique, merveilleux, quoiqu'il n'y en ait pas plus que dans les Fanfreluches antidotées de Rabelais. Il feignoit, pour donner plus de poids à fon ouvrage, l'avoir tiré d'un vieux fragment Grec, à-peu-près comme des Périers feignoit avoir traduit fon *Cymbalum* du Latin, & Martin Fumée fon *Athénagore* du Grec. Marc-Claude Buttet, au rapport de La Croix du Maine, avoit fait des vers contre Barthelemi Aneau. Le P. Ménetrier, Jéfuite, au lieu d'écrire *ANEAU*, écrit mal *L'ANEAU*. (M. DE LA MONNOYE).

ᶻ Le P. Colonia, dans fon Hiftoire Littéraire de Lyon, parle de fon Ouvrage, intitulé *Picta Poëfis*, & Clement, pag. 400. . . . Il dédia fon livre à Philibert Babou, Evêque d'Angoulême, fon Condifciple. On a de lui 104 pièces en vers Latins, & quelques vers Grecs. . . Journal de Trévoux, Mai, 1753. . . . Ses Myftères. . . Hift. du Théâtre François, pag. 261. (M. FALCONNET).

*V. les Mém. de Niceron, Tom. XXII, p. 170. La mort de Barthelemi Aneau y eft placée à l'an 1565. On n'y cite point dans la lifte des écrits de cet Auteur l'Ouvrage fuivant : *Décades de defcription, forme & vertu naturelle des Animaux*, en vers, par Barthelemi Aneau. Lyon, 1548, in-8°.

V. la Bibliot. Françoife de M. l'Abbé Goujet, Tome VI, p. 22 & 29, Tom. VII, p. 78 & 80.

BERTHELEMY BALISTE, Narbonnois *.

*V. du Verdier à cet Article.

BERTHELEMY CABROL, Maître-Juré en la Faculté de Chirurgie à Montpellier, Chirurgien ordinaire du Roi, &c. Il a mis en lumière la feconde partie des Erreurs populaires de Laurent Joubert, imprimée à Paris chez Abel l'Angelier, l'an 1579, & chez Lucas Breyer. Il a écrit une Epître Apologétique contre les médifans dudit Joubert, imprimée chez les fufdits, audit an 1579.

BERTHELEMY DE CHASSENEUZ, dit CHASSANEUS ᵗ, natif du Diocèfe d'Autun, en Bourgogne, Docteur ès Droits,

Préſident de Provence , Avocat du Roi au Bailliage d'Autun , Conſeiller du Roi à Paris , l'an 1531. Il a écrit des Annotations ſur les Coutumes de Bourgogne , moitié en Latin , & moitié en François, imprimées à Paris. Je ferai mention de ſes Œuvres en Latin autre part. Il floriſſoit l'an 1532.

[1] D'où on l'a nommé Chaſſanée ; & c'eſt ainſi qu'on eſt en poſſeſſion de le nommer au Barreau. Son vrai nom François étoit de Chaſſeneuz, comme l'écrit La Croix du Maine, latiniſé de ſa façon , *Bartholomœus à Chaſſeneo*. Il naquit l'an 1480 à Iſſy-l'Evêque , Bourg à demi-journée d'Autun , fut reçu Docteur en Droit à Pavie , l'an 1502 , & la même année épouſa Pernelle Languet , veuve de Pierre Seurre , Avocat du Roi aux Bailliages d'Autun & de Montcenis , charge dont Chaſſeneuz fut pourvu en 1508 , par la réſignation que lui en fit Gui de Moreault, ſucceſſeur de Pierre Seurre. Il eut en 1531 une charge que François I lui donna de Conſeiller au Parlement de Paris , dans laquelle, comme il ſe préparoit à être reçu , il fut nommé par le même Roi, en 1532, premier , ou plutôt ſeul Préſident du Parlement de Provence , n'y ayant point alors en cette Cour d'autre Préſident. Il mourut à Aix l'an 1541 , que , ſuivant le calcul Romain, on comptoit 1542. Ses Ouvrages conſiſtent en trois volumes Latins , dont le premier eſt ſon Commentaire ſur la Coutume de Bourgogne , le ſecond ſon Catalogue de la Gloire du monde , & le troiſième ſes Conſeils. M. le Préſident Bouhier , dans ſon Hiſtoire des Commentateurs de la Coutume de Bourgogne , à la tête de l'Edition qu'en 1717 il donna de cette Coutume, a écrit la vie de Barthelemi de Chaſſeneuz avec beaucoup d'exactitude & de politeſſe. (M. DE LA MONNOYE).

V. les Mémoires de Niceron , Tom. III , p. 353.

BERTHELEMY CAUSSE, M. à Genève. Il a écrit contre le B. de la F.

BERTHELEMY DU POIX [1] , natif d'Aux près Toloſe , homme docte ès langues , & ſur-tout en la Chaldée. Il s'appelle autrement , de Beau-Poix , dit en Latin, *à pulchro pondere*. Il a traduit de langue Chaldée en François les Sentences de Ben-Syra , neveu du Prophète Jérémie, leſquelles il a enrichies d'annotations , &c. imprimées à Angers chez René Picquenot, l'an 1559 ; Apodixie pour la Meſſe. Il floriſſoit à Angers audit an 1559.

[1] Colomiès, dans ſa *Gallia Orientalis* , a tranſcrit cet endroit de La Croix du Maine, ſans y ajouter quoi que ce ſoit ; pour moi , ne ſachant rien de particulier

particulier de cet Auteur , je me contenterai d'obferver que puifqu'il traduifoit fon nom par les mots Latins *à pulchro pondere* , il auroit mieux fait
d'écrire *BEAU-POIDS* , la bonne ortographe voulant qu'on écrive *poix* uniquement pour marquer le Latin *pix* , pois pour *pifum* , & poids pour
pondus. (M. DE LA MONNOYE).

BERTHELEMY POULLARD , natif de la Ville de la Ferté
au Maine, Avocat au Siége Préfidial du Mans , jeune homme bien
docte , & lequel a beaucoup voyagé pour fe rendre de plus en plus
inftruit en la Jurifprudence. Il a écrit en Latin , & depuis traduit
en François une Oraifon de l'Immortalité de l'ame, & du mépris
de la mort. Le Latin a été imprimé au Mans chez Jérôme
Olivier , & le François n'eft encore en lumière. Il florit en ladite Ville du Mans cette année 1584.

BERTHELEMY DU PRÉ. Il a traduit de Latin en François
l'Hiftoire des Empereurs de Turquie , avec l'ordre & gouvernement d'iceux , au fait de guerre , imprimée à Paris chez Geufroy
Thory , l'an 1538.

BERTHELEMY [1] DE SALLIGNAC , Gentilhomme ,
Berruyer , Proto-Notaire du Saint Siége Apoftolique , Profeffeur en chacun droit. Il a écrit le voyage du Roi Henri II ,
au bas pays de l'Empereur , l'an 1554 , imprimé à *Lyon* par
Thibault Payen audit an 1554 , & à Rouen l'an 1555 , par Florent Valentin , & à Paris par Robert Etienne. Il a écrit le Siége
de Metz en Lorraine , l'an 1552 , imprimé à Paris par Charles
Etienne audit an 1552. Il floriffoit fous Henri II , l'an 1550.

[1] La Croix du Maine eft ici tombé dans une méprife qu'il reconnoît &
corrige au mot *BERTRAND DE SALIGNAC*. La plûpart des Catalogues
donnent mal-à-propos à ce Bertrand le nom de Barthelemi. Du Verdier s'eft
contenté de le défigner par la lettre B , faute d'avoir fu le nom de Baptême.
Le Gentilhomme Berruier , nommé Barthelemi de Salignac , eft celui dont
nous avons en Latin : *Bartholomæi à Saligniaco itinerarium Terræ Sanctæ* , imprimé à Lyon , 1525. *in-*8°. Goth. (M. DE LA MONNOYE).

BERTRAND DE ALLAMANON , troifième du nom,
fieur dudit lieu , Gentilhomme d'Arles , Sénéchal de Provence , Poëte Lyrique & Satyrique , l'an 1290. Il a écrit plu-

fieurs belles chanfons, en langue Provençale, à la louange de Madame Laure d'Avignon, tant célébrée par Pétrarque. Il a écrit un Traité des guerres inteftines, qui étoient entre les Princes de fon temps; Syrventes, ou Satyres contre l'Archevêque d'Arles. Il mourut l'an 1295.

BERTRAND D'ARGENTRÉ *, Sieur de Gofnes, Forges & la Guifchardiere, &c. Confeiller du Roi, Sénéchal de Rennes en Bretagne, & depuis Préfident audit Parlement, homme fort docte, grand Jurifconful, & fort bien verfé en l'Hiftoire, &c. Il a écrit l'Hiftoire de Bretagne, &c. imprimée à Paris chez Jacques du Puys, l'an 1583. Il a écrit de fort doctes Annotations fur les Coutumes de Bretagne, imprimées à Rennes; Avis & Confultation fur les partages des Nobles de Bretagne, droits & avantages d'iceux, &c. imprimé à Rennes par Bertrand Jochault; Généalogies des plus anciennes maifons de Bretagne, non encore imprimées. Il florit à Rennes cette année 1584.

* Bertrand d'Argentré étoit fils de Pierre d'Argentré, Sénéchal de Rennes, & petit-fils de Jean d'Argentré & de Perrine le Baud, fœur d'Alain le Baud, Hiftorien de Bretagne, dont La Croix du Maine a parlé ci-deffus. Bertrand d'Argentré avoit achevé à l'âge de vingt-trois ans une Hiftoire de Bretagne, écrite en Latin, qui n'a jamais été publiée. On la conferve dans la Bibliothèque du Roi. Il s'appliqua enfuite à la Jurifprudence, & travailla fur la Coutume de Bretagne. Ses premiers effais, en ce genre, lui firent beaucoup d'honneur. On le nomma Commiffaire pour la réformation de cette Coutume en 1579, & peu après il fut chargé par les Etats de Bretagne d'écrire l'Hiftoire de cette Province, ce qui ne lui fut pas difficile, ce travail étant fait d'avance en grande partie. Auffi, en moins de trois ans, il compofa & fit imprimer l'Hiftoire de Bretagne, & la préfenta aux Etats en 1582. Cette première Edition eft fort rare, parce que diverfes raifons la firent fupprimer. L'Auteur la corrigea & la fit réimprimer en 1588 avec des changemens confidérables. Il mourut deux ans après, le 13 Février 1590, âgé de foixante-onze ans. Ses Commentaires fur la Coutume de Bretagne n'ont été publiés qu'après fa mort, & fes *Généalogies* n'ont jamais paru.

BERTRAND BERGER, natif de Montembeuf en Poitou, Poëte François, l'an 1550 [1].

[1] Claude Binet, dans la vie de Ronfard, cite les Dithyrambes de cet

Auteur , & l'appelle Poëte Dithyrambique , à l'exemple de Joachim du Bellai , qui l'a ainfi qualifié dans des vers qu'il lui adreffe , & qui en d'autres l'a nommé Poëte Bédonnique-Bouffonique, nom qu'expliquent les vers mêmes de Du Bellai. On a , parmi les *Gayetés* de Ronfard , imprimé par erreur les Dithyrambes de Berger, fans marquer qu'ils fuffent de lui. (M. de la Monnoye).

BERTRAND DE BORME , Poëte Provençal. Il a écrit plufieurs Poëfies en langue Provençale *.

* V. Jean de Notre-Dame, Ch. 65.

BERTRAND CARBONNEL [1] , Poëte Provençal, natif de Marfeille. Il a écrit un Traité en langue Provençale , intitulé Las Drudarias d'Amour , lequel a été mis fous le nom de Hugues Brunet, Poëte Provençal. Il floriffoit l'an 1223.

[1] Du Verdier, au mot *HUGUES BRUNET*, écrit *CARBONEL* , conformément à Jean de Notre-Dame , Ch. 16. (M. de la Monnoye).

BERTRAND DE CHASTILLON , Poëte Provençal. Il a écrit plufieurs Poëmes en langue Provençale *.

* Jean Notre-Dame , Ch. 65 , l'appelle de Castillon.

BERTRAND FERAULT , Poëte Provençal. Il a écrit plufieurs Chanfons en langue Provençale [1].

[1] Il étoit vraifemblablement de la famille de Rémond Férault, ancien Poëte Provençal, dont il fera parlé plus bas. (M. de la Monnoye).

V. Jean Notre-Dame , Ch. 65.

BERTRAND DE GIRARD, ou BERARD DE GYRARD, Sieur du Haillan. Voy. ci-devant Bernard de Gyrard [1].

[1] L'ayant fort bien nommé ci-deffus Bernard , pourquoi mal-à-propos le nommer ici Bertrand & Bérard ? (M. de la Monnoye).

BERTRAND DE LA LUCE , Docteur en Médecine. Il a écrit en notre Langue Françoife une nouvelle défenfe pour les François à l'encontre de la nouvelle entreprife des ennemis , qui eft un Traité contre les poifons , & remèdes d'éviter iceux , imprimé à Paris par Denis Janot , l'an 1537.

BERTRAND DE MARSEILLE , Gentilhomme Provençal, iſſu des Vicomtes de Marſeille. Il ſe rendit Religieux au Monaſtère de Montmajour. Il a écrit pluſieurs Chanſons & autres Poëſies en langue Provençale. Il floriſſoit l'an 1310 *.

* V. Jean Notre-Dame, Ch. 57.

BERTRAND DE PEZARS, ou **DE PEZENAS**, Gentilhomme, nàtif dudit lieu, Poëte Provençal. Il a écrit pluſieurs Chants funèbres, Epithalames & autres Poëmes en langue Provençale. Il floriſſoit à Avignon l'an 1348 *.

* V. Jean Notre-Dame, Ch. 64.

BERTRAND DU PUGET, Poëte Provençal. Il a écrit pluſieurs choſes en langage Provençal*.

* V. Jean de Notre-Dame, Ch. 65.

BERTRAND RABOT, Dauphinois.

BERTRAND DE SALLIGNAC, Gentilhomme Périgordin, Conſeiller du Roi Henri III, Chevalier de l'Ordre du S. Eſprit, Ambaſſadeur pour Sa Majeſté en Angleterre, &c. Il a décrit le voyage du Roi Henri II du nom, Roi de France, au pays-bas de l'Empereur, imprimé à Paris par Robert Etienne, & en autres lieux. Il a davantage écrit le Diſcours du Siége de Metz en Lorraine, en l'an 1552, imprimé à Paris audit an 1552. Je n'ai pas connoiſſance de ſes autres Compoſitions Latines ou Françoiſes. Il florit cette année 1584, & eſt fort reſpecté & aimé de Sa Majeſté pour les rares vertus qui ſont en lui [1]. J'ai à dire ici un mot en paſſant, touchant ce Seigneur, & ſes écrits, c'eſt qu'au feuillet 34 de ce livre ¶, nous avons mis les Œuvres (que nous avons récitées ci-deſſus) ſous le nom de Berthelemy de Sallignac, Gentilhomme Berruyer, lequel nous penſions être celui-ci Bertrand de Sallignac, Gentilhommme Périgordin; & ce qui nous avoit fait ainſi méprendre, c'eſt que ledit Sieur n'avoit mis ſon nom en ſes Œuvres que par ces mots B. de Sallignac, qui eſt choſe douteuſe ſi cette lettre B ſignifioit Berthelemy ou Bertrand; car par autre lieu j'ai trouvé qu'il y avoit un Protonotaire du S. Siége Apoſtolique, nommé du nom ſuſ-

¶ De l'Ancienne Edit. & de celle-ci, à la pag. 81.

dit de Berthelemy , & lequel floriſſoit audit temps ; mais ceci ſera corrigé à la ſeconde édition. Ç'a été M. du Haillan qui m'a averti de cette faute, lequel a fort bien connu ledit Sieur de Sallignac, Chevalier de l'Ordre du Roi, &c. & afin de dire encore ce qui m'a fait tromper ainſi, c'eſt que voici les qualités que j'ai vues dudit Berruyer. Ce que j'alléguerai pour montrer qu'il n'y a ſi clair-voyant qui n'eût pu s'y abuſer comme moi : *Bartholomeus à Salligniaco Biturix , equeſtris Ordinis miles , ac utriuſque Juris Profeſſor* , &c. Je laiſſe à penſer qui ſeroit celui qui ne ſe fût mépris ſur le doute de ces deux noms* : ce que j'ai diſcouru peut-être trop amplement ; mais c'eſt pour montrer à ceux qui en trouveroient de ſemblables en ce livre, qu'il eſt trop mal-aiſé de ne faillir point , principalement en choſes qui paſſent la connoiſſance de ceux qui écrivent des Hiſtoires générales , & non particulières ; & ceux qui laiſſent leurs noms écrits à demi ſont cauſe de cela.

¹ Jean Brantius fit imprimer *in-8°.* à Amſterdam , 1708 , un Recueil de cent Lettres Latines , parmi leſquelles il s'en voit une de Rabelais , écrite de Lyon le 30 Novembre 1532 à Bernard de Salignac, où ſe liſent ces mots : *Nuper reſcivi ex Hilario Bertulpho , quo hîc utor familiariſſimè , te neſcio quid moliri adverſum calumnias Hieronimi Aleandri , quem ſuſpicaris ſub perſonâ Factitii cujuſdam Scaligeri adverſum te ſcripſiſſe ,* & le reſte où il traite de πάντη πάντως ἀθέως Jules Scaliger , qui , en revanche , dans ſa 307ᶜ Exercit. contre Cardan , n° 15 , le déſigne ſous les titres de *Novus Lucianus* , & de *Diagoras Culinarius.* J'ignore qui eſt ce Bernard de Salignac à qui Rabelais écrit , & je préſume que la lettre étant adreſſée *B. Saliniaco* , le B initial a été mal interpreté *Bernardo* , au lieu de *Bertrando*. (M. DE LA MONNOYE).

* Pour jeter quelque jour ſur ce que dit la Croix du Maine des Auteurs qui ont porté le nom de Salignac, il faut en diſtinguer trois , qui , quoique du même nom , ne ſont pas d'une même famille, *Barthelemi , Bernard & Bertrand.* Barthelemi , le plus ancien des trois , publia en Latin un voyage de Jéruſalem , imprimé à Lyon en 1525 *in-8°.* Bernard écrivit quelques Traités de Mathématique & de Grammaire. Il avoit pris ſoin de l'éducation de Rabelais , qui lui en témoigna ſa reconnoiſſance dans la lettre du 30 Novembre 1532,citée par M. de la Monnoye. C'eſt la quatre-vingt-douzième du Recueil intitulé : *Clarorum Virorum Epiſtolæ centum ineditæ.* Enfin Bertrand de Salignac, Ambaſſadeur en Angleterre en 1572, Chevalier de l'Ordre du S. Eſprit en 1579, qui écrivit une relation du voyage du Roi, imprimée à Paris en 1554 par Charles Etienne, & non comme le dit La Croix du

Maine, par Robert, qui n'étoit plus alors à Paris. Ce fut lui qui écrivit aussi l'Histoire du Siége de Metz en 1552, imprimée chez le même Etienne en 1553, *in-4°*. On en publia la même année à Florence une traduction en Italien. Les Actes de sa Négociation en Angleterre, au sujet du mariage projeté de la Reine Elisabeth avec le Duc d'Anjou, ont été en grande partie imprimés dans la nouvelle Edition des Mémoires de Castelnau. Bertrand de Salignac mourut à Bordeaux en 1599.

BLACAS, ou BLACHAS, et BLACHASSET et BLA-KASSET, issu d'une noble famille d'Arragon. Il a écrit des Chansons d'amour, à la louange de toutes les Dames de Provence. Il a écrit un livre de la manière de bien guerroyer, écrit en langue Provençale, & non encore imprimé. Il florissoit en l'an de salut 1300.

BLAISE D'EVRON. Il a traduit en François les Eloges & vies des plus illustres & principaux hommes de guerre, antiques & modernes, décrites par Paule Jove, Italien, imprimés à Paris par Galiot du Pré, l'an 1559.

BLAISE DE VIGENAIRE [1], Bourbonnois, jadis Secrétaire de M. le Duc de Nevers. Il a traduit de Latin en François les Commentaires de Jules-César, Empereur, enrichis d'annotations, & imprimés à Paris par Nicolas Chesneau, l'an 1576. Il a traduit de Grec en François l'Histoire de Chalcondile, touchant la décadence de l'Empire Grec, imprimé à Paris par N. Chesneau, l'an 1577. Il a traduit quelques Décades de Tite-Live, imprimées à Paris avec annotations, chez Jacques du Puys & Chesneau, l'an 1583. Il a traduit de Grec en François les Images ou tableaux de plate peinture de Philostrate Lemnien, Sophiste Grec, avec annotations, imprimées à Paris l'an 1578. Il a traduit trois Dialogues de l'Amitié, tant de Platon & Lucien, que de Ciceron, imprimés à Paris chez Chesneau, l'an 1579. Il a traduit, comme par essai, un Traité de Ciceron, de la meilleure forme d'Orateurs ; le sixième livre des Commentaires de César ; la Germanie de Cor. Tacitus, imprimés à Paris chez Michel Vascosan, l'an 1575 ; la Description du Royaume de Pologne ; les Mœurs, religion & façon de faire d'icelui peuple , imprimés à Paris l'an 1573 ; les Chroniques & Annales de Pologne , imprimées à Paris audit an 1573 ; la fomptueufe & magnifique entrée de Henri III, Roi de France & de Pologne , en la Cité de Mantoue , imprimée chez Chefneau l'an 1576 ; Traité des Comètes ou Etoiles chevelues , avec leurs caufes & effets, imprimé à Paris par Chefneau, l'an 1578. Il a traduit plufieurs autres livres, non encore mis en lumière [2]. Il florit à Paris cette année 1584, âgé de plus de foixante ans [3].

[1] Tout le monde écrit *Vigénère* , mais La Croix du Maine régle ici fon ortographe fur la prononciation. (M. DE LA MONNOYE).

[2] Outre les Ouvrages rapportés ci-deffus, & ceux dont parle du Verdier , il a traduit la vie d'Apollonius Philoftrate , l'Hiftoire de Ville-Hardouin en François plus intelligible ; l'Aiguillon de la foi de S. Bonaventure, la Jérufalem du Taffe en profe , le Pfeautier en vers mefurés non rimés. Il a de plus compofé un livre de prières , un Traité du feu & du fel, un des Chiffres , & un de l'or & du verre , qui n'a pas été imprimé. Jean-Albert Fabrice , Ch. 15 du 4e Liv. de fa Bibl. Grecque , pag. 41 , lui attribue une verfion Françoife de Paufanias , mais fans preuve , contre fa coutume. Auffi cette prétendue verfion n'eft-elle mentionnée nulle part ailleurs , que je fache , & n'a très-certainement jamais paru. Amiot & Vigénère , contemporains , ayant par leurs traductions fait honneur à notre langue , quelques-uns ont mis en queftion , auquel devoit être adjugée la préférence : je dis quelquesuns , parce qu'avec raifon , Amiot eft communément préféré. On a varié fur le temps de la mort de Vigénère. Le P. le Long ne s'accordant pas avec lui-même, après avoir , n. 7401 de fa Bibliothèque Hiftorique de France , bien mis cette mort en 1596, l'y met mal , n° 13831 , en 1599. Trompé en cela par Baillet, qu'à l'Article 938 de fes Jugemens des Savans je n'aurois pas manqué de corriger, fi je m'étois fouvenu d'une note de Louvent Géliot, Avocat au Parlement de Dijon , écrite de fa main , à la marge de mon exemplaire de La Croix du Maine , qui lui a autrefois appartenu , par laquelle il eft marqué que Blaife de Vigénère mourut à Paris l'an 1596. Ce Louvent Géliot, dont Charles Fevret a fait l'éloge à la fin de fon Dialogue *de claris Fori Burgundici Oratoribus* , étoit un homme d'érudition. Il eft Auteur de l'Indice Armorial, imprimé à Paris *in.fol.* 1635 , depuis augmenté par Palliot, & mourut le 3 Mai 1641 , affez âgé pour avoir vu & connu Vigénère. Raoul Bouthrays , ou Boutrays , car on le trouve écrit des deux manières , en Latin *Rodolphus Botereius* , qui vivoit en même temps que Géliot, s'accorde *in Commentariis* avec lui pour l'époque de la mort de Vigénère. Ainfi , lorfque, pag. 2570 de la Profopographie de du Verdier , il eft dit que Vigénère naquit le 5 Avril 1523, & , p. 2572 , qu'il vécut foixantedix ans , d'où il s'enfuivroit qu'il feroit mort en 1593 ; il faut conclure que

du Verdier s'eft mépris à l'âge, & qu'au lieu de foixante-dix, il devoit dire foixante-treize ans. (*idem*).

² V. les Mémoires de Niceron , Tom. XVI , p. 26, & Tom. XX , pag. 94. Il place la mort de Vigénère en 1599. (*idem*).

Voy. la Bibl. Françoife de M. l'Abbé Goujet, Tom. VIII , p. 19.

BLAISE VOLET DE DIE. Il peut avoir compofé quelques Ouvrages , lefquels je n'ai pas vus.

BLONDEAU , ou BLONDEL DE NESLE, ancien Poëte François , & excellent Joueur d'inftrumens de Mufique. Il a compofé plufieurs Chanfons en langage François. Il floriffoit l'an 1200.

BONNADVENTURE BROCHARD , de l'Ordre des Frères Mineurs , ou Cordeliers de la Province. de France , & du Couvent de Bernay. Il a écrit le Voyage de Jérufalem , & du Mont Sinay , lequel voyage il fit & accomplit l'an de falut 1533 , avec le Seigneur Greffin Arfagart , Sieur de Courteilles en Normandie , & de Courteilles au Maine , &c. Je ne fais s'il eft imprimé , je l'ai vu écrit à la main ¹.

¹ Il femble , fi ce livre a été imprimé chez Poncet le Preux & chez Jean le Clerc , que les Exemplaires ne devoient pas en être inconnus à La Croix du Maine. Le voyage Latin , que j'ai vu du *Brocardus Monachus* , fous le titre , *Locorum Terræ Sanctæ exactiffima defcriptio* , à Bâle , *in-fol.* chez Hervagius , 1532 , ne contient que feize feuillets ; au lieu que l'Ouvrage François de Bonaventure Brochart , Cordelier , eft un très-gros volume *in-fol.* dont, au rapport de la Bibliothèque Dominicaine , pag. 393 , Col 1 du Tom. I, eft un Exemplaire manufcrit à la Bibliothèque du Roi , cotté 10265. V. ci-deffous les mots GRÉFIN ARFAGAR , & JEAN GASSOT.

Au fujet du nom de Brochard , & du Voyage de la Terre-Sainte , il eft bon de remarquer que comme il y a eu fur la fin du treizième fiècle un Jacobin Allemand , nommé *Brocardus , Borchardus , Burchardus* , & même *Burgardus* ; car on le trouve écrit de ces quatre fortes. , & que ce Jacobin ayant fait le voyage de la Terre-Sainte , en a laiffé une defcription , dont on voit plufieurs Manufcrits & plufieurs Editions , il eft arrivé que la conformité du nom Latin *Brocardus* , avec le François Brochard , entre deux Religieux , tous deux Auteurs d'une Defcription de la Terre-Sainte , a donné lieu de les confondre , malgré la différence de leur inftitut , de leur nation , & du temps où ils ont vécu. Outre ces trois différences , il y en avoit une

quatrième

quatrième à remarquer , favoir , le nom de baptême *Bonaventure* , appartenant au feul Cordelier Brochard , mentionné par nos deux Bibliothécaires François. Simler qui , en 1555 , dans fon fupplément à la Bibliothèque de Gefner , ne connoiffoit ni *Brocardus* , Jacobin Allemand , Ecrivain d'un voyage de la Terre-Sainte , ni *Bonaventura Brocardus* , Ecrivain d'un même voyage, a , dans fon fupplément de 1574 , à cette même Bibliothèque de Gefner , fpécifié l'un & l'autre *Brocardus* ; le premier de cette manière : *Brocardus Alemannus , profeffione Dominicanus , Palæftinam fideliffimè defcripfit* ; le fecond de celle-ci : *Bonaventuræ Brocardi Palæftina apud Poncettum le Preux. Hunc puto effe Brocardum Monachum.* Par où cependant l'on voit que , bien loin de favoir que ce *Bonaventura Brocardus* , qui n'eft autre que notre Bonaventure Brochard , fut Cordelier , il ne favoit pas même qu'il fût Moine , puifqu'il ne l'a point qualifié tel , & que c'eft uniquement par conjecture qu'il s'eft imaginé que ce pouvoit être le Jacobin Allemand *Brocardus* , car c'eft là le fens de ces paroles : *Hunc puto effe Brocardum Monachum.* Ces paroles ont induit en erreur Philippe Bofquier , Cordelier Flamand , mort l'an 1636 , qui voulant donner une nouvelle Edition du voyage de la Terre-Sainte , le fit imprimer en 1624 à Cologne , *in*-8°. fous ce titre : *Palæftina , feu Defcriptio Terræ Sanctæ , Auctore F. Bonaventurâ Brocardo , Monacho Teutonico , Ordinis Prædicatorum* , & donna par ce moyen au Jacobin *Brocardus* , Allemand , qui vivoit en 1283 , le nom de Bonaventure Brochard , Cordelier François , poftérieur de deux cens cinquante ans. Bayle , au mot *Columna* , dans fon fupplément , a cru que le Borchard inféré dans la Traduction Françoife de la Mer des Hiftoires de Jean Columna , n'étoit autre que Bonaventure Brochard , en quoi , lui qui reprend La Croix du Maine d'avoir mis ce Bonaventure en 1533 , mérite à fon tour d'être repris , d'avoir confondu ce Bonaventure avec le Brochard , Borchard , ou Brocard , Moine ancien , qu'on n'a jamais appelé Bonaventure. Le Cordelier Bonaventure Brochard vivoit dans le 16e fiècle , & n'a écrit qu'en François. La Croix du Maine & du Verdier en ont par cette raifon rapporté l'Ouvrage dans leurs Bibliothèques Françoifes. Simler n'a parlé d'un *Bonaventura Brocardus* , Auteur d'un livre intitulé *Palæftina* , imprimé chez Poncet le Preux, que parcequ'on lui envoya en Latin le titre de ce livre, quoique François, fans lui marquer la taille du volume, le lieu, ni le temps de l'édition, pas même, comme je l'ai obfervé ci-deffus, la qualité de l'Auteur. Le nom de *Bonaventura* eft mal donné dans le troifième Tome des *Lectiones antiquæ* de Canifius, de l'édition des Wefteins , 1725 , au *Burchardus* , ou *Brocardus* , Auteur de la Defcription *Locorum Terræ Sanctæ.* (M. DE LA MONNOYE).

BONNADVENTURE [1] **GRANGER** , Parifien , Docteur en Médecine à Paris , homme docte en Grec & en Latin. Il a traduit de Grec en François le Difcours de l'Empereur Julien fur les faits & déportémens des Céfars , avec un Abrégé de la vie dudit Julien , imprimé à Paris par Jean de Bordeaux , l'an

1580. Il florit à Paris cette année 1584, âgé de quarante ans, ou environ.

[1] Du Verdier, faute d'avoir su le nom de Baptême de Granger, ne l'a désigné que par la lettre B, il l'a cependant fort bien rapporté dans son *Supplément*, sous le nom de *Bonaventura Grangerius*. (M. DE LA MONNOYE).

BONNADVENTURE DE MONTBREUIL, natif de Nantes en Bretagne. Je n'ai point vu ses Œuvres imprimées.

BONNADVENTURE DES PERIERS, natif de Bar-sur-Aube, en Champagne, Valet-de-chambre de la Royne de Navarre, sœur du Roi François I. Il a traduit l'Andrie de Terence en vers François, imprimée à Lyon. Il a écrit un juste volume de Poësies Françoises, imprimées à Lyon. Il est Auteur de quelques Contes & Faceties plaisantes, imprimées sous son nom, sous le titre de Nouvelles Récréations de Bonadventure des Periers, &c. Mais les deux premiers Auteurs de cet Ouvrage sont Jacques Peletier du Mans, Médecin & Philosophe, & Nicolas Denisot, surnommé le Comte d'Alsinois, desquels nous parlerons en leur ordre. Ce livre a été imprimé plusieurs fois, tant à Paris qu'à Lyon. Il est Auteur d'un livre détestable, & rempli d'impiétés, intitulé *Cymbalum Mundi* [1], ou Clochette du Monde, écrit premièrement en Latin par icelui des Periers, & depuis traduit par lui-même en François, sous le nom de Thomas du Clevier, imprimé à Paris l'an 1537. Il se tua enfin avec une épée qu'il se mit dans le ventre, étant devenu furieux & insensé. Il vivoit en l'an 1537 *.

[1] Il y a deux anciennes Editions du *Cymbalum Mundi*, l'une & l'autre *in-8e*. la première de Paris, à la fin de laquelle se lisent ces mots : *Fin du présent livre intitulé CYMBALUM MUNDI, en François, imprimé nouvellement à Paris pour Jehan Morin, Libraire à Paris, demeurant audit lieu en la rue S. Jacques, à l'enseigne du Croissant,* M. D. XXXVII ; la seconde, que par erreur du Verdier suppose être *in-16*, est de Lyon, 1538, chez Benoît Bonnyn, qui n'est autre que Michel Parmentier, ce qui se reconnoît à une petite Estampe ronde, où est représenté à moitié corps un jeune Poëte tenant une plume, la main droite arrêtée sur la gauche, comme pensant à ce qu'il doit écrire, un cornet d'écritoire à droite, & du même côté un Luth dans un coin. L'Exergue a pour inscription *Poëta*. Cette Estampe se trouve au commence-

ment ou à la fin de plufieurs impreffions, où Parmentier a mis fon nom, entre autres, à celle que j'ai des Epigrammes de Jean Vouté, *Joannes Vulteius*, *in-8°*. 1537. Il affecta d'employer dans cette impreffion du *Cymbalum* des caractères Gothiques, que les Imprimeurs réfervoient, ce femble, alors pour les livres François. Les Exemplaires de ces deux Editions, fur-tout de la première, font très-rares, & ceux même de l'Edition *in-11*. d'Amfterdam, 1711, ne font déja plus communs. Le Libraire Jean Morin qui le premier débita le *Cymbalum* à Paris, eft fi peu connu, qu'il ne fe trouve point dans le Catalogue de la Caille. On parut d'abord furpris que ce livre eût été fupprimé comme dangereux, quoiqu'on n'y trouvât dans le fond que des traits fatyriques contre les faux Dieux, & contre les vanités, folies & chimères des hommes. Cependant quelques lecteurs rafinés ayant fait voir qu'à travers le paganifme, à travers les Allégories, & fous prétexte de fe moquer des Chercheurs de pierre philofophale, l'Auteur jouoit la religion en général, on a reconnu que la cenfure n'avoit pas été fans fondement. La mémoire de Des Periers a été en conféquence fort décriée. Les Huguenots, non plus que les Catholiques, ne l'ont pas épargné, témoin Calvin, qui, dans fon Traité des *Scandales*, a fait de Govéan, de Rabelais & de Des Periers un trio d'Athées. Il mourut l'an 1544, s'étant tué lui-même dans l'accès d'une fièvre folle. (M. DE LA MONNOYE).

Dans le *Boleana*, nouvelle Edition, Tom. V, pag. 19, il eft dit que B. Des Périers contribua à la traduction de la Bible Françoife d'Olivétan, imprimée à Neufchâtel, en Gothique, en 1555. Ses Contes ne font pas tous de lui, on les a attribués encore à d'autres. (M. FALCONNET).

* Tabourot, en fes *Bigarrures*, Part. I. Chap. 17, fol. 127, v°. dit que des Périers étoit d'Arnay-le-Duc, en Bourgogne.

V. la Bibliothèque Françoife de M. l'Abbé Goujet, Tome IV, p 417, Tome V, pag. 314, Tome XII, pag. 88. Voy. auffi Niceron, *Hommes Illuftres*, Tom. XXXIV. pag. 314 & fuivantes. Il cite une édition du *Cymbalum Mundi* faite à Paris, fous le titre d'Amfterdam, en 1732, *in-12*, avec des notes de la Monnoye, &c.

BONNADVENTURE DE TARTARET [1], Bourguignon.
Je n'ai pas vu fes Œuvres.

[1] Il étoit de Tournus. Le *Tartaret* mentionné par Rabelais, dans fa Bibliothèque de S. Victor, dans *Salmonius Macrinus*, L. III. *Hymnor. felector.* dans Thomas Browne, Sect. 20 de fa *Religio Medici*, s'appeloit *Pierre*, & fon vrai nom en François étoit *Tateret*. (M. DE LA MONNOYE).

BONNADVENTURE DU TRONCHET [1], Mâconnois.
Il n'a fait imprimer fes Œuvres que j'aye vu.

[1] Du Verdier le nomme mal *Tronchet*. On lit, pag. 335 des Poëfies de

Charles Fontaines, imprimées *in-8°*. à Lyon, 1555, une Ode de Bonaventure du Tronchet à Charles Fontaines, &, pag. 339, la réponfe de Fontaines à du Tronchet. (M. DE LA MONNOYE).

V. la Bibl. Franç. de l'Abbé Goujet, Tom. XI, pag. 135, Tom. XII, pag. 115, Tom. XIII, pag. 255.

BONIFACE CALVO, Chevalier, natif de Gênes en Italie, Poëte ès langues Provençale, Efpagnole & Tofcane, grand Philofophe de fon temps. Il a écrit plufieurs Chanfons en langue Provençale, Efpagnole & Tofcane. Il floriffoit l'an 1248 & 1280 [1].

[1] Du Verdier met en 1263 la mort de Boniface Calvo, qui, par confé-quent, n'auroit pas vécu jufqu'en 1280. Ayant néanmoins, felon Jean de Notre-Dame, Ch. 30, fleuri fous Ferdinand & Alphonfe, Rois de Caftille, favoir, fous Ferdinand III, & Alphonfe X, il peut fort bien avoir vécu au-delà même de 1280, puifqu'Alphonfe ne mourut que le 21 Avril 1284. (M. DE LA MONNOYE).

BONIFACE DE CASTELLANE, iffu de Caftelle ou Caf-tille en Efpagne, Prince dudit lieu de Caftellane aux montagnes de Provence, Vicomte de Marfeille, fils de Boniface de Caftel-lane, autrement dit de Riez, &c. Poëte Provençal, l'an 1278. Il a écrit un livre touchant les familles des Nobles vicieux & vertueux de Provence, fous paroles couvertes, le tout en forme de Satyre. Il mourut l'an 1278, ou environ.

BONNET SAVOISIEN. Voy. de lui les Œuvres de Joachim du Bellay.

BOUCAULT, ou **BUSCAULT**, dit en Latin Bucaldus, ou Bufcaldus. Il a écrit en rithme Françoife une Hiftoire, laquelle fe voit écrite à la main à Fontainebleau.

BRUN DE LA POMPERAIE, Gentilhomme Tourangeau, dit le Capitaine Silly. Il s'appelle en Latin *Bruno Pompera-nus*, &c. [1]. Il a écrit en Latin & depuis traduit en François les trois livres de l'Armée Chrétienne. Le Latin fe voit impri-mé à Paris, à Poitiers & autres lieux. Il floriffoit l'an 1546.

[1] Ce nom, en Latin, devoit plutôt être exprimé par *Brunus Pomperaus*, que par *Bruno Pomperanus*. (M. DE LA MONNOYE).

BRUNEAU DE TOURS[1] , ancien Poëte François. il a écrit plusieurs Chansons amoureuses , non imprimées. Il florissoit l'an 1250.

[1] Fauchet , Ch. 45 des *Poëtes François* , l'appelle, à l'antique , *Bruniaux*, pour *Bruneau* ou *Brunel* , comme ci-dessus *Blondiaux* , pour *Blondeau* ou *Blondel*. (M. DE LA MONNOYE).

BRUNET LATIN , natif de Florence , appelé des Italiens Brunetto Latino [1] , jadis Précepteur de Dante , l'an 1220 , ou environ. Il a écrit en François , ou plutôt en langue Provençale , un livre qu'il appelle *le Trésor* , traitant des louanges de la langue Françoise , lequel livre a depuis été traduit en langue Italienne.

[1] Cet Auteur nommé en Italien *Brunetto Latini* , & souvent *Ser Brunetto* seulement , composa son *Trésor* , non pas en Provençal , comme le Salviati & d'autres le supposent , mais en François , comme il le déclare lui-même en ce passage si célèbre de son livre , en ces termes rapportés par M. Charpentier , pag. 234 de sa *Défense de la langue Françoise* , d'après un ancien Manuscrit de la Bibliothèque du Roi : *Et s'aucuns demande porquoy chis livres est écris en Romans , selon le patois de France , puisque nous somes Italiens , je diroé que c'est pour deux raisons , l'une est porce que nous somes en France , l'autre si est parce que François est plus délitaubles langages , & plus comuns que moult d'autres.* Les divers manuscrits qui se trouvent de ce livre ne sont pas uniformes dans l'expression , mais ils le sont pour le sens , & s'accordent tous à marquer que l'ouvrage est dans la *pallure* , *parleure* , *patrois* , ou *patois de France*. Quelques-uns , sur ce que le livre , dans les Manuscrits , est intitulé *Trésor de la naissance des choses , mis de Latin en François par M. Brunet Latin , Florentin* , ont cru qu'effectivement c'étoit une traduction Françoise , tirée du Latin par Brunet ; mais M. le Médecin Falconet , illustre Académicien des Belles-Lettres , dans une ample & savante Dissertation sur ce sujet , a solidement prouvé que l'Ouvrage , quoique purement François , n'a passé pour une traduction du Latin , que parce que l'Auteur reconnoît l'avoir d'un bout à l'autre composé de passages extraits du Latin. L'original François de Brunet fut depuis, comme on l'apprend du Salviati, 2, XII. de ses *Avvertimenti* , traduit en Italien par le nommé Bono Giamboni ; & c'est apparemment d'après cette traduction qu'a été faite la Françoise , qui, au rapport de du Verdier , se trouvoit à la Bibliothèque du Comte d'Urfé. Le P. Mabillon , pag. 169 de son *Iter Italicum* , écrit mal *Burnet* , ajoutant encore plus mal que ce *Burnet* avoit premièrement composé son livre en François , puis en Italien. *Brunetto Latini* n'a jamais écrit qu'en François le livre qu'il a intitulé *Trésor*. C'est le *Tesoretto* qu'il a écrit *in Frottola*. Il mou-

rut, felon quelques Auteurs, en 1294, &, felon d'autres, en 1295. On verra plus bas, au mot *HUGUES BRUNET*, la bêvue de la Croix du Maine, touchant Brunet Latin. (M. DE LA MONNOYE).

S'enfuivent les noms d'aucuns Auteurs incertains, & non connus par leur premier nom, &c.

LA BAILLIVE de Touraine, fort docte femme, tant à écrire en profe qu'en vers.

BEAUGUÉ LE PENSIF, Il eft Auteur d'un livre intitulé Belaudo, imprimé à Lyon 1548, chez Guillaume Rouville.

BEATO, autrement dit le Comte Beato, Sieur de Meix en Savoye.

BARBASTE, natif du pays de Béarn, Miniftre, &c. Voy. de lui l'Hiftoire de notre temps [1].

[1] Charles, nommé Barbafte, du Bourg de Barbafte où il naquit, en Guïenne, près de Nérac, ayant quitté l'Ordre des Carmes, fut un des Miniftres qui affiftèrent en 1561 au Colloque de Poiffy, touchant la Cène, & l'année fuivante à la Conférence de S. Germain, touchant les Images. (M. DE LA MONNOYE).

... BAIF, Gentilhomme du Maine, oncle de Lazare de Bayf, père de Jean-Antoine, &c. Il a écrit le voyage qu'il fit en Jérufalem l'an 1530, ou environ. Il fe voit écrit de la main de l'Auteur chez M. de Malicorne fon parent, en fa terre de Mengé au Maine, ou bien à Malicorne.

BALLONFLEAU, Xaintongeois, Poëte François [1].

[1] M. de Ballonfleaux, Confeiller du Roi d'Efpagne en fon Confeil Provincial de Luxembourg, à qui le P. Hardouin adreffa en 1707 fa lettre touchant la Généalogie des Hérodes, étoit apparemment de la famille de ce Poëte. (M. DE LA MONNOYE).

BRIEL, Archidiacre de Toul en Lorraine, Hiftorien François, allégué par Waffebourg.

BORDERIE, Normand, Sieur dudit lieu, Poëte François [1] & Hiftorien. Il a écrit en vers François le Difcours du voyage de Conſtantinople , imprimé à Lyon par Jean de Tournes , avec la parfaite Amie d'Antoine Heroet.

ı Il étoit diſciple de Clément Marot, qui l'avoue pour un des plus chéris , en cet endroit de ſon Epître , ſous le nom de Fripelipes :

> Venez ſon mignon Borderie
> Grand eſpoir des Muſes hautaines.

C'eſt de lui qu'eſt la plaiſanterie ſur les avantages attachés à l'état du mariage , laquelle commence :

> Ami , pourquoi me veux-tu tant reprendre ,
> Que ne devois, ſi ſoudain femme prendre , &c...

Et l'Enigme , dont le mot eſt le *Balon* , deux pièces, la première de vingt-quatre vers , la ſeconde de vingt, inſérées dans le Mercure d'Octobre 1724. Il mourut apparemment jeune, car , hors les vers ci-deſſus marqués , on ne voit de lui que ce Voyage de Conſtantinople , & un autre petit Poëme intitulé l'*Amie de Cour* , auquel Charles Fontaine ayant oppoſé la *Contr'Amie* , Paul Angier y répliqua en faveur de l'*Amie de Cour*. Claude Chappuis, dans ſon Diſcours de *la Cour* , parle avec éloge de Borderie , & le met à côté de Salel. (M. DE LA MONNOYE).

BUSQUET , ancien Poëte François. Il a écrit quelques Chants Royaux à l'honneur de la Vierge Marie , imprimés à Rouen , &c. ı.

ı Du Verdier , au mot *GUILLAUME ALEXIS* , cite un *in*-4°. d'anciens Palinods , imprimés ſans date , où ſont nommés trente-un Poëtes, Auteurs de ces pièces , l'un deſquels eſt ce Buſquet. (M. DE LA MONNOYE).

B. GRANGIER. Il a traduit de Grec en François le Diſcours de l'Empereur Julien ſur les faits & déportemens des Céſars , avec un Abrégé de la vie dudit Julien , imprimé à Paris par Jean de Bordeaux, l'an 1580.

B. DES MOLANS ı. Il a écrit, tant en proſe qu'en vers , les Mignardiſes & recréation d'amour , &c. La recréation & devis d'amours , avec les demandes amoureuſes , imprimés à Lyon par Benoît Rigault , l'an 1570.

ı Il y a des MOLARS à la table alphabétique, mais n'ayant point vu le livre, je ne puis marquer la bonne leçon. (M. DE LA MONNOYE).

B. DE MONTDIEU , qui eſt un nom ſuppoſé , &c. ı. Il

a écrit la réponfe aux calomnies de P. de R. fur les mifères de ce temps, imprimée à Orléans l'an 1563.

¹ Bayle, dans fon Dictionnaire, au mot *Ronsard*, croit qu'Antoine Zamariel & B. de Montdieu ne font qu'un feul & même homme. Binet, La Croix du Maine & du Verdier, qui en font deux Ecrivains différens, font d'autant plus croyables là-deffus, qu'ils étoient contemporains de Ronfard, contre lequel les Satyres, fous le nom de Zamariel & de Montdieu, ont été publiées. Il n'y en a qu'une fous le nom de Zamariel, qu'on fait être le Miniftre Chandieu. Il y en a deux fous le nom de B. de Montdieu, qui n'eft autre affurément que le B. *Montmeïa*, rapporté par du Verdier ; & ce qui appuie ma conjecture, c'eft que dans *Montmeia* la première fyllabe, *Mont*, & la dernière *ia*, qui, en Hébreu, fignifie *Dieu*, font un fynonyme de *Montdieu*. (M. DE LA MONNOYE).

B. DE PARASOLS, Limofin, &, felon d'autres, natif de Cifteron, & Chanoine audit lieu de Cifteron, fils d'un Médecin de la Comteffe de Provence, &c. ancien Poëte Tragique. Il a écrit plufieurs Traités tant en vers qu'en profe *. Il a compofé cinq belles Tragédies des geftes de Jeanne, Royne de Naples & de Sicile, Comteffe de Provence. Il a écrit un livre à la louange des Dames illuftres, & de quelques hommes vertueux. Il fut empoifonné l'an 1383, ou environ.

* V. Jean de Notre-Dame, Ch. 72.

B. LE SOURT ¹. Il a écrit un Almanach pour l'an biffextil 1528, imprimé à Paris chez Simon de Colines, audit an 1528.

¹ Au quinzième fiècle, & au commencement du feizième, on finiffoit par un T dans l'écriture plufieurs mots, tant fubftantifs qu'adjectifs, qu'on auroit dû finir par un D. on écrivoit *gaillart*, *paillart*, *fart*, *lart*, *grant*, & de même *lourt*, *fourt*, &c. (M. DE LA MONNOYE).

B. TAGAULT, Poëte François. Il a écrit le Raviffement d'Orithie, en vers François, imprimé à Paris par André Vechel, l'an 1558. Il floriffoit audit an 1558*.

*V. la Bibl. Françoife de M. l'Abbé Goujet, Tom. XII, pag. 106, où cet Auteur eft nommé BARTHELEMI.

CÆSAR

C Æ S.

C ÆSAR DE NOTRE - DAME , dit Nostradamus [1], Provençal, fils de Michel Noſtradamus, Aſtrologue , &c. Son père fait mention de lui en ſes Quadrains ou Prophéties , leſquelles il lui dédie , & le diſſuade de s'adonner aux arts magiques & autres ſciences reprouvées. Je n'ai rien vu de ſes Œuvres qui aient été imprimées.

[1] C'eſt apparemment celui qui mourut en 1629 , & dont nous avons l'Hiſtoire de Provence, imprimée l'an 1614 , à Lyon , *in-fol.* Il a laiſſé un Manuſcrit contenant la neuvième Partie , ou ſuite de ſon Hiſtoire , depuis 1601 , où elle finit juſqu'en 1618 , conſervé à Aix dans la Bibliothèque de M. Thomaſſin de Mazaugues. D'Aubigné parle d'un autre Noſtradamus , frère de celui-ci , mais né long-temps auparavant , & l'appelle le jeune Noſtradamus , qui , comme Michel ſon père , ſe mêloit de deviner. Etant au ſiége du Pouſſin en Vivarais , l'an 1574 , & le ſieur de Saint-Luc lui ayant demandé quel en ſeroit l'événement , il répondit que la Ville périroit par le feu , enſuite de quoi , pour faire réuſſir ſa Prophétie , il mettoit lui-même le feu par-tout dans le temps de la priſe ; ce que Saint-Luc ayant apperçu , il en fut tellement indigné , qu'il lui fit paſſer ſon cheval ſur le ventre , & le tua *. C'eſt celui qui plus bas eſt appelé Michel Noſtradamus le jeune. (M. de la Monnoye).

* Il y a apparence que ce Noſtradamus étoit alors employé à l'armée comme Devin : il étoit d'uſage dans ces temps - là d'en avoir , & de les conſulter ſur le ſuccès des entrepriſes ; leurs réponſes étoient d'un grand poids. Les Suiſſes en avoient un avec eux , lorſqu'ils vinrent aſſiéger Dijon en 1513. On le gagna à force d'argent , & il parvint à détourner les Suiſſes d'une guerre qu'il leur perſuada devoir être malheureuſe pour eux ; & le crédit de cet impoſteur ſur ſa nation ſauva la France d'un très-grand danger. M. de la Trémoille , alors Gouverneur de Bourgogne pour Louis XII , ne dédaigna pas d'employer ce petit moyen , qui devint de la plus grande importance par le ſuccès qu'il eut. La plûpart des Nations ſauvages de l'Amérique ont encore de ces eſpèces de Devins, qu'elles conſultent ſur tous les objets de quelque importance , & on ſait que dès qu'on les a gagnés, on eſt ſûr de déterminer la nation à ce que l'on veut.

V. la Bibl. Franç. de M. l'Abbé Goujet; Tom. XV, pag. 212.

CÆSAR , excellent Peintre & Poëte Provençal , l'an 1383. Il a écrit quelques Poëſies non imprimées.

CAIE JULES DE GUERSANS [1], auparavant nommé JULIAN GUERSANS, &c. natif de la Ville de Gifors en Normandie, au Diocèfe de Rouen, premièrement Avocat au Parlement de Rennes en Bretagne, & depuis Sénéchal dudit lieu : celui-ci, dès fes plus tendres ans, fut inftruit à Paris aux bonnes lettres, efquelles il profita tellement, qu'enfin il s'eft rendu admirable à tous ceux de notre fiècle, tant pour fa mémoire, (qui fembloit quafi prodigieufe) que pour être bien verfé en tous arts, fciences & difciplines, & ayant connoiffance de plufieurs langues. Je n'ai rien vu de fes écrits qu'une Tragédie nommée Panthée, tirée du Grec de Xénophon, imprimée à Poitiers par les Bouchets, l'an 1571, encore, dit-il en fon Épître, adreffée à M. l'Evêque de Coutances fon Mécène, qu'il ne l'a fait que mettre en ordre, mais en cet ouvrage fe reconnoît affez fon ftyle & façon d'écrire. Il a écrit plufieurs autres Poëmes, entre autres un qu'il appelle les Cornes, qui eft une louange des Cocus porte-cornes, &c. & plufieurs Poëmes fur le mariage de M. le Duc de Joyeufe, non imprimés. Il a difcouru devant la Majefté du Roi de plufieurs belles chofes, lefquelles ne font imprimées. Il mourut de pefte, à Rennes, le Jeudi cinquième jour de Mai, l'an 1583, âgé de trente-huit ou quarante ans [2].

[1] Ou GUERSENS, comme l'écrit du Verdier. Il ne fe contenta pas de changer fon nom *Julianus* ou *Julian*, en *Julius* & *Jule*, il voulut encore, à la Romaine, que le prénom *Caïus* précédât chez lui le nom *Julius*. Pour fe faire une jufte idée de cet homme, il faut, à ce que la Croix du Maine en écrit ici, & plus bas, au mot *MAGDELEINE NEVEU*, joindre ce qu'on en lit dans le *Prima Scaligerana* au pénultième article de la lettre G. Baillet, dans fes *Jugemens des Savans*, pag. 450 du IVᵉ Tome *in-4°*. s'eft mal exprimé, quand il a dit que la Panthée de Guerfens, *fur la foi du titre*, paroît tirée du Grec de Xénophon, comme s'il doutoit que le fujet de cette Tragédie fe trouvât véritablement dans Xénophon, ou comme s'il croyoit que Guerfens eût pu le tirer d'ailleurs. Nous avons de Triftan une Tragédie de même nom. (M. DE LA MONNOYE).

[2] La Croix du Maine, qui avoit fort connu Guerfens, ayant marqué fa mort au 5 Mai 1583, le Dictionnaire de Moréry ne devoit pas la mettre en 1584. (*idem*).

CALVY DE LA FONTAINE , Parisien [1]. Il a traduit de Latin en François un Traité de P. Beroalde , Italien , de la Félicité humaine , imprimé ; trois Déclamations dudit Beroalde entre l'Ivrogne , le Putier & le Joueur de dez [2] ; plus il a traduit un Dialogue de Lucian, intitulé Mercure & Vertu ; le tout imprimé à Paris par Vincent Sertenas , l'an 1556.

[1] Charles Fontaine lui écrivit un Quatrain sur la conformité de leurs noms. (M. DE LA MONNOYE).

[2] Sur les trois Déclamations de Béroalde , traduites par Calvi de la Fontaine , voyez la note sur l'article 178 des *Anti* de Baillet. (*idem*).

CAMILE DE MOREL , Damoiselle Parisienne , fille aînée de Jean de Morel , G. Provençal , & d'Antoinette de Loynes , Parisienne , de laquelle nous avons parlé ci-dessus. Cette Damoiselle a été si bien instruite par les plus savans hommes de France , & autres lieux , qu'elle s'est rendue admirable à tout notre siècle , pour être des plus doctes Damoiselles de France , soit en Grec , Latin, François , Italien , Espagnol , & autres langues étrangères. Elle n'a encore mis ses doctes Poëmes en lumière , sinon quelques vers sur le trépas de son père , imprimés à Paris chez Federic Morel , l'an 1583 , & autres sur la mort du Roi Henri II. Elle florit à Paris cette année 1584 *.

* Voyez LUCRECE DE MOREL. Le Chancelier de l'Hôpital , en ses Poësies , pag. 432 de l'Edition de 1732 , lui donne des louanges , ainsi qu'à ses sœurs.

CATHERINE DE CLERMONT [1] , Dame de Raiz , femme de Messire Albert de Gondy , Duc de Raiz, & Maréchal de France , &c. duquel nous avons parlé ci-devant. Cette Dame mérite d'être mise au rang des plus doctes & mieux versées , tant en la Poësie & Art Oratoire , qu'en Philosophie , Mathématiques , Histoire & autres sciences , desquelles elle sait bien faire son profit entre tous ceux qu'elle sent dignes de ces doctes Discours. Elle n'a encore rien mis en lumière de ses Œuvres & Compositions. Elle florit cette année 1584.

[1] Elle s'appeloit CLAUDE-CATHERINE DE CLERMONT , fille de Claude de Clermont , Baron de Dampierre , & de Jeanne de Vivonne , fille d'André ,

Sieur de la Chataigneraye, Sénéchal de Poitou, & de Louife de Daillon du Lude. Après avoir époufé Jean d'Annebaud, fils de l'Amiral, elle fut mariée en fecondes noces avec le Maréchal Duc de Retz, dont parle ici La Croix du Maine. C'étoit une Dame d'un grand mérite, élevée dans les lettres, parlant Latin avec tant de facilité, qu'elle fervit d'interprête à Charles IX, en 1573, lorfque les Ambaffadeurs de Pologne le haranguèrent dans cette langue. C'eft ce qui eft remarqué dans fon Épitaphe, qu'on peut voir dans l'Eglife de l'*Ave Maria*, où elle eft enterrée. Elle mourut au mois de Février 1603, âgée de foixante ans. L'Hift. Généal. des grands Officiers de la Couronne, Tom. III, pag. 895, marque fa mort en 1604. (M. DE LA MONNOYE).

CATHERINE DE PARTHENAY (Madame), Dame de Soubize, femme de Meffire René, Vicomte de Rohan, Prince de Léon, Comte de Porhoet en Bretagne, &c. Cette Dame eft beaucoup à prifer pour fon excellence & grandeur d'efprit, duquel fes écrits rendent affez de preuve, fans en avoir d'autre témoignage; car elle a écrit & compofé plufieurs Tragédies & Comédies Françoifes, &, entre autres, la Tragédie d'Holoferne, laquelle fut repréfentée en public à la Rochelle, l'an 1574, ou environ : elle n'eft encore imprimée. Elle a compofé plufieurs Elégies ou Complaintes fur la mort de M. le Baron du Pont, fon premier mari, & encore de M. l'Admiral & autres grands Seigneurs & illuftres perfonnages. Elle a traduit les Préceptes d'Ifocrate à Demoniq, non encore imprimés. Elle florit cette année 1584 *. Je n'ai pas connoiffance de fes autres Compofitions, pour n'avoir point cet heur de la connoître.

* CATHERINE DE PARTHENAY mourut au Parc, en Poitou, le 26 Octobre 1631, âgée de quatre-vingt-quatorze ans felon les uns, & de foixante-dix-fept felon les autres. Elle ne pouvoit certainement avoir plus de foixante-dix-fept ans quand elle mourut, puifqu'elle étoit fille de Jean de Parthenay-l'Archevêque, Seigneur de Soubize, & d'Antoinette Bouchard d'Auberterre, qui n'avoient été mariés qu'en 1553. Elle avoit époufé en 1568 le Baron du Pont-Quellonce, & en fecondes noces le Vicomte de Rohan en 1575. Elle avoit vingt ans lorfqu'elle fit repréfenter fa Tragédie d'*Holoferne* à la Rochelle en 1573, & étoit veuve de fon premier mari depuis deux ans. L'*Apologie pour Henri IV*, imprimée dans les dernières Editions du Journal de Henri III, lui fut attribuée ; & quoique cette fatyre ait été regardée par plufieurs perfonnes comme un Ouvrage de Cayet, M. de Fontette affure qu'elle eft inconteftablement de Catherine de Parthenay. *Voyez* à ce fujet la nouvelle Edit. de la Biblioth. Hift. de la France, Tom. II, n° 19673.

CATHERINE DES ROCHES [1], Damoiselle Poïtevine, fille de Madame des Roches en Poitou, nommée Magdeleine Nepveu, de laquelle nous ferons mention ci-après. Ces deux Dames sont tellement savantes, & ont si grande connoissance de toutes bonnes lettres, que (outre le témoignage qu'en ont donné par écrits publics les plus doctes de France), leurs écrits en font les vrais & fidèles témoins, tant de ce qui a été imprimé à Paris & autres lieux, que de ce qu'ils n'ont encore mis sur la presse, composé par elles & en prose & en vers, sur plusieurs & divers sujets. Elles florissent à Poitiers cette année 1584.

[1] C'est la même que du Verdier appelle CATHERINE DE FRADONNET. Elle tenoit le nom de Fradonnet de son père, qui étoit Sieur des Roches. Le nom de sa mère étoit Madeleine Neveu. La mère & la fille, bien faites l'une & l'autre de corps & d'esprit, avoient beaucoup de vertu, de savoir & de politesse. Catherine des Roches [2] est celle qui a le plus écrit. C'est elle qui, aux grands jours de Poitiers, en 1579, fournit la matière au Recueil intitulé *la Puce*, sur ce qu'Etienne Pâquier, dans une conversation avec cette Demoiselle, ayant apperçu une puce sur son sein, après lui avoir dit là-dessus quelques gentillesses, lui témoigna que ce seroit un beau sujet de Poësie, & qu'il s'y exerceroit des premiers avec plaisir. La Demoiselle, à qui la proposition ne déplut pas, travailla de son côté, & fit les vers qui font à la tête du Recueil, lesquels valent mieux seuls que tous les autres ensemble. On fait que la mère & la fille, toujours fort unies de leur vivant, le furent jusques dans leur mort, ayant été toutes deux attaquées de la peste, dont elles moururent en un même jour. (M. DE LA MONNOYE).

[2] Catherine des Roches & sa mère ont donné plusieurs Ouvrages postérieurs à la Bibliothèque, tant de La Croix du Maine, que de du Verdier, comme la traduction de Claudien, *De raptu Proserpinæ* ; quelques mêlanges Poëtiques ; lettres, &c. (*idem*).

V. la Bibliothèque Françoise de M. l'Abbé Goujet, Tom. XIII, p. 256.

CHARLES D'ANGENNES, Evêque du Mans, & Cardinal, &c. issu de la très-noble & très-ancienne maison de Rambouillet, au Diocèse de Chartres [1]. Il est homme très-docte ès langues, fort éloquent, & bien nourri aux lettres, comme font tous ceux de cette maison. Il a prononcé plusieurs doctes Harangues, lorsqu'il a été employé en affaires d'Etat, tant pour les Rois de France, que pour autres Princes ou Seigneurs ses amis. Il florit à Rome cette année 1584, sous Grégoire XIII.

[1] Il naquit le 31 Octobre 1530, fut Evêque le 22 Octobre 1559, Cardinal au mois de Mai 1570, & mourut à Corneto, en Toscane, le 23 Mars 1587, âgé de cinquante-six ans quatre mois & vingt-trois jours. (M. DE LA MONNOYE).

CHARLES D'ANJOU, Roi de Sicile, Comte d'Anjou, frère du Roi S. Louis, l'an 1260. Il a écrit quelques Poëmes François fort estimés de son temps [1].

[1] Il fut Comte d'Anjou, du Maine & de Provence, Roi de Naples & de Sicile, naquit l'an 1220, & mourut le 7 Janvier 1285, âgé de soixante-cinq ans. *Voyez* QUENS D'ANJOU. (M. DE LA MONNOYE).

CHARLES D'AUSTRICHES, cinquième du nom, Empereur des Romains [1]. Il naquit en la ville de Gand, en la Gaule Belgique, l'an 1500. Il a écrit en François son Histoire, ou Discours de ses faits & gestes, à l'imitation de Jules Cesar, comme le raconte Hiérosme Ruscelli, Italien, en ses Epîtres, &c. Il mourut l'an 1558, âgé de cinquante-huit ans.

[1] C'est celui qu'on appelle communément CHARLES-QUINT. Il savoit fort bien la langue Françoise, & la parloit volontiers. Il la parla, lorsqu'en 1555, le 25 Octobre à Bruxelles, il remit ses Royaumes entre les mains de son fils. Il avoit même écrit sa propre vie en François, &, au défaut de l'original, on s'attendoit du moins à en voir une traduction Latine par Guillaume Marinde, si l'on en croit Jérôme Ruscelli, qui, dans sa lettre à Philippe II, Roi d'Espagne, du 3 Avril 1561, s'en explique en ces termes : *Il prédetto Imperator Carlo-Quinto era venuto scrivendo in lingua Francese gran parte delle cose sue principali, come già di molte delle sue proprie fece il primo Cesare, e che s'aspetta di hora in hora d'haverle in luce fatte latine da Guglielmo Marindo.* Cette lettre se trouve parmi celles que le Ruscelli a recueillies sous le titre de *Lettere di Principi*, feuillet 220, v° du Liv. I. C'est l'endroit qu'indique ici La Croix du Maine, & qu'indique aussi Brantôme, dans sa vie de Charles-Quint, où, au lieu de *Marinde*, on lit *Marindre*, quoique dans le fond *Marindo* me paroisse une faute ou du Ruscelli, ou de son Imprimeur, y ayant grande apparence qu'il falloit *Guglielmo Malineo*, savoir ce *Gulielmus Malinæus* de Bruges, Traducteur Latin de *los Commentarios de Don Luis d'Avila de la Guerra, del Emperador Carlos V, contra los Pro*-

teftantes de Alamanna. Charles-Quint mourut le 21 Septembre 1558, âgé de cinquante-huit ans fept mois, moins trois jours. (M. DE LA MONNOYE).

CHARLES BLANDEQ, ou BLANDEC [1], natif d'Artois en la Gaule Belgique, Religieux de l'Abbaye de Marchiennes, demeurant à Soiffons au Bourg S. Vaft, l'an 1583. Il a recueilli & mis par ordre cinq Hiftoires admirables, advenues au Diocèfe de Soiffons en Picardie, l'an 1582, touchant aucunes perfonnes poffédées du malin Efprit, & comme il en a été chaffé miraculeufement, imprimées à Paris l'an 1582 chez Guillaume Chaudiere [2].

[1] Ou *BLANDEK*, comme l'écrit du Verdier. Il étoit d'Arras, Religieux de S. Benoît à Marchiennes. (M. DE LA MONNOYE).

[2] On a de lui, outre les Hiftoires ici mentionnées, la traduction de Latin en François du livre intitulé *Viola animæ* de Raymond de Sébonde, imprimée à Arras l'an 1600; livre, dit-on, qui, hors qu'il eft en Dialogue, eft entièrement conforme pour la matière à l'Ouvrage qu'on a du même Auteur, fous le titre de *Theologia Naturalis*, ou de *Liber Creaturarum*. (*idem*).

CHARLES DE BORDIGNÉ, ou BOURDIGNÉ, Prêtre, natif d'Anjou. Il a écrit la Légende dorée [1], ou Vie plaifante de Mᵉ Pierre Faifeu, imprimée à Angers l'an 1532. Il floriffoit à Angers l'an 1531. Il y a un autre Jean de Bourdigné, Prêtre, natif d'Anjou, Auteur des Chroniques d'Anjou, &c. duquel nous parlerons ci-après en fon lieu.

[1] J'ai vu un Exemplaire de cette Légende, transféré de la Bibliothèque Mazarine à la Bibliothèque du Roi. C'eft un *in-4°.* imprimé en lettre Gothique à Angers, 1532, & compofé en rime beaucoup plus Gothique par l'Auteur ici nommé. Ce livre, qui confifte en 48 Chapitres & 55 feuillets, n'eft pas intitulé, comme dit La Croix du Maine, *Légende Dorée*, mais fimplement *Légende Joyeufe de Mᶜ Pierre Faifeu.* Il y a au-devant une Epître en vers de Mᶜ Pierre Faifeu, datée des Champs Elyfées, dans laquelle il eft fait mention de plufieurs Pöëtes morts auparavant, comme de Jean de Meun, d'Alain Chartier, de Philippe de Commines, de Méchinot, de Moulinet, de Jean le Maire, de Châtelain, de Jean Marot, de Cretin, où il eft à remarquer que Philippe de Commines, dont nous ne voyons point de vers, eft mis parmi les Poëtes. Au bas eft pour devife, *Graces & Amour*, & enfuite *Jo.Da. Org.* que j'interprète *Joannes Daniel Organifta*, Auteur de cette Epître; car elle n'eft pas de Charles Bourdigné, dont la devife étoit

Tout paſſe. La Légende de M* Pietre Faifeu a été réimprimée à Paris *in-8°*, chez Antoine-Urbain Coutelier, 1724. (M. DE LA MONNOYE).

V. la Bibl. Françoiſe de M. l'Abbé Goujet, Tom. X, p. 32.

CHARLES DE BOVELLES [1], dit BOVILUS, Picard de nation, & Chanoine de Noyon audit pays, Mathématicien, Philoſophe, Théologien, Orateur & Grammairien. Il a écrit l'Art & Pratique de Géométrie, imprimée à Paris chez Robert Etienne, & depuis chez Simon de Colines, & autres; Etymologies Françoiſes imprimées, avec ſes Œuvres Latines de l'origine & différence des langues vulgaires, chez Robert Etienne, l'an 1533; Proverbes & dits ſententieux, avec l'interprétation d'iceux, imprimés à Paris par Guillaume le Noir, l'an 1557. Il a écrit pluſieurs livres en Latin. Il floriſſoit l'an 1520.

[1] CHARLES DE BOVELLES eſt le vrai nom François de *CAROLUS BOVILLUS*, ſuivant la note de M. de la Monnoye ſur Baillet, ff. 614 des Grammairiens. Il allégue du Verdier, qui écrit *BOUELLES*, mais ſans deux points ſur l'*E*, comme il écrit de même *Bouilli*. On ne peut juger ſi l'*u* de *Bouëlles* eſt conſonne ou voyelle; il en eſt à-peu-près de même de *Boville*, dans ſa note ſur Baillet, ff. 28, il dit que La Croix du Maine l'écrit *Bouville*, pour rendre le dernier *v* conſonne. C'eſt ainſi qu'on a mal prononcé, *Merouée*, *Fornoue*, *Rouere*, pour *Merovée*, *Fornove*, *Rovere*, tant eſt néceſſaire la diſtinction de l'*v* conſonne dans l'écriture. *Voy.* les Mémoires de Niceron, Tom. XXXIX... Le P. Labbe, *Etimolog.* pag. 1, au mot *Bras*, & pag. 2, au mot *Braire*, traduit *Bovillus*, *Boüille*, au lieu de *Bovelles*. Kœnig, au mot *Bovillus*, le fait vivre en 1500. Il n'eſt mort qu'après 1531... Brantome, Tom. I. des *Dames Galantes*, pag. 136, dit que *Carolus Bovillus*, Picard, a fait en Latin la vie de Raymond Lulle. (M. FALCONET).

CHARLES DE BOURGUEVILLE, Sieur DE BRAS [1], natif de Caën en Normandie, autrefois Lieutenant Général au Bailliage dudit Caën, &c. Il a écrit trois Diſcours de l'Egliſe, la Religion & Juſtice, imprimés à Paris chez Nicolas Cheſneau, l'an 1579. Il a écrit en vers François la Davidiade, écrite à la main; la Théomachie, ou Diſcours contre les Athéiſtes, imprimé à Paris chez Martin le Jeune, l'an 1564. Il a traduit l'Hiſtoire de Dares de Phrygie, Auteur Grec, &c. faiſant mention de la guerre des Grecs & des Troyens, ſuivant la

Traduction

Traduction Latine de Corn. Nepos , imprimée à Caën l'an 1573. Il floriſſoit l'an 1570 , âgé de ſoixante-quatre ans [2].

[1] Ainſi appelé du nom de l'une de ſes Seigneuries. Il naquit le 6 Mars 1504 , & mourut en 1593. Le docte M. Huet , a donné , pag. 345 de ſes *Origines de Caën* , de la ſeconde Edition , un Sommaire exact & curieux de la vie de Charles de Bourgueville , dont le principal Ouvrage eſt celui qui a pour titre : *les Recherches & Antiquités de la Province de Neuſtrie , à préſent Duché de Normandie , comme des Villes remarquables d'icelle , & ſpéciale-ment de la Ville & Univerſité de Caën* , 1588. (M. DE LA MONNOYE).

[2] Etant né en 1504 , comme nous venons de le remarquer , il s'enſuit qu'en 1570 il avoit , non pas ſoixante-quatre ans , mais ſoixante-ſix , dès le 6 de Mars. (*idem*).

CHARLES CHOQUART , Avocat au Parlement de Paris , l'an 1561. Il a traduit de Latin en François la Harangue des Ambaſſadeurs du Roi de France Charles IX , prononcée au Concile de Trente , &c. avec la Réponſe dudit Concile , impri-mée à Paris chez Nicolas Cheſneau , l'an 1563 ; Epître à M. le Duc de Montpenſier , touchant l'état de la Religion Chré-tienne , imprimée à Paris chez ledit Cheſneau , l'an 1561.

CHARLES DE CROY , Frère Hermite , Prêtre & Reli-gieux , &c. Il eſt Auteur du livre intitulé le Contreblaſon des faulſes Amours , imprimé à Paris chez Simon Voſtre , l'an 1512 [1]. Il floriſſoit ſous Louis XII , audit an 1512.

[1] Le Contre-blaſon de ce Charles de Croy , dont le nom ſe prononçoit *Croui* , a échappé à Baillet , Art. 167 de ſes *Anti*. (M. DE LA MONNOYE).

CHARLES DANGENNES , Cardinal de Rambouillet , & Evêque du Mans , &c. Voy. ci-deſſus CHARLES D'ANGENNES par A.

CHARLES D'ESPINAY , Evêque de Dol en Bretagne , frère de M. le Marquis d'Eſpinay , &c. Ce Seigneur s'eſt fort plu à la Poëſie Françoiſe & Latine , & a mis en lumière vingt-ſix Sonnets , ne déclarant ſon nom que par ces lettres capi-tales C. D. B. qui ſignifient Charles d'Eſpinay , Breton , &c.

imprimés à Paris pour Guillaume Barbé, l'an 1559. Il florit en Bretagne cette année 1584 *.

* Il mourut l'an 1591. Voy. la Biblioth. Françoife de M. l'Abbé Goujet, Tom. XV, pag. 6.

CHARLES ESTIENNE [1], Parifien, Docteur en Médecine, frère de Robert Eftienne, & oncle de Henri, &c. Cette maifon des Eftiennes a été heureufe à produire des hommes doctes, &, entre autres, celui-ci, père de Nicole Eftienne, femme de M. Jean Liebault, Docteur en Médecine à Paris, de laquelle nous ferons mention ci-après. Il a traduit, ou plutôt paraphrafé de Latin en François la Vétérinaire * de P. Végèce, touchant les maladies des chevaux, & leurs remèdes ou guérifon. Il a écrit un Traité particulier de la defcription d'un chacun oifeau de proie, defquels livres il fait mention en fa maifon ruftique. Il eft Auteur des vingt-cinq Paradoxes, imprimés à Lyon par Thibault Payen, l'an 1555 ; la Guide des chemins, pour aller & venir par tout le Royaume de France, compofée & imprimée l'an 1553 par lui-même, avec le Catalogue des fleuves & rivières de France, &c. Il promettoit une autre Guide générale, à l'imitation d'Antonin, non encore imprimée. Il a traduit d'Italien en François la Comédie des Abufés, imprimée à Paris l'an 1540 ; Difcours des Hiftoires de Lorraine & de Flandres, imprimés par lui l'an 1552 ; l'Abrégé de l'Hiftoire des Vicomtes & Ducs de Milan, extrait en partie de Paul Jove, imprimé à Paris avec les portraits d'iceux par ledit Eftienne, l'an 1552 ; l'Agriculture, ou Maifon ruftique, écrite en Latin par lui, & depuis traduite en François par lui-même, & ajoutée par fon gendre Jean Liebault, duquel nous parlerons ci-après, imprimée chez Jacques du Puis par plufieurs fois, & chez Plantin à Anvers ; la Diffection des parties du corps humain, divifée en trois livres, avec les figures & déclaration des incifions, &c. écrite en Latin par Eftienne de la Riviere, & traduite en François par ledit Eftienne, imprimée à Paris chez Simon de Colines. Il a pu écrire plufieurs autres

livres, defquels je n'ai pas eu connoiffance. Il mourut à Paris l'an
1564, fous Charles IX.

¹ Il étoit fils d'Henri Etienne l'Ancien, & frère de Robert Etienne, premier du nom. Sa Comédie des *Abufés* eft traduite de l'Italienne, qui a pour
titre *Gli Ingannati*. Ses Paradoxes font une imitation, & prefque une verfion
de ceux d'*Ortenfio Lando*. Jean de Maumont, dans une lettre Latine non
datée, mais qui devoit l'être de 1557, inférée parmi celles de Jules Scaliger, fait à celui-ci une peinture peu avantageufe de Charles Etienne. Il le
décrit comme un extravagant & un emporté, infinuant néanmoins deux
chofes qui pouvoient alors avoir mis fa bile en mouvement, l'une le mauvais débit de fon *Thefaurus Ciceronianus*; l'autre que Scaliger, difoit-il,
envoyoit à d'autres Imprimeurs fes meilleurs Ouvrages, & lui réfervoit les
moins bons, tels, entr'autres, que fa Poëtique, Ouvrage, felon lui, peu
intéreffant, & qui, pour bien des raifons, feroit très-dur à la vente.
Maumont ajoute qu'avant que d'avoir vu ce perfonnage de plus près, il
favoit que c'étoit un mal-honnête homme, qui en avoit ufé d'une manière
odieufe envers fes neveux. Il mourut, dit-on, au Châtelet, accablé de dettes, l'an 1564. Nos deux Bibliothécaires n'ont point rapporté le Dictionnaire Latin & François, que Charles Etienne donna *in-fol.* l'an 1552, &
pour la feconde fois en 1561, tant dans fa boutique, que dans celle de Jacques du Puys. Il parut en 1570 une troifième Edition de ce même Dictionnaire, touchant laquelle, *Voy.* au mot PHILIBERT MILET. (M. DE LA
MONNOYE).

*V. la Bibl. Françoife de M. l'Abbé Goujet, Tom. IV, p. 420, Tom. VIII,
p. 116. On trouvera le Catalogue des Ouvrages de Charles Etienne dans
les Mém. de Niceron, Tom. XXXVI, pag. 261 & fuiv. Il n'y eft point fait
mention de la Vétérinaire de Végèce, traduite en François, ni de la Defcription des oifeaux de proie. Ces deux écrits n'ont point été imprimés.

CHARLES DE FIGON, Confeiller du Roi, & Maître
ordinaire en la Chambre des Comptes, féant à Montpellier,
&c. Il a écrit un Difcours des Etats & Offices, tant du Gouvernement que de la Juftice & des Finances de France, imprimé
à Paris chez Guillaume Auvray, l'an 1579. Il floriffoit fous
Henri II, & étoit pour lors Secrétaire de M. le Cardinal de
Sens, Chancelier de France, &c.

CHARLES FONTAINE, ou **DE LA FONTAINE**, Parifien, Poëte François, &c. Il eft Auteur d'un petit Traité
contre Joachim du Bellay, Angevin, intitulé le Quintil Ho-

ratien [1], imprimé avec l'Art Poëtique François à Lyon , l'an
1556 ; les Ruiſſeaux de la fontaine , qui eſt un Œuvre contenant diverſes Poëſies Françoiſes , imprimé à Lyon , l'an 1555,
par Thibault Payen. Il a traduit de Latin en François le
Promptuaire des Médailles , imprimé à Lyon par G. Rouville,
l'an 1553 , en deux volumes. Il a traduit les Mimes de Publian,
enſemble les Paraboles , &c. imprimées ; l'Epitome des cinq
livres d'Artemidore, ancien Auteur, traitant des Songes , &c.
imprimés à Paris chez Marnef, l'an 1573 ; Salutation au Roi
Charles IX , ſur ſon entrée à Lyon , & pluſieurs Epithalames,
imprimé à Lyon par Jean de Tournes, l'an 1546 ; Odes,
Enigmes , Epigrammes , imprimées à Lyon par Jean Citois,
l'an 1557 ; pluſieurs Odes & autres Poëſies dudit Fontaine,
imprimées à Paris par Vincent Sertenas , l'an 1554 ; les nouvelles & antiques Merveilles ; Traité des douze Céſars , traduit d'Italien en François , imprimé à Paris chez Guillaume le
Noir , l'an 1554. Il a traduit quélques Œuvres d'Ovide en vers
François , ſavoir eſt le Remède d'Amour. Le Jardin d'Amours ,
la Fontaine d'Amours , & pluſieurs autres Poëmes dudit Fontaine. Il a traduit le nouveau Triſtan ; il a traduit un livre du
Duel , ou Combat ſingulier ; la Contr'Amie de Cour , reſpon-
ſive à celle d'Antoine Héroet , qu'il appelle la parfaite Amie ,
imprimée à Lyon par Jean de Tournes , & par Adam Saulnier,
l'an 1543 ; Ode de l'excellence & antiquité de la ville de Lyon,
imprimée à Lyon l'an 1557 par Jean Cytois. Il floriſſoit ſous
Henri II , l'an 1550 [2].

[1] Joachim du Bellay , Chap. 11 du Liv. II. de ſon Illuſtration de la langue Françoiſe , ſe moquant des titres puériles qu'avoient mis à leurs Poëſies
quelques Ecrivains de ſon temps , s'en étoit expliqué en ces termes. *O
combien je deſire voir ſécher ces printems , châtier ces petites jeuneſſes , rabattre
ces coups d'eſſai , tarir ces Fontaines , bref abolir tous ces beaux titres , &c.*
Charles Fontaine , qui , par alluſion à ſon nom , avoit publié quelques Poëſies , ſous le titre de *Fontaines* ; ſe crut déſigné par-là ; & , pour s'en venger , fit le Traité qu'il intitula *Quintil Cenſeur* , que La Croix du Maine
appelle *Quintil Horatien* , où il critiqua les premières Œuvres de du Bellay,
ſavoir , ſes deux livres de l'Illuſtration de la langue Françoiſe, ſon Olive ,

fon Antérotique & fes Odes. Du Verdier ne rapporte point ce *Quintil* parmi les Œuvres de Charles Fontaine, parce qu'il croyoit, quoique fauffement, que Thomas Sibilet en étoit l'Auteur. On peut voir ce qui a été remarqué là-deffus, pag. 323 du *Menagiana*, Tom. III. Toutes les Poëfies de Charles Fontaine font fi mauvaifes, qu'elles ne méritent pas qu'on s'y arrête. Cependant, toute miférable qu'eft fa verfion de quelques-unes des Enigmes du prétendu Sympofius, elle ne laiffera pas de me fournir l'occafion de publier l'obligation qu'a la République des lettres à l'ingénieux Chriftophle-Augufte Heuman, Infpecteur du Collège de Gottingue, au pays de Brünfwic, d'avoir reconnu le premier que *Cœlii Firmiani Sympofii Ænigmata* ne fignifie pas les *Enigmes de Cœlius Firmianus Sympofius*, mais les *Enigmes de Cœlius Firmianus faites pour être propofées dans un feftin*. L'Auteur a par conféquent eu raifon d'en intituler le Recueil *Sympofium*, & ce *Sympofium* eft évidemment l'écrit dont S. Jérôme a fait mention, lorfque, parlant de Lactance, connu par les noms de *Cœlius Firmianus*, il dit : *Habemus ejus Sympofium quod adolefcentulus fcripfit*. Lactance étoit alors dans fa plus tendre jeuneffe, & l'on peut aifément remarquer en de certains endroits de l'Ouvrage quelques traces de Paganifme. (M. DE LA MONNOYE).

² Parmi les pièces attribuées ici à Charles Fontaine, celle qui eft intitulée, *Salutation au Roi Charles IX fur fon entrée à Lyon, & plufieurs Epithalames imprimés à Lyon par Jean de Tournes*, l'an 1546, contient un Anachronifme trop vifible, pour n'être pas reconnu. Charles IX, né le 27 Juin 1550, ne commença, comme tout le monde fait, à régner que le 6 Décembre 1560 ; ce qui n'a garde de s'accorder avec la date de 1546, temps auquel Charles IX n'étoit pas né. Cette faute cependant n'a été réparée nulle part dans l'*Errata*, & l'on n'imagine pas qu'on la puiffe réparer autrement que par la fuppreffion entière de l'article. L'inexactitude de La Croix du Maine me rend fufpects les titres de plufieurs autres Ouvrages, qu'il rapporte fous le nom de Charles Fontaine, fans marquer s'ils ont été imprimés, ou s'il les a vus manufcrits. (*idem*).

V. la Biblioth. Franç. de M. l'Abbé Goujet, Tom. III, pag. 67 & 98, Tom. XI, p. 92, 399, 438, Tom. XII, p. 115, Tom. XIV, p. 287.

CHARLES GUILLARD, natif du pays du Maine, Sieur de l'Epiceliere, à trois lieues du Mans, Préfident en la Cour de Parlement à Paris, l'an 1521, père d'André Guillard, Sieur de l'Ifle & du Mortier, &c. Il a écrit une Oraifon ou Remontrance, prononcée par lui en la Cour de Parlement, en la préfence du Roi François I, à fon retour des Efpagnes. Elle n'a encore été imprimée. Je l'ai pardevers moi écrite à la main *.

* On peut voir, touchant ce Magiftrat, ce que Moréri, & les Auteurs qu'il cite, en ont rapporté.

CHARLES GUILLARD, Evêque de Chartres, l'an 1572, parent du fufdit Préfident[1]. Il a écrit en François un Traité des Principes de notre Foi *, qu'il appelle autrement Catéchifme, imprimé à Paris chez Jacques du Puis. Il mourut à Paris l'an 1572, ou 1573.

[1] Il y a eu fucceffivement deux Guillards, Evêques de Chartres, favoir, Louis Guillard, fils du Préfident, & Charles Guillard, neveu de Louis, qui lui remit cet Evêché, en paffant à celui de Senlis. Moréri donne mal au neveu le nom de l'oncle. (M. DE LA MONNOYE).

* Il fut Evêque de Chartres en 1553. Son livre des *Principes de la Foi* fut publié en 1565. Il mourut au mois de Mars 1573. Deux ans avant il avoit été fortement foupçonné & même accufé d'Héréfie.

CHARLES HEMARD, ou DE EMARD[1], Evêque & Cardinal de Mâcon *, auparavant Evêque d'Amiens en Picardie, Ambaffadeur pour le Roi François I, en Italie & autres lieux, l'an 1531. Il a écrit plufieurs Mémoires durant fes légations, non encore imprimés. Nous les avons pardevers nous écrits à la main. Il mourut l'an 1540, le 23e jour d'Août.

[1] Son nom, dans Aubery, eft écrit CHARLES DE HÉMARD DE DÉNONVILLE, mais on ne dit & l'on n'écrit guère que CHARLES HÉMARD. L'Evêque de Poitiers, Henri-Louis Chateigner, dans fon *Nomenclator Cardinalium*, cite fort impertinemment comme un ouvrage de Charles Hémard l'Oraifon funèbre de François I, mort fept ans fept mois & huit jours après ce Cardinal. (M. DE LA MONNOYE).

* Il fut Evêque de Mâcon en 1531, Cardinal en 1536, Evêque d'Amiens en 1538. Il mourut à quarante-fept ans, comme nous l'apprend fon Epitaphe. Ses lettres, durant fon ambaffade à Rome, font encore manufcrites. On les conferve dans la Bibliothèque du Roi parmi les Manufcrits de Baluze & de Dupuy.

CHARLES DE HODIC, Sieur DE ANNOC, Poëte François. Il a écrit en vers François l'Adreffe du Forvoyé Captif, imprimée à Paris par Pierre le Ber, l'an 1532 *.

* V. la Bibliothèque Françoife de M. l'Abbé Goujet, Tom. X, p. 397.

CHARLES DE LA HUETTERIE, natif d'Anjou, furnommé le Poëte Champêtre par ceux de fon temps. Il eft Auteur du Contreblafon de la beauté des membres du corps

humain , imprimé à Paris chez Charles l'Angelier, l'an 1550.
Il a davantage écrit le Concile des Dieux *. Il florissoit sous
François I, du temps de Cl. Marot & Sagon , auquel il adresse
ses Œuvres, &c [1].

* Son *Concile des Dieux sur le mariage du Roi d'Ecosse* fut imprimé à Paris
en 1536, *in-8°*.

[1] Il entra dans la querelle de François Sagon contre Clément Marot, &
l'on voit dans le Recueil *in-16*. imprimé chez Charles l'Angelier, 1539 ,
de tous les vers faits pour & contre dans cette occasion , que la Huéterie
est quelquefois appelé *Charles Huet* , dit *Huéterie* , quelquefois raillé sous
le nom de *Poëte Champêtre* , nom par lui-même pris dans sa *grande Généa-*
logie de Fripelippes , quoiqu'en d'autres endroits, comme pag. 66 , 70 &
71, v°. le *Poëte Champêtre* soit positivement distingué de *la Huéterie*. Ce
qui augmente la difficulté , c'est que la Croix du Maine , qui, avec Marot,
S. Gelais , Fontaine, & plusieurs autres, reconnoît ici la Huéterie pour le
Poëte Champêtre , ne laisse pas , à la lettre M , de dire que ce fut un Mathieu de Vaucelles , Imprimeur & Libraire au Mans , qui écrivit sous le
nom de *Poëte Champêtre* contre Marot. (M. DE LA MONNOYE).

CHARLES DE KINFERNAND , Parisien *. Il a traduit
quelques livres d'Italien en François , savoir , est les Discours
fantastiques de Justin Tonnelier , faits par Jean-Baptiste Gelli ,
Florentin , imprimés à Paris l'an 1566 par Guillaume le Noir.

* Il se trompe dans le nom & dans le surnom ; il devoit, comme du Verdier , le nommer CLAUDE DE KERQUIFINEN.

CHARLES LÉOPARD. Il a écrit un petit livre, intitulé
le Glaive du Géant Goliath , imprimé l'an 1561 [1].

[1] Le surnom de l'Auteur, le titre du livre , le temps de l'impression simplement marqué, tout cela sent bien moins Rome que Genève. Béze, p. 199
du Tom. I. de son *Hist. Ecclef.* fait mention de Charles Léopard , Ministre
à Genève , en 1559. (M. DE LA MONNOYE).

CHARLES DE LORRAINE , Cardinal & Archevêque de
Reims , l'un des plus doctes Prélats de notre temps , & doué
d'un plus émerveillable esprit en toutes choses *. Il a prononcé
plusieurs doctes Harangues , tant en Latin qu'en François ,
soit à Rome , à Paris, & en autres lieux de France , & , entre
autres , se voit imprimée à Paris celle qu'il prononça en l'As-

semblée ou Colloque de Poissy, chez G. Morel, l'an 1561. Il se peut encore voir de lui en notre langue l'Oraison qu'il prononça au Concile de Trente, l'an 1562, & plusieurs lettres présentées par lui audit Concile. Je ferai mention de ses écrits Latins autre part. Il mourut l'an 1574 en Décembre.

* On garde dans la Bibliothèque du Roi grand nombre de ses dépêches & de ses lettres originales. Son Epitaphe marque son âge avec toute la précision possible, le 26 Décembre 1574, à quarante-neuf ans dix mois huit jours & quatre heures. Si on y avoit ajouté l'heure de sa mort, nous pourrions avoir celle de sa naissance. Mais ces recherches intéressantes du temps où l'Astrologie judiciaire conservoit quelque crédit, ne pourroient être aujourd'hui que l'objet d'une curiosité stérile.

CHARLES-MAGNE, ou LE GRAND, Roi de France & Empereur des Romains. Il naquit à Ingelheim sur le Rhin en la basse Allemagne. Il avoit connoissance de plusieurs langues, &, entre autres, de la Françoise, ou Germanique Gauloise, que nous appelons Françoise-Allemande. Il a écrit une Grammaire en langue vulgaire, usitée pour lors. Il a recueilli les vieux Poëmes des Poëtes François de son temps, composés à la louange des plus grands Guerriers & valeureux hommes de ce temps -là, lesquels ne sont en lumière. Ceux qui ont écrit sa vie en font mention. Il mourut l'an 814, âgé de soixante-douze ans *.

* V. Naudé, dans son addition à l'Histoire de Louis XI, pag. 328 jusqu'à 338.

CHARLES DE MARILLAC, natif d'Auvergne, Abbé de S. Pere; Evêque de Vienne, Ambassadeur pour le Roi à Constantinople, & depuis en Angleterre, & encore en Allemagne vers l'Empereur, &c. Maître des Requêtes ordinaire de l'Hôtel du Roi, Conseiller de son Privé Conseil, &c. grand Orateur Latin & François ¹. Il a écrit plusieurs Œuvres, desquelles il s'en trouve peu d'imprimées *. Celles qui le sont ne se vendent avec privilége & pour cause. Il mourut en son Abbaye de S. Pere près Melun le 3e jour de Décembre, l'an 1560.

¹ Son Article, dans Moréri, est bon, hors la date du mois de sa mort, arrivée,

arrivée, non pas le 2 Novembre ; mais le 3 Décembre, comme il est ici marqué. (M. DE LA MONNOYE).

* Je ne connois d'Ouvrages imprimés de cet Auteur que le Discours sur la rupture de la trève en 1556, Paris, 1557, in-8°. L'Auteur y prouve que le Roi avoit été nécessité à la guerre contre le Roi d'Espagne, qui avoit violé le droit des gens. On conserve dans la Bibliothèque du Roi les négociations manuscrites de ce Prélat.

CHARLES DE MARILLAC [1], Gentilhomme Parisien, parent du susdit, Avocat au Parlement, &c. jeune homme fort docte en Grec, & bien versé en beaucoup de sciences. Il mourut à Paris l'an 1581 [2], ou environ, au grand regret de tous ses amis.

[1] Michel de Marillac, Garde des Sceaux, & son frère Louis de Marillac, Maréchal de France, & un autre Louis de Marillac sieur de Ferrieres, étoient frères cadets de Charles de Marillac, dont il vient d'être parlé, tous enfans de Guillaume de Marillac, sieur de Ferrieres en Brie, Sur-Intendant des Finances. *Voy.* Loisel, pag. 707. Cette famille étoit originaire d'Auvergne. (M. FALCONET).

[2] Il mourut l'an 1580, Conseiller au Parlement. (M. DE LA MONNOYE).

CHARLES MARTEL, Sieur DE MONTPINSON, natif du Duché d'Alençon. Il a écrit l'Histoire de notre temps, laquelle n'est encore imprimée. Elle se voit écrite à la main en la Bibliothèque de Messire Regnaud de Beaune, Archevêque de Bourges. Ledit Martel mourut audit lieu d'Alençon, l'an 1575, âgé de quarante-cinq ans, ou environ.

CHARLES MICHAL, Savoisien, Sieur DE LA CHABAU-DIERE, natif de la Ville des Echelles, à trois lieues de Chamberry, jeune homme, lequel a beaucoup voyagé, & principalement en Europe. Il a écrit des Antiquités & Singularités de Savoye; les Louanges de la Franche-Comté de Bourgogne ; la Mathéothechnie, traitant de l'Art Spagiric, &c [1]. Il n'a encore rien fait imprimer de ses Œuvres. Il en peut avoir composé sur d'autres sujets, comme il est docte & bien versé en plusieurs sciences & langues, & en dirois davantage, n'étoit qu'on pourroit penfer que la grande amitié (qui a été entre nous deux dès nos jeunes ans) me le fît dire. Il florit en Savoye cette année 1584.

[1] Il falloit de ματαιοτεχνία, étude d'un art frivole, écrire *Matéotechnie*, & *Spagyric* de σπάσις, extrait, & d'ἄγυρις, affemblage, parce que les deux offices de cet art confiftent à extraire des corps ce qu'ils ont de plus pur, & à faire enfuite un compofé de ces extraits. Les Etymologiftes qui tirent ce mot de σπαγειριχὸς fe trompent. On n'a jamais d'ἀγείρω formé ἀγειριχὸς, mais fort bien ἀγυριχὸς d'ἄγυρις, comme le prouve πανήγυριχὸς, formé de πανηγυρις. (M. DE LA MONNOYE).

CHARLES DE LA MOTHE, Confeiller du Roi en fon grand Confeil, l'an 1574, &c. Il a écrit un fort docte Difcours touchant la Poëfie Françoife, & les Poëtes, imprimé avec les Œuvres d'Etienne Jodelle, chez Nicolas Chefneau à Paris, l'an 1574. Ce Difcours ou Epître contient la vie dudit Jodelle, Parifien. Il a écrit quelque chofe de l'Hiftoire de France, dont fait mention le Sieur du Haillan.

CHARLES DU MOULIN, ou **MOLIN**, Parifien, furnommé SYMON-CHALUDRE, qui eft fon anagramme, & fous lequel nom il a mis quelques Œuvres en lumière, comme nous dirons ci-après. Il a été réputé l'un des plus grands Jurifconfultes de fon temps, & des mieux verfés en l'Hiftoire Sainte & Profane ; outre qu'il a écrit plufieurs livres en Latin, il en a auffi beaucoup compofé en notre langue : favoir, eft le Traité de l'origine, excellence & progrès du Royaume de France, &c. imprimé à Lyon l'an 1561, à la Salemandre ; la Conférence & union des quatre Evangéliftes, imprimée l'an 1565 ; Catéchifme, ou Sommaire de la Doctrine Chrétienne, écrit en Latin & en François par ledit du Moulin, & mis en Grec par Loys de Villereau, G. Chartrain [1] ; Défenfe dudit Charles du Moulin, & autres hommes doctes, contre les Calviniftes, fous le nom de Symon Chaludre, qui eft l'anagramme d'icelui Charles du Molin. Il a écrit plufieurs autres Œuvres, tant fur le droit, que fur autres matières, comme il fe peut voir au pri-

vilège mis devant son livre de la Monarchie des François , &c.
Il mourut à Paris en Décembre , l'an 1566.

[1] Le *petit Catéchisme* composé par du Moulin fut imprimé l'an 1563 à
Lyon , pendant que l'Auteur y étoit ; mais la traduction Grecque prétendue
faite par le Gentilhomme Chartrain , ainsi nommé , n'a jamais été imprimée. Du Moulin mourut le 27 Décembre 1566 , dans sa soixante-sixième
année. Son vrai nom étoit *CHARLES DU MOLIN* , comme le fait voir son
anagramme *SIMON CHALLUDRE*, & comme Julien Brodeau l'écrit toujours
dans la vie qu'il nous a donnée de ce fameux Jurisconsulte , imprimée *in-4°*.
à Paris , 1654. (M. DE LA MONNOYE).

Charles du Molin , le grand Jurisconsulte , étoit né à Paris , en 1500 ,
d'une famille ancienne originaire de Brie , alliée à celle d'Anne de Boulen ;
& la Reine Elizabeth d'Angleterre reconnoissoit les *du Molins* pour ses parens. Lorsque le Président Séguier n'étoit qu'Avocat , & qu'il avoit à plai-
der , il tiroit pour quatre ou cinq écus des consultations de du Molin , dont
il s'aidoit merveilleusement. *Loisel Dialog* , p. 510. Quoique le plus grand
Jurisconsulte de son temps , il étoit mal-habile Avocat. Le Dieu Terme,
Nemini cedo , étoit sa devise. Teissier, sur de Thou , Tom. II , p. 252 & 272 ,
dit qu'outre son anagramme *Simon Chaludre* , il s'est caché quelquefois sous
le nom de *Gaspard Caballinus*. Son livre de l'*Harmonie Evangélique* fut presque supprimé dès sa naissance , en 1565 , par les Calvinistes. Mém. de
Niceron , Tom. XXXIII. (M. FALCONET).

V. la Bibl. Françoise de M. l'Abbé Goujet , Tom. XI , p. 424.

CHARLES DE NAVIERES, Gentilhomme , natif de Sedan près Pontamousson en Lorraine , Poëte François , Gentilhomme servant de M. le Duc de Bouillon , &c. Il a écrit en
vers François un Cantique de la Paix , avec la musique & note
d'icelui , imprimé à Paris chez Mathurin Prevôt , avec autres de
ses Œuvres , l'an 1570 ; la Tragédie de Philandre , en vers
Alexandrins , non imprimée ; Recueil ou amas d'Epithetes François , non imprimé ; la Renommée , qui est un Poëme Historial ,
divisé en cinq chants , contenant les receptions du Roi & de
la Roine à Sedan , le Mariage à Mézières , Coronnement à
S. Denis , & l'Entrée à Paris , le tout imprimé chez ledit
Prevôt , l'an 1571 ; quelques Traductions de Lucain , ancien
Poëte Latin , non imprimées. Il fut tué à Paris l'an 1572 , environ la S. Berthelemi , &c [1].

[1] Colletet , pag. 163 de son Discours de la *Poësie Morale* , fait voir que

Charles de Navieres, prétendu mort, felon La Croix du Maine, en 1572, étoit encore plein de vie en 1614, ayant fait divers Quatrains à l'occasion de la ftatue équeftre d'Henri IV, placée le 23 Août de cette année-là au milieu du Pont-neuf. (M. DE LA MONNOYE).

V. la Bibliot. Françoife de M. l'Abbé Goujet, Tom. XII, p. 25.

CHARLES DE NEUCHAISES [1], Sieur DES FRANCS, Gentilhomme ordinaire de la Chambre du Roi, Ecuyer d'Ecuirie de Monfieur, frère du Roi, neveu de M. le Maréchal de Tavannes, &c. Il a recueilli l'Inftruction & devis d'un vrai Chef de guerre, ou Général d'armée, des Mémoires de feu Meffire Gafpard de Saux, Sieur de Tavannes, Maréchal de France, &c. & des Mémoires de feus Meffieurs de Villefrancou, & de Beaumont Brifé [2], &c. imprimée à Paris par Jean Hulpeau, l'an 1574.

[1] Les de Neufchèfes, car c'eft ainfi que ce nom eft écrit dans la *Gallia Chriftiana* de Claude Robert, dédiée à Jacques de Neufchèfes, Evêque de Châlon-fur-Saone, étoient originaires de Poitou. De mon temps je me fouviens qu'à Dijon, en 1649, on prononçoit *de Nuchèfe*. (M. DE LA MONNOYE).

[2] Au lieu de *Villefrancou* & de *Beaumont Brifé*, il falloit écrire *Villefrancon* & *Beaumont Beffé*... *Voy.* plus bas au mot GASPARD DE SAUX. (*idem*).

CHARLES NEVEU. Il a écrit & compofé les Aphorifmes de Chirurgie, imprimés.

CHARLES DE LA RUELLE, Gentilhomme Poitevin, Sieur de MAVAULT. Il a écrit un petit Traité en façon de Paradoxe, intitulé Succincts adverfaires contre l'Hiftoire & Profeffeurs d'icelle, imprimé à Paris l'an 1572, & à Poitiers (en 1573, *in*-4°). Il floriffoit audit an 1572.

CHARLES DE SAINTE MARTHE, natif de Fontevrauld en Poitou, Docteur ès Droits, &c. Il a écrit plufieurs Oraifons funèbres & autres chofes, favoir eft, l'Oraifon funèbre de Madame Françoife d'Allençon,Ducheffe de Beaumont, imprimée par Regnault Chaudiere, l'an 1550; Oraifon funèbre de M. Marguerite, Roine de Navarre, Ducheffe d'Allençon, écrite premièrement en Latin par ledit de S. Marthe, & depuis traduite par lui en François, imprimée chez ledit Chaudiere audit an 1550. Il a écrit trois livres de Poëſie Françoiſe, imprimés à Lyon chez le Prince, l'an 1540. Il peut avoir écrit pluſieurs autres Œuvres, leſquelles je n'ai encore pu voir. Il floriſſoit l'an 1550.

¹ Charles de Sainte Marthe, fils de Gaucher de Sainte Marthe, Médecin de François I, fut Lieutenant Criminel d'Alençon, & Maître des Requêtes de Marguerite, Reine de Navarre, ſœur de François I. Il mourut l'an 1555, d'une apoplexie de ſang, à l'âge de quarante-trois ans. Scévole, dont il étoit oncle, en a fait l'éloge. (M. DE LA MONNOYE).

V. la Bibliot. Françoiſe de M. l'Abbé Goujet, Tome XI, p. 191, 400, 430, Tom. XIII, p. 64.

CHARLES DE SAINT GELAIS, Docteur ès Droits, natif d'Angoulême. Il a traduit de Latin en François le livre des Machabées, ou les Chroniques de Judas Machabeus, &c.

CHARLES DE SAVIGNY, Gentilhomme Rhetelois, ou de Rhetel, au Diocèſe de Reims en Champagne, Maître de la Garderobe de Monſeigneur le Duc de Nevers, Prince de Mantoue, &c. Il a écrit pluſieurs livres en Philoſophie, Grammaire & autres ſciences, touchant l'inſtruction de la Nobleſſe, aux Arts libéraux, &c. Il eſt après pour les faire imprimer. Il florit cette année 1584.

CHARLES SEVIN, natif d'Orléans, Chanoine de l'Egliſe Cathédrale de S. Etienne d'Agen ¹. Il a écrit dix Sermons, ou Exhortations au peuple Chrétien & Catholique, pour obvier au péril des guerres civiles qui regnent en France, imprimés à Paris par Claude Fremy, l'an 1569.

¹ Les huit Lettres de Jule Scaliger à Charles Sevin nous font connoître qu'ils étoient unis d'une amitié fort étroite ; leur goût pour l'érudition, plus encore que leur réſidence à Agen, donna lieu à cette union. Jule y étoit venu trouver en 1526 Marc-Antoine de la Rovère, qui fut Evêque d'Agen depuis 1520 juſqu'en 1533. Charles Sevin alla s'y établir peu de temps après Scaliger, ou peut-être y étoit-il déja tout établi. Adrien Sevin, Traducteur du *Philocope de Bocace*, étoit vraiſemblablement parent de Charles. (M. DE LA MONNOYE).

CHARLES TIRAQUEAU , Poitevin , Conseiller en Parlement , l'an 1582 , Arrière-fils d'André Tiraqueau , J. C. Conseiller audit Parlement de Paris , &c. Il a écrit plusieurs Poëmes François , & , entre autres , l'Amour transformé en Airaignée ou Hiraigne [1], lequel a été traduit en vers Latins par Scevole de Sainte Marthe , Gentilhomme Poitevin , &c. Il ne les a encore mis en lumière.

[1] Quoique mon dessein ne soit pas d'examiner dans ces notes le langage ni de La Croix du Maine , ni de du Verdier , je ne puis cependant , sur ce que le premier écrit *Airaignée* , ou *Hiraigne* , m'empêcher de remarquer , par manière de divertissement, qu'il n'y a pas eu de mot Latin plus diversement rendu en François qu'*Aranea*. Outre *Araigne* , *Areigne* , *Aragnée* , *Arignée* , *Iragnée* & *Iranteigne* produits par Ménage , je trouve *Yraingnie* dans le petit Dictionnaire du P. Labbe , *Eragnie* , *Erignie* & *Aragnie* en d'autres vieux Dictionnaires Latins-François. A quoi , si l'on ajoute l'*Airaignée* & l'*Hiraigne* de La Croix du Maine , on aura treize corruptions du seul bon mot , qui est *Araignée* , comme Nicot l'a écrit. On trouve encore *Yraigne* dans du Verdier , au mot CHRISTOPHLE LANDRÉ , & ailleurs *Iraigne*. (M. DE LA MONNOYE).

CHARLES TOUTAIN , OU TOUSTAIN , Sieur DE MAZURIE , natif de Falaise en Normandie , Lieutenant Général du Vicomte de Falaise , &c. Il a écrit un Poëme François , intitulé les Martiales du Roi au Château d'Alaiz , imprimé à Paris chez Martin le Jeune , l'an 1581. Il a écrit quelques Sonnets , imprimés avec les Foresteries de Jean Vauquelin , dit la Fresnaye. Il florit cette année 1584.

V. la Bibl. Françoise de M. l'Abbé Goujet, Tom. XII , pag. 67 , 287 , & Tom. XIV , pag. 313.

CHARLES DE LA TRIMOUILLE (Messire), natif de Thouars en Poitou , Chevalier & Prince de Talmont , fils du feu Messire Loys de la Trimouille , surnommé le Chevalier sans reproche , &c. Il a écrit quelques Poëmes en François, non encore imprimés. Il mourut l'an 1515 [*].

[*] Il fut tué à la bataille de Marignan , le 13 Septembre , âgé de 29 ans.

CHARLES DE VALOIS [1] , IXe du nom , Roi de France , fils de Henri II , & de Catherine de Médicis , frère aîné de

Henri III, à préfent régnant, &c. Il a écrit plufieurs vers
François, & plufieurs Oraifons fort doctes, entre autres, celles
qu'il a prononcées devant Meſſieurs de ſon Parlement à Paris,
tenant ſon lict ou lys de Juſtice, imprimées. Il a écrit un Diſcours très-ample de la Chaſſe du Cerf *, lequel a été mis en
Latin, & toutefois ni l'un ni l'autre ne ſont encore imprimés.
Il a écrit plufieurs vers François, qu'il a envoyés à M. de
Ronſard, Deſportes, le Préſident Bouju, & autres Poëtes François
de ſon temps, non imprimés. Il mourut à Paris l'an 1574.

, La Croix du Maine, en écrivant *CHARLES DE VALOIS*, l'a placé à
la ſuite de tous les *CHARLES*, à cauſe de la première lettre du mot *VALOIS*.
Du Verdier, au contraire, a écrit ſimplement *CHARLES*, ſans ajouter *IX*,
afin de le pouvoir mettre à la tête des autres. Les vers de Charles IX à Ronſard, & les réponſes de Ronſard à Charles IX, dont du Verdier a chargé
ſa Bibliothèque, ſe voient à la ſuite de *la Franciade*. Ce Roi, dit Brantome,
écrivoit mieux en proſe qu'en vers. Son Traité de *la Chaſſe*, dont parle amplement Colomiés, Ch. 16 de ſa *Bibliothèque Choiſie*, fut, quoiqu'imparfait, imprimé à Paris *in-8°*. 1625. On ſait que Charles IX mourut le 30
Mai 1574, n'ayant pas vingt-cinq ans accomplis. (M. DE LA MONNOYE).

* L'Ouvrage ſur *la Chaſſe*, attribué au Prince, porte pour titre, *La Chaſſe
Royale, compoſée par le Roi Charles IX*. M. de Villeroy, Secrétaire d'Etat,
y travailla ſelon MM. de Sainte-Marthe, *Hiſtoire Généalog. de la Maiſon de
France*. On trouvera une bonne notice de ce Traité dans la Biblioth. Hiſtoriq.
& Critiq. des Auteurs qui ont écrit ſur *la Chaſſe*, imprimée à la tête de
l'*Ecole de la Chaſſe aux chiens courans*, par M. le Verrier de la Cointerie,
Rouen, 1763, *in-4°*.

CHARLES UTENHOVE [1], natif de la Ville de Gand en
Flandres, homme très-docte ès langues, autrefois Précepteur
des trois doctes filles de Jean de Morel, Gentilhomme Ambrunois, ou d'Ambrun, en Provence, ſavoir, eſt de Camille,
Lucreſſe & Diane. Il a écrit plufieurs Epitaphes en vers François, ſur la mort de Henri II, Roi de France, imprimés à
Paris chez Robert Etienne, l'an 1560. Il a pu écrire plufieurs
autres Ouvrages en notre langue, (outre ceux qu'il a compoſés
en Grec & en Latin) deſquels je n'ai pas connoiſſance. Il floriſſoit à Paris l'an 1560.

[1] Il a eu raiſon de ne pas dire, comme du Verdier, *Charles Utenhove le
fils*, puiſque Charles Utenhove le père n'a laiſſé aucun écrit, ni en François,

ni en autre langue. Erafme, nonobftant la confidération qu'il avoit pour lui, n'a fait nulle difficulté , après l'avoir appelé *juvenem bene natum*, d'ajouter, *fed parùm eruditum , ac ne ftudiofum quidem*, Epît. 370 de l'Ed. de Leyde. Charles Utenhove, né à Gand l'an 1536, mourut à Cologne le premier Août 1600, dans fa foixante-quatrième année. (M. DE LA MONNOYE).

CHRESTIEN [1] **DE TROYE** [2], ancien Poëte François, natif de Troye en Champagne [3]. Il a compofé en vers François plufieurs Romans, favoir, eft le Chevalier à l'épée, le Roman de Perfeval , le Roman de la Charette. Il continua le Roman des Chevaliers de la table ronde, le Roman de Lancelot du Lac, le Roman du Graal , le Roman du Chevalier au Lyon [4]. Faut noter que le Roman de la Charette , parlant de Lancelot, fut commencé par ledit Chreftien de Troye , & achevé par Geoffroy de Ligny , comme nous dirons en fon lieu. Il floriffoit fous Philippe de Valois , Comte d'Artois & de Flandres, l'an 1168 [5].

[1] Du Verdier, conformément à Fauchet, Chap. 10 , le nomme , à l'an-tique , CHRISTIEN DE TROYES. (M. DE LA MONNOYE).

[2] La Croix du Maine, qui met ce Poëte en 1168, fous Philippe de Va-lois , Comte d'Artois & de Flandre, devoit, conformément au même Fauchet, le mettre fous Philippe d'Alface. (*idem*).

[3] Son nom de famille étoit MANESSIER, comme on le voit à la fin de fon Roman de *Perceval*, où, au commencement, il s'appelle CHRESTIEN. (Préfident BOUHIER).

[4] Ce Roman eft de Mᶜ Gaffe, comme on le voit dans les Mémoires de l'Acad. des Infcriptions, Tom. II , pag. 730. (*idem*).

[5] Il a vécu jufque fous Jeanne, Comteffe de Flandres, petite fille de Phi-lippe de Valois, Comte d'Artois. Elle vivoit en 1209. (*idem*).

CHRESTOFLE D'ASONLEVILLE [1], natif d'Arras en Artois, homme très-favant , Confeiller du Privé Confeil du Roi , l'an 1580, ou environ. Loys Guichardin parle de lui fort honorablement dans fa Defcription des Pays-Bas. Je n'ai encore vu de fes écrits imprimés,

[1] Je crois qu'il devoit écrire *D'ASSONVILLE* , comme il l'a écrit ailleurs plus correctement *GUILLAUME D'ASSONVILLE* , qui étoit auffi d'Arras. (M. DE LA MONNOYE).

CHRESTOFLE

CHRESTOFLE BALLISTE , Narbonnois. Je n'ai vu ſes écrits imprimés [1].

[1] Geſner , dans ſa Bibliothèque , fait mention d'un *Chriſtophorus Balliſta*, Pariſien , qui avoit écrit cinq livres *de Re Medicâ* , & une Elégie Latine contre *la Goutte*; j'ai opinion qu'en François il ſe nommoit *Arbalête* , & qu'il eſt le même que le *Chriſtophle Balliſte* , dont parle ici Là Croix du Maine , qui le fait mal *Narbonnois*. (M. DE LA MONNOYE).

CHRESTOFLE DE BARROUSO. Il a écrit en vers François un livre qu'il appelle le Jardin amoureux , contenant toutes les règles d'amours , avec pluſieurs lettres miſſives en proſe , tant de l'amant que de l'amie , imprimé à Paris.

CHRESTOFLE DE BEAUCHASTEL. Il a écrit des Annotations ſur l'orthographe de M. Laurent Joubert , Médecin , &c. imprimé à Paris chez N. Cheſneau , l'an 1579 , ſur la fin du Traité du Ris par ledit Joubert. Il a été moyen , que nous avons la ſeconde partie des Erreurs populaires dudit Joubert , imprimée à Paris chez Abel l'Angelier , l'an 1580 , & en autres lieux [1]. Il floriſſoit l'an 1579.

[1] Toute la part que ce Beauchatel , fils d'une ſœur de Laurent Joubert, eut à l'Edition de la ſeconde Partie des *Erreurs populaires* , fut d'y faire obſerver exactement l'orthographe de ſon oncle. C'eſt le témoignage que lui rend Barthelemi Cabrol , dans ſon Epître Apologétique au-devant de cette Edition en ces termes : *Je me ſuis contenté de faire ſuivre & obſerver ſon orthographie , comme ſi l'Ouvrage ſortoit de ſa main. A quoi s'eſt fidèlement & très-volontiers employé Chriſtophle de Beauchatel ſon neveu , auquel j'ay fait donner pour ſon vin autant de doubles écus qu'il a doublé de chapitres.* Beauchatel avoit là-deſſus une grande expérience , comme il le déclare lui-même , lorſqu'il dit: *Je panſe qu'il n'y a perſonne qui puiſſe mieux randre raiſon de l'orthographe de M. Joubert que moy , parce que dèz long-tams j'écris ſous lui , & ay tranſcrit beaucoup de ſes Œuvres Franſaiſes.* Je repréſente ici les paroles & l'orthographe des premières lignes de ſes Annotations ſur l'orthographe de Laurent Joubert. (M. DE LA MONNOYE).

CHRESTOFLE DE BORDEAUX , ſurnommé LE CLERC DE TANNERIE , Poëte François. Il a recueilli les Chanſons faites contre les Huguenots , &c. imprimées à Paris ; les Ténèbres & Regrets des Prédicans , &c. imprimés à Paris l'an 1563.

LA CR. DU M. *Tome I.*   Q

CHRESTOFLE DE CHEF-FONTAINES [1] , Breton , dit
Pentenfeniou , Général de l'Ordre des Cordeliers , Docteur
en Théologie , Archevêque de Cæsarée , natif de l'Evêché de
Léon en Bretagne , &c. Il a écrit une Réponse familière à
l'Epître contre le libre arbitre. Il a écrit une Apologie de la
Confrairie des Pénitens , érigée & inflituée en la ville de Paris
par Henri III du nom , Roi de France & de Pologne , &c. imprimée à Paris l'an 1583. Il florit à Paris cette année 1584.

[1] Son nom Breton doit être écrit *Penfeuntényou* de *pen* tête, & *Feuntényou,*
fontaines; en Latin *Chriftophorus de capite fontium.* (M. DE LA MONNOYE).

CHRESTOFLE DE COVE [1] , Seigneur Chaftelain de Fontenailles en Touraine. Il a écrit quelques Poëmes François. Il
floriffoit l'an 1559, ou environ.

[1] La Croix du Maine , qui emploie toujours la lettre V capitale , la formant toujours ainfi , lors même qu'elle eft voyelle , a écrit *DE COVÉ* dans
fes additions à fa Table Alphabétique, fans quoi il auroit été difficile de favoir
s'il falloit prononcer *de Cove* comme *Paul Jove*, ou de *Coüé* comme *Joüé.*
(M. DE LA MONNOYE).

CHRESTOFLE LE FEUBVRE , ou FEVRE , dit FABER ,
M. à G *. Il a fait imprimer un fien Catéchifme.

* Ces deux lettres fignifient *Miniftre à Genève.*

CHRESTOFLE DE LA FOY , (furnommé le Gendre du
Roy Alcofribas, qui font tous noms fuppofés). Il a été mis fous
le nom dudit Chreftofle de la Foy un livre intitulé le Mépris
de la Cour [1] , compofé par M. F. Gentilhomme Parifien, &c. Je
ne fais fi ce livre eft imprimé.

[1] Je ne connois de livre intitulé *Mépris de la Cour* que la Traduction Fran-
çoife faite par Louis Turquet, Lyonnois , du *Menos precio de Corte* d'Antoine
Guévare , Jacobin , Evêque de Mondognedo ; mais le livre ici marqué
n'eft pas une Traduction , c'eft un Original attribué à M. F. qu'on croit être
MARTIN FUMÉE , Sieur DE GENILLY , fous le faux nom de CHRISTOFLE DE
LA FOY. (M. DE LA MONNOYE).

CHRESTOFLE HEBRARD DE SAINT - SULPICE ,
Abbé de Marcilliac , Chancelier en l'Eglife & Univerfité de
Cahors en Quercy , &c. Il a traduit de Grec en François les

Sermons de S. Bafile le grand , Archevêque de Cæfarée , &c. imprimés à Paris l'an 1580.

CHRESTOFLE DE HERICOUR *, premièrement Doyen de Laon en Picardie , & depuis Archidiacre dudit lieu en Laonnois. Il a écrit par le commandement du Roi de France , Charles IX , tant en Latin qu'en François, l'Hiftoire du Diable , apparu à Laon l'an 1565 , imprimée à Paris chez Chaudiere & autres. Il floriffoit audit an 1565.

* Il étoit du Laonnois , & fut Doyen de l'Eglife de Laon en 1556. Il écrivit en 1565 l'*Hiftoire du Diable de Laon, ou de la poffeffion de Nicole de Vervins*. On la conferve manufcrite dans le Chartrier de l'Eglife de Laon , & Jean Boulet en fit imprimer en 1575 un Sommaire, qu'il dédia à Henri III. Le P. le Long , dans fa *Bibl. Hiftorique de la France* , fait mention de cet Ouvrage , fous le titre d'*Hiftoire de Nicole de Vervins* , à l'article des *Vies & Eloges des Femmes Illuftres*. Chriftophle de Héricour étoit mort dès l'an 1570.

CHRESTOFLE LANDRÉ , ou **LANDRIN** , natif d'Orléans , Docteur en Médecine , & Lecteur de feu M. le Duc d'Orléans , l'an 1545 , &c. Il a écrit l'Hiftoire de notre temps, de laquelle fait mention Hub. Sufaneus en fes Poëmes Latins. Il a écrit un petit Traité du merveilleux Œuvre des Philofophes, qui eft la clef de l'Entelechie d'Alchimie , &c. écrit à la main ; Œcoïatrie , qui eft un Traité contenant de fort grands fecrets fous chofes domeftiques & de nul prix , recueilli des Œuvres de Diofcoride , Galien & autres , imprimé l'an 1576 avec les Secrets d'Alexis Piedmontois.

CHRESTOFLE LONGUEIL , dit LONGOLIUS , natif de Malines en Brabant , en la Gaule Belgique , & non pas de Paris, comme plufieurs ont écrit , &c. Citoyen de Rome , &c. Il a été eftimé de fon temps le plus grand Orateur & mieux parlant Latin. Il étoit bien verfé en plufieurs fciences, & avoit bonne connoiffance de la langue Françoife , en laquelle il a écrit une Oraifon des loüanges du Roi S. Loys , & de la Nation Françoife , écrite par ledit Longolius en langue Latine , & par lui-même traduite en François , laquelle il dédia au Roi François I , l'an 1510 , étant pour lors Comte d'Angoulême [1] : cette Oraifon ne fe trouve imprimée en François, mais en Latin, & plusieurs autres siennes très-doctes Epîtres, Oraisons, & autres livres en Droit, desquels je ferai mention dans ma Bibliothèque Latine[2]. Il mourut l'an 1522, âgé de trente-quatre ans. Il est enterré en l'Eglise des Cordeliers de Padoue en Italie, comme lui-même l'avoit ordonné par son testament.

[1] Ce fut aux Cordeliers de Poitiers que le 25 Août 1510, Longueil, âgé de vingt-deux ans, prononça l'Oraison dont parle La Croix du Maine. Il la dédia le 5 de Septembre suivant à François, Duc de Valois & Comte d'Angoulême, depuis Roi de France, la lui envoyant de Poitiers avec la traduction Françoise qu'il en avoit faite : *Etenim*, lui dit-il, *tam Gallicis quàm Latinis verbis eum (Panegyricum) ad te mitto, ut tibi liberum sit & integrum, vel Francicum, vel Romanum evolvere.* Le style de Longueil, dans cette Oraison, n'est rien moins que Cicéronien, non plus que dans l'éloge de la Jurisprudence qu'il fit à Valence en 1513, ni dans la relation des malheurs qui lui arrivèrent la même année dans sa promenade du côté de la Suisse. Je dis *la même année*; cette relation, qui est fort rare, étant datée de Valence le 4 Novembre 1513 : par où l'on reconnoît la méprise du Cardinal Polus, copiée par Melchior Adam, & plusieurs autres, qui, au lieu de dire simplement avec Longueil, qu'il entreprit ce voyage dans le temps que les Suisses étoient en guerre avec la France * (ils y étoient dès l'an 1510) ont tous supposé que c'étoit en 1516, après la défaite des Suisses à Marignan. (M. DE LA MONNOYE).

* Les Suisses étoient entrés en France, & avoient mis le siége devant Dijon dès le mois d'Août 1513.

[2] Dans la vie de Christophle Longueil, écrite par le Cardinal Polus, on lit ces termes remarquables. . . *Quæ abdita fuere, nemo majori facilitate eruit : atque huic rei testimonium esse possunt, multa, ab eo pænè puero, in Caii Plinii de Naturali Historiâ libro, scriptoris non ita facilis, & plurimis mendis deformati, ingeniosè excogitata & notata, quæ, ipso imprudente & invito, in Gallia fuere edita.* Voilà des notes de Christophle de Longueil sur Pline imprimées ; peut-être se trouvent-elles, *inter ejus opera apud Badium Ascensium*, 1530, *in-4°.* Il s'appliqua ensuite à l'étude de Pline avec plus d'attention, & y rapporta même toutes les autres études qu'il fit pour l'éclaircir, jusques-là qu'il écrivit une Histoire des *Plantes*, & qu'il alla en Provence pour y examiner les poissons dont parle Pline, & voyagea même presque par toute l'Europe, pour y reconnoître les lieux dont il est fait mention dans cet Auteur. Il écrivit aussi un Discours Latin sur les louanges de Pline ; mais il supprima cet écrit, & plusieurs autres encore, quand il eut changé son style, & qu'il l'eut rendu Cicéronien. (M. FALCONNET).

V. les Mém. de Littérature de Sallengre, Tom. I, p. 177 & 178, & les Mémoires de Niceron, Tom. XVII, pag. 33, & Tome XX, pag. 106.

CHRESTOFLE PLANTIN , natif du pays de Touraine. Cettui-ci mérite tant de reconnoiſſance envers les hommes de lettres & tous autres amateurs des arts & ſciences , que je ſerois réputé par trop dédaignant les ſtudieux du profit public , ſi je ne le mettois au nombre des autres qui ont prins peine d'illuſtrer notre ſiècle par les beaux livres qu'ils ont fait imprimer à leurs frais & dépens, entre leſquels le Seigneur Plantin a cet honneur d'avoir tant imprimé de beaux livres en toutes langues, & en ſi grand nombre , qu'il ſeroit preſque incroyable comme il a pu ſatisfaire à tant de frais , & fourni à tant d'impreſſions. Mais en cela il doit louer Dieu grandement , & lui rendre graces de ce qu'il a pu ſi long-temps ſoutenir (avec tant d'honneur) un ſi peſant fardeau, accompagné de tant de coût & miſe d'argent. Il ſe voit pluſieurs Epîtres , Préfaces , & autres ſemblables Avertiſſemens mis au-devant des Œuvres qu'il a imprimés , je ne veux pas nier qu'il ne ſoit Auteur d'iceux , ou qu'il n'en puiſſe faire de ſemblables[1]. Il florit à Anvers , Ville Capitale de la Duché de Brabant , cette année 1584 , & y a fait ſa demeure depuis vingt ou trente ans en çà.

[1] Ce que La Croix du Maine inſinue de la capacité de Plantin eſt une pure honnêteté. Balzac , dans une de ſes lettres , c'eſt la 27ᵉ du Liv. I. de celles qu'il a écrites à Chapelain , y a fait moins de façon. *Ce Plantin , dit-il, ſi célèbre pour l'intelligence de ſon art , & par l'impreſſion de la grande Bible , ne ſavoit pas autrement la langue Latine. A la vérité , il faiſoit ſemblant de la ſavoir , & ſon ami Juſte-Lipſe lui garda fidèlement le ſecret juſqu'à la mort. Il lui écrivoit des lettres en Latin , mais dans le même paquet il lui en écrivoit l'explication en Flamand.* (M. DE LA MONNOYE). *

Chriſtophle Plantin étoit né à Mont-Louis en Touraine. Mém. de Marolles, pag. 255 , & Teiſſier ſur de Thou, Tom. IV, p. 7 & 10. (M. FALCONNET).

* On n'eſt d'accord ni ſur la capacité , ni même ſur les Ouvrages de Chriſtophle Plantin. "On ne nous le donne (dit Proſper Marchand , dans ″ ſon Diction. Critiq. Tom. I , pag. 108) que comme un célèbre Imprimeur. ″ Néanmoins il eſt certain qu'il a écrit des Dialogues François imprimés à ″ Anvers chez lui-même, en 1597, *in-8°.* Le *Theſaurus Teutonicæ Linguæ* , en ″ 1573, *in-fol.* dont il a non-ſeulement conçu le plan , mais dont il eſt en ″ partie Auteur , &c. Mais Van-Derlenden & Marcklin . . . dans leurs *Bi-* ″ *bliothèques des Médecins & des Botaniſtes* , lui attribuent *Icones Stirpium*

» *& Plantarum* , &c. imprimés chez lui en 1584, dont il n'est vraisembla-
» blement que l'Imprimeur ».

CHRESTOFLE DU PRÉ, Gentilhomme Parisien, Sieur DE PASSY , &c. Il a écrit un Poëme François, qu'il intitule les Larmes funèbres sur le trépas de sa femme, imprimé à Paris chez Mamert Patisson, l'an 1577. Il florit à Paris cette année 1584 [1].

[1] On voit quelques mauvais vers de sa façon sur *la main* de Pâquier. (M. DE LA MONNOYE).

CHRESTOFLE RICHIER * , Valet-de-Chambre ordinaire du Roi François I, & Secrétaire de son Chancelier , &c. Il a écrit l'Histoire des Turcs , laquelle a été imprimée tant en Latin qu'en François par Robert Estienne , l'an 1542.

* Il étoit né à Thorigny, petite Ville du Diocèse de Sens. Il dédia son *Histoire des Turcs* à François I. Je ne connois point l'Edition Françoise de ce livre. La Latine parut à Paris chez Robert Etienne, en 1540 , *in-4°*. Par une affectation singulière d'une Latinité plus pure , même dans les noms de lieu, l'Auteur appelle *Jean, Comte de Nevers* (c'étoit le fils du Duc de Bourgogne , qui fut pris par les Turcs à la bataille de Nicopolis , en 1396) *Joannem Noviodunensem* , parce que , dit-il, César nomme *Noviodunum* une Ville des Héduens, située dans une position avantageuse sur la Loire , & il ajoute : *Hæc si te offendant , Lector , trivialibus utere ; mihi verò Latinè scribendi placet quidquid ratione aliquâ fultum esse , aut etiam Latinis probatum Autoribus olìm fuisse intelligo.* Cet Ouvrage de Richer n'est pas commun. Il ne contient que 115 pages d'un assez gros caractère , sans compter les tables , à la fin desquelles on lit un petit avertissement d'où j'ai tiré ce que je viens de citer.

CHRESTOFLE DE ROFFIGNAC (Messire), Chevalier , natif de Lymosin, Président à Bordeaux. Il a écrit quelques Œuvres, lesquelles ne sont encore en lumière [1]. François de Belle-Forest fait fort honorable mention de lui , en sa Cosmographie, au lieu où il écrit de Lymoges , &c.

[1] De Lurbe, dans sa *Chronique Bourdeloise* , dit qu'en 1557 Christophle de Roffignac , Président au Parlement de Bordeaux , mit en lumière ses Ecrits en matière bénéficiale. (M. DE LA MONNOYE).

CHRESTOFLE DE SAVIGNY , Gentilhomme de Rhetel en Champagne. Il a écrit plusieurs beaux & doctes livres, les-

quels s'imprimeront en bref à Paris , felon que je les ai vu en-
commencés,& tailler les figures d'iceux. Il a écrit un fort beau &
docte livre , qu'il a intitulé *Onomafticum* des mots & dictions de
chacune chofe , mis par lieux communs. Il ne l'a encore mis en
lumière. Il florit cette année 1584. Il eft maître de la Garderobe de M. le Prince de Mantoue, Duc de Nevers. Nous avons
fait mention dudit Sieur de Savigny ici - deffus , page 117 ,
auquel lieu il eft nommé CHARLES au lieu de CHRESTOFLE ;
mais cela fera corrigé à la feconde Edition de ce livre.

CHRESTOFLE DE THOU (Meffire) , Chevalier , Seigneur de Chely , premier Préfident de Paris , Confeiller du
Roi en fon Confeil Privé & d'Etat, &c. Ce Seigneur étoit
doué d'une fingulière mémoire, & avoit une exacte connoiffance du Droit , tellement qu'il n'eft pas à croire qu'en un fi
long-temps qu'il a vécu, qu'il n'eût mis par écrit quelques mémoires touchant fa profeffion, lefquels feront peut-être mis un jour
en lumière par ceux qui voudront tant de bien au public que de
l'en faire participant , enfemble de tant d'Arrêts notables , prononcés par lui en divers Parlemens. Il mourut à Paris en fa maifon , le jour & fête de Touffaints , premier de Novembre , l'an
1582 , âgé de foixante-quatorze ans , au grand regret de tous
hommes doctes & gens de bien.

CHRISTINE[1] , femme très-docte en Grec , Latin & François , mère de Caftel[2] , Hiftorien François, duquel nous ferons
mention ci-après , &c.

[1] Cette femme eft la célèbre Chriftine de Pife. Son nom , comme tous les
Manufcrits le portent, étoit CHRISTINE DE PISAN. Elle naquit l'an 1364 à
Boulogne-la-Graffe , d'où, âgée de cinq ans , elle fut conduite à Paris , pour
y demeurer avec Thomas de Pifan fon père , grand Aftrologue judiciaire ,
que , fur la renommée de fa capacité , le Roi Charles V, dit le Sage , avoit
appelé auprès de lui. Elle fut mariée en 1379 avec Etienne Caftel , jeune
Gentilhomme Picard , qui , étant mort l'an 1389 , âgé de trente-quatre ans ,
la laiffa mère de deux fils & d'une fille. Ayant été bien élevée dans les lettres , autant que ce temps-là le permettoit , elle commença , en 1399 , âgée
de trente-cinq ans, à s'adonner à la profe & aux vers, en forte que dans un
livre qu'elle publia en 1405 , intitulé *Vifion de Chriftine*, elle compte jufqu'à

quinze volumes qu'elle avoit déjà compofés, defquels, & d'onze autres qu'elle y ajouta depuis, voici le Catalogue, tel que l'a rapporté M. Boivin, Garde de la Bibliothèque du Roi, à la fuite de la curieufe vie qu'il nous a donnée de cette Dame. (Mém. de l'Acad. des Belles-Letttres, Tom II).

VERS. Cent Balades; Lais; Virelais; Rondeaux; Jeux à vendre , *autrement* Vente d'Amours. Autres Balades : l'Epître au Dieu d'Amours; le Débat des deux Amans; le Livre des trois Jugemens; le Livre dudit de Poiffy; le Chemin de lonc étude; les Dits Moraux, ou les Enfeignemens que Chriftine donne à fon fils; le Roman d'Othea *, ou l'Epître d'Othea à Hector; le Livre de Mutacion de fortune.

PROSE. Hiftoire du Roi Charles le Sage ; la Vifion de Chriftine ; la Cité des Dames ; les Epîtres fur le Roman de la Rofe ; le Livre des faits d'armes & de Chevalerie ; le Livre des trois Vertus, ou l'Inftruction des Princeffes , Dames de Court & autres; Lettres à la Reine Ifabelle , en 1405 ; les Proverbes Moraux , & le Livre de Prudence. (M. DE LA MONNOYE).

² Il fera parlé plus bas de ce CASTEL, Hiftorien François. *(idem)*.

* V. la Bibl. Françoife de M. l'Abbé Goujet, Tom. IX , pag. 423. V. auffi le Tom. XVIIe , pag. 515 des Mém. de l'Acad. des Belles-Lettres. M. l'Abbé Sallier rend compte de deux Ouvrages manufcrits de Chriftine de Pifan , dont l'un eft l'*Epître d'Othea à Hector*; & l'autre , *le Débat des deux Amans*. Ces deux Ouvrages peuvent aider à juger de l'état de notre langue & de notre Poëfie dans le quatorzième fiècle.

CLAUDE ¹ , jadis Curé d'Yvan , & depuis Miniftre de Grand Cour, &c. Il a pu compofer quelques Œuvres, lefquelles je n'ai pas vues,

¹ Eft-ce fon nom de baptême ? Eft-ce fon nom de famille ? Ce CLAUDE , premièrement Curé, & depuis Miniftre, feroit-il de la tige d'où eft forti le fameux Miniftre JEAN-CLAUDE ? (M. DE LA MONNOYE).

CLAUDE DE BAUFREMONT (Meffire), Chevalier de l'Ordre du Roi, Baron de Senefcey , Gentilhomme ordinaire de fa Chambre, & Enfeigne de cent hommes d'armes de fes Ordonnances, &c. Il a mis en lumière la Propofition ou Harangue de la Nobleffe de France , laquelle il prononça en l'Affemblée générale des Etats de ce Royaume , tenus en la Ville de Blois , l'an 1577, imprimée à Paris audit an.

CLAUDE BERTOG, ou BERTHOT, Docteur en Théologie à Paris. Il a traduit de Latin en François un livre de

M. Jean

M. Jean Cocleus, touchant la probation du Purgatoire, extrait des plus anciens Docteurs de l'Eglise, &c. imprimé à Paris chez Cavelat, l'an 1562, auquel temps ledit Bertog floriſſoit [1].

[1] Nous avons encore de lui un petit Ouvrage Latin qui confiſte en trois Déclamations imprimées à Paris *in-4°*. 1554, par Charles Etienne. La première tend à prouver que dans les Villes bien policées il ne faut point ſouffrir de gueux mendians. La ſeconde ſoutient par des raiſons d'équité & d'humanité qu'on ne doit pas chaſſer ainſi les pauvres. La troiſième confirme la ſeconde par des autorités, tant de l'Ancien que du Nouveau Teſtament. L'Auteur, au titre du livre, y eſt qualifié Maître ès Arts, Docteur en Théologie, & Recteur des Ecoles de Dijon. *Claudius Berthotius, liberalium Artium, ac Theologiæ Doctor, Rector Divionenſis.* (M. DE LA MONNOYE).

CLAUDE - BERTRAND BERGER, de Riom en Auvergne. Il a traduit trente Pſalmes de David, ſelon la vérité Hébraïque, imprimés à Lyon chez Jean de Tournes, l'an 1549 [*].

[*] Colomiès n'en a point parlé dans le *Gallia Orientalis*.

CLAUDE BINET, natif de Beauvais en Picardie, Avocat au Parlement de Paris, homme fort docte en Grec, Latin & François, & bien verſé en l'une & l'autre Poëſie. Il a écrit pluſieurs Poëmes François, deſquels il s'en voit quelques-uns imprimés : ſavoir, eſt une Ode ſur la naiſſance & ſur le baptême de Madame Marie-Eliſabeth de Valois, fille unique de France, imprimée à Paris chez Dalier, l'an 1572 ; Rencontre merveilleuſe ſur les noms tournés du Roy & de la Royne ; Adonis, ou le Trépas du Roi Charles IX, qui eſt une Eglogue de la chaſſe ; les Daulphins, ou le Retour du Roi, Eglogue marine, avec le chant des Sereines, qui eſt un Epithalame ſur le mariage du Roi Henri III, le tout imprimé à Paris chez Fédéric Morel, l'an 1575. Il a davantage écrit quelques Poëmes, imprimés avec les Œuvres de Jean de la Peruſe ; Les plaiſirs de la vie ruſtique & ſolitaire, imprimés à Paris chez la veuve de Lucas Breyer, l'an 1583. Il a pu compoſer autres choſes, deſquelles je n'ai la connoiſſance [1]. Il a compoſé pluſieurs doctes vers Latins, defquels je ferai mention en ma Bibliothèque Latine , &c. Il florit à Paris cette année 1584.

[1] La Croix du Maine & du Verdier , ayant chacun fini leur Bibliothèque en 1584 , n'ont pu parler de la vie de Ronfard , mort en 1585 , écrite par Claude Binet (imprimée à Paris en 1586 , *in-*4°). On ne fait point quand celui-ci mourut. Antoine Loifel , pag. 221 de fes *Mémoires de Beauvais* , s'eft contenté de dire que Claude Binet ayant été pourvu gratuitement de la charge de Lieutenant Général de la Sénéchauffée de Riom par la Reine Elifabeth, Douairiére de Charles IX, décéda quelques années après dans un âge peu avancé. (M. DE LA MONNOYE). *.

Voy. fur cet Auteur J. Fabric. Biblioth. Jurifc. Tom. III, p. 377 , & la Bibl. Françoife de M. l'Abbé Goujet, Tom. IV, pag. 216 , Tom. XII, p. 3, 67, 192 , 207 & fuiv. 243 & fuiv. 304. Tom. XIII, pag. 226 , Tom. XIV, pag. 132, 235.

* Binet a encore écrit l'*Apologie de la main*, qui fe trouve dans les Epîtres d'Etienne-Pâquier , une *Eglogue fur la mort de Ronfard*, intitulée PERROT , que l'on trouve à la fin des Œuvres de Ronfard ; l'*Adrien de France au Roi de Pologne* , & l'*Adrien du Roi de Pologne à la France* , le tout en quelques 600 vers, à Paris, 1573.

CLAUDE DE BOISSIERE , Dauphinois , fort docte ès Mathématiques. Il a traduit de Latin en François les Principes d'Aftronomie & Cofmographie , avec l'ufage du Globe de Gemme Frifon , ou Frifius : plus il a décrit l'Ufage de l'Aneau Aftronomique , & l'Expofition de la Mappemonde; le tout imprimé à Paris chez Guillaume Cavelat , l'an 1556 , avec les Figures Mathématiques , ou d'Aftrologie , &c. l'Art d'Aritmétique , l'Art de Mufique, le Jeu Pythagorique , ou Rythmomachie [1] ; Abrégé de l'Art Poëtique , imprimé à Paris l'an 1554 chez Annet Briere [2].

[1] Voffius le père en parle, Ch. 52, *de Scientiis Mathematicis* , ff. 19 ; mais il en dit deux chofes dont je doute fort, l'une qu'il étoit Profeffeur en Mathématiques à Paris , l'autre qu'il a publié en Latin cette même *Rhytmomachie* , qu'il avoit auparavant donnée en François. (M. DE LA MONNOYE).

[2] Cet Abrégé de l'*Art Poëtique* eft peu connu. Du Verdier n'en a rien dit, non plus que Richelet, pag. 11 de fon Traité de la *Verfification Françoife*, où il donne le dénombrement des Auteurs anciens & modernes, qui ont fait des Poëtiques * en notre langue. (*idem).*

Ce livre de *Rhytmomachie* , ou le très-excellent & ancien *Jeu Pithagori-*

que, a été imprimé à Paris chez Guillaume Cavelat, *in* 8°. 1556. (Président Bouhier).

* S'il falloit rassembler aujourd'hui toutes nos nouvelles Poëtiques, le travail seroit immense; car à peine nos jeunes Poëtes ont-ils donné au théâtre un *Drame Tragico* ou *Comico-Bourgeois*, qu'ils se croient en droit de mettre à la tête ou à la suite de leur Drame une Poëtique. On est émerveillé de les entendre discourir avec tant d'assurance sur un Art dans lequel ils se disent Docteurs, malgré les sislets & les huées du Parterre qu'ils bravent impunément, ou dont ils se consolent, en traitant de *Visigots tous les vers de Corneille*. Il est vrai qu'ils accordent à Racine de faire passablement des vers; mais ni Corneille ni Racine, selon eux, n'ont connu les véritables ressorts de la Tragédie ; ou s'ils les ont connus, ils n'avoient pas assez de génie pour les employer. Voyez toutes les Préfaces des Drames modernes ; voyez même les Préfaces de quelques Opéras Comiques larmoyans, sur-tout celle du *Déserteur*, *Drame en trois Actes*, *en prose & en vers*, *mêlé de Musique*, par M. SEDAINE, imprimé chez Herissant, Paris, 1770, où cet Auteur dit *que ce genre d'Ouvrage peut acquérir de l'importance en se rapprochant du Théâtre des Grecs.* Malheureusement pour *ce Genre*, les Grecs n'ont jamais eu de *Drames Bourgeois*, ni *d'Opéras Comiques larmoyans.* O Athéniens ! Vous qui êtes faits pour être nos modèles & nos maîtres ; vous chez qui le bas peuple même parloit si poliment, si purement la langue Grecque, qu'une Marchande d'herbes reconnoissoit un Etranger à son accent, puissiez-vous, en attendant que l'Opéra-Comique se *rapproche de votre théâtre*, *pour acquérir de l'importance*, inspirer du moins aux *Inventeurs*, ou *Entrepreneurs* de ce genre, qui ne sont rien moins que Grecs, de ne pas écrire comme parlent nos Marchandes d'herbes, qui ne sont rien moins qu'Athéniennes !

CLAUDE DU BOURG (Messire), Chevalier, Seigneur de Guerine, Conseiller du Roi, & Secrétaire de ses Finances, Trésorier de France, Ambassadeur pour le Roi Charles IX, vers le grand Seigneur des Turcs, &c. Il a écrit une fort docte Epître touchant l'entrevue & embouchement dernier, fait avec M. le Prince de Condé par M. le Révérend Cardinal de Lorraine, imprimée l'an 1564, ou environ; Oraison dudit Sieur de Guerine, prononcée devant Messieurs des Comptes, imprimée l'an 1564 ; Articles accordés par le grand Seigneur en faveur du Roi & de ses Sujets audit Sieur du Bourg, pour la liberté du trafic vers les Mers de Levant, &c. imprimés à Paris chez Jean de Bordeaux, l'an 1570. Il florissoit à Paris l'an 1562 *.

C'est à luiq ue s'adresse dans les *Juvenilia Mureti* l'Epigramme *CLAUDIO BURGO.*

CLAUDE BOURGEOIS, Chirurgien du Roi. Je n'ai point vu ses Œuvres imprimées [1].

[1] Il étoit élève d'Ambroife Paré, dans la maifon duquel il avoit demeuré vingt ans, comme l'attefte, pag. 108 du Liv. IIe de fes *Obfervations*, Louife Bourfier fa femme, appelée par cette raifon LOUISE BOURGEOIS, Sage-Femme de la Reine Marie de Médicis. (M. DE LA MONNOYE).

CLAUDE DE BUTET, Gentilhomme Savoifien. Voy. ci-après MARC-CLAUDE DE BUTET.

CLAUDE CEISEL, ou DE SEISEL, Savoifien. Voy. après CLAUDE DE SEISEL par S [*].

[*] Ce nom s'écrit *SEYSSEL*, comme nous le verrons plus bas.

CLAUDE CHAMPIER, Lyonnois, fils de Symphorian Champier, Médecin. [*] Il a écrit en l'an de fon âge 18e le fecond livre des Singularités des Gaules, concernant les antiques fondations des Villes d'icelles, enfemble un Recueil des fleuves, fontaines chaudes & froides, & des lieux faints, & autres chofes mémorables qui font en la France, &c. le tout imprimé à Paris par Denis Janot, l'an 1538, & à Lyon par B. Rigault, l'an 1556 [**]. Il floriffoit audit an 1538.

[*] Il y a quelque confufion dans ce que dit La Croix du Maine fur les Ouvrages de cet Ecrivain. Corrofet publia en 1538 le *Catalogue des antiques éreélions des Villes & Citez des Gaules*, in-8°. On en fit en 1540 une nouvelle Edition *in-16*, à laquelle on ajouta, fous le titre du fecond livre les *Singularités des Gaules*, par Claude Champier. On y joignit auffi un petit Traité des *Fleuves & Fontaines admirables des Gaules*, qui eft de Symphorian Champier, mais traduit en François par Claude fon fils; & enfin un Traité des *Saints Lieux des Gaules*, autre Ouvrage du même Claude Champier.

[**] Ce livre, quoique très-médiocre, a été traduit en Italien, & imprimé *in-8°.* à Venife, 1558.

CLAUDE CHAPUIS [1], dit CAPUSIUS, natif de Rouen en Normandie, Valet-de-Chambre ordinaire du Roi François I, & fon Imprimeur ou Libraire. Il a écrit en vers François un Difcours de la Court, imprimé à Rouen, l'an 1543, par Claude le Roy & Nicolas le Roux; l'Aigle qui a fait la poule devant le coq à Landrecy, qui eft un poëme de la fuite de Charles V, Empe-

reur , devant le Roi François I , &c. imprimé à Paris l'an 1543
par André Roffet.

¹ Ce Claude Chappuis étoit de Touraine , oncle de Gabriel Chappuis, du
même pays. Son établiſſement à Rouen , où il fut Chantre de la Cathédrale , & depuis Doyen , a fait croire à La Croix du Maine que ce Claude
Chappuis étoit de Rouen , & l'a fait douter s'il étoit le même que le Valet-
de-Chambre & Libraire de François I , où il eſt à remarquer que par une
ignorance groſſière , facilement copiée par le ſieur Jean de la Caille , p. 117
de ſon *Hiſtoire de l'Imprimerie & de la Librairie de Paris* , il interprète ici
Libraire par *Libraire -Imprimeur*... *Voy.* l'Art. ſuivant. (M. DE LA MONNOYE).

CLAUDE CHAPUIS, natif de Rouen, Chantre de la grande
Egliſe de Notre-Dame audit lieu, l'an 1550, Orateur très-facond :
(je ne ſais ſi c'eſt un même que le ſuſnommé)¹. Il a compoſé une
Oraiſon ou Harangue , laquelle il prononça devant le Roi de
France Henri II , faiſant ſon entrée à Rouen l'an 1550. Je ñe
ſais ſi les ſuſdits ſont Auteurs d'un petit Poëme, intitulé le Grand
Hercule Gallique , qui combat contre deux , compoſé par C. C.
imprimé l'an 1545.

¹ C'eſt le même que celui dont il eſt parlé dans l'Article précédent. Il fut
d'abord Valet-de-Chambre de François I , & ſon Libraire , c'eſt-à-dire ,
Garde de ſa Bibliothèque , ou , comme on parloit alors, de ſa Librairie. Enſuite s'étant fait Eccléſiaſtique , il fut Chantre , & après Doyen de l'Egliſe de
Rouen *. C'eſt ce qu'on reconnoît par des Hendécaſyllabes que lui adreſſe
Salmon Macrin en deux endroits du Liv. IIIᵉ de ſes *Hymnes* , Édit. de 1537,
les premiers , pag. 110 , *ad Claudium Cappuſium , Librarium Regium* ; les ſeconds , p. 124, *ad Claudium Cappuſium , Decanum Rothomagenſem.* Marot ,
dans ſon Epître , ſous le nom de *Fripelipes* , à Sagon , le met au nombre des
bons Poëtes de ſon temps , & Rabelais , Liv. I , Ch. 8 , le déſigne ſous le
nom du *Capitaine Chappuis.* (M. DE LA MONNOYE).

V. la Bibl. Franç. de M. l'Abbé Goujet , Tom. XI , p. 80. Voy. auſſi les
Mém. de Niceron , Tom. XXXIX , p. 88 , où on cite divers autres Ouvrages de Claude Chappuis.

* Il n'eſt point mis au nombre des Doyens de l'Egliſe de Rouen dans le
Gallia Chriſtiana, parce que , quoiqu'il eût été nommé par le Roi à cette dignité au mois de Juin 1537, Bertrand de Marſillac , élu par le Chapitre , la
lui diſputa , & l'obtint.

CLAUDE CHARLOT , natif de Noyon en Picardie , &c.

CLAUDE CHAUDIERE , Pariſien , Imprimeur de M. le

R. Cardinal de Lorraine, &c [1]. Il a écrit un Dialogue du vrai amour, duquel les Entreparleurs font l'Ami & l'Amie, imprimé à Reims en Champagne par ledit Chaudiere, l'an 1555.

[1] Il étoit Libraire, fils de Regnault Chaudiere, fameux Libraire, & fut père & grand-père de Libraire. (M. DE LA MONNOYE).

CLAUDE COLLET, natif de Rumilly en Champagne, Poëte François & Orateur. Il a composé en vers Héroïques l'Oraison de Mars aux Dames de la Cour, ensemble la Réponse des Dames à Mars ; l'Epître de l'amoureux de Vertu aux Dames de France fugitives pour les guerres, &c. imprimée à Paris chez Vechel, l'an 1544 [1]. Il a traduit d'Espagnol en François quelques livres d'Amadis de Gaule, &c. desquels Gilles Boileau, de Bouillon en Lorraine, se dit le Traducteur, comme nous dirons en son lieu [2]. Il florissoit à Paris 1544 [*].

[1] Il a fait, en faveur de Marot, contre Sagon, quelques vers, sous le nom de *Daluce Locet*, *Pamenchois*, ce qui, par transposition de lettres, signifie *Claude Colet*, *Champenois*, & fait voir que c'est COLET qu'il faut écrire, & non pas COLLET. Muret adresse, dans ses *Juvenilia*, une Epigramme, *Claudio Coleto Campano*. (M. DE LA MONNOYE).

[2] On ne connoît point d'autre version du IXe Tom. des *Amadis* que celle de Colet; &, s'il est vrai, comme La Croix du Maine l'insinue, que Gilles Boileau de Bouillon prétendit qu'elle lui appartenoit, il falloit marquer en quel endroit de ses Œuvres celui-ci l'avoit déclaré. Baillet, comme je l'ai observé, p. 514 du Tom. VI, s'est trompé, quand il a cru que CLAUDE COLET étoit un nom déguisé. (*idem*).

V. la Bibl. Françoise de M. l'Abbé Goujet, Tom. II, pag. 165, & 178, Tom. XII, p. 25.

[*] On imprima à Paris, en 1549, in-8°. l'*Histoire Æthiopique d'Héliodore*, traduite en François par Claude Collet. Fabricius n'a point cité cette Traduction parmi les Traductions Françoises d'Héliodore.

CLAUDE DE COSSETTE, Sieur DE SOMMEREUX, en Picardie, Gentilhomme servant de la Chambre de Monsieur, frère du Roi. Il a écrit quelques Mémoires de ce qui s'est passé ès guerres dernières aux Pays-Bas de Flandres, lorsqu'il étoit commis par mondit Sieur son Maître à la conduite du Régiment de M. de Combelles, &c. Ils ne font encore imprimés. Il florissoit en l'an de salut 1578. Je ne fais s'il est encore vivant. J'ai quelques Mémoires écrits de sa main , lesquels il me donna en l'an susdit 1578.

CLAUDE COTEREAU , natif de Tours , Chanoine à Paris. Il a traduit de Latin en François les livres de COLUMELLA, revus & recorrigés par Jean Thierry de Beauvais, & imprimés à Paris chez Kerver , l'an 1556 *.

* V. la Bibl. Franç. de M. l'Abbé Goujet, Tom. XI, pag. 345.

CLAUDE DE CUZZY.

CLAUDE DARIOT , natif de Poumarc , Médecin , demeurant à Beaulne en Bourgogne , l'an 1581 [1]. Il a composé un Discours de la Préparation des médicamens , contenant la raison pourquoi , & comment ils le doivent être , &c. imprimé à Lyon par Charles Pesnot , l'an 1582*.

[1] Il devoit écrire *DARJOT* & *Pomard* , que même on écrit plus souvent *Pomar* , parce qu'on ne prononce pas le *d*. *Pomar* est un beau Village de Bourgogne, à une demie lieue de Beaune, au Couchant , connu par ses bons vins. (M. DE LA MONNOYE).

* Claude Darjot, né en 1533 , est mort en 1594. On trouvera la liste de ses Ouvrages dans la Biblioth. des Auteurs de Bourgogne , Tom. I , p. 165.

CLAUDE D'ESPENCE [1] , Gentilhomme , natif de Chalons en Champagne, Docteur en Théologie à Paris , homme fort docte ès langues , & bien versé en sa profession. Il a écrit l'Institution d'un Prince Chrétien , imprimée à Lyon l'an 1548 , & à Paris , chez Ruelle ; Oraison funèbre sur le trépas de M. Marie , Roine Douairière d'Escosse , prononcée par luimême à Paris en l'Eglise de Notre-Dame , le douzième jour d'Août, l'an 1560 , imprimée chez Vascosan l'an 1561 ; deux notables Traités , l'un desquels montre combien les lettres & sciences sont utiles & profitables aux Rois & Princes; l'autre contient un Discours à la louange des trois Lys de France ; plus la Traduction d'un Opuscule de Plutarque, que la doctrine est requise à un Prince , &c. le tout imprimé à Paris chez Guill. Auvray, l'an 1575 ; Exposition du Psalme 130 , par forme de Sermon , &c. imprimée à Paris chez Michel de Vafcofan , l'an 1561 ; Traité en forme de conférence avec les Miniftres , touchant la vertu de la parole de Dieu , au miniftère & ufage des Sacremens de l'Eglife, imprimé chez Nicolas Chefneau , l'an 1567 ; Apologie contre les Miniftres , imprimée à Paris chez Nicolas Chefneau , l'an 1568 ; Homélie fur l'Enfant Prodigue , imprimée à Paris chez Jean Ruelle ; Paraphrafe fur l'Oraifon Dominicale , imprimée chez Ruelle ; Traité de l'Efficace de la parole de Dieu , imprimé l'an 1566 chez Chefneau ; Conférence de ladite efficace de la parole de Dieu , imprimée chez ledit Chefneau , audit an 1566 ; Sermons , imprimés chez Nicolas Chefneau , l'an 1562 ; Traité de la Prédeftination , imprimé chez Ruelle ; deux Sermons de Théodoret , Evêque , &c. traduits en François par ledit Cl. d'Efpence , imprimés à Paris chez Jean Ruelle. Il a pu compofer autres chofes , tant en Latin qu'en François , lefquelles ne font encore en lumière. Il mourut à Paris l'an 1571.

[1] Ce nom s'écrit DE SPENCE , & non pas D'ESPENCE , ni DESPENSE. Il étoit Docteur de la Maifon de Navarre , ennemi des Fables qui fe trouvent dans les *Vieilles Légendes* , jufques-là qu'en 1543 , un Dimanche 21 Juillet, qu'il prêchoit à S. Merri , parlant de la *Légende Dorée* , il l'appela par mépris la *Légende Ferrée* , de quoi , à caufe des foibles , il fut , par ordre de la Faculté , obligé de faire des excufes en public , le lendemain & le Dimanche fuivant. *Voy.* l'Hift. Ecclef. des Eglifes Réform. Liv. I , l'Hift. de l'Univerf. de Paris , Tom. VI , pag. 190 & 191. . . Teiffier fur de Thou , Tom. III , pag. 371. — Une chofe en paffant , qu'il eft bon de remarquer , & que le P. Echard n'a pas omife , c'eft que le titre de *Légende Dorée* n'eft pas de l'Auteur , on doit l'attribuer uniquement à l'eftime qu'on faifoit de ce livre dans des temps peu éclairés. (M. DE LA MONNOYE).

V. les Mém. de Niceron , Tom. XIII , pag. 183 , & Tom. XX , p. 63 , & la Bibl. Françoife de M. l'Abbé Goujet , Tom. XIII , p. 110.

CLAUDE - ESTIENNE NOUVELET , Savoifien , Religieux de l'Ordre de S. Benoît , homme docte ès Mathématiques , & bien verfé en autres fciences. Il a écrit en vers François un Poëme qu'il a intitulé les Devinailles , imprimé à Lyon par Jean de Tournes , l'an 1578 ; Hymne triomphal au Roi , imprimé

primé à Paris par Robert Granjon, l'an 1572 [1]. Il a écrit plusieurs vers sur la mort de Messire Jean de Voyer, père de M. le Vicomte de Paulmy, &c. imprimés avec le Tombeau dudit Sieur, à Paris, chez Morel. Il a écrit plusieurs autres choses, lesquelles il n'a encore mises en lumière. Il florit à Paris cette année 1584. Il a écrit & composé (outre les Œuvres que nous avons récitées ici-devant) plusieurs Discours sur les abus des hommes ; &, entr'autres, de la Vertu défortunée, de l'Ambition, des Philosophes, des Poëtes, des Astrologues, des Pédants, des Alchimistes, les Devinailles & plusieurs autres semblables sujets, par lesquels il découvre fort naïvement, & avec propos tant sérieux que facétieux, la folie des hommes. Ces discours ne sont encore en lumière. Il a traduit la plus grande partie des Hymnes qui se chantent en l'Eglise Catholique, presque de mot à mot & vers pour vers, avec tant de facilité, & une traduction si heureuse, que cela est émerveillable. Il a écrit plusieurs Odes, Sonnets, & autres Poëmes François, desquels il y en a bien peu d'imprimés. Il a traduit quelques Poëmes d'Ovide : enfin il s'est adonné du tout à sa profession de Théologie depuis dix-sept ou dix-huit ans en ça, & a quitté du tout la Poësie, pour vaquer à faire prédications de la parole de Dieu ; & s'il écrit quelques Poëmes, ils sont touchant la sainte Théologie, comme les vers lyriques de la conscience, & travaille maintenant sur l'Apocalypse de S. Jean. Il florit à Paris cette année 1584, âgé de quarante ans, ou environ.

[1] Cette pièce est intitulée *Ode Triomphale*, & a pour sujet le Massacre de la S. Barthelemi. Nouvelet ne s'y appelle que *Claude*, & se dit natif de Talloyres en Savoye, (Président Bouhier).

CLAUDE FABRY, Médecin & Astrophile, natif de Prelz en Argonne, &c. demeurant à Dijon. Il a écrit les Paradoxes de la cure de la peste, par une méthode succincte, contre l'opinion de ceux qui en ont écrit & pratiqué par le passé, &c. imprimée à Paris chez Nicolas Chesneau, l'an 1568 ; les Diaires & Almanachs, pour l'an 1572, avec les Présages des mutations de l'air, imprimés à Rouen, & à Paris chez Robert Marin, l'an 1571. Il floriſſoit à Dijon en Bourgogne, l'an 1567.

CLAUDE FAUCHET, Pariſien, Préſident en la Cour des Monnoyes à Paris, l'an 1581, homme fort bien verſé en la connoiſſance de l'Hiſtoire, &, entr'autres, de celle de notre France, de laquelle il a écrit pluſieurs livres, dont il y en a d'imprimés, comme nous dirons ci-après. Il a fait imprimer un Recueil de l'origine de la Langue & Poëſie Françoiſe, Rythme & Romans; plus les Noms & Sommaire des Œuvres de cent vingt-ſept anciens Poëtes François, vivans avant l'an 1300; le tout imprimé par Mamert Patiſſon, l'an 1581, à Paris. Il promet audit livre d'écrire un autre volume des Poëtes François qui ont vécu depuis l'an de ſalut 1300 juſqu'à notre ſiècle. Ce livre n'eſt encore imprimé. Les Antiquités Gauloiſes & Françoiſes, imprimées à Paris chez Jacques du Puis; Traité du Duel ou Combat ſingulier, non imprimé. Il a traduit fort doctement, & avec un travail infini, l'Hiſtoire de Cor. Tacite, imprimée à Paris chez Abel l'Angelier, l'an 1582, 1583, & 1584, tant *in-fol.* que *in-4°.* & *in-8°.* ſans y avoir mis ſon nom, non plus qu'en ſon livre des Antiquités Gauloiſes, dont nous avons parlé ci-devant, tant il eſt peu curieux de gloire, mais ſeulement deſireux de profiter au public. Il florit à Paris cette année 1584, non ſans travailler à illuſtrer la France & les Gaules de ſes plus belles Antiquités, avec délibération de faire imprimer pluſieurs beaux volumes écrits à la main, leſquels ſont en ſa Bibliothéque, tant pour l'Hiſtoire de France que pour la Poëſie, dont il a un nombre infini, qu'il a recouvrés de toutes parts avec une diligence merveilleuſe [1].

[1] Claude Fauchet dit, au commencement de ſes *Antiquités Gauloiſes*, qu'en 1599 il avoit ſoixante-dix ans, d'où il s'enſuit qu'il eſt mort en ſa ſoixante-douzième année, puiſqu'il eſt aiſé de prouver qu'il mourut en 1601. Cette preuve ſe tire de ce qu'au-devant de ſon livre poſthume du *Déclin de la Maiſon de Charlemagne*, le Libraire, dans l'Epître Dédicatoire, datée du 15 Avril 1602, dit que le Manuſcrit lui en avoit été laiſſé par l'Auteur peu de temps avant ſa mort, particularité qui m'a été indiquée par M. l'Abbé

le Clerc , & qui fert à faire voir que le P. le Long s'eſt trompé , lorſqu'en divers endroits de ſa *Biblioth. Hiſtor. de France*, il met la mort de Fauchet en 1603 *. (M. DE LA MONNOYE).

* Cette erreur ſe retrouve en pluſieurs endroits du premier volume de la nouvelle Edition de la *Biblioth.* du P. le Long. Mais elle eſt corrigée dans le ſecond , nº. 15450.

2 Fauchet étoit de très-belle repréſentation avec une grande barbe. Henri IV, étant à S. Germain, l'envoya chercher. Lorſqu'il fut arrivé, il le montra du bout du doigt à un homme qui étoit à côté de lui, diſant : *Voilà ce qu'il vous faut.* Cet homme emmena Fauchet , & fit ſur ſon modèle la figure d'un fleuve. Fauchet ne s'attendoit pas à l'uſage que le Roi vouloit faire de lui , ſur quoi il fit ces vers * :

> J'ai reçu dedans Saint Germain ,
>
> De mes longs travaux le ſalaire :
>
> Le Roi , de Bronze m'a fait faire ,
>
> Tant il eſt courtois & benin.
>
> S'il pouvoit auſſi bien de faim
>
> Me garantir que mon image,
>
> Oh ! que j'aurois fait bon voyage !
>
> J'y retournerois dès demain.
>
> Viens Tacite , Saluſte , & toi
>
> Qui as tant honoré Padoüe ,
>
> Venez ici faire la moüe
>
> En quelque recoin comme moi. (M. FALCONNET).

* L'Anecdote , qui donna lieu à ces vers , eſt racontée différemment par le P. le Long, nº. 6878 de la première Edition de ſa *Biblioth. de la France* , & nº. 15640 de la ſeconde Edition.

V. la Bibl. Françoiſe de M. l'Abbé Goujet , Tom. I, p. 34 , 294 , 339 ; Tom. V, p. 7 ; Tom. VIII, p. 302 ; Tom. IX , p. 5 , 35 , 103 , 187 , 289. V. auſſi la Vie & le Catalogue des Ouvrages de Fauchet , Tom. XXV, des Mém. de Niceron , pag. 322 & ſuiv.

CLAUDE GALLANT , natif de Tournus près Mâcon 1. Il a écrit quelques Œuvres.

1 Clément Marot lui adreſſe, & à Antoine du Moulin en même temps, ſon Epigramme contre l'inique , dont nous parlerons au mot ESTIENNE DOLET. (M. DE LA MONNOYE).

CLAUDE GAUCHET * , natif de Dampmartin , Poëte François. Il a écrit quatre livres des Plaiſirs de la Chaſſe , Vénerie , Faulconnerie & autres Exercices de Gentilshommes , &c.

le tout en vers François, imprimés à Paris chez Nicolas Chefneau, l'an 1583 **.

* Claude Gauchet fut Aumônier de Charles IX. Son Poëme sur *la Chasse*
à pour titre : *Les Plaisirs des Champs, divisés en quatre livres, selon les quatre
saisons de l'année*. La première Edition, dédiée à l'Amiral de Joyeuse, parut
en 1583, *in-4°* ; la seconde, fort augmentée, & dédiée au Duc de Mont-
bazon, grand Veneur, fut publiée en 1604. On en trouvera l'Analyse fort
détaillée dans la Biblioth. des Auteurs qui ont écrit sur *la Chasse*, à la tête de
l'Ecole de la Chasse, par M. le Verrier de la Cointerie, p. 108.

** V. la Bibl. Françoise de M. l'Abbé Goujet, Tom. XIV, p. 27.

CLAUDE LE GOYER, surnommé ALCÉ DU GEROILE,
qui est son anagramme, ou nom retourné, &c. Secrétaire du
R. Cardinal Charles de Caraffe. Il a traduit d'Italien en François la Description d'un monstre né en Sarragosse, &c. ensemble le Combat merveilleux de deux oiseaux, le tout sous le
nom dudit Alcé de Geroile, imprimé à Paris l'an 1558.

CLAUDE GOUSTÉ, dit GUSTEUS, Prévôt de Sens en
Bourgogne. Il a écrit en Latin, & depuis traduit en François,
un Traité de la puissance & autorité des Rois, & par qui doivent être commandés les Diétes & Conciles solennels de l'E-
glise, les Etats convoqués, en quel lieu & degré doivent être
assis les Rois, les gens d'Eglise, les Nobles & le menu peuple,
Œuvre extrait des Ecritures Saintes & des Conciles, &c. imprimé en François l'an 1561. Il s'intitule en Latin, *Quæ Regia
Potestas* [1]. Il florissoit sous Charles IX, l'an 1561.

[1] Son Traité de *l'Autorité & Puissance des Rois, &c.* a été imprimé en
Latin sous le titre, *Quæ sit Regia Potestas ? Quo debent auctore solemnes
Ecclesiæ conventus indici cogique ?* A Sens, *in-4°.* chez Gilles Richebois,
1561 *. (M. DE LA MONNOYE).

* Et depuis parmi les Traités des *Libertés de l'Eglise Gallicane*, & dans
le troisième Tome de la *Monarchie de l'Empire*, par Goldart.

CLAUDE GRIVEL, natif de Verdun sur Saône. Il a traduit de Latin en François un Traité du régime de santé, composé par Pierre de Tuxiganes, Docteur en Médecine, &c [1].
imprimé à Paris & en autres lieux, avec le Sommaire & entre-

tenement de Vie, compofé par Jean Goëurot, premier Médecin du Roi François, &c. duquel nous parlerons ci-après.

¹ Le *Régime de fanté*, traduit par Claude Grivel, a pour Auteur *Pierre de Toffignano*, ainfi nommé d'un Bourg de la Romagne, où il naquit à quelques fept milles d'Imola, vers le milieu du quatorzième fiècle. Voici le titre Latin de l'Ouvrage imprimé par Chrétien Wechel, à Paris, 1538 : *Tractatus de Regimine fanitatis, editus per infignem virum P. de Tuxigano, Medicinæ Monarcham, Doctorem Bononiæ.* Il n'eft que de treize pages *in-8°*. (M. DE LA MONNOYE).

CLAUDE GRUGET, Parifien. Il a traduit en François les Epîtres de Phalaris *, & d'Ifocrates, avec le Manuel d'Epictete, Auteurs Grecs, imprimés à Anvers chez Plantin, l'an 1558. Il a traduit d'Italien en François les diverfes leçons de Pierre Meffie**, Efpagnol, imprimées à Paris l'an 1560, & à Lyon, l'an 1577, avec celles d'Antoine du Verdier. Il a traduit les Dialogues de Speron Sperone, d'Italien en François, imprimés à Paris chez Vincent Sertenas, l'an 1551. Il a remis en fon entier, & revu l'Heptameron, ou fept journées de la Roine de Navarre, autrement intitulé les Amants fortunés, &c. imprimé à Paris, l'an 1561, chez Gilles Robinot. Il a écrit en profe le Jeu des Efchez, imprimé à Paris (1560, *in-8°*.) Il a traduit d'Italien en François les cinq Dialogues d'honneur de Jean-Baptifte Poffevin, imprimés à Paris l'an 1557 chez Vincent Sertenas. Il floriffoit à Paris fous Henri II, l'an 1558.

* Les *Epîtres de Phalaris*, traduites en François par cet Auteur, furent imprimées à Paris, *in-8°*. On réimprima cette Traduction en 1558, avec celle des *Lettres d'Ifocrate* & du *Manuel d'Epictete*. Mais les verfions de ces deux derniers Ouvrages ne font point de Gruget. Celle des *Lettres d'Ifocrate* eft de Louis de Maltha ; celle du *Manuel d'Epictete* eft d'Antoine du Moulin, & La Croix du Maine en a parlé à l'Article de ce dernier. Cette méprife a été relevée par Niceron, *Mémoires*, Tom. XLI, pag. 151.

** La première Edition de cette Traduction du livre de Pierre Meffie eft de 1554, *in-8°*.

V. la Bibl. Françoife de M. l'Abbé Goujet, Tom. XII, p. 25.

CLAUDE DU GUÉ, dit VADANUS, Prêtre, natif de la Paroiffe d'Aulvers-le-Hamon, près Sablé, à dix lieues du

Mans, sur les frontières d'Anjou, &c. homme docte ès langues Hébraïque, Grecque & Latine, &c. Il a traduit de Latin en François le Concile Provincial de Colongne. Il a traduit en François une breve Règle du Novice spirituel, écrite en Latin par le Vénérable Abbé Loys de Bloys, Religieux de l'Ordre S. Benoît, non encore imprimée ; l'Histoire Tragique des Hérétiques, faite Françoise, du Latin de Lindanus, Evêque Allemand ; Dévotes & Chrétiennes Institutions pour la Confrairie de la très-sainte Vierge Marie, avec la Bulle, sur le Jurement de la profession de foi, imprimées chez Chaudiere, l'an 1579 ; Recueil de Prophéties de plusieurs Auteurs, sur le gouvernement de l'Eglise, non imprimé ; la Défense de l'Ordre & Honneur Sacerdotal, contre les Hay-Prêtres & Hay-Messes, non encore imprimée. Il florit à Paris cette année 1584, & ne cesse d'écrire ou composer & enseigner en sa profession [1].

[1] Colomiés lui a donné place dans le *Gallia Orientalis*, sur la parole de La Croix du Maine. (M. DE LA MONNOYE).

CLAUDE GUILLIAUD, Docteur en Théologie, natif d'Authun [1] en Bourgogne. Il a écrit en Prose Françoise une Oraison funèbre, comprenant les gestes, mœurs, vie & trépas du très-Illustre Prince Claude de Lorraine, Duc de Guise & d'Aumale, Pair de France, &c. prononcée par ledit Guilliaud à l'enterrement dudit Seigneur, imprimée à Paris, l'an 1550, chez Jean Dallier. Il florissoit l'an 1550.

[1] La Croix du Maine écrit mal *Authun*, pour *Autun*. Claude Guilliaud n'en étoit pas, mais de Ville-Franche en Beaujolois. Il sortit de licence en Sorbonne l'an 1532, & mourut l'an 1562. Du Verdier écrit mal *GUILLAUD*. L'Auteur lui-même s'est nommé en Latin *Guilliaudus*. Simler, & plusieurs autres, le nomment ainsi. Quelques-uns d'entr'eux ajoutent par parenthèse *aliàs Guillandus*, mais c'est une double altération, qui consiste dans l'omission d'un *i*, & dans le changement vicieux d'un *u* en *n*. *Guilliciudus*, dans la *Biblioth. de Gesner*, est visiblement une corruption de *Guilliaudus*, qui ne doit être imputée qu'à l'Imprimeur. Une remarque plus importante touchant *Guilliaud*, c'est qu'il étoit soupçonné de pencher un peu vers les nouvelles opinions. Ses *Commentaires sur S. Paul*, & les autres *Epîtres Canoniques*, ont passé par les indices expurgatoires, & l'on conte qu'en 1555 deux Libraires, venus apparemment de Genève, ayant été brûlés à Autun, pour y avoir ap-

porté des livres Hérétiques, Guilliaud, d'intelligence avec les Juges , appliqua une partie de ces livres à son profit. Je ne donne ce fait que sur le témoignage de Béze, qui, pag. 96 du Liv. II. de son *Hist. Eccles.* après avoir dit que les Libraires furent brûlés, (ce que j'interprète, *furent pendus & brûlés*, ajoute : *Mais , quant à leurs Livres , on fourra , au lieu d'iceux , dans les balles , de vieux registres & papiers , & furent les livres partagés entre quelques-uns de la justice , & un nommé GUILLAUD , Docteur de Sorbonne , & Chanoine Théologal d'Autun , homme de bonnes lettres aussi , & non éloigné de la religion , quant au sentiment , de sorte qu'il en a fait plusieurs plus gens de bien qu'il n'étoit.* Les livres légués par Claude Guilliaud à l'Eglise d'Autun, y existent encore dans la Bibliothèque de la Cathédrale. Jacques Lect , Jurisconsulte & Conseiller à Genève , où il mourut l'an 1612 , avoit épousé une *Esther-Chrétienne Guilliaud.* (M. DE LA MONNOYE).

CLAUDE GUILLAUMET. Il a traduit de Latin en François la Description de toute la Germanie , ensemble les mœurs de cette nation , le tout écrit par Cor. Tacitus , imprimée à Paris chez Arnoul l'Angelier , l'an 1552 , avec les Commentaires dudit Guillaumet.

CLAUDE GUIGNARD , Parisien , Poëte François.

CLAUDE GUISCHARD [1], Savoisien , Docteur ès droits. Il a écrit un fort docte & bien laborieux Œuvre , touchant les funérailles & diverses manières d'ensevelir des Romains, Grecs & autres nations , tant anciennes que modernes , imprimé à Lyon l'an 1581 par Jean de Tournes. Il a traduit l'Histoire de Tite-Live Padoüan , dédiée & présentée à Charles-Emanuel , Duc de Savoye [2]. Il florit cette année 1584 [3].

[1] Ou *GUICHARD* , comme l'écrit du Verdier. Guichenon, pag. 36 de la I. Part. de son *Hist. de Bresse* , parle amplement de Claude Guischard , natif de S. Rambert en Bugey. (M. DE LA MONNOYE).

[2] Sa *Traduction de Tite-Live* , de laquelle Jean-Albert Fabrice a parlé , sur la foi de La Croix du Maine, n'a point été imprimée , & ne le sera jamais , quand même elle existeroit. (*idem*).

[3] Guichenon dit qu'il mourut à Turin le 15 Mai 1607. (*idem*).

CLAUDE LANCELOT , Chirurgien à Montpellier , l'an 1578. Il a mis en lumière quelques Œuvres de M. Laurent Joubert , Docteur en Médecine , &c. & y a ajouté quelques Epîtres ou Préfaces.

CLAUDE LYENARD. Il a écrit deux livres des Juges, Jurisdictions, Avocats, Procureurs, & Procurations, &c. imprimés à Reims par Nicol. Bacquenois.

CLAUDE LE MAISTRE, Lyonnois [1].

[1] Il a traduit en vers François le 33e & le 41e Pseaumes, l'Epigramme de Thomas Morus, *cum tumida Horrisonis*. (M. DE LA MONNOYE).

CLAUDE MARCHANT, Orléanois, Scribe, & Libraire Général, & Garde de la Maison & Librairie de l'Université d'Orléans. Il a écrit en vers François la Monodie, ou le dueil & Epitaphes, tant des plus fameux & illustres Docteurs-Régents en ladite Université, que de plusieurs autres nobles & excellens personnages, imprimée à Orléans par Eloi Gibier, l'an 1556; deux Panégyriques, & une Oraison en vers François, présentés à M. de la Trimouille, Baron de Sully, &c. Je ne sais s'ils sont imprimés. Il en fait mention en la susdite Monodie.

CLAUDE MANGOT [1], natif de Lodun en Poitou, l'un des plus renommés Avocats de la Cour de Parlement, & ordinairement employé aux Consultations, &c. père de Jacques Mangot, Parisien, Maître des Requêtes de l'Hôtel du Roi, & son Procureur en la Chambre des Comptes à Paris, &c. Il florit à Paris cette année 1584. Je n'ai encore point vu de ses écrits François.

Voy. son nom dans la liste des Avocats de Loisel, & la note de Claude Joly, où est cité Salmon Macrin, qui, sans le louer d'aucune bonne qualité, le reprend fortement de la trop grande envie de devenir riche. Son fils Jacques Mangot, mort en sa trente-cinquième année, 1587, est mal nommé son frère dans Moréri. (M. DE LA MONNOYE).

CLAUDE MARTIN, natif d'Authun en Bourgogne [1]. Il a composé l'Institution Musicale, extraite de la première partie des Elémens de Musique-pratique dudit Auteur, imprimée à Paris chez Nicolas du Chemin, & en autres lieux.

[1] Il n'étoit pas d'Autun, mais de Couches, Bourg entre Autun & Chalonsur-Saone. Il composa en Latin ses *Elémens de Musique*, imprimés à Pari in-4°. chez Nicolas du Chemin, 1550, sous ce titre ; *Claudii Martin Colchensis*

*Colchenfis Elementa Mufices practicæ , libris duobus abfoluta. Accefferunt exer-
citationes nonnullæ.* (M. DE LA MONNOYE).

CLAUDE MARTIN , Iatrophile. Il a traduit les fix principaux livres de la Therapeutique de Galien , avec le fecond
de la Curatoire de Glaucon , imprimés *.

* V. plus bas C. M. après le mot CYRILLE ALEXANDRIN.

CLAUDE MINOS, OU **MINAULT** [1], natif de Dijon en
Bourgogne , Avocat du Roi à Eftampes , homme fort confommé en Philofophie , Art Oratoire , Poëfie Latine & Françoife , &c. Il a traduit en vers François les Emblêmes d'André
Alciat , J. C. Milanois , enrichis d'annotations par ledit
Minos , & avec un Difcours de la vie dudit Alciat , le tout
imprimé à Paris chez Jean Richier , l'an 1583. Il a écrit plufieurs Œuvres en Latin , defquelles je ferai mention autre part ,
& , entre autres , des Annotations ou Commentaires Latins ,
fur les Emblêmes du fufnommé Alciat , imprimées à Paris &
à Anvers. Il florit à Paris cette année 1584 [2].

[1] *CLAUDE MIGNAULT*, & non pas *MINAUT* *, plus connu fous le nom
de *MINOS*, qu'il fe donna, étoit de Talant-lez-Dijon. Il fut Profeffeur en
l'Univerfité de Paris , & depuis Avocat du Roi à Etampes. Dans le Difcours
intitulé , *Oratio de re litterariâ , habita Lutetiæ in Scholâ Marchianâ VI. Kal.
Octob.* imprimé à Paris chez Jean Richer , 1574 *in-8°*, & dédié à François
Scève , Confeiller au Parlement de Dijon , il dit qu'après avoir régenté quatre
ans au Collège de Reims , il fut , en 1574 , invité à profeffer en celui de
la Marche. Il prononça au Collège de Bourgogne , le 30 Septembre 1575 ,
un Difcours *de Caufis quibus maximè Parifienfis Academia periclitetur , & quâ
viâ imprimis eidem fubveniri poffe videatur.* Là-même , le 23 Avril 1576 , il
fit l'éloge d'Alciat. A la fin de ces trois Oraifons Latines , imprimées *in-8°*.
chéz Richer , 1576 , font des vers de F. Juret , de F. Fyot , de J. de Frafans ,
& d'Eme Joly , à la louange de Minos. F. Juret y a pour devife *Cura finis cer-
tus* , Anagramme de *Francifcus Juret* ; François Fyot , *Cogita dic & age* ; Jean
de Frafans , τὰ κυλὰ φράξεϑαι ; E. Joly , *Felix forte fuâ.* Claude Minos a commenté quelques Ouvrages de Cicéron , les Epîtres d'Horace , celles de Pline ,
les Emblêmes d'Alciat qu'il a auffi traduits en vers François. On voit une
lettre Latine de lui à Philibert Colin du 3 Août 1567, communiquée apparemment par feu M. Philibert de la Mare à Pierre Palliot, qui l'a rapportée, p. 187
de fon *Parl. de Bourgog.* Le célèbre Charles Févret apprit fous lui les Inftituts,

à Paris, comme il le témoigne en cet endroit de sa vie, qu'il a lui-même écrite en vers :

> Excepi, Minoë legente, inscripserat olim
> Quod cupidis legum Justinianus, opus.

C'étoit en 1599. Claude Mignault mourut peu de tems après. (M. DE LA MONNOYE).

[2] Claude Minos, enterré à S. Benoît à Paris, le 3 Mars 1606, âgé de soixante-dix ans, homme regrettable tant pour la probité que pour la doctrine. *Journal d'Henri IV*, Tom. III, pag. 341. (M. FALCONET).

V. les Mém. de Niceron, Tom. XIV, p. 81, & la Biblioth. Franç. de M. l'Abbé Goujet, Tom. VII, p. 83 & suiv.

* Voy. la Biblioth. des Auteurs de Bourgogne, Tom. II, p. 50, où l'on trouve sur Claude *Mignault*, qui est son vrai nom, un Article fort détaillé. On y relève La Croix du Maine sur la date de la traduction Françoise des *Emblêmes d'Alciat*, qui, dit-on, ne parut qu'en 1584. On y attribue aussi à Claude Mignault la traduction en vers François de son Poëme Latin sur la *Chrétienne & généreuse entreprise de M. de Lorraine contre le grand Turc*. Le Poëme Latin & la Traduction parurent tous deux en 1572.

CLAUDE MONNIER, Poëtrice Françoise du temps de François I, ou Louis XII.

CLAUDE NAIL, natif de Pyremil au Maine. Il a écrit quelques Cantiques sur la Nativité de Jesus-Christ, imprimés au Mans l'an 1580.

CLAUDE NOUVELET, Savoisien. Voy. ci-dessus CLAUDE-ESTIENNE NOUVELET

CLAUDE ODE DE TRIORS, Gentilhomme Dauphinois [1]. Il a traduit les Distiques Latins de Michel Verin, très-docte Poëte de notre temps, &c. en quadrains François, imprimés à Lyon. Il a écrit le bannissement des Ministres, des Huguenots, imprimé à Paris l'an 1573 par Jean Ruelle.

[1] Guillaume Colletet en parle, n°. 41 & 57 de son Discours de la *Poësie Morale*. (M. DE LA MONNOYE).

* V. la Biblioth. Françoise de M. l'Abbé Goujet, Tom. VII, p. 13 & 14.

CLAUDE PALLIOT, Parisien. Il a écrit plusieurs Poëmes

François , dès ses plus tendres ans , savoir est les Oracles sur le destin des trois illustres Valoys de France , imprimés à Paris chez Denis du Pré, l'an 1573; Cantiques au Roi Henri III, & plusieurs autres , non encore imprimés. Il florit à Paris cette année 1584.

CLAUDE PARADIN , Bourguignon , Chanoine de Beaujeu. Il a fait un Recueil de Devises Héroïques , ou de grands Seigneurs , imprimé à Lyon l'an 1557 chez Jean de Tournes, & à Douay en Flandres , l'an 1563 & autres lieux : Les Alliances généalogiques des Princes de la France & des Gaules *, imprimées à Lyon par Jean de Tournes , l'an 1561 ; les Quadrains de la Bible **, imprimés à Lyon ; la Chronique de Savoye ***, imprimée à Lyon ; les Antiquités & Singularités de Lyon sur le Rôsne , imprimées audit lieu. Il a traduit de Latin en François les Dialogues de Jean-Loys Vives. Il florissoit l'an 1561. Quant à Guillaume Paradin , nous en parlerons en son lieu.

* Les *Alliances Généalogiques des Princes de la France* ont été réimprimées , avec des augmentations , en 1606 & en 1636. Ce sont de simples Généalogies avec des Armoiries , mais sans preuves.

** Les *Quatrains de la Bible* parurent pour la première fois , en 1553, puis en 1558 , *in-8°.* avec une addition de 226 *Quatrains* , & non de 231 , comme l'a dit le P. Niceron (Mém. Tom. XXXIII , p. 170).

*** La Croix du Maine se trompe , en attribuant à Claude Paradin la *Chronique de Savoye*, les *Antiquités de Lyon* , & la Traduction Françoise de *quelques Dialogues de Jean-Louis Vivès*. Ces Ouvrages sont de Guillaume , frère de Claude. Ce dernier a fait l'Epître Dédicatoire de la Traduction Françoise de la *Divine Philosophie de Vivès* , publiée à Lyon , en 1550, *in-8°.* Il est aussi Auteur de huit vers François , qui sont à la tête de l'*Histoire de notre temps* , écrite en Latin , & traduite en François par Guillaume Paradin. Il nous apprend que ce Guillaume étoit son frère. Le P. le Long a cru que c'étoit son oncle ; & cette méprise n'a point été corrigée dans la nouvelle Edition de la Bibliothèque de la France. Claude Paradin étoit de Cuiseaux , dans la Bresse Châlonnoise.

V. la Bibl. des Auteurs de Bourgogne , Tom. II , pag. 122.

CLAUDE PELIAY , ou PELGEY, Poitevin , Maître des Comptes à Paris , homme fort docte ès Mathématiques , & très-excellent à la Mufique & Poëfie Françoife. Il a écrit plufieurs Poëmes François, fçavoir eft, l'Hymne de Clémence, imprimé à Paris l'an 1571. Il a écrit deux livres de Sonnets & de Stances amoureufes, en faveur de Madame Catherine des Roches, non imprimés; Elégie de la Peinture, contenant cinq cens vers alexandrins non imprimés; l'Hymne de la beauté, contenant mille vers alexandrins, ou environ, non imprimés; deux livres de l'Optique, non imprimés. Il florit à Paris cette année 1584 *.

> *V. la Biblioth. Françoife de M. l'Abbé Goujet, Tom. XIII, p. 268.

CLAUDE PERONNE, Lyonnoife, Damoifelle fort bien verfée en la Poëfie Françoife. Elle floriffoit du temps de François I, & Henri II *.

> * Voy. F. de Billon, *Fort inexpugnable de l'honneur féminin*, fol. 35 v°.

CLAUDE PILLET, de Tournon, près Lyon, Poëte François.

CLAUDE DE PONTOUX *, Chalonnois, ou de Chalons en Bourgogne, Médecin audit lieu, Poëte François & Italien. Il a écrit en vers François un Poëme, qu'il intitule la Gelodacrie amoureufe, contenant plufieurs efpéces de Poëfie Lyrique, &c. imprimée à Lyon l'an 1569 par Benoît Rigault; L'Idée, qui eft un Œuvre contenant environ de trois cens Sonnets. Il floriffoit audit Chalons, exerçant la médecine, l'an 1569.

> *Le P. Niceron prétend que le premier de fes Ouvrages eft de l'an 1561; mais la Bibliothèque des Auteurs de Bourgogne fait mention (Tom. II, pag. 162) de fa Traduction Françoife des *Harangues de S. Bafile à fes jeunes difciples & neveux*, imprimée à Paris, en 1552, in-8°. La Croix du Maine n'a point mis cet Ouvrage au nombre de ceux de Claude de Pontoux, non plus que quelques autres écrits, dont on trouvera la lifte dans le livre que je viens de citer. On y verra auffi que fa *Gelodacrie amoureufe* fut imprimée, non en 1569, comme le dit La Croix du Maine, mais en 1576, & que l'Epître Dédicatoire eft du premier Janvier de cette année, & non du premier Janvier 1569, comme on lit dans Niceron. Il étoit mort en 1579; car ce fut

cette année que parut le Recueil posthume de ses Œuvres , publié par un de ses amis, qu'il avoit chargé de ce soin. On trouvera un Catalogue de ses Œuvres dans la Bibl. des Auteurs de Bourgogne , à la pag. citée ci-dessus & suiv.

V. la Bibliot. Françoise de M. l'Abbé Goujet, Tom. VII , pag. 24 , & Tom. XII , p. 322 ; & les Mémoires de Niceron , Tom. XXXIV , p. 259.

CLAUDE PUISSART , très-savant Apoticaire , demeurant à Lyon , l'an 1530, ou environ. Symphorien Champier, Médecin Lyonnois, fait fort honorable mention de lui en son Miroir des Apoticaires , &c. Je ne sais s'il a écrit quelques Œuvres.

CLAUDE ROUILLET *, natif de Beaulne en Bourgogne , Poëte Latin & François. Il a écrit premièrement en Latin, & depuis mis en vers François une sienne Tragédie , nommée Philanire , imprimée à Paris chez Thomas Ricard , l'an 1563. Il florissoit à Paris audit temps , & régentoit au Collège de Bourgogne **.

*Il est nommé *ROILLET* dans un Arrêt du Parlement du 13 Septembre 1536 , au sujet d'un procès qu'il eut avec les Boursiers du Collège de Bourgogne , dont il étoit Principal. Cet Arrêt est rapporté par Félibien (Hist. de Paris , Tom. V, pag. 757). Il mourut fort âgé, vers l'an 1576. *Voy*. la Biblioth. des Auteurs de Bourgogne , Tom. II , pag. 215 , où l'on trouve le Catalogue exact de ses écrits. Sa Tragédie de *Philanire* avoit paru en Latin dès 1556 avec quatre autres.

** V. le Supplément à la Bibliothèque de Gesner par du Verdier.

CLAUDE DU RUBIS , Lyonnois [1] , Docteur ès droits , Conseiller du Roi en sa Sénéchaussée & Siége Présidial de Lyon, l'an 1579. Il a écrit une Sommaire Explication sur aucuns articles de la Coutume du Pays & Duché de Bourgogne , nouvellement réformée , imprimée à Lyon chez Antoine Gryphius , l'an 1580. Il florissoit à Lyon l'an susdit 1579.

[1] Il écrivoit son nom DE *RUBYS* , & étoit de la famille de Françoise de Rubys, femme de Claude Patarin , mort le 20 Novembre 1551 dans la charge de premier Président au Parlement de Dijon, en laquelle il avoit été reçu le 15 Novembre 1525. Claude de Rubys a passé pour un homme plein de lui-même , grand ostentateur, d'une fort médiocre érudition. Voyez le jugement qu'en ont fait , M. de Thou, L. 94 de son *Hist*. le P. Menetrier, p. 190

de fon *Introduction à l'Hiſtoire*, & M. Bouhier, Préſident du Parlement de Dijon, pag. 42 de fon *Hiſtoire des Commentateurs de la Coutume de Bourgogne*. (M. DE LA MONNOYE).

CLAUDE DE SAINT-JULIEN, Gentilhomme Bourgui-gnon, Sieur de Baleure en Bourgogne *, parent de Pierre de S. Julien, Doyen de Chalon, duquel nous parlerons en fon lieu. Il a écrit pluſieurs Œuvres, leſquelles je n'ai encore pu voir. J'ai lu une ſienne Epître, imprimée au-devant du livre de Jean le Maire, intitulé la Couronne Margaritique, à Lyon, &c.

* Il étoit père de P. de S. Julien. Voy. la Bibl. Françoiſe de M. l'Abbé Goujet, Tom. X, p. 89.

CLAUDE DE SAINTES*, ou XAINTES, natif de Char-tres, Docteur en Théologie à Paris, Evêque d'Evreux en Normandie. Il a écrit une confeſſion de la Foi Catholique, contenant en brief la réformation de celle que les Miniſtres de Calvin préſentèrent au Roi en l'aſſemblée de Poiſſy, impri-mée l'an 1561 à Paris chez Claude Fremy. Il a traduit de Latin en François le Concile Provincial tenu en l'Archevêché de Rouen en Normandie, l'an 1581, imprimé à Paris chez Pierre l'Huillier, l'an 1582, la Déclaration d'aucuns Athéiſmes, de la Doctrine de Calvin & de Beze, contre les premiers fonde-mens de la Chrétienté, &c. imprimée à Paris chez Claude Fremy, l'an 1568 ; les Actes de la Conférence tenue à Paris ès mois de Juillet & Août, l'an 1566, entre deux Docteurs de la Sor-bonne de Paris, & deux Miniſtres de Calvin, imprimés à Paris chez ledit Fremy, l'an 1568 ; Diſcours ſur le ſaccagement des Egliſes Catholiques, par les Hérétiques anciens, & nouveaux Calviniſtes, l'an 1562, imprimé à Paris par ledit Fremy, l'an 1562 ; Traité de l'ancien naturel des François en la Religion Chrétienne, &c. imprimé chez Claude Fremy à Paris l'an 1567, avec le ſuſdit ſaccagement. Il peut avoir écrit pluſieurs autres livres, leſquels ne ſont encore venus à ma connoiſſance. Il florit à Evreux cette année 1584 [1].

* Il eſt nommé en Latin *Sanctius* par de Thou, & *Sancteſius* par Launoy

dans fon *Hiftoire du Collège de Navarre*. Il n'étoit pas de Chartres, comme le dit La Croix du Maine ; il étoit du Perche, mais il fe fit Moine dans un Couvent du Diocèfe de Chartres. Il fut un des plus déterminés Ligueurs. Ayant été pris dans Louviers en 1591, on trouva parmi fes papiers un écrit où il effayoit de juftifier l'affaffinat de Henri III. On lui fit fon procès, & il étoit près d'être condamné à mort par le Parlement de Normandie, qui fiégeoit pour lors à Caën, lorfque le Roi lui fit grace de la vie, en le puniffant feulement par une prifon perpétuelle, où il mourut dans la même année, âgé de foixante-cinq ans. Son Epitaphe qu'on lit dans l'Eglife Cathédrale d'Evreux contient les plus grands éloges ; ce qui a donné lieu à révoquer en doute le témoignage de De Thou fur le crime & la condamnation de cet Evêque : mais ce témoignage eft trop pofitif pour qu'on puiffe le rejeter. Au refte l'Epitaphe ne fut faite qu'en 1596.

¹ Il mourut à Caën l'an 1591 en prifon, où il avoit été mis par grace, dans la vue de lui fauver la peine qu'il avoit encourue, pour avoir foutenu qu'Henri III avoit été juftement affaffiné, & qu'Henri IV méritoit le même traitement. *Voy.* Bayle au mot Sainctes. (M. de la Monnoye).

Cet homme avoit des idées fingulières, & pouvoit paffer pour un vrai Fanatique. Il avoit été Chanoine Régulier, ce qui fait que Béze, *Hift. des Egl. Réform.* Liv. 4, p. 578, l'appelle *petit Moine blanc.* Il comparoit Béze & fes Compagnons aux Anabaptiftes ; il avoit prêché publiquement qu'il falloit rebaptifer tous ceux qui avoient été baptifés par les Religionnaires, quoique le Pape Pie V, par un Bref de 1572, eût défendu de prêcher une pareille doctrine. (M. Falconnet).

CLAUDE DE SEICEL ¹, natif dudit lieu, en Savoye, premièrement Evêque de Marfeille, & depuis Archevêque de Turin en Piémont, Confeiller & Maître des Requêtes du Roi Loys XII, & fon Ambaffadeur en divers lieux, &c. Il a traduit de Grec en François l'Hiftoire des fucceffeurs d'Alexandre le Grand, extraite de Diodore Sicilien, avec quelques vies écrites par Plutarque, imprimée à Paris chez Simon de Colines, & depuis par Pierre Gaultier, l'an 1545 : Deux livres de la République des Gaulois, & des offices des Rois de France, lefquels Jean Sleidan, Allemand très-docte, a traduits en Latin * ; l'Hiftoire de Thucydide, touchant la guerre entre les Péloponéfiens & Atheniens, traduite par ledit Seicel, & imprimée l'an 1555 à Paris chez Etienne Grouleau. Il a traduit Xenophon, imprimé ; il a traduit l'Hiftoire Eccléfiaftique ; il a traduit Seneque, des mots dorés & les fept vertus morales, avec d'autres opuscules ; il a traduit Appien Alexandrin , des guerres civiles , imprimé à Paris chez l'Angelier ; il a traduit les livres de Justin , Historien , qui est un Abrégé de l'Histoire de Troge Pompée. Il a écrit premièrement en Latin , & depuis traduit en François un livre des louanges du Roi Loys XII ; l'Histoire singulière dudit Roi Loys XII , laquelle a été revue par le Seigneur du Parc , & imprimée à Paris chez Gilles Corrozet , l'an 1558 ; il a composé une Harangue , laquelle il prononça devant le Roi d'Angleterre & son Conseil , lorsqu'il fut envoyé en Ambassade par devers icelui , &c. La Loi Salique , Traité écrit expressément par ledit Seicel , touchant l'origine & étymologie de ce mot , avec un récit de son antiquité , &c. imprimé avec le livre de la République à Paris ; le Voyage du jeune Cyrus **. Il peut avoir encore traduit & composé de son invention autres Œuvres , desquelles je n'ai eu connoissance. Il florissoit sous Loys XII , & sous François I. Bar. Chassaneus l'appelle *Claudius de Aquis*, & dit qu'il étoit bâtard.

¹ Ou *SEYSSEL*. Il étoit fils naturel d'Antoine de Seyssel , d'une illustre famille de Savoye. Etant né à Aix , petite ville près de Chambery , on l'appela pendant un temps *Claude d'Aix* , en Latin *de Aquis*. Il prit ensuite le nom de *Seyssel* , diversement ortographié , *Sciffel* , *Seiffel* & *Seyssel*. Cette dernière orthographe semble avoir prévalu , elle est aujourd'hui presque généralement suivie. Les versions de Thucydide, de Xénophon, d'Appien , &c. que donna Claude de Seyssel , ne pouvoient être que mauvaises, parce que n'étant faites que d'après les Latines , souvent peu exactes , & dont même il n'a pas toujours bien pris le sens, il a non-seulement copié les fautes des Traducteurs auxquels il s'est attaché , il y a de plus ajouté les siennes. Pancirole , & ceux qui l'en ont cru , ont donc été de grandes dupes d'avoir regardé Seyssel comme un habile homme en Grec. La louange la mieux fondée qu'on lui puisse donner , est d'avoir été le premier qui a commencé à écrire en notre langue avec quelque netteté. Il mourut à Turin le 31 Mai ¶ 1520 , laissant une fille naturelle , nommée AGNÈS , à laquelle , moyennant une dot de cinq mille écus d'or , il avoit quelques années auparavant pris soin de trouver un mari. (M. DE LA MONNOYE).

V. les Mémoires de Niceron , Tom. XXIV , pag. 322 , où l'on trouvera le Catalogue exact de ses Ouvrages , qui servira à rectifier celui qu'en donne La Croix du Maine.

¶ Son Epitaphe marque le premier Juin. *Obiit Kalend. Junii* selon le *Gallia Christiana.*

Chriſtiana, Tom. I , à ſon article parmi les Evêques de Marſeille : mais il faut lire , comme l'obſerve Niceron , Tom. XXIV , p. 324 , *Pridiè Kal. Junii* , ce qui déſigne le 31 Mai.

* A Paris, chez Galliot Dupré , *in-12* , 1541.

** C'eſt la même choſe que la Traduction de Xénophon citée plus haut.

CLAUDE SEQUART , Bachelier en Théologie. Il a recueilli & réduit en Sommaire l'Hiſtoire du privilége de S. Romain , dont, le jour de l'Aſcenſion de Notre Seigneur , eſt faite mémoire & proceſſion ſolemnelle par chacun an , en la ville de Rouen en Normandie , &c *. Elle ſe voit imprimée dans le ſecond volume de l'Hiſtoire des Saints, en la vie dudit S. Romain , chez Nicolas Cheſneau , l'an 1577.

* On convient que l'Hiſtoire eſt fabuleuſe , & cependant la cérémonie ſe maintient.

CLAUDE DE TAILEMONT , Lyonnois. Il a écrit les Diſcours des Champs Faëz , à l'honneur & exaltation d'amour & des Dames , contenant pluſieurs Chanſons , Quadrains , Dialogues , Complaintes & autres Joyeuſetés d'Amours , imprimés à Paris chez Richard le Roux , l'an 1557 *.

*V. le Fort inexpugnable de l'Honneur féminin de Fr. Billon , fol. 122 v°. & la Bibliothèque Françoiſe de M. l'Abbé Goujet , Tome XI , p. 453.

CLAUDE DE TESSERENT , Gentilhomme Pariſien. Il a écrit quatorze Hiſtoires prodigieuſes , imprimées avec celles de Boiſtuau & de Belleforeſt & autres. Il a traduit de Latin en François les trois premiers livres de Dionyſius Halicarnaſſeus , non encore imprimés. Il a compoſé un livre des Sacerdoces anciens , lequel eſt rempli de figures & médailles , peintes de la main de Georges du Tronchay , Sieur de Balladé , lequel il dédia à M. Fumée , pour lors Abbé de la Coûture au Maine , & maintenant Evêque de Noyon , & Pair de France , &c. Je crois qu'il eſt encore au cabinet dudit Meſſire Nicolas Fumée. Il mourut l'an 1572.

CLAUDE TURIN, de Dijon en Bourgogne, Poëte François [1].

[1] L'Epître Dédicatoire de ſes Poëſies , imprimées à Paris par Jean de

Bordeaux *, in-8°*, 1572, eſt datée de Dijon le 20 Juillet 1566. Il y préſente à ſa Maîtreſſe les vers amoureux qu'il avoit faits pour elle. C'eſt apparemment celle qu'en deux endroits de ſes Œuvres il appelle Chrétienne de Baissey , Damoiſelle de Saillant. Les noms de *François Sayve* , de *le Goulx* , de *Pontouls* , de *Maillard, Frémiot, Saulmaize* , *Richard, Thiard, Baïf* , *Ronſard, Fabry, Coqley*, ailleurs *Coqueley* , de *Théſut* , *le grand Seigneur de Ste Colombe*, ſe trouvent dans le cours du livre ortographiés comme je les repréſente ici. A la fin il y a trois Sonnets Italiens, & l'on voit en quelques endroits qu'il avoit fait le voyage d'Italie. On reconnoît qu'il a voulu ſe moquer des *Magnifiques de Veniſe* en deux de ſes Sonnets, le 65 & le 66ᵉ , qui ſont du ſtyle de ceux de du Bellay dans ſes *Regrets*. Il mourut jeune, comme le marque Jean Richard, f. 9 de ſon Livre *Antiquitatum Divionenſ.* en ces termes : *Claudius Turrinus* , *cœtaneus & amicus meus* , *interceptus in primâ juventâ*. Il ne manquoit pas de génie , mais ſa mort prématurée ne lui laiſſa pas le temps de polir ſes vers. (M. de la Monnoye).

V. la Bibliot. Françoiſe de M. l'Abbé Goujet , Tom. XII, p. 314. On y lira quelques particularités concernant la vie de ce Poëte, tirées de ſes propres écrits. La Bibliothèque des Auteurs de Bourgogne place ſa mort vers l'an 1570.

CLAUDE VALGELAS , Docteur en Médecine. Il a traduit de Latin en François un livre , intitulé la Conſervation de ſanté , & prolongation de la vie , &c. compoſé premièrement en Latin [1] par Hieroſme de Monteux , Médecin du Roi François II , imprimée à Paris chez G. Chaudiere , l'an 1572.

[1] Le Livre Latin ici mentionné fut imprimé l'an 1541 à Vienne en Dauphiné , ſous ce titre : *Hieronimi Montui Medicinæ curatricis compendium*, (M. de la Monnoye).

CLAUDE VATIER , ou **WATIER** , Ecuyer. Il a traduit de Latin en François les Meſadventures des plus illuſtres hommes de la Chrétienté , écrites premièrement en Latin par Jean Bocace , Florentin *.

* V. dans du Verdier Claude Witard.

CLAUDE VERARD , Religieux de Clairvaux , de l'Ordre de Saint Bernard , &c. Il a traduit de Latin en François un Traité de S. Bernard, de la manière d'aimer Dieu , imprimé à Paris chez Nicolas Barbou , pour Jean André , l'an 1542.

CLAUDE DE XAINTES. Voy. ci-deſſus Claude de Sainctes par S.

CLAUDIN DE TOURAINE , Poëte François. Il a écrit quelques huitains & dixains , ſur la naiſſance du fils d'Eſtienne Dolet [1], imprimés à Lyon par ledit Eſtienne Dolet , l'an 1539, avec d'autres.

[1] Le pauvre Claude Dolet , dont on chantoit la naiſſance en 1539 , eut bien de quoi la déplorer en 1546 , lorſque le 3 Août de cette année-là , il apprit la triſte & ignominieuſe mort de ſon père. (M. DE LA MONNOYE).

CLAUDINE SCEVE , Lyonnoiſe , Poëtrice Françoiſe , parente de Maurice Sceve , &c. Pluſieurs Auteurs font mention d'elle , & la louent comme écrivant bien en vers *.

* V. touchant cette fille , JEANNE SCEVE ſa ſœur , & MARGUERITE DU-BOURG leur mère , FR. DE BILLON , fol. 35 de ſon Fort inexpugnable de l'Honneur féminin. (Préſident BOUHIER).

CLEMENT HESBERT , ancien Poëte François [1].

[1] Ce prétendu ancien Poëte François eſt inconnu. Il le nomme plus bas à la lettre H ; HÉBERT , ou HÉBERS ; mais celui-ci n'eſt point appelé CLEMENT. (M. DE LA MONNOYE).

CLEMENT JANNEQUIN [1], très-excellent Muſicien , & duquel il ſe voit beaucoup de Chanſons de Muſique , imprimées en divers lieux , &c.

[1] Ou JENNEQUIN. V. le Duchat ſur le Prologue du 4e Liv. de Rabelais , touchant ce JANNEQUIN. (M. DE LA MONNOYE).

CLEMENT MARCHANT , dit MERCATOR. Il a écrit une Remontrance aux François ſur les vices qui de ce temps règnent en tous états , avec le remède à iceux , imprimée à Paris chez N. Cheſneau , l'an 1576 ; Traité de la venue & perſonne de l'Antechriſt , ſelon l'Ecriture Sainte , & l'avis des plus an-ciens Docteurs de l'Egliſe Catholique , contre l'intelligence des Hérétiques , imprimé à Paris chez ledit Nicolas Cheſneau l'an 1575. Il a traduit pluſieurs vies de Saints & Saintes , imprimées au premier , ſecond & troiſième volume de l'Hiſtoire des Saints,

chez Nicolas Chefneau , l'an 1577. Il floriffoit à Paris l'an
1577. Je ferai mention de fes Œuvres Latines autre part.

CLEMENT MAROT , natif de Cahors en Quercy , près
Tolofe , fils de Jean Marot , natif de Caën en Normandie ,
tous deux très-excellens Poëtes François , &c. Ledit Clement
fut Valet-de-Chambre du Roi François I , fous lequel il a écrit
plufieurs Poëmes , & étoit eftimé le premier de fon fiècle , &
peut-être de ceux qui viendront après lui [1]. Il a traduit les
Pfalmes de David , felon la traduction que lui en faifoit en
profe François Melin de S. Gelays , & autres hommes doctes
de ce temps-là. Il a écrit plufieurs Elégies , Epitaphes , Epigrammes , & autres genres de poëfie Françoife , imprimées en
plufieurs endroits de France , & à diverfes années. Il a écrit le
Sermon du bon & mauvais Pafteur , imprimé. [2] Il a écrit quelques
Chants Royaux , à l'honneur de la Vierge Marie , imprimés à
Rouen. Il a traduit le Colloque d'Erafme , en vers François ,
intitulé de l'Abbé , & de la Femme favante , imprimé. Il mourut à Thurin en Piémont , âgé de foixante ans , ou environ.

[1] Il feroit à propos de donner une nouvelle Edition des Œuvres de Clément Marot , plus exacte & plus ample que toutes celles qu'on a vues jufqu'ici , dans laquelle on raffembleroit plufieurs Compofitions , tant en profe
qu'en vers , tirées de divers endroits , & qui ne font jamais entrées dans le
corps de fes Œuvres. De ce nombre feroit une affez longue pièce en vers ,
qui eft certainement de lui , intitulée dans le Manufcrit que j'en ai eu de
M. Baluze : *Cantique de Clément Marot , banni de France , depuis chaffé de
Ferrare par le Duc , & de-là retiré à Venife , à la Roine de Navarre qui lui
avoit écrit une Epître en vers.* On croit communément que ce Poëte mourut
à Turin l'an 1544 , âgé d'environ foixante ans. Béze , *in Iconibus* , l'a dit
ainfi ; cependant Marot ayant , lorfqu'il étoit prifonnier en 1525 , déclaré ,
comme il le marque en fon *Enfer* , qu'il étoit depuis vingt ans en France , où
il fut amené en ayant à peine dix , on juge qu'avant qu'il y vînt , il en avoit
à-peu-près cinq , & qu'il naquit en 1495 , d'où il s'enfuit qu'il n'avoit pas
cinquante ans , lorfqu'il mourut en 1544. Ce calcul , qui eft jufte , eft de
M. l'Abbé le Clerc. (M. DE LA MONNOYE).

[2] On me communiqua en 1716 un Manufcrit des Poëfies de Mellin de
S. Gelais , parmi lefquelles je trouvai deux ou trois petites pièces , qui paf-
fent pour être de Clément Marot , & qui n'en font pas. Telles font l'Oraifon pour *S'amie malade* , reftituée par cette raifon à S. Gelais , pag. 252 de

la nouvelle Edition de ſes Œuvres , *in-12* , à Paris , 1719 : le *Huitain ; Jeudi dernier je fus chez la Normande* , qui ſe lit un peu autrement , ſous les noms d'*Annette* & de *Marguerite* dans les Epigrammes de Marot. Quant à l'Elégie *à une mal-contente d'avoir été ſobrement louée* , je renvoie à ce que j'en ai dit dans le *Nouveau Menagiana* , p. 197 du Tom. II. (*idem*).

On lit dans l'*Hiſt. du Théâtre François* , Tom. II , p. 274 & 275 , *Clément Marot , Auteur & Acteur parmi les Frères ſans ſoucy* , né à Cahors en 1495 , mort à Turin en 1544. (M. FALCONNET).

V. les Mémoires de Niceron , Tom. XVI, pag. 108 , & la Bibliothèque Françoiſe de M. l'Abbé Goujet , Tom. VII, p. 24 , 314, Tom. VIII , p. 163 , Tom. IX, p. 26, 55 & ſuiv. Tom. X, p. 17, 90 , Tom. XI, p. 37.

CLOVIS, ou LOYS HESTEAU, Sieur DE NUYSEMENT , natif de Bloys , Secrétaire de la Chambre du Roi & de Monſieur , &c. Il a fait imprimer un juſte volume de ſes Poëſies Françoiſes. Il florit à Paris cette année 1584 [1].

[1] Clovis Heſtau vivoit encore en 1593 & 1594. Il faut voir à ſon ſujet les Poëmes de Sebaſtien Garnier, Blaiſois *, *la Henriade* & *la Loyſſée*. (M. DE LA MONNOYE).

* Le P. le Long , dans ſa *Bibliot. Hiſtor. de France* , Edition de 1719 , n°. 8384. , eſt le ſeul qui faſſe mention de Sebaſtien Garnier , Procureur du Roi Henri IV, au Comté & Bailliage de Blois, dont la *Henriade* & la *Loyſſée* furent imprimées à Blois chez la veuve Gomet en 1594. On vient d'en donner une ſeconde Edition *in-*8°. Paris, J. B. G. Muſier fils , 1770. Les Auteurs du temps comparèrent ce Garnier aux plus grands Poëtes Epiques , & lui prodiguèrent leurs éloges. Ce qui a donné lieu à cette nouvelle Edition de la *Henriade* & de la *Loyſſée* , eſt peut-être le deſir malin de comparer l'*Ancienne Henriade* avec celle de M. Arrouet de Voltaire ; mais cette comparaiſon ne peut ſe ſoutenir en aucune manière. D'ailleurs il n'y a rien d'auſſi mauvais que ce Poëme.

COLARD, ou COLARS LE BOUTTILLIER , ancien Poëte François , l'an 120 , ou environ. Il a écrit quelques Poëſies d'Amours *.

* V. Fauchet, Ch. 49 du Livre ci-deſſus cité.

COLIN MUSET , ancien Poëte François , excellent Joueur de Viole , l'an 1250 , ou environ. Il a écrit pluſieurs Chanſons d'Amours *.

* V. Fauchet , Liv. 2 des Anciens Poëtes François , Ch. 46.

CONRAD BADIUS, Imprimeur, &c [1]. Il a traduit l'Alcoran des C. imprimé l'an 1560 à G.

[1] Il étoit fils du fameux Josse Badius, mais plus habile Imprimeur de beaucoup, & plus savant aussi, puisqu'ayant passé à Genève, il s'y rendit capable d'être Ministre. Il le fut depuis à Orléans, où il mourut de la peste en 1562, jeune encore, comme on en peut juger par cette Epitaphe que lui fit Henri Estienne.

> Quod patri haud dederant rudioris tempora sæcli
>   Addiderant largè tempora nostra tibi.
> Doctrinæ heredi tibi nam, Conrade, paternæ
>   Accessit cultûs gratia magna novi.
> Sed Superi dotes tibi, quantùm auxere paternas,
>   Tantùm ævi fines diminuere tui.

CONRAD DE L'OULMEAU, dit ULMEUS, natif de Saumur en Anjou. Il a écrit quelques Œuvres, tant en Latin qu'en François, lesquelles sont imprimées, &, entr'autres, son livre des Fonteines. Il florissoit en l'an de salut 1560.

COSME DU PORT, Gentilhomme de Brie, Poëte François, Philosophe & Mathématicien. Il a écrit plusieurs vers François, non encore imprimés. Il florit à Paris cette année 1584.

S'ensuivent plusieurs noms d'Auteurs, desquels les premiers noms sont inconnus.

CHARDON, ancien Poëte François, l'an 1250, ou environ. Il a écrit quelques vers amoureux *.

* Il est le cinquante-cinquième des Anciens Poëtes François de Fauchet.

CLARATON. Il a traduit de Latin en vers François l'Histoire de Galfridus Monemutensis, contenant huit Livres des Gestes des Anglois & Bretons. Voy. SYMLERUS [1].

[1] Pitseus, pag. 831 de ses *Scriptores Anglicani* l'appelle *CLAROTONUS* *, sans pouvoir marquer en quel temps il a écrit, sinon qu'ayant mis en vers François l'Histoire de Geoffroy de Monmouth, il ne peut y avoir travaillé plutôt que sur la fin du douzième siècle. (M. DE LA MONNOYE).

* CLARATON étoit Anglois de nation. (Bal. Script. Angl. XII. 48.) Il avoit étudié en France, & du Boulay, dans son *Hist. de l'Univ. de Paris* (p. 543) dit que cet Auteur avoit été élevé dans l'Abbaye de Fleury, dont Abbon étoit pour lors Abbé.

C. MOISSON, Dijonnois, Poëte François du temps de François I.

CH... P...[1] Il a traduit de Latin en vers François les Sentences felectes de Periander, Publian, Seneque & Ifocrate, imprimées à Paris chez Vincent Sertenas, l'an 1561.

[1] Au lieu de CH. P. il devoit mettre, ou CH. F. pour défigner CHARLES FONTAINE, Traducteur de ces Mimes, ou J. D. S. M. comme il le reconnoît lui-même à la fin de la lettre I, parmi les noms incertains. (M. DE LA MONNOYE).

C. DE BLOCKLAND, natif de Montfort en Hollande, excellent Muficien. Il a écrit en François une inftruction de Mufique, imprimée à Lyon chez Jean de Tournes, l'an 1573. Par cette inftruction l'on peut facilement apprendre la Mufique-pratique fans aucune Gamme, ou fans la main. Il floriffoit l'an 1571 *.

* V. Du Verdier, au mot CORNEILLE DE BLOCKLAND, fameux faifeur d'Almanachs.

CL. D. VV. E. S. D. R. Il a écrit en profe Françoife un Difcours du vrai moyen pour parvenir à la paix entière, & fe maintenir en icelle, imprimé à Paris chez Thomas Belot, l'an 1570.

... CHARDON, Tourengeau. Il a traduit de Latin en François les Epîtres de Hildebert [1], premièrement Evêque du Mans, & depuis Archevêque de Tours, l'an 1000, &c. non encore imprimées.

[1] Hildebert naquit l'an 1057, & mourut l'an 1134, felon le P. Antoine Beaugendre, Bénédictin, qui nous en donna en 1708 une belle Edition à Paris in-fol. dans laquelle il n'a parlé nulle part de la Traduction Françoife des Epîtres d'Hildebert ici mentionnée. (M. DE LA MONNOYE).

CASTEL, Hiftorien & Poëte François, grand Chroniqueur de France, fils de Chriftine, femme très-docte en Grec & Latin, &c [1]. Le fecond volume de la Chronique Martiniane eft imprimé fous les noms de Caftel & de Guaguin, Hiftoriens François, à Paris, par Antoine Verard, l'an 1500. Il floriffoit l'an 1399, ou environ. Jean Moulinet fait mention de lui, &

l'appelle le grand Chroniqueur de France, & l'appelle LET sac par anagramme qui eſt Caſtel.

Il naquit en 1385 d'Etienne Caſtel & de Chriſtine de Piſan. Après la mort d'Etienne arrivée en 1389, Chriſtine, ſa veuve, prit grand ſoin de l'éducation du jeune Caſtel, & y réuſſit, en ſorte qu'en 1398, le Comte de Salisbery, favori de Richard II, Roi d'Angleterre, étant en France, le prit en amitié, & offrit à Chriſtine de l'emmener à Londres, pour le faire élever avec ſon fils, à quoi elle conſentit. Richard ayant été détrôné par Henri de Lancaſtre, qui ſe fit nommer Henri IV l'an 1399, & le Comte de Salisberi ayant été décapité, Henri, qui avoit vu des Poëſies de Chriſtine, lui fit propoſer de venir à ſa Cour. Elle, de ſon côté, n'ayant nulle envie d'y aller, ne laiſſa pas de témoigner au Roi qu'elle étoit très-ſenſible à ſes bontés, & que s'il vouloit bien lui renvoyer ſon fils pour la venir prendre, elle feroit volontiers le voyage. Henri ne tarda pas à faire partir Caſtel ; mais Chriſtine, qui ne ſongeoit qu'à le recouvrer après trois ans d'abſence, le garda, & trouva moyen de ſe dégager auprès du Roi. Dans ce même temps-là Philippe-le-Hardi, Duc de Bourgogne, pour faire plaiſir à Chriſtine qu'il eſtimoit, jugeant que Caſtel, quoique très-jeune encore, pourroit dans peu être capable de lui rendre de très-bons ſervices, le prit à ſes gages. Philippe mourut le 27 Avril 1404, Caſtel n'ayant au plus que dix-neuf ans, ce qui fait voir qu'il ne floriſſoit pas en 1399, comme dit La Croix du Maine, puiſqu'alors il n'en avoit que quatorze. Il y a lieu de croire qu'il étoit né laid, comme l'inſinue l'Anagramme *let ſac*, que Molinet écrivant *let* dans le ſens de *laid*, trouva ſur le nom *Caſtel*, pour donner à entendre que ce bel eſprit, logé dans un corps diſgracié, reſſembloit à de bon grain enfermé dans un vilain ſac. Ainſi, lorſque Germain Colin, dans une lettre en vers, inſérée la 24ᵉ parmi celles de Jean Bouchet, dit

Le beau Caſtel, culteur de Poëſie.

L'épithète de *Beau* doit être là priſe pour une ironie. Je crois de plus qu'il a été Moine, & qu'au lieu de *Caſtel*, on l'a quelquefois nommé *Chaſtel*. Je me fonde en cela ſur Octavien de S. Gelais, qui, Stance 16 de ſon *Sejour d'Honneur*, cite le *Moine Chaſtel*, conjointement avec Froiſſart, les appelant *Dictateurs de Chroniques de France*. La Chronique de Caſtel néanmoins, continuée par Robert Gaguin, n'a pas été intitulée *Chronique de France*, mais *Chronique Martinienne*, parce qu'elle en faiſoit la ſuite, ou comme parle La Croix du Maine, le ſecond volume, qu'au mot JEAN DE MONS-TREUL, il dit avoir été attribué par quelques-uns à Caſtel & à Gaguin, mais qu'il rapporte lui comme de Jean de Monſtreul. (M. DE LA MONNOYE).

LA CHESNAYE, Normand, homme docte. Il a écrit quelques choſes imprimées avec le Ballet ſur les noces de M. le

Duc

Duc de Joyeufe, à Paris chez Adrien le Roy, & Robert Ballard frères.

COURTOIS , natif d'Arras en Picardie , ancien Poëte François , l'an 1300 , ou environ. Il a écrit un plaifant Conte ou Fable de Foucher Boyvin.

COURTEBARBE , ancien Poëte François, l'an 1260 , ou environ , Joueur d'inftrumens de Mufique. Il a écrit le Fabliau des trois Aveugles de Compiegne en Picardie.

CUPELIN , excellent Joueur d'inftrumens en Mufique , l'an 1260 , ou environ , Poëte François , &c *.

    * Fauchet n'en a point parlé.

LE CHEVALIER DE LA TOUR , &c. Voy. ci-après Meffire Geoffroy de la Tour Landry en Anjou , Chevalier , l'an 1371 , &c.

DE COLLES (le Sieur). Il a écrit en vers François l'Enfer de Cupidon.

LE CONTE DE LA MARCHE , ancien Poëte François *. Il a écrit plufieurs Chanfons d'Amours , l'an 1260 , ou environ.

    * Ce Comte de la Marche qui affurément n'eft pas Olivier de la Marche , n'eft pas plus connu que Cupelin.

C. DE L'ESTRANGE , Abbé de la Celle *. Il floriffoit l'an 1536.

    * Il fut Abbé de la Celle , Diocèfe de Poitiers , en 1544 , & mourut en 1565.

COUPEL.
CHAPUT.   } Tous quatre Poëtes François vivans du temps
CRIGNON.   de Loys XII [1].
CROZON.

    [1] Il devoit bien marquer tout au moins d'où il a tiré ces quatre noms. J'ai douté pendant quelque temps , fi , au lieu de *Crignon* , il ne faudroit pas

dire *Crichon*, à caufe de cet endroit de la 98e Epître familière de Jean Bouchet :

> Ce font Meſſieurs Thibault, Crichon auſſi,
> Grands Orateu s, Voire parfaits fans ſi.

Car en ce temps-là par *Orateur*, on entendoit tout beau parleur, auſſi-bien en vers qu'en profe ; & l'Art de compofer en l'un & l'autre genre s'appeloit l'*Art de Rhétorique*. Mais ce qui me fait croire qu'il ne faut point ſubſtituer *Crichon* à *Crignon*, c'eſt que du Verdier, au mot GUILLAUME ALEXIS, nomme entre les Poëtes du *Puy de Rouen*, un *Chrignon*, de Diépe, que La Croix du Maine, à la fin de la lettre G, par une autre variation, appelle *Grignon*, quoique *Crignon* ſoit plus correct, ce Poëte n'étant autre que *Pierre Crignon*, de Dieppe, touchant lequel on peut voir du Verdier à la lettre P. (M. DE LA MONNOYE).

D A N

DANIEL D'AUGE, Champenois, dit AUGENTIUS, natif de Villeneuve-l'Archevêque, au Diocèfe de Sens, Lecteur du Roi en l'Univerſité de Paris ès lettres Grecques [1]. Il a écrit une Oraifon confolatoire fur la mort de Meſſire François Olivier, Chancelier de France, imprimée à Paris chez Benoiſt Prevoſt, l'an 1560. Il a traduit de Grec en François l'Inſtitution du Prince Chrétien, imprimée : deux Dialogues de l'Invention Poëtique, de la vraie connoiſſance de l'Art Oratoire, & de la fiction de la Fable, imprimés à Paris par Richard Breton, l'an 1560; Difcours fur l'Arrêt donné au Parlement de Dole en Bourgogne, touchant un homme accufé & convaincu d'être Loup-garou, &c. imprimé. Il a revu & corrigé les Opufcules de Guillaume Telin, Sieur de Gutmont & de Morilonvilliers, &c. imprimés à Paris chez Mathurin Prevoſt, l'an 1565, efquels ſe lit une Epître dudit Daniel d'Auge, adreſſée au Seigneur de Gutmont Anthoine Telin, fils du fufdit. Il peut avoir compofé pluſieurs autres Œuvres, mais je ne les ai point vues. Je ferai mention de fes Compoſitions Latines dans mon autre Bibliothèque Latine. Il florit à Paris cette année 1584 *.

[1] Bayle, au mot AUGE, remarque, après du Breuil, pag. 166 de fes

Antiquités de Paris, que François Parent succéda en 1595 à Daniel d'Auge dans la profession des Lettres Grecques, par où l'on juge que celui-ci mourut peu de temps auparavant. (M. DE LA MONNOYE).

Daniel d'Auge, qui se faisoit aussi appeler *Augentius*, étoit un pédant, natif de Villeneuve-l'Archevêque, entre Sens & Troyes. Il laissa quatorze mille écus à sa nièce, qui fut mariée à un Marchand de vin, nommé *Antoine*, qu'elle fit tuer pour épouser un nommé *Jumeau*. Elle fut pendue, & lui roué, malgré les sollicitations du Président de Thou, qui fut tuteur de sa fille ; comme elle avoit cinquante mille écus de biens, elle épousa le Lieutenant Général de Nemours. (M. FALCONNET).

* On lit dans le *Borboniana*, que d'Auge, ou *Augentius*, Professeur du Roi en Grec, étoit Prêtre, & vivoit mesquinement. M. le Duc de Nevers eut dessein de le faire Précepteur de son fils, mort Duc de Mantoue. Il lui demanda s'il étoit Prêtre, il répondit que *oüi*, *mais non pas Prêtre Missotier*. Ce mot rebuta le Duc, qui choisit Marius.

DANIEL CHARTIER, Orléanois, fils de M. Marin Chartier, Avocat audit Orléans. Il a revu & recorrigé quelques Œuvres d'Alain Chartier, ancien Poëte François & Orateur, Secrétaire du Roi Charles VII, &c. & se lit une Préface dudit Daniel, touchant ledit A. Chartier son parent, &c. le tout imprimé à Paris chez Corrozet, l'an 1583 [1].

[1] Je suis surpris qu'André du Chesne, dans son Edition des Œuvres d'Alain Chartier, n'ait fait aucune mention de ce Daniel. (M. DE LA MONNOYE).

Loisel, pag. 646 & 647, parle d'un Mathieu Chartier, fameux Avocat, parent d'Alain, ainsi que Daniel. Il faut voir à ce sujet la *Bibl. Hist. Gauloise*, au mot CHARTIER. (M. FALCONNET).

DANIEL DROVIN, natif de Loudun en Poitou. Il a composé plusieurs Poëmes François, imprimés *.

* Son Poëme, intitulé *les Vengeances divines de la transgression des saintes Ordonnances de Dieu*, fut imprimé à Paris, en 1594, *in*-4°.

DARINEL DE TIREL, Pasteur des Amadis, &c. Il a écrit la Sphère des deux Mondes, & un Epithalame sur le mariage de Philippe, Roi d'Angleterre, le tout imprimé à Anvers chez Richard, l'an 1555, avec les tables Cosmographiques, &c.

Voy. ci-après GILLES BOYLEAU DE BUILLON, furnommé DA-
RINEL DE TIREL, Pafteur des Amadis, &c *.

*Il en fera parlé au mot GILLES BOYLEAU.

DAVY, ou DAVID BROSSART (Frère), Religieux de
l'Abbaye de S. Vincent près le Mans. Il a écrit un livre de
l'Art & Manière de femer Pepins, & faire Pépinières & fauva-
geaux, enter en toutes fortes d'arbres, & faire vergers, &c.
avec un autre Traité de la manière de femer graines en jardins, le temps & la faifon de planter, replanter, recueillir
graines, & cultiver toutes fortes d'herbes, &c. le tout imprimé à Paris par la veuve Nicolas Buffet, l'an 1552, & depuis en autres endroits, &c.

DAVID CHAMBRE, Ecoffois, Sieur d'Ormont, Confeiller au Parlement d'Edimburg, ville capitale d'Ecoffe, &c.
Il a écrit un Abrégé de la Chronique des Rois de France, Angleterre & Ecoffe, imprimé à Paris chez Michel Gadouleau,
l'an 1579; Sommaire Recueil des Singularités d'Ecoffe & autres Difcours. Il floriffoit à Paris l'an 1572 & 1579 [1].

[1] Moréri, au lieu de dire, comme La Croix du Maine, que David Chambre vivoit en France l'an 1572 & 1579, a dit en 1470 & 1480. (M. DE LA
MONNOYE).

DAVID FINARENSIS, Médecin, &c. Il a écrit un Abrégé
de la vraie Aftrologie & de la Reprouvée, imprimé à Paris
chez Eftienne Grouleau, l'an 1547 *.

* Il a écrit auffi divers Traités de Médecine, *de la Nuifance que le vinaigre
porte au corps humain, de la Nuifance du vin*, &c.

DAUPHINE DU JARDIN, ou DES JARDINS, Damoi-
felle native de Provence. Elle a compofé plufieurs Poëfies Françoifes, &, entr'autres, il fe voit quelques Sonnets de fa façon,
imprimés avec les Œuvres de Joachim du Bellay, Angevin.
Elle floriffoit du temps de Henri II. Je ne fais fi elle eft encore
vivante.

DENIS PERRONET *, Docteur en Théologie en l'Univerfité de Paris, & Chanoine Théologal de l'Evêché de Périgueux,
&c. Il a écrit deux volumes de Sermons imprimés à Paris chez
Guillaume Chaudiere , l'an 1579.

* Ce nom s'écrit PERONET ; La Croix du Maine manque fouvent à l'ortographe des noms propres.

DENIS POSSOT. Il a fait la Defcription très-ample du
voyage de la Terre-Sainte , imprimé à Paris chez Simon de
Colines.

DENIS SAUVAGE, Sieur DU PARC, natif de Fontenailles
en Brie , au Comté de Champagne , &c. Hiftoriographe du
Roi *. Il a traduit de Latin en François les Hiftoires ou Chroniques de Paule Iove , des chofes advenues en fon temps en
toutes les parties du monde , imprimées à Paris & à Lyon. Il
a traduit d'Italien en François la Circé de Jean-Baptifte Gello ,
Académic Florentin , imprimée à Paris par Galiot du Pré ,
l'an 1572. Il a écrit un Traité de l'Orthographe & Grammaire Françoife , non imprimé. Il a revu l'Hiftoire de Loys XII,
compofée par Claude Seicel , imprimée à Paris ; enfemble la
Chronique de Loys XI, compofée par Philippe de Commines.
Il a davantage revu & corrigé les Chroniques de Froiffart , &
les Annales de France , compofées par Nicole Gilles. Il floriffoit fous Henri II , l'an 1550.

* Il fut Hiftoriographe de Henri II. J'ajouterai aux Ouvrages de cet Auteur,
cités par La Croix du Maine , la *Chronique de France* . par un anonyme , à
laquelle il joignit une continuation qu'il tira de Froiffart & de Monftrelet ,
Lyon , 1562 , *in-fol.* Il publia en même temps les Mémoires d'Olivier de
la Marche , qui forment la fuite de l'Hiftoire jufqu'en 1500.

DENIS ZECHAIRE , Gentilhomme Guiennois , grand
Philofophe naturel. Il a écrit un Opufcule très-excellent de la
vraie Philofophie naturelle des métaux , traitant de l'augmentation & perfection d'iceux , &c. imprimé à Anvers chez Guillaume Sylvius , l'an 1567.

DENUYSEMENT. Voy. ci - devant Clovis Hesteau, Sieur de Nuysement.

DIANE DE MOREL , fœur de Camille & Lucrece de Morel , toutes trois très-doctes filles , &c. Elle mourut à Paris l'an 1581 , ou environ. Voy. ci-devant Anne de Morel.

DIANE SYMON , Parisienne , fort bien versée en la Poësie Françoise. Je n'ai point vu de ses Compositions imprimées. Elle florissoit l'an 1570 , ou environ.

DIDIER [1] CHRISTOL , ou CRISTOL , Médecin à Montpellier , l'an 1548. Il a traduit de Latin en François le Livre de l'Honnête Volupté de Bap. Platine, imprimé à Lyon l'an 1548.

[1] Le nom de *Christol* , qui ne s'est jamais écrit *Cristol* , étoit *Barthelemi* ; & non *Didier*. Il vivoit en 1500, & étoit mort long-temps avant 1548 , ainsi La Croix du Maine s'est trompé. On doit remarquer au sujet de l'Original de la Traduction dont il est parlé dans cet Article , que Sannazar , & plusieurs autres, ont cru que Platine avoit écrit ses livres *de honestâ voluptate* , c'est-à-dire , son Traité de *Cuisine* , après ses *Vies des Papes* , ce qui est faux , comme je l'ai démontré , pag. 69 & 70 du *Ménagiana* , Tom. I. (M. de la Monnoye).

DIDIER LUPI Second , fort excellent Musicien [1]. Il a mis en Musique les Chansons spirituelles de Guillaume Gueroult, imprimées à Paris chez Nicolas du Chemin.

[1] Le Musicien Didier Lupi, nommé dans le Prologue du 4e Liv. de Rabelais , étoit l'aîné de celui-ci , appelé par cette raison *Didier Lupi Second*. (M. de la Monnoye).

DOMINIQUE BERTIN, Parisien , fort excellent Architecte & Mathématicien. Il a composé (avec Jean Guardet, Bourbonnois) l'Epitome ou extrait abrégé des dix livres d'Architecture de Marc Vitruve Polion , &c. avec Explications des plus difficiles passages d'icelui Vitruve , imprimé à Paris chez Buon , l'an 1565 , 1567 , & à Tolose. Il florissoit à Tolose , l'an 1556.

DOMINIQUE BOULARDET, Ministre à Genève , &c.

DOMINIQUE JAQUINOT, Champenois. Il a écrit l'Ufage de l'Aftrolabe, avec un petit Traité de la Sphère, imprimé à Paris chez Marnef, l'an 1573, avec l'amplification de l'ufage de l'Aftrolabe, par Jacques Baffentin, Ecoffois [1].

[1] C'eft par les foins de ce Dominique Jaquinot que fut imprimé à Paris, en 1553, le petit Livre de Luc Gautic, touchant l'Eclipfe Miraculeufe qui fe fit à la Paffion, & touchant l'année, le mois, le jour & l'heure de la Conception, Nativité, Paffion & Réfurrection du Seigneur. (M. DE LA MONNOYE).

DOMINIQUE REVLIN, natif de Bordeaux, & Médecin en ladite Ville. Il a écrit les Contredits aux Erreurs populaires de M. Laurent Joubert, & autres livres imprimés à Paris, à Bordeaux & autres lieux [1].

[1] On voit cependant de lui une Epigramme Latine de fix vers, à l'honneur du Livre de Laurent Joubert, contre lequel il a publié des Contredits. (M. DE LA MONNOYE).

DOMINIQUE SERGEANT, natif de Laval au Maine, Docteur en Théologie à Paris, de l'Ordre des Jacobins au Couvent du Mans. Il a compofé deux livres du Baptefme contre Pierre Viret, imprimés à Avignon l'an 1566 [1]. Il floriffoit audit Avignon l'an 1566.

[1] Il vivoit encore l'an 1584, comme le marque la Bibliothèque des Auteurs Dominicains, pag. 270 du Tom. II. (M. DE LA MONNOYE).

D.   D.

... DAMPIERRE, Gentilhomme fuivant M. le Duc de Rouannois [1], grand Ecuyer de France, &c. Il a écrit une lettre à Madame la Ducheffe de Rouannois, femme du fufdit grand Ecuyer, &c. par laquelle fe voit la façon dont ledit grand Ecuyer a été pillé, pris & emmené de fa maifon par aucuns hommes d'armes, &c. imprimée à Paris par Robert Eftienne l'an 1568.

[1] Le Duc de Rouanais dont il eft ici parlé, eft Claude Gouffier de Boify, qui n'avoit pourtant pas encore la qualité de Duc *, fa Seigneurie de Roua-

nais n'ayant été érigée en Duché qu'en 1574 par Charles IX. (M. DE LA MONNOYE).

* M. de la Monnoye se trompe. Le Marquisat de Boisy & la Baronie de Rouannois furent érigés en Duché, sous le nom de Duché de Rouannois, pour Claude Gouffier, grand Ecuyer de France, & ses descendans mâles, par Lettres du mois de Novembre 1566, registrées le 23 Décembre suivant. On peut voir toutes les Lettres concernant cette Erection dans le Tom. V. de l'*Hist. Généal. des grands Officiers*, p. 293 & suiv. La Duchesse de Rouannois, à qui étoit adressée la Lettre de Dampierre, étoit la quatrième femme de Claude Gouffier, qu'elle avoit épousé en 1567. Elle se nommoit Claude de Beaune ; elle étoit petite-fille du célèbre Jacques de Beaune, Seigneur de Semblançai, Général des Finances, condamné à mort en 1527. Elle étoit veuve en premières noces de Louis Burgensis, premier Médecin du Roi.

...DANDONVILLE. Il a écrit en vers François un Traité des moyens de connoître ses amis, &c. imprimé à Paris par Jacques Niverd,

...DANTHON, Abbé, &c. Chroniqueur de France. Voy. ci-après JEAN DANTHON, Abbé.

DOETE, de Troye en Champagne, ancienne Poëtrice Françoise. Elle a écrit plusieurs Chansons amoureuses sous Conrad, Empereur, l'an 1260, ou environ.

DRUSAC, J. C. de Tolose, Poëte François, Auteur du livre intitulé les Controverses des sexes masculin & féminin, &c. imprimé à Paris l'an 1537. Voy. ci-après GABRIEL DU PONT, surnommé DRUSAC*.

* Le nom de *Drusac*, étoit *Gratian*, ou *Gabriel du Pont*, Sieur de Drusac. On peut voir dans le *Ménagiana*, Tom. IV, pag. 196 & 197, son opinion singulière sur la résurrection des hommes & des femmes formées d'une côte. Il en sera encore parlé plus bas, au mot GABRIEL DU PONT.

DURAND, ancien Poëte François*. Il a composé le Fablian ou Discours fabuleux des trois Bossuz. Il florissoit en l'an 1300, ou environ.

* Fauchet écrit *Durans*, & il paroît que c'est la bonne ortographe que du Verdier a suivie.

EBLES

E B L.

EBLES [1] D'UZEZ, Gentilhomme Provençal, frère puîné de Guy d'Uzez, Sieur dudit lieu. Il a écrit plusieurs Poëmes en langue Provençale, non encore imprimés. Il vivoit en l'an de salut 1230.

[1] Voy. Jean de Notre-Dame, Ch. 27. Il est dit dans le *Vocabulaire Hagiologique*, imprimé au-devant des *Origines Françoises* de Ménage, qu'il y a une Eglise de Saint, ou de Sainte Eble en Auvergne, & l'on a laissé en blanc le nom Latin, qui est *Ebolus*, nom par conséquent de Saint, & non pas de Sainte. *Notum fieri volo quod Ebolus, comes de Salciaco, cum uxore suâ, Reginâ nomine, & filio suo Widone, & fratre suo Willermo.* Ce sont les termes d'un titre produit parmi les preuves de l'*Histoire de S. Etienne de Dijon*, n°. 155. (M. DE LA MONNOYE).

EDOART BREDIN, Géomètre [1]. Il a fait la Description * de la Ville de Dijon en Bourgogne, l'an 1574, imprimée (à Dijon, *in-*8°).

[1] Son vrai nom étoit *Euvrard Bredin*, Géomètre & Peintre, &c. M. de la Mare n'en a pas fait mention dans son *Conspectus Historicorum Burgundiæ.* (M. DE LA MONNOYE).

* Sa *Description de la Ville de Dijon* est citée dans la *Biblioth. Histor. de la France*, première Edition, n°. 15034.

ELEBRANS. Il a écrit un Traité de Physique en François, lequel enseigne à garder le corps & les membres en santé. Il n'est encore imprimé que je sache. Je l'ai pardevers moi écrit à la main sur parchemin, & contient trente-six feuilles.

ELIE, ou ELIAS DE BARJOLS, Gentilhomme natif dudit lieu, Poëte Provençal. Il a écrit un Traité de la guerre pour la Comté de Provence & des terres Baufenques, &c. non imprimé. Il mourut en la fleur de son âge l'an 1180 *.

* V· Jean de Notre-Dame, Ch. 4.

ELIE DE CADENET, autrement appelé ELZIAS DE CADENET, fils du sieur de Cadenet en Provence, &c. fort

LA CR. DU M. *Tome I.*   Y

bon Poëte en langue Provençale , & favant ès lettres humaines , &c. Il a écrit un Traité contre les menteurs & médifans ,
lefquels il appelle Gladiadours , &c. Il a écrit plufieurs Chanfons à l'honneur de la Vierge Marie & autres Dames , non encore imprimées. Il mourut en la guerre des Templiers contre les
Sarrafins , l'an 1280 [1].

[1] Il en eft parlé fort amplement dans le 47ᵉ Chapitre de Jean de Notre-
Dame , & cependant ce nom eft échapé à du Verdier , qui n'en fait aucune
mention. (M. DE LA MONNOYE).

ELIE VINET [1], natif * de Barbezieux en Xaintonge, homme
fort docte ès Mathématiques , & confommé en plufieurs autres
arts & fciences , grand Hiftorien & Philofophe , &c. Principal
du Collège d'Aquitaine à Bordeaux , &c. Il a écrit un Traité
des Arpentages, ou mefures par arpent, imprimé à Bordeaux par
Symon de Millanges, l'an 1577, *in-4°*. (*La feconde Edit. augmentée , eft de* 1583, *in-4°.*) les Antiquités de Bordeaux & de Bourg,
imprimées par Millanges à Bordeaux, l'an 1565 , & depuis revues & augmentées par ledit Vinet, & imprimées audit lieu ,
l'an 1574 (*in-4°*). Antiquités de Xaintonge , Angoulmois , &
autres lieux d'alentour , imprimées (1571 , *in-4°*). Il florit à
Bordeaux cette année 1584 , âgé de près de quatre-vingt ans ,
& ne cefle de compofer tous les jours **. Je ferai mention de fes
Œuvres Latines autre part.

[1] Il mourut le 14 Mars 1686, dans fa foixante-dix-huitième année, fuivant la
Chronique Bourdeloife de Gabriel de Lurbe. (M. DE LA MONNOYE).
Ou plutôt , le 14 *Mai* 1587, *felon le P. Niceron* , Tom. XXX , pag. 224.

* Elie Vinet étoit né dans un Village de la Châtellenie de Barbefieux. Ce
Village fe nommoit anciennement *les Planches* , & avoit pris le nom de
Village des *Vinets* , depuis que François Vinet, fon grand-père , étoit venu
s'y établir en 1470. C'eft ce que nous apprend Elie Vinet lui-mêmê , dans fon
livre , intitulé l'*Antiquité de Saintes & de Barbefieux* , publié à Bourdeaux,
en 1571 , *in-4°*. A la tête de ce livre , il fe dit natif de Barbefieux , c'eft-à-
dire , d'un lieu dépendant de cette Châtellenie.

** Outre les Ouvrages écrits en François par Vinet, & cités par La Croix
du Maine , il a publié deux Traductions Françoifes, l'une du Grec, *la Sphère
de Procle* , imprimée à Poitiers, en 1544, *in-4°*; & à Paris , en 1573, *in-8°*;

l'autre du Latin, *la Vie de Charlemagne*, *par Eginhart*, Poitiers, 1546 &
1558, *in-8°*. Ce font fes deux premiers Ouvrages.

ELISENNE DE CRENNE, Damoifelle native de Picardie.
Elle a écrit en profe un Difcours de l'Amour, imprimé à
Paris par Denis Janot. Voy. ci-après HELISENNE par H.

ELOY, Recteur des Ecoles de Macon, &c. Il a écrit en
Latin & en François un petit livre intitulé les Parts de Me Eloy,
imprimé à Lyon l'an 1569 par Benoît Rigault.

ELOY MAIGNAN, Médecin à Paris. Il a traduit de Latin en François les Commentaires de Léonard Fuchius[1], Médecin Allemand, touchant l'Herberie *, imprimés à Paris.

[1] La Croix du Maine, grand corrupteur de noms, au lieu de dire *Fuchfius* *,
dit toujours *Fuchius*, ne faifant pas attention que *Fuchs*, & non pas *Fuch*,
étoit le nom Allemand de l'Auteur qu'Eloy Maignan a traduit. (M. DE LA
MONNOYE).

* Le Livre de Fuchs eft intitulé, *De Hiftoriâ ftirpium Commentarii infignes*.
Il parut pour la première fois en 1542. La Traduction Françoife fut imprimée à Lyon, en 1558, *in-8°*.

EMAR, ou AIMAR DE CHABANOIS, natif de Cha-
banes, au Duché d'Angoulême, ancien Hiftoriographe de
France, &c. Il a écrit l'Hiftoire d'Angoulême, non encore imprimée. Belle-foreft & Corlieu font mention de lui en plufieurs
de leurs Œuvres.

EMAR[1] DE FROIDEVILLE DE VIERS, Ecuyer,
Docteur ès Droits, Juge Général des Baftilles de Périgort,
&c. natif d'Auvergne. Il a écrit un Dialogue de l'Origine de
la Nobleffe, imprimé à Lyon par Berthelemy Honorat, l'an
1574, auquel temps il floriffoit, &c. Il s'appelle autrement EMAR
DEVIERS, &c.

[1] Il faut lire *Eymar* & *Deviers*, conformément à l'Exemplaire imprimé du
livre que cite La Croix du Maine, & fur lequel il devoit uniquement fe
régler, comme a fait du Verdier. (M. DE LA MONNOYE)

EMAR HENNEQUIN, Parifien, iffu de la très-ancienne

famille des Hennequins à Paris, Evéque de Rennes en Bretagne. Il a écrit un Catéchifme imprimé à Paris. Il a traduit les Confeffions de S. Auguftin, imprimées à Paris chez l'Huillier, l'an 1582. Il florit cette année 1584.

EMAR RANÇONNET [1], natif de Bordeaux, Préfident au Parlement de Paris*, l'un des plus doctes hommes de fon temps. Il a écrit plufieurs Ouvrages tant en Latin qu'en François, mais ils ne font encore imprimés. Je ferai mention de fes écrits Latins en ma Bibliothèque Latine. Il floriffoit l'an 1550, fous Henri II.

[1] Il étoit de Périgueux, & non pas de Bordeaux, où il fut premièrement Confeiller au Parlement, & de-là Préfident au Parlement de Paris. Sa mort violente, arrivée en 1559, nous a fait perdre d'excellens Ouvrages, qu'il étoit très-capable de donner. Le *Tréfor de la Langue Françoife, tant ancienne que moderne*, imprimé fous le nom d'Aimar Rançonnet, à Paris, l'an 1616, par Jean Vignon, n'eft autre chofe que le *Dictionnaire de Nicod*, auquel on fait que Rançonnet avoit beaucoup de part. (M. DE LA MONNOYE).

* Lorfque le Cardinal de Lorraine fit affembler le Parlement de Paris, pour avoir fon avis fur la punition des Hérétiques, Rançonnet y porta les Œuvres de Sulpice Sévère, & y lut l'endroit de la vie de S. Martin de Tours, où il eft parlé du fait de Prifcillien; ce qui déplut au Cardinal de Lorraine, qui peu après, fur la fauffe imputation d'un crime énorme, fit enfermer à la Baftille cet excellent Magiftrat, où il mourut de douleur.

V. la Bibl. Françoife de M. l'Abbé Goujet, Tom. I, p. 222.

EMERY DE BELMY, natif d'Efpagne, &, felon d'autres, de Bordeaux, appelé AMERIGO DE BELMY, & BELLENGY, &c. Il a écrit quelques Poëmes & Rithmes en langage Provençal.

EMERY DE BELVEZER, Poëte Comique Provençal. Il a écrit un Traité des Amours de fon ingrate. Il mourut l'an de falut 1264 *.

* Voy. dans du Verdier le mot AYMERIC DE BELVESER.

EMERY [1] DE PINGUILLON, ou PUYGUILLON, natif de Tolofe, ancien Poëte Provençal. Il a écrit des Satyres, & plufieurs belles & fort doctes Chanfons, les Angoiffes d'A-

mour. Pétrarque fait mention de ce Poëte en son Triomphe
d'Amour [2], & l'a imité en plusieurs endroits. Il mourut environ
l'an 1260.

[1] C'est *Aymeric de Pingulan* qu'il faut écrire, ainsi qu'a fait du Verdier
(M. DE LA MONNOYE).

[2] Ce Poëte dit dans une de ses Chansons, qu'il n'y a ni tant d'animaux
sur la terre , ni tant d'oiseaux dans les bois , ni tant d'étoiles au Ciel, qu'il
avoit dans le cœur de pensées qui le tourmentoient ; en quoi il a été imité
par Pétrarque, dans sa septième Sestine , en ces termes :

> Non hà tanti animali il mar' fra l'onde
> Ne là su sopra, l' cerchio de la Luna
> Vide mai tante stelle alcuna notte ,
> Ne tanti augelli Albergan' per li boschi
> Ne tant' herbe hebbe mai campo , ne piaggia
> Quant' ha' l' mio cor pensier ciascuna sera. (*idem*).

EMERY DE SAINCTE ROZE , Ecuyer. Il a écrit un livre
des Ruses & finesses de guerre , extrait de Frontin & autres Auteurs. Ce livre a été augmenté par Remy Rousseau , lequel l'a
fait imprimer à Paris l'an 1514 chez Jean Petit. Il florissoit sous
Loys XII , l'an 1500.

EMERY [1] **DE SARLAC** , Gentilhomme servant en la
Maison du Comte de Provence Philippe le Long , qui depuis
fut Roi de France , l'an 1321. Il a écrit plusieurs Chansons
en Rithme Provençale , à la louange d'une Dame de Fontenay
en Poitou. Il florissoit l'an susdit 1321.

[1] Jean de Notre-Dame, Ch. 59, l'appelle AMÉRIC, & du Verdier de même,
à la lettre P. dans l'Article du COMTE DE POICTOU. (M. DE LA MONNOYE).

EMOND AUGER , natif du Diocèse de Troye en Cham-
gagne , l'un des plus savans & éloquens de tout l'Ordre des
Jésuites. Il a écrit un Catéchisme , ou Instruction Chrétienne
pour les enfans , imprimé à Paris chez Gabriel Buon & Thomas
Brumen , par diverses fois ; Traité de la vraie, réalle & cor-
porelle présence de Jesus-Christ, au saint Sacrement de l'Autel,
imprimé à Paris chez Pierre l'Huillier , l'an 1566 ; Traité des

Sacremens de l'Eglife , imprimé à Paris chez l'Huillier audit an 1566 ; Sucre fpirituel pour ôter l'amertume des malheurs qui règnent aujourd'hui ; le Paїdagogue d'armes , imprimé à Paris chez Sebaftien Nivelle , l'an 1568 , Thréfor des prières pour tous états , imprimé à Bordeaux par Symon Milanges , l'an 1578 ; Difcours du faint Sacrement de Mariage , imprimé chez Buon , 1572. Il ne ceffe d'écrire ou enfeigner tous les jours la parole de Dieu , & efpérons voir encore de lui plufieurs très-doctes Traités Latins & François , lefquels il mettra en lumière quand il plaira à Dieu. Il florit à Paris cette année 1584, fous Henri III*.

* Il mourut à Côme dans le Milanois , en 1591.

EMOND DU BOULAY , dit Lorraine , premier Héraut & Roi d'armes de Lorraine , Poëte François , Hiftorien & Orateur. * Il a compofé en vers François le Combat de la chair & l'efprit , imprimé à Paris l'an 1549 chez Jean Longis ; la Généalogie des Ducs de Lorraine , avec les Difcours des alliances & traités de mariage en icelle maifon , jufqu'au Duc François dernier décédé , imprimé à Paris chez Jean Longis , l'an 1549 ; les Obféques & Funérailles de Meffire Claude de Lorraine , Duc de Guife & d'Aumale , imprimées à Paris par Arnould l'Angelier , l'an 1551 ; le Catholique Enterrement de feu M. le R. Cardinal de Lorraine, lequel mourut à Nogen fur Yonne , l'an 1550 , imprimé à Paris par Jean Dalier , l'an 1550. C'eft un autre que le défunt Charles Cardinal de Lorraine. Il floriffoit fous Henri II , l'an 1550**.

* Outre les Ouvrages cités par la Croix du Maine , Du Boulay a publié , 1°. la Vie des Ducs de Lorraine Antoine I & François I , avec les cérémonies de leurs funérailles , & un Difcours fur les Alliances de leur maifon , Metz , 1547 , *in-4°* ; 2°. un Dialogue des trois Etats de Lorraine , fur la Nativité du Duc Charles, fuivi d'une Généalogie des Ducs de Lorraine jufqu'à ce Prince. Strafbourg, 1543 , *in-fol.* Duchefne, dans fa *Biblioth. des Hiftoriens de France* , a cité une Hiftoire de Lorraine manufcrite , par ce même Auteur , alors Hérault d'armes de Lorraine, depuis en France Herault d'armes en titre , de Valois , & élu en l'Election de Reims. Son livre , dont

parle La Croix du Maine, fur l'Enterrement du Cardinal de Lorraine, concerne Jean de Lorraine, Cardinal, mort le 10 Mai 1550, en revenant du Conclave, où l'on avoit élu Pape, Jules III.

**V. la Bibliot. Françoife de M. l'Abbé Goujet, Tome XIII, p. 74, où l'on trouvera la notice du Poëme de du Boulay, mais peu de détails fur fa vie.

EMOND LE MAISTRE, Provençal, grand Mathématicien, &c. Il a écrit un Avertiffement ou préfage fatidique pour fix ans, imprimé à Paris l'an 1578 chez Jean de Laftres. Il floriffoit à Arles en Provence, l'an 1577.

EMOND DE PANIGROLLES, Ecuyer (qui eft un nom fuppofé). Il a écrit un Difcours de ce qui s'eft paffé aux Etats Provinciaux de Normandie, tenus à Rouen l'an 1578, imprimé à Paris l'an 1578 chez Berthelemy des Planches, qui eft un autre nom fuppofé.

ENGUERRAND DE MARIGNI (Meffire), Chevalier, Comte de Longueville en Normandie; grand Général des Finances de France, fous Philippe-le-Bel, & Loys Hutin fon fils, l'an 1300. Il étoit homme fort éloquent, & prononça une Oraifon ou Harangue au Peuple de Paris en la préfence du Roi Philippe le Bel, non encore imprimée. Ledit de Marigny fut pendu & étranglé à Paris l'an 1314, le dernier jour d'Avril [1].

[1] Ce fut le dernier Avril 1315 que Marigny fut pendu, & non pas l'année 1314, qui finiffoit au 22 Mars, Pâques étant le 23, qui commençoit par conféquent l'année 1315. (M. DE LA MONNOYE).

ENGUERRAND DE MONSTRELET [1], Gentilhomme, natif de Cambrai en Picardie. Il a écrit trois gros volumes [2] de l'Hiftoire de France, imprimés à Paris chez Jean Petit & Michel le Noir, l'an 1512, & depuis chez Michel Somnius, Chefneau & autres, l'an 1572, revus & recorrigés. Il floriffoit l'an 1444 *.

[1] Je crois qu'il faut prononcer *Montrelet*, l'autre prononciation ayant une vilaine équivoque, que l'Auteur avoit intérêt d'éviter. (M. DE LA MONNOYE).

[2] Les trois Tomes de l'Hiftoire de Monftrelet fe mettent en deux volumes

ou en un, continués depuis 1467 où finit Monftrelet, jufqu'en 1516.
(*idem*).

Suivant le *Ducatiana*, pag. 129 & 130, il y a eu quatre Editions de Monftrelet, les deux premières Gothiques, plus fidèles, mais pleines de fautes d'impreffion. Sauvage a gâté la troifième par de mauvaifes interpréta-tions. L'Edition la plus ample eft celle de 1603 en deux Tomes *in-fol,* (M. Falconet).

* Monftrelet étoit Citoyen & Prevôt de Cambray, Baillif de Walincourt. Il mourut le 20 Juillet 1453, & fut enterré aux Cordeliers de Cambray. On trouvera un fort bon Article fur Monftrelet dans la nouvelle Edition de la Bibliothèque Hiftorique de la France, Tom. II, n°. 17295. J'ajouterai ici une note curieufe & authentique fur la date de fa mort, & les titres qu'on lui donnoit. " Le 20ᵉ jour de Juillet, l'an 1453, honorable homs & noble
» Engherans de Monftrelet, Ecuyer, Prévôt de Cambray, & Bailli de
» Walincourt, trefpaffa & eflifit fa fépulture aux Cordelois de Cambray,
» & fut là porté en un portatoire, enveloppé d'une natte, vêtu en habit de
» Cordelois, le vifage au nud, & y eut fix flambiaux & trois cherons de
» trois quarts chacun autour del bierre, où il y avoit un habit de Cordelois;
» & fut un bien honnefte homs, & croniqua de fon temps des guerres de
» France, d'Artois, de Picardie, d'Angleterre, de Flandres, & de ceux
» de Gand, contre M. le Duc Philippe; & trefpaffa feize jours avant que la
» paix fût faite, en la fin de Juillet de l'an 1453 ". Cette note a été copiée d'après le Nécrologe des Cordeliers de Cambray. Il en réfulte que la plus grande partie du troifième livre de l'Hiftoire de Monftrelet n'eft point de cet Ecrivain.

ERVÉ FAYARD, Périgordin. Il a traduit toutes les Œu-vres de Galien en François [1]. Le livre dudit Galien, de la Fa-culté des fimples médicamens, avec l'addition de Fuchius, Al-lemand, & autres, traduit par ledit Fayard, a été imprimé à Limoges par Guillaume de la Noaille, l'an 1548.

[1] Tout ce que ce Médecin a traduit de Galien fe réduit à l'unique verfion du livre de la Faculté des Médicamens fimples. *V.* du Verdier, au mot *Hervé Fayard;* car c'eft *Hervé* qu'il faut écrire plutôt que *Ervé.* (Cette traduction fut imprimée à Limoges, en 1548, *in*-8°)... (M. de la Monnoye).

ESAIE LE LIEVRE, Médecin, natif de Vermandois en Picardie, Poëte, Philofophe, & Médecin, &c. Il a écrit un livre intitulé Epydymyomachie [1], ou Combat de la Pefte avec le Réglement Politique, imprimé à Paris chez Robert Colombel,

lombel , l'an 1582. Douze Tables démonstratives des choses naturelles & contre nature , imprimées chez ledit Colombel avec le susdit Traité de la Peste *.

[1] Si l'orthographe *Epydymyomachie*, au lieu d'*Epidémiomachie*, est d'Esaïe le Lièvre, on peut dire que le Grec n'abondoit pas chez ce Médecin, quoique l'*y* Grec y abondât. (M. DE LA MONNOYE).

* Ajoutez aux Ouvrages de cet Ecrivain, cités par La Croix du Maine, son livre intitulé *Officinne & Jardin de Chirurgie Militaire*, Paris, 1583, *in-8°*.

ESTER DE BEAUVAIS , Damoiselle Angevine. J'ai vu quelques Sonnets de sa façon , imprimés avec les Œuvres de Beroalde, Sieur de Verville. Elle florit en Anjou l'an 1584.

ESTIENNE D'ACIER, natif de Bar sur Aulbe, en Bourgogne. Il a écrit en vers François l'Hymne du Pasteur , imprimé à Paris chez Thomas Ricard , l'an 1564.

ESTIENNE DE L'AIGUE , dit AQUEUS , Ecuyer, Sieur de Beauvais en Berry. Il a écrit un Traité de la propriété des Tortues , Escargots , Grenouilles & Artichaux , &c imprimé à Paris chez Galliot du Pré, l'an 1530 [1]. Il a traduit de Latin en François les Commentaires de Jules-César de la guerre civile , & les Commentaires de Hirtius Opius , de la guerre d'Alexandrie , Afrique & Espagne , le tout imprimé à Paris chez Arnould & Charles les Angeliers , l'an 1539. Il florissoit sous François I, l'an 1530.

[1] Il mourut l'an 1533. Le livre dont il est ici question est sans doute une partie de son Commentaire Latin sur Pline, Ouvrage d'écolier. C'est le jugement qu'en fait, avec grande raison , Beatus Rhenanus , dans la cinquantième des cent Epîtres recueillies par Goldast. (M. DE LA MONNOYE).

Estienne de l'Aigue, sieur de *Beauvais*, en Berry, suivant La Croix du Maine, du Verdier & le P. Hardouin, dans sa Préface sur Pline ; mais on ne trouve ni dans le Dictionnaire ni dans le Dénombrement de la France, aucun Village ou autre lieu en Berry appelé *Beauvais*, mais seulement une Abbaye de Beauvais en Berry. De l'Aigue *, dans le titre de son Commmentaire sur Pline, se dit de Bourges , *Biturix*. Le P. Hardouin ajoute, *Biturico Galliæ agro oriundus*. Peutêtre avoit-il pris le nom de quelque Hameau inconnu, dont il étoit originaire. (M. FALCONET).

* Il est nommé ESTIENNE DAIGUE , à la tête de son Traité des *Tortues*.

ESTIENNE DE L'AULNE, Parisien, l'un des plus ex-cellens hommes pour le burin & taille douce de toute la France, comme il se voit par une infinité de pourtraits faits de sa main, & imprimés tant à Paris qu'en autres lieux. Il mourut à Paris le jour de la Pentecôte, l'an 1583, âgé de soixante-sept ans.

ESTIENNE BARITEL, ancien Poëte Comique. Voy. de lui les Epîtres d'Estienne du Tronchet.

ESTIENNE DE BOIENVAL, Picard, natif de la ville de Chelle au Diocèse de Beauvois, homme fort curieux des simples & compositions naturelles, grand Distillateur, &c. Il florit à Paris cette année 1584.

ESTIENNE DE LA BOËTIE, natif de Sarlat en Périgort, Conseiller du Roi au Parlement de Bordeaux, l'an 1560, ou environ, Poëte Latin & François, Historien & Orateur, J. C. homme docte ès langues, &c. Il a traduit de Grec en François la Ménagerie de Xénophon ; les Règles de mariage de Plutarque : Plus, une lettre de consolation dudit Plutarque à sa femme, le tout imprimé à Paris chez Federic Morel, l'an 1571, avec quelques vers Latins & François dudit Boëtie. Il a écrit plusieurs Sonnets, desquels il s'en voit vingt-neuf imprimés dans le premier livre des Essais de Messire Michel de Montagne, Chevalier, &c. Il a écrit quelques Mémoires ou Avertissemens sur l'Edit de Janvier, ensemble le Contre-un, traitant de la Servitude volontaire, imprimé [1], &c. lequel il écrivit l'an de son âge 18, comme témoigne ledit sieur de Montagne, au Chapitre de l'Amitié, imprimé avec ses Essais. Il mourut l'an 1563, le 18e jour d'Août, âgé de trente-deux ans neuf mois & dix-sept jours, comme il se voit par un Dis-cours de sa mort, fait par ledit sieur de Montagne, imprimé sur la fin de la Ménagerie de Xénophon chez Morel à Paris, l'an 1571.

[1] On trouve dans le troisième volume des Mémoires de l'Etat de la France sous Charles IX, feuillet 83, le Discours de *la Servitude volontaire*, intitulé

par quelques-uns *le Contre-un*, comme le dit ici La Croix du Maine ; titre fort mal exprimé dans l'Hiſtoire de M. de Thou par *Ant'henoticon*, comme je l'ai fait voir, pag. 365 du VIIe Tom. de Baillet. Ce Traité a été réimprimé parmi les pièces imprimées dans l'Edition des Eſſais de Montagne, *in-12*, à Genève, l'an 1727, en cinq volumes. C'eſt une très-froide, très-ennuyeuſe & très-puérile déclamation. Les vers Latins d'Etienne de la Boétie, qu'on a fort loués, ne ſont pas exempts de fautes de quantité, & de quelques-unes contre la diction. Son nom, qu'on prononce communément *la Boécie*, ſe doit prononcer *la Boétie*, comme rimant avec *partie* ; c'eſt ce que j'ai ſu des gens du pays. (M. DE LA MONNOYE).

V. la Bibl. Françoiſe de M. l'Abbé Goujet, Tom. XII, pag. 139.

ESTIENNE COLAS, Profeſſeur des Langues Françoiſe & Angloiſe au pays d'Angleterre, &c. Il a écrit un Traité pour apprendre à parler François & Anglois, imprimé à Rouen chez Bonadventure Belys, l'an 1554.

ESTIENNE COPPÉ. Il a traduit de Latin en François les Opuſcules de Guillaume Gratarolle de Bergome, Docteur en Médecine, &c. imprimées à Lyon.

ESTIENNE DOLET, natif d'Orléans [1], Imprimeur à Lyon, Poëte Latin, Orateur & Grammairien. Il a écrit quelques vers François ſur ſon ſecond empriſonnement, intitulé le ſecond Enfer [2] d'Eſtienne Dolet, imprimé à Troye l'an 1544 par Nicole Paris, avec quelques Dialogues dudit Eſtienne Dolet ; les Geſtes de François de Valois, Roi de France, premier du nom, écrits premièrement en vers Latins par ledit Dolet, & depuis traduits en vers François par lui-même, imprimés par lui à Lyon l'an 1550. Il a traduit en François deux Dialogues de Platon, ſavoir eſt Axiochus & Hyparchus, le tout imprimé l'an 1544, avec ſon deuxième Enfer. Il promettoit de traduire tout le Platon en François, mais il n'eſt encore imprimé. Il a traduit quelques Epîtres de Ciceron, imprimées à Paris chez Buon ; les Philippiques ; Traité de la manière de bien traduire d'une langue en autre, imprimé à Paris l'an 1545, avec le Traité de l'Orthographe de Loys Meigret ; l'Orateur François, non encore imprimé ; Exhortation à la lecture des

Saintes Lettres, imprimée à Lyon l'an 1542 par lui-même ; Difcours de la République Françoife, imprimé par lui l'an 1544 ; le Cantique des Cantiques ; les Epîtres & Evangiles des cinquante-deux Dimanches de l'an, avec les Expofitions ; Expofition fur la première Epître de S. Jean, divifée par Sermons. Il y a plufieurs de fes livres cenfurés *, &c. Il fut brûlé à Paris du temps de François I, le jour de S. Eftienne, en la Place Maubert, Paroiffe de S. Eftienne, & avoit nom Eftienne, qui font rencontres mémorables.

¹ On difoit que Dolet étoit bâtard de François I, qui en avoit plufieurs qu'il ne vouloit pas reconnoître. Dolet lui dédia le Poëme qu'il compofa fur fon fecond emprifonnement, & qu'il intitula le *Second Enfer*, ce qui ne l'empêcha pas d'être brûlé à Paris à la Place Maubert, en 1544, le jour de S. Etienne. Il avoit déja fait amende honorable à Touloufe pour quelques écrits faits contre cette Ville. Il fut mis en prifon, à caufe de quelques vers injurieux faits contre le Juge-Mage Dammartin, en 1534. On lit dans le *Ducatiana*, pag. 51, qu'interrogé par fon Juge fur ce qu'il croyoit, il lui répondit, *je crois que vous êtes une groffe bête, & vous ne le croyez pas*. Béze avoit fait fon Epitaphe, qui a été retranchée dans la feconde Edition de fes Poëfies Latines. (M. FALCONET).

² Voyez mes notes, p. 372 du premier volume de Baillet. Elles font fures dans ce qu'elles contiennent touchant Dolet. Quant à la note que j'ai mife au bas de la page 380 du quatrième volume du même Baillet, j'avoue qu'il y a quelque chofe à réformer. J'y ai dit qu'en 1533, Dolet, accufé de Luthéranifme à Touloufe, fut arrêté par ordre du Juge-Mage Dammartin, & de-là promené par les Carrefours, comme lui-même le dit dans fon Ode Satyrique contre ce Juge :

> Nullum me fcelus in vincula conjici
> Pofcebat, neque per compita turpiter
> Duci, ut qui impius enfe
> Patris foderit ilia.

Un illuftre Orléannois a pris de là occafion de m'écrire que l'endroit de l'Ode citée ne marquoit nulle autre injure faite à Dolet, que d'avoir été honteufement conduit par les rues en prifon, ce que deux lettres du même Auteur à Jacques de Minut, premier Préfident au Parlement de Touloufe, confirmoient, par la première defquelles s'étant plaint de fon emprifonnement à ce Magiftrat, il en obtint un prompt élargiffement, dont il remercia par la feconde, fans que dans l'une ni dans l'autre il ait fait la moindre mention de cette ignominieufe promenade dont j'ai parlé. Ma réponfe à cette objection a été que, si j'avois fait recevoir à Dolet un affront qu'il n'avoit pas reçu, peut-être y avoit-il eu de ma faute de n'avoir pas eu d'égard aux deux lettres qu'on m'alléguoit, mais qu'il falloit convenir que de la manière dont il s'est expliqué dans son Ode, il a donné lieu à l'erreur, & que malgré sa prose, qu'on tâche de faire venir au secours, ses vers donnent une idée qui le deshonorent ouvertement. Au lieu de ce dur & mauvais tour qu'il y prend, *Nullum me scelus*, & le reste de la Strophe comme ci-dessus, que ne disoit-il :

> Urbis per mediæ compita turpiter
> Duci in non meritum siccine carcerem
> Debebam, velut impius
> Fodit qui patris ilia?

L'expression également nombreuse & claire n'auroit pas exposé le lecteur à y donner un sens préjudiciable à l'honneur du Poëte.

J'ai ci-dessus remarqué, au mot Claude Gallant, que l'Epigramme de Clément Marot contre l'*Inique* regardoit Etienne Dolet. On peut voir là-dessus l'Edition de Marot, *in-16*, chez Pierre Rigaud, à Lyon, 1604, où ce fait pouvoit être avancé plus affirmativement, puisqu'il est aisé de prouver que Dolet par ses discours & sa conduite se décriant dans le monde, ses amis l'abandonnèrent. Jean Voulté, qui l'avoit tant loué de ses Poësies imprimées l'an 1536 & 1537 à Lyon, le diffama l'année suivante dans le 3e & 4e Liv. de ses *Hendecasyllabes*, où il l'appelle *Lédot*, par transposition de lettres. Marot, quoiqu'un peu plus tard, en vint dans la suite à une rupture ouverte, qui l'obligea non-seulement à supprimer dans les Editions postérieures à celles de Dolet les louanges qu'il lui avoit données, mais à le nommer hautement dans des vers très-injurieux qu'il publia contre lui, tels que ceux qu'il lui applique, tirés de l'Epigramme de Martial, *Allatres licet usque nos & usque*, qu'il traduit, *Tant que voudras, jette feu & fumée*, &c. (M. de la Monnoye).

* On trouvera dans l'Article que Niceron a donné de Dolet, & qui est fort bien fait, des secours pour corriger La Croix du Maine. 1°. Le *second Enfer* de Dolet fut imprimé par lui-même à Lyon, quoique le titre de quelques Exemplaires porte *chez Nicole Paris à Troyes*. 2°. Les *Gestes de François I*, par Dolet, sont en vers Latins; mais la Traduction est en prose Françoise. 3°. Les *Traductions de Cicéron*, par Dolet, sont les Epîtres familières & les Tusculanes. 4°. Le Traité de la *Manière de bien traduire* avoit été imprimé dès 1540.

En tout il paroît que Dolet étoit insolent, insupportable dans la société, & qu'on ne pouvoit vivre avec lui. Buchanan ne le traita pas plus doucement que Marot & les autres. Il est parlé de Dolet dans l'*Antimartyrologe* de Severt, pag. 475 ; dans Mallinkroot, *de Arte Typographicâ*, pag. 95 ;

Kœnig. pag. 471 , & les Mém. de Niceron , Tom. XXI , p. 107. *Voy*. auſſi la Bibliothèque Françoiſe de M. l'Abbé Goujet , Tom. VII, pag. 72 & ſuiv. Tom. XI , pag. 193.

ESTIENNE FORCADEL , natif de Beziers près Narbonne , Doƈteur ès droits, & Leƈteur ordinaire en l'Univerſité de Toloſe, &c. frère de Pierre Forcadel, Leƈteur du Roi ès Mathématiques à Paris, &c. Il a écrit un petit Traité de la Maiſon de Montmorency , lequel il intitule Montmorency Gaulois , imprimé à Lyon par Jean de Tournes , l'an 1571 ; le Chant des Seraines , avec pluſieurs autres Poëmes François dudit Forcadel , le tout imprimé à Paris par Gilles Corröſet , l'an 1548. Il floriſſoit à Toloſe l'an 1570 [1]. Il a écrit pluſieurs Œuvres en Latin , eſquels je ferai mention autre part.

[1] Il mourut l'an 1578. Voyez ma note touchant ÉTIENNE FORCADEL, pag. 428 du 4ᵉ vol. dé Baillet. La dernière & plus ample Edition de ſes Poëſies fut donnée par ſon fils L. P. Forcadel , l'an 1579 , à Paris, chez Guillaume Chaudiere, *in*-8°. (M. DE LA MONNOYE).

.V. la Bibl. Françoiſe de M. l'Abbé Goujet , Tom. XI, pag. 423.

ESTIENNE GOURMELAN * , natif de Cornuaille en la Baſſe Bretagne Armorique , Doƈteur en Médecine à Paris. Il a écrit l'Hiſtoire de Bretagne , non encore imprimée. Il a écrit les vies de pluſieurs Saints & Saintes , leſquelles il a extraites des Martyrologes , imprimées avec les grands volumes de l'Hiſtoire des Saints , chez Nicolas Cheſneau & autres ; Avertiſſement & Conſeil à Meſſieurs de Paris , pour ſe préſerver de la Peſte, imprimé à Paris l'an 1581 chez Nicolas Cheſneau. Il florit à Paris cette année 1584. Il a écrit pluſieurs Livres Latins imprimés à Paris.

* Ou GOURMELEN , qui ſe prononce comme il eſt d'abord écrit.

ESTIENNE IDELI * , Prêtre , Chapelain ordinaire des Peſtiférés de Beſançon, & maintenant de la ville de Lyon , &c. Il a écrit deux Livres de ſacrés , ſouverains & vrais remèdes

contre la Peste, imprimés à Lyon l'an 1581, par Jean Stratius.
Il florissoit à Lyon l'an 1580.

* Son nom se trouve écrit *YDELEZ*, à la tête de l'Edition de ce Livre,
en 1627, *in-8°*.

ESTIENNE JODELLE[1], Parisien, Sieur du LYMODIN, très-
excellent Poëte Latin & François. Il a écrit un Recueil des Inscriptions, Figures, Devises & Mascarades ordonnées en l'Hôtel-de-
Ville à Paris, l'an 1558, avec plusieurs vers Latins, &c.
imprimé à Paris chez André Vechel, audit an 1558; Cléopatre
& Didon, Tragédies Françoises dudit Jodelle, imprimées;
Eugène, Comédie Françoise, imprimée; Contramours, qui est
un Poëme contenant plus de trois cens Sonnets; le Discours de
Cesar au passage du Rubicon, lequel contient environ de dix
mille vers; Ode de la Chasse; Poëme contre l'arrière-Venus,
ou péché de Sodomie. Il a écrit plusieurs Oraisons Françoises,
non imprimées. Son Œuvre de Mélanges a été imprimé à Paris
chez Nicolas Chesneau & Mamert Patisson, l'an 1574. Il mourut à Paris en Juillet l'an 1573, âgé de quarante-un ans. Charles
de la Motthe a écrit un Discours de sa vie, imprimé avec les
Œuvres dudit Jodelle, comme nous avons dit ci-devant[2].

[1] M. DE LA MONNOYE renvoie sur ÉTIENNE JODELLE au mot CHARLES DE
LA MOTHE, & au IVe Tom. de Baillet, pag. 431.

[2] On lit dans l'*Etat de la France sous Charles IX*, Tom. I, fol. 67, v°. que
le Poëte Jodelle étoit homme sans religion, qu'il fit des vers pour la Croix
de Gastines, où il parut se moquer également des Catholiques & des Huguenots : dans le *Pithœana*, il est rapporté que, comme il se mouroit, il
dit : « Ouvrez-moi ces fenêtres, que je voïe encore une fois ce beau soleil » :
c'étoit au mois de Juillet. Ses vers dans le *Perroniana* sont traités comme
ceux de Belleau de *Pois-Pilés*. (M. FALCONNET).

V. la Bibl. Françoise de M. l'Abbé Goujet, Tom. XII, pag. 167, & les
Mém. de Niceron, Tom. XXVIII.

ESTIENNE DE LUSIGNEN[1], natif de la ville de Ni-
cossie au Royaume de Cypre, issu de la Royale Maison de
Lusignan, Rois de Cypre, Religieux de l'Ordre des Jacobins,
ou Frères Prêcheurs, &c. Il a écrit la Description de toute l'Isle

de Cypre, imprimée à Paris chez Guillaume Chaudiere, l'an 1579; l'Hiſtoire contenant une ſommaire Deſcription des Généalogies, Alliances & geſtes de tous les Princes & grands Seigneurs, qui ont commandé ès Royaumes de Hiéruſalem, Cypre, Arménie & lieux d'alentour, imprimé à Paris l'an 1579, chez Guillaume Chaudiere; les Chroniques de Cypre; la défenſe des Religieux, contre ceux qui ſoutiennent que l'habit de religion eſt ſeulement pour les pauvres inutiles & pareſſeux, & non pour les riches & de noble maiſon, &c. imprimé à Paris chez Charles Roger, l'an 1581. Il a écrit un fort ample Traité des Généalogies des Maiſons les plus nobles de toute la Chrétienté, leſquelles il eſpère faire imprimer en bref. Il a mis en lumière celles de Valois, Bourbon & Luſignan, imprimées à Paris chez Jean le Clerc, & autres. Il a écrit (outre ce que nous avons récité de lui ci-devant) pluſieurs Généalogies d'aucunes Maiſons très-illuſtres, ſavoir eſt celle des Ducs & Princes de la très-illuſtre Maiſon de Lorraine, non encore imprimée. Il l'a dédiée & préſentée à Monſeigneur le Duc de Guiſe, Henri de Lorraine; Généalogie des Comtes de Bologne ſur la mer, non encore imprimée. Il l'a dédiée & préſentée à la Roine, mère du Roi de France très-chrétien. La Défenſe de tous les Ordres de religion, contre les mépriſeurs & contempteurs d'icelle, non encore imprimée; les Généalogies de cinquante ou ſoixante Maiſons les plus illuſtres, qui ont pris leur ſource & origine de Thierry, ou Théodoric II du nom, Roi de Bourgongne & d'Auſtraſie. Elles ne ſont encore imprimées, Il florit à Paris cette année 1584, âgé de quarante-ſept ans.

¹ Ou plutôt Lusignan. Il naquit à Nicoſie, Capitale de l'Iſle de Chypre, l'an 1537. Son nom dans le monde étoit Jacques. Il prit le nom d'Étienne, en faiſant profeſſion aux Jacobins de Nicoſie. Après un aſſez long ſéjour à Boulogne, Padoue, Veniſe, & autres lieux d'Italie, étant venu en France vers l'an 1577, il y demeura juſqu'à 1587, compoſant divers Ouvrages : enſuite de quoi on ne ſait pas bien ſi les troubles du Royaume ne l'obligèrent pas à repaſſer en Italie. On voit une ample liſte de ſes Œuvres Latines, Italiennes & Françoiſes dans le *Ghilini*, ſuivant lequel il mourut l'an 1590, à quoi s'accorde Altamura, mais non pas. André Rovetta, autre

Jacobin,

Jacobin, son Confrère, qui lui donne cinq années de plus. (M. DE LA MONNOYE).

Voyez ce qui eſt dit d'ÉTIENNE DE LUSIGNAN, au Tom. II des *Hiſtoriens d'Eſpagne de Schottus*, pag. 1222. (Préſident BOUHIER).

ESTIENNE MAINALD *, Profeſſeur de Médecine à Bordeaux, &c. Il a traduit de Latin en François le Traité de Vérolle, écrit par G. Rondelet, Médecin à Montpellier, &c. imprimé à Bordeaux par Symon de Millanges, l'an 1576.

* Il falloit dire MANIALD ; c'eſt ainſi que ſe nommoit ce Médecin mort à Bordeaux en 1599.

ESTIENNE PARIS [1], Docteur en Théologie, Evêque d'Antibe [2], ou d'Antipole. Il a écrit pluſieurs Homélies, imprimées à Paris chez Vincent Gaulterot.

[1] Il étoit d'Orléans, Jacobin, Docteur de Sorbonne, pourvu le 16 Mars 1551, par le Pape Jules III, de l'Evêché d'Abelone, qu'on croit être l'Ancienne *Aulon*, en Italien *la Valona*, dépendante autrefois de l'Archevêché d'Athènes ; & comme le Siége étoit *in partibus Infidelium*, le Pape lui conféra le pouvoir d'exercer les fonctions Epiſcopales dans le Diocèſe de Rouen, du conſentement de l'Archevêque Charles de Bourbon, dit *le Cardinal de Vendôme* ; à l'exemple duquel l'année ſuivante Jean de Morvilliers, Evêque d'Orléans, le voulut avoir auſſi pour ſuffragant. Il mourut à Rouen au mois d'Octobre 1561. (M. DE LA MONNOYE).

[2] La Croix du Maine n'entendant pas le mot *Abelone*, l'a expliqué par *Antibe*, ne faiſant pas réflexion qu'il y avoit plus de trois cens ans que le Siége Epiſcopal avoit été transféré d'Antibe à Graſſe. (*idem*).

ESTIENNE PASQUIER, Pariſien, l'un des plus éloquens Avocats de la Cour du Parlement de Paris, & des plus doctes, Poëte Latin & François, Hiſtorien & Orateur, &c. Il a écrit ſix livres de Recherches ou Anciennetés de la France, deſquels les deux premiers ont été imprimés en divers lieux, tant à Paris qu'à Orléans ; le Monophile ou ſeul-aymant, qui eſt un Diſcours en proſe, touchant l'Amour, imprimé à Paris par deux ou trois fois ; le Pour-parler du Prince, imprimé avec ſes Recherches ; les Ordonnances d'Amour, imprimées au Mans & en autres lieux, ſous noms diſſimulés ; le vingt-ſixième Arrêt d'Amour [1] ; plusieurs vers sur la pulce, imprimés chez l'Angelier, l'an 1582. Il a prononcé plusieurs très-doctes Oraisons, tant au Parlement qu'en autres lieux, lesquelles ne sont encore imprimées. Je ferai mention de ses Œuvres Latins autre part. Il florit à Paris cette année 1584, non sans s'étudier à profiter au Public en toutes façons très-louables. [2]

[1] Pâquier, Let. 5e du IIe Liv. de ses Lettres, a fait mention lui-même de ses *Ordonnances d'Amour*, ici rapportées. J'en ai vu un Exemplaire *in-8°*, prétendu imprimé à Anvers, ou, comme il y a, *en Anvers*, *par Pierre Urbest*, *1574*, sous le titre d'*Ordonnances générales d'Amour*. Elles consistent en cinquante Articles, & contiennent quinze feuillets. Mais je n'ai point vu ce *vingt-sixième Arrêt d'Amour*, que spécifie La Croix du Maine, ni ne puis même deviner ce que c'est, n'y ayant en cela nulle allusion aux anciens Arrêts d'Amours de Martial d'Auvergne, lesquels excédent de beaucoup le nombre de vingt-cinq. (M. DE LA MONNOYE).

[2] Un Ouvrage considerable, dont ni La Croix du Maine, ni du Verdier n'ont pu parler ici, c'est le Recueil des Lettres de Pâquier, imprimées pour la première fois l'an 1586 en un vol. *in-4°*, & depuis en cinq *in-8°*, 1619, fort augmentées. Il est de plus Auteur d'un *Factum* très-curieux pour Marie de Corbie, qui, en 1577, accusa d'impuissance Etienne de Bray, Trésorier de France, son mari, & poursuivit le procès jusqu'au 18 Juin 1580, que, par Jugement de l'Official de Paris, elle obtint la permission de se remarier. On voit par les notes de Jean Chenu sur le Réglement général des Officialités de 1606, que ce *Factum* est d'Etienne Pâquier, quoiqu'il n'y ait pas mis son nom. Je tiens cette remarque de M. Bouhier, Président au Parlement de Dijon, dans une savante Dissertation manuscrite * que j'ai vue de lui, où il prouve que pour de bonnes raisons l'usage du Congrès ne doit point être aboli. (*idem*).

* Cette Dissertation a été depuis imprimée en un vol. *in-8°*, en 1703, sous le nom de LUXEMBOURG.

Etienne Pâquier, célèbre Avocat, ensuite Conseiller au Parlement, & gratifié de la Charge d'Avocat-Général à la Chambre des Comptes par Henri III, né à Paris en 1528, y mourut le 31 Août 1615, âgé de quatre-vingt-sept ans. *Voy.* le Merc. Franç. Tom. IV, pag. 447. Dans le Liv. 9e de ses Lettres, Let. 12 & 13, il dit avoir étudié à Bologne-la-Grasse, sous Marianus Socinus, Jurisconsulte de grande réputation, dont les Consultations en France n'empêchoient pourtant pas qu'on ne perdît son procès. En 1546, le lendemain de l'Assomption, il commença d'étudier en Droit à Paris, & prit les premières leçons d'Hotoman & de Balduin aux Ecoles du Décret. Le premier lisoit à sept heures du matin, le second à deux heures de relevée.

L'an d'après, en 1547, il fut à Touloufe à la première leçon de Cujas en l'Ecole des Inftituts, qui ne s'étoit jamais mis auparavant fur la moutre. Il alla enfuite à Bologne, comme nous l'avons dit. Dans la Let. 1 du Liv. 8, il rend raifon à M. Pithou de fes études dans tous les temps. Il avoit fait des Lettres amoureufes dans fa jeuneffe ; trente ans après il les trouva réimprimées avec fon nom, en la boutique de l'Angelier, avec celles de l'Italien Parabofco, Let. 4 du Liv. 6. . . Nous avons déjà parlé de fes vers François fur *la Puce* de Catherine des Roches, aux grands jours de Poitiers, en 1579. En 1583, il y en eut d'autres faits fur *fa main*, aux grands jours de Troyes, à l'occafion de fon portrait par un habile Flamand, qui l'avoit peint fans main. *Voy.* la Let. 8 du Liv. 10, Let. 15 du même Livre, il dit avoir fait une Epître dont il étoit amoureux, mais que les troubles du temps l'empêchèrent d'imprimer. . . Let. 15, Liv. 19, il dit qu'étant Avocat, il fut commis avec neuf autres, s'affemblant chez Verforis pour rédiger la Coutume de Paris. . . Let. 9, Liv. 1, il fait voir en habile Jurifconfulte, dans fa Lettre à Briffon, les différences du Droit Romain d'avec nos Coutumes, & donne l'avantage à celles-ci en plufieurs chofes. Dans la Lettre 12, Liv. 18, datée du 15 Juillet 1605, il dit s'être démis de fon état d'Avocat du Roi, en faveur de fon fils aîné, Théodore Pâquier. Il avoit cinq fils, dont deux prirent le parti des armes; Nicolas, l'un d'eux, étoit en 1594 Confeiller du Roi, Maître des Requêtes ordinaire de fon Hôtel, & Guy étoit Auditeur des Comptes. *Voy.* encore l'éloge d'Etienne Pâquier par Loifel, p. 580. (M. Falconnet).

* Pâquier, étant jeune Avocat, plaida avec chaleur & fuccès contre les Jéfuites. Il eft dit dans l'*Hift. de l'Univ. de Paris*, Tom. VI, p. 181 & 193, que ce fut le commencement de fa fortune. Ils s'en vengèrent cruellement, & voici comme ils le traitent dans le fameux livre intitulé *Imago primi fæculi Soc. J.* pag. 503. . . *Steph. Pafchafius exercitatæ in calumniando imprudentiæ ; quid non Convitiorum evomuit os illud impudens, in Sectam, ut aiebat, ambitiofam, & fucatæ religionis plenam : aufus & Ignatium novæ impietatis commento, cum M. Luthero comparare, quafi ambo, diverfâ tamen viâ, eodem tenderent confpirarentque, ut, labefactâ Magiftratuum authoritate, difciplinam Ecclefiafticam enervarent, ut divina atque humana jura confunderent omnia.* . . Le Jéfuite Garaffe attaqua avec autant de fureur, & auffi peu de fuccès, la mémoire de Pâquier. Ses fils la défendirent avec autant de fermeté que de gloire. Arnaud, de Thou, Pafferat ne font pas mieux traités dans les pages fuivantes du même livre. Arnaud, *de Calvini Sectâ, calumniator vehemens...* Le premier Préfident de Thou, *vir antiqui moris, & horrida libertatis...* Pafferat, *præfationem habuit amarulentâ in focietatem dicacitate, calumniifque pleniffimam.* C'eft ainfi que la Société naiffante traitoit fes ennemis. Encore un mot fur les remarques utiles qu'on peut tirer des Lettres de Pâquier. Dans la feptième du Liv. 19, fur le Droit Naturel, à l'occafion du Livre de l'Echaffier, il parle très-philofophiquement de ce prétendu Droit, alliant fort bien la religion avec fes principes, quand il dit, que depuis la chûte de

l'homme, la nature eſt ſi dépravée, qu'elle n'eſt autre choſe qu'opinion ; finiſſant par dire que la loi la plus inviolable eſt celle de vivre ſelon les Lois du pays où l'on eſt habitué.

V. la Bibl. Françoiſe de M. l'Abbé Goujet, Tom. VII, pag. 141 & 200, Tom. VIII, pag. 307, Tom. IX, pag. 10, 34, 158 ; Tom. XII, pag. 43, 169, 215, 256, Tom. XIV, pag. 253.

ESTIENNE PERLIN. Il a écrit la Deſcription des Royaumes d'Angleterre & d'Ecoſſe, imprimée à Paris chez François Terpeau, l'an 1558 ; Coſmographie, ou Deſcription de toute la terre, & diviſion d'icelle, avec le changement ou mutation des Empires ou Royaumes. Je ne ſais ſi cet Œuvre eſt imprimé.

ESTIENNE DE LA PLANCHE, Avocat au Parlement de Paris. Il a traduit les cinq premiers livres des Annales de Cor. Tacitus, imprimés à Paris l'an 1555, & de rechef imprimés l'an 1581. Il floriſſoit à Paris, l'an 1555.

ESTIENNE PORCHIER, duquel la deviſe & anagramme eſt, En reproche ny siet. Il eſt Auteur du Roſier des Princes [1], écrit à la main, l'an 1470 *.

[1] Naudé, ſur la fin du troiſième Chapitre de ſon Addition à l'Hiſtoire de Louis XI, parle fort au long du *Roſier des Guerres*, dont il dit que l'Auteur n'étoit pas connu, parce qu'ayant voulu cacher ſon nom dans une Anagramme, compriſe en ces quatre vers,

> De par l'humble & obéiſſant ſubget,
> Dont le nom eſt, *En reproche n'y ſiet.*
> Car qui à point les lettres en aſſiet
> Trouver le peut, s'il ne faut à ſon get.

On n'avoit pu le deviner ; à quoi cependant il ajoute qu'un de ſes amis y avoit trouvé *Eſtienne Porchier*, par où, d'un côté on voit que l'ami de Naudé s'étoit apparemment mieux ſouvenu de cet endroit de La Croix du Maine que Naudé lui-même, & de l'autre, que puiſque l'Auteur du *Roſier des Guerres* ne s'eſt nommé que par anagramme, il faut néceſſairement que La Croix du Maine, qui le nomme *Eſtienne Porchier*, eût trouvé lui-même ce nom dans l'Anagramme, ou qu'il le tînt d'ailleurs, ce qui d'une manière, ni de l'autre, ne l'autoriſoit à donner avec tant de ſécurité, le nom d'*Eſtienne Porchier* à l'Auteur du *Roſier des Guerres*, qu'il nomme mal le *Roſier des*

Princes. Naudé, qui remarque dans l'endroit cité, que ce Livre fut imprimé à Paris l'an 1523, a raison de rejetter, comme très-défectueuse, l'Edition que Jean d'Espagnet, Président au Parlement de Bordeaux, en donna l'an 1616, comme d'une pièce rare, qu'il avoit tirée des Manuscrits du Château de Nérac. (M. DE LA MONNOYE).

* Quoi qu'il en soit du véritable Auteur du *Rosier des Guerres*, que l'on a cru être Louis XI, il paroît assez sûr qu'il a été composé par son ordre, les vers cités ci-dessus l'indiquent. *Voy.* la Biblioth. Choisie de Colomiés, Art. 8.

Parmi les Manuscrits de la Bibliothèque du Roi, il y en a deux du *Rosier des Guerres* (n°. 7433 & 7434) qui méritent d'être consultés. On trouvera à la marge du dernier une note d'une main récente, qui explique l'Anagramme *En reproche n'y siet* par le nom de PIERRE CHENYSOT.

ESTIENNE DE LA RIVIERE, Chirurgien à Paris. Il a composé les figures & déclaration des incisions, de la dissection des parties du corps humain, imprimées à Paris avec les trois Livres de Charles Estienne, Médecin, chez Robert Estienne & Symon de Colines.

ESTIENNE DE LA ROCHE, dit VILLEFRANCHE, natif de Lyon sur le Rhône Il a écrit une Arithmétique & Géométrie, imprimées à Lyon l'an 1538 par les Huguetans.

ESTIENNE SPIFAME, Gentilhomme François [1]. Il a écrit quelques Œuvres, tant en vers qu'en prose Francoise, imprimées à Paris chez la veuve Lucas Breyer, l'an 1583.

[1] Ce SPIFAME, qui prenoit la qualité de Sieur du GRAND HÔTEL & d'AZY, s'appeloit MARTIN, & non pas ÉTIENNE. Ses Œuvres, que j'ai vues, ne font que 92 pages *in-12*. La famille des Spifames étoit une des meilleures de Paris (de race noble de Luques, venus en France sous Charles VI). Il sera parlé de Jacques Spifame en son lieu; mais je suis surpris que nos deux Bibliothécaires n'aient fait aucune mention d'un Raoul Spifame, Avocat, connu au Barreau de Paris dès le règne de François I jusqu'à celui de Charles IX. On peut voir ce qu'en remarque Loisel, pag. 524 de son *Dialogue des Avocats*, où il fait dire à Pâquier que Me Raoul Spifame étoit de son temps le seul Avocat, qui, à la manière ancienne, parût en robe d'écarlate aux ouvertures de la S. Martin, pour y prêter le serment. Cette singularité tenoit un peu du ridicule. Aussi peut-on dire que c'étoit un visionnaire. Son Recueil des trois cens huit Arrêts Royaux, prétendus donnés l'an 1556 par Henri II, en est une bonne preuve. C'est lui qui les a tous dressés; ils ont été imprimés *in-8°*, sans marque de temps ni de lieu, quoiqu'il soit aisé de

préfumer que l'Edition eft de Paris , en 1558 au plus tard , le nommé *Raffe des Nœuds* , fameux Chirurgien Huguenot , ayant appofé cette date dans l'Exemplaire que j'en ai. Le Livre eft rariſſime , & quoique François , a un titre Latin qui eft tel , *Dicæarchiæ Henrici Regis Chriſtianiſſimi Progymnaſmata.* À la fin il y a *Finis primi Tomi*; mais il eft certain qu'il n'y en a jamais eu de fecond , du moins imprimé. (M. DE LA MONNOYE).

Il fe nomme lui-même à la feconde page de ce Livre fingulier, qui eft *in*-8°. *Rad. Spifama Poëta Gallus* , à la tête de l'écrit en vers pour Henri III. Loifel & Joly l'ont ignoré. (M. FALCONNET).

V. la Bibl. Franç. de M. l'Abbé Goujet, Tom. XII, pag. 111.

ESTIENNE TABOUROT,

ESTIENNE TABOUROT, Avocat au Parlement de Dijon en Bourgogne. Il a mis en lumière un fien Œuvre , rempli de facéties & joyeufetés , intitulé les Bigareures , que les Grecs appellent Stromata , &c. fous le nom du fieur des Accords, imprimé à Paris chez Richer , l'an 1583 & 1584 [1], avec augmentations. Il florit à Dijon l'an 1584 *. Il a compofé plufieurs autres Ouvrages plus férieux , lefquels ne font encore en lumière [2].

[1] Bayle compte pour une erreur à La Croix du Maine & à du Verdier d'avoir mis à l'année 1583 la première Edition des *Bigarrures* de Tabourot, quoique Tabourot lui-même la mette à 1582. Mais La Croix du Maine & du Verdier n'ont fait en cela que marquer l'année , telle qu'ils l'ont trouvée dans leurs Exemplaires, & que d'avance l'Imprimeur l'y avoit mife , fuivant la Coutume d'en ufer ainfi , afin que les Editions en paruffent plus long-temps nouvelles(M. DE LA MONNOYE).

[2] Outre les *Bigarrures* , fous le nom du Sieur des Accords , & quelqu'autres petites pièces , dont du Verdier fait mention , il a donné en 1587 , *in*-8°. chez Jean Richer , les Portraits & Epitaphes , tant en Latin qu'en François , des derniers Ducs de Bourgogne ; & fous le nom de *Jean Voſtet Breton* , Anagramme d'*Eſtienne Tabourot* , un Almanach dont il réduit en vers les Prédictions populaires au Calcul Grégorien , à Paris , *in*-8° , chez le même Richer , 1588. Je le citerai au mot JEAN LE FÈVRE , renvoyant pour le refte à ma note fur le VIe Tom. de Baillet , pag. 308 & 309. Il a intitulé fes Ecraignes Dijonnoifes , *Livre I* , quoiqu'elles n'aient jamais été fuivies d'un fecond. Elles furent réimprimées féparément à Lyon, en 1592,deux ans après la mort de l'Auteur , *in*-16 , fous le nom du Sieur du Buiffon , Baron de Grannas , & Seigneur de Domoi en partie. On y joignit dans cette Edition quelques Contes tirés du Compfeutique d'A. D. V. c'eft-à-dire , d'Antoine du Verdier , lefquels ne contiennent que treize feuillets. Etienne Tabourot mourut en 1590 , agé feulement de quarante - trois ans , fui-

vant la date par où l'Epitaphe , gravée fur fa tombe à Dijon , dans l'Eglife de S. Bénigne , finit en ces termes : *inter publicas patriæ difcordias animam quie-tam & concordem, non fine amicorum dolore , exhalavit, 1590, natus annos 43,* date qui fait voir combien eft fauffe celle qu'on trouve dans quelques Edi-tions des *Bigarrures* , au-deffus du portrait de l'Auteur , où , au lieu d'*ætatis 35, 1584*, il falloit , pour compter jufte , mettre *ætatis 35 , 1582 ,* ou *ætatis 37 , 1584. (idem).*

* Etienne Tabourot avoit été Procureur du Roi au Parlement de Dijon. Il portoit pour devife un *Tambour*, avec les mots *à tous accords.* Pâquier, Let. 12 du Liv. 8 , lui écrivoit qu'il eût été à fouhaiter qu'on n'eût rien ajouté à la feconde Edition des *Bigarrures* ; il lui indique les Auteurs de plufieurs vers artificiels. Il étoit neveu de Jean le Févre, Chanoine de Langres , dont il fera parlé plus bas, le premier qui ait donné un Dictionnaire de Rimes , Livre qui eft devenu fi commode , & d'une fi grande reffource. Jean le Févre mourut à foixante-douze ans , en 1565. Tabourot revit fon Ouvrage , le fit imprimer en 1572. Il fut réimprimé & augmenté en 1588. V. le *Menagiana*, Tom. III, pag. 334.

V. la Bibl. Françoife de M. l'Abbé Goujet, Tom. XI , p. 401 , Tom. XII, p. 191, 365, Tom. XIII , p. 363. Voy. auffi la Biblioth. des Auteurs de Bourgogne , Tom. II , pag. 300 , où l'on trouvera un ample Catalogue des Ouvrages d'Etienne Tabourot, & des Editions qu'on en a publiées ; mais on y a été trompé fur l'année de fa naiffance , par la date de fon âge, qui eft au-deffus de fon portrait.

ESTIENNE DU TRONCHET, natif de Montbrifon en Forefts , Secrétaire de la Roine mère du Roi, Tréforier de Forefts, &c[1]. Il a écrit un volume de Lettres miffives & fa-milières , imprimées à Paris chez Nicolas du Chemin , l'an 1569 ; Lettres amoureufes , avec feptante Sonnets de Pétrar-que, traduits en vers François par ledit du Tronchet, imprimés à Paris chez la veuve Lucas Breyer , l'an 1575 ; le Vol de la plume en France , imprimé ; Difcours Académiques Floren-tins , appropriés à la langue Françoife , imprimés chez le-dit Breyer , l'an 1576 ; le Contentement d'un vieil Labou-reur , &c. imprimé à Lyon par Benoift Rigault , avec les Queftions Enigmatiques d'Antoine du Verdier[2]. Il floriffoit l'an 1579.

[1] Dorat , parlant d'Etienne du Tronchet à Ronfard , difoit que c'étoit un excellent Auteur : dites *Ecrivain*, répondit Ronfard. C'eft que l'écriture de

du Tronchet, comme du Verdier le remarque au mot François I , étoit
la plus belle du monde. (M. de la Monnoye).

   ² Du Verdier n'a fait nulle part mention de ces *Questions Enigmatiques*, qui
lui sont ici attribuées. Quant à la petite pièce, intitulée *le Contentement d'un
vieil Laboureur* ; c'est une imitation d'après Claudien , par Mellin de S. Gelais,
& non pas d'après Catulle, comme le marque mal du Verdier, au mot Gilles
Corrozet. (*idem*).

   V. la Bibl. Françoise de M. l'Abbé Goujet , Tom. VII , pag. 318.

ESTIENNE VALENCIER , Forésien, Secrétaire de M. le
Comte de Sault en Provence , &c. Il a écrit une Complainte de
la France , touchant les misères de son dernier temps , imprimée
l'an 1568 ; Eglogue sur la mort de Madame Charlote de Laval,
Amirale de France , imprimée l'an 1568 , avec quelques Epi-
taphes & Cantiques dudit Valencier ; Discours sur la mort de
M. le Comte de Sault , Messire François d'Agoult , imprimé
audit an 1568 ; Eglogue présentée au Roi & à la Roine pour
Estrennes , avec une Ode de la paix , imprimé chez Federic
Morel , l'an 1576. Il florissoit l'an 1568.

ESTIENNE YDELY. Voy. ci-dessus Estienne Idely par
I Latin*.

   * C'est Ydelez , comme il a été dit plus haut.

EUDE , ou **ODE DE LA COUROIERE** , ancien Poëte
François , l'an 1250 , ou environ. Il a écrit plusieurs Chansons
amoureuses , non encore imprimées *.

   * Fauchet l'appelle de la Courroierie. Du Verdier a omis ce Poëte.

EUSTACE , ou **EUSTACHE DU COURROY** , Maître
de la Chapelle du Roi , l'un des plus grands Musiciens , & des
mieux versés en la théorique & pratique de tous ceux de notre
temps. Il a mis en lumière quelques Œuvres touchant la Musique , imprimés à Paris chez Adrian le Roy. Il a davantage écrit
plusieurs Œuvres touchant la théorique & pratique de Musique,
non encore imprimées. Il florit à Paris cette année 1584.

EUSTACE , ou **EUSTACHE** , & , selon autres, Huistace,

ou

ou WISTACE [1], àncien Poëte François. Il a écrit en vers François un Roman appelé Brut, non-imprimé [2]. Il floriſſoit l'an 1155. Ce Roman ſe voit écrit à la main, en la Bibliothèque de M. Moreau, Tréſorier de France.

[1] Fauchet d'où La Croix du Maine & du Verdier tirent ce qu'ils rapportent touchant ces anciens Poëtes François, écrit *EUSTACE*, *WISTACE*, ou *HUISTACE*, mais non pas *EUSTACHE*. Du Verdier, qui a conſervé les trois orthographes de Fauchet, en a changé l'ordre. ayant commencé par *HUISTACE*, qu'il faut chercher par conſéquent chez lui à la lettre H. *Voy.* Fauchet, Ch. 1. (M. DE LA MONNOYE).

[2] Ce Roman eſt intitulé *le Brut d'Angleterre...* *Voy.* l'Hiſt. de l'Acad. des Inſcriptions, Tom.. II, pag. 728, Edit. *in-*12. (Préſident BOUHIER).

EUSTACE, ſurnommé LE PEINTRE, très-bon Poëte François. Il a écrit pluſieurs Chanſons amoureuſes, non encore imprimées. Il floriſſoit l'an 1260, ou environ *.

* Celui-ci a échappé à du Verdier. *Voy.* Fauchet, Ch. 66.

EUSTACE, ou HUISTACES, natif d'Amiens en Picardie, ancien Poëte François. Il a écrit un Fabliau du Boucher d'Abeville. Il floriſſoit l'an 1300, ou environ. Voy. CL. F.

EUSTORG DE BEAULIEU, natif dudit lieu, au bas Limoſin, jadis Prêtre, Muſicien, & Organiſte, & depuis Miniſtre à Genève. Il eſt Auteur d'un livre, intitulé les Divers Rapports, &c. contenant pluſieurs Poëſies Françoiſes, imprimé à Lyon l'an 1537. Il a mis en Muſique trente-neuf Chanſons, non encore imprimées; Chrétienne réjouiſſance, qui eſt un amas de pluſieurs Chanſons, imprimée l'an 1546, le Pater & Ave des ſolliciteurs de procès, &c. imprimé. Il floriſſoit l'an 1546 *.

* La Croix du Maine & du Verdier en font encore mention ſous le nom d'*HECTOR DE BEAULIEU*, nom qu'il avoit pris au lieu de celui d'*EUSTORG*.

EXUPERE DE CLAVEISON [1], Sieur DE PARNAS. Il peut avoir compoſé quelques Œuvres, leſquelles je n'ai point encore vues.

[1] Ce nom me paroît chimérique, & fourni à La Croix du Maine par quelqu'un qui abuſoit de ſa crédulité. (M. DE LA MONNOYE).

LA CR. DU M. *Tome I.*   B b

F E D.

FEDERIC, ou FERRY *, premier du nom, furnommé BARBE-D'OR, Empereur des Romains, l'an 1162, neveu de Conrad, troifième Empereur, &c. Il a écrit plufieurs Chanfons & Epigrammes en langue Provençale, & , entr'autres , une, à la louange de toutes les nations qu'il avoit fuivies en fes victoires **, &c. non imprimées. Il floriffoit l'an fufdit 1162.

* M. de la Monnoye fur cet Article fe contente de renvoyer au Ch. 2 de Jean de Notre-Dame. Il y a pourtant à remarquer que le FÉDERIC, ou plutôt FREDERIC, dont il doit être ici queftion, n'eft point le premier dit BARBE-ROUSSE, que La Croix du Maine furnomme BARBE-D'OR, mais FREDERIC II, fils de Henri VI, Empereur, & fecond fils de Barbe-rouffe. Il fut élu Empereur le 13 Décembre 1210, couronné à Rome le 22 Novembre 1220, mort à Fiorenzuela dans la Pouille le 13 Décembre 1250, âgé de 57 ans. Prince courageux, favant, & qui parloit fix fortes de langues, libéral & magnifique., que fes démêles avec la Cour de Rome, & les guerres néceffaires qu'il eut à foutenir firent paffer pour impie & cruel, quoiqu'il fût très-digne du fceptre qu'il portoit.

** Les vers dont parle La Croix du Maine font en langue Provençale. Le Couplet fuivant, curieux par fon fujet, en donnera une idée.

> Plas my Cavallier Francès
> E la Donna Catallana,
> E l'onrar del Gynoès
> E la Cour de Kaftellana.
> Loü cantar Provenfallès,
> E la danfa Triuyzana,
> E lou corps Aragonnès,
> E la Perla Julliana.
> Las Mans & Kara d'Anglès
> E lou Donzel de Thufcana.

* Ce Monument eft d'autant plus précieux, qu'il nous prouve que certaines qualités, foit du corps, foit de l'efprit, naturelles à quelques peuples, fe confervent les mêmes dans tous les temps, & femblent tenir au climat; la galanterie des Chevaliers François, la beauté des Catalanes, l'induftrie des Genois, le goût des Provençaux pour le chant, les traits réguliers & la beauté des mains des Angloifes, la gentilleffe des femmes de Tofcane, fe reconnoiffent encore.

FEDERIC BLANCHET, natif de Saincthon en Forefts, Avocat au Parlement de Paris. Il a traduit fort heureufement de Latin en vers François les Baifers de Jean fecond *, Fla-

mand de nation , non encore imprimés. Il florit à Paris cette
année 1584.

* M. Dorat , ancien Mousquetaire , Poëte agréable & léger , vient de donner
une imitation charmante de quelques-uns des *Baisers* de Jean second , *précédés
du mois de Mai, Poëme.* Cet Ouvrage, *in-8°.* superbement imprimé chez
Lambert , 1770, est orné de très-belles gravures. Le Poëte François a su voiler
quelques images trop libres du Poëte Latin , en leur conservant néanmoins
tout le piquant de la Volupté.

FEDERIC JAMOT , natif de Bethune en Picardie , Docteur
en Médecine , homme docte en Grec & Latin [1]. Il a traduit de
Grec en François un Traité de la Goute [2], contenant les causes
& origine d'icelle , imprimé à Paris chez Philippe de Rouville ,
l'an 1567, & depuis chez Galiot du Pré, l'an 1573 [*]. Il florissoit
l'an 1567.

[1] Il étoit sur-tout bon Poëte , Grec & Latin. Je le crois mort un peu avant
l'an 1600. (M. DE LA MONNOYE).

[2] Le Traité de *la Goutte* , dont il est parlé ci-dessus , est de Demetrius
Pépagomenus , imprimé en Grec l'an 1558 , *in-8°,* avec une version Latine
anonyme. Il est aussi Auteur de l'ιιρακοσόφιον , ou du Traité de *Fauconnerie,* imprimé en Grec avec la Traduction Latine de Pierre Gilles , 1612, *in-4°* , par
les soins de Nicolas Rigault. Quelques-uns lui donnent de plus le Κυνοσόφιον ,
où il est traité des chiens de chasse & de leurs maladies. *(idem).*

* Le traité de *la Goutte* par Demetrius Pépagomenus a été réimprimé en
1753 , *in-8°.* à Arnhem , avec la version Latine , revue par M. J. Etienne
Bernard, qui y a ajouté des notes. Quant aux deux Ouvrages sur les Faucons
& sur les Chiens de Chasse, le dernier n'est point de Pépagomenus , & il est
fort douteux que le premier lui appartienne. *Voy.* la Biblioth. des Auteurs
qui ont traité de la Chasse , pag. 23 & 68. Demetrius Pépagomenus étoit
Medecin de l'Empereur Michel Paléologue vers 1261.

FEDERIC MOREL , Champenois , Imprimeur du Roy à
Paris , &c. homme docte en Grec & Latin , père de Federic
Morel, Parisien, duquel nous allons parler , &c. Il a extrait
des Œuvres de S. Cyprien , un Traité des douze manières d'abus
qui sont en ce monde , & le moyen de les éviter; ensemble il a
traduit les douze Régles de Jean Pic de la Mirandole , comprenant les choses plus requises pour vivre chrétiennement , le
tout imprimé à Paris par lui-même l'an 1571. Il mourut à Paris

le Jeudi feptième jour de Juillet l'an 1583, âgé de foixante ans, ou environ *.

* C'eft celui qu'on appelle l'ANCIEN, qui étoit interprète du Roi pour les langues Grecque & Latine.

FEDERIC MOREL, Parifien, fils du fufdit, jeune homme docte en Grec & en Latin, &c. Il a traduit de Grec en François plufieurs Traités de S. Bafile le Grand, entr'autres, un Abrégé de celui qu'il a fait du S. Efprit, imprimé par lui l'an 1584; Traité de Galien, touchant l'exercice de la Paulme; Difcours de Théodoret, Auteur Grec, touchant la Providence de Dieu; le Convive ou Banquet de Xénophon, & plufieurs autres, lefquels il mettra bientôt en lumière. Il florit à Paris cette année 1584 [1].

[1] Il fut Profeffeur Royal en Grec, & interprète comme fon père. Il mourut le 17 Juin 1630, âgé de foixante-dix-huit ans. (M. DE LA MONNOYE).

V. la Bibl. Françoife de M. l'Abbé Goujet, Tom. XIII, pag. 320, & Tom. XIV, p. 162.

FELIX LE VOYER. Voy. ci-après FŒLIX, écrit par œ, en cette forte FŒLIX.

FERRAND DE BEZ, Parifien, Poëte Latin & François, Principal du Collège du Pleffis à Paris, autrefois Régent à Nifmes en Languedoc. Il a écrit en vers François l'Efiouiffance de Nifmes, imprimée en Avignon l'an 1553; l'Inftitution puérile, en vers François, imprimée à Nifmes l'an 1553; les Epîtres Héroïques amoureufes aux Mufes, écrites en vers François, imprimées à Paris chez Claude Micard l'an 1579. Il mourut à Paris l'an 1581, ou environ *.

* V. la Bibl. Franç. de M. l'Abbé Goujet, Tom. XIII, p. 149.

FERRY. Voy. ci-devant FEDERIC.

FŒLIX [1] LE VOYER [2], autrement appelé FÉLIX DE LA MOTHE LE VOYER, &c. natif du Mans, Avocat en Parlement, frère puîné de M. le Secrétaire le Voyer, &c. homme docte ès langues Grecque & Latine, & bien verfé en la Jurifprudence, Médecine, Philofophie, Mathématiques, Poëfie, Hiftoire, Art Oratoire & autres. Ce que je dis felon que la vérité me le commande , & non pour la grande amitié que je lui porte. Il a écrit premièrement en Latin un fort docte Traité, de l'Ambaffade [3] , lequel il a fait imprimer à Paris chez Michel de Roigny, l'an 1579, & depuis il l'a traduit en François, non encore imprimé. Il a compofé plufieurs vers fur divers fujets, non encore imprimés, & , entr'autres, plufieurs très-doctes Sonnets. Il a écrit plufieurs Oraifons Latines & Françoifes, non encore mifes en lumière, defquelles je ferai mention autre part ; Dialogue de la Mufique, dédié à M. des Roches de Poitiers, non imprimé. Il florit à Paris cette année 1584 *.

[1] La Croix du Maine auroit bien fait de s'en tenir à l'ortographe FELIX , qui eft la meilleure , ou plutôt la feule bonne , comme le nom propre FELIX, écrit en Grec au vingt-quatrième des Actes φῆλιξ, & non pas φοῖλιξ, le décide. (M. DE LA MONNOYE).

[2] Ce mot LE VOYER s'eft dans la fuite écrit & prononcé LE VAYER , témoin le célèbre Pyrrhonien François de la Mothe le Vayer, qui , par allufion de *Voyer* à *voir* , & de *Mothe* à *Motte* , tantôt s'eft appelé *Orafius Tubero*, tantôt *Tubertus Ocella* , favoir *Orafius* , qu'il auroit mieux fait d'écrire *Horafius* d'ὄρασις la vue, & *Tubero* de *Tuber* , motte ; de même que *Tubertus Ocella* , par rapport à deux mots Latins *Tuber* & *Ocellus* , d'une fignification femblable. Il y a eu du même pays du Maine, fous François I , un Savant, dont il fera parlé plus bas, nommé *Jean le Voyer* , en Latin *Joannes Viforius*. (*idem*).

[3] Ou *de Legato* , fur lequel il faut voir du Verdier dans fon fupplément à la Bibliothèque de Gefner. (*idem*).

* V. les Mémoires de Niceron, Tom. XIX.

FLORENT CHRESTIEN , natif d'Orléans, Précepteur du Roi de Navarre, & Garde de fa Bibliothèque à Vendofme, fils de Guillaume Chreftien, Docteur en Médecine, &c. homme très-docte ès langues, & très-excellent Poëte Latin & François. Il a traduit de Grec en vers François la Vénerie d'Opian, imprimée à Paris chez Robert Eftienne, l'an 1575. Il a traduit de Latin en vers François la Tragédie de G. Buchanan, Efcoffois, intitulée Yephté, ou le Vœu, imprimée à Orléans chez Loys Rabier, l'an 1567 [1]. Il a écrit tant en vers Latins que François un Poëme, intitulé le Roffignol ; Mémoires des troubles de France, qui eft une Hiftoire de notre temps ; je ne fais s'il les a fait imprimer. Il a écrit quelques Poëmes contre P. de R. fous noms déguisés, imprimés à Orléans[2]. J'entends qu'ils font aujourd'hui bons amis, c'eft pourquoi je paffe cela fous filence. Il florit cette année 1584[3]. Je ferai mention de fes écrits Latins en ma Bibliothèque Latine.

[1] Il donna en vers François une Traduction du *Francifcanus* de Buchanan, imprimée en 1567 à Genève. (M. DE LA MONNOYE).

[2] Les lettres initiales P. de R. ici marquées fignifient PIERRE DE RONSARD, contre lequel Florent Chrétien écrivit fous le nom de FRANÇOIS DE LA BARONIE. Nous en parlerons encore à ce mot. (*idem*).

[3] Il mourut l'an 1596, âgé de cinquante-fix ans. On voit quelques lettres de Claude fon fils dans le Recueil, imprimé *in*-8°. à Harderwick, en 1624, des Lettres Françoifes à Jofeph Scaliger. (*idem*).

Florent Chrétien, qui avoit été Précepteur d'Henri IV. & mourut à Vendôme au commencement d'Octobre 1596, étoit le cinquième enfant de Guillaume Chrétien fon père, Médecin à Orléans, d'une famille noble; Florent étoit né à fept mois, & relativement aux circonftances que nous venons de rapporter; il prit les noms de QUINTUS SEPTIMIUS FLORENS. Il commença par exercer la Médecine où il fit des progrès. *Voy.* le Journal d'Henri IV, Tom. II, pag. 318. — On lit dans la Bibliothèque Choifie de Colomiés, ff. 46 & 97, que Claude, auffi homme de lettres, fils de Florent, promettoit le Théocrite de fon père. *Voy.* Teiffier, Tom. IV, p. 284 & 288, & les Mém. de Niceron, Tom. XXXIV. (M. FALCONNET).

V. la Bibl. Françoife de M. l'Abbé Goujet, Tom. VII, pag. 119 & fuiv. Tom. XII, pag. 258, & les Mém. de Niceron, Tom. XXXIV, pag. 122.

FLORENT COPIN, Poëte François, du temps de Marot[1].

[1] Il eft nommé dans la pièce intitulée *le Rabais du Caquet de Marot*, en ces vers :

> Copin, qui fais plus qu'on ne penfe;
> Sors de Rouen, je t'en difpenfe.

Par où on voit qu'il étoit de Rouen. (M. DE LA MONNOYE).

FLORENT DE CROX, Mathématicien. Il a écrit plufieurs Almanachs & Prognoftications, imprimées à Paris & en divers autres lieux. Il floriffoit l'an 1570. Jean le Peletier, Parifien, Docteur en Médecine, a mis plufieurs Prognoftications fous le nom dudit Florent de Crox, comme nous dirons en fon lieu[1].

[1] La Croix du Maine qui promet de parler de Jean le Peletier, Parifien, n'en parle nulle part *. (M. DE LA MONNOYE).

* M. de la Monnoye n'a pas remarqué que La Croix du Maine fe trompe

ici , & qu'au lieu de *Jean* , il auroit dû dire *Jacques le Peletier* , qui , fuivant Pafquier , Let. 4 du Liv. 5 , étoit bon Médecin , Arithméticien , grand Poëte , le premier qui mit nos Poëtes François hors de page. Il étoit frère de Jean Peletier , Grand-Maître du Collège de Navarre , dont il eft parlé avec éloge dans l'*Hift. de l'Univerfité* , Tom. VI , pag. 27 , 134 & autres.

FLORENT GOULET , Poëte François , natif de Nogen au Perche. Il a écrit quelques Epitaphes fur la mort de Meffire Chreftofle de Thou , premier P. de Paris , imprimés audit lieu l'an 1583 , par Jean du Carroy.

FLORIMOND ROBERTET , natif de Montbrifon en Forefts , Baron d'Alluye , Secrétaire d'Etat & des Finances , fous les Rois de France Charles VIII , Loys XII , & François I. Il a écrit infinis Mémoires & dépêches , touchant les affaires de France , non imprimés. Il floriffoit l'an 1530. Clément Marot parle fouvent de lui en fes Œuvres.

FOULQUES, ou FOUQUET DE MARSEILLE, ancien Poëte Provençal , iffu de Gênes en Italie , Abbé du Thorondet en Provence , près de Luc , de l'Ordre de Cîteaux , depuis Evêque de Marfeille , & enfin Archevêque de Tolofe , l'an 1230 *. Il a écrit un Traité des Complaintes de Beral. Dante fait mention de plufieurs de fes écrits en rithme Provençale. Il mourut le jour de Noël en la guerre contre les Albigeois , l'an 1231 **.

* Les Auteurs de la nouvelle Edition de *la Gaule Chrétienne* (Tom. I , Col. 648,) ont prouvé que Foulques , Abbé du Toronet , qui fut depuis Evêque de Marfeille , n'eft pas le même que Foulques , Abbé du Toronet , qui fut Archevêque de Touloufe : le premier devint Evêque de Marfeille en 1174, & mourut en 1186 ; le fecond ne fut Archevêque de Touloufe qu'en 1205. La méprife de La Croix du Maine vient de ce qu'il a confondu deux Abbés de Toronet , du nom de Foulques , dont l'un poffèda cette Abbaye depuis 1170 jufqu'en 1174 , & l'autre ne l'obtint qu'en 1201. Lequel des deux fut le Poëte dont parle La Croix du Maine ? Il paroît que ce fut le dernier ; car il avoit fait fon Poëme en langage Provençal , intitulé *Complainte de Baral* , avant d'être Moine de Cîteaux , par conféquent plufieurs années avant 1170. Or ce Poëme eft fur la mort d'Adelafie , femme de Baral des Vicomtes de Marfeille ; & il y a lieu de croire qu'elle n'étoit pas morte en 1170 , puifque tous les Ecrivains qui ont parlé de ce Poëte ont confondu les deux Prélats

dont on vient de parler... Voyez *Oldoini Athenæum Ligusticum*, pag. 180.
Folieta, *Clarorum Ligurum Elogia*, pag. 222.

** V. Jean de Notre-Dame, Ch. 11.

FRANÇOIS ABERT D'YSSOUDUN , en Berry, &c.
Voy. ci-après FRANÇOIS HABERT écrit par H.

FRANÇOIS DE L'ALLOUETTE , lequel s'appelle en Latin ALAUDANUS , Bailli de la Comté de Vertus en Champagne , & Président de Sedan , Maître des Requêtes de l'Hôtel du Roi , homme docte ès langues , & des mieux versés , & plus curieux de l'Histoire , tant ancienne que moderne. Il a écrit un Traité des Nobles, & des Vertus dont ils sont formés , imprimé à Paris l'an 1576 chez Robert le Mangnier ; l'Histoire ou Description généalogique de l'illustre maison de Coucy & Vervin en Picardie , le tout imprimé avec le susdit Traité des Nobles , & réduit en quatre livres , imprimés chez ledit Mangnier , l'an susdit 1576 ; Harangue ou Oraison funèbre pour deux excellens Chevaliers , M. le Maréchal du Biez , & le Seigneur de Coucy son gendre ¹ , imprimée à Paris chez Jean de Lastre , l'an 1578 , sous le nom de Jean Faluel , Docteur en Théologie ; Généalogie de la très-illustre maison de la Marck en Allemagne , de laquelle est issu M. le Comte de Maulevrier , Chevalier des deux Ordres du Roi , &c. imprimée à Paris par Martin le Jeune , l'an 1584 , & auparavant. Il a davantage écrit plusieurs autres Livres , lesquels il espére mettre bientôt en lumière, savoir est, vingt Livres de la Philosophie Françoise; deux livres de la langue Gauloise & Françoise; Origine des Gaulois & ancienne extraction d'iceux , des Pères Gaulois seulement, & non d'ailleurs , contenant deux livres , Office & Charge du Prince Souverain , & devoir du Sujet, &c. Traité du Royaume & de l'Etat du Peuple Hébreu , & de la conformité qu'il avoit avec celui de France ; Vrai & parfait Etablissement des affaires d'Etat, d'un grand & petit Royaume ; Traité des Fiançailles; De la Discipline de l'Eglise , & du devoir & autorité du Prince en icelle ; De la Justice , & des moyens qu'il faut tenir pour

tarir

tarir la fource de tous procès en la France, & ailleurs; Des polices du Royaume, des Villes & plat pays de France; De l'ufage & fervice du glaive; De l'ignorance des Lettres; Traité de l'envie & calomnie; Mémoires pour faire le corps du Droit François, contenant trois volumes; Hiftoire Généalogique de ladite Maifon de la Mark. Ces Livres fufdits ne font encore imprimés, ce fera quand il lui plaira qu'il les mettra en lumière. Il florit cette année 1584.

[1] Sur ce que La Croix du Maine ici, & au mot *Jean Faluël*, ne reconnoît que François de l'Allouette pour Auteur de l'Oraifon funèbre du Maréchal du Biez & du Seigneur de Coucy, quoiqu'elle ait été prononcée par Jean Faluël, qui même la fit imprimer fous fon nom; Baillet, dans fa *Lifte des Auteurs déguifés*, &, après lui, Placcius, dans fes *Pfeudonymes*, ont eu, ce me femble, raifon de démafquer ce *Jean Faluël*, & de fubftituer à fon nom celui de *François de l'Allouette*. Cependant, puifque Jean Faluël, Jacobin, &, par difpenfe Papale, Chanoine Théologal de Notre-Dame de Boulogne, étoit en fon temps un célèbre Prédicateur, les PP. Quétif & Echard, Jacobins, dans la Bibliothèque des Ecrivains de leur Ordre, me paroiffent avoir cru avec affez de vraifemblance que François de l'Allouette pouvoit bien avoir fourni des Mémoires pour cette Oraifon funèbre, mais que le corps du difcours, les figures d'éloquence, & le tour de la compofition appartenoient à Jean Faluël. (M. DE LA MONNOYE).

FRANÇOIS D'AMBOISE [1], Parifien, premièrement Avocat au Parlement de Paris, & depuis Confeiller du Roi au Parlement de Rennes en Bretagne, frère aîné d'Adrian d'Amboife, Docteur en Théologie, duquel nous avons parlé ci-deffus, &c. Ledit François a écrit plufieurs Œuvres, tant en Latin qu'en François, foit en profe ou en vers, ayant connoiffance de beaucoup de langues, & ayant voyagé en divers pays loingtains. Il a écrit dès fes plus jeunes ans plufieurs Tragédies & Comédies, &, entr'autres, un Livre intitulé Amours Comiques, contenant plufieurs Hiftoires facétieufes, entre lefquelles eft celle qu'il appelle les Néapolitaines, imprimée à Paris chez Abel l'Angelier, l'an 1584; Francion, qui eft un Œuvre à l'imitation des Livres d'Amadis de Gaule, non encore imprimé; Panégyrique fur le mariage de M. le Duc de Guife, Henry de

Lorraine , & de Madame Catherine de Cleves, Comtesse d'Eu, imprimé à Paris chez Nicolas du Mont., l'an 1570.[2]; Theralogue , ou Eglogue Forestiere , au Roi , imprimée à Paris chez Malot, l'an 1571 ; Elégie sur le trépas de Messire Anne de Montmorency , Connétable de France , & autres Poësies dudit Auteur , le tout imprimé à Paris chez Rouvile., l'an 1568 ; huit Livres des Amours de Clion, desquels il se voit un Poëme, qu'il intitule les Desesperades ou Eglogues amoureuses , imprimées à Paris chez Nicolas Chesneau , l'an 1572 ; le Tombeau de M. Bourdin, Procureur Général du Roi à Paris ; trois Tragédies , quatre Comédies ; Dialogue & Devis des Damoiselles, imprimé à Paris par Robert le Mangnier , l'an 1583 , sous un nom déguisé , de Thierry de Timophile G. Picard, sous lequel nom il a autrefois traduit d'Italien en François les Regrets funèbres de quelques animaux , imprimés l'an 1576 [3] ; ensemble la Comédie des Néapolitaines, dont nous avons parlé ci-dessus. Il a écrit plusieurs Œuvres Latins , desquels nous parlerons autre part. Il florit à Paris cette année 1584.

[1] *Voy.* Bayle , au mot AMBOISE (FRANÇOIS D'). Ses Recherches touchant cet Auteur sont curieuses. Il auroit bien ri s'il avoit vu un livre posthume *in-*8°. à Paris , 1620 , intitulé *Traité des Devises pris & compilé des Cahiers de feu Messire François d'Amboise , Chevalier , Baron de Chartre sur Loire , Seigneur d'Hémery , Malnouë , Reuilly , Bourot , &c. Conseiller du Roi en ses Conseils d'Etat & Privé , Maître des Requêtes ordinaire de son Hôtel.* (M. DE LA MONNOYE).

[2] Il se dit, dans cet Ouvrage, âgé de vingt ans , en 1570. (*idem*).

[3] Touchant la Traduction des *Regrets funèbres de quelques animaux* , voyez ce qui en a été dit au mot CLAUDE DE PONTOUX. (*idem*).

V. la Biblioth. Françoise de M. l'Abbé Goujet, Tom. XII , p. 316 , & les Mém. de Niceron , Tom. XXXIII , pag. 339.

FRANÇOIS ARNAULT DE LA BORIE , Sieur dudit lieu , Gentilhomme Périgordin, Chanoine des deux Eglises de S. Front , & de S. Estienne de Perigueux , l'an 1583. Il a écrit un Discours des Antiquités de Perigort , lequel il envoya

à François de Belle-foreſt , pour employer en ſa Coſmographie *.

* Voy. la Bibl. Françoiſe de M. l'Abbé Goujet, Tom. XI , pag. 191.

FRANÇOIS ARNOUL, Chanoine de l'Egliſe de S. Eſtienne
de Troye en Champagne. Il a écrit en Latin & en François la
Vie de Sainte Heilde , dite en Latin Hildis. Voy. le IIIᵉ Tome
de l'Hiſtoire des Saints, fol. 1451 des premières impreſſions.

FRANÇOIS BALDUIN ¹ , natif d'Arras en la Gaule Bel-
gique, Docteur ès Droits , l'un des plus grands Juriſconſuls ,
Théologiens & Hiſtoriens de notre temps , &c. Conſeiller &
Maître des Requêtes de M. le Duc d'Anjou , à préſent Roi de
France. Son père s'appeloit Antoine Bauduin , ou Balduin,
Conſeiller & premier Avocat du Roi à Arras , auquel lieu ledit
François Balduin naquit le premier jour de Janvier l'an 1520. Il
a écrit pluſieurs Œuvres en Latin, deſquels nous ferons mention autre part. Il a compoſé un Panégyric ſur le mariage du
Roi, lequel il prononça à Angers, en la préſence de Meſſieurs
les Gens du Roi dudit lieu , imprimé à Angers chez René Picquenot , l'an 1571 ; Diſcours ſur le fait de la réformation de
l'Egliſe , imprimé l'an 1564 avec la réponſe d'un grand Seigneur , auquel il l'adreſſoit ; l'Hiſtoire d'Anjou, non encore
imprimée ; Propoſition d'erreur , ſur les Mémoires d'Anjou ,
leſquels ne ſont encore imprimés. Il a écrit pluſieurs Généalogies , non encore imprimées, & autres Mémoires ſur le droit
& appartenances d'aucunes nobles Familles de France , comme,
entr'autres , de celle de Bourbon , Navarre, Lorraine, Anjou ,
Bourgongne , Montmorency , & pluſieurs autres. Ces Mémoires
ou Recueils d'Hiſtoires ne ſont encore imprimés : ils ſe voient
ès cabinets d'aucuns grands Seigneurs de France , & autres
hommes curieux de telles richeſſes. Avis ſur le fait de la Réformation Eccléſiaſtique, avec la réponſe à un prédicant calomnia-
teur , lequel ſous un faux nom & titre d'un Prince de France ,
s'oppoſa à l'avis ſuſdit. C'eſt le titre du Livre imprimé à Paris

chez Nicolas Chefneau, l'an 1576. Il mourut à Paris le vingt-quatrième jour d'Octobre, l'an 1574, âgé de cinquante-trois ans neuf mois vingt-quatre jours, & fut enterré en l'Eglife des Mathurins à Paris [2].

[1] Calvin l'appelle *Balduin*, & lui-même fignoit ainfi. Cependant fon vrai nom François étoit *Beaudouin*, qui peut-être ne lui plaifoit pas, à caufe des mots *Baudet*, *Baudouiner*, &c. (M. DE LA MONNOYE).

[2] Il mourut le 24 Octobre 1573, étant né le premier Janvier 1520, felon les époques de Papyre Maffon, lefquelles, touchant l'année de la mort & l'âge de Beaudouin, font plus fures que celles de La Croix du Maine, comme l'a fort bien remarqué Bayle, au mot BAUDOUIN. (*idem*).

V. les Mém. de Niceron, Tom. XXVIII. On y indique quelques livres François dont La Croix du Maine n'a point parlé.

FRANÇOIS BARAT, Prêtre, natif d'Argenton en Berry. Il a écrit quelques Œuvres.

FRANÇOIS DE LA BARONNIE (qui eft un nom fuppofé) [1]. Il a écrit quelques Poëmes François contre P. de R. imprimés à Orléans avec ceux de A. Zamariel B. de Mont-dieu, l'homme Chreftien & autres, qui font tous noms fuppofés.

[1] Ronfard ayant publié fes Difcours en vers *fur les Miféres de fon temps*, deux Miniftres y firent, en 1563, une réponfe imprimée à Orléans, quoique le nom de la ville y foit fupprimé. La même année parurent deux écrits de Florent Chrétien, fous le nom de François de la Baronnie, le premier intitulé *Seconde Réponfe*, par rapport à la première dont je viens de parler; le fecond, *le Temple de Ronfard*; à quoi celuici ayant répliqué par une Epître imprimée à la fin de fes Œuvres, Florent Chrétien, que Ronfard, dans fon Epître, avoit défigné par le nom de *Chrétien Réformé*, y oppofa en 1564 fon *Apologie*, *ou Défenfe d'un homme Chrétien, pour impofer filence aux répréhenfions de Pierre Ronfard*. Ce troifième Ecrit eft en profe, de même que l'Epître de Ronfard. Florent Chrétien, alors paffionné Huguenot, revint quelques années avant fa mort à la Religion Catholique, comme le P. Fronton-Duduc, Jéfuite, dans une lettre qu'il écrivoit de Pont-à-Mouffon, le 18 Juin 1594, à Jufte-Lipfe, témoigne l'avoir appris de Jean de S. André, Chanoine de l'Eglife de Paris. Cette lettre fe trouve, pag. 647 du Tom. I. des Lettres *Virorum Eruditorum*, publiées à Leyde en 5 vol. in-4°. 1725 & 172... par les foins de Pierre Burman. (M. DE LA MONNOYE).

FRANÇOIS DE BELLE-FOREST, Gentilhomme Com-

mingeois , Gafcon naturel. Il naquit au mois de Novembre l'an
1530 , près la ville de Samathan , fur la rivière de Sabe , ou
Save , au Comté de Comminges , &c. Il a écrit de fon invention , & traduit de langue Latine , Italienne , Efpagnole & autres , en la nôtre Françoife , plus de cinquante Volumes ou
Traités divers & féparés , favoir eft , la Cofmographie , ou
Defcription de l'Univers , avec tout ce qui fe peut defirer de recherches de l'antiquité & illuftration des quatre parties du
monde , imprimée à Paris en trois grands Volumes , l'an 1575 ,
chez Nicolas Chefneau , Michel Somnius & autres ; les grandes
Annales de France , imprimées pour la première fois en un
Volume , chez Guillaume Buon , l'an 1573 , & depuis augmentées par ledit Belle-foreft , de plus de moitié , & imprimées en
deux grands Volumes , chez ledit Buon , l'an 1579 ; l'Hiftoire
des neuf Charles , Rois de France , imprimée à Paris chez
l'Huillier , l'an 1568 ; Déploration fur la mort de M. le Comte
de Martigues , Sebaftien de Luxembourg , écrite en vers François , imprimée à Paris ; l'Hiftoire Univerfelle , qui eft comme
un Abrégé de fa Cofmographie , imprimée à Paris chez Gervais
Mallot , & faut noter qu'ès dernières Editions il y a augmentation de plus de la moitié. Complainte fur la mort de M. le Duc
d'Aumale , lequel mourut devant la Rochelle , imprimée à Paris
en vers François , chez Jean Hulpeau ; la Chaffe d'Amours ,
imprimée à Paris ; la Paftorale , imprimée à Paris ; Allégreffe au
Peuple & Citoyens de Paris , fur la réception de la Royne Eli-
zabet d'Auftriche , avec les Généalogies de fa maifon , imprimée à Paris chez Gervais Mallot , l'an 1570 , & chez Jean
Hulpeau , Robert le Mangnier & autres. Recueil d'aucunes
Hiftoires prodigieufes , imprimées à Paris chez Jean de Bordeaux ; Préfage des Miracles advenus au Roi Charles IX , imprimé à Paris l'an 1568 chez Vincent le Normand , & depuis
chez Robert le Mangnier , l'an 1572 ; Déploration fur la mort
de M. le Comte de Briffac , Meffire Thimoléon de Coffé , avec
le tombeau dudit Seigneur , imprimé à Paris l'an 1569 ; Re-

montrance au Peuple de Paris, pour demeurer en la foi de leurs ancêtres, imprimée à Paris chez Vincent le Normand, l'an 1568; la Pyrénée ou Paſtorale amoureuſe, imprimée à Paris chez Gervais Mallot, l'an 1571; Arraiſonnement fort gentil, ſur le malheur qui accompagne ordinairement les grands Seigneurs, imprimé à Paris; Chant funèbre, ſur le trépas de Henri II du nom, Roi de France, imprimé à Paris par Pierre Gaultier, l'an 1559; Epithalame ſur les noces de M. le Duc de Savoye, imprimé à Paris chez Benoiſt Gourmont, l'an 1559; Poëme Hiſtorial, touchant l'origine, antiquité & excellence de la maiſon de Tournon, imprimé à Paris chez Hulpeau, l'an 1568; Diſcours ſur les rebellions, imprimé à Paris chez Jean Hulpeau, l'an 1572; Catalogue des hommes illuſtres, leſquels ont relui en ſavoir & bonnes œuvres, ès Monaſtères, lequel Livre il intitule autrement, Recueil des hommes plus ſignalés de tous âges, leſquels s'étant ſéparés de la corruption de ce ſiècle, ont ſervi Dieu, par les Convents & Monaſtères. Je n'ai vu ce livre imprimé : il en fait mention en ſa Coſmographie, au lieu où il parle de la Cité de Paris, fol. 193, Col. 2 de la première impreſſion. Il a écrit pluſieurs Traités, touchant les troubles & guerres civiles de France; l'Innocence de la Royne d'Ecoſſe, imprimée à Paris, ſans que ledit de Belle-foreſt y ait mis ſon nom; le Tréſor des Hiſtoires Tragiques, imprimé à Paris chez Mallot, l'an 1583. Voilà quant aux inventions dudit François de Belle-foreſt & touchant ſes Traductions, voici celles que j'ai vues imprimées : Cinq ou ſix Tomes d'Hiſtoires Tragiques, priſes du Bandel Italien, imprimées à Paris chez Buon, Gervais Mallot, Jean de Bordeaux, R. le Mangnier & autres; le Labirinth d'Amour, imprimé à Paris; les Heures de récréation de Loys Guichardin, Italien, imprimées à Paris chez Jean Ruelle, l'an 1571; les Lettres des Princes, imprimées à Paris chez Jean Ruelle, l'an 1572, & encore depuis par pluſieurs fois, l'an 1574; les Concions & Harangues Militaires, imprimées à Paris; les Epîtres de Ciceron, imprimées à Paris

chez Buon & autres ; Secrets de la vraie Agriculture ou Labou-
rage, écrits par Auguftin Gallo, de Breffe en Italie, imprimés
à Paris chez Nicolas Chefneau, l'an 1571 ; les Sermons de
Guévarre, Efpagnol, traduits par lui en François, & imprimés à Paris chez Malot & autres ; le Commentaire premier du
Seigneur Alphonfe d'Ulloé, touchant les troubles advenus en
Flandres, l'an 1568, imprimés à Anvers l'an 1570, & à
Bruxelles, l'an 1568 ; l'Hiftoire des perfécutions faites en Afrique par les Arriens fur les Catholiques, imprimée à Paris chez
Gabriel Buon, l'an 1563 ; les Sermons de S. Cyrile, imprimés
à Paris chez Vincent Sertenas, l'an 1565 ; Polidore Virgile des
inventeurs des chofes, imprimé à Paris chez Robert le Mangnier;
les Amours de Clitophon & de Leucipé, écrits en Grec par
Achilles Statius, imprimés à Paris par diverfes fois ; les Ma-
niements de la guerre, écrits par Rocca, Italien, imprimés à
Paris chez Nicolas Chefneau ; les Livres de la Trinité, de
S. Auguftin, revus & recorrigés par ledit Belle-foreft, après la
traduction de Gentien Hervet d'Orléans, imprimés à Paris chez
Chefneau, l'an 1570 ; Hiftoire de la guerre qui s'eft paffée entre les Vénitiens & la fainte Ligue, touchant l'Ifle de Cypre,
ès années 1570, 1571 & 1572, écrite en Latin par Pierre
Bizarre, & traduite en François par ledit Belle-foreft ; les Œuvres de S. Cyprian ; la Harangue de Jean-François Commendon,
Cardinal, &c. prononcée devant la Nobleffe de Pologne, imprimée à Paris chez Thomas Brumen, l'an 1573 ; Difcours de
la brave réfiftance faite aux rébelles, l'an 1567, par Madame de
Tournon, Comteffe de Rouffillon, nommée Claude de Turaine,
écrit premièrement en vers Latins par Jean Villemin, & depuis
traduit en vers François par ledit Belle-foreft, imprimé à Paris
chez Jean Hulpeau, l'an 1569. Il a traduit les vies de plufieurs
Saints & Saintes, &, entr'autres, celle de S. Denys Aréopa-
gite, célébrée le 9 d'Octobre, imprimée avec les trois grands
volumes de l'Hiftoire des Saints & Martyrs, chez Chefneau &
autres ; la Civile Converfation de Gazo, Italien, imprimée à

Paris, l'an 1579; la Defcription de tous les Pays-Bas de Flandres, autrement appelés la Germanie inférieure, ou Baſſe-Allemagne, écrite en Italien par Loys Guichardin, Florentin, neveu de François Guichardin, Hiſtorien, &c. imprimée à Anvers chez Chreſtofle Plantin, l'an 1582, avec ſoixante-dix-ſept Portraits de Villes & autres ſuperbes Edifices, le tout en taille douce; les huit Livres de Salvian, Evêque de Marſeille en Provence, traitans du vrai Jugement & Providence de Dieu : ils ne ſont encore imprimés que je ſache; la Galathée, ou Inſtruction pour la Civilité, écrite par Jean de la Caſe, Italien, imprimée ſous le nom d'autres que dudit Belle-foreſt, chez Jacques Kerver à Paris; l'Hiſtoire de Joſephe, traduite par ledit Belle-foreſt [1]. Il a pu écrire de ſon invention, & a traduit auſſi pluſieurs Œuvres auxquels il n'a pas mis ſon nom, tellement que j'ai raconté ci-deſſus ce que j'ai pu voir de ſes Œuvres imprimés. Il mourut à Paris le premier jour de Janvier, l'an 1583, en l'an de ſon âge 53, & fut enterré en l'Egliſe des Cordeliers à Paris, devant le grand Autel, ſelon qu'il avoit ordonné par ſon teſtament.

[1] On lui attribue ici une Traduction de *Joſeph*, qu'il n'a point faite, & qu'il n'auroit pu faire que d'après le Latin. (M. DE LA MONNOYE).

Belle-foreſt, né à Samathan près de Lombez au Comté de Comminges, a publié plus de cinqnante Ouvrages, dont pluſieurs forment des volumes *in-fol.* Auteur fécond & mépriſable, qui travailloit pour vivre. (M. FALCONET).

V. la Bibl. Françoiſe de M. l'Abbé Goujet, Tom. XIII, pag. 157, & Niceron, Tom. XII, p. 90, & Tom. XX, pag. 16. Ce dernier peut ſervir à rectifier diverſes mépriſes de La Croix du Maine ſur les Ouvrages de Belle-foreſt.

FRANÇOIS DE BEROALDE, Sieur DE VERVILLE, G. Pariſien (naquit à Paris le 28 Avril 1558) Poëte François, Philoſophe naturel, & Mathématicien, &c. fils de Matthieu de Broald ou Beroald, Hiſtorien Latin, &c [1]. Il a écrit (étant encore fort jeune d'ans) des Commentaires ou Annotations bien doctes ſur les Méchaniques de Jacques Beſſon, imprimées à Lyon chez

Bertelemy

Bertelemy Vincent, l'an 1580 & 1581 ; les Elémens mécaniques, non encore imprimés; la Duplication du Cube, imprimée; Poëme François qu'il intitule l'Idée de la République, à l'imitation (comme il semble) du savant Morus, Chancelier d'Angleterre, lequel a écrit l'Utopie, c'est-à-dire, chose qui ne se voit point encore observée en aucun lieu, touchant le gouvernement des Républiques; le second Livre des recherches de la pierre Philosophale, où il fait une description de la nature des métaux; Abrégés des Œuvres de Hierosme Cardan, Médecin Milanois, touchant la Subtilité & Variété des choses, non encore imprimés; deux Dialogues, l'un de la Vérité, & l'autre de la Vertu, non imprimés; deux Tragédies Françoises, non encore imprimées; les Appréhensions spirituelles, Poëmes, & autres Œuvres philosophiques, avec les recherches de la Pierre Philosophale, &c. imprimées à Paris chez Timothée Jouan, l'an 1583 *. Il florit à Paris cette année 1584, âgé de vingt-six ans.

[1] Étienne Clavier, en Latin *Stephanus Claverius*, pag. 131 de ses *Annotations sur Perse*, imprimées in-8°. à Paris, 1607, parle de Verville en ces termes. *Franciscus Beroaldus, vir insignis, Doctor Medicus, meus olim Condiscipulus*, & quatre ou cinq lignes plus bas le traite de *vir doctissimus*, lui faisant un grand honneur d'une folle vision de Chymiste sur les deux Enigmes de la troisième Eglogue de Virgile, *Dic quibus in terris.* — On peut voir ma *Dissertation sur le moyen de parvenir*, dans laquelle je crois avoir à-peu-près épuisé tout ce qui peut se dire de François Beroalde, sieur de Verville. Elle est imprimée à la fin du quatrième & dernier volume du *Ménagiana*, pag. 313 de l'Edition de Paris. (M. DE LA MONNOYE).

V. la Bibl. Françoise de M. l'Abbé Goujet, Tom. XIV, pag. 188, les Mém. de Niceron, Tom. XXXIV, pag. 224, & la Biblioth. Curieuse de David Clément, Tom. III, pag. 213.

* Il a fait imprimer son Poëme, intitulé l'*Idée de la République*, contenant sept livres, chez le même Thimothée Jouan, l'an 1584, avec le Dialogue de *la Vertu*, en prose.

FRANCOIS DE BILLON, Secrétaire, natif de Paris [1]. Il est Auteur du Livre intitulé, le Fort inexpugnable de l'honneur

du Sexe féminin, imprimé à Paris chez Jean Dallier, l'an 1555.
Il florissoit l'an 1550, sous Henri II.

Henri Étienne, Ch. 14 de son *Traité préparatif à l'Apologie d'Héro-dote*, Livre qu'il imprima lui-même en 1566, parle de ce François de Billon comme d'un homme encore vivant, & en relève les impertinences, qu'il traite de blasphématoires, quoique dans le fond le personnage eût plutôt péché par fatuité que par malice. (M. DE LA MONNOYE).

Tabourot, en ses *Bigarrures*, Part. I, Ch. 12, fol. 81, dit que Billon eut une grande récompense pour son livre. (Président BOUHIER).

FRANÇOIS BONNERRIER, Sieur DU PLESSIS, natif de Saumur en Anjou. Il a écrit quelques Poësies Françoises, non encore imprimées. Il florit à Paris cette année 1584.

FRANÇOIS BOUCHARD, Gentilhomme ordinaire de la Chambre de Monsieur, frère du Roi, &c. Ce Seigneur Bouchard est bien versé en Grec, en Latin, & en François aussi, comme il a bien montré par plusieurs doctes Harangues, qu'il a prononcées devant Messieurs les Electeurs de l'Empire, à la création & coronnement de l'Empereur des Romains, Rodolphe II du nom, & encore devant les Roys de France, les Roines de Navarre, & Angleterre, & en plusieurs autres lieux, esquels il a été employé pour les services de Ses Majestés. Il ne les a encore fait imprimer, non plus que ses Mémoires ou Recueils de toutes sortes d'Histoires mémorables, qu'il a extraites de plusieurs bons & anciens Auteurs, lorsqu'il a fait lecture de leurs écrits : lesquels Mémoires il a réduits par Chapitres, & lieux communs, pour s'en servir avec plus de commodité. Il florit cette année 1584, âgé d'environ cinquante ans. Il est père de Jaques Bouchard, natif de Dieppe en Normandie, jeune homme de fort grande espérance, pour l'advancement qu'il a ès lettres Grecques & Latines, lesquelles il a en partie apprises de M. d'Aurat, Poëte du Roi, Grec & Latin, duquel il a été disciple un long temps.

FRANÇOIS BOURGOIN, Nivernois, Sieur DE DAIGNON, premièrement Chanoine en l'Eglise de Nevers, & depuis Miniſtre à Genève [1]. Il a écrit l'Hiſtoire Eccléſiaſtique , extraite des Centuries de Magdebourg , imprimée l'an 1560 , ou envi-ron , à G. Il a traduit de Grec en François l'Hiſtoire de Flave Joſephe , des Antiquités Judaïques , avec l'Apologie contre Appion & autres , le tout imprimé *. Il vivoit en l'an 1560.

[1] François Bourgoin , ſurnommé *d'Agnon* , homme de ſavoir & d'expé-rience. (Ce ſont les paroles de Béze , pag. 767 du Tome. I. de ſon *Hiſt. Eccléſ.*) Jean Bruneau , de Gien ſur Loire , pag. 18 de ſon *Diſcours Chré-tien* , imprimé l'an 1581 , dit que François Bourgoin revint de Genève *bien piétre avec ſa femme , & vint à Gien.* « Je ſais , dit Bruneau , la charge qu'il » me donna avec grande prière , pour parler à ſes parens en la ville de Paris » qui ſont gens de bien , & bien qualifiés , qui avoient un merveilleux re-» gret de ſa chûte , comme de ſa part il eût voulu ravoir la Chanoinie , elle » lui eût pu davantage ſervir que ſa femme ». Jean Bruneau , qui ne date point ce fait , auroit dû , pour lui donner plus d'autorité , le publier du vi-vant de François Bourgoin. — Une branche de ſa famille tranſplantée à Paris, produiſit au XVIIe ſiècle un autre François Bourgoin , célèbre par ſa doctrine & par ſa piété dans la religion Catholique , mort le 6 Septembre 1662 troiſième Général des Prêtres de l'Oratoire en France. (M. DE LA MONNOYE).

* En 1573, en 2 vol. *in-8°.* ſelon Fabricius, qui nomme en Latin FRANÇOIS BOURGOIN, *FRANCISCUS BURGUNDUS.* Biblioth. Grec. Tom. III, p. 246.

FRANÇOIS LE BRETON , natif de Conſtances ou Cou-tances en Normandie. Il a traduit de Latin en proſe Françoiſe un livre de Baptiſte Mantuan , imprimé l'an 1544 [1].

[1] Baptiſte Mantuan , mort l'an 1516 , Général des Carmes, a fait , outre une infinité de vers Latins , quelques Ouvrages en proſe Latine , entr'autres, un *de Patientiâ* , diviſé en trois livres. C'eſt celui que Fr. le Breton a traduit. (M. DE LA MONNOYE).

FRANÇOIS BRIBART , Poëte François du temps de Clé-ment Marot , duquel il étoit fort grand ami. Il a écrit pluſieurs Poëmes François , leſquels nous avons pardevers nous écrits à la main.

FRANÇOIS BURGAT , de Maſcon , Chanoine de la Sainte Chapelle du Palais Royal de Bourges , Prêtre Habitué de l'Egliſe de S. Vincent de Maſcon , Clerc de Chapelle de M. le Duc d'Orléans, &c. Il eſt Auteur d'un livre intitulé , La Touche

naïfve , pour connoître le faux aloy de la Doctrine de Calvin ; Exhortation pour la confervation & entretenement de la Paix , imprimée à Lyon l'an 1570 ; Traité en forme d'Exhortation , fur l'efficace & la vertu de l'Oraifon Chrétienne , & la manière de la rendre agréable à Dieu , &c. imprimé à Paris par Jean André , l'an 1551. Il floriffoit l'an 1570.

FRANÇOIS DE CHANTELOUVE , Gentilhomme Bourdelois , Chevalier de l'Ordre de S. Jean de Hiérufalem. Il a écrit en vers François la Tragédie de feu Gafpard de Colligny , jadis Amiral de France , contenant ce qui advint à Paris le 24ᵉ jour d'Août , l'an 1572 , avec les noms des perfonnages , &c. imprimée à Paris l'an 1575 *.

* Sa Tragédie de *Coligny* eft en cinq Actes avec des Chœurs. Les principaux Acteurs font , le Roi , l'Amiral de Coligny , Montgommery , Briquemont , Dandelot fortant des Enfers , &c. Elle fut imprimée avec une Approbation de deux Docteurs de Sorbonne.

FRANÇOIS CHARTIER , Sieur DE LA MAHOTIERE , Confeiller du Roi au Siége Préfidial du Mans. Il a écrit en Latin , & depuis traduit en François un livre de l'Origine & Conférence des Magiftrats Romains avec ceux de France ; il ne les a encore fait imprimer. Il florit au Mans cette année 1584.

FRANÇOIS LE CHAT , Docteur ès Droits , Chanoine en l'Eglife de S. Julien du Mans , natif de ladite Ville. Il a écrit un jufte volume touchant les Coutumes , Cérémonies & Obfervances , lefquelles doivent être gardées entre M. de l'Eglife de S. Julien du Mans , & autres Prêtres & Chapelains de ladite Eglife. Ce livre n'eft encore imprimé. Il floriffoit au Mans l'an 1520.

FRANÇOIS LE CLERC , Parifien , Principal du Collège des Orfelins à Verdun. Il a traduit de Latin en François la feptième Seffion du Concile de Trente. Il a davantage traduit quelques Opufcules de S. Jean Chrifoftome.

FRANÇOIS DE CORLIEU, natif d'Angoulefme, & Procureur du Roi audit lieu, l'an 1576. Il a écrit un Recueil en forme de ce qui fe trouve par écrit de la Ville, & des Comtes d'Angoulefme, &c. imprimé à Angoulefme, l'an 1566, par Jean de Minieres.

, La Vie de S. Aufone, Evêque d'Angoulême *, en Latin, *Vita nova Sancti Aufonii, Auctore Francifco Corlæo*, eft de ce même Corlieu, que le Traducteur François de cette Vie a mal nommé *Courlay* **. (M. DE LA MONNOYE).

* Elle eft imprimée dans le Tom. II. de l'*Hift. des Eglifes*, par du Bofquet, & avec le Commentaire de Papebroch, dans le *Recueil des Bollandiftes*, au 11e Juin. La Traduction Françoife parut en 1636, *in-8°*.

** Sa famille étoit originaire d'Angleterre. Il raconté lui-même comment elle s'établit en France. Voyez fon *Hift. d'Angoulême*, pag. 125 de la feconde Edition. Cette feconde Edition fut publiée en 1631 à Angoulême, *in-4°*, par fon neveu Gabriel de la Charlonye, Juge-Prévôt de la Ville & Châtellenie d'Angoulême. Il a placé à la tête du livre quelques détails fur la famille & fur la vie de fon oncle, dont il rapporte l'Épitaphe. On y voit que François de Corlieu, peu après la feconde Edition de fon *Hift. d'Angoulême*, fe noya en 1576 dans la Charente, qu'il avoit voulu traverfer à cheval au port de la Meurte.

FRANÇOIS DE LA COUDRAIE, natif de Pontivy en Bretagne, Avocat au Parlement de Rennes, Poëte Latin & François, & lequel a été Difciple de Jacques Peletier du Mans, tant ès Mathématiques qu'en autres Sciences. Il a écrit plufieurs vers Latins & François, outre ceux qui fe voient de lui au Recueil de la Pulce de M. des Roches, &c. favoir eft, foixante Sonnets amoureux & autres, deux Eglogues, un Epithalame ou Chant nuptial, un Poëme intitulé l'Amour déplumé, ou de la conftance d'Amour; l'Affiégement d'Amour; la Complainte du Noyer, à l'imitation d'Ovide; Poëme fur le fujet d'une bourfe; trois Hymnes Chrétiens, à l'imitation de Hiérofme Vida: tout cela eft de fon invention, & ne les a encore fait imprimer; voici quant à fes Traductions. Il a traduit quelques Oraifons & Epîtres de Ciceron; le Panégyric·de Pline à l'Empereur Trajan; la Vie de Jaques Sadolet, Cardinal & Evêque

de Carpentras en Provence, prise du Latin d'Antoine Flore-
bel; le premier Dialogue de Platon, intitulé Hipparchus, ou
du Gaing; trois Traités d'Aristote, le premier, du Dormir &
du Vueiller, le second des Songes, le troisième de la Divina-
tion par les Songes; les Demandes ou Questions amoureuses de
Nicolas Léonic; les Demandes ou Questions naturelles du même
Auteur : il n'a encore fait imprimer les Œuvres susdites. Il florit
cette année 1584.

FRANÇOIS LE COUSTELIER, Sieur d'Ozé, & de
S. Pater, près Alençon, Juge de Touraine, & depuis Sénéchal de Beaumont au Maine, père de M. d'Ozé Thomas le
Coustelier, Gentilhomme Alençonnois. Il étoit l'un des plus
savans hommes, & des plus excellens de son temps pour l'Architecture, & pour peindre à la main les plants & portraits des
Villes, Châteaux & autres superbes Edifices. Ses Œuvres ne
font imprimées. Il florissoit l'an 1575.

FRANÇOIS DE LA CROIX DU MAINE, Sieur dudit
lieu & de la Vieille-Cour, à quatre lieues de la ville du Mans,
Auteur de cette Bibliothèque Françoise, &c. Tous les Auteurs,
tant anciens que modernes, lesquels ont écrit les Catalogues
des Ecrivains ou Facteurs de quelques Ouvrages, ont toujours
fait mention de leurs Ecrits, quand cela est venu en leur rang;
& pour mon regard, afin d'avertir ceux qui verront ce mien
Œuvre, des écrits que j'ai jusqu'ici élabourés, sans les avoir encore mis en lumière, je veux bien qu'ils sachent que je n'en desire pas mettre ici le Catalogue ou Dénombrement, que j'ai
fait imprimer il y a cinq ans, & lequel je délibere de faire voir
encore sur la fin de ce mien Abrégé de ma Bibliothèque, afin
que ceux qui desireront savoir quelles font noz entreprinses, les
voient tout à leur aise; & pour dire en un mot quelles Œuvres
j'ai faites, ou bien quelles font mes entreprises, que ceux qui
liront ceci, s'assurant qu'il n'y a sujet ou matière au monde,
connue des hommes, de laquelle je n'aie écrit, ou recueilli

Mémoires, jufqu'à avoir amaffé huit cens volumes de Mémoires ou Recueils de toutes façons, contenant vingt-cinq ou trente
mille cahiers de matières différentes, efquels il y a plus de treize
ou quatorze mille feuilles écrites de ma main, & n'appelle point
feuille, s'il n'y a cent lignes; & n'appelle point ligne, s'il n'y a
dix ou douze fyllabes, ce que je ne veux alléguer pour une arro-
gance, car c'eft ce que j'ai le plus en horreur ; mais je le fais
pour prévenir en cela ceux qui ayant oüi parler des Volumes de
ma Bibliothèque, penferoient que ce ne fuffent que papiers
blancs, ou livres d'attente, entre lefquels il y en a plus de quatre ou cinq cens écrits à la main, d'autre main que la mienne,
defquels j'ai fait par ci-devant affez ample mention, tant en
mon Difcours imprimé l'an 1579, qu'en celui que je préfentai
au Roi l'an 1583, lefquels, pour ne s'être vendus publiquement,
je ferai imprimer fur la fin de l'Abrégé de cette Bibliothèque,
afin de fatisfaire à plufieurs qui ne les ont encore vus, combien
que je fois tout affuré que le premier a été lu par plus de dix
mille hommes de nation Françoife, ou Etrangers ; mais la promeffe contenue en icelui s'eft trouvée tellement furpaffer les
forces humaines, qu'ils ont penfé que ce n'étoient que des idées
ou imaginations, ce qui les a empêchés d'entendre à m'envoyer
des Mémoires, pour parachever cette Bibliothèque, fe perfuadant que ce n'étoit qu'une entreprife, fans en pouvoir jamais
voir l'effet fortir en évidence. Je parlerai de ceci autre part [1].

[1] La grande Bibliothèque qu'il promettoit, auroit, difoit-il, contenu plufieurs volumes, dont celui qu'il a donné n'eft que l'Abrégé ; mais ce grand
projet n'a jamais eu d'exécution. (M. DE LA MONNOYE).

FRANÇOIS DAMBOISE, Parifien. Voy. ci-devant FRAN-
çOIS D'AMBOISE, écrit par un A.

FRANÇOIS DASSI, Breton, Contrôleur des Briz fur la
mer en Bretagne, Secrétaire du Roi de Navarre, & de Madame Loyfe, Ducheffe de Valentinois [1]. Il a traduit d'Italien en
François le Dialogue du Peregrin [2], traitant de l'Honnêteté &

pudic Amour, &c. imprimé à Lyon l'an 1528, & en autres lieux, avec les Annotations & Corrections de Jean Martin, Parisien, Secrétaire de M. le Cardinal de Lenoncour.

[1] Cette Louise, Duchesse de Valentinois, dont il est dit que Dassi étoit Secrétaire, après l'avoir été de Jean d'Albret, Roi de Navarre, étoit fille de Charlotte d'Albret, mariée en 1498 avec Cesar Borgia, fils du Pape Alexandre VI. (M. DE LA MONNOYE).

[2] Le Livre, intitulé *le Pérégrin*, a pour Auteur Jacques Caviceo, Prêtre de Parme, né le 1 Mai 1443, & mort le 2 Juillet 1511. Du Verdier le nomme mal *Cavicio*. Il est encore plus mal nommé en Latin *Caniceus* dans quelques Editions fautives d'Agrippa, *de Vanitate Scientiarum*, suivies par Bayle, corrigé depuis & suppléé par M. le Duchat. Le *Pérégrin*, ou, pour ne pas italianiser, le *Pélerin*, est une espèce de Roman, ainsi nommé, parce que Caviceo, Amant de la belle Genèvre, y décrit les voyages pénibles qu'il entreprit à son occasion en divers étranges pays, & le courage qu'il eut de pénétrer pour elle jusqu'aux Enfers. Ce Livre, au commencement du règne de François I, faisoit en France les délices de la jeunesse, & donnoit lieu aux Prédicateurs d'en blâmer fortement la lecture, comme dangereuse. L'Edition de Lyon, dont parle La Croix du Maine, est *in-4°*. Voyez le nom JEAN MARTIN, par rapport à la Traduction qu'il a revue du *Pérégrin*. Le nom de *D'ASSI* doit s'écrire avec l'apostrophe. (*idem*).

FRANÇOIS LE DUCHAT, natif de Troie en Champagne [1].

Il a écrit en vers Alexandrins la Tragédie d'Agamemnon, imprimée à Paris chez Jean le Preux, l'an 1561 ; l'Histoire de Lucrece, prise du II. des Fastes d'Ovide, imprimée avec la susdite Tragédie d'Agamemnon. La Tragédie de Susanne, je ne sais si elle est imprimée. Il florissoit l'an 1561.

[1] C'est le même dont il avoit paru dès 1553 un Recueil des Poësies Latines, à Paris, *in-8°*. chez Jean Caveillier, sous le titre de *Lucii-Francisci Ducatii, Trecai, Praludiorum Libri tres*. Depuis, au lieu de *le Duchat*, quelques-uns de cette famille prirent le nom de *Duchat* en un seul mot, témoin cet *Yves Duchat*, Troyen ; dont nous avons en Grec, *in-8°*. à Paris, chez Jean Petitpas, l'an 1620, l'*Histoire de la Guerre entreprise par les François, pour la conquête de la Terre-Sainte, sous Godefroy de Bouillon*. Il en donna en même temps une Traduction Françoise. On voit aussi quelque chose d'imprimé d'un Étienne le Duchat, Médecin, & d'un Timothée le Duchat, Pasteur de l'Eglise Françoise de Berne, tous deux contemporains de cet Yves. Messieurs le Duchat, Conseillers au Parlement de Mets, les uns frères, les autres neveux de M. le Duchat, si connu dans la République des

Lettres

Lettres par ſes excellentes remarques ſur divers Ouvrages fameux , ſont apparemment de cette famille. (M. DE LA MONNOYE).

Les Poëmes de *Lucius Ducatius*, cités par M. de la Monnoye , ſont imprimés dans le *Deliciæ Poëtarum Gallorum* de Grater , Part. I, p. 870. On connoît encore *Franciſci Ducatii Cœnotaphium Jacobi Mangot* , *Tricaſſibus* , 1588 , *in-4°*. qui ſans doute eſt le même que *Lucius*. (M. FALCONNET).

FRANÇOIS DE FERRIS , Médecin. Il a traduit de Latin en François , & en partie écrit de ſon invention un Livre intitulé , Des Offices mutuels qui doivent être entre les grands Seigneurs & leurs Courtiſans, écrit en Latin par Jean de la Caſe , Archevêque de Benevent en Italie [1]. Plus un Traité du devoir qui doit être réciproquement gardé & obſervé entre les maîtres & ſerviteurs privés , &c. le tout imprimé à Paris chez Gervais Mallot, l'an 1571. Il floriſſoit à Toloſe audit an 1571.

[1] Guillaume Colletet , de l'Académie Françoiſe , mort le 11 Février 1659, a depuis mis auſſi en François ce Traité de Jean de la Caſe. (M. DE LA MONNOYE).

FRANÇOIS FEU - ARDANT (Frère), de l'Ordre de S. François , Docteur en Théologie en l'Univerſité de Paris. Il a traduit de Latin en François les divins Opuſcules & Exercices ſpirituels du S. Père Efrem , Archidiacre d'Edeſſe , en Méſopotamie , écrits par ledit Efrem en langue Syriaque , l'an de ſalut 350 , imprimés à Paris chez Sebaſtien Nivelle , l'an 1579; Sermon de S. Cyrille Alexandrin , touchant l'iſſue & ſortie de l'ame hors du corps humain , traduit par ledit Feu-Ardant; Réponſe aux Lettres & Queſtions d'un Calviniſte , touchant l'innocence , virginité, excellence & invocation de la glorieuſe Vierge Marie , mère de Dieu * , le tout imprimé à Paris chez Sebaſtien Nivelle , l'an 1579. Il florit cette année 1584 **.

* Il a auſſi publié une Hiſtoire de la Fondation de l'Abbaye du Mont S. Michel , imprimée à Coutance , en 1604 , *in-12*. réimprimée en 1611 *in-24*. La Croix du Maine n'en a pas pu parler dans ſa Bibliothèque , qui avoit paru long-temps avant.

** Il mourut le 1 Janvier 1610.

FRANÇOIS LE FEUBVRE [1], ou FEVRE, natif de Bourges en Berry. Il a traduit du Grec en François le premier & second Livre de Suidas [2], & en a fait un Extrait, qu'il intitule, Le Secret & Myſtère des Juifs, imprimé à Paris chez Jaques Kerver, l'an 1557. Il a traduit de Grec en François l'Hiſtoire de Théodoſe, Pontife de la Loi, & de Philippes, homme Chreſtien [3]; par laquelle le ſecret des Juifs eſt révélé, imprimé à Rouen par Gaſpard de Remortier & Marguerin d'Orvial, l'an 1557. Il floriſſoit audit an 1557.

[1] Pourquoi écrire LE FEUBVRE, ou LE FÈVRE, comme ſi l'Auteur, qui n'a écrit que LE FÉVRE, avoit varié l'ortographe de ſon nom? (M. DE LA MONNOYE).

[2] Pourquoi, par une multiplication d'erreurs, dire que le Févre a traduit de Grec en François le premier & le ſecond Livre de Suidas, & que ce qu'a traduit le Févre ne conſiſte que dans l'Hiſtoire qui commence au mot Ἰησοῦς? (idem).

[3] L'Hiſtoire du Chrétien nommé PHILIPPE, & de THÉODOSE, prétendu Pontife des Juifs, eſt tirée de Suidas, au mot Ἰησοῦς. Robert Groſſe-tête, Evêque de Lincoln, mort l'an 1253., la traduiſit en Latin. Lorenzo Quirini, noble Vénitien, qui s'eſt nommé en Latin Laurus Quirinus, en fit vers le milieu du quinzième ſiècle une ſeconde verſion, laquelle n'a point été imprimée. La première qui ait paru eſt celle de Jean-Pierre Valérien, plus connu depuis ſous le nom de Pierius Valerianus. Il la publia l'an 1509 à la ſuite du Lactance de Veniſe, comme une forte preuve de la vérité du Chriſtianiſme, rejetée obſtinément par les Juifs, quoique reconnue par eux-mêmes. Pierius, jeune alors, ne faiſoit pas attention qu'un récit apocryphe comme celui-là, & même plein d'erreur, pouvoit plus nuire que ſervir à la religion. La pièce cependant fut recueillie comme authentique par des gens aſſez ignorans pour croire qu'elle étoit de Lactance, puiſqu'ils l'avoient trouvée à la fin de l'Edition dont j'ai parlé. De ce nombre furent Pierre de Leſnauderie, dans ſon Traité de Doctoribus, Part. IV, Quæſt. 86. Chaſſeneuz, Catal. Glor. mundi, Part. IV, Conſid. 6, & ce François le Févre, dont il eſt ici queſtion, leſquels ne ſachant point le Grec, s'en ſont tenus tous à la Traduction de cet endroit de Suidas par Pierius; car celle de Suidas entier n'a paru pour la première fois qu'en 1564. Voy. dans du Verdier, à la fin de la lettre S, le Livre intitulé le Secret & le Myſtère des Juifs. (idem).

FRANÇOIS DE FOIX, autrement appelé FRANÇOIS Monſieur DE FOIX, iſſu de la très-noble maiſon de Candale,

Captal de Buchs, Evêque d'Aire. Il a traduit du Grec en François, & enrichi de très-doctes annotations le *Pymandre* [1] de Mercure Trifmégifte, écrit premièrement en langue Syrienne, par ledit Mercure, imprimé à Bordeaux par Symon de Milanges, l'an 1579. Il a écrit des Commentaires fur Euclide *, imprimés l'an 1566, ou environ. Il florit cette année 1584 **.

[1] Tout le monde fait que le *Pymandre* eft un Ouvrage fuppofé. Le Texte & le Commentaire ne trouvent plus de Lecteurs. François de Foix mourut le 6 Février 1594 dans fa 85e année. Touchant la qualité de *Captal de Buchs*, voyez fur ce mot les *Origines Françoifes de Ménage*. (M. DE LA MONNOYE).

* François de Foix avoit un génie rare pour les Mathématiques. Il s'étoit formé un cabinet de machines, merveilleufes pour fon temps. Aubigné (p. 89 de fes Mémoires) dit qu'il alla le voir avec Henri IV, alors encore Roi de Navarre ; ils virent avec étonnement un enfant de fix ans, qui, à l'aide d'une machine affez fimple, faifoit mouvoir, & foulevoit en l'air un canon d'un affez gros calibre, & d'autres poids encore plus confidérables. A ce fujet, d'Aubigné s'adreffant à l'Evêque d'Aire, écrivit fur le champ fur une table de marbre noir, de fept pieds en quarré, ce diftique Latin qu'il lui adreffoit, & avoit rapport aux avis qu'il devoit donner au jeune Roi.

> Non ifthæc, Princeps, Regem tractare doceto,
> Sed doctâ regni pondera ferre manu.

** Son Epitaphe porte qu'il mourut le 5 Février 1594, âgé de quatre-vingt-un an, cinq mois & vingt jours. Sa Traduction d'*Euclide*, & fes Commentaires fur cet Auteur, font en Latin. Ils furent imprimés à Paris en 1661 *in-fol*. Outre la Traduction Françoife du *Pymandre*, François de Foix avoit publié l'Ouvrage Grec, avec une verfion Latine, à Bourdeaux, en 1574, *in-4°*.

FRANÇOIS GARRAUT, Sieur DES GORGES, Confeiller du Roi, & Général en fa Cour des Monnoyes à Paris. Il a écrit trois Livres de la recherche de la Monnoye, imprimés à Paris l'an 1577 *. Deux Paradoxes fur le fait des Monnoyes, imprimés à Paris chez Jaques du Puys, l'an 1578. Recueil des principaux avis donnés ès affemblées faites en l'Abbaye de S. Germain près Paris, par le commandement du Roi, l'an 1577, touchant le compte par écus & fuppreffion de celui par fols & livres, &c. imprimé à Paris chez Jaques du Puys, l'an 1578. Il florit à Paris cette année 1584.

* On a imprimé à Tours, en 1590, *in-8°*. un Sommaire des Edits, &c.

concernant la Cour des Monnoyes, par François Garraut. Le P. le Long, dans sa *Biblioth. Hiftor. de la France*, n'en cîte qu'une Edition de 1632. La Croix du Maine n'a pu parler de ce Livre, qui n'exiftoit pas quand il écrivoit sa Bibliothèque ; mais il auroit pu faire mention de l'Ouvrage de Garraut *fur les Mines d'argent trouvées en France, Ouvrage & Polices d'icelles*, qui avoit paru à Paris, en 1574, *in-8°.*

FRANÇOIS [1] **GENTILET**, Dauphinois, Préfident en la Chambre de l'Edit de Grenoble. Il a écrit plufieurs Livres, efquels il n'a pas mis fon nom : plufieurs penfent qu'il foit Auteur du Livre appelé vulgairement l'Antimachiavel, imprimé par plufieurs fois [2], &c. Remontrance au Roi Henri III, imprimée l'an 1573 ; la République des Suiffes, écrite en Latin par Jofias Simlerus, & traduite par ledit Gentilet, felon que l'affurent aucuns. Il a écrit quelques Avertiffemens ou Préceptes touchant la Police. Il florit cette année 1584.

[1] D'autres, en plus grand nombre, l'appellent *INNOCENT*, & écrivent en François, par une double *L* mouillée, *GENTILLET*. (M. DE LA MONNOYE).

[2] David Chytræus, pag. 269 de fes Epîtres, dit avoir appris de Jacques Monau, *Commentarios de regno rectè & tranquillè adminiftrando*, c'eft ce qu'ordinairement on appelle l'Anti-Machiavel, *ab Innocentio Gentiletto Delphinate, Jureconfulto, olim Tolofanæ Curiæ Advocato, nunc Reipublicæ Genevenfis Syndico, Vafri illius & Athei Nicolai Machiavelli difcurfibus in T. Livium, & libello de Principe oppofitos fuiffe.* L'Edition Latine de 1588, *in-8°.* qui eft la feconde, chez Jacques Stoer à Genève, a le nom d'*Innocentius Gentilletus*, à la tête du Livre. Allard, dans fa *Biblioth. des Auteurs de Dauphiné*, fe trompe, à fon ordinaire, quand il attribue l'*Anti-Machiavel* à un Vincent Gentillet, fils d'Innocent. Pour moi, je crois que tous ces Gentillet font des mafques, & que l'Auteur de l'*Anti-Machiavel* n'eft pas connu*. Ce qu'il y a de fûr, c'eft que le nom de FRANÇOIS GENTILLET, ou GENTILET, ne fe trouve que dans La Croix du Maine, tant ici, qu'au mot SIMON GOULARD, & qu'il fait auffi Traducteur de *Simler*. (*idem*).

* Si Gentillet n'eft pas Auteur de l'*Anti-Machiavel*, comme M. de la Monnoye eft porté à le croire, c'eft une erreur bien accréditée parmi les gens de lettres. Voy. *Difput. Vœtii*, Tom. I, pag. 209. Vincent Placcius, *de Anonymis*, n°. 1389, prétend qu'il s'appeloit *Innocent*, & non *François*.

La première Edition, felon Profper Marchand, eft l'Edition Françoife intitulée, *Difcours fur les moyens de bien gouverner*, &c. 1576, *in-8°*. L'Edition de Laufanne, dont parlent Placcius & Baillet n'a jamais exifté. L'Edition Latine parut pour la première fois en 1577. Kekerman avoit auffi nommé

François l'Auteur de cet Ouvrage, trompé peut-être par La Croix du Maine. Bosius, *de comparandâ prudentiâ civili*, fait grand cas de ce livre, & l'attribue à Innocent Gentillet, *Clarissimus omnium qui scripsere adversùs Machiavellum, Innocentius Gentilletus*... *Voy.* le Dict. de Prosper Marchand, au mot *Anti-Garasse*, pag. 47.

FRANÇOIS GILBERT DE LA BROSSE, Angevin. Il a traduit plusieurs Livres d'Italien en François, imprimés à Paris chez Guillaume Chaudiere & Nicolas Chesneau, &, entr'autres, celui de la Perfection de la Vie Politique [1], imprimé l'an 1583 chez Chesneau. Il florit à Angers cette année 1584.

[1] Il dédia cette Traduction *à Mathieu Cointerel son parent, fait Cardinal par Grégoire XIII, en 1583, sur quoi on peut voir Ménage dans ses Remarques sur la vie de Pierre Ayrault, p. 213. M. DE LA MONNOYE).

* Le Traité de la *Perfection de la Vie Politique* est traduit de l'Italien de Paul Paruta, noble Vénitien, célèbre par sa science & son habileté dans les affaires d'Etat, mort Procurateur de S. Marc, en 1599.

FRANÇOIS GIRAULT. Il a écrit un Poëme François, intitulé le moyen de soy enrichir, imprimé à Paris [1].

[1] Ce Poëme, que le titre seul auroit dû faire rechercher, n'est point connu. Il en est à-peu-près de même du Livre en prose de Prudent le Choyselot, dont il sera parlé ci-après. (M. DE LA MONNOYE).

FRANÇOIS GOEDT-HALS, Flamand. Il a écrit en François un Recueil de Proverbes anciens, Flamengs & François, correspondans de sentence les uns aux autres, imprimé à Anvers chez Chrestofle Plantin.

FRANÇOIS GORACEUS *, Florentin, Docteur en Théologie, Ecolier de la Roine mère du Roi. Il a écrit une confutation des mensonges controuvés touchant la Dédicace de l'Eglise des Frères Minimes, dits Bons-Hommes, près Paris, imprimé à Paris chez Jean du Carroy, l'an 1578.

* Ou plutôt GORACELIS.

FRANÇOIS LE GRAND, Procureur du Roi au Bailliage de Meleun, l'an 1543. Il a traduit le Traité de Plutarque, de la honte vicieuse, imprimé à Paris l'an 1554.

FRANÇOIS GRANDIN, Curé de l'Eglife Collégiale de S. Jean-Baptifte d'Angers. Il a écrit un livre de la deftruction de l'orgueil mondain, ambition des habits, & autres inventions nouvelles, imprimé à Paris chez Claude Fremy, l'an 1558.

FRANÇOIS GRIMAUDET, Angevin, Avocat du Roi & de Monfeigneur le Duc d'Anjou au Siége préfidial d'Angers. Il a écrit un Traité des caufes qui excufent le dol, imprimé à Paris chez Martin le Jeune, l'an 1569; Traité des Monnoyes, imprimé à Paris chez Martin le Jeune, l'an 1576; Remontrances faites aux Etats d'Anjou, affemblés audit lieu, l'an 1560, le 24ᵉ jour d'Octobre, imprimées à Tours l'an 1561; Opufcule Politique de la Puiffance Royale & Sacerdotale, imprimé l'an 1579, fans le nom de l'Auteur, ni de l'Imprimeur; Traité des Ufures, imprimé (*Paris*, 1578, *in-8°*.) Traité du Retrait lignager, imprimé à Paris (1564, *in-8°*.) Annotations fur les Coutumes d'Anjou, non encore imprimées. Opufcules Politiques, imprimées à Paris chez Gabriel Buon, l'an 1580. Je ferai mention de fes Œuvres en Latin autre part. Il mourut à Angers au mois d'Août, l'an 1580, âgé de plus de foixante ans.

*V. les Mém. de Niceron, Tom. XLI, pag. 229.

FRANÇOIS GRUGET, natif de Loches en Touraine, Confeiller du Roi, & Referendaire en la Chancelerie de France. Il a écrit la defcription de Loches en Touraine, avec plufieurs Antiquités dudit Pays, defquelles fait mention Belleforeft au fecond volume de fa Cofmographie, en la Defcription de Touraine, fol. 30. Il floriffoit fous Henri II, l'an 1550.

FRANÇOIS DE LA GUILLOTIERE, natif de Bordeaux, comme lui-même me l'a affuré, & felon que A. Thevet a écrit de lui en fa Cofmographie, au fecond volume, livre 20, chapitre 9, &c. natif de S. Jean d'Angeli, &c. Il a mis en lumière la Defcription de tout le Royaume de Pologne, Duchés & Provinces jointes à icelui, avec fes confins, imprimée à Paris par Jean le Clerc , l'an 1573 ; la Defcription du Royaume d'Auftrafie , ou Auftriche , enfemble de Tranffylvanie. Il a aujourd'hui entre mains toutes les Cartes ou Defcriptions de France , lefquelles il efpère mettre en lumière en bref , lefquelles il a curieufement obfervées , felon la Chorographie , en laquelle il eft des mieux verfés de notre âge , & a une extrême adreffe pour la peinture. Il florit à Paris cette année 1584.

FRANÇOIS HABERT , natif d'Iffouldun en Berry , furnommé LE BANNY DE LIESSE , Poëte François , &c. Il a écrit plufieurs Œuvres de fon invention , & en a auffi traduit quelques-uns des Poëtes Latins , favoir eft les quinze Livres de la Métamorphofe d'Ovide , imprimés à Paris chez Fezandat ; plufieurs Sonnets Héroïques fur le mariage de Charles , Duc de Lorraine , & de Madame Claude , feconde fille du Roi Henri II , avec une Ode fur ledit mariage , le tout imprimé à Paris chez Martin l'Homme , l'an 1559 ; Eglogue Paftorale fur l'union nuptiale de Philippes , Roi d'Efpagne , & de Madame Elifabeth , première fille du Roi Henri II , imprimée à Paris chez la veuve de Nicolas Buffet , l'an 1559 ; les Amours Conjugales d'Emanuel , Duc de Savoye , & de Marguerite de Valois , Ducheffe de Berry , imprimées à Paris chez Pierre Gaultier , l'an 1559 ; les Regrets & triftes Lamentations fur le trépas du Roi très-Chrétien Henri II , imprimés à Paris chez Jean Moreau , l'an 1559 ; la Réception faite par les Députés du Roy d'Efpagne & de la Royne , à la délivrance qui leur a été faite à Roncevaux , par le Roi de Navarre & autres , le tout imprimé par Vincent Sertenas , l'an 1559 ; la Déploration fur le trépas de M. le Chancelier Olivier , avec une Epître Latine & Françoife de l'Excellence du Senat de Paris , imprimée à Paris chez Michel Fezandat , l'an 1560 ; la Harangue de la Déeffe Aftrée , fur la réception de M. Jean le Mofnier au degré de Lieutenant Civil à Paris , imprimée à Paris chez Guillaume Thiboult & Eftienne Denife , l'an 1556 ; les Epîtres Heroïdes , pour fervir d'exemple aux Chrétiens , imprimées à Paris ; les trois Déeffes ,

favoir, eft la nouvelle Pallas, la nouvelle Vénus, & la nouvelle
Junon, imprimées à Lyon ; la Naiſſance de M. le Duc de Bretagne, & autres Poëmes, imprimés à Lyon chez Jean de Tournes, l'an 1548, avec un petit Œuvre Bucolique, & un
Cantique du Pécheur converti à Dieu ; les premières Poëſies
Françoiſes qu'il fit étant à Toloſe ; l'Hiſtoire de Titus & Giſip-
pus, & autres petits Œuvres de Beroalde, avec l'Exaltation
de la vraie & parfaite Nobleſſe, enſemble les quatre Amours
du nouveau Cupidon, & le Tréſor de vie, de l'invention dudit
Habert, le tout imprimé à Paris chez Michel Fezandat, l'an
1551 ; le Combat de Cupidon & de la Mort ; la Contemplation Poëtique ; Eglogue ſur la mort d'Eraſme ; la Querimonie
de Vénus ayant perdu ſon bel Adonis ; l'Exclamation contre
Dame Verole, Epîtres, Ballades, Rondeaux, Dixains, Huitains, Chanſons, Epitaphes, Elégies d'Ovide, &c. le tout
imprimé ; Déploration ſur la mort de Meſſire Antoine du Prat,
Chancelier de France ; la Chryſopée, ou manière de faire l'or,
traduite ſur le Latin d'Augurellus, imprimée à Paris l'an 1549 ;
le Songe de Pantagruel, avec la déploration de feu Meſſire Antoine de Bourg, Chancelier de France, &c imprimé à Paris ;
les Divins Oracles de Zoroaſtre, ancien Philoſophe Grec, in-
terprétés en rithme Françoiſe par ledit Habert, avec un Commentaire Moral ; la Comédie du Monarque, & autres petits
Œuvres, imprimés à Paris chez Philippes Danfrie & Richard
Breton, l'an 1558 ; les Mots dorés de Caton, traduits de
Latin en vers François, imprimés à Caën l'an 1579 ; la Mé-
tamorphoſe de Cupidon, fils de la Déeſſe Cytherée, imprimée
à Paris chez Jacques Kerver, l'an 1561 ; les Sermons Satyri-
ques d'Horace, traduits en vers François par ledit Habert,
avec aucunes Epîtres dudit Horace ; Epîtres à Melin de S. Gelais
ſur l'immortalité des Poëtes François, le tout imprimé enſemble chez Fezandat, l'an 1551, la Nouvelle Pallas, préſentée à
M. le Dauphin, imprimée à Lyon chez Jean de Tournes, l'an
1548 ; le Jardin de Félicité, avec la louange du ſexe féminin,

extraite

extraite du Livre de Cornelius Agrippa, imprimée à Paris chez Pierre Vidoüe, l'an 1541; la première Monarchie Romaine, & l'Origine des Roys Romains, avec la louange des sept Ambassadeurs, la louange & vitupere de Pecune, une Eglogue morale sur Horace, la prière du Roi Manafsès; le tout imprimé ensemble à Paris, par Jean Caveiller, l'an 1558; l'Excellence de Poëfie, contenue en Epîtres, Dixains, Huitains, Epitaphes, avec plusieurs Epigrammes, le tout imprimé à Lyon l'an 1556, par Benoift Rigault & Jean Saugrain. S'il a composé autres chofes, je ne les ai encore vues. Il floriffoit fous Henri II, l'an 1559 *.

* V. la Bibl. Françoise de M. l'Abbé Goujet, Tom. IX, pag. 27, 162, Tom. X, pag. 349, Tom. XI, pag. 166, 406, & Tom. XIII, pag. 8, & les Mém. de Niceron, Tom. XXXIII, pag. 182.

FRANÇOIS HOTMAN, ou HOTOMAN [1], natif de Paris, l'un des plus grands Jurifconfuls de notre temps, & lequel a fait profeffion du Droit en plusieurs Univerfités, tant de la France que d'Allemagne, & autres lieux, homme fort bien verfé en l'Hiftoire, & autres Sciences. Il a traduit de Grec en François l'Apologie de Socrates, écrite en Grec par Platon, imprimée à Lyon, l'an 1549, par Sebaftien Gryphius. Quant à fes Œuvres Latines, j'en ferai mention autre part. Il florit à Bafle en Allemagne cette année 1584. Le Livre dudit Hotoman, intitulé Franco-Gallia [2], ou la Gaule Françoife, a été imprimé plusieurs fois en Latin & en François, auquel Antoine Matarel a fait réponfe.

[1] Son vrai nom étoit *HOTMAN*, qu'il changea en *HOTOMAN*, d'où il arriva que dans fon *Strigil*, s'étant moqué de Maffon, qui s'étoit appelé *Papirius Maffonus*, celui-ci lui reprocha le choix d'un nom odieux parmi les Chrétiens. Quelque envie que François Hotman ait eue d'être appelé *Hotoman*, on a toujours dit *Hotman*. Il naquit le 3 Août 1524, & mourut le 12 Février 1590, dans fa foixante-fixième année. (M. DE LA MONNOYE).

[2] Le Livre d'Hotman qui a fait le plus de bruit, eft fa *Franco-Gallia*, imprimée pour la première fois en 1573. Simon Goulard en fit l'année fuivante une Traduction Françoife, imprimée l'an 1575; mais comme l'Original

étoit Latin, Antoine Matharel, Avocat au Parlement, & Procureur Général de la Reine mère, y répondit en Latin ; à quoi Hotman ne jugeant pas un tel adversaire digne de lui, n'opposa qu'une replique boufonne, sous le nom de *Matago, de Matagonibus. (idem).*

Les Hotmans sont originaires de Siléfie. Le premier qui vint en France fut un Lambert Hotman, & un autre ensuite, né en 1466, qui vint avec Engilbert, Duc de Clèves. . . *Voy.* la Note du Journal d'Henri IV, date du 5 Août 1594. — François Hotman est encore Auteur du *Brutum Fulmen*, qui n'a pas fait moins de bruit que la *Franco-Gallia*, où il démontre la nullité de l'excommunication portée à Rome contre le Roi de Navarre, depuis Henri IV. — François Hotman étoit très-savant, & eut de grandes prises avec Cujas. On prétend qu'il se fit Huguenot pour avoir vu les pièces du procès fait à Anne du Bourg, que lui montra le Clerc de son père (Pierre Hotman, Conseiller au Parlement, Rapporteur du procès) malgré les défenses qu'il en avoit faites. Le supplice d'Anne du Bourg fit plus de quatre mille Huguenots. Du Bourg avoit recusé le Président Minard, le menaçant que s'il se mêloit de son affaire, il lui arriveroit quelque malheur. Le Président fut tué peu après, ce qui avança le supplice de Du Bourg, pendu & brûlé à la Grève. Minard fut tué en 1559. On en accusa les Huguenots, & sur-tout un Ecossois, nommé *Stuard*, le même qui blessa à mort le Connétable Anne de Montmorenci à la Bataille de S. Denis. Stuard fut pris, mis à la question, & se fit Huguenot au sortir de la question. *Borboniana.* Antoine Hotman, Avocat du Roi pour la Ligue, écrivit pour le Cardinal de Bourbon, depuis Charles X, & François son frère le réfuta sans le connoître. (M. Falconnet).

* François Hotman, après s'être fait Huguenot, s'en alla à Bourges où il professoit le droit en 1572, lors du massacre de la S. Barthelemi, dont ses écoliers le sauvèrent. Il se retira à Genève, d'où il passa à Bâle, où il mourut le 12 Février 1590. Ses Ouvrages ont été imprimés à Genève, en 1599, en 3 vol. *in-fol.* — On a imprimé à Paris chez Guillemot, 1616, *in-8°.* les Opuscules François de François, Antoine & Jean Hotman, parmi lesquels on trouve la Traduction du Présent Royal de Jacques I, Roi d'Angleterre. Jean Hotman étoit fils de François. *Voy.* sur les Hotmans, le Journal d'Henri IV, Tom. II, pag. 251 & 252, Loisel, p. 698 & 699, les Mém. de Niceron, Tom. XI, pag. 109, & Tom. XX, pag. 17.

FRANÇOISE HUBERT, native de Nogen au Perche, femme de M. Garnier, Juge Criminel du Maine, l'un des plus excellens Poëtes Tragiques de notre siècle, & duquel nous ferons mention plus ample ci-après, &c. sœur de M. le Bailli de Nogen audit pays du Perche, &c. Cette Dame mérite d'avoir rang entre les plus excellentes, tant pour son éloquence

& fçavoir, que pour être affez bien verfée en notre Poëfie Françoife. Le refpect & amitié que je lui porte, & à ceux auxquels
elle appartient, m'empêche d'en dire ici davantage, pour éviter le foupçon d'un ami trop affectionné. Elle n'a encore mis fes
Ecrits en lumière. Elle florit au Mans cette année 1584.

R. P. M. FRANÇOIS DE JOYEUSE, Archevêque de
Narbonne & Cardinal, frère puîné de Meffire Anne Duc de
Joyeufe, Pair & Amiral de France, &c. Ce Seigneur a tellement les lettres en recommandation, & eft tant defireux d'apprendre les langues, & les arts néceffaires à fa profeffion (comme
l'on peut aifément le juger par le grand nombre d'hommes
doctes qui ont accès en fa maifon, pour les raifons fufdites) que
cela me fait efpérer de voir un jour fortir de fon divin efprit
quelques Œuvres, qui feront témoins irréprochables de fes
labeurs & veilles continues à l'exercice de Pallas. Il florit cette
année 1584, fous Grégoire XIII, & Henri III, Roi de
France.

FRANÇOIS INOY, ou IVOY *. Il eft Auteur d'un Livre
intitulé, les Advertiffemens ès trois Etats du Monde, felon la
fignification du monftre né à Ravenne en Italie, l'an 1512,
le 6e jour de Mars, imprimé à Valence en Dauphiné, l'an 1513,
auquel temps vivoit ledit Auteur.

* Il n'avoit pas d'autre nom qu'Ivoi.

FRANÇOIS DE L'ISLE, Parifien, dit INSULANUS, Procureur en Parlement, Poëte Latin & Mathématicien. Il florit à
Paris cette année 1584. Je n'ai encore point vu de fes Ecrits
François imprimés, mais bien de fes Latins, defquels je parlerai autre part [1].

[1] Lorfqu'en 1579, le Commentaire de Jofeph Scaliger fur Manile vint à
paroître, & où il relève avec hauteur l'ignorance de Lucain en Aftronomie,
François de l'Ifle, Procureur au Parlement de Paris, homme qu'on n'auroit
cru ni Poëte ni Aftronome, entreprit de fe montrer l'un & l'autre dans une
Apologie en vers Latins qu'en 1582 il publia pour Lucain contre Scaliger.
La vérité eft que les vers en étoient miférables, que les fautes contre la

quantité & la diction y fourmilloient. Les intelligens néanmoins prétendent que du côté de l'Aftronomie , Scaliger y étoit fortement pouffé ; ce qui eft fi vrai , que celui-ci , nonobftant la réponfe méprifante qu'il y fit dans fon Epître à Mamert Patiffon , ne laiffa pas fur la fin de paffer condamnation en quelques endroits. (M. de la Monnoye).*

* François de l'Ifle ne laiffa pas fans réplique la réponfe de Scaliger,il la publia en 1583. *Francifci Infulani refponfio ad Scaligerum*,Paris , 1583, *in-*4°.

FRANÇOIS JUNCTIN [1] , natif de Florence en Italie , Docteur en Théologie , grand Aftrologue & Mathématicien. Il fe lit de lui un Difcours fur ce que menace devoir advenir la Comete apparue à Lyon le douzième jour de Novembre , l'an 1577, imprimé à Paris chez Gervais Mallot , l'an 1577. Il florit à Lyon cette année 1584*. Il a écrit plufieurs Œuvres de Mathématiques en langue Latine , imprimés à Lyon.

[1] Son nom Italien étoit *GIUNTINI* ,. comme il fe nomme lui-même au bas de fa Lettre du 14 Mars 1544, écrite de Lyon au Domenichi , touchant le jour que Pétrarque devint amoureux de Laure. François Junctin naquit à Florence l'an 1522. Il fe fit Carme , fut Provincial , quitta enfuite l'ordre , & même la religion Catholique , prit l'habit féculier , vint en France , y eut en qualité d'Aftrologue accès auprès de Catherine de Médicis. S'étant fixé à Lyon , il y abjura fon Héréfie dans l'Eglife de Sainte Croix , fit imprimer fes Ouvrages dans cette Ville, y acquit du crédit , trafiqua, exerça le change, amaffant par fon favoir-faire jufqu'à foixante mille écus , dont il difpofa en mourant , mais qui , à ce qu'on dit , ne firent nul profit à fes héritiers. Le P. Ménétrier , dans fon *Introduction à l'Hiftoire de Lyon* , rapporte ce détail d'après le P. Poffevin , fon Confrère, Chap. 15 de fa *Bibliothèque ,* comme a fait depuis Bayle , dans fon *Dictionnaire* , au mot Junctin. (M. de la Monnoye).

On lit dans le *Borboniana* , que Junctin avoit un bénéfice près de Lyon , où il demeuroit , & qu'il prédit la mort d'Henri IV , encore enfant , & la fienne même pour un certain jour : qu'à caufe de cela il n'ofa point fortir , mais qu'ayant voulu dans fon cabinet tirer un livre , il fit tomber fur lui une tablette dont il fut accablé. — Il paroît qu'il avoit amaffé par fes ufures toute la fortune dont il a été parlé plus haut ; il laiffa mille écus d'or aux Juntes , chez qui il avoit été correcteur. Le P. Poffevin dit avoir appris d'eux *eos mille aureos nummos, uti reliquos evanuiffe* ; c'eft-à-dire , que toute cette fucceffion n'avoit point profité à fes héritiers. *A. Poffevini Biblioth.* Tom. II, pag. 245. (M. Falconet).

* V. les Mémoires de Niceron, Tom. XLI, p. 196. (On y trouvera 1°. la date de la naiffance de Giuntini, le 7 Mars 1523 , au lieu que M. de la

Monnoye la place en 1522 ; 2°. la liste de beaucoup d'Ouvrages Latins de cet Ecrivain ; 3°. le titre d'un Ouvrage François que La Croix du Maine auroit dû ne pas omettre : c'est un *Discours sur la réformation de l'an , faite par Grégoire XIII ,* Lyon , 1582 , *in-8°* , que du Verdier n'a pas oublié ; 4°. enfin sa mort placée vers l'an 1590.

FRANÇOIS LAMBERT[1], natif d'Avignon en Provence *. Il a écrit une *Déclaration de la règle des Cord.* &c. Quant à ses Œuvres Latines , j'en ferai mention autre part. Ses Œuvres font censurées par les Théologiens de Paris.

[1] De Cordelier s'étant fait protestant , il fit un Livre pour déclarer les raisons de son changement : sur quoi Gesner , fol. 250 de sa *Bibliothèque ,* au mot *FRANCISCUS LAMBERTUS ,* après avoir rapporté le Livre dont je viens de parler, qu'il dit avoir été imprimé à Strasbourg , & ne contenir qu'une feuille *in-8°*, ajoute : *Invenio in Catalogo Librorum quos impressit Hervagius , hunc Auctorem scripsisse contra regulam Minoritarum , nec scio an alium ab isto hujus argumenti Librum ediderit.* Simler , son Abbréviateur , mieux instruit , après avoir cité comme Gesner le Livre intitulé : *Rationes propter quas Franciscus Lambertus Minoritarum conversationem habitumque rejecit ,* ajoute : *scripsit & in regulas Minoritarum ;* par où il paroît que ce font deux écrits différens , & que le dernier pourroit être celui dont La Croix du Maine & du Verdier font mention , auquel cas il faudroit que de Latin il eût été mis en François. Henri Étienne cite en divers endroits de son *Apologie d'Hérodote ,* un Livre François intitulé comme celui-ci : *Déclaration de la Régle & Etat des Cordeliers ,* mais qu'il dit être de Jean Ménard , autre Ex-Cordelier. François Lambert mourut à Marpourg le 18 Avril 1530. (M. DE LA MONNOYE).

* Il étoit né à Avignon en 1487 , d'une famille originaire de Franche-Comté. Son petit écrit , où il expose les raisons qui lui firent quitter l'Ordre des Cordeliers , a été réimprimé dans les *Aménités Littéraires de Schelhorn ,* Tom. IV , où il ne contient que douze pages ; l'autre Livre dont parle M. de la Monnoye , contre la Régle des Cordeliers , parut d'abord en Latin sous le titre de *Evangelici in Minoritarum Regulam Commentarii ,* 1523 , *in-8°.* C'est le même qui fut publié peu après en François , sous le titre de *Déclaration de la Régle & Etat des Cordeliers ,* dont parle La Croix du Maine. Lambert , dans un autre Ouvrage qu'il publia en 1525 , *de Sacro Conjugio ,* se plaint de ce que cette Traduction Françoise avoit été faite si à la hâte , qu'on en avoit retranché plusieurs choses , pour avoir plutôt fini. Voyez Niceron , Tom. XXXIX , & Schelhorn , *Amænitates Litterariæ ,* Tom. IV & X.

FRANÇOIS LIBERATI, de Rome , grand Mathématicien & Astrologue. Il a écrit la *Description de l'étrange &*

prodigieufe Comete apparue l'an 1577, imprimée à Paris chez Jean de Laftre, audit an 1577; Difcours contre Cyprien Léovitius , & autres modernes Aftrophiles , touchant la grande conjonction du monde, & des quatre Eclipfes du Soleil , imprimé à Paris & au Mans par Hiérofme Olivier , l'an 1576; Almanach pour l'an de Biffexte 1576 , imprimé; l'Ephéméride pour dix-neuf ans. Il a écrit divers Almanachs pour les années 1575, 76 , 77, 78 , 79 , 80 , 81 , 82 , 83 , 84 , &c. imprimés à Paris par Jean de Laftre & autres. Il florit à Paris cette année 1584.

FRANÇOIS DE MARILLAC *, dit en Latin FRANCISCUS MERULA. Il a écrit en François un Traité de la Hiérarchie Célefte , imprimé l'an 1556. Il a écrit deux Difcours de la Paix , imprimés à Paris. Il floriffoit fous Henri II , l'an 1555.

 * Il s'appeloit MARILLAC fans DE , & n'étoit pas de la maifon de Marillac.

FRANÇOIS MARTEL, Chirurgien ordinaire du Roi de Navarre. Il a écrit quelques Difcours touchant la curation des Arquebufades & autres plaies. Il floriffoit l'an 1577.

FRANÇOIS MOEAN , de Quinpercorentin en la Baffe Bretagne Armorique. Il a écrit quelques Poëfies Françoifes, non imprimées que je fache.

FRANÇOIS NAU. Il a écrit la Defcription de l'Entrée de Meffire Antoine du Prat , Cardinal , Légat , & Chancelier de France , &c. faite à Paris , & imprimée audit lieu.

FRANÇOIS DE NEUFVILLE, Abbé de Grandmont. Il a écrit un Difcours fur la vie des hommes illuftres de la Généalogie de Notre Seigneur Jefus-Chrift , imprimé à Paris par Gilles Gourbin , l'an 1577.

FRANÇOIS PEPIN , Sieur DE LA RUELLE , Gentilhomme natif de Rennes en Bretagne , fort excellent pour compofer en vers & en profe. Il a traduit l'Hiftoire de Zofime , Auteur Grec , non encore imprimée. Il a traduit fort heureufement

plufieurs Poëmes de Claudian , excellent Poëte Latin , & , entr'autres, le Raviſſement de Proſerpine , lequel il fera bientôt
imprimer , avec plufieurs autres Poëmes François de ſon invention. Il florit à Paris cette année 1584.

FRANÇOIS PERREAU , Parifien , Précepteur des Novices de Cormery en Touraine. Il a écrit en vers François un
Difcours fur l'exemplaire punition des rebelles de France , fait
à Paris le vingt-quatrième jour d'Août , l'an 1572 , imprimé
à Tours audit an par Pierre Regnard.

FRANÇOIS LE PICARD , Doꞔteur en Théologie à Paris ,
l'un des plus renommés Prédicateurs de ſon temps [1]. Il a écrit
plufieurs Sermons , imprimés à Paris. Il mourut au mois de Septembre, l'an 1556.

[1] Il mourut le 17 Septembre 1556 , âgé de cinquante-deux ans cinq mois
& un jour. Voy. le Parfait Eccléfiaftique du P. Hilarion de Cofte. (M. DE LA
MONNOYE).

FRANÇOIS LE PICARD , natif de Caux , autre que le
fufdit Théologien , &c. Il a écrit quelques vers François , & ,
entr'autres , une Complainte fur la mort d'Adrien Turnebe ,
Leꞔteur du Roi à Paris , imprimée chez Ricard , l'an 1565.

FRANÇOIS DE LA PIE , Religieux de l'Ordre de S. Dominique , ou des Jacobins , &c. natif de Poitiers. Il a mis en
lumière la Confeffion générale , extraite des Saints Doꞔteurs
de l'Eglife, imprimée à Paris chez Michel Bufet.

FRANÇOIS PIERRON , natif de la Brie en Champagne ,
grand Vicaire de M. l'Abbé de Molefmes , &c. Maurice de la
Porte fait fort honorable mention de lui en ſon Livre des Epithètes Françoifes , le mettant au rang des plus favans & divins
Philofophes de ſon temps. Je n'ai point vu de ſes Ecrits. Il floriffoit l'an 1557, ou environ.

FRANÇOIS PONISSON * (Frère). Il a écrit premièrement en Latin , & depuis traduit en François un Dialogue de

la manière d'examiner ceux qui veulent prendre les Ordres Sacrés, imprimé à Tolose l'an 1552.

* Il étoit Dominicain. Les PP. Quétif & Echard n'en parlent pas.

FRANÇOIS PORTES *, Grec de nation, natif de Condie, &c. Professeur ès lettres Grecques à G. l'an 1572. Il a écrit une réponse à Pierre Charpentier, J. C. Tolosain, &c. imprimée l'an 1573.

* Il s'appeloit à Genève M. PORTUS. Il y mourut l'an 1581, âgé de soixante-dix ans.

FRANÇOIS RABELAIS, Docteur en Médecine, Astrologue & Mathématicien, natif de Chinon en Touraine, Médecin ordinaire de M. le Cardinal du Bellay, Evêque de Paris, &c. Il a écrit plusieurs Livres de facéties ou moqueries, imprimés plusieurs fois, tant à Paris qu'à Lyon. Ces livres ont été censurés pour beaucoup de raisons. Il se voit de lui un Almanach ou Pronostication pour l'an 1548, imprimée à Lyon audit an. Il vivoit du temps de Henri II. Il a écrit plusieurs Œuvres en Latin *.

* Le Livre de Rabelais a été pendant long-temps dans une si grande estime, que du temps du Cardinal du Perron, qui étoit regardé comme le Chef de la Littérature de France, & auquel il étoit d'usage de présenter ceux qui vouloient en faire profession, il ne manquoit jamais de demander aux Candidats, *avez vous lu l'Auteur?* Cet Auteur tout court étoit *Rabelais.*

V. la Biblioth. Françoise de M. l'Abbé Goujet, Tom. IX, p. 298 & suiv. Tom. X, p. 9 & suiv. & les Mém. de Niceron, Tom. XXXII, p. 337.

FRANÇOIS DE RABUTIN, Bourguignon, Gentilhomme de la Compagnie du Duc de Nivernois[1]. Il a écrit des Commentaires des dernières guerres du Roi Henri II, & de l'Empereur Charles V, en l'an de salut 1552, pour la liberté des Princes d'Allemagne, &c. imprimés à Paris chez Michel Vascosan, l'an 1555; la Continuation des Commentaires des dernières guerres de la Gaule Belgique, d'entre le Roi Henri II, & l'Empereur Charles V, & Philippe son fils, imprimée à Paris chez ledit Vascosan, l'an 1559. Tous les onze Livres des Guerres de

Henri

Henri II, Roi de France, composés par ledit Rabutin, ont été imprimés chez Nicolas Chefneau, à Paris (1574). La Defcription du voyage dernier, que fit M. le Duc de Guife en Italie, non encore imprimée; Traduction du Livre d'Erafme, intitulé *Moriæ Encomium*, c'eft-à-dire, louange de la folie, non encore imprimée [2]. Il floriffoit l'an 1569, fous Charles IX.

[1] Roger de Rabutin, Comte de Buffi, difoit que ce François de Rabutin étoit un bâtard de fa maifon *. Cet Auteur, dans fon Epître Dédicatoire, expofe naïvement le befoin qu'il eut du fecours de fes amis, pour mettre fon livre en état de paroître au jour. Il en a été parlé plus haut au mot BERNARD DE POEY. (M. DE LA MONNOYE).

[2] Je doute fort qu'il fût capable de traduire l'*Encomium Moriæ*. Georges d'Haloin, qui trente ans auparavant avoit ofé l'entreprendre, n'y avoit pas réuffi, quoique plus habile de beaucoup. (*idem*)

* L'Auteur de la *Biblioth. des Ecrivains de Bourgogne* (Tom. II, p. 178) dit qu'ayant demandé en 1736 à M. de la Riviere, Gendre du Comte de Buffy, pourquoi François Rabutin n'étoit pas compris dans la Généalogie que ce Comte envoya à Madame de Sévigné, M. de la Riviere lui répondit qu'il avoit fait autrefois la même queftion au Comte de Buffi, qui lui avoit dit que c'étoit parce que *ce Gentilhomme* (François Rabutin) *avoit été domeftique du Duc de Nevers, & que ce qu'il avoit écrit ne valoit rien.* Cette réponfe femble prouver qu'il ne regardoit pas François comme un bâtard de la maifon de Rabutin. L'Ouvrage de François de Rabutin fut corrigé par Guy de Bruez, qui le continua dans l'Edition de 1574. On prétend que M. le Comte de Brienne a auffi retouché le ftyle. (*Bibl. Hiftor. de la France*, Tom. II, p. 231). La *Biblioth. des Auteurs de Bourgogne* prouve que François de Rabutin ne mourut au plutôt qu'en 1581.

FRANÇOIS RAGUEAU, Berruyer, Lieutenant au Bailliage de Mehun en Berry, &c. Il a commenté les Coutumes de Berry, non encore imprimées ; Indice des Droits Royaux & Seigneuriaux, qui eft un recueil des noms les plus difficiles, & des façons de parler ufitées entre les vieux Praticiens ou Ecrivains en Droit, avec les explications & étymologies des noms les plus remarquables, &c. imprimé chez Nicolas Chefneau l'an 1583 [1]. Il florit cette année 1584.

[1] Il eft mort l'an 1605. Son *Indice*, revu, corrigé, augmenté de mots &

de notes, & remis dans un meilleur ordre par M. de Lauriere, Avocat au Parlement, a été réimprimé fous le nom de *Gloſſaire du Droit François*, en deux Tomes *in*-4°, 1704. (M. DE LA MONNOYE).

FRANÇOIS REGNARD, natif de Douay en Flandres, Maître de la Chapelle de l'Egliſe Cathédrale de Tournay, l'an 1573. Il a mis en muſique à quatre & cinq parties cinquante Chanſons, convenantes tant aux inſtrumens qu'à la voix, imprimées à Douay l'an 1575 chez Jean Bogaerd.

FRANÇOIS RICHARDOT *, natif de Bourgongne, Evêque d'Arras, l'an 1564, homme fort docte, & grand Théologien. Il a écrit la règle & guide des Curés & Vicaires, imprimée à Anvers chez Plantin, & à Paris, chez Nicolas Cheſneau, l'an 1564 ; ſix Sermons ſur l'Oraiſon Dominicale, & quatre ſur l'Oraiſon qui ſe commence, *Miſſus eſt Gabriel Angelus*, &c. faits à Douay par ledit Richardot, imprimés chez Plantin à Anvers ; deux Oraiſons funèbres, prononcées aux Obſéques des Royne & Prince d'Eſpagne par ledit Richardot, l'an 1569, imprimées chez Plantin à Anvers. Il mourut l'an 1574. Il a écrit pluſieurs Livres Latins.

   * Il avoit été fait Evêque d'Arras dès 1561. La Croix du Maine auroit pu citer, outre les deux Oraiſons funèbres dont il parle, celle de Henri II, Roi de France, que Richardot prononça à Gand. Voyez ſon Article dans le Tom. III. de la ſeconde Edition de la *Gaule Chrétienne*. Il n'eſt point fait mention de Richardot dans la *Biblioth. des Auteurs de Bourgogne*, où cependant il n'auroit pas dû être oublié.

FRANÇOIS ROALDÈS, natif de la Ville de Rodez au pays de Rouergue près Toloſe, Docteur ès Droits, homme réputé l'un des plus ſavans en la Juriſprudence & autres arts & diſciplines, qu'autre que nous ayons connu de notre ſiècle. Il a écrit en François une bien ample & bien curieuſe Hiſtoire de France, laquelle n'eſt encore imprimée, non plus que ſes Recherches ou Mémoires de pluſieurs Singularités, & choſes mémorables, qu'il a obſervées en divers lieux de France, & principalement en Provence, Savoye & Dauphiné, & encore en Languedoc. Il florit à Tolofe cette année 1584. Je ferai mention de fes Ecrits Latins autre part [1].

[1] Quoique fes petites Annotations fur la notice d'Orient & d'Occident, à la tête defquelles il eft nommé *Francifcus Rhuardefius* *, puffent faire croire que fon vrai nom étoit & s'écrivoit *Rhouardès*, par-tout ailleurs cependant il eft appelé *Roaldefius* & *Roaldès*. Il mourut à Touloufe plus que feptuagénaire, en 1589. (M. DE LA MONNOYE).

* Il a publié en François un *Difcours des chofes mémorables advenues à Cahors & au pays de Quercy, en l'an 1428, extrait des Annales Confulaires dudit Cahors, avec Annotations de François Roualdez, Docteur-Régent en l'Univerfité de Cahors, 1586, in-8°.*

FRANÇOIS DE RONSSIN, Sieur DU PLESSIS RONSSIN, Gentilhomme du Maine, l'un des plus excellens Joueurs de Luth de France, voire de toute l'Europe, grand Muficien, Philofophe naturel, & Poëte François, comme il fe voit en quelques Sonnets de fa façon, lefquels il n'a encore mis en lumière. Il florit à Paris cette année 1584.

FRANÇOIS ROSE, natif d'Amiens en Picardie, Jeune homme fort amateur de Lettres, & curieux Rechercheur de l'Hiftoire. Il a écrit en François l'Hiftoire de la Conquête de Conftantinople, faite par Baulduin IX du nom, Comte de Flandres, en l'an de falut 1204. Elle n'eft encore imprimée. Il florit à Paris cette année 1584.

FRANÇOIS DE ROSIERES, Gentilhomme Lorrain, Chanoine de Thoul audit pays de Lorraine. Il a écrit un Difcours des Politiques & Républiques du monde, imprimé. Il a davantage écrit en François des Mémoires, touchant la très-illuftre & très-ancienne Maifon de Lorraine, non encore imprimés. Quant à fes doctes & infiniment laborieux volumes, touchant les Ducs de Lorraine, & leur antiquité [1] &c. je n'en ferai pas ici mention, me réfervant d'en écrire dans ma Bibliothèque Latine. J'ai entendu qu'il les avoit traduits en François, mais ils ne font encore imprimés qu'en Latin chez

Chaudiere à Paris (*en* 1580 , *in-fol.*) Il florit cette année 1584.

¹ L'Auteur de cet impertinent Livre * ayant ofé y foutenir que la Couronne de France appartenoit légitimement à la Maifon de Lorraine , qu'il difoit iffue en ligne directe de Charlemagne , fut mis à la Baftille , d'où ayant été amené le 26 Avril 1583 en préfence du Roi Henri III , & de fon Confeil , il demanda pardon à genoux de fon offenfe à Sa Majefté , fe rétractant des fauffe- tés qu'il avoit eu l'impudence d'avancer dans fon Ouvrage. Le Roi , à la prière , tant de la Reine fa mère , que de la Reine fon époufe , voulut bien lui faire miféricorde. C'eft apparemment par cette raifon que La Croix du Maine & du Verdier qui , dans le temps qu'ils ont écrit , n'ont pu manquer d'être inftruits de ce fait , l'ont néanmoins paffé fous filence. (M. DE LA MONNOYE).

*Le Livre dont il s'agit eft intitulé *Stemmata Lotharingiæ ac Barri Ducum.* Il fut imprimé avec Privilége du Roi , & on lit en tête un grand nombre de piéces de vers en l'honneur de cet Ouvrage , felon l'ufage de ce temps là. L'Auteur , pour donner plus de poids aux fauffetés qu'il vouloit accréditer , publia un grand nombre de chartres & de diplomes , qu'il fabriqua ou inter- pola comme il lui plut , mais avec fi peu d'art , que les perfonnes les moins verfées dans les connoiffances diplomatiques s'apperçoivent aifément de la fuppofition de ces pièces. Il fema d'ailleurs fon Ouvrage de traits injurieux & fcandaleux contre Henri III. On a eu raifon de dire que ce fut le plus mauvais Avocat de la Maifon de Lorraine & de la Ligue qui ait été de ce temps. (*Journal de Henri III ,* fous l'an 1583). Quelques Auteurs ont cru qu'il avoit été condamné à mort. *Capitalem Sententiam paffus eft* , dit Befly , *Origine de Hugues , Roi d'Italie ,* p. 69 , ce qui a été répété depuis ; mais par le *Journal de Henri III* , il ne paroît pas qu'on ait prononcé fon Arrêt. Il mourut en 1607.

FRANÇOIS ROSSELET, ou **ROUSSELET**, Docteur en Médecine , natif de Vefoul. Il a écrit un Difcours qu'il appelle Chrifofpagirie ¹ , c'eft-à-dire , transformation de l'or , im- primé à Lyon chez Charles Pefnot , l'an 1582. Il floriffoit audit an.

¹ La Croix du Maine écrit *Chrifofpagirie* , & du Verdier *Chryfofpagyrie.* Il eft hors de doute que les deux premières fyllabes , formées du Grec χρυσὸς , doivent être écrites *Chryfo ;* quant aux trois dernières , le mot qui les com- pofe étant de l'invention de Paracelfe , on ne doit pas en chercher l'origine dans le Grec , que l'Auteur du mot n'entendoit pas. Auffi fes Difciples écri- vent-ils , les uns *Spagirie* , les autres *Spagyrie* ; & fi l'étymologie Grecque

leur plaît, il leur fera fort aifé de s'accorder entr'eux, puifque la fignification de *σπᾶν*, *extraire*, & d'*ἀγυρὶν*, *affembler*, eft la même que celle de *σπᾶν* & d'*ἀγείρειν*. (M. DE LA MONNOYE).

FRANÇOIS ROUSSET , Docteur en Médecine , natif de Pithuyers , Médecin ordinaire de M. le Duc de Genevois & de Nemours , l'an 1580. Il a écrit premièrement en Latin , & depuis traduit en François un Traité fort docte de l'Enfantement Cæſarien * , lequel il appelle en Grec Hyſtérotomotokie , imprimé à Paris chez Denis du Val , l'an 1581.

* Furetiere , au mot *Céſarien* , parlant de ce ROUSSET , le qualifie Médecin du Roi. La Croix du Maine fe trompe dans tout ce qu'il dit ici du Livre de cet Auteur fur l'*Enfantement Céſarien*. 1°. Il fut d'abord compofé en François ; 2°. ce fut Bauhin qui le traduifit en Latin. Le titre de la Traduction Latine nous apprend tout cela. *Franciſci Rouſſeti de Partu Cæſario Liber. . . Primùm ab Autore Gallicè conſcriptus , à Gaſpare verò Bauhin latinè redditus ,* &c. Baſil. 1588. Ibid. 1591 , *in-8°.*

FRANÇOIS SAGON , natif de Rouen en Normandie, furnommé L'INDIGENT DE SAPIENCE , domeſtic de M. Felix de Brie , Abbé de S. Evroul en Normandie, & grand Doyen en l'Eglife de S. Julien du Mans. Il a été de fon temps comme le fléau ou verge de Clément Marot, contre lequel il a écrit beaucoup de vers , lefquels fe voient imprimés [1]. Il a écrit le Chant de la Paix , fait entre le Roi Henri II , & Philippe, Roi d'Efpagne , imprimé à Paris par Barbé Regnault ; la Réjouiſfance du Traité de Paix en France , publiée l'an 1559 , imprimée à Paris par Olivier de Harfy , audit an 1559 ; Recueil d'Eftrennes dudit François Sagon , pour l'an 1538 , imprimé à Paris audit an ; Recueil moral d'aucuns Chants Royaux , Ballades & Rondeaux dudit Sagon , préfentés à Rouen , à Diépe & à Caën. Nous les avons pardevers nous écrits à la main. Il a compofé tous , ou la plus grande partie des Epitaphes qui fe voient en la Chapelle du Château de Serrant en Anjou , à trois lieues d'Angers , faits en l'honneur des Sieurs dudit Serrant , furnommés de Brie , qui eft une fort ancienne & très-noble maison. Il florissoit l'an 1538 sous François I, & encore sous Henri II.

¹ La querelle de Marot & de Sagon a fait autrefois du bruit : comme ils avoient chacun leurs amis, il y eut deux factions, & de part & d'autre beaucoup de vers satyriques imprimés en des Recueils de 1537 & de 1539. L'inimitié de ces deux Poëtes venoit de loin. Il est dit dans la petite pièce en vers, qui a pour titre *le Différent de Marot & de Sagon*, qu'un jour qu'ils se promenoient en bonne compagnie dans la Cour du Château d'Alençon, Marot, à l'occasion d'un point de religion, laissa échapper un mot que Sagon traita d'Hérétique. Marot, sans s'émouvoir, persista dans son sentiment, & fit doucement ce qu'il put pour y attirer Sagon ; mais celui-ci, tenant bon, & répliquant toujours vertement, Marot rebuté lui dit une parole de mépris ; Sagon lui en rendit une autre ; à quoi Marot pour réponse mettant la main au poignard, alloit lui en porter un coup, si Sagon, voyant qu'il ne seroit pas le plus fort, n'eût pris la fuite. Marot s'étant depuis fait des affaires avec la Sorbonne, & craignant, lorsqu'elles furent terminées, qu'on ne lui en suscitât de nouvelles, prit le parti de se retirer en Italie auprès de la Duchesse de Ferrare. Ce fut dans le temps de cet exil, qu'ayant, pour se justifier des faits dont on l'accusoit, écrit une assez longue Epître à François I, Sagon, pour la réfuter, en adressa une plus longue au même Roi, intitulée *Le Coup d'Essai*. Marot, de retour, ne daignant pas opposer à cet écrit une réponse sérieuse, y en fit une, sous le faux nom de *Fripelipes*, son valet, où il tourna Sagon en ridicule. Sagon, de son côté, sous le faux nom de *Mathieu de Boutigny*, son prétendu Page, y répliqua par l'écrit intitulé *le Rabais du caquet de Fripelipes, & de Marot*, dit *Rat pelé*, le nommant ainsi par une équivoque boufonne, sur ce que Marot se glorifioit d'avoir été *rappelé* de son exil de Ferrare. On peut voir dans les Recueils que j'ai indiqués la suite de ce démêlé, qui dura jusqu'en 1538. Parmi les Épîtres familières de Jean Bouchet, imprimées chez Guillaume & Jacques Bouchet, à Paris, 1545, *in-fol.* la 109ᵉ est de François Sagon, où il prend la qualité de *Curé de Beauvais*. Sa devise étoit *Vela dequoy*. (M. DE LA MONNOYE). *

* François Sagon vivoit encore en 1559. On a de lui une pièce sur la paix de Cateau-Cambresi, qui fut conclue cette année. Elle a pour titre : *La Réjouissance de la Paix publiée l'an 1559*. Il y a apparence qu'il mourut peu après.

V. la Bibl. Françoise de M. l'Abbé Goujet, Tom. II, p. 86.

FRANÇOIS SEDILLE, Chanoine en l'Abbaye de Saint Pierre, appelée autrement du nom de Sainte Geneviève, située à Paris, &c. Licentié en Théologie. Il a écrit un Livre de l'Ordre de Religion, contenant la manière de vivre des Chanoines dits Réformés de S. Augustin, imprimé à Paris chez Noël le Coq, l'an 1571, auquel temps florissoit ledit Sedille, & ne sais s'il est encore vivant, car je n'ai cognoissance de lui que par ses Ecrits.

FRANÇOIS DE SIGNAC, Sieur DE LA BORDE, Roi d'armes de Dauphiné. Il a mis par écrit le trépas & ordre des obséques, funérailles & enterrement du feu Roi Henri II du nom, imprimé à Paris chez Robert Estienne, l'an 1559.

FRANÇOIS DU TERTRE. Il a écrit un Chant Pastoral sur l'arrivée & bien-venue de Loyse de Lorraine, Royne de France, l'an 1575, imprimé à Paris audit an.

FRANÇOIS TILLIER, Tourengeau, Avocat à Tours. Il a écrit deux Livres du Philogame, ou Ami du Mariage, imprimé à Paris chez Poupy, l'an 1578.

FRANÇOIS DE VALOIS, premier du nom, très-Chrétien Roi de France. Il a été appelé le Père des lettres, pour y avoir employé toute son industrie à les mettre en leur perfection, & n'a jamais épargné or ni argent pour entretenir les hommes doctes, & pour recouvrer livres de toutes parts, pour enrichir cette superbe & magnifique Bibliothèque Royale, dressée à Fonteinebleau. Il étoit fort docte & très-éloquent, ayant cognoissance de plusieurs langues, &, entr'autres, de la Latine & Françoise, en laquelle il a écrit plusieurs Livres, savoir est, la Réponse aux Protestans d'Allemagne ; plusieurs Epîtres Françoises, faites Latines par Messire Guillaume du Bellay, Sieur de Langey, & plusieurs Latines, qu'il a mises en François ; plusieurs Poëmes très-éloquens, Sonnets, Epigrammes & autres genres de Poësie Françoise, desquels Salmon Macrin de Loudun en Poitou fait mention, & lesquels il a traduits en Latin, & quelques vers touchant le labourage, desquels parle Jean Liebault, au commencement de sa Maison Rustique ; Traité touchant la Discipline Militaire de ses Légionnaires, lesquels furent aſſis en ſept diverſes Provinces du Royaume de France, l'an 1533, à l'imitation des Romains. Il ſe lit quelques vers dudit Roi, à la louange de Madame Laure d'Avignon, tant célébrée par Pétrarque [1]. Il mourut l'an 1547 au Château de Rambouillet en Beauſſe, au grand regret de tous hommes de lettres, & autres de ſes ſujets [*].

[1] J'ai lu une Epître de quatre cens douze vers, de dix à onze ſyllabes, par François I, manuſcrite & intitulée : *Epître du Roi, contenant tout le fait de ſa priſe.* Elle eſt écrite à une Dame non mariée, qu'il ne nomme point, & dont il paroît fort amoureux. Le Manuſcrit où elle eſt avec pluſieurs Rondeaux, Chanſons & autres pièces, toutes très-mauvaiſes, eſt un petit *in*-8°. en vélin, qui appartenoit en 1715 à M. Loger, Avocat au Parlement. Quelques-uns ont cru que l'*Epitaphe de Laure* étoit de Marot, parce qu'elle eſt imprimée comme de lui, immédiatement avant ſes *Pſeaumes*. Mais elle eſt très-certainement de François I, que Marot lui-même, dans une de ſes Epigrammes, & Salmonius Macrinus, pag. 46 de ſes premières *Hymnes*, ont loué de l'avoir faite. Des huit vers qu'elle contient, les quatre derniers

> O Gentille ame étant tant eſtimée,
> Qui te pourra louer qu'en ſe taiſant ?
> Car la parole eſt toujours réprimée,
> Quand le ſujet ſurmonte le diſant.

ſont très-bien tournés pour le temps. Les deux premiers

> En petit lieu comprins vous pouvez voir
> Ce qui comprend beaucoup par renommée.

ont auſſi leur agrément ; mais le ſens du troiſième & du quatrième

> Plume, labeur, la langue, le devoir
> Furent vaincus de l'Amant par l'Aimée.

eſt ſi embarraſſé, que, ſoit qu'on liſe, comme ici, *de l'Amant par l'Aimée*, ſoit comme la plupart, conformément aux anciens Manuſcrits, *par l'Aimant de l'Aimée*, ſoit comme le Tomaſini, *par l'Aimant & l'Aimée*, il ne ſera guère plus intelligible d'une façon que d'une autre. (Il paroît même que la meilleure leçon eſt la première. (M. DE LA MONNOYE).

[*] François I avoit beaucoup d'eſprit naturel, & ſavoit infiniment, ſans avoir preſque jamais étudié ; de ſon temps on ne connoiſſoit pas le jeu, qui depuis a pénétré par-tout, & fait la principale occupation de tant de gens. Hors le temps des affaires & de la chaſſe, à table, à ſon lever & à ſon coucher, & quand la mauvaiſe ſaiſon le retenoit chez lui, il s'entretenoit avec des Savans en tout genre & ſur toute ſorte de matières. Il avoit le don de s'exprimer heureuſement & ſur le champ. On connoît le petit Diſtique qu'il

grava

grava avec son diamant, dans un moment de rêverie, sur une fenêtre du Château de Chambort, & que l'on y a lu long-temps :

> Souvent femme varie,
> Bien fol est qui s'y fie.

Ce fut lui qui établit en France l'étude de l'Hébreu, pour lequel il fonda une Chaire au Collège Royal. Il avoit fait venir Augustin Justiniani, noble Genois, l'un des plus savans hommes de son siècle, qui savoit même l'Arabe, chose alors fort rare parmi les Chrétiens. Ce Justiniani se fit Dominicain à Paris, & fut nommé en 1514 à l'Evêché de Nebbio dans l'Isle de Corse.

FRANÇOIS DE VERNASSAL, de Cahors en Quercy, près Tolose. Il a traduit d'Espagnol en François l'Histoire, ou plutôt Roman de Primaléon de Grece.

FRANÇOIS VILLON [1], natif de Pontoise près Paris. Il a écrit quelques Œuvres en vers François, contenant deux testamens, ensemble plusieurs Ballades, & autres Poësies, imprimées à Paris avec les finesses & tromperies dudit Villon, l'an 1533, par Galiot du Pré [2]. Il vivoit en l'an 1456. Aucuns assurent qu'il fut pendu pour ses malversations *, &c.

[1] Le Poëte dont il est ici parlé ayant été en son temps un fripon insigne, fut par cette raison surnommé *VILLON*, mot qui, en vieux langage, signifie *trompeur*, *fourbe*, *matois*, *frippon*. Ce sobriquet, qu'il garda toute sa vie, a été cause que son nom de famille est demeuré inconnu jusques vers l'an 1600. La découverte en est dûe au Président Fauchet, qui, Chap. 1 de son Livre de l'*Origine des Chevaliers*, dit avoir trouvé dans un de ses Manuscrits les huit vers suivans :

> Je suis *François* dont ce me poise,
> Nommé *Corbueil* en mon surnom,
> Natif d'Auvers emprès Pontoise,
> Et du commun nommé *Villon*.
> Or d'une corde d'une toise,
> Sauroit mon col que mon cul poise,
> Se ne fut un joli appel,
> Ce jeu ne me sembloit point bel.

On a eu raison de croire sur le témoignage de ces vers que le lieu de la naissance de Villon étoit *Auvers*, & que *Corbueil* étoit son vrai nom de famille. Avant Fauchet, je l'avoue, tous les Auteurs, hors La Croix du Maine, qui fait naître Villon à Pontoise, l'ont reconnu pour Parisien. Lui-même, dans un endroit de ſes Poëſies, s'eſt qualifié *Enfant de Paris*. Ces expreſſions ne ſont rien moins qu'incompatibles avec celle qui fait naître Villon à Auvers proche de Pontoiſe, puiſque, pour les concilier, il ſuffit de dire que ſa mère l'ayant conçu à Paris, accoucha de lui à Auvers. L'ingénieux Anonyme, Auteur de la Lettre imprimée l'an 1723, à la ſuite de la nouvelle Edition de Villon, inſiſte fort ſur le vers *né de Paris emprès Pontoiſe*, quelque difficile qu'il ſoit de comprendre qu'un homme né à Paris ſoit *né emprès Pontoiſe*, c'eſt-à-dire, à cinq ou ſix lieues de Paris. Le même veut que le nom de famille de ce Poëte ſoit véritablement *Villon*, & non pas *Corbueil*. Il ſe ſert pour cela de deux raiſons; l'une, qu'avant la citation du Manuſcrit de Fauchet, on a pendant près d'un ſiècle & demi abſolument ignoré ce nom de *Corbueil*; l'autre, que *Villon* eſt ſi peu un ſurnom donné par manière de ſobriquet au Poëte Villon, que celui-ci, en ces deux vers,

> Item & à mon plus que père
> Maître Guillaume de Villon.

a reconnu manifeſtement ce Maître Guillaume Villon pour un de ſes plus proches parens. Il eſt aiſé de répondre à ces deux objections. A l'égard de la première, on convient qu'avant le paſſage du Manuſcrit de Fauchet, le nom de *Corbueil* étoit univerſellement ignoré; mais on ſoutient qu'il n'eſt plus permis de l'ignorer, depuis que ce paſſage a été produit. Il en eſt de cette découverte comme de celle de pluſieurs autres noms de famille, déterrés très-long-temps après la mort des perſonnes auxquelles ils appartenoient, tels, par exemple, que *Litle*, mot Anglois, qui ſignifie *Petit*, ſurnom de Jean de Saliſberi, Auteur du *Polycratique*, tels que *Charlier*, ſurnom du fameux Docteur Jean Gerſon; tels que *Sacco*, de Barthelemi Platine; tels enfin que *Cino*, de Politien, & tant d'autres. On ne s'eſt pas aviſé, ſur ce que ces noms ont été cachés pendant un, deux, trois & quatre ſiècles de conclure de-là qu'ils ſont faux & ſuppoſés. Quant à Guillaume de Villon, qu'on allégue comme une preuve invincible que ce ſurnom étoit commun aux parens de François Villon, j'en tire une conſéquence toute oppoſée. La ſeule prépoſition *de*, qui ſe trouve au ſurnom de *Guillaume*, & qui manque à celui de *François*, ſuffit pour faire voir, quand *Villon* ſeroit un nom de famille, que *François Villon* ne ſeroit pas de même famille que *Guillaume de Villon*. Pour peu qu'on veuille ſe donner la peine de parcourir les liſtes de La Croix du Maine & de du Verdier, on reconnoîtra que Balthazar *Bailly* & Guillaume *de Bailly*, François *Barraud* & Jean *de Barraud*, Pierre *Bertrand* & Antoine *de Bertrand*, Sebaſtien *Chatillon* & Jérome *de Chatillon*, Jacques *Fontaine* & Jean *de la Fontaine*, Fédéric *Morel* & Jean *de Morel*, Jean *Girard* & Bernard *de Girard*, Omer *Talon* & Antoine *de Talon*, Jean *Riviere* & Etienne *de la Riviere*, Jean *Mothe* & Charles *de la Mothe*, &c. n'étoient très-certainement ni parens, ni alliés. On auroit d'ailleurs aſſez de peine à trouver qui que ce ſoit nommé *Villon*, autre que *François Villon*; au lieu qu'il ſeroit aiſé de prouver que depuis

Guillaume de Villon, il y a eu en 1624 à Paris un *Antoine de Villon*, fameux par ses thèses publiées contre la doctrine d'Ariftote. C'eft une erreur dans l'*Huétiana* d'avoir pris ce *Guillaume de Villon* pour le père de *François Villon*. L'Anonyme à qui je réponds a fort bien relevé cette méprife, quoiqu'il n'en foit pas exempt lui-même, lorfque, fans autre fondement que les termes de ces deux vers,

> Item, & à mon plus que père,
> Maître Guillaume de Villon.

peu s'en faut qu'il n'affure que ce Guillaume étoit l'oncle paternel de François. La qualité de *plus que père* ne marque cependant aucune relation de parenté entre Guillaume & François, mais une inclination feulement de la part de Guillaume à rendre à François tous les bons offices que le meilleur père auroit pu rendre à fon fils. Il ne faut pas enfin dire que dans *Guillaume de Villon*, le *de* n'eft que pour allonger le vers. Si le furnom de *Guillaume* avoit été fimplement *Villon*, notre Poëte, qu'on fait paffer pour habile, & qui l'étoit véritablement, auroit pu mettre, fans recourir à la cheville *de*,

> Item, comme à mon plus que père,
> A Maître Guillaume Villon.

Quant au nom Corbueil, il n'y a pas de quoi s'étonner qu'un homme du tour d'efprit de Villon, libertin & fripon déclaré, ait, de gaieté de cœur, préféré à fon nom de famille un fobriquet dont il avoit fait habitude, & qu'il prenoit pour un titre de gentilleffe. Il eût fans doute cru ôter à fes Poëfies tout leur fel, fi, au lieu de Villon, il s'y fût nommé Corbueil. Le mépris que du Verdier fait de ces Poëfies, ainfi qu'on le verra, marque fon mauvais goût. Patru en a jugé bien autrement, lorfqu'il a dit, pag. 922 de la feconde Edition de fes Œuvres, que *Villon eft un des plus nobles efprits, dont Paris, dont la France puiffe fe vanter*. L'Auteur de la Lettre fur Villon rapportant, pag. 55, un endroit des Remarques du même Patru fur celles de Vaugelas, où il eft dit que *Villon pour la langue a eu le goût auffi fin qu'on pouvoit l'avoir en ce fiècle*, ajoute, c'eft-à-dire, qu'on pouvoit l'avoir aujourd'hui. Je ne puis être de fon avis : *en ce fiècle* doit être expliqué par *en ce fiècle-là*, autrement Patru auroit dit *pourroit*, & non pas *pouvoit*; auffi ayant depuis vu l'Edition de Patru, in-4°. à Paris, 1714, à la fin de laquelle font les Remarques fur Vaugelas, j'ai trouvé que, pag. 648, il y étoit dit que *Villon pour la langue a eu le goût auffi fin qu'on pouvoit l'avoir pour fon fiècle*. Villon mourut fous le règne de Louis XI, il ne paroît pas du moins qu'il ait vécu au-delà. Rabelais, Chap. dernier de fon quatrième Livre, s'équivoque fort dans fon calcul, lorfqu'il met Villon en Angleterre, fous Edouard V, & qu'il donne pour Médecin à ce même Edouard Thomas Linacer. Edouard V, en effet, n'ayant furvécu que deux mois à fon père Edouard IV, mort le 9 Avril 1483, Linacer, né en 1460, n'avoit alors que ving-trois ans, & n'a pu être ni Médecin de ces Rois, ni connu de Villon, mort quel-

H h ij

ques années avant Louis XI, que l'on fait être mort quatre mois & quelques vingt-un jours après Edouard V. (M. DE LA MONNOYE).

² Il y a deux chofes à remarquer dans les Editions de Villon , l'une que Marot dans la fienne a fouvent gâté le texte , en voulant le corriger ; l'autre , que le petit Livre contenant quelques fix cens vers , qui a pour titre : *Recueil des Repües franches de Villon & de fes Compagnons* , imprimé dans l'Edition *in-12.* de Galliot Dupré , n'eft pas de Villon , mais de quelqu'un qui s'eft diverti à mettre par écrit les fubtilités attribuées a Villon & à fes Compagnons , pour faire bonne chère aux dépens d'autrui. Les deux petits Poëmes intitulés , l'un *Le Monologue du Franc Archer de Bagnolet* , l'autre *le Dialogue des Seigneurs de Malepaie & de Baillevent* , ne font pas non plus de Villon. Quant aux notes imprimées fur ce Poëte dans l'Edition de Paris , 1723 , on a fu qu'elles étoient de M. de Laurieres, Avocat au Parlement. (*idem*).

* Il eft probable que Villon n'a point été pendu, quoiqu'il en ait eu toute la frayeur plus d'une fois. Il naquit à Paris en 1431 , & avant vingt-cinq ans il avoit fouvent été mis en prifon pour fes petits vols ; il en connoiffoit bien le féjour , lorfque pour un vol confidérable , que l'on croit qu'il fit à Ruel , lui & fes camarades furent condamnés à être pendus par Sentence du Châtelet. Le Parlement infirma la Sentence , & commua la peine de mort en celle du banniffement. Ce fut alors qu'il fit fon premier ou petit Teftament en 1456. Il fe retira , comme il le dit lui-même, à S. Genou, près de S. Julien, fur les frontières du Poitou & de la Bretagne , où il eft probable qu'il continua fes friponneries , & bientôt après il fe trouva de nouveau aux prifes avec la Juftice. Il fut arrêté à Meun fur Loire en 1461 , & il courut les plus grands rifques pour fa vie ; mais la protection de Louis XI , qui venoit de monter fur le trône , le tira d'affaire ; ce fut alors qu'il fit fon fecond ou grand Teftament. Depuis ce temps , on ignore ce qu'il devint , & fon prétendu voyage en Angleterre eft regardé comme une fiction de Rabelais.

V. la Bibl. Françoife de M. l'Abbé Goujet , Tom. IX , pag. 288 , & les Mém. de Niceron , Tom. V, pag. 206.

FREMIN CAPITIS ¹ (Frère) , de l'Ordre de S. François, Docteur en Théologie , &c. Il a écrit un Livre , intitulé la Sauvegarde & protection de la Foi Catholique, contre les principaux Hérétiques de notre temps , imprimé à Reims l'an 1566.

¹ FREMIN , nom de baptême , eft une corruption de FIRMIN. Coquillart , dans fon *Monologue des Perruques* , a dit :

Frère Bérufle & Dam Frémin.

Béze , pag. 453 du Tom. III de fon *Hift. Eccléf.* dit que Frère Frémin Capitis accufoit les Huguenots de faire deux Cénes , une de pain blanc & en vaiffelle d'argent pour les Riches, & une de pain bis avec des verres pour les Pauvres. (M. DE LA MONNOYE).

FRANCOUR , Chancelier du Roi de Navarre, &c. Voy. ci-après GERVAIS LE BARBIER, furnommé FRANCOUR , &c.

..... FRESSE , Evêque de Bayonne*. Il a écrit un Livre , intitulé Livre premier des Etats , & maifons plus illuftres de la Chrétienté , imprimé à Paris , l'an 1549 , chez Vincent Sertenas. Il floriffoit du temps de Henri II , audit an 1549.

* Il fe nommoit JEAN DE MONSTIERS, Seigneur de Freiffac , & fut fait Evêque de Bayonne en 1550 , à la place d'Etienne Poncher , qui paffa à l'Archevêché de Tours cette même année. Il fut fouvent employé dans les négociations , fur-tout en Allemagne. Il mourut à Paris en 1568. La Bibliothèque Hiftorique de la France fe trompe , lorfqu'elle dit qu'il ne fut fait Evêque de Bayonne qu'en 1561. Elle le nomme JEAN DE MONSTIER , Sieur de *Fraiffe* & de Rochelidoux , en parlant de fon Livre *des Etats & Maifons illuftres* , nº. 16230 de la première Edition. Quelques Ecrivains l'ont appelé en Latin *FRAXINEUS* , comme fi fon nom eût été DUFRESNE ; ce qui a caufé quelque confufion ; car on a conclu de-là qu'il y avoit eu deux Evêques de Bayonne , l'un nommé *JEAN DE FRAISE* , & l'autre *JEAN DE FRESNE*. On ne pourroit nombrer les méprifes nées de l'abus de latinifer les noms propres.

..... LE FORESTIER , de l'Ordre des Céleftins , Poëte François , &c. Il a écrit quelques vers à l'honneur de la Vierge Marie , imprimés à Rouen , & en autres lieux , l'an 1520 , ou environ.

F. R. [1] Parifien. Il a écrit un Epithalame fur le mariage du Roy , & de la très-excellente Princeffe Loyfe de Lorraine , imprimé chez Denis du Pré , l'an 1575 , avec le Sacre & Coronnement dudit Roy.

[1] Ces deux lettres initiales doivent fignifier FRANÇOIS ROSE , le même à qui , dans un Article défavoué par La Croix du Maine , & fupprimé en conféquence dans cette Edition , il attribuoit un Traité des *Généalogies , Alliances & faits illuftres de la maifon de Montmorency* , imprimé à Paris , l'an 1579 , chez Pierre Chevillot. Ce Traité eft Anonyme felon André Duchefne , qui , pag. 224 de fa *Bibliothèque des Hiftoriens de France* , l'a rapporté fans nom d'Auteur , & même fans nom d'Imprimeur , ce que n'ont fait ni la Caille , au mot PIERRE CHEVILLOT , ni le P. le Long , Art. 16666 de fa *Biblioth.*

Hiſtor. de France, tous deux induits en erreur par La Croix du Maine, dont ils n'ont pas remarqué le déſaveu. Une choſe ſur-tout qui ſurprend dans le P. le Long, c'eſt que *François Roſe*, *Pariſien*, pour comble de mépriſe, eſt métamorphoſé chez lui en *Françoiſe Roſe*, *Pariſienne*. (M. DE LA MONNOYE).

F. D. L. T. * Il a écrit le Diſcours des Villes, Châteaux & Fortereſſes battues, aſſaillies & priſes par la force de l'artillerie, durant les règnes des très-Chrétiens Rois, Henri II, & Charles IX, étant grand Maître & Capitaine Général d'icelle, le Seigneur d'Eſtrées, Chevalier de l'Ordre de leurs Majeſtés, &c. imprimé à Paris chez Gabriel Buon, l'an 1566.

* Ces quatre lettres ſignifient FRANÇOIS DE LA TREILLE. Il étoit Seigneur de Barriol, Commiſſaire ordinaire d'Artillerie, & Lieutenant de M. d'Eſtrées en l'Arſenal de Paris & l'Iſle de France. L'Ouvrage dont La Croix du Maine parle en cet endroit, n'eſt qu'une Brochure de deux feuilles, qui comprend ce qui fut fait ſous les ordres de M. d'Eſtrées, depuis 1552 juſqu'en 1563.

G A B.

GABRIEL BOUNIN, natif de Châteauroux en Berry, &
Bailli dudit lieu. Il a traduit en vers François une Tragédie appelée la Soltane, imprimée à Paris chez Guillaume Morel. Il a
traduit de Grec en François les Œconomiques d'Ariftote, c'eft-
à-dire, la manière de bien gouverner une famille, imprimées
à Paris chez Vafcofan, l'an 1554; Poëme François, contenant
les joies & allégreffes pour l'entrée de Monfieur, frère du Roi,
en fa Ville de Bourges, &c. imprimé à Bourges, & depuis à
Paris chez Jean de Laftre, l'an 1576 *.

* V. la Bibl. Françoife de M. l'Abbé Goujet, Tom. XIII, pag. 243.

GABRIEL CHAPUIS, natif d'Amboife en Touraine,
homme docte, & des plus diligens Ecrivains de notre temps,
comme il montre par le grand nombre de fes Œuvres, tant
de fon invention, qu'en fes Traductions de Livres Latins, Italiens & Efpagnols, &c. Il a traduit de Latin en François les
doctes Commentaires Hiérogliphiques de Pierius, imprimés
en deux volumes *in-fol.* à Lyon, par Berthelemy Honorat, l'an
1576; les Mondes de Doni Florentin, traduits d'Italien en
François, & imprimés à Lyon par diverfes fois chez Berthelemy Honorat. Il a traduit d'Efpagnol en François fept Livres
d'Amadis de Gaule, favoir eft le quinze, feize, dix-fept, dix-
huit, dix-neuf, vingt & vingt-un, imprimés à Lyon chez Benoift Rigault, à diverfes années; cinq Livres de Primaleon de
Grece, qui eft un Roman ou Hiftoire fabuleufe, favoir eft le
deuxième, troifième, quatrième & cinquième, traduits par ledit
Chapuis, & imprimés à Lyon chez Benoift Rigault; les étranges Adventures des Amours d'un Chevalier de Sevile en Efpagne, nommé Luzman, traduites d'Efpagnol, imprimées chez
Benoift Rigault à Lyon; l'Hexameron, ou fix Journées, traduites d'Efpagnol, imprimées à Lyon par Antoine de Harfy,

l'an 1582, & ailleurs. L'Auteur d'icelles l'appelle Antoine Torquemade, Espagnol. L'Anacrise, ou Examen des Esprits, traduit d'Espagnol, imprimé à Lyon chez François Didier, l'an 1580 ; le second & troisième volume de la Diane de Georges de Montemajor, traduits d'Espagnol, imprimés à Lyon par Cloquemin ; les Dialogues de Nicolas Franco, Italien, revus par ledit Chapuis, & imprimés à Lyon chez Berthelemy Honorat ; la civile Conversation d'Estienne Guazzo, Italien, imprimée à Lyon par plusieurs fois chez Jean Berault. Il a traduit de Latin en François la Harangue, ou Oraison funèbre sur la mort de Madame Marguerite de Valois, Duchesse de Savoye & de Berry, femme de Philbert Emanuel, Duc de Savoye, & Prince de Piedmont, &c. écrite en Latin par Charles de Paschal, &c. imprimée à Paris chez Jean Poupy, l'an 1574 ; cinq Chants de l'Arioste, Italien, pris sur la fin du Livre de Roland furieux, imprimés à Lyon par Berthelemy Honorat, par diverses fois, avec la suite ou continuation du même Livre ; la Méthode de se bien confesser, traduite d'Italien en François, & imprimée à Lyon chez Benoist Rigault ; Poëme François sur la venue du Roy Henry III en France, & son retour de Polongne, &c. imprimé à Lyon chez Benoist Rigault ; le Courtisan de Balthazar de Castillon ou Chastillon, traduit en François par ledit Chapuis, & imprimé à Lyon par Loys Cloquemin. Il a traduit d'Espagnol en François le deuxième & troisième Livres de l'Histoire de Flandres, écrite par M. P. C. imprimée à Lyon, l'an 1578, par Jean Stratius ; Commentaires, ou Scholies très-amples sur Seneque, traduits d'Espagnol en François, non encore imprimés ; les Leçons ou Sermons de Panigarole, traduits d'Italien en François, imprimés à Lyon chez Stratius ; la Vie de Jesus-Christ, écrite par S. Bonaventure, non encore imprimée. La copie en est à Lyon chez Jean Stratius. Les Epîtres facétieuses de Rao, traduites d'Italien en François, imprimées à Lyon chez Antoine Tardif ; le Sommaire des Sciences, traduit d'Italien en François, imprimé à Lyon chez Antoine Tardif ;

les

les Stances mifes au-deffous des Figures de la Bible, imprimées à Lyon chez Berthelemy Honorat; le Manuel du Catéchifme Catholique, recueilli par Georges Eder, Confeiller de l'Empereur, &c. traduit de Latin en François, & imprimé à Lyon chez Patraffon; fix Livres de la Nobleffe, traduits d'Italien en François; les cent Nouvelles de B. Giraldi, Ferrarois, réduites en deux volumes, imprimés à Paris, le premier chez Perier, le fecond chez Abel l'Angelier; les trois Dialogues du fufdit Giraldi, imprimés chez Abel l'Angelier, 1584; les Secrets de nature, imprimés chez Honorat à Lyon, l'an 1584; Additions au Promptuaire de Médailles, imprimées à Lyon chez Rouvile, l'an 1581; les Sermons de Corneille Muffo, Evêque de Bitonte, réduits en quatre volumes, defquels le premier & le fecond font imprimés chez Chaudiere & Malot, l'an 1584, & les deux autres le feront en bref par les fufdits de la Traduction dudit Chapuis. Il a recueilli de plufieurs Auteurs, & en partie traduit un Livre qu'il intitule les facétieufes Journées, imprimé à Paris chez Jean Houfé, l'an 1584; les Lettres & Miffives amoureufes de Pafqualigo, traduites d'Italien en François, imprimées à Paris chez Abel l'Angelier, l'an 1584; le Miroir univerfel des Arts & Sciences, traduit d'Italien en François, imprimé à Paris chez Pierre Cavelat, l'an 1584. L'Auteur de ce Livre s'appelle Léonard Fioraventi, &c. Les Colloques de Mathurin Cordier, traduits de Latin en François, imprimés à Lyon chez Cloquemin, &c. ailleurs, par diverfes fois. Il florit à Paris cette année 1584, auquel lieu il fait maintenant fa demeure ordinaire, & ne ceffe de travailler pour illuftrer la France, tant par Livres de fon invention, que par fes Traductions.

[1] La Croix du Maine dit que Chapuis a donné cinq Livres de *Primaléon de Gréce*, & n'en compte cependant que quatre, favoir, le fecond, le troifième, le quatrième & le cinquième; il auroit pu même n'en compter que trois, puifque de fon aveu le premier a été traduit par François de Vernaffal, & le fecond par Guillaume Landré. (M. DE LA MONNOYE).

[2] Il vivoit encore en 1610, ayant cette année fait imprimer à Paris en trois

gros volumes *in-8°*. fa Traduction d'Efpagnol en François des Sermons de Pierre de Valderama , Auguftin. (*idem*).

V. les Mém. de Niceron, Tom. XXXIX, pag. 90.

GABRIEL DE COLLANGE, natif de Tours en Auvergne , qui eft une autre Ville que celle de Tours fur Loire, &c. Valet-de-Chambre du Roi Charles IX , autrefois Précepteur & Gouverneur de M. le Duc d'Atry , l'an 1566 , homme fort grand Ingénieur , & doué d'un efprit émerveillable , &c. Il a traduit de Latin en François la Poligraphie de Jean Triteme , Abbé, imprimée à Paris chez Jaques Kerver , *in-4°*. l'an 1561 , avec quelques additions de l'invention dudit Collange. Il a traduit de Latin en François les vingt-fept Livres de l'Hiftoire d'Angleterre , décrite bien au long par Polydore Virgile , non encore imprimée ; l'Hiftoire Univerfelle , depuis la création du monde jufqu'à notre temps , felon les concordances de la vérité Théologique , avec l'Aftronomique & Hiftorique , non encore imprimée. Il a traduit les trois Livres de la Philofophie cachée de Henry Corneille Agrippa , enrichie par ledit de Collange de plufieurs additions & annotations, non encore imprimés ; Difcours de la Policratie, & Inftitution Politique, en laquelle font difcourus & notés les abus de la Cour , & de la forme & manière de la voie philofophique il femble que ce foit la Traduction du Livre de Joannes Sarisberienfis , Evêque de Chartres , &c. Ce Livre n'eft encore imprimé [1]. Traité de l'heur & malheur du mariage , contenant trois déclamations, la première de l'homme contre la femme , la feconde de la femme contre l'homme , & la dernière en faveur du mariage, &c. non imprimé ; Defcription & Difcours des Sectes & Ordres de Religion , depuis la première inftitution de la Religion Chrétienne & Catholique jufqu'à préfent. Le refte de fes autres Œuvres & Compofitions fe voit dans un livre préfenté au Roi Charles IX , par ledit de Collange, l'an 1566 , intitulé Réponfe au Roi , fur la demande qu'il lui auroit plu faire à Gabriel de Collange , Valet-de-Chambre de Sa Majefté, &c. imprimé à

Paris audit an 1566, fans mettre le nom de l'Imprimeur. Il fut tué à Paris l'an 1572 au mois d'Août, ayant été pris pour Huguenot, encore qu'il ne fût de la Religion Réformée, felon qu'il m'aété affuré par hommes qui en avoient bonne connoiffance.

¹ Le *Polycratique* de Jean de Salisbéri eft mis ici au nombre des Livres que Gabriel de Collange avoit traduits en François; mais il y eft fort mal intitulé *le Difcours de la Policratie*, comme fi *Polycratique* venoit de πόλις, au lieu qu'il vient de πολύ & de κρατέω, parce que c'eft un Recueil de remarques tirées de divers endroits. On s'eft extrêmement équivoqué fur ce titre, comme je l'ai fait voir, pag. 403 du VIᵉ Volume de Baillet, *in-4°*. Quant à la Traduction Françoife de ce Livre, outre l'ancienne Manufcrite intitulée, *Polycraticon des traces des Philofophes, & des truffes & vanités de ceux qui fuivent les Cours des Princes*, il en parut une des fix premiers Livres par D. M. fous le titre des *Vanités de la Cour, in-4°.* à Paris 1640. On a depuis fû que D. M. fignifioit DE MEZERAY, fi connu par fon *Hiftoire de France*. (M. DE LA MONNOYE).

V. les Mém. de Niceron, Tom. XL, pag. 291.

GABRIEL DE LERM, dit LERMEUS, Sieur de Barjac, Gentilhomme né au pays de Languedoc, très-docte Poëte Latin & François, Maître des Requêtes de la Roine de Navarre. Il a écrit plufieurs Poëmes, Épîtres & Oraifons Françoifes, & traduit quelques Livres d'Italien en François, defquels il y en a quelque partie d'imprimés. Il florit à Paris cette année 1584. C'eft celui qui a fi heureufement & doctement traduit en vers Latins la Sepmaine de Sallufte du Bartas, imprimée à Paris chez Gadouleau, l'an 1583 & 1584 ¹.

¹ Il naquit Catholique, mais il étoit Proteftant lorfqu'il traduifit en vers Latins la première Semaine de du Bartas. Cette verfion qu'il dédia par deux Épîtres, l'une Françoife, l'autre Latine, à la Reine Elifabeth d'Angleterre, a été fort eftimée : il y péche cependant plus d'une fois contre la quantité, & contre la bonne latinité. On remarque les mêmes vices dans le petit Poëme *Locufta*, imprimé l'an 1599 à Genève, *in-8°.* à la fuite de l'*Introductio in Artem Jefuiticam*, deux Ouvrages pofthumes du même Auteur, auxquels le P. Gretfer a répondu. (M. DE LA MONNOYE).

V. la Bibliot. Françoife de M. l'Abbé Goujet, Tome XIII, p. 313.

GABRIEL DE MARILLAC, Confeiller & Avocat du Roi au Parlement de Paris, homme fort docte en Grec, Latin &

François, & des plus éloquens de la Cour. Il a pu écrire plufieurs Ouvrages (felon qu'il étoit bien verfé en plufieurs fciences)
lefquels ne font en lumière. Il mourut à Paris l'an 1551, au
grand regret de tous fes amis, & autres qui avoient ce bien de
le hanter [1].

[1] Il mourut le 23 Avril 1551. *Voy.* l'Epître de Jean Maledan (*Maludanus*)
à Lambin, du 7 Mai, à Paris, 1551, dans le Recueil des Epîtres *Clarorum
Virorum*, chez Ant. Gryphe, 1561, à Lyon, *in*-8°. (M. DE LA MONNOYE).

GABRIEL MEURIER. Il a écrit le Bouquet de Philofophie Morale, imprimé à Anvers chez Jean Waësberge, l'an
1568 ; la Grammaire Françoife, imprimée à Anvers chez Plantin, l'an 1557 ; le Thréfor des Sentences dorées, proverbes
& dits notables, imprimé à Rouen chez Nicolas l'Efcuyer, l'an
1579. Il floriffoit à Anvers l'an 1568.

GABRIEL DE MINUT, dit MINUTIUS, Sieur du Caftera,
Gentilhomme Tolofain, Sénéchal de Rouergue, Docteur ès
Droits, Maître des Requêtes de la Roine, mère du Roi, Gentilhomme ordinaire de la Chambre, &c. fils de Meffire Jaques
de Minut, autrefois premier Préfident de Tolofe, &c. Ce
Seigneur eft fort bien verfé en tous arts & difciplines. Il a écrit
un Livre de la Mufique, non encore imprimé. Il a écrit plufieurs
vers François [1]. Le Sieur du Bartas lui a dédié fon Uranie. Il floriffoit à Paris l'an 1583.

[1] Nous avons en un petit volume, *in*-8°. deux Ouvrages de fa façon, imprimés après fa mort, l'an 1587, à Lyon, par les foins de Charlotte de Minut, fa fœur, Abbeffe de Sainte Claire à Touloufe, l'un contenant un
Traité de la *Beauté tant du corps que de l'ame*, conformément au Grec
καλὸν ϗ ἀγαθὸν ; l'autre intitulé *Paule-Graphie*, ou *Defcription de la belle Paule
Viguier*, nommée par excellence *la belle Paule*, le tout écrit d'un ftyle vif, &
femé de traits un peu libres, pour avoir été dédié par une Religieufe à une
Reine âgée de foixante-fept à foixante-huit ans, telle qu'étoit alors Catherine de Médicis. C'eft à ce Gabriel de Minut que Jules Scaliger adreffa fes
beaux Dialogues imprimés chez Vafcofan, *in*-4°. 1556, fur les deux Livres
des *Plantes*, qu'on a fauffement cru être d'Ariftote. (M. DE LA MONNOYE).

GABRIEL DU PONT, Sieur DE DRUSSAC, Gentilhomme,
natif de Tolofe, J. C. & Poëte François. Il eft Auteur du Livre

intitulé, les Controverfes des fexes, mafculin & féminin, imprimé
pour la première fois à Tolofe, l'an 1534, & depuis l'an 1537, à
Paris & à Lyon. Eftienne Dolet a fort écrit contre ce Druffac
en fes Epigrammes Latins [2]. Il floriffoit à Tolofe l'an 1536.

[1] Au lieu de GABRIEL & de DRUSSAC, il falloit écrire GRATIAN & DRUSAC.
(M. DE LA MONNOYE).

[2] Les invectives de Dolet contre ce Rimailleur confiftent en fix mauvaifes
petites Odes, très-dignes & de celui qui les fit, & de celui contre qui elles
furent faites. Nous en dirons davantage au mot GRATIAN DU PONT. (*idem*).

Gabriel du Pont étoit Lieutenant du Sénéchal de Touloufe. Il eft fort parlé
de lui au fol. 18 du *Fort inexpugnable de l'Honneur féminin.* Tabourot, dans
fes *Bigarrures*, Part. I, Chap. 4, fol. 24, v°. donne un échantillon bien
rempli d'ordures du Livre des *Controverfes des Sexes.* (Préfident BOUHIER).

V. la Bibl. Françoife de M. l'Abbé Goujet, Tom. XI, pag. 184.

GABRIEL DU PREAU , dit PRATEOLUS , natif de Mar-
couffis , près Mont-l'Hery , Docteur en Théologie [1]. Il a traduit
de Latin en François deux Traités de Claude Cotereau , J. C.
l'un du Devoir d'un Capitaine & Chef de guerre , l'autre du
Combat en camp clos , ou Duel , imprimés à Poitiers par les
Marnefs , l'an 1549. Il a traduit de Grec en François deux Livres de Mercure Trifmégifte, l'un de la Puiffance & Sapience
de Dieu , & l'autre de la Volonté de Dieu , avec un Dialogue
de Loys Lazarel, Poëte Chrétien, intitulé le Baffin d'Hermes ,
le tout imprimé à Paris par Eftienne Grouleau , l'an 1557. Il a
traduit de Tofcan en François la Géomance de Catan , imprimée à Paris chez Gilles Gilles , l'an 1558 , 1561 , & à autres
diverfes fois ; Catéchifme , ou Inftruction pour les Chrétiens ,
imprimé à Paris; Arrêt au profit des Catholiques, par les propres
témoignages des vingt-quatre Miniftres, &c. imprimé à Paris
chez Thomas Brumen , l'an 1567; Difcours des faux Prophé-
tes *, imprimé à Paris l'an 1564 ; Enchiridion , ou Manuel &
Inftruction des Curés , imprimé à Paris l'an 1567; Harangue
fur les caufes de la guerre entreprife contre les rebelles & féditieux , qui , en forme d'hoftilité, ont pris les armes contre le
Roi & fon Royaume , imprimée à Paris l'an 1562; la Franciade

Orientale , qui eſt une Hiſtoire de la Terre-Sainte , écrite par Guillaume , Archevéque de Thyr , imprimée à Paris chez Robert le Mangnier , l'an 1574 ; l'Autorité du Concile , avec les ſignes , pour ſavoir diſcerner l'Egliſe de Jeſus-Chriſt d'avec le Synagogue de l'Antechriſt , imprimée l'an 1564 ; l'Etat de l'Egliſe , qui eſt une Hiſtoire de tous les troubles advenus en l'Egliſe des Chrétiens & Catholiques juſqu'à notre temps , imprimée à Paris chez Jaques Kerver & Guillaume Chaudiere, l'an 1583 (2 vol. *in-fol.*) Il florit cette année 1584 , âgé de 70 ans. Il a écrit pluſieurs Œuvres très-doctes en langue Latine , deſquels je ferai mention en ma Bibliothèque Latine.

¹ Il étoit Docteur en Théologie de la Maiſon de Navarre. Ce qu'il a fait en Grammaire Latine eſt bon. Ses autres écrits , compoſés avec beaucoup de précipitation & peu de jugement , n'ont jamais été fort eſtimés. Il mourut le 19 Avril 1588 , âgé de ſoixante-dix-ſept ans. (M. de la Monnoye).

* Son Livre intitulé *Déclaration des abus & ſubtilités des faux Prophètes,* &c. fut réimprimé à Paris en 1579 , *in-8°*.

GABRIEL DU PUYHERBAULT, dit en Latin Putherbeus , natif de Touraine, Religieux de l'Ordre de Fontevrault en Poitou ¹. Il a traduit en proſe Françoiſe les Pſalmes de David. Le Pſeaultier Latin & François , de la traduction dudit Puyherbault , a été imprimé à Paris chez Jean de Roigny , l'an 1565 ; Traité de Pénitence , imprimé par ledit Roigny , l'an 1555 ; le Paradis de l'Ame, imprimé chez Roigny ; le Supplément de Dévotion , imprimé chez Roigny ; la Règle de prier Dieu ; la Tranquillité d'eſprit ; le Manuel des gens de Religion , tous trois imprimés à Paris chez le ſuſdit ; Poſtiles ſur le Carême , imprimés en huit volumes chez ledit de Roigny ; Expoſitions des cinquante-deux Dimanches , diviſées en deux volumes , imprimées chez Nicolas Cheſneau , l'an 1565 , à Paris ; Epitaphes ſur la mort du Roi François I du nom. Il a écrit pluſieurs Livres en Latin , deſquels je ferai mention autre part. Il floriſſoit à Fontevrault en Poitou , l'an 1547.

¹ Si ce bon Religieux , Auteur de tant de Livres rapportés par les deux Bibliothécaires , & de quelques autres encore qu'ils ont omis , ne ſe fût aviſé

d'inférer dans un de ſes Ouvrages Latins, intitulé *Theotimus*, *de tollendis malis Libris* *, une longue invective contre Rabelais, à peine ſeroit-il connu. Il mourut de mort ſubite l'an 1566. (M. DE LA MONNOYE).

* Le Livre dont on vient de parler eſt intitulé *Theotimus*, *ſive de tollendis & expungendis Libris malis*, *Libri tres*, Paris, 1549, *in-8°*.

GABRIEL DE SACONAY, Précenteur, & Comte de l'Egliſe de Lyon, l'an 1569 [1]. Il a écrit un Diſcours des premiers troubles advenus à Lyon, avec une Apologie pour la Ville de Lyon, contre un libelle intitulé, la Juſte & Sainte Défenſe de la Ville de Lyon, &c. imprimé à Paris l'an 1559 *.

[1] Le Roi d'Angleterre, Henri VIII, ayant écrit en 1521 contre Luther, Léon X fut ſi content du Livre, qu'il donna en reconnoiſſance à Henri le titre de *Défenſeur de la Foi*. Gabriel de Saconay s'étant aviſé long-temps après de faire réimprimer à Lyon ce Livre, avec une Préface piquante contre les nouveaux Réformateurs, Calvin prit de-là occaſion de l'inſulter par un écrit ſatyrique, intitulé *Congratulation à Vénérable Prêtre Meſſire Gabriel de Saconay, Précenteur de l'Egliſe de Lyon, touchant la belle & mignonne Préface dont il a remparé le Livre du Roi d'Angleterre.* (M. DE LA MONNOYE).

* Le Diſcours ſur les *Troubles de Lyon* parut, non en 1559, comme le dit La Croix du Maine, mais en 1569. L'Ecrit auquel Saconay répond n'avoit paru qu'en 1562, & c'étoit l'année même des troubles dont il eſt queſtion dans ces Ouvrages. Cet Auteur avoit déja publié un Livre, intitulé *de la Providence de Dieu ſur les Rois de France Chrétiens* (Lyon, 1568, *in-4°*.) dont le but eſt de montrer que le Roi ne doit point tolérer deux Religions différentes dans ſon Royaume. On imprima en 1572, à Lyon, *in-8°*. un autre Ouvrage de Gabriel de Saconay, ſous le titre de *Généalogie & Fin des Huguenots*, *contenant l'Hiſtoire des troubles excités par leſdits Huguenots*.

GABRIEL SIMEON, Florentin, homme fort docte ès langues, & des plus grands rechercheurs d'Antiquités. Outre qu'il a écrit pluſieurs Livres en Latin & en langue Italienne, il en a auſſi fait beaucoup en la nôtre Françoiſe, deſquels s'enſuivent les titres. Illuſtres Obſervations en ſon dernier voyage d'Italie, l'an 1557, imprimées à Lyon, l'an 1558, par Jean de Tournes, avec pluſieurs Figures de Médailles, Sépultures, & autres Antiquités remarquables, le tout en taille douce (*in-4°*.) L'Epitome de l'origine & ſucceſſion de la Duché de Ferrare, écrite premièrement en langue Toſcane par ledit Syméon , & depuis traduite en François par lui-même ; avec certaines Epîtres à divers perfonnages , avec aucuns Epigrammes fur la propriété de la Lune par douze Signes du Ciel, imprimée à Paris (1553 , *in*-8°.) Cæfar renouvellé , par les obfervations militaires dudit Syméon , imprimé à Paris chez Vincent Sertenas , l'an 1558 ; Devifes , ou Emblêmes , imprimées avec celles de Claude Paradin à Anvers , l'an 1563 , par Guillaume Sylvius , & à Lyon chez Rouville , l'an 1567 ; l'Interprétation du monftre d'Italie , imprimée à Lyon l'an 1555 par Antoine Volant ; la Tétrarchie * , &c. Il a écrit plufieurs autres Livres en langue Italienne , comme la Defcription de la Limagne d'Auvergne , &c. traduite en François par Antoine Chapuis , Dauphinois , duquel nous avons parlé ci-devant à la lettre A. Il florilloit l'an 1558.

* Sa *Tétrarchie* parut en Italien à Venife, en 1546, *in*-8°. fous le titre de *Commentarii fopra la Tetrarchia di Vingia di Milano*, &c. Je ne fais fi cet Ouvrage a été traduit en François; mais on publia en cette langue un Ecrit de Gabriel Siméon , fur les *Cometes*, à Lyon , 1556 , *in*-8°.

GABRIEL TAMOT , Avocat au Mans , l'an 1540 , ou environ. Il a écrit quelques Poëfies Françoifes , defquelles il s'en voit quelques-unes, imprimées avec celles de Charles Fonteine , Parifien. Il a écrit quelques recherches des Antiquités de la Ville & Cité du Mans , mais fes Œuvres ne font imprimées *.

* V. la Bibl. Françoife de M. l'Abbé Goujet, Tom. XI , p. 134.

GABRIELLE DE BOURBON (Madame) , de la trèsilluftre maifon de Montpenfier , femme de Meffire Loys de la Trimouille * , &c. Cette Dame avoit un efprit & jugement émerveillable. Elle a compofé en profe Françoife le Voyage du Pénitent ; le Temple du Saint-Efprit ; l'Inftruction des jeunes pucelles ; les Contemplations de l'ame dévote , fur le Myftère de l'Incarnation & Paffion de Jefus-Chrift. Elle florilloit l'an 1484 , fous Charles VIII , Roi de France. Ses Œuvres ne font encore imprimées. Jean Bouchet en fait mention en fes Annales
d'Aquitaine ,

d'Aquitaine , & au Panégyric du Chevalier fans reproche ,
nommé Loys de la Trimouille.

    * Elle étoit fille de Louis , Comte de Montpenfier , & de Gabrielle de la
Tour de Boulogne. Elle époufa Louis de la Tremoille , Amiral de Guienne ,
le 9 Juillet 1485 , & mourut au Château de Thouars en Poitou, le 30 Novembre 1516.

    GACES BRULEZ , Chevalier , fort bon Poëte François [1].
Il a écrit plufieurs Poëfies Françoifes, & , entr'autres , quarante-
neuf Chanfons non encore imprimées. Il étoit fort aimé de Thibaut , Roi de Navarre , & floriffoit en l'an 1235.

    [1] Cet Article eft tiré du Chap. 16 de Fauchet. Borel & Ménage écrivent
Graces , & Galland écrit *Brulet* , tous trois mal. L'habitude où l'on étoit de
mettre des *s* finales à des mots qui n'en devoient point avoir , faifoit écrire
Brulez pour *Brulé* , & *Gaces* pour *Gace* , nom corrompu d'*Acace*. (M. DE LA
MONNOYE).

    GACES DE LA VIGNE, Gentilhomme François*. Il a écrit
en vers François le Roman des Oyfeaux , traitant de la Fauconnerie , lequel il compofa en faveur de Philippe de Valois ,
Roi de France. Ce livre n'eft encore imprimé. Il floriffoit du
temps de Philippes de Valois , Jean & Charles V , Rois de
France , l'an 1328 , 1350 & 1364.

    *Il étoit du Diocèfe de Bayeux. Il fut premier Chapelain des Rois Philippe
de Valois , Jean & Charles V. Il écrivoit encore en 1373 ; car dans fon
Poëme fur *la Chaffe* il parle du Chancelier Pierre Dorgemont : or Dorgemont ne fut Chancelier qu'en 1373 , le 20 Novembre. Ce Poëme eft un
Traité Apologétique de la Fauconnerie. Il n'eft point étonnant que La Croix
du Maine , & plufieurs autres après lui , aient cru que l'Ouvrage de Gace de
la Vigne n'a jamais été imprimé , parce qu'il ne l'a été que fous un nom
étranger , & d'une façon tronquée à la fin du *Miroir des déduits de la Chaffe*,
par le Comte de Foix Gafton Phœbus , ce qui a donné lieu d'attribuer à
Gafton le Poëme de Gace de la Vigne. A la tête d'un Manufcrit , qui étoit
dans la Bibliothèque de M. de Selle , on lit ces mots: "Gace de la Vigne ,
» jadis premier Chapelain de très-excellent Prince le Roi Jean de France ,
» que Dieu abfoule , commença ce Roman à Redefort , en Angleterre , l'an
» 1359, du mandement dudit Seigneur , afin que Meffire Philippe fon
» quart fils , Duc de Bourgoigne , qui addonc étoit jeune , apprît les
» déduits , pour cochever le pefché oifeulx , & qu'il en fût mieux enfeigné
» en meurs & vertus , & depuis ledit Gace l'a parfait à Paris ».

    Voy. la Biblioth. Hiftor. & Critiq. des *Auteurs qui ont traité de la Chaffe.*

GAMARS *, ou GOMARS DE VILIERS, ancien Poëte François, l'an 1300, ou environ. Il a écrit quelques Poësies Françoises non encore imprimées.

* Fauchet, C. 109, écrit GOMARS. Du Verdier l'a oublié.

GASBERT DE PUYCIBOT , Gentilhomme Limosin. Il a écrit en langue Provençale un Traité, qu'il appelle Las Bauzias d'Amours , non encore imprimé. Il mourut l'an 1263 *.

*V. Jean de Notre-Dame, Ch. 32. Voy. aussi *Recherches sur les Théâtres de France*, à l'Article qui traite de l'*Hist. des Poëtes Provenç.* p. 24 & 25, de l'Ed. *in-4°*, où il est dit que Gasbert , à son retour d'Espagne , surpris de trouver sa femme à Arles, où elle avoit suivi son amant qui l'avoit abandonnée, dissimula sa surprise , passa la nuit avec elle , & le lendemain la conduisit au bord d'un précipice affreux , & prêt à l'y jeter , attendri par les larmes de la coupable , il se contenta de la mener dans un Couvent d'Avignon & de l'y renfermer ; mais ne pouvant surmonter le chagrin que lui causa cette aventure , il vendit ses terres , se fit Moine au Monastère de Pignans , & ne voulut plus composer ni vers ni chansons.

GASPARD D'AUVERGNE. Il a traduit d'Italien en prose Françoise quelques Discours de Nicolas Machiavel, Florentin [1].

[1] On lit un Sonnet de Muret , au-devant du Livre ; & une Epigramme Latine *Joannis Maludani Regii apud Lemovices Patroni.* (M. DE LA MONNOYE).

GASPARD LAET , Docteur en Médecine, & Astrologue en l'Université de Louvain. Il a écrit la Prognostication de Louvain , pour l'an 1540, imprimée audit an ; Prognostication pour l'an 1551 , imprimée à Rouen audit an.

GASPARD DE SAINCT SIMON (Messire), Protenotaire de Sandricour, Gentilhomme François , &c. Il a écrit un Discours de la guerre spirituelle d'entre l'ame raisonnable , & les trois ennemis d'icelle , la Chair, le Monde & le Diable , le tout divisé en trois livres , imprimé à Paris chez l'Huillier , l'an 1579. Il a traduit de Latin en François un Traité de l'Aumône & des Œuvres de Charité , imprimé à Paris , l'an 1583 , chez Thomas Brumen. Il a pu composer d'autres Œuvres , desquelles je n'ai pas connoissance. Il florissoit l'an 1579.

GASPARD DE SAUX (Messire), Chevalier de l'Ordre du Roi, Sieur de Tavanes, Maréchal de France *, &c. Il a écrit des Mémoires touchant l'instruction d'un vrai Chef de guerre & Général d'armée, desquels Charles de Neuchaizes, Sieur des Francs, neveu dudit Sieur, a fait un Recueil, imprimé à Paris, l'an 1574, chez Hulpeau, comme nous avons dit ci-dessus. Il florissoit sous Charles IX, Roi de France.

* Il étoit né au mois de Mars 1509, & mourut le 19 Juin 1573. Lenglet, dans sa *Méthode pour étudier l'Histoire* (Tom. IV, pag. 85) a confondu l'Ouvrage dont parle La Croix du Maine, avec les Mémoires de Gaspard de Saux, rédigés par son fils Jean de Tavannes, qui ne furent publiés qu'en 1617. On trouvera un bon Article sur Gaspard de Saux dans la *Biblioth. des Auteurs de Bourgogne*, Tom. II, pag. 236 ; mais il faut aussi consulter l'Article de Jean de Saux à la pag. 240 & suiv.

GASPARD, ou GAZAL DU TRONCHAY, natif de la Ville de Mayenne la Juhel, au Comté du Maine, Docteur en Médecine, homme très-docte en Grec, Latin & François, grand Philosophe & Médecin, &c. frère de Baptiste du Tronchay, duquel nous ferons mention ci-après, &c. Il a écrit en vers François un Livre de la Santé, autrement intitulé l'Allégresse, contenant douze cens huit vers, de seize syllabes, non imprimé ; la Grammaire Françoise, avec une Orthographe nouvelle, inventée par ledit du Tronchay ; Traité en vers de même forte que les susdits, intitulé le Jour, lequel il a dédié au Seigneur Jean-Antoine de Bayf, son intime ami ; Complainte à Dieu, lorsqu'il étoit malade de la fiebvre, contenant deux cens soixante-deux vers, dédiée à M. Pena, Docteur en Médecine. Il a écrit plusieurs autres Livres desquels je n'ai pas cognoissance : les susdits ne sont encore imprimés. Quant à ses Œuvres Latins, comme celui *de Sanitate tuendâ*, & autres, nous en avons parlé ci-dessus. Il florit à Rennes en Bretagne, y exerçant sa profession de Médecine cette année 1584, âgé de plus de soixante ans.

GASTON CHEVALIER, natif d'Agenois, très-docte Poëte François. Il a mis en lumière un sien très-élégant Poëme

François, intitulé le Décez ou Fin du Monde, divisé en trois visions, imprimé à Paris chez Robert le Fizelier, l'an 1584. Il florit à Paris cette année 1584 *.

* Son vrai nom est GUILLAUME. Voy. la Biblioth. Françoise de M. l'Abbé Goujet, Tom. XIII, pag. 62.

GASTON DE FOIX, surnommé PHEBUS, Comte de Foix, par aucuns appelé GASTON DE FOIX, Seigneur de Beau-ru, ou plutôt Béarn. Il a écrit un livre de la Chasse ou Vénerie, lequel se voit écrit à la main. Il mourut l'an 1390 [1], âgé de soixante-douze ans *. Il est enterré à Ortais en Béarn, au Couvent des Frères Prêcheurs ou Jacobins.

[1] En marquant l'année que mourut ce Prince, il pouvoit ajouter que ce fut au retour de la chasse, en lavant ses mains pour souper. (M. DE LA MONNOYE).

V. la Biblioth. Françoise de M. l'Abbé Goujet, Tom. IX, pag. 112.

* Il étoit né en 1331, suivant l'Histoire de Charles VI par un Religieux de S. Denis. Il mourut en 1391, âgé de quatre-vingt ans. Selon la date de sa naissance, il n'en devoit avoir que soixante ; ce qui s'accorde à-peu-près avec ce que dit Froissard, que sur la fin de 1388 Gaston avoit environ cinquante-neuf ans. (Froissart, Tom. III, Chap. 8). Son Livre sur la Chasse a pour titre : *Des deduits de la Chasse des Bestes sauvaiges & des Oyseaux de proye.* La plus ancienne des Editions de cet Ouvrage qui portent même date, est de 1515, *in-4°*. On n'est pas d'accord sur ce qui fit donner à Gaston le surnom de *Phœbus* ; les uns veulent que ce soit parce qu'il étoit blond, les autres parce qu'il aimoit la Chasse, d'autres encore parce qu'il avoit pris le Soleil pour emblème.

GAULTIER D'ARGIES *, Chevalier & Poëte François, l'an 1220, ou environ. Il a écrit plusieurs Poësies Françoises, &, entr'autres, des Chansons amoureuses. Il florissoit sous le Roi S. Loys. Ses Œuvres ne sont imprimées.

* Fauchet en a parlé assez amplement, Cap. 22. Du Verdier l'a omis.

GAULTIER, Duc d'Athènes *, Connétable de France, duquel sont issus les Seigneurs de la Trimoüille, Vicomtes de Thoüars en Poitou, &c. Il étoit homme docte en Grec, Latin & François, comme témoigne Jean Bouchet, aux Annales d'Aquitaine. Je n'ai point vu de fes Ecrits. Il floriffoit l'an 1351.

* C'eft GAUTHIER DE BRIENNE , tué à la Bataille de Poitiers le 19 Septembre 1356.

GAULTIER DE LA BELLE-PERCHE *, en Bourgonge , autrement appelé GAULTIER L'ARBALESTRIER , de Belle-Perche , ancien Poëte François. Il a écrit le Roman de Judas Machabée, lequel fut parachevé par Pierre du Riez. Il floriffoit l'an 1270, ou environ.

* L'ufage eft pour BELLE-PERCHE fans l'article. Ce fut en 1280 que Pierre de Riez acheva le Roman.

GAULTIER D'ESPINOIS , ou D'ESPINOY , ancien Poëte François, parent de Jaques d'Efpinois. Il a écrit plufieurs Poëmes François , non encore imprimés. Il floriffoit l'an 1250 , ou environ *.

* Fauchet en parle, Ch. 34 & 35, ainfi que du fuivant.

GAULTIER DE SOIGNIES, ou DE SAGUIES , ancien Poëte François , l'an 1250 , ou environ. Il a écrit plufieurs Chanfons amoureufes. Cl. Fauchet fait mention des fufdits en fon Recueil des Poëtes.

GAZAL DU TRONCHAY , Médecin à Renes , &c. Voy. ci-devant GASPARD DU TRONCHAY , &c.

GENTIEN HERVET, natif d'Olivet près Orléans, homme docte ès langues, Curé de Crevant près Beaugency , l'an 1561, Docteur en Théologie a Paris [1], Chanoine de Rheims en Champagne , l'an 1562 & 1564. Il a écrit en François ce qui s'enfuit : les Ruzes & Fineffes du Diable , pour tâcher à abolir le faint Sacrifice de Jefus-Chrift , imprimé à Reims , l'an 1562 , & à Paris, chez Chefneau ; Apologie contre les Hérétiques , Miniftres de Calvin , imprimée chez Chefneau , l'an 1564. Il a traduit de Latin en François les Livres de la Cité de Dieu , écrits par S. Auguftin , revus & recorrigés par François de

Belle-Foreſt , & imprimés à Paris ; Epître aux Miniſtres d'Orléans , imprimé par Cheſneau l'an 1562 ; Réponſe au Diſcours
des Miniſtres , imprimé par Cheſneau ; Menſonges de Calvin,
imprimés par Cheſneau ; Epître aux Catholiques d'Orléans,
imprimés par Cheſneau ; Réponſe à Hugues Sureau , dit des
Roſiers , Maître d'Ecole à Orléans , imprimé par Cheſneau ;
Sermon de l'Aſcenſion , imprimé par Cheſneau ; Conſultation
des Signes ſacrés , imprimé par Cheſneau l'an 1565 ; l'Anti-
Hugues , ou Réponſe à Hugues Surreau , dit des Roziers , imprimé par Cheſneau , l'an 1566 ; Traité de S. Hiéroſme de la
vraie Egliſe , traduit par ledit Hervet , imprimé par Gilles
Gourbin , l'an 1567 ; Catéchiſme pour les Curés , imprimé
l'an 1567 par Nicolas Cheſneau ; Catéchiſme , ou Sommaire
de la Foi Chrétienne , recueilli des Œuvres de Lyndan , Evéque en Allemagne, &c. imprimé à Paris chez Nicolas Cheſneau,
l'an 1561 ; Confutation d'un Livre intitulé les Signes Sacrés ,
imprimé à Reims par Jean de Foigny, l'an 1565 , *in*-4°. Ch. 25;
Réponſe aux calomnies de Jean-Loys Miqueau, contenues au
livre intitulé, Confutation des erreurs, & prodigieuſes Héréſies de Gentien Hervet , imprimée à Reims par Jean de Foigny,
l'an 1569 ; Seconde Epître aux Miniſtres , Prédicans, & ſup-
pôts de la nouvelle Egliſe , &c. imprimée à Paris chez Nicolas
Cheſneau , l'an 1561 ; Apologie , ou Défenſe contre une Réponſe des Miniſtres de la nouvelle Egliſe d'Orléans, écrite par
un qui s'appelle l'Un pour tous, imprimée à Paris chez Nicolas
Cheſneau , l'an 1561. Il floriſſoit l'an 1564 *. Il a écrit pluſieurs
Livres en Latin.

¹ La qualité qui lui eſt ici donnée de *Docteur en Théologie à Paris* , ne lui
appartenoit pas. Il en convient dans ſon *Anti-Hugues* , en ces termes : « Quant
» au titre de Docteur que vous me baillez , je m'en fuſſe bien paſſé. Je vous
» aſſure que pour ma Doctorerie je n'en payai jamais une ſeule maille , &
» auſſi je n'ai jamais uſurpé ce titre. Si ceux qui ont fait imprimer le Concile ,
(il entend ſa verſion du Concile de Trente , rapportée dans le Catalogue
que du Verdier donne de ſes Œuvres , plus ample que celui de La Croix
du Maine) » me l'ont donnée, & qu'à votre jugement ils ont tort , prenez-
» vous-en à eux ». Béze , pag. 288 du Tom. I. de ſon *Hiſt. Eccleſ.* donne

une affez petite idée de la capacité d'Hervet ; mais le témoignage de Béze, touchant un Ecrivain Catholique, fon adverfaire, doit être fufpeÂ. M. de Thou, qu'on n'accufe pas de prévention, rend plus de juftice au mérite de Gentien Hervet, homme à qui l'on ne peut refufer le titre de laborieux & favant. On recherche fa verfion du Concile de Trente, à caufe d'une particularité qui fe trouve à la conclufion, qui eft que le Secrétaire ayant demandé aux Pères s'il leur plaifoit que le Concile fût fini, & que la confirmation en fût demandée au Pape, ils confentirent tous à déclarer que le Concile étoit fini, mais qu'il y en eut trois qui s'opposèrent à la demande de la confirmation.

Hervet, âgé de quatre-vingt-cinq ans, mourut le 12 Septembre 1584, & non pas 1594, comme, fuivant deux Orléanois, Charles de la Sauffaie & François le Maire, je l'ai dit dans ma note première fur l'Article 875 des Jugemens des Savans de Baillet. Celui-ci parmi fes *Anti*, a oublié l'*Anti-Hugues*. (M. DE LA MONNOYE).

Hervet avoit d'abord été Curé de S. Martin de Crevan près de Beaugency, il fut enfuite à Rome attaché au Cardinal Polus, il paffoit pour habile dans la langue Grecque, quoique fes différentes Traductions foient peu exactes. Béze prétend qu'il efquiva la difpute avec d'Hemeranges, Miniftre d'Orléans. Le Cardinal de Lorraine lui donna un Canonicat à Reims. (M. FALCONNET).

V. les Mémoires de Niceron, Tom. XVII, pag. 187.

* C'eft ce même Gentien Hervet, qui, par une froide & mauvaife plaifanterie, eft appelé *Genti-ane* Hervet, dans le *Tableau des différends de la Religion*, par Ph. de Marnix, Supérieur de Sainte Aldegonde. De Thou (*Hift.* Liv. LXXX) place fa naiffance en 1499, & fa mort en 1584, ce qui s'accorde avec les quatre-vingt-cinq ans de vie que lui donne fon Epitaphe Grecque & Latine. C'eft donc une faute dans les *Annales de l'Eglife d'Orléans*, par du Sauffay, que de placer fa mort fous l'an 1594. Cette méprife eft d'autant plus évidente, que du Sauffay convient qu'Hervet naquit en 1499, & qu'il rapporte l'épitaphe où il eft dit que ce favant mourut à quatre-ving-cinq ans.

GEORGES DE ALLUIN, Gentilhomme François. Voy. ci-après GEORGES DE HALLUIN, écrit par H.

GEORGES DE LA BOUTHIERE, natif d'Authun en Bourgongne [1]. Il a traduit la Métamorphofe, ou l'Afne doré d'Apulée, Philofophe Platoniq, imprimé à Lyon par Jean de Tournes & Guillaume Gazeau, l'an 1553. Jean Louveau, d'Orléans, a auffi traduit ledit Livre, comme nous dirons en fon lieu. Il a traduit le Livre de Jules Obfequent, traitant des prodiges, enfemble les trois Dialogues de Polidore Virgile, traitant de pareille matière & femblable argument, lefquels Livres il a enrichis de fort doctes annotations. Le tout a été imprimé enfemble à Lyon, par Jean de Tournes, l'an 1558, *in*-8°. Il a traduit le docte Livre de Suétone Tranquille de la Vie des douze Céfars, ou premiers Empereurs de Rome, imprimé à Lyon par Jean de Tournes, *in*-4°. l'an 1569, & depuis, *in*-16, en petite marge. Il floriffoit l'an 1558.

> ' Touchant l'ancienne Nobleffe de la Bouthiere, d'Autun, voyez PALLIOT dans fon *Parlement de Bourgogne.* (M. DE LA MONNOYE).

GEORGES CHASTELAIN, dit L'ADVENTURIER, trés-élégant Poëte, Hiftorien & Orateur François pour fon temps. Il a été nourri & élevé en la maifon des Ducs de Bourgongne, comme témoigne Jean le Maire de Belges. Il a écrit en vers François un Recueil des chofes merveilleufes advenues de fon temps, imprimé avec les Œuvres de Jean Moulinet. Il a écrit le Temple de la ruine d'aucuns Nobles malheureux, tant de France que d'autres nations étangères, à l'imitation de Bocace, imprimé à Paris par Galiot du Pré, l'an 1517. Il a écrit l'Inftruction du jeune Prince, contenant huit Chapitres, imprimée avec les autres Œuvres ', Il floriffoit l'an 1460, ou environ.

> ' Outre les Ouvrages ci-deffus rapportés, Jule Chifflet, Abbé de Balerne, fit imprimer en 1634, à Bruxelles, *in*-4°. l'*Hiftoire du bon Chevalier Jaques de Lalain, frère & Compagnon de l'Ordre de la Toifon d'or*, par Georges Chatelain. Ni La Croix du Maine, ni du Verdier n'ont pu avoir connoiffance de cette Edition. La Croix du Maine parle feulement de cet Ouvrage à l'Article de Jaques de Lalain, auquel il femble l'attribuer ; mais ces deux Bibliothécaires ont pu connoître les deux fuivantes d'un autre Ouvrage du même Châtelain, favoir, d'un Poëme par huitains, en vers de quatre pieds, lequel a pour titre *le Chevalier délibéré*, fur la mort de Charles, dernier Duc de Bourgogne. Ce Poëme, qui eft de près de deux mille trois cens vers, a été imprimé au commencement du feizième fiècle chez Pierre Sergent, fans date, & auparavant par Michel le Noir, *in*-4°, 1489. (M. DE LA MONNOYE).

V. la Bibl. Françoife de M. l'Abbé Goujet, Tom. IX, pag. 396.

GEORGES D'ESCLAVONIE, Maitre ès Arts, & Docteur en Théologie, Chanoine & Pénitencier de l'Eglife de Tours

en

en Touraine. Il a écrit en François un Livre intitulé, la Vierge Sacrée, imprimé à Paris chez Simon Voftre.

[1] Il vivoit fur la fin du quinzième fiècle, & au commencement du feizième, de même que Simon Voftre, fon Imprimeur. (M. DE LA MONNOYE).

GEORGES HALLOIN, OU DE HALLUIN, dit HALLOI-NUS, Gentilhomme François. (Je ne fais s'il eft iffu de la noble maifon de Haluin en Flandres, Marquis de Piennes en Picardie [1], &c.) Il a écrit quelques Traités en François contre les erreurs de Martin Luther, Allemand. Je ne fais s'ils font imprimés. Joffe Clitoue, dit Jodocus Clitoueus, en fait mention en fon livre du Libre arbitre, écrit contre ledit Luther, & en l'Epître à M. Loys Guillard, Evêque de Chartres, auquel il dédie fon livre, &c.

[1] Erafme mettoit au-deffus des lettres qu'il lui écrivoit : *Clariffimo viro Georgio Haloïni Cominiique Domino, & Cæfareæ Aulæ apud Brabantos Proceri.* Il en parle toujours avec refpect, quoique, dans une lettre à l'Abbé de S. Bertin, du 13 Décembre 1517, il femble ne pas approuver la trop grande liberté que George d'Haloin s'étoit donnée dans fa verfion Françoife de l'*Encomium Moriæ*. (M. DE LA MONNOYE).

GEORGES LOISELET. Il a traduit de Latin en François un Traité de S. Cyprien, des douze Manières d'abus qui font en ce monde, en diverfes fortes de gens, & du moyen de les corriger, imprimé à Rouen l'an 1558 [1].

[1] On a reconnu, il y a long-temps, que ce Traité *des douze Abus*, foit par le ftyle, foit par la citation de l'Ecriture fuivant *la Vulgate*, ne peut être de S. Cyprien. (M. DE LA MONNOYE).

GEORGES REVERDY *, Piedmontois, excellent Graveur au burin. C'eft celui qui a gravé les portraicts ou effigies du Promptuaire des Médailles, imprimé à Lyon chez Rouvile, par plufieurs fois. Il floriffoit à Lyon l'an 1555.

* C'eft REVERDI qu'il faut écrire ; les Italiens n'admettent point l'*y* dans leur Alphabet.

GEORGES DE SELVE, Evêque de la Vaur, homme docte ès langues, Ambaffadeur pour le Roi François I, vers Charles le Quint, Empereur des Romains, &c. Il a traduit en François les vies de huit Grecs & Romains, écrites en Grec par Plutarque, imprimées à Lyon chez Jean de Tournes, l'an 1548 [1]. Les Œuvres dudit Evêque ont été imprimées à Paris chez Galiot du Pré, l'an 1559, *in-fol.* & contiennent ce qui s'ensuit ; Un Sermon ; quelques Exhortations, Oraisons, Contemplations, Lettres, Discours, Sommaire de l'Ecriture Sainte ; le Moyen de faire & entretenir la Paix ; deux Remontrances aux Allemans, &c. Il mourut l'an 1529 [2]. Raymond le Roux, J. C. dit Rufus, a écrit un ample Discours de sa vie, en sa Réponse à Charles du Moulin, Parisien.

[1] Ce bon Evêque, dans l'Epître Dédicatoire de sa Traduction de quelques vies des Hommes Illustres de Plutarque à François I, avoue ingénûment qu'il avoit, en traduisant, trouvé des passages, dont il n'auroit pu se tirer sans l'aide de M° Pierre Danès, son Maître en Grec & en Latin. (M. DE LA MONNOYE).

[2] Il mourut en 1541. Son Ambassade à Venise commença en 1533. *Voy.* les Epîtres de Pierre Bunel. (*idem*).

GEORGES DU TRONCHAY, Sieur DE BALLADÉ, Gentilhomme Angevin, lequel plusieurs pensent avoir été né en la Ville du Mans, pour y avoir presque toujours fait sa demeure durant sa vie, mais il naquit à Morenne, à huit lieues de la Ville d'Angers, l'an 1540. Il étoit fils de Baptiste du Tronchay, Conseiller du Roi au Mans (duquel nous avons parlé ci-dessus) & neveu de Gazal ou Gaspard du Tronchay, Médecin à Rennes, duquel nous avons aussi parlé en son lieu. Je serois trop ingrat, si je ne faisois très-honorable mention de celui, lequel durant sa vie m'a tellement aimé, qu'il n'avoit pas un plus grand ami en ce monde, & auquel réciproquement j'ai porté telle amitié, que je peux dire n'en avoir jamais eu de telle avec autre, pour les raretés qui étoient en lui, & pour la cognoissance de tant de choses singulières, desquelles il étoit amateur : c'étoit le plus entendu & le mieux versé en la cognoissance des Médailles & autres Antiquités Grecques & Romaines, que pas un de son siècle, & lequel les savoit le mieux peindre, ou repréfenter à la main. Il avoit délibéré de faire l'explication des re- vers de toutes celles qu'il avoit, defquelles le nombre étoit prefqu'incroyable, enfemble des Cornalines & Pierres gravées, qui étoient en fon Cabinet. Il a écrit plufieurs Poëmes François, & plufieurs Livres en profe, defquels c'eft grand dommage qu'il ne les a fait imprimer, car c'étoit l'homme des mieux couchant par écrit qui fût en France, comme peuvent juger ceux qui ont vu de fes Compofitions, &, entr'autres, la Re- montrance des plaintes du Tiers-Etat du Pays & Comté du Maine, qui étoient les cayers pour les Etats de Blois. Elle n'eft encore imprimée, non plus que fa Grammaire Françoife, fes Etymologies, Proverbes, & autres belles chofes encommen- cées par lui. Il mourut au Mans l'an 1582, le 20e jour d'Août, en l'an de fon âge 43, au grand regret de tous fes amis, & fur-tout au mien, fon plus fidèle ami *.

* Voy. le Tome IV du *Menagiana*, pag. 58, & la Biblioth. Françoife de M. l'Abbé Goujet, Tom. XII, pag. 299.

GEORGETTE DE MONTENAY, Damoifelle fervante de la Royne de Navarre, Madame Jeanne d'Albret, &c. Elle a écrit un fort beau Livre en vers François, intitulé Emblêmes Chrétiens, imprimé à Lyon avec les figures, l'an 1571 [1].

[1] Ses *Emblêmes* furent réimprimés à Zurich en 1583, avec une Verfion Latine. (M. DE LA MONNOYE).

V. la Bibl. Françoife de M. l'Abbé Goujet, Tom. XIII, pag. 107.

GERMAIN CHARTELIER, Confeiller du Roi au Parle- ment de Paris. Il a recueilli plufieurs Arrêts mémorables, pro- noncés en la Cour de Parlement de Paris, defquels fait men- tion Loys le Charon en fes Réponfes du Droit obfervé en France, &c.

GERMAIN COLIN, natif d'Angers, Poëte François du temps de Marot, &c.

GERMAIN COLIN BUCHER [1], grand Orateur, & Se- crétaire de Meffire Philippe de l'Ifle-Adam, grand Maître de

Malthe , &c. Jean Bouchet fait mention de lui aux Annales d'Aquitaine.

^r La Croix du Maine s'eft trompé , lorfqu'il a cru que Germain Colin , d'Angers , différoit de Germain Colin Bucher. Ce n'eft qu'un feul & même Auteur. *Bucher* étoit fon nom de famille , *Germain & Colin* , diminutif de *Nicolas* , fes noms de baptême , par où l'on avoit coutume de l'appeler. il ne s'attacha au fervice de Philippe de Villiers de l'Ifle-Adam, qu'après la prife de Rhodes par Soliman, il le fuivit en Italie & à Malthe. François Sagon , ennemi juré de Marot , & Jean Bouchet , dit *le Traverfeur*, étoient en commerce de vers avec lui. Le premier le croyoit fi fort fon ami , qu'il l'appela à fon fecours , avec Jean Bouchet , contre Marot :

> Vien contre ce Marot malin ,
> Bouchet, & toi Germain Colin ,
> D'Angers, & Poitiers la défenfe.

il eut cependant bientôt lieu de fe défabufer , lorfqu'il fut qu'il étoit Auteur de l'Epître , où , feignant de vouloir pacifier le différent de Marot & de Sagon , il donnoit manifeftement tout le tort au dernier. Bouchet, à qui Sagon fe plaignit de cette infidélité , ne laiffa pas de conferver de l'eftime pour Germain Colin. Celui-ci, dès l'an 1529 , lui avoit écrit de Nice une Epître en vers très-flatteufe , inférée la 64e en nombre parmi celles de Bouchet. La 66e, datée de Syracufe, eft de lui encore. Il la finit par fa Devife, *Velà que c'eft* , & par ces deux vers ,

> Cil qui a plus les Mufes que l'or cher ,
> Ton ferviteur Germain Colin Bucher.

ce qui fait bien voir qu'il ne falloit pas rapporter ici deux Germains Colins, n'y en ayant eu qu'un. (M. DE LA MONNOYE).

V. la Bibl. Françoife de M. l'Abbé Goujet , Tom. XI, pag. 348.

GERMAIN FORGET, Avocat à Evreux en Normandie, Poëte Latin & François. Il a écrit un Panégyric , ou Chant d'allégreffe fur la venue du très-Chrétien Henri III , Roi de France & de Pologne , imprimé à Paris , l'an 1574 , par Jean Poupy.

GERMAIN DE LA MAGDELEINE, Praticien en la Chancelerie de France , & Cour de Rome, l'an 1557. Il a recueilli plufieurs Edits , Ordonnances , Mandemens & Commiffions du Roi , plufieurs Arrêts du Parlement & Sentences du Châtelet de Paris , &c. concernant le fait de la Juftice & Police de Paris , imprimé à Paris chez Charles l'Angelier , l'an 1557.

GERMAIN PILLON , Parisien , issu du Pays du Maine ,
car son père étoit né de la Paroisse de Loué , a six lieues du
Mans , qui étoit aussi le lieu de la naissance d'Abel Foullon ,
duquel nous avons parlé au commencement de ce Livre , ce que
je répéte pour l'amour de mon pays. Celui-ci est des plus
excellens Statuaires de Paris , voire de toute la France , comme
il se voit par tous ses Ouvrages*, tant à Paris qu'en divers lieux
de la France , tant ingénieusement élabourés. Je desirerois qu'il
voulût mettre les secrets de sa science en lumière , pour servir à ceux qui font profession de cet art. Il florit à Paris cette
année 1584.

* On peut voir dans le Sanctuaire de l'Eglise de S. Germain-l'Auxerrois *les*
Anges de cet habile Artiste , qu'on a placés sur la balustrade qui ferme le
Sanctuaire. Ces Anges sont de la plus grande beauté ; ainsi que la figure de
grandeur naturelle de S. François Stigmate , qu'on voit sous le Cloître des
grands Augustins à Paris : Ouvrage admirable de ce célèbre Sculpteur, que la
négligence laisse détruire par le temps.

GERMAIN VAILLANT DE GUELLIS , Abbé de Pim-
pont , Conseiller du Roi au Parlement de Paris. La Ville
d'Orléans a cet heur que d'avoir produit un grand nombre
d'hommes doctes , & , entr'autres , cetuy-cy , lequel a écrit plusieurs Œuvres Latins , desquels je ferai mention autre part , &
quant à ce qu'il peut avoir écrit en François , je n'en ai encore
cognoissance. Il florit à Paris cette année 1584[1].

[1] Germain Vaillant de Guellis , ou Gueslis , Abbé de Paimpont , Ordre
de S. Augustin , au Diocèse de S. Mâlo , Conseiller au Parlement de Paris ,
& Chanoine de Notre-Dame , étoit un de ces savans qui entretenoient
François I , à table , & dans ses heures de loisir , ce qui fut cause de sa fortune. Il céda ensuite tous ses bénéfices pour l'Evêché d'Orléans , sa patrie ,
où il avoit été Chanoine de S. Aignan dans sa jeunesse , mais il mourut avant
que d'y avoir fait son entrée , le 25 Septembre 1587 , & fut enterré dans
l'Eglise de S. Lizard à Meun sur Loire , où il étoit mort , ayant ordonné par
son testament qu'on l'enterrât où il mourroit. On a de lui un *Commentaire*
sur Virgile , qu'il dédia à ses trois neveux , dont l'un a été le Jésuite Varade;
& un Poëme qu'il composa à l'âge de soixante-dix ans , où il semble prédire
l'assassinat d'Henri III , commis deux ou trois ans après. Bourbon le soupçonne
de s'être servi du Commentaire de Fulvius Ursinus sur Virgile , imprimé en
1568 , sept ans avant le sien , qui ne parut qu'en 1575. (M. FALCONNET).

GERARD LE FRANÇOIS, Docteur en Médecine, homme très-docte. Il a écrit en vers François trois Livres de la Santé, imprimés à Paris chez Jean Richer, l'an 1584.

GERARD DE VIVRE *, natif de la Ville de Gand en Flandres, Maître de l'Ecole Françoise instituée en la Ville de Cologne en Allemagne, &c. Il a écrit une Comédie de la Fidélité nuptiale, composée en prose Françoise, & imprimée à Paris chez Nicolas Bonfons, l'an 1578, & à Anvers, l'an 1577; Comédie des Amours de Theseus & Dejanira, imprimée chez ledit Bonfons, l'an 1577, & à Anvers chez Henry Heindrick, audit an 1577 **. Comédie d'Abraham & de Hagar ***. Il florissoit à Colongne l'an 1577.

* Ou DU VIVIER, comme du Verdier le nomme.

** Cette Comédie est aussi en prose.

*** Elle n'a point été imprimée.

GERAULT DE BARIET, natif de Cahors en Quercy; Docteur ès Loix, Conseiller & Enquêteur audit Cahors. Il a recueilli & mis par Articles les Loix, Statuts & Ordonnances du Roi Henri II, avec Sommaires sur lesdits Articles, imprimées à Paris chez Vincent Sertenas, l'an 1553. Il florissoit à Cahors l'an 1552.

ADVERTISSEMENT AUX LECTEURS.

Faut noter que les noms commençants par ces mots, Girard, Girault, & Girardin, je les ay mis cy-après en leur ordre, sans avoir voulu changer leur appellation première, peut-être plus connue par ces mots, que par Gerard, Gerault, ou Gerauldin, qui sont diverses prononciations, usitées parmi les François, & l'ai fait afin que cela se trouvât plus aisément de ceux qui ont de coutume de les nommer ainsi.

GERVAIS LE BARBIER, surnommé FRANCOUR, natif du Village de Torcé, à quatre ou cinq lieues de la Ville du Mans, premièrement Avocat en ladite Ville, & depuis Chancélier du Roi de Navarre , & enfin Maître des Requêtes de l'Hôtel du Roi Charles IX , l'an 1572. Cetuy-cy a été un des plus adextres à manier les affaires d'Etat, qu'autre qui fût de son temps , comme il l'a bien montré par tous les effets que l'on en a vu produire durant les troubles de France pour la Religion. Il a écrit plusieurs Livres , lesquels se voient imprimés : savoir est , la Remontrance envoyée au Roi pour la Noblesse du Maine, avec un Advertissement de ce qui s'est passé de remarquable audit pays , l'an 1564 , jusqu'au mois de Mai l'an 1565 , le tout imprimé à Orléans audit an ; Conseil sacré d'un Gentilhomme François aux Eglises de Flandres , servant d'Avertissement aux Seigneurs des Pays-Bas , & d'Exhortation aux Princes Protestans de l'Empire , imprimé à Anvers l'an 1567. Il a écrit plusieurs Mémoires des troubles advenus au Maine touchant le fait de la Religion & de la prise de la Ville du Mans , l'an 1562 , &c lesquels se voient écrits à la main , & non encore imprimés. Il fut tué à Paris le jour de la S. Berthelemy , 24ᵉ jour d'Août , l'an 1572 , sous le règne de Charles IX [1].

[1] Le P. le Long , pag. 764 de sa *Bibl. Histor. de la France* *, n°. 14898 , dit que cet Auteur fut tué en 1572 , à quoi il pouvoit ajouter que ce fut à la S. Barthelemy , comme le marquent La Croix du Maine, le Président de Thou , Liv. 52 , Daubigné, année 1572. (M. DE LA MONNOYE).

* A l'endroit cité de la *Bibliot. Histor. de France* , il y a une faute singulière , où il donne à Gervais le Barbier le titre de *Chevalier* du Roi de Navarre , au lieu de celui de *Chancelier*.

GERVAIS DE TOURNAY , Picard , Chanoine & Docteur scholastiq en l'Eglise de Soissons. Il a traduit de Grec en François les Oraisons de Demostene , Æschine , Libanius , & autres Orateurs Grecs , le tout réduit en deux volumes, imprimés à Paris *.

* Voy. la Bibl. Françoise de M. l'Abbé Goujet, Tom. II , pag. 469.

GEUFROY DE BEAULIEU (Frère) , appelé par aucuns GODEFROY , &c. Aumônier du Roi S. Loys , & son Confesseur l'efpace de vingt ans [1]. Il a écrit la Vie du Roi S. Loys fon Maître, laquelle fe voit écrite à la main au Collège Royal de Navarre à Paris *, felon que témoigne Loys Lafferé, grand Maître dudit Collège, en la vie qu'il a écrite de S. Hiérofme, &c. Il florifloit l'an de falut 1250.

[1] Geoffroi, ou Godefroi de Beaulieu, en Latin *Gaufridus de Bello*, ou *de Pulchro Loco*, étoit Jacobin. Les PP. Quétif & Echard en parlent amplement & curieufement, pag. 267 & 270 de leurs Bibliothèques. C'eft là que tout à la fin de l'Article de la *Vie de S. Louis* écrite par ce *Gaufridus*, il eft dit, fur la foi du P. Jaques Malbrancq, Jéfuite, qu'on en voit un ancien Manufcrit, orné de belles mignatures, dans l'une defquelles eft repréfenté le bon Roi, nud, à genoux fur une natte, les mains jointes, ayant par derrière fon Confeffeur, qui le difcipline rudement. (M. DE LA MONNOYE).

* M. de Fontette, dans la nouvelle Edition de la Biblioth. Hiftor. de la France (Tom. II, n°. 16838) nous apprend que la *Vie de S. Louis*, par Geoffroy de Beaulieu, fe trouve manufcrite dans la Bibliothèque du Collège de Navarre à Paris, fous la cotte A, 250. Elle eft en Latin, & a été publiée pour la première fois en 1617, *in-4°.* par Ménard, à la fuite du Joinville, enfuite, en 1649, par du Chefne, Tom. V. de fa Collection des Hiftoriens de France, enfin dans le Recueil des Actes des Saints par les Bollandiftes; mais le Manufcrit du Collège de Navarre, outre plufieurs variantes importantes, contient un Chapitre entier, qui manque dans les imprimés. Il y en avoit un autre dans la Bibliothèque du Couvent des Jacobins d'Evreux, où Geoffroi de Beaulieu étoit venu demeurer, dès que le Couvent fut bâti, peu après la mort de S. Louis. Il fervit à l'Edition de 1617, & a été perdu depuis. *Le Braffeur, Hift. d'Evreux*, pag. 202.

GEOFROY DE BILLY, Abbé de S. Vincent de Laon en Picardie.

Il a traduit en François les Méditations & Prières à Dieu, écrites en Latin par Jean-Loys Vives, de Vallence en Efpagne, &c. imprimées à Paris l'an 1570 [1].

[1] Geoffroy de Billy, frère de Jacques, fi célèbre par fes diverfes Traductions Latines, mourut, en 1612, Evêque de Laon *. (M. DE LA MONNOYE).

* Il avoit été facré au mois de Mai 1601. D. Félibien, pag. 443 de fon *Hiftoire de l'Abbaye de S. Denis*, où Billy avoit été Moine, dit que Billy a laiffé des Traductions Françoifes de quelques *Traités fpirituels de Louis Vivès & de Lanfperge*, avec d'autres Ouvrages de piété, dont quelques-uns n'ont pas été imprimés. Ceux qui ont été publiés font des *Prières & Méditations*, traduites du Latin de Vivès, Paris, 1570, *in-16*; *le Manuel de la Vie Chrétienne,*

tienne, traduit de l'Espagnol de Louis de Grenade, Paris, 1575, *in-16*; *le Manuel d'Oraisons*, traduit aussi de l'Espagnol du même Auteur, Paris, 1579, *in-16*, enfin le *Propos de Jesus-Christ à l'ame fidèle*, traduit du Latin de Jean-Juste Lansperge, 1584, *in-16*.

GEUFROY BOUSSARD, natif de la Ville du Mans, Docteur en Théologie à Paris, & Chancelier de ladite Université, l'an 1536, ou environ. Cetuy-cy étoit issu de la très-ancienne famille des Boussards au Maine, & étoit oncle de M. Felix Boussard, Conseiller du Roi au Siége Présidial du Mans, homme docte ès langues, & doué d'un esprit émerveillable, de grand jugement & de rare doctrine. Cetuy Geufroy a composé en François un Livre, qu'il a intitulé le Régime & Gouvernement pour les Dames & femmes de chacun état, qui veulent vivre au monde selon Dieu. Ce Livre n'est encore imprimé que je sache. Nous l'avons par-devers nous écrit à la main, & contient environ d'une main de papier, écrit en forme de minute. Il a écrit plusieurs Œuvres en Latin, desquels je ferai mention autre part. C'étoit l'un des plus doctes & des plus éloquens de son temps, & pour ce fut envoyé vers le Pape Jules II, pour les affaires du Royaume de France, devant lequel il harangua publiquement à Bologne-la-Grasse, l'an 1505. Son corps gist en l'Abbaye de S. Vincent près le Mans.

GEUFROY CAUCER, ou **CHAUCER**, Gentilhomme Anglois, homme très-docte en Latin & en François [1]. Il a écrit quelques Œuvres en notre langue Françoise, tant de son invention, que de ses Traductions, desquelles Jean Ballée, Anglois, fait mention *. Il florissoit en l'an de salut 1420.

[1] Il entendoit le François, mais je ne trouve pas dans ce que Pitseüs rapporte de lui qu'il ait rien écrit en cette langue. il mourut, selon le même Pitseüs, le 25 Octobre 1400. (M. DE LA MONNOYE).

* On trouvera les plus grands détails sur la Vie & les Ouvrages de Geoffroy Chaucer dans le second Tome de la *Biographie Britannique*, pag. 1293, & suiv. Il étoit né vers 1328, ainsi il vécut environ soixante-douze ans. *Voy.* aussi Tannerus, dans sa *Biblioth. Britannique* (pag. 166 & suiv.) il rapporte les titres François de quelques Poëmes de Chaucer, mais les Poëmes

mêmes font en Anglois. Il imitoit, ou traduisoit souvent dans ses Poësies Angloises les Poëtes François ou Italiens, mais je ne crois pas qu'il ait rien écrit en François.

GEUFROY DE LA CHASSAGNE, Sieur DE PRESSAC, natif de la Ville de Bordeaux, Gentilhomme ordinaire de la Chambre du Roi Henri III, Poëte Latin & François, grand Orateur, & Historien, &c. Son père s'appeloit Isaac de la Chassagne, l'un des plus doctes & renommés entre les Conseillers dudit Parlement de Bordeaux en Guienne [1], &c. Il a traduit fort heureusement de Latin en François plusieurs Epîtres de Seneque, imprimées à Paris chez Chaudiere, l'an 1582, & auparavant encore. Il a écrit un très-docte Discours traitant de l'honneur & de la vaillance, lequel il a intitulé le Cléandre, imprimé avec les Epîtres susdites de la dernière Edition, & séparément aussi. Il florit cette année 1584.

[1] Il est dit ici qu'Isaac de la Chassagne son père étoit Conseiller au Parlement de Bordeaux; il y fut Président. Geoffroi avoit pour frère François de la Chassagne, Conseiller au même Parlement, mari de la nièce de Bernard de Girard, Sieur du Haillan, & pour sœur, Françoise, épouse de Michel de Montagne; ainsi c'est une erreur dans le Journ. des Sav. 1724 du mois de Mai, d'avoir tout au contraire dit que Geoffroi de la Chassagne avoit épousé la sœur de Montagne. Du Verdier, qui ne connoissoit ce Geoffroi que par son nom de Seigneurie, n'en a parlé qu'à la lettre P, au mot PRESSAC. (M. DE LA MONNOYE).

GEUFROY, OU **GODEFROY DE LEIGNI**, en Brie, ancien Poëte François. Il a écrit le Roman de la Charette ou de Lancelot, commencé par Chrestien de Troye, duquel nous avons parlé ci-devant. Il florissoit en l'an 1109 *.

* Voy. Fauchet, Chap. 11.

GEOFROY LINOCIER, natif de la Ville de Tournon en Vivarais, Bachelier en Médecine, jeune homme fort docte en Grec & en Latin, & bien versé en sa profession de Médecine. Il a recueilli de *Gesnerus*, & autres excellens Auteurs, l'Histoire des Plantes & Simples Aromatiques, venues des Indes Orientales & Occidentales; de la Nature des Bêtes à quatre pieds, des oiseaux, des serpens & des poissons; plus un Traité de la distillation des eaux & huiles. Le tout a été imprimé à Paris en un volume chez Charles Macé, l'an 1584, auquel an l'Auteur florit en ladite Ville & Université. Je ferai mention de ses Ecrits Latins autre part, &, entr'autres, de ses Additions ou Augmentations au Livre des Mytologies, ou Discours fabuleux de *Natalis Comes* [1].

[1] Sylburge a fait des notes sur le petit Livre *Mythologiæ Musarum*, imprimé à la suite de la Mythologie de *Natalis Comes*. Les fautes, tant de Linocier, que de son Imprimeur, y étoient en très-grand nombre, & avoient grand besoin des corrections de Sylburge. Ce Geoffroi Linocier étoit apparemment proche parent de Guillaume Linocier, alors Libraire à Paris. (M. DE LA MONNOYE).

GEUFROY DU LUC, Gentilhomme natif dudit lieu, en Aquitaine, homme docte ès langues Grecque, Latine & Provençale, ancien Poëte François. Il a écrit plusieurs Œuvres en langue Provençale. Il mourut l'an 1340 [*].

[*] Voy. Jean de Notre-Dame. Chap. 61.

GEUFROY RUDEL, Gentilhomme Savoisien, Sieur DE BLIEUX, en Provence, l'an 1162 [1]. Il a écrit un Discours de la Guerre de Treffin, Prince des Sarrazins, contre les Roys d'Arles en Provence, non encore imprimé.

[1] C'est un fameux Poëte Provençal du douzième siècle. Pétrarque en a fait mention dans ces vers de son 4e *Capitolo du Triomphe de l'Amour*.

> Giaufre Rudel ch'usò la vela el Remo
> A cercar la sua morte.

Du Verdier l'a nommé *Jaufred Rudel*, comme Jean de Notre-Dame. (M. DE LA MONNOYE).

GEUFROY THORY, OU TORY [1], natif de Bourges en Berry, Imprimeur du Roi, & Libraire Juré en l'Université de Paris, autrefois Régent au Collège de Bourgongne à Paris, par aucuns appelé le Maître du pot cassé, qui étoit l'enseigne de sa maison, &c. Il a composé un Livre, qu'il intitule le Champ Fleury [2], contenant l'art & Science de la proportion des lettres attiques, ou antiques, & vulgairement appelées lettres Romaines, proportionnées selon le corps & visage humain, imprimé à Paris par lui-même, l'an 1529, *in*-4°. & depuis *in*-8°. Il a traduit les Hieroglyphes d'Orus Apollo, Auteur Grec. Il a traduit les Politiques de Plutarque, imprimées à Lyon par Guillaume Boulle ; le Tableau de Cebes, ancien Philosophe Thebain, traduit par ledit Thory ; trente Dialogues de Lucien, imprimés à Paris chez Jean Petit, l'an 1529, avec ledit Tableau de Cebes ; Sommaire des Chroniques de Jean-Baptiste Egnace, Vénitien, traduit de Latin en François par ledit Thory, imprimé à Paris par lui-même, l'an 1529, auquel temps il florissoit.

[1] La Caille appelle cet Auteur *Toury*, ou *Tory*, cependant il ne s'est jamais nommé que *Tory*, d'où, en Latin, il devoit naturellement s'être appelé, non pas *Torinus*, comme il a fait, mais *Torius*. Pâquier, Chap. 13 du Liv. VII de ses *Recherches*, l'appelle mal *Geoffroy Toré*, & le P. Garasse, Chap. 19 du Liv. II de sa *Recherche des Recherches*, encore plus mal *George Toré*, lorsqu'il dit que le *Raminagrobis* de Rabelais, au sentiment de Pâquier, est, ou *Guillaume Cretin*, ou *George Tore*. L'unique méprise de Pâquier est d'avoir écrit *Toré* pour *Tory* ; car touchant le *Raminagrobis* de Rabelais, il a simplement dit que c'étoit *Guillaume Cretin*. (M. DE LA MONNOYE).

[2] Des deux Préfaces que Tory a mises au-devant de son *Champ-Fleury*, la seconde est remarquable par un endroit que je vais citer ; c'est où, parlant des corrupteurs de la langue Françoise, qui usent de mots écorchés du Latin, il désigne clairement Rabelais. Voici le passage : " Quand écumeurs de Latin " disent, despumons la verbocination latiale, & transfrétons la séquane au " dilucule & crépuscule, puis déambulons par les quadrivies & platées de " Lutéce, & comme verisimiles amorabundes, captivons la bénivolence de " l'omnigéne & omniforme sexe féminin ; me semble, ajoute-t-il, qu'ils " ne se moquent seulement de leurs semblables, mais de leur même per- " sonne ". Ces mots, à un ou deux près, sont précisément ceux que Rabelais, Chap. 6 du Liv. II, met dans la bouche de son écolier Limosin ; & ce qui surprend, c'est que la première Edition du *Champ-Fleuri* est de 1529, temps auquel il n'y avoit encore rien d'imprimé de Rabelais ; d'où l'on conclud que dès-lors il en couroit quelque copie manuscrite. Tory, au reste, nonobstant la note du *Ménagiana*, pag. 84, Tom. IV, ne laisse pas de mériter une place parmi les savans Libraires ou Imprimeurs, au sentiment de Naudé sur-tout, qui, pag. 8 de son *Mascurat*, le préfère à Badius. (*idem*).

Voy. la Biblioth. Françoise de M. l'Abbé Goujet, Tom. IX, pag. 178, Tom. X, pag. 18, Tom. XI, pag. 390.

GEUFROI DE LA TOUR LANDRI , Gentilhomme Angevin, furnommé LE CHEVALIER DE LA TOUR (qui eft l'une des plus anciennes & nobles maifons de tout le Pays & Duché d'Anjou) Sieur de Noftre-Dame de Beaulieu , l'an 1371. Ledit Chevalier de la Tour , étant fort âgé , écrivit un Livre , qu'il intitula , Le Chevalier de la Tour , & contient l'inftruction pour entretenir en vertu & honnêteté les femmes tant mariées , qu'à marier. Ce Livre fe trouve imprimé à Paris chez Guillaume Euftache , l'an 1514. Je l'ai auffi pardevers moi écrit à la main. Il a écrit le Guidon des guerres , imprimé avec le Livre fufdit. Il floriffoit l'an fufdit 1371 [1].

[1] Il en a été parlé plus haut, vers la fin de la lettre C , au mot CHEVALIER DE LA TOUR , parmi les Auteurs incertains de la Croix du Maine. (M. DE LA MONNOYE).

GEUFROY DE LA VALLÉE [1], Orléanois, furnommé LE BEAU VALÉE , &c. Il fit imprimer à Paris un Livre , intitulé Erre Geru , le fléau de la Foy bigarée, lequel eft plain de blafphemes & impiétés contre J. Ch. [2] Il fut brûlé à Paris pour fon Héréfie , l'an 1574.

[1] Son nom étoit VALLÉE , & non pas DE LA VALLÉE. Le petit livre, dont il eft ici queftion , a été réimprimé l'an 1716 , à la Haie , dans la feconde Partie du Tom. I. des *Mémoires de Littérature* *, d'après une copie exactement faite fur un Exemplaire de l'ancienne Edition , alors de la plus grande rareté. (M. DE LA MONNOYE).

[2] L'Original confifte en un Difcours très-mal conçu & très-mal raifonné , imprimé en huit feuillets, *in-8°*. Il eft compofé de fept propofitions, dont la première , attribuée au vrai Catholique , eft rapportée en ces termes : " J'ai » ma volupté avec Dieu , en Dieu n'ai que repos ». La feconde , attribuée au Papifte : " Je n'ai que crainte en Dieu , de Dieu je fuis peureux ». La troifième au Huguenot : " Je n'ai que crainte en Dieu , de Dieu j'ai efpé- » rance ». La quatrième à l'Anabaptifte : " Je fuis peureux en Dieu , de Dieu » j'ai efpérance ». La cinquième au Libertin : " Je fuis douteux de Dieu , »fans Dieu fuis tourmenté ». La fixième à l'Athéifte : " J'ai ma volupté fans »Dieu , en Dieu n'ai que tourment ». La feptième, qui n'eft attribuée à per- fonne , & qui paroît être celle de l'Auteur , eft telle : " Qui eft en crainte , » quelque crainte que ce foit , ne peut être heureux ». Il reconnoît un Dieu, & écrit même pofitivement qu'il n'eft pas poffible à l'homme d'être fans Dieu ; mais il ne veut pas qu'on craigne ce Dieu , & qu'on appréhende , ni

d'être brûlé par Arrêt , faute de déclarer qu'on croit en Dieu, ni d'être damné après la mort. Tels étoient fans doute les fentimens de Geoffroi Vallée , lorfqu'il n'avoit rien à craindre , car il les rétracta, au moins à s'en rapporter à l'anecdote fuivante , écrite d'une ancienne écriture qui paroît être de fon temps , & fur un Exemplaire de fon Livre , imprimé fans nom de lieu & fans date : « il fut condamné à être pendu , & fon corps réduit en cendres , » le 2 Janvier 1573 , au Châtelet de Paris , & fut des Juges , dont appel, la » Sentence exécutée le 9ᵉ jour de Février enfuivant , Place de Grève , & » abjura fon erreur publiquement , connoiffant fa faute ». Maldonat , fur le 26ᵉ Chap. de S. Mathieu , parle ainfi de ce livre : *Nonnulli progreffi funt longiùs , quorum unus , cùm libellum quemdam his annis de arte nihil credendi compofuiffet , nihil in eo nisì hoc unum verum dixit , oportere priùs Calvinifam fieri qui Atheus effe volet.* Les paroles de Maldonat ont fait croire à bien des gens que l'Auteur avoit écrit en Latin, & intitulé fon livre *Ars nihil credendi.* Bayle femble douter un peu qu'on y trouve que « Quiconque veut » être Athée, doit être premièrement Huguenot. Il n'en auroit pas douté s'il y avoit lu , fol. 5 , ces mots : » Le libertin ne croit, ni décroit, ne fe fiant » ne défiant de rien, ce qui le rend toujours douteux, pouvant venir, s'il eft » bien inftruit ou qu'il médite fouvent, à plus heureux port que tous les » autres qui croient (pourvu qu'il ait paffé par la Huguenoterie) d'autant » qu'il monte en intellect plus que les Papiftes ; auffi s'enferre-t-il lourde-» ment , s'il ne fe retire, pouvant tomber à l'Athéifme. (Il eft vrai que » l'homme ne peut jamais être Athéifte , & eft ainfi créé de Dieu) mais il » peut tomber en plus mauvais état que tous les deffus dits ». Nous rapportons ce paffage d'un livre qui jadis étoit très-rare , & d'un prix énorme, pour faire voir combien la plupart de ces productions obfcures , fi recherchées , font peu intéreffantes & mal conçues. (M. DE LA MONNOYE).

Voy. les Mém. de Niceron , Tom. XXIX , & les Mem. de Littér. de Sallengre , au lieu cité ci-deffus. On y a remarqué que Geoffroi Vallée fut grand-oncle de Jaques Vallée , connu fous le nom de *Desbarreaux* , fameux par fon libertinage.

* M. de la Monnoye fe trompe, lorfqu'il dit dans la remarque ci-deffus que l'Ouvrage de Geoffroi Vallée a été réimprimé dans les *Mémoires de Littérature.* On n'y trouve qu'une notice de cet Ouvrage, avec quelques Remarques fur l'Auteur (Tom. I , féconde Partie , pag. 222). Le livre de Vallée n'a de mérite que fon extrême rareté. Il n'eft point vrai qu'il fût rempli de blafphêmes contre Jefus-Chrift, comme le dit La Croix du Maine. Cet Ouvrage ne fait mention de Jefus-Chrift directement, ni indirectement. Il eft intitulé *la Béatitude des Chrétiens, ou la Folie de la Foi, par Geoffroi Vallée , natif d'Orléans, fils de feu Geoffroi, & de Girarde le Berruyer, auxquels noms de père & mère affemblés* il s'y trouve *L'erre Géru vrayfléo de la Foy bigarrée, & au nom du fils Va fléo regle Foy,* autrement *Guere la fole Foy.* Le but de l'Auteur eft de prouver que de croire par crainte , ou fur la parole

d'autrui, est une vraie incertitude ; qu'il n'y a de repos pour l'esprit que lorsque l'on croit par science ; or il réduit cette croyance au pur Déïsme, & c'est, selon lui, celle de l'*homme* qu'il appelle *le vrai Catholique ou Universel*.

M. de la Monnoye avoit un Exemplaire de cet Ouvrage, & il avoit écrit à la tête la note suivante : " Ce petit Livre est si rare, qu'il n'en reste " peut-être point d'autre Exemplaire que celui-ci. La plupart des Ecrivains " qui en ont parlé, se sont trompés, ou sur le nom de l'Auteur, qu'ils ont " nommé en François *Geoffroi du Val*, & en Latin *Godefridum*, ou *Gotho-* "*fredum à Valle*, ou sur l'année de son supplice, qu'ils ont mise, les uns " en 1571, & les autres, avec La Croix du Maine, en 1574. Quoique, " conformément à la note manuscrite qu'on lit au-devant de cet Exemplaire, " il y a bien lieu de croire que ce fut en 1573, cette note étant apparemment de " la main de quelqu'un qui étoit présent à l'exécution de Geoffroi Vallée. Le " fond de la doctrine de cet Auteur n'est pas l'Athéïsme proprement dit, mais " un Déïsme commode, qui consiste à reconnoître un Dieu sans le craindre, & " sans appréhender aucunes peines après la mort ; sur quoi Maldonat, con- " temporain de ce Vallée, ayant dit dans son Commentaire sur le Chap. 26 " de S. Mathieu, qu'un libertin de son temps avoit fait un petit Traité *de* " *Arte nihil credendi*, plusieurs prenant ces paroles à la lettre, ont cru que " l'Ouvrage étoit Latin, & avoit véritablement ce titre, ne pouvant deviner " que Maldonat, par ces mots équivalens, avoit voulu exprimer le titre " François, *Fléau de la Foy* ". M. de la Monnoye, dans le reste de la note, relève la méprise de Bayle, dont on a parlé ci-dessus. Quant à la date du supplice de Vallée, M. de la Monnoye a été trompé par la note ancienne qu'il avoit trouvée sur son Exemplaire. On y lit ces mots : " Il fut condamné " à être pendu, & son corps réduit en cendres, le 2 Janvier 1573 au Châtelet, " par Sentence, & fut du Jugement donné appel par Arrêt du Parlement; fut " la Sentence exécutée le 9ᵉ jour de Février ensuivant, Place de Grève, & " abjura son erreur publiquement, connoissant sa faute ". Cela n'est pas exact. J'ai sous les yeux l'Arrêt du Parlement, extrait des Registres du 8 Février 1574, imprimé d'après le Manuscrit de Dupuy, nᵒ. 137. Il paroît par cet Arrêt que Vallée avoit été condamné en 1571 à être pendu & brûlé. Il y eut appel le premier Janvier 1572 par Jacques Jacquier, au nom du Cura- teur dudit Vallée. En conséquence Arrêt du 8 Mai suivant ; informations, rapports de Médecins, & interrogatoires de Vallée en présence des Méde- cins ; enfin Arrêt du 8 Juin 1574, qui déboute de l'appel. Ainsi La Croix du Maine a eu raison de placer en 1574 le supplice de Vallée. Quelques observations, jointes à cet Arrêt imprimé, font croire que les Médecins furent appelés, parce qu'on supposoit qu'il y avoit dans cet homme plus de folie que de malice : aussi les *Mémoires de l'Etoile disent que plusieurs des Juges étoient d'avis de le confiner dans un Monastère comme un vrai fou, tel qu'il étoit & se montra, lorsqu'on le mena au supplice.* L'Exemplaire du Livre de Vallée, qu'avoit M de la Monnoye, fut donné en 1714 à M. le Cardi- nal d'Estrées, & passa ensuite à l'Archevêque de Cambray, puis au Maréchal

d'Eftrées. Après la mort de ce dernier, M. de Boze fe procura ce Livre, &
à la vente de la Bibliothèque de M. de Boze, il paffa aux mains de M. le
Préfident de Cotte, qui en eft actuellement poffeffeur.

GEUFROY DE VILLE-HARDUIN, Chevalier François,
Maréchal de Champagne, Chef des Champenois en la Terre
Sainte, l'an 1181, jufqu'en l'an 1200, ou environ. Il a écrit
bien amplement, & felon la vérité, le Difcours du voyage
des Chrétiens en la Terre Sainte, l'an de falut 1202 [1]. Pierre
Pithou, très-favant Jurifconful & Hiftorien de notre temps,
faifant mention dudit Ville-Harduin en fon Catalogue des Evé-
ques de Troye, l'appelle Guillaume, & non Geufroy *.

[1] Blaife de Vigenère fit en 1585 imprimer, *in-4°*. l'*Hiftoire de Ville-
Hardouin*, en fon vieux langage, rendu à côté en François plus intelligible.
Aujourd'hui nous avons de l'Imprimerie Royale, *in-fol.* cette même Hiftoire,
divifée en deux Parties, dont la première contient la Conquête de Conftantinople, en 1204, par les François & les Vénitiens, avec la fuite par Philippe Mouskes, jufqu'en 1240, depuis 1204, où finit Ville-Hardouin. La
feconde contient l'Hiftoire de ce que les François ont depuis fait de plus mémorable dans cet Empire, jufqu'à celui des Turcs, le tout avec les obfervations de Charles du Frefne, Sieur du Cange. (M. DE LA MONNOYE).

* Le GUILLAUME VILLE-HARDOUIN, dont parle Pithou dans le *Catalogue*
des Evêques de Troyes, n'eft point le même que GEOFFROY.

GILBERT, ou **GUILLEBERT** [1] **DE BERNUVILLE,**
ancien Poëte François, l'an 1260, ou environ. Il a écrit plufieurs Poëfies non imprimées.

[1] Fauchet, Chap. 24 des anciens Poëtes François, a écrit tantôt *GUILLE-*
BERT, tantôt *GILLEBERT* & *BERNEVILLE*, mais non pas *GILBERT*,
ni *BERNUVILLE*. Du Verdier ne parle point de ce Poëte. (M. DE LA
MONNOYE).

GILBERT COIFFIER, ou **COEFFIER,** Gentilhomme
Tourangeau, Seigneur d'Effiat en Auvergne, neveu de Meffire
Guillaume Ruzé, Evêque d'Angers, &c. Il a écrit plufieurs
Œuvres tant en Latin qu'en François, non encore imprimés,
entre lefquels il y en a un, qu'il a intitulé le Palais Royal,
qui eft une inftruction pour les Princes & Courtifans, &c. Il
floriffoit l'an 1574. Je ne fais s'il eft encore vivant.

GILBERT

GILBERT COUSIN [1], dit COGNATUS, natif de Nozeret en la Franche-Comté de Bourgogne, grand Théologien, Poëte, Hiſtorien, Orateur & Philoſophe. Il a écrit non-ſeulement en Latin, mais auſſi en François pluſieurs très-doctes Livres, ſavoir eſt la Tragédie de l'homme affligé ; deux Oraiſons de la Nativité & de la Mort de Jeſus-Chriſt, le tout écrit première-ment en Latin par ledit Couſin, & depuis traduit en François par lui-mêmè. Il floriſſoit l'an 1560, âgé de cinquante-cinq ans.

[1] Il eſt plus connu par ſon nom Latin COGNATUS, que par le François COUSIN, auquel on n'eſt pas accoutumé. COSINUS, dont uſe Lambin dans une lettre à Muret, eſt encore moins intelligible. Gilbert Couſin naquit en 1505 à Nozeret, ou Nozeroy, petite Ville de Franche-Comté, au Bailliage de Salins. Il fit en ſa jeuneſſe connoiſſance avec Eraſme, dont il fut Secrétaire : il obtint un Canonicat à Nozeret, & ſe trouva en 1558 à Padoue, en la Compa-gnie de Claude de la Baume, Archevêque de Beſançon, qui, attendant qu'il eût l'âge d'en faire les fonctions, y étudioit en Humanités, en Philoſophie & en Droit. Couſin repaſſa en ſon pays, & compoſa divers petits Ouvrages, entr'au-tres, des Annotations ſur le Dialogue *Charon* de Pontan, pleines d'invectives contre l'Egliſe Romaine, ce qui fit mettre ſon nom à l'Index *inter Autores prima Claſſis.* Enfin, comme il ne ſe ménageoit point, débitant ſa doctrine dans une Ecole qu'il tenoit à Beſançon, il fut, par Arrêt du Parlement de Dole, à qui Pie V en avoit écrit, mis l'an 1567 en priſon, où il mourut la même année, âgé de ſoixante-deux ans. Le Bref de Pie V, en date du 8 Juillet 1567, ſe trouve imprimé, pag. 165 du Tom. VII *Miſcellaneorum Stephani Baluzii.* (M. DE LA MONNOYE).

Voy. les Mém. de Niceron, Tom. XXIV, pag. 45.

GILBERT DERT (Frère), natif de Bourges en Berry, Théologien & Orateur, Poëte François, & entendant bien la langue Italienne, &c. Il a traduit de Toſcan en François un Dialogue, intitulé le Soulas du cours naturel de l'homme, qui eſt un Traité touchant la Foi Chrétienne à l'encontre des Juifs, imprimé à Lyon, l'an 1558, par Jean Dogerolles. Il a traduit un Traité de l'humilité, imprimé à Lyon par ledit Dogerolles audit an. Il floriſſoit ſous Henri II, Roi de France.

GILBERT LE FEUBVRE , ou FEVRE , Prince du Puy
à Rouen [1], Poëte François. Il a écrit quelques Rondeaux, Ballades , ou Chants Royaux , en l'honneur de la Vierge , imprimés avec un Recueil de même sujet.

[1] Pour entendre ce que c'est que *Prince du Puy à Rouen*, il faut savoir
que le François *Puy*, vient du mot Grec latinisé *Podium*, qui , dans la basse
Latinité, signifie une *hauteur*, une *éminence*, telle que seroit une montagne,
une colline , un balcon , un théâtre , un échafaud ; qu'en ce sens le jour
de la Conception, il se tenoit à Rouen un *Puy*, c'est-à-dire , un théâtre
ouvert à tous les Poëtes qui avoient composé quelque chant à l'honneur de
cette fête ; qu'il y avoit des Juges de ces sortes de compositions , & que
l'on appeloit *Prince* le Poëte à qui , par leur jugement , le prix étoit déféré.
Ce Prince donnoit le sujet de l'année suivante, & c'est à lui que s'adressoit,
en un moindre nombre de vers, le dernier couplet de la Balade, appelé
Envoi, parce qu'on lui envoyoit la pièce comme au premier Juge , afin
qu'il la lût & en jugeât. On peut recueillir de-là que Gilbert le Févre ayant
en quelqu'une de ces occasions remporté le prix , se qualifioit par cette raison *Prince du Puy à Rouen*. (M. DE LA MONNOYE).

GILBERT GENEBRARD , natif d'Auvergne , Docteur
en Théologie , & Professeur du Roi ès Lettres Saintes & Hébraïques à Paris , l'un des plus savans hommes en cette langue,
& des plus grands Théologiens de notre temps , très-consommé
ès Histoires saintes & prophanes. Il a mis en lumière l'Oraison
qu'il prononça à Paris le 27e jour d'Avril, l'an 1577 , sur le
trépas de Messire Pierre Danès , Evêque de la Vaur , imprimée
à Paris chez Martin le Jeune, audit an 1577. Il a traduit fort
heureusement & doctement de Grec en François l'Histoire de
Flave Josephe , Sacrificateur Hébreu , traitant de l'antiquité des
Juifs , imprimée à Paris , l'an 1578 , chez Michel Somnius.
Ladite Histoire avoit été auparavant traduite par François
Bourgoin , Jean le Frere de Laval , François de Belle-forest &
autres , comme nous avons dit en leur lieu ; mais sa Traduction
passe les autres [1]. Il florit à Paris cette année 1584 [2]. Nous ferons mention de ses Œuvres en Latin autre part. Gesnerus l'appelle Georges Genebrad , ne sachant pas que la première lettre
de son nom signifioit Gilbert , comme aussi il s'est abusé ,

parla nt d'Auger Ferrier , Médecin Tolofan , l'appelant Auguftin Ferrier ; ce que je dis en paffant , afin que ceux qui voudront voir les Œuvres Latines dudit Genebrard , dans la Bibliothèque de Gefnerus , augmentée par Symlerus , les cherchent fous le nom de Georges Genebrard *, &c.

[1] Nous avons déjà remarqué que Belle-foreft n'a point traduit *Jofeph*, & que la Traduction attribuée par La Croix du Maine à Jean le Frère, n'eft autre que celle de Bourgoin, corrigée feulement par Jean le Frère. (M. DE LA MONNOYE).

[2] Il mourut le 14 Mai 1597, âgé de foixante ans & quelques mois. (*idem*).

On lit dans le *Schurtz Fleifchiana* , pag. 69 , que Genebrard *refert multa ex Judæorum commentis , ut Abraham cultui Idolorum fuiffe addictum : Dorfchæus eruditiffimus fæpè integras paginas ex ipfo fumpfit , tacito nomine.* Il eft repris dans le *Perroniana* de ce que, pour foutenir la prétendue donation de Conftantin , il lit *ceffit Romam* pour *ceffit Roma.* (M. FALCONNET).

V. les Mém. de Niceron , Tom. XXII , pag. 1 ; Teiffier fur de Thou , Tom. IV, pag. 302 & 309.

*Genebrard , né à Riom en Auvergne , fut l'un des plus favans hommes de fon fiècle. Il fut Religieux à Cluny , d'où il vint étudier à l'Univerfité de Paris , où il fut reçu Docteur en 1563. En 1576 , Pierre-Danés , Evêque de Lavaur , fe démit de fon Evêché en fa faveur ; il ne put en obtenir les Bulles , ce qui le détacha du parti du Roi , pour prendre celui de la Ligue. En 1591 , le Duc de Mayenne le fit nommer à l'Archevêché d'Aix , qu'il gouverna pendant deux ou trois ans ; mais les Ligueurs n'ayant plus de crédit , & ne s'y croyant pas en fureté , il fe retira à Avignon , & de-là à Semur en Auxois , où il mourut dans le Prieuré de Notre-Dame de l'Ordre de S. Benoît , dont il étoit titulaire , qui a été féccularifé en 1731 , & érigé en Collégiale.

GILLES D'AURIGNY , dit LE PAMPHILE , & lequel en plufieurs de fes Œuvres s'appelle l'INNOCENT ESGARÉ , & mêmement au Livre intitulé la Généalogie des Dieux , imprimé à Poitiers chez les de Marnefs , l'an 1545. La Peinture de Cupidon , par l'Innocent Efgaré , imprimée chez lefdits de Marnefs , à Poitiers , audit an 1545. Il a traduit de Grec en François le Dialogue de Lucian , touchant le protrait d'Hercules Gaulois , imprimé avec la Généalogie des Dieux. Il a écrit de fon invention en vers François un Livre intitulé le Tuteur d'Amours , imprimé à Lyon par Jean de Tournes , l'an 1547. Il a recueilli quelques Ordonnances des Rois de France , imprimées. Il a traduit trente Pfalmes de David, imprimés ; Traité de la vraie & parfaite fubjection des Chrétiens , enfemble de la facrée franchife & liberté qu'ils ont au S. Efprit , imprimée à Paris ; brief Recueil de la fubftance & principal fondement de la Doctrine Evangélique , imprimé à Paris. Il femble qu'il foit Auteur d'un Livre intitulé , de la Foi & de l'Evangile , de l'effet & force des deux, & de la différence d'iceux ; les Réponfes à quinze objections de Prédeftination, le tout imprimé. Il floriffoit en l'an 1547 , fous François I[1].

[1] A la fuite dés Arrêts d'Amours, le 52e Arrêt , & les Ordonnances fur les Mafques , font de l'invention de ce Gilles d'Aurigny. Il étoit de Beauvais, comme on l'apprend par ces mots, qu'on lit au bas de la table alphabétique du *Somnium Viridarii*, imprimé à Paris , *in-4°*. l'an 1516 , en Gothique, chez Galliot du Pré, *Repertorium alphabeticum fuper aureo Somnii Viridarii libello ab Ægidio d'Aurigny Bellovaco , in legibus Licentiato, nuperrimè recollectum, hîc finem capit optatum.* (M. DE LA MONNOYE).

V. la Bibl. Françoife de M. l'Abbé Goujet, Tom. X, pag. 45 , Tom. XI, pag. 165, où l'on prouve que Gilles d'Aurigny mourut en 1553, & où on cite quelques-uns de fes Ouvrages , oubliés par La Croix du Maine.

GILLES BOILEAU , natif de Buillon en Lorraine , près Mefieres , &c. Commiffaire & Contrôleur durant les guerres de Cambray. (Claude Gruget dit qu'il étoit Flamand) &c[1]. Il a traduit d'Efpagnol en François les Commentaires de Loys d'Avila , contenant la guerre d'Allemagne , faite par l'Empereur Charles le Quint , ès années 1547 & 1548 , imprimés à Paris par Vincent Sertenas , avec les annotations très-doctes dudit Boileau , fervantes à la Difcipline Militaire , l'an 1551. Il a traduit les Livres d'Albert Durer , touchant la fortification des Villes. Je ne fais s'il eft imprimé. Il a commenté , glofé & enrichi de plufieurs Fables Poëtiques la Sphère des deux Mondes, compofée par lui-même, & imprimée fous le nom de DARINEL[2], Pafteur des Amadis , qui font tous noms fuppofés, comme nous avons dit ci-devant à la lettre D , parlant de Darinel de Tirel , &c. Ce Livre a été imprimé à Anvers chez J. Richard , l'an 1555. Il a traduit le neuvième Livre d'Amadis de Gaule, lequel toutefois fe trouve imprimé fous le nom de Claude Colet, Champenois. Il floriffoit l'an 1551 , étant fort verfé en beaucoup de langues , & ayant beaucoup voyagé.

¹ Claude Collet , en fa Preface du IXᵉ Livre d'*Amadis*, dit auffi que Gilles Boileau étoit Flamand. (Préfident Bouhier).

² Le nom du Berger Darinel étant célèbre dans le IXᵉ Tome d'*Amadis*, il ne feroit pas furprenant que Gilles Boileau ayant, comme on le fuppofe , traduit ce IXᵉ Tome, eût de-là, par occafion, pris le nom de *Darinel*; ce qui furprend , c'eft qu'on ne marque nul endroit de fes Œuvtes, où il dife avoir traduit ce livre, & qu'il n'y ait que le feul La Croix du Maine qui lui en attribue la Traduction. (M. DE LA MONNOYE).

GILLES BOURDIN (Meffire) , Chevalier , Seigneur d'Affi , Bougival, Santo , Rouveray & autres Seigneuries, &c. Confeiller au Privé Confeil du Roi , & Procureur général de Sa Majefté au Parlement de Paris , & auparavant fon premier Avocat audit Parlement. Ce Seigneur étoit fort docte ès langues , grand Jurifconful , & extrêmement verfé ès affaires d'Etat. Il a écrit beaucoup d'Œuvres en Latin , & en François il a prononcé plufieurs Oraifons en Parlement , durant fon état d'Avocat du Roi , lefquelles ne font imprimées. Il mourut à Paris d'une apoplexie , le 23ᵉ jour de Janvier , l'an 1570 , âgé de cinquante-trois ans. Plufieurs doctes hommes ont écrit des Epitaphes fur la mort d'icelui , imprimés à Paris chez Robert Eftienne , l'an 1570 ¹.

¹ Ce favant Magiftrat a fait un Commentaire fur les *Thefmophories d'Arif-tophane*, qu'il dédia à François I , en 1545, étant alors âgé de vingt-fept à vingt-huit ans. Kuper ne fait pas grand cas de cet Ouvrage. Il donna auffi une Traduction des mêmes *Thefmophories*. Béze , Liv. III de fon *Hift. Eccl. des Eglifes Réformées*, dit qu'il étoit homme de bonnes Lettres , mais ennemi juré de la Religion (Réformée). Il fut toujours Catholique zèlé , & grand ennemi des Luthériens & des Calviniftes*. C'étoit un gros homme, qui favoit plus qu'il ne difoit, tandis que du Mefnil, autre Avocat-Général , difoit plus qu'il ne favoit. Il fembloit toujours dormir au Palais , & répondoit cependant fort jufte. Un Courtifan l'ayant traité de *gros cochon* , il lui répondit que *d'un pourceau tout étoit bon*, & *rien d'un âne, finon la peau*. Loifel, *Dialog.* pag. 514 & 515. Il fut frappé d'Apoplexie dans fon lit, dormant à côté de fa femme , & en mourut le 23 Janvier 1570, âgé de 53 ans. (M. FALCONNET).

* Gilles Bourdin, ayant vu les Mémoires des Réformés , les trouvoit di-

vinement bien faits, & difoit que ces fous avoient de bonnes raifons, mais mal appliquées, & que c'étoit dommage qu'ils n'employaffent leurs efprits ailleurs qu'à ces rêveries contentieufes de la religion. Excellent jugement, que l'on auroit pu appliquer depuis à bien des Ouvrages du même genre, & qui n'empêcha pas Bourdin de conclure à la mort dans le procès d'Anne du Bourg.

GILLES CAILLEAU, de l'Ordre des Cordeliers, ou Frères Mineurs. Il a traduit de Latin en François deux Epîtres de Saint Hiérofme & de Saint Bafile, imprimées à Lyon par Jean de Tournes, l'an 1543. Il a fait un Recueil de toutes les veufves femmes, tant du vieil que du nouveau Teftament, lefquelles ont vécu fous la règle de S. Paul, &c. Il floriffoit audit an 1543.

GILLES CORROZET, Parifien, naquit en la Ville de Paris le quatrième jour de Janvier, l'an 1510. Celui-ci, encore qu'il n'eût été entretenu aux études, toutefois ayant un grand jugement & efprit émerveillable, il n'a laiffé d'apprendre les langues Latine, Italienne & Efpagnole, & fe voient tant de fon invention que de fa traduction plufieurs Livres, que lui-même a imprimés, favoir eft, les Antiquités, Chroniques & Singularités de Paris, imprimées par lui l'an 1561 *; le Catalogue des Villes & Cités de la France & des Gaules, imprimé à Paris chez Denis Janot, l'an 1538 & l'an 1540, & depuis à Lyon, l'an 1556, & à autres diverfes fois, avec le fecond Livre de Claude Champier, Lyonnois, fils de Symphorian, &c. Il a traduit de Caftilan en François la Prifon d'Amour, imprimée en langue Efpagnole & Françoife, fous le nom de Carcel d'Amor, à Paris, l'an 1567, par ledit Corrozet & Robert le Mangnier, & depuis imprimé à Anvers & en autres lieux **; Recueil d'Epitaphes finguliers de plufieurs Dames illuftres, traduit d'Italien en François; le Tréfor de vertu, ou Sentences recueillies de plufieurs Auteurs, traduit d'Italien en François, & imprimé en ces deux langues à Paris & à Lyon; le premier & fecond Livre des Fables d'Æfope, imprimés (*en* *vers François* , *Paris* , 1548, *in-16*); Brefve Inftruction Catholique aux Chrétiens, imprimée à Paris, l'an 1566 ; la plaifante & agréable Hiftoire d'Apolonius , Prince de Thir en Afrique , & Roi d'Antioche , traduite par ledit Corrozet en fes jeunes ans , imprimée à Paris par Alain Lotrain & Denis Janot. ; Epitaphes fur le trépas de Meffire Robert de la Marche , Seigneur de Florenges , Maréchal de France , &c. imprimées à Paris par ledit Corrozet & Jean André , l'an 1536 ; Hécatongraphie; c'eft-à-dire , les Defcriptions de cent Figures ou Hiftoires & Emblêmes, contenant plufieurs Sentences & Proverbes , tant des anciens que des modernes , imprimée à Paris chez Denis Janot, l'an 1543. Il a traduit d'Italien en François l'Hiftoire d'Aurelio & Ifabella , imprimée à Paris & à Lyon (1555, *in-16*); la Tapifferie de l'Eglife Catholique , écrite en vers François par dizains & huitains , contenant la Mort & Paffion de Notre Seigneur Jefus-Chrift , imprimée à Paris ; plufieurs Inftructions & Enfeignemens , enfemble plufieurs nouveaux Proverbes , demandes & joyeux quolibets , compofés en vers François , & imprimés ; les divers propos mémorables de toutes fortes d'hommes illuftres , imprimés à Lyon par Gabriel Cotier , l'an 1560 , & à Paris par Galiot du Pré , l'an 1567, & à plufieurs autres fois *** ; le Tableau de Cebés , traduit par ledit Corrozet en vers François , imprimé à Paris par Loys Janot, l'an 1543 ; les Fleurs de Poëfie , traduites d'Italien en vers François; le Conte du Roffignol , imprimé à Paris l'an 1546 par ledit Corrozet & depuis à Lyon par Jean de Tournes , l'an 1547. Il a traduit les Livres de Gabriel Syméon , Florentin , contenant l'origine & les faits de Venife, de Milan & de Mantoue , imprimés à Paris par lui-même (1553 , *in-8°.*) Epitome des Hiftoires des Rois d'Efpagne , de Caftile, d'Arragon , de Boheme, Hongrie, & des maifons d'Ausbourg & Auftriche , le tout recueilli par ledit Corrozet, & imprimé par lui-même à Paris , l'an 1553 ; le Parnaffe des Poëtes François modernes , imprimé à Paris depuis fa mort (1572, *in-8°.*) Le Tréfor des

Hiſtoires de France , réduites par titres , imprimé à Paris chez Galiot Corrozet, fils du ſuſdit , l'an 1583 ; Recueil d'aucunes Hiſtoires de France , par lieux communs , depuis Pharamond juſqu'au règne de Charles IX, &c. Je ne ſais ſi c'eſt ledit Livre du Tréſor des Hiſtoires , lequel a été imprimé après ſa mort ; trente Chants Royaux, compoſés par ledit Corrozet d'an en an , pour le May de Notre-Dame à Paris ; le Conſeil des ſept Sages, écrit tant en proſe qu'en vers , imprimé à Lyon chez Jean de Tournes , l'an 1549 ; l'Entrée de l'Empereur Charles le Quint, imprimée à Paris ; les Préceptes de Jeſus-Chriſt , avec aucunes Oraiſons. Il a traduit d'Italien en proſe Françoiſe la Déiphire, imprimée ; les Pompes & funérailles de M. le Duc de Guiſe ; le Jeu de l'adventure des hommes & des femmes ; les Blaſons do-meſtiques, ou Inſcriptions pour mettre à tous les endroits de la maiſon , imprimés ; les Exemples des Œuvres de Dieu, écrits en vers François ; les Quadrains de la Bible , autres que ceux de Paradin , &c. le Blaſon des couleurs en armoiries, im-primé ; le Jeu des Cartes , écrit en vers. Il peut avoir écrit plu-ſieurs autres Livres , ſoit de ſon invention , ou autrement , deſqnels je n'ai pas cognoiſſance. Il a écrit les Livres qui s'en-ſuivent , outre ceux que j'ai récités ici-deſſus, deſquels derniers Livres j'ai reçu l'avertiſſement de ſon fils Galiot Corrozet, Li-braire , tenant ſa boutique au Palais de Paris, &c. ſavoir eſt, le Temple de Paix, fait à la louange du Couronnement de Madame Alienor , Royne de France , ſeconde femme de Fran-çois I du nom , imprimé à Paris ; le Triomphe des François ſur la confuſion & fuite de l'Empereur , Eſpagnols & Bour-guignons , imprimé à Paris & autres lieux ; Déploration ſur le trépas de très-noble Princeſſe Madeleine de France, Royne d'Eſcoſſe , imprimée l'an 1537 ; le Retour de la Paix écrit en vers François , imprimé *in-4°*. Satyre contre fol amour , imprimée avec le Manuel d'Epictete , & pluſieurs autres Traités tant en vers qu'en proſe , deſquelles nous avons fait mention ci-deſſus. Il mourut à Paris le quatrième

jour

jour de Juillet, l'an 1568, âgé de cinquante-huit ans, ou environ [1].

* L'Edition de fes *Antiquités de Paris*, en 1561, citée par La Croix du Maine, n'eft pas la première. Ce livre avoit déjà paru, mais moins ample, en 1532, *in-8°.* & en 1533, *in-16*, fous le titre de *Fleurs des Antiquités & Singularités de la noble & triomphante Ville & Cité de Paris*. Quant à fon *Trefor des Hiftoires de France*, ce fut Jean Corrozet fon fils, qui, après la mort de fon père, le mit en ordre, & le publia, comme il nous l'apprend dans l'Epître Dédicatoire qu'il adreffa au Préfident de Bailleul.

** Niceron en cite une Edition de 1560.

*** Niceron cite une Edition de Paris, 1557, *in-8°.* une autre de Lyon, 1558, *in-16.*

[1] Je rapporterai ici fon Epitaphe, parce que la Caille, qui l'a rapportée, en a omis le troifième vers.

> L'an mil cinq cens foiffante-huit,
> A cinq heures devant minuit,
> Le quatriéme de Juillet,
> Décéda Gilles Corrozet,
> Agé de cinquante-huit ans,
> Qui Libraire fut en fon tems,
> Son corps repofe en ce lieu-ci,
> A l'ame Dieu faffe merci. (M. DE LA MONNOYE).

Voy. les Mém. de Niceron, Tom. XXIV, p. 149, & la Bibl. Françoife de l'Abbé Goujet, Tom. X, pag. 353, Tom. XIII, p. 98.

GILLES FUMÉE, Beffinois, Précepteur des enfans de M. de Long-aulnay. Il a traduit en vers François l'Hiftoire, ou plutôt Roman de Zerbin, Prince d'Efcoffe, & d'Ifabelle, infante de Gallice, qui eft un fujet tiré de l'Ariofte, lequel Livre il l'appelle autrement le Miroir de loyauté, imprimé à Paris chez Guillaume Auvray, l'an 1575, auquel temps ledit Fumée floriffoit.

GILLES DE HOUSTEVILE, de Conftances, ou Coutances, en Normandie [1]. Il a écrit quelques Œuvres, tant en Latin qu'en François, imprimées à Paris.

[1] Il étoit de Sainte Marie au Cotentin, & enfeignoit la jeuneffe à Caën, au Collège du Mont, ainfi nommé de fon Fondateur Robert Jolivet, Abbé du Mont S. Michel, comme le fait voir, pag. 275 de fes *Origines de Caën*, M. Huet, qui, pag. 415 du même Livre, parle de la Profodie Latine de Gilles de Houfteville, imprimée à Caën, 1552. (M. DE LA MONNOYE).

GILLES HUGUETAN, Lyonnois. Il a écrit les Tables de divers comptes ou supputations, avec leurs canons & règles, imprimées à Lyon l'an 1538, avec l'Arithmétique d'Estienne de la Roche, dit Ville-franche.

GILLES LE MAISTRE (Messire), dit MAGISTRI, Chevalier, & premier Président de la Cour du Parlement de Paris, &c. homme très-docte en Droit. Il a écrit en François un Livre des décisions notables, & plusieurs autres en Latin, imprimés. Il florissoit l'an 1560 *.

* Il mourut le 5 Décembre 1562, en sa soixante-troisième année.

GILLES DE ROME, Archevêque de Bourges en Berry [1]. Il se trouve un Livre imprimé sous le nom dudit Archevêque, intitulé le Miroir du régime & gouvernement des Princes, écrit en prose Françoise, imprimé à Paris & en autres lieux. Il a écrit plusieurs Livres en Latin. Il mourut à Paris le 22e jour de Décembre, l'an 1316, & est enterré en l'Eglise des Augustins, duquel Ordre il étoit.

[1] Antoine Aubery, pag. 24 de son *Recueil des Cardinaux douteux*, imprimé à la suite du Tom. I de son *Histoire des Cardinaux*, me paroît avoir fort bien réfuté ceux qui ont donné le titre de Cardinal à Gilles de Rome *. (Son vrai nom étoit *Gilles Colonne Romain*, très-savant Théologien, qui fut Précepteur de Philippe-le-Bel, Général des Augustins, de l'Ordre desquels il étoit en 1292, nommé peu après à l'Archevêché de Bourges ; il assista en cette qualité au Concile Général de Vienne, en 1311, & mourut à Avignon le 22 Décembre 1316). Il composa le Livre *de Regimine Principum*, pour l'instruction de Philippe-le-Bel, qui le fit traduire en François par Henry de *Ganchy*, ainsi que le P. Labbe écrit ce nom, pag. 311 de sa *Bibliotheca nova Manuscriptorum*. Du Cange, pag. cxci de l'*Index Autorum* de son Glossaire bas-Latin, écrit de *Gauchy*. (M. DE LA MONNOYE).

*Il étoit de l'illustre maison des Colonnes. Il vint étudier à Paris, & fut Disciple de S. Thomas d'Aquin. Il se fit Religieux de l'Ordre de S. Augustin, dont il devint Général en 1292. C'est lui que les Scholastiques ont appelé *le Docteur très-fondé*. L'opinion de quelques Ecrivains, qu'il fut nommé Cardinal très-peu de temps avant sa mort, a donné lieu au Jésuite Oldoïni de le placer dans son *Athæneum Romanum*. On y trouvera une très-longue liste des Ouvrages de ce savant Théologien, mais il ne faut pas trop s'y fier. Cet Oldoïni fait souvent bien des méprises dans ces sortes de listes. Presque tous les Ouvrages de Gilles de Rome sont demeurés manuscrits ; il faut en excepter son Traité *de Regimine Principum*, qu'il écrivit en Latin vers l'an 1280,

& qui a été imprimé plufieurs fois. Cava en cite deux Editions, l'une de Rome en 1482, l'autre de Venife en 1598. Maillaire en cite jufqu'à cinq. Cependant Fabricius, dans fa *Biblioth. des Auteurs Latins du moyen âge*, laiffe croire que cet Ouvrage n'a point été imprimé; c'eft que les Editions, quoique multipliées, font devenues plus rares que les manufcrites, qui fe rencontrent très-fréquemment dans les Bibliothèques. La Croix du Maine fe trompe en parlant de ce Livre, comme s'il avoit été compofé en François par Gilles de Rome. Il fut traduit en cette langue par ordre de Philippe-le-Bel, & le Traducteur fe nomme Henry *de Gauchy*, ou *Ganchy*; de-là quelques Manufcrits portent tantôt *Gauchy*, tantôt *Ganchy* ou *Henry de Gand*, felon un Manufcrit cité par l'Abbé le Beuf dans les *Mémoires de l'Académie des Belles-Lettres* (Tom. XVII, pag. 733). L'Abbé le Beuf s'eft trompé en ce même endroit, lorfqu'il a cru que l'Epître Dédicatoire, qui eft à la tête de cette Traduction eft une Epître du Traducteur: c'eft la verfion de l'Epître Latine de l'Auteur. Cette méprife en a occafionné plufieurs autres, qu'il feroit trop long de relever ici. Le Livre de Gilles de Rome contient fouvent des queftions affez fingulières, & qu'on ne s'attend point à trouver dans un Ouvrage écrit par un Religieux pour l'inftruction d'un jeune Prince. Par exemple, dans le Chap. XVII de fon premier Livre, il examine s'il vaut mieux faire des enfans par un temps froid, & lorfque le vent vient du Nord, que par un temps chaud, & lorfque le vent vient du Midi. Il conclud pour l'affirmative par trois raifons. Dans le Chapitre fuivant il parle des femmes, & les traite affez mal. Il les appelle des hommes imparfaits *quafi mas occafione natus & quafi vir incompletus.* Il fuppofe leur raifon bien inférieure à celle de l'homme, & ne leur en accorde guère plus qu'aux enfans. Au refte cet Ouvrage ne feroit pas inutile à quelqu'un qui voudroit s'inftruire des mœurs du moyen âge, & des ufages du fiècle où il a été écrit. Il y a, entr'autres chofes, beaucoup de détails fur l'Art Militaire de ce temps-là.

GILLES DE VIEZ-MAISONS, ou VIELLES-MAISONS, ancien Poëte François, l'an 1250, ou environ. Il a écrit quelques Poëfies, non encore imprimées *.

* Voy. Fauchet, Ch. 44 des anciens Poëtes François. Du Verdier l'a omis.

GILLES DU VAL. Il a écrit en profe Françoife un Livre intitulé, les grands & merveilleux Signes, vus fur la Ville de Rafis, avec lettres du grand Turc, envoyées à Notre S. Pere le Pape, enfemble la rencontre qui a été devant la Ville de Garruy, faite par l'armée d'Efcoffe à l'encontre des Anglois, l'an 1548, imprimée à Paris par Jean le Dun [1].

[1] La Caille, pag. 122 de fon Livre de l'*Imprimerie*, &c. dit que Jean Dun

fit imprimer en 1548 à Paris le Livre que Gilles Duval a intitulé *les grands & merveilleux Signes vus sur la Ville de Ratisbonne*, ce qui fert à corriger le texte de La Croix du Maine, qui par lui-même eft de la plus grande obfcurité. (M. DE LA MONNOYE).

GIRARD, ou **GIRARDIN**, d'Amiens, ancien Poëte François, l'an 1260, ou environ. Il a compofé le Roman de Meliadius [1].

[1] Fauchet, Chap. 94, écrit *Meliadius*, orthographe que du Verdier & La Croix du Maine ont fuivie, quoique ce Roman foit nommé par-tout ailleurs *Meliadus*, ayant été imprimé en profe fous ce nom. Du Verdier fe corrige dans la Lifte Alphabétique des Romans, qu'il donne à la fin de la lettre R, & écrit *Meliadus*. Ce Meliadus étoit père de Triftan de Léonnois. (M. DE LA MONNOYE).

GIRARD DE BOLLONGNE, fur la mer, ès frontières de la Picardie & Normandie, ancien Poëte François, l'an 1300, ou environ. Il a écrit quelques Jeux partis d'Amours [*].

[*] Fauchet, Ch. 114, écrit *GIRARD DE BOULOIGNE*. Du Verdier n'en parle pas.

GIRARD, ou **GIRAULT DE BOURNEIL**, Gentilhomme Lymofin, furnommé le Maiftre des Poëtes Provençaux. Il a écrit plufieurs Poëmes, Chanfons & Satyres, en langue Provençale. Il eft le premier des Poëtes Provençaux, qui a inventé les Sonnets & les Chanterels. Il mourut l'an 1278 [*].

[*] Jean de Notre-Dame, Ch. 43, écrit *GIRAUD DE BOURNELH*, ou *BOURNEIL*. Il paffoit l'Hiver à travailler, & l'Eté à vifiter les Cours des Princes. Il avoit avec lui deux Muficiens qui chantoient fes Chanfons avec tant de fuccès, qu'il gagna des fommes prodigieufes, qu'il employoit à foulager fes parens qui étoient fort pauvres. Il refufa les offres les plus avantageufes que tous les Princes lui faifoient pour fe l'attacher ; il réfifta même aux avances des plus belles Dames, & il s'applaudit dans fes Chanfons d'avoir fu conferver fa liberté. *Voy*. Recherch. fur les Théât. Hiftoire des Poëtes Provençaux, pag. 33, Edit. *in-4°.*

GIRARD CORLIEU, d'Angoulefme, parent de François de Corlieu, duquel nous avons parlé ci-deffus. Il a écrit l'Inftruction pour tous états, imprimée à Paris chez Richard le Breton, l'an 1571.

GIRARD DE MONTAGU, Secrétaire & Tréforier des

Chartres de Charles V, Roi de France, l'an 1370. Il a écrit
un Répertoire général , ou bien un regiſtre entier des lettres du
Tréſor des Chartres * , &c. Jean du Tillet , Greffier du Parlement de Paris , fait mention de lui en ſes Mémoires. Il floriſſoit
ſous ledit Charles , l'an 1370 , ou 1364.

* En Janvier 1371, Charles V ayant viſité en perſonne le Tréſor des
Chartres, & voyant la confuſion qui y régnoit, chargea Girard de Montagu
de le mettre en ordre, & lui en donna la garde, avec le titre de ſon *Notaire*,
Secrétaire , *Tréſorier & Garde de ſon Tréſor des Chartres*. Montagu dreſſa un
inventaire général des titres & des regiſtres , par lequel on voit qu'il y avoit
alors au Tréſor des Chartres trois cens dix Layettes & cent neuf Regiſtres.
(Dupuy , *des Droits du Roi*, pag. 669). Il avoit été annobli par le Roi Jean
au mois de Décembre 1363 , avec faculté de parvenir à la Chevalerie. Charles V le fit Maître des Comptes extraordinaire , par Lettres du 7 Mai 1384.
Il mourut le 13 Juillet 1391. Il eut trois fils , dont le premier, nommé *Jean*,
fut grand Maître de France ; le ſecond, nommé *Girard* comme ſon père ,
fut comme lui Garde des Chartres & Maître des Comptes, & devint ſuc-
ceſſivement Evêque de Poitiers & de Paris; le troiſième , nommé *Jean* comme
ſon aîné , fut Archevêque de Sens , & Chancelier de France.

GIRARD , ou **GERARD LE ROUX** , autrement appelé
Giraudon , Gentilhomme ſervant de la maiſon du Comte de
Poiĉtou , nommé Philippes , qui depuis fut Roi de France , ſurnommé le Long , l'an 1320. Il a écrit pluſieurs Chanſons en
rithme Provençale , à la louange de Dame Albe Flote * de Provence. Il floriſſoit l'an 1321 **.

* Elle eſt appelée *Flore* dans les Rech. ſur les Théâtr. Hiſt. des Poëtes
Provenç. pag. 52 de l'Edit. *in*-4°.

** Jean de Notre-Dame, Ch. 59, écrit *GYRAUDON*, comme du Verdier
le fait à la lettre P , dans l'Article du Comte de Poictou.

GIRARD RUFFY [1] , Doĉteur en Théologie à Paris , &
depuis Miniſtre de la Roine de Navarre , nommée Marguerite
de Valois , ſœur de François I, Roi de France , &c. Il a écrit
quelques Œuvres , deſquelles je n'ai pas cognoiſſance [2]. Il vivoit
l'an 1537.

[1] Son vrai nom étoit *ROUSSEL* , comme je l'ai prouvé dans le *Ménagiana* ,
pag. 363 du Tome I. La coutume , introduite deux ou trois ſiècles auppara-
vant , de donner aux noms des hommes de lettres la terminaiſon du génitif

Latin, fut caufe qu'on le nomma *Rufi*. Etant forti des Jacobins, il fut par le moyen de Marguerite, fœur de François I, fa bienfaitrice, Abbé de Clérac & Evêque d'Oleron. Nous avons de lui fur l'Arithmétique de Boëce un Commentaire Latin *in-fol*. 1521, chez Simon de Colines, mais en François rien d'imprimé que je fache, fi ce n'eft un Catéchifme pour fon Diocèfe d'Oleron. (M. de la Monnoye).

Gerardus Rufus, Olerenfis Epifcopus, & Cœnobiarcha Cleriacus, Ecclefiaftes Margaritæ, Reginæ Navarræ, vir doctus, ejus eft verfio, Ariftotelis Librorum magnorum Moralium... Parif. ex Typogr. Joannis Barbæi, in-4°. 1546. — Son attachement à Marguerite, Reine de Navarre, le fit foupçonner de Calvinifme *. (M. Falconnet).

* C'étoit plus qu'un fimple foupçon, fi nous en croyons Sponde (*Annal. ad Ann*, 1549). Cet Hiftorien raconte que Rouffel étant venu à Mauléon pour tenter d'y abolir les fêtes, monta en chaire, & parla avec beaucoup de chaleur fur ce fujet, ce qui fcandalifa fort l'affemblée. Un des principaux Habitans, qui, prévenu fans doute du deffein de l'Evêque, avoit apporté une hache cachée fous fon manteau, mit la chaire en pièces. Rouffel renverfé, fut emporté à demi-mort. Il fe retira en Béarn, & peu après s'étant mis en chemin pour prendre les eaux, afin de réparer fes forces, il mourut, vers l'an 1560. Cette affaire eut d'abord quelques fuites, & l'habitant de Mauléon fut cité au Parlement de Bordeaux; mais il fut renvoyé abfous.

GOMARS, ou **GAMARS DE VILLIERS**, ancien Poëte François, l'an 1300, ou environ. Voy. ci-devant **Gamars**.

GREFIN ARFAGART, Sieur de Courteilles en Normandie, & de Courteilles au Maine, (qui font deux Seigneuries de même nom, & féparées en divers lieux) Chevalier du S. Sepulchre, &c. Il a écrit le voyage qu'il a fait en Hiérufalem, & au mont de Sinay, l'an de Grace 1533, avec Frère Bonadventure Brochard *, de l'Ordre des Frères Mineurs de la Province de France, du Couvent de Bernay, &c. (duquel nous avons parlé ci-devant). Ledit voyage n'eft encore imprimé. Il fe voit écrit à la main en plufieurs maifons du pays du Maine & autres lieux. Ledit Sieur de Courteilles a été en voyage audit lieu de Hiérufalem par trois diverfes fois. La fille unique dudit Chevalier eft femme de M. de Juigné au Maine, furnommé le Clerc.

* *Voy.* plus haut au mot **Bonaventure Brochard**, p. 88 de cette nouvelle Edition.

GREGOIRE GOURDRY, natif de Vermandois en Picardie. Il fe voit de lui une Epître en vers François, imprimée avec les Sonnets de Nicolas Ellain, Parifien, imprimés l'an 1561 *.

* Voy. la Bibl. Françoife de M. l'Abbé Goujet, Tom. XIII, pag. 84.

GUY BECQUET, Mathématicien & Aftrologue. Il a écrit & compofé un Almanach & Prognoftication, l'an 1551, imprimé à Rouen audit an.

GUY DE BRESLAY, Confeiller du Roi au grand Confeil à Paris, & depuis Préfident en icelle Cour, homme de grand jugement & fingulière doctrine. Il a écrit en François un Dialogue du bien de la Paix, & Calamité de la Guerre, imprimé à Paris par Galiot du Pré, l'an 1538. Il florissoit l'an fufdit 1538 [1].

[1] Ménage, pag. 482 de fes Remarques fur la vie de Guillaume Ménage fon père, a recueilli l'éloge de Guy Breflay, reçu le 22 Octobre 1526 Confeiller au grand Confeil, où le Chancelier Poyet ayant fait créer en 1539 la charge de Préfident, la lui fit donner. Il avoit, pendant fes études à Padoue, contracté une étroite amitié avec Longueil, à l'exemple duquel il cultiva fort la belle Latinité. J'en juge par une lettre manufcrite que j'ai vue de lui, fervant de réponfe à l'Epître que Jaques du Faur, Abbé de la Chaife-Dieu, avoit engagé Pierre Bunel à lui écrire. On connoît par un endroit des Commentaires de du Moulin, fur le deux cens trente-deuxième Confeil de Decius, au mot *Nullam*, que Guy Breflay mourut affez jeune à Turin. Ménage conjecture que ce fut vers 1548. (M. DE LA MONNOYE).

GUY DE BRUÈS, natif de Languedoc. Il a écrit quelques Dialogues, par lefquels il s'effaye de prouver que tout ne gift qu'en opinion, imprimés à Paris [1]. Il a revu & recorrigé les Commentaires de François Rabutin, touchant les dernières guerres du Roi Henri II avec l'Empereur.

[1] Le deffein de ces Dialogues eft tout au contraire, comme l'expofe fort bien du Verdier, de faire voir contre les nouveaux Académiciens, que *tout ne gît point en opinion*. Quant à la révifion des *Commentaires Hiftoriques de François de Rabutin*, divifés en onze Livres, Guy de Bruès n'en revit tout au plus que le fixième, comme le témoigne Rabutin lui-même dans l'Epître Dédicatoire de fon Ouvrage *. (M. DE LA MONNOYE).

* Voici fes termes : « Pierre Pafchal pria un Gentilhomme fien ami, nom-
» mé Guy de Bruès, de Languedoc, pourvu de grand fçavoir & humanité,
» vouloir m'aider de fon opinion, lequel, pour divers empêchemens, qui

» lui ôtoient le moyen de voir les autres, retint feulement le fixième livre »,
Alors (en 1555) l'Ouvrage de Rabutin ne contenoit que fix livres ; on y en
ajouta enfuite cinq autres, qui, réunis aux fix premiers dans l'Edition de
1574, formèrent les onze livres dont parle M. de la Monnoye. Le P. le
Long femble attribuer une partie de cette continuation à Guy de Bruès.

GUY COQUILLE, Sieur DE ROMENAY, Procureur gé-
néral de Nivernois [1]. Il a recueilli les chofes les plus remarquables de l'antiquité dudit pays, lefquelles font imprimées avec
la Cofmographie de François de Belle-foreft, au fecond volume,
fol. 393 de la première Edition.

[1] Il a été un des plus habiles Jurifconfultes Praticiens que la France ait
eus. Il naquit à Decife dans le Nivernois, l'an 1523, & mourut octogénaire à Nevers, l'an 1603. (M. DE LA MONNOYE).

Loifel, *Dial.* pag. 505, dit qu'il décimoit fon bien pour les pauvres,
comme faifoit Chartier le père. Rigaut, Let. 99, Tom. IV, dit que fon
Dialogue *fur les Caufes des misères de la France* eft fort bon, plein de belles
obfervations, & qu'il méritoit, s'il étoit venu à temps, d'être inféré dans
le premier volume des *Libertés de l'Eglife Gallicane.* (M. FALCONNET).

Voy. fur Coquille & fes Ouvrages différens, le Tom. XXXVe des Mém.
de Niceron, pag. 8 & fuiv.

GUY DU FAUR (Meffire), Seigneur de Puybrac, iffu de
la très-noble & très-ancienne famille des du Faurs à Tolofe, &c.
Il s'appelle en Latin GUIDO, ou VIDO Faber. Il fut premièrement Juge-Mage à Tolofe, & depuis Avocat du Roy au Parlement
de Paris, & maintenant Préfident en ladite Cour, & Chancelier de Monfieur, frère du Roi, &c. Ce Seigneur a été employé en plufieurs honorables Ambaffades, ès pays étrangers,
de par les Rois de France, &, entr'autres lieux, à Rome, durant le Concile de Trente, auquel lieu il harangua, & prononça
des Oraifons fi doctes & tellement Latines, qu'il étonna tous
les Romains de fon éloquence, laquelle il avoit apprife de Pierre
Bunel, fon Précepteur, ce qu'il n'a pas celé en quelques-uns
de fes Ouvrages mis en lumière, &c. Il a prononcé, lorfqu'il
étoit Avocat du Roi au Parlement de Paris, plufieurs Oraifons
& Remontrances faites à l'ouverture des Plaidoyers, tant après
la S. Martin, qu'après Pâques, imprimées à Paris & à Lyon,

par

par diverſes fois, toutes réduites en un volume ; Louanges de
la vie ruſtique, imprimées à Paris ; pluſieurs très-doctes Quadrains, contenant des préceptes & enseignemens très-utiles pour
la vie des hommes, compoſés à l'imitation des anciens Poëtes
Grecs, imprimés à Paris chez Federic Morel, à pluſieurs fois,
& en autres pays, tant ils ont été bien reçus d'un chacun. Il a
compoſé pluſieurs autres choſes très-doctes én Latin, deſquelles
je ferai mention plus à propos, n'étant ici mon intention que
d'écrire des Livres François, en laquelle langue il en a pu écrire
en plus grand nombre que ceux que j'ai racontés, mais ils ne ſont
encore en lumière. Il florit à Paris cette année 1584[1], non ſans
mettre peine de laiſſer une louable mémoire de ſon nom, en
toutes ſortes *.

[1] Il naquit à Touloufe en 1529, & mourut à Paris le 27 Mai 1584, dans
ſa cinquante - ſixième année. Il avoit épouſé Jeanne de Cuſtos, Dame de
Tarabel, qui lui ſurvécut vingt-huit années, & mourut en 1612 : il en avoit
eu trois fils & une fille. (M. DE LA MONNOYE).

Son ſtyle, diſoit du Vair, eſt peu élabouré, mais non capable d'une
haute éloquence, faute de paſſions fortes & courageuſes. *Voy.* Loiſel,
pag. 655 & 662. L'Epître adreſſée à Staniſlas Elvidius **, pour excuſer le
maſſacre de la S. Barthelemy, eſt certainement de lui. Camérarius lui répondit ſous le nom d'Elvidius. Il y en a une autre ſous le nom de Pierre Burin à
Guill. Papon, dans les *Mémoires du règne de Charles IX,* Tom. I, pag. 600.
(M. FALCONNET).

*On prétend que ce qui empêcha Pybrac d'être Chancelier, fut ce fameux
Quatrain ſi connu :

Je hais ces mots de puiſſance abſolue,

De plein pouvoir, de propre mouvement ;

Aux ſaints Décrets ils ont premièrement,

Puis à nos Rois la puiſſance tollue.

Voy. les Mém. de Niceron, Tom. XXXIV, pag. 245, & la Biblioth.
Françoiſe de M. l'Abbé Goujet, Tom. V, pag. 9, Tom. XIV, p. 132.

** La lettre adreſſée à Staniſlas Elvidius, dont on parle ci-deſſus, eſt intitulée *Ornatiſſimi cujuſdam viri de rebus Gallicis ad Staniſlaum Elvidium
Epiſtola,* Paris, 1573, *in-*4°. Elle fut publiée en François la même année.

GUY LE FÈVRE, Sieur DE LA BODERIE, natif de Falaiſe
en Normandie, homme des plus doctes ès langues, que nous

ayons vu de notre temps , Précepteur de Monsieur , frère du Roi , & son interprète ès langues étrangères[1]. Le pays de Normandie se peut vanter bien heureux , entre plusieurs autres nations de France , d'avoir produit tant de doctes hommes de notre temps , outre ceux des siècles passés , entre lesquels Postel, Guersans , du Perron (père & fils), le Gras , les Chevaliers surnommés d'Agneaux , & autres en nombre infini , y ont pris leur origine & naissance , hommes lesquels je mets ici en rang de compte , pour leur valeur & mérite , m'assurant bien que lorsque je ferai mention d'eux en ce Livre , il sera honoré de leurs noms , & non pas eux de par moi , qui suis encore trop peu connu pour les rendre recommandables par mes écrits , s'ils ne l'étoient assez par autres publics témoignages qu'ils ont donnés de leur érudition. Ce pays , dis-je , est tellement louable pour ce respect , que l'inimitié que les autres nations lui ont jusqu'ici portée , doit cesser pour le moins à l'endroit de ceux qui ont la vertu en recommandation. Je peux donc , après cette digression , ou parenthèse (peut-être ennuyeuse à d'aucuns) , mettre en rang les sieurs de la Boderie , qui sont trois frères , dont celui-ci est l'aîné , & les autres , nommés Nicolas & Antoine (desquels nous ferons mention en leur ordre) comme trois perles resplendissantes en notre âge , chacun en sa profession & particulières études. Donc, pour venir à faire mention des Ecrits de celui-ci , il a écrit de son invention en vers François un Livre , intitulé l'Enciclie des secrets de l'Eternité , imprimé par Chrestofle Plantin à Anvers , l'an 1570 , contenant plusieurs belles raisons pour confondre les Athées , &c. Il a traduit d'Italien en François la Confusion de la Secte de Muhamed , écrite premièrement en Espagnol par Jean André , imprimée à Paris chez Martin le Jeune , l'an 1574 , & dédiée à M. le Vicomte de Paulmy , Bailli de Touraine , ce que j'allégue expressément , pour le respect de ce Seigneur. Il a traduit de Latin en François le Livre de la Religion Chrétienne de Marsile Ficin , Florentin, imprimé à Paris l'an 1578. Il a traduit le Livre de Picus Mirandula , ou de la Mirandole , Conte du Concorde , &c. touchant la dignité de l'homme , imprimé à Paris l'an 1578. Il a écrit de son invention , en vers François , un Livre intitulé la Galliade , traitant de la révolution des Arts & Sciences , imprimée à Paris, l'an 1578 , chez Guillaume Chaudiere , avec Annotations ou Commentaires sur icelle Galliade. Il a traduit de Toscan en François les Commentaires du susdit Marsile Ficin , sur le Sympose ou Banquet de Platon , traitant de la beauté , imprimés à Paris l'an 1578. Je n'ai pas connoissance de ses autres Ecrits. Il florit cette année 1584.

[1] Cet homme fameux par la connoissance qu'il avoit de l'Hébreu , du Syriaque & du Chaldéen , qui a tant écrit en Latin & en François, en prose & en vers, n'a pas été assez heureux pour trouver une place dans l'Histoire de M. de Thou, ni parmi les Illustres de Scévole de Sainte-Marthe ; & , de mon côté , quelques recherches que j'aie faites , je n'ai pu apprendre le temps ni de sa naissance , ni de sa mort [*]. (M. DE LA MONNOYE).

[*] Il faut voir dans les Mém. de Niceron , Tom. XXXVIII , pag. 303 & suivantes , quelques circonstances sur lesquelles on établit que Guy le Fevre de la Boderie doit être né en 1541 , à la Boderie , en Basse Normandie, lieu situé sur un petit ruisseau, appelé *le Lambrun* ; quant à sa mort , Baillet, dans ses *Jugemens des Sçavans* , l'a placée à l'année 1598.

Voy. la Biblioth. Françoise de M. l'Abbé Goujet, Tom. VI, pag. 325 , & Tom. XIII, pag. 395.

Niceron & Goujet ont relevé quelques méprises de La Croix du Maine au sujet de la Boderie. Il ne fut point Précepteur du Duc d'Alençon , frère du Roi, mais seulement son Secrétaire. La première Edition de son *Encyclie* est de 1571, & non de 1570 ; car on y trouve des pièces datées de 1571. Niceron , dans le Catalogue des Ouvrages de la Boderie , cite quelques Ecrits François de cet Auteur, qui ont été omis par La Croix du Maine.

GUY DE LA GARDE , Ecuyer de Chambonas , Lieutenant particulier du Sénéchal de Provence , au Siége d'Arles , l'an 1550. Il a écrit en vers Héroïques l'Histoire & Description du Phenix , composée à l'honneur & louange de Madame Marguerite de France , imprimée à Paris par Regnault Chaudiere, l'an 1550. Il a traduit de Latin en François un Traité de Claude Baduel , touchant la dignité de mariage, & de l'honnête Conversation des gens doctes & lettrés [1] , &c. imprimé à Paris par

Arnoul l'Angelier, l'an 1548, auquel temps ledit de la Garde florissoit.

[1] Bayle, dans son *Supplément*, a raison de dire que si Guy de la Garde n'a pas mieux réussi dans la Traduction de l'Ouvrage de Baduel, que dans celle du titre, ce doit être bien peu de chose. Le titre Latin est tel : *De ratione vitæ studiosæ ac litteratæ in matrimonio collocandæ, ac degendæ.* La Traduction Françoise qu'en rapportent La Croix du Maine & du Verdier conserve-t-elle le sens du Latin ? (M. DE LA MONNOYE).

GUY GAUSSARD, Flamingon, Prieur de Sainte Foy à Coulommiers, l'an 1574. Il a traduit en François l'Apologie d'Athenagoras, Philosophe Athénien, prononcée ou envoyée à l'Empereur Antonin, Philosophe, & à Commodus son fils, pour la défense des Chrétiens, imprimée à Paris l'an 1574, chez Symon Calvarin. Il a extrait de divers Auteurs Chrétiens & prophanes six Livres de Similitudes, tirées de toutes sortes d'Animaux, imprimées à Paris l'an 1577 [1].

[1] Je ne doute pas que cet Auteur n'ait tiré la plus grande partie de ses *Similitudes* de l'Ouvrage d'un Dominicain, nommé *Jean de San Geminiano*, qui, sur la fin du treizième siècle, en compila un volume, intitulé *Summa de exemplis & rerum similitudinibus*, *Libris decem constans*. (M. DE LA MONNOYE).

GUY JOVENNEAUX [1], natif du pays du Maine, appelé en Latin, GUIDO JUVENALIS, CENOMANUS, &c. Abbé de S. Sulpice en Berry, de l'Ordre de S. Benoît, l'an 1500, ou environ. Il a écrit plusieurs Livres en langue Latine, & en François. Il a mis en lumière quelques Epîtres Françoises, imprimées avec ses Latines, à Paris. Il a traduit de Latin en François la Règle de l'Ordre de S. Benoît, imprimée à Paris, tant en Latin qu'en François, chez Hiérosme de Marnef, & Guillaume Cavelat, l'an 1573.

[1] C'est le même que du Verdier appelle *Gui Juvénal*. Cet Abbé, en effet, s'étant avisé de prendre en Latin le nom de *Guido Juvenalis*, au lieu de *Gui Jouvenneaux*, a été de-là nommé en François *Gui Juvénal*; ainsi, en 1505, dans sa version de la Règle de S. Benoît, il est qualifié *Scientifique personne Damp Gui Juvénal, Profès en ladite Règle*. Il étoit Manceau. (M. DE LA MONNOYE).

GUY DE LESRAT, Sieur des Briotieres, Gentilhomme Angevin [1], Président & Lieutenant général en la Sénéchauffée d'Anjou, frère puiné de Meffire Guillaume de Lefrat, Préfident en Bretagne, tous deux enfans du défunt Préfident d'Angers, nommé Guillaume de Lefrat, &c. defquels nous parlerons en leur lieu. Celui-ci a mis en lumière les doctes Remontrances faites & prononcées par lui-même à l'ouverture des Plaidoyers d'Angers, le jour de la Saint Martin, imprimées à Paris. Il florit à Paris cette année 1584. Je n'ai point cognoiffance de fes autres Œuvres.

[1] Ménage, dans fes Remarques fur la vie de Pierre Ayrault, où il parle amplement des Lefrats, dit que Gui avoit été premièrement Chanoine de l'Eglife d'Angers, & enfuite Confeiller au Parlement de Bretagne. La Croix du Maine confirme la conjecture de du Verdier, touchant Guy, qu'il croyoit frère de Guillaume de Lefrat, Préfident au Parlement de Bretagne. (M. de la Monnoye).

GUY DE MORIN, Sieur de Loudon au Maine, frère aîné de Jaques Morin de Loudon, duquel nous parlerons ci-après. Cetui-ci, encore qu'il fût homme d'armes de la Compagnie de Meffire Jaques de Daillon, Comte du Lude en Anjou, &c. ne laiffoit pas de vaquer aux lettres, comme il a montré par fa Traduction du Livre d'Erafme, intitulé le Préparatif à la mort, imprimé à Lyon premièrement fans le nom du Traducteur, & depuis à Paris chez Denis Janot, l'an 1541, avec le nom dudit Sieur de Loudon. Il fut tué près Turin en Piedmont, étant au fervice du Roi François I, l'an 1536, le vingt-quatrième jour de Juillet.

GUY, ou GUIOT, MARCHANT, natif de Paris [1]. Il a écrit en vers François le Miroir falutaire pour toutes gens, & de tous états, imprimé à Paris.

[1] Il y avoit fur la fin du quinzième fiècle à Paris un *Guiot Marchand*, Imprimeur, nommé en Latin, tantôt *Guido Mercator*, tantôt, pour fe donner plus de relief, *Guido Mercatoris*, ce qui l'a fait appeler par quelques-uns *Gui du Marchand*, mais mal. Quoiqu'en effet, à la fin, par exemple, des Elégies de Fauftus Andrelinus, qu'il imprima, 1494, *in-*4°, on life *à Guidone*

Mercatoris impreſſæ, à la tête néanmoins du Livre il ne ſe nomme pas en Fran-çois autrement que *Guiot Marchant*, car alors ils écrivoient *Marchant*, *grant*, *friant*, *gaillart*, &c. Le Livre qui lui eſt ici attribué ſous le titre de *Miroir ſa-lutaire pour toutes gents & de tous états*, n'eſt autre choſe que la *grande danſe Macabrée*, dont il eſt parlé dans du Verdier, à la fin de la lettre D, au mot DANSE. Le titre de *Miroir ſalutaire* lui convient, parce que chacun, de quel-que condition qu'il ſoit, doit s'y mirer pour ſon ſalut ; mais il ne faut pas croire que Guiot Marchand ſoit Auteur des vers François contenus dans ce Livre, il n'en eſt que le plus ancien Imprimeur. (M. DE LA MONNOYE).

GUY PAGEAU, Prêtre, natif de la Ville du Mans. Il a écrit pluſieurs Cantiques & Noëls ſur l'advenement de Notre Seigneur Jeſus-Chriſt, imprimés au Mans par Hieroſme Oli-vier, à diverſes années. Il florit au Mans cette année 1584.

GUY PECATE, dit en Latin PACATUS, natif de la Pa-roiſſe de S. Remy du Plain, près Dompfront au Maine, autre-fois Prieur de Sougé, & Curé de Spay, & enfin Secretain de l'Abbaye de Couſture près le Mans, de laquelle il étoit Reli-gieux Profez, &c. Je ſerois bien digne d'être blâmé de ceux qui ont cognoiſſance de la doctrine & ſçavoir qui étoit en ce per-ſonnage, & encore plus digne d'être accuſé d'ingratitude, pour la grande amitié qu'il m'a portée durant ſa vie, ſi je ne déclarois ici ce que j'ai connu de recommandable en lui ; car, en premier lieu, il étoit ſi bien verſé en pluſieurs Arts & bonnes diſciplines, & ſur-tout en la Poëſie Latine, qu'il a été admiré de ſon temps pour ſes doctes Compoſitions, & principalement de Ronſard, Prince des Poëtes François, ſon plus grand ami, lequel a fait très-honorable mention de lui en ſes Poëſies, & advoue avoir eu intelligence des Poëtes Latins par ſon moyen : (ſans vouloir ici ôter l'honneur dû à M. d'Aurat). Il n'a point fait impri-mer ſes Œuvres & Compoſitions Latines, ou Françoiſes. Il mourut en la ſuſdite Abbaye de la Couſture le Mardi 5e jour de Juillet, l'an 1580, en laquelle il fut enterré le jour enſui-vant. Je ferai mention plus ample de lui & de ſes Ecrits Latins autre part.

GUY, ou GUIOT DE PROVINS, natif dudit lieu en

rye, ancien Poëte François, Moine de l'Ordre de S. Benoist, an 1200. Il à écrit un Poëme, ou Satyre remplie de médisance, laquelle il a intitulée la Bible Guiot, non encore imprimée.

* Voy. Fauchet, Chap. 16 des anciens Poëtes François.

GUY DE QUINCAY, Gentilhomme du Maine, Procureur du Roi au Duché d'Allençon, homme docte en Grec & en Latin. Je n'ai point vu de ses Ecrits. François de Belle-forest lui a dédié quelques Œuvres.

GUY DE ROYE*, Evêque de Verdun en Lorraine. J'ai vu quelques-uns de ses Ecrits imprimés.

* Il étoit fils de Mathieu de Roye, grand Maître des Arbalètriers de France. Il fut d'abord Chanoine de Noyon, puis Doyen de S. Quentin, ensuite successivement Evêque de Verdun, de Castres & de Dol, Archevêque de Tours, puis de Sens en 1388 : deux ans après il le fut de Reims. En 1409 il partit pour le Concile de Pise assemblé pour terminer le grand Schisme d'Occident, & où on ne réussit qu'à élire un quatrième Pape. En y allant, un de ses gens ayant pris querelle avec un habitant de Voltri, à cinq lieues audessus de Gènes, qu'il tua, il s'ensuivit un grand tumulte, qu'il voulut appaiser, & dans lequel il fut frappé d'un trait d'arbalète, dont il mourut le 8 Juin 1409. Il fonda à Paris, en 1399, le Collège de Reims, & laissa un Livre intitulé *Doctrinale Sapientiæ*, qu'il composa en 1388, & qui fut traduit en François l'année suivante, sous le titre de *Doctrinal de Sapience*, & y ajouta des Historiettes & des Contes assez plaisans. Au fol. 37 de cette Traduction, imprimée *in-4°*. en caractères Gothiques, on y lit le Conte que M. de la Monnoye a traduit en vers Latins, sous le titre de *Cantor lacrymas eliciens*.

GUY VIDAME, Docteur en Médecine. Il a mis en lumière une sienne Prognostication sur la théorique & dignité des Planettes, composée sur les climats de France, Bretagne & Normandie, imprimée à Paris l'an 1546. Plus il a écrit une autre Prognostication de Louvain, pour l'an 1548, imprimée au Mans audit an.

GUY D'UZEZ, Sieur dudit lieu, Gentilhomme & Poëte Provençal. Il a écrit un Livre, intitulé la Vie des Tyrans, non encore imprimé. Il florissoit en Provence l'an 1230 *.

* Voy. Jean de Notre-Dame, Ch. 27.

GUILLAUME [1] **ADHEMAR** , Gentilhomme , natif de Provence , fils de Gerard, Seigneur de Grignan , l'an 1190. Il étoit fort bon Poëte Comique. Il a écrit le Catalogue des Dames illuftres , lequel il dédia à l'Impératrice , femme de l'Empereur Federic. Il a inventé le Jeu qu'on appelle le Jeu de l'Oreille , & a compofé plufieurs Comédies en langage Provençal , non imprimées. Il mourut à Grazignan l'an fufdit 1190.

[1] Jean de Notre-Dame , Ch. 8 , au lieu de *Guilhaume* , écrit *Guilhem* , à la Provençale , en quoi du Verdier qui le tranfcrit a cru devoir l'imiter ; pour moi , comme *Guilhem* eft le même nom que *Guillaume* , je rapporterai ces noms-tels qu'ils fe trouveront dans les deux Bibliothécaires , écrivant *Guillaume* avec La Croix du Maine , & *Guilhem* avec Jean de Notre-Dame & du Verdier. (M. DE LA MONNOYE).

GUILLAUME D'AGOULT, Sieur dudit lieu en Provence, l'an 1181. Il a écrit en langue Provençale un Traité contenant la façon & manière d'aimer du temps paffé. Il mourut audit an 1181. Ses Œuvres ne font imprimées *.

* Voy. Jean de Notre-Dame , Ch. 25.

GUILLAUME ALEXIS (Frère) , vulgairement appelé LE MOYNE DE LYRE , qui eft une Abbaye fituée en Normandie , Prieur du Convent & Monaftère de Buffy , ou Buzy au Perche , au Diocèfe d'Evreux. Il a écrit plufieurs Rondeaux , Ballades & Chants Royaux en l'honneur de la Vierge , imprimés à Paris , à Rouen & autres lieux. Il eft Auteur du grand Blafon des fauffes Amours [1]. Il a compofé le Livre du Débat de l'homme & de la femme , imprimé à Paris chez Guillaume Niverd [2] ; le Dialogue du Crucifix & du Pélerin , compofé par ledit Alexis , en la Ville de Hiérufalem , l'an 1486 , imprimé à Paris par Robinet Macé , il y a près de cent ans. Ledit Moyne de Lyre floriffoit l'an fufdit 1486 , & étoit fort eftimé pour fa Poéfie.

[1] Son *Blafon des fauffes Amours* mériteroit fort d'être revu & corrigé fu quelque bon Manufcrit. C'eft un Dialogue compofé de cent vingt-fix Stan ces, chacune de douze vers, qui, outre qu'ils ne roulent que fur deux rimes font encore d'une mefure & d'un arrangement, qui en rendent la verfifi cation très-difficile, mais en même temps très-agréable, lorfqu'on en peu

furmont

furmonter la difficulté. La Fontaine, qui admiroit l'air vif & aifé de la Poëfie de ce Moine, voulut, pour marquer l'eftime qu'il en faifoit, effayer une petite pièce en ce genre : c'eft celle qui commence :

> Un beau matin,
> Trouvant Catin
> Toute feulette,
> Pris fon tetin
> De blanc fatin,
> Par amourette, &c.

Il y a parfaitement réuffi; mais il fe trompe, quand il attribue le *Blafon des fauffes Amours* & le *Loyer des folles Amours* à un feul & même Auteur, & qu'il croit que cet Auteur eft Cretin. Le *Blafon des fauffes Amours* conftamment eft de Guillaume Alexis. Nos deux Bibliothécaires, du Verdier & La Croix du Maine, le lui donnent. Névizan, plus ancien qu'eux, n'héfite pas, Liv. 4 de fa *Foreft Nuptiale*, n°. 14, à citer Frère Guillaume Alexis dans fes *Grands Blafons des fauffes Amours* ; car il importe peu qu'on le mette au pluriel, ou au fingulier, puifque c'eft toujours le même fens. Pour le *Loyer des folles Amours*, il n'eft pas fi fûr qu'il foit de Cretin. Les Imprimeurs de fes Poëfies ne l'y ont pas mis, & je ne fache que La Croix du Maine qui l'en reconnoiffe pour Auteur. Chevreau, par une imagination affez plaifante, prenant *Patelin* pour l'Auteur de la Farce qui porte ce nom, a cru que le *Blafon des fauffes Amours* étoit du même Patelin, parce que dans quelques Editions ce *Blafon* eft imprimé à la fuite de *la Farce*. Depuis cette remarque écrite, j'ai reconnu que M. le Duchat, à qui je la communiquai en 1725, l'avoit en 1726 employée par manière de Préface, au-devant de l'Edition qu'il a donnée du *Blafon des fauffes Amours*, à la fuite des *Quinze Joyes du Mariage*, in-12, à la Haie, chez A. Rogiffart. (M. DE LA MONNOYE).

² Le titre du *Débat de l'homme & de la femme* n'eft pas tel dans l'imprimé, il y a le *Paffe-tems de tout homme & de toute femme*. Alexis le traduifit en vers du Livre d'Innocent III, *de vilitate humanæ conditionis*, l'an 1480, comme il le témoigne lui-même en ces vers :

> Au tems qu'on difoit mil deux cens
> Régnoit des Papes Innocens
> Le tiers qui compofa ce livre.
> Mil quatre cens quatre-vingts, fans
> Oter rien de fon propre fens,
> Je le mis en François de livre.

Par où l'on voit que La Croix du Maine avance de plus d'un fiècle & demi l'époque de Guillaume Alexis. (*idem*).

V. la Bibl. Françoife de M. l'Abbé Goujet, Tom. X, pag. 103.

GUILLAUME DES ALMARICS, Gentilhomme Proven-çal, & fervant du Comte de Poiçtou, nommé Philippes, l'an

1320, lequel depuis fut Roi de France. Il a écrit plufieurs belles Chanfons en langage Provençal, tant à la louange de Robert, Roi de Sicile & de Naples, Comte de Provence, que de la Comteffe de Haultemure & autres. Il floriffoit en l'an de falut 1321. Ses Œuvres ne font imprimées *.

* Voy. Jean de Notre-Dame, Chap. 59, qui écrit *GUILHEM DES AMALRICS.*

GUILLAUME D'ASSONVILE, Docteur en Médecine, demeurant à Bethune, natif du pays d'Artois, &c. Il a écrit un Traité contre les fiebvres peftilentielles, Boffe, Antrax, & autres manières d'Epidimie, imprimé à Paris par René Avril, l'an 1546. Il floriffoit à Bethune l'an 1545.

GUILLAUME AUBERT, natif de la Ville de Poitiers, homme fort docte & des plus éloquens de la Cour, premièrement Avocat au Parlement de Paris, & maintenant Avocat du Roi aux Généraux. * Il a écrit l'Hiftoire de la Terre-Sainte conquife par les Chrétiens fur les Barbares, fous la conduite de plufieurs Princes & grands Seigneurs de France, imprimée l'an 1562 à Paris, à l'enfeigne de la Concorde. Il avoit entrepris de recueillir en un beau corps d'Hiftoire tout ce que les Rois, Princes & Peuples de France avoient jamais fait de mémorable, en temps de guerre & en temps de paix, tant par mer que par terre, foit en leurs pays, ou ès contrées étranges, & fit entendre cette fienne Délibération au feu Roi de France Henri II du nom, & à plufieurs autres Princes & grands Seigneurs de fa Cour, dont cette Hiftoire fufdite eft comme un effai, mais fon offre ne fut pas acceptée. Il avoit auffi délibéré de pourfuivre l'Hiftoire de France, fuivant & à l'imitation de ce qu'il a mis en lumière de l'Hiftoire de la Terre-Sainte. Il a traduit d'Efpagnol en François le douzième Livre d'Amadis de Gaule, imprimé à Paris par Jean Longis & Robert le Mangnier, l'an 1560. Il a écrit une bien docte Oraifon de la Paix, & les moyens de l'entretenir, & qu'il n'y a raifon aucune suffisante pour faire prendre les armes aux Princes Chrétiens les uns contre les autres , imprimée à Paris chez Vincent Sertenas , l'an 1559. Il florit à Paris cette année 1584 , âgé de cinquante ans, ou environ **.

* Guillaume Aubert vivoit encore en 1595 , & ne vivoit plus en 1602. Il n'a publié de son *Histoire de la Terre-Sainte , conquise par les Chrétiens*, que le premier Livre seulement, imprimé dès 1559 , *in-4°*. Il ne contient que soixante-quatorze feuillets.

** V. les Mém. de Niceron, Tom. XXXV, p. 264, & la Bibl. Franç. de M. l'Abbé Goujet, Tom. V, p. 77 , Tom. XI , p. 407, Tom. XII , p. 137.

GUILLAUME DES AUTELS , dit ALTARIUS , Gentil-homme Charrolois , natif de Montcenis en Bourgongne , &c. qui est une autre que celle de Savoye*. Il a écrit les Amours de sa Sainte , autrement appelés l'Amoureux Repos , lesquels il composa l'an de son âge vingt-quatrième , & de salut 1553 , imprimés à Lyon audit an par Jean Temporal ; le Tombeau de Charles V, Empereur ; la Paix venue du Ciel. Il a traduit de Latin en vers François les six Livres de la nature des choses de Lucrece , Poëte Latin très-renommé ; Harangue au Peuple François contre la rebellion , imprimée à Paris par Vincent Sertenas , l'an 1560 ; Traité touchant l'ancien Ortographe François, & Ecriture Françoise, & de sa Poësie, contre les Meigretistes. Ce Traité a été imprimé sous le nom de Glaumalis du Vezelet , qui est l'anagramme , ou nom retourné de Guillaume des Autels; Réponse aux furieuses défenses de Loys Meigret Lyonnois , touchant son Orthographe , imprimée avec autres de ses Œuvres à Lyon , l'an 1551 , par Jean de Tournes ; Remontrance au Peuple François de son devoir en ce temps envers la Majesté du Roi , écrite en vers François, imprimée à Paris chez André Vechel , l'an 1559 , avec trois Eglogues dudit Auteur , savoir est, la première de la Paix , la seconde de la Trève , & la troisième de la Guerre. Il a écrit quelques Poësies Latines , imprimées. Il florissoit l'an 1570. Je ne fais s'il est encore vivant **.

* Il n'y a point de Ville en Savoye, ni de Village nommé *Montcenis*,

comme le femble indiquer ici La Croix du Maine , mais feulement dans la Maurienne une montagne très-connue par le paffage de la Maurienne en Piémont.

** Il faudra voir l'Article de GUILLAUME DES AUTELS dans du Verdier. Garaffe , *Recherche des Recherches* , pag. 634, lui donne le Quatrain fuivant:

> Quand un cordier cordant , veut accorder fa corde ,
> En fa corde accordant , trois cordons il accorde ;
> Mais fi l'un des cordons , de la corde difcorde ,
> Le cordon difcordant fait décorder la corde.

Il eft aifé de reconnoître à ce ftyle un imitateur de Rabelais. Des Autels mourut environ 1570.

Voy. les Mémoires de Niceron , Tom. XXX , & la Bibl. Françoife de M. l'Abbé Goujet , Tom. V , p. 12, & Tom. XII , pag. 343.

GUILLAUME DE BAILLY (Meffire), Chevalier, Confeiller du Roi en fon Privé Confeil, fecond Préfident en fa Chambre des Comptes à Paris. Il a écrit une belle & docte Remontrance au Roi Charles IX , fur le fait de certain Edit, contenant la fuppreffion de plufieurs Cours & Officiers de France , laquelle il prononça devant le Roi Charles IX , à S. Maur des Foffez , le dixième jour de Mai , l'an 1566 , imprimée à Paris chez Pierre l'Huillier , l'an 1576.

GUILLAUME DE BARGEMON , Sieur dudit lieu , Gentilhomme & Poëte Provençal. Il a écrit plufieurs Poëfies en langue Provençale, non encore imprimées. Il mourut l'an 1285.

* Voy. Jean de Notre-Dame , Ch. 48 , & la trente-neuvième Nouvelle des cent Nouvelles antiques.

GUILLAUME DU BELLAY (Meffire) Seigneur de Langey , Chevalier de l'Ordre du Roi , & Vice-Roi en Piedmont du temps de François I , Roi de France. Il étoit fils de Meffire Loys du Bellay , Sieur de Langey & de Glatigny près Montmirail au Perche , auquel lieu de Glatigny ledit Guillaume naquit l'an 1498 , ou environ. Sa mère s'appeloit Marguerite de la Tour-Landry. Cette maifon du Bellay eft l'une des plus anciennes & nobles de tout le pays d'Anjou , de laquelle font fortis ceux-ci puînés , comme auffi eft celle de la Tour-Landry , à trois lieues d'Angers. L'on trouve imprimé fous le nom dudit Sieur de Langey l'Inftruction de l'Art Militaire, de laquelle aucuns penfent que Meffire Anne de Montmorency, Connétable de France, foit Auteur ; mais ce qui me fait penfer que c'en doive être une autre non encore imprimée, c'eft que lifant ce livre, j'y ai trouvé que l'Auteur d'icelui loue fort le Seigneur de Langey, Meffire Guillaume du Bellay, & le recommande pour les lettres & les armes, ce qui me fait croire qu'il n'en eft pas Auteur, mais que cela eft advenu que l'on ait trouvé ces mémoires dans fa Bibliothèque, fans le nom de celui qui l'eût fait, & que l'on a préfuppofé que ce fût de fa façon, à caufe qu'il avoit promis d'en écrire. Je n'affure pas que ce foit de lui, & auffi je ne l'improuve pas [1]. Or, venons à fes autres Œuvres très-doctes, lefquels il a compofés : l'Epitome de l'Antiquité des Gaules & de France, imprimé à Paris par Vincent Sertenas, l'an 1556, plufieurs Dialogues, Epigrammes, Elégies, Sylves, Epîtres, Panégyriqs faifant mention des chofes arrivées de fon temps, defquels il parle en fon Prologue imprimé avec l'Antiquité des Gaules, & raconte encore celles-ci : les dits, faits & chofes mémorables de la France & des Gaules ; Recueil, ou Vocabulaire, par ordre d'A, B, C, de toutes les Provinces, Cités, Villes, Châteaux, Montagnes, Vallées, Forêts, Rivières, & autres lieux de ce Royaume, avec l'expofition des appellations d'iceux, & des batailles, rencontres, fiéges, & autres chofes dignes de mémoire qui fe trouvent y être advenues, non encore imprimé ; Recueil d'exemples des dits & faits mémorables des François, à l'imitation de Valere le Grand, Hiftorien Latin, & un autre à l'exemple de Plutarque, de la Conférence des vies & geftes d'aucuns Rois, Princes & Capitaines de ce Royaume, avec celles d'aucuns autres Grecs, Latins & Barbares, non encore imprimé ; l'Ogdoade, qui eft un Œuvre contenant huit Livres, duquel les fragmens fe voient imprimés à Paris chez Pierre l'Huillier, avec les Mémoires de Meffire Martin du Bellay fon frère. M. de Roiffy, Meffire Henry de Mefmes (duquel nous

parlerons en fon lieu , a quelques Œuvres dudit Sieur de
Langey écrites à la main , comme aufli nous en avons pardevers
nous , mais de fes Lettres ou Epîtres feulement , lorfqu'il étoit
envoyé en Ambaffade pour le Roi François fon maître , tant en
Italie qu'en Almagne. Il a écrit en Latin l'Hiftoire des François,
laquelle il a depuis traduite en notre langue par le commandement du Roi , & traite principalement des chofes advenues durant le règne dudit Roi , non imprimée. Il a traduit de Latin
en François plufieurs Epîtres , Oraifons , Harangues & autres
femblables chofes , envoyées par le Roi François I aux Proteftans d'Almagne , comme nous avons dit ci-deffus parlant du
Roi François I ; Epître du Sieur de Langey , envoyée à un
Secrétaire Alleman , imprimée à Paris ; Epître, ou Oraifon Confolatoire au Roi François I du nom , lorfqu'il étoit prifonnier
en Efpagne. Elle fe voit écrite à la main au cabinet de Meffire
René du Bellay , Baron de la Lande , héritier dudit Sieur de
Langey, comme aufli fe voit l'Epître qu'il envoya à Madame la
Ducheffe , fœur du Roi François I. Il a écrit plufieurs Poëfies
Françoifes & autres , lorfqu'il étoit en jeune âge , non encore
imprimées ; Difcours fur les occafions qui remirent le Roi &
l'Empereur en guerre , depuis le Traité de Cambray , non imprimé ; Difcours du voyage de l'Empereur en Provence , non
imprimé ; Harangues prononcées devant le Pape , l'Empereur
& autres Seigneurs de l'Empire , ou Princes, tant étrangers
que de France , non encore imprimées ; l'Oraifon faite en
faveur du Roi Jean de Hongrie , de la guerre contre le Turc ,
traduite de Latin en François par ledit Sieur de Langey ; Lettre
écrite à un Aleman , fur les querelles & différends d'entre
Charles V, Empereur , & le très-Chrétien Roi de France
François I du nom. Cette lettre & l'Oraifon fufdite ont été imprimées à Paris par Vincent Sertenas , l'an 1556 , avec l'Epitome de l'Antiquité des Gaules. Ses autres Œuvres font au cabinet de M. le Baron de la Lande fon héritier , lefquelles i
mettra en lumière quand il lui plaira , pour le foulagement d

public, & pour l'ornement de notre France. Quant aux Œuvres en Latin, écrits par ledit Sieur de Langey, nous en ferons mention dans notre Bibliothèque Latine. Il mourut à S. Saphorin au mont de Tarare près Lyon, le 9ᵉ jour de Janvier, l'an 1543, âgé de quarante-sept ans, ou environ. Sa sépulture se voit superbement & magnifiquement élevée en marbre dans l'Eglise de S. Julien du Mans, par Messire Jean du Bellay, Cardinal & Evêque de Paris, son frère puîné : pour le respect que je porte à ce défunt, je mettrai ici l'Epitaphe, lequel j'ai fait imprimer par ci-devant en mes autres Œuvres :

CY GIST LANGEI, QUI DE PLUME ET D'ESPÉE,
A SURPASSÉ CICERON ET POMPÉE.

J'ai fait un très-ample Discours de la vie dudit Seigneur, lequel (Dieu aidant) je ferai imprimer avec les vies des hommes illustres en guerre de nation Françoise.

¹ Le raisonnement de La Croix du Maine, touchant le Livre intitulé selon lui *Instruction de l'Art Militaire*, porte à faux. Guillaume du Bellay, qui sûrement est Auteur de ce Livre, y loue le Connétable de Montmorency en divers endroits, principalement au Chap. I du Liv. II, & au dernier du Liv. III, ne se nommant nulle part, mais seulement se désignant d'une manière fort simple, Chap. VII & dernier du Liv. II. (M. DE LA MONNOYE).

* Les deux Editions de la *Bibliothèque des Historiens de France* placent la mort de Guillaume du Bellay en 1553. Il faut corriger 1543, ainsi que La Croix du Maine l'a marquée, & comme l'atteste Rabelais, qui le vit mourir. (*Voy.* Tom. III, Chap. 21.) Son Epitome de l'*Antiquité des Gaules & de France* est rempli des Fables d'Annius de Viterbe, & ne s'étend que jusqu'à Auguste. La Croix du Maine s'est trompé, lorsqu'il a parlé de l'*Ogdoade* de Guillaume du Bellay, comme d'un Ouvrage différent de son Histoire de France. (*Voy.* Bayle, Diction. Article du Bellay). On y prouve que l'*Instruction de l'Art Militaire* attribuée à Guillaume du Bellay par quelques Ecrivains, & par d'autres au Connétable de Montmorency, est de Raymond de Paris, Sieur de Forguevault, Gentilhomme Gascon : ainsi M. de la Monnoye s'est aussi trompé, en avançant que cet Ouvrage *est sûrement de Guillaume du Bellay*.

GUILLAUME BELLIARD, Secrétaire de la Roine de Navarre, l'an 1578. Il a fait imprimer le premier de ses doctes Poëmes François, contenant les délicieuses Amours de Marc-

Antoine & de Cléopatre, les Triomphes d'Amour & de la Mort, & autres imitations d'Ovide, Pétrarque, & de l'Ariofte Italien, &c. le tout imprimé à Paris pour Claude Gaultier, l'an 1578, *in-*4°. Il florit cette année 1584 *.

　* V. la Bibl. Françoife de M. l'Abbé Goujet, Tom. XIII, pag. 246.

GUILLAUME BIGOT, de Laval au Maine, Médecin & Philofophe. Il a écrit quelques vers François, imprimés avec les Poëfies de Charles de Saincte-Marthe, oncle de Scevole [1], &c. Il floriffoit l'an 1530 [2]. Il a écrit plufieurs Poëmes Latins & autres Œuvres en Philofophie, lefquels font imprimés, mais nous en traiterons autre part.

　[1] Charles de Sainte-Marthe, à la fin de fes Poëfies ci-deffus mentionnées, a fait imprimer une Epître de Guillaume Bigot en vers de cinq pieds, où celui-ci, quoiqu'en vers François, veut le détourner d'en faire. A cela près, tout ce qu'on a de lui eft Latin. C'étoit un grand Profeffeur de la Philofophie d'Ariftote, écrivant fans politeffe, mais avec beaucoup de naïveté, jufqu'à publier des chofes qui ne lui faifoient pas d'honneur ; entr'autres, pendant fon féjour à Touloufe, le commerce de fa femme avec un Pierre Fontaine, Joueur de Luth, qu'elle-même pourtant livra depuis à des affaffins apoftés par fon mari, qui en conféquence fut obligé d'obtenir des lettres de grace. Il rapporte tout ce détail en de mauvais vers Latins, au-devant de fon *Præludium Chriftianæ Philofophiæ*, imprimé à Touloufe 1549. J'ai depuis lu cette Hiftoire, rapportée plus au long dans le *Supplément du Dictionnaire de Bayle*, pag. 220, de l'Edition de Genève, où il eft dit que le galant de la femme de Bigot fut puni de fon crime de la même manière qu'Abélard le fut autrefois du fien. Il n'eft cependant nullement parlé ni dans les vers de Bigot, ni dans les Scholies du Commentateur, de cette mutilation, mais bien de celle du nez, des oreilles & des jarrets du coupable. On y voit enfuite que Bigot obtint des lettres de grace de cet affaffinat, entérinées au Parlement de Touloufe. (M. DE LA MONNOYE).

　[2] On lit dans la Vie de Jaques Schegkius, par Melchior Adam, que Guillaume Bigot enfeignoit la Logique d'Ariftote à Tubingue, l'an 1538, ce qui donne lieu de croire qu'il a quitté la France pour quelque temps. (*idem*).

　Dans le *Menagiana*, Tom. II, pag. 254, il eft dit que Pierre du Chatel (*Caftellanus*) ou, felon d'autres, Colin, Abbé de S. Ambroife, éloignèrent Bigot des converfations de François I, en perfuadant à ce Prince, dont Bigot étoit fectateur zélé, qu'il préféroit la République à l'Etat Monarchique. Baluze a cru mal-à-propos que Calvin étoit en relation de lettres avec Guillaume Bigot ; c'eft avec Pierre Bigot. Jules-Céfar Scaliger, *Exercit.* 307, ff. 15, en rend

le

le témoignage le plus avantageux. *Gulielmus Bigotius , maximus Philofophus , qui quidem penè folus fummum jus hodiè tuetur in reconditâ Philofophiâ. Petrus verò Danetius ea molitur quæ præfentis fæculi fidem , pofteritatis omnem fupe-rent expectationem* *. (M. Falconnet).

* Il y a eu dans la fuite d'autres favans de ce nom , & fans doute de la même famille. Simon Bigot, Profeffeur de l'Univerfité de Paris en 1570, en fut Recteur en 1593, l'ayant été 19 ans auparavant. C'étoit un homme très-modéré, grand éloge pour le temps où il vivoit. *Hift. de l'Univ. de Paris* , Tom. VI, p. 436.

Voy. les Mém. de Niceron, Tom. VIII & X, fur Edme Bigot, né en 1626, & la Biblioth. Françoife de M. l'Abbé Goujet, Tom. XI, pag. 433, & Tom. XIII, pag. 63.

GUILLAUME DE BISSIPAT (Meffire), Chevalier de l'Ordre du Roi , Sieur de Hanaches , Vicomte de Falaife en Normandie, l'un des cent Gentilshommes de Sa Majefté, &c. Il étoit homme très-docte ès langues Grecque , Latine & Fran-çoife , & compofoit en autant bon ftyle que pas un de fon temps. Outre ce , il étoit fort excellent à la Mufique , & jouoit de toutes fortes d'inftrumens. Il fut tué à la prife de Boulogne-la-Graffe en Italie , l'an 1511. Jean Bouchet & Guillaume Cre-tin le louent fort en leurs Œuvres.

GUILLAUME BOITVIN , ou BOYVIN , natif de la Ville d'Angers, Religieux & Chantre de l'Abbaye de S. Serge ou Sierge près Angers. Il a compofé en vers François un Re-cueil des chofes mémorables advenues tant en France qu'en au-tres lieux , depuis l'an 1485 jufqu'en l'an 1506. Nous avons ce livre écrit à la main pardevers nous. Il floriffoit à Angers l'an 1494 & 1506.

GABRIEL BONI , ou DE BONI , natif de S. Flour en Auvergne, Maître des enfans de chœur de S. Eftienne de To-lofe , &c. Il a mis en Mufique les Sonnets de Ronfard , im-primés à Paris l'an 1576 , auquel temps il floriffoit , & étoit eftimé très-excellent en fa profeffion de Mufique.

GUILLAUME DES BORDES , Gentilhomme Bourdelois, Docteur ès Droits, & Profeffeur ès Mathématiques , &c. Il a traduit de Latin en François la Sphère de Jean de Sacrobosco, avec ses Commentaires [1], imprimée à Paris chez Hiérosme de Marnef & Guillaume Cavelat, l'an 1570, & à autres diverses fois. Il a traduit l'Instruction de l'Astrolabe de Stoflerus, annoté par Jean-Pierre de Mesmes, imprimée à Paris. Il florissoit l'an 1569.

[1] Sacrobosco, Anglois, mourut à Paris l'an 1256. Jean Stofler, Allemand, mourut à Tubingue octogénaire, le 16 Février 1531. (M. DE LA MONNOYE).

GUILLAUME BOUCHARD, Valet-de-Chambre de Philippes le Long, Comte de Poictou, qui depuis fut Roi de France en l'an 1320. Il a écrit plusieurs Chansons & autres Poëmes en langue Provençale, à la louange de Dame Tyburge de Laincel de Provence. Il florissoit l'an 1321 *.

* V. Jean de Notre-Dame, Ch. 59, & du Verdier, lettre P, à l'Article du Comte DE POICTOU.

GUILLAUME BOUCHETEL, natif de Berry, Notaire & Secrétaire du Roi François I, signant en ses finances, &c. Il a écrit l'entrée du Roi François I du nom en sa Ville de Paris, l'an 1530 [1]. Il a traduit de Grec en François quelques Tragédies d'Euripide, comme témoignent François Habert & Berthelemy Aneau Berruiers. Jean Bouchet fait mention du susdit Bouchetel en ses Annales d'Aquitaine, & raconte ses Œuvres. Il florissoit sous François I, l'an 1530.

[1] Ce n'est pas l'entrée de François I à Paris que Guillaume Bouchetel a écrite, c'est celle de la Reine Eléonore, seconde femme de François I. (M. DE LA MONNOYE).

V. la Bibl. Françoise de M. l'Abbé Goujet, Tom. IV, p. 186.

GUILLAUME BOYER, natif de la Ville de Nice près Avignon en Provence, Potestat en ladite Cité, grand Philosophe, Mathématicien & Poëte Provençal. Il a écrit plusieurs Rithmes en langue Provençale, &, entr'autres, les Louanges d'Amour, non imprimées. Il a écrit un très-docte Livre de la cognoissance des métaux & de la source des fonteines de Valclufe, & de fes débordemens admirables, enfemble de plufieurs autres fonteines falées & fulphurées, & de la bonté des baings d'Aix en Provence, & de Digne. Il a écrit des fimples qui croiffent ès montagnes de Provence, & autres chofes fingulières que le pays de Provence produit. Il mourut fort vieil l'an 1355 *.

* V. Jean de Notre-Dame, Ch. 70.

GUILLAUME BRIÇONNET (Meffire), Gentilhomme Parifien, iffu de la très-noble & très-ancienne famille des Briçonets, autrefois Chanceliers de France. Ceftuy-cy étoit Evêque de Meaux, & Abbé de S. Germain des Prez près Paris, l'an 1523. Il a écrit plufieurs Livres en Latin, defquels nous ferons mention autre part, & en François il a écrit une Oraifon pour Louis XII, Roi de France, contre l'Empereur Maximilien, l'an 1497. Je ne fais fi elle eft imprimée. Il étoit frère de M. Denis Briçonnet, Evêque de S. Malo en Bretagne. Il a traduit de Latin en François les Contemplations faites à l'honneur de la très-facrée Vierge Marie, par quelque dévote perfonne qui s'eft voulu nommer l'Idiote[1], &c. imprimées à Paris par Simon de Colines. Il floriffoit à Paris fous François I, l'an 1523.

[1] Tout le monde fait que *Contemplationes Idiotæ* font de *Raymond Jordan*, Chanoine Régulier de S. Auguftin. On ne le connoiffoit pas encore du temps de La Croix du Maine, qui, de la manière dont il s'exprime, femble l'avoir pris pour une femme. (M. DE LA MONNOYE).

* Le Guillaume Briçonnet dont il eft ici queftion étoit fils de Guillaume Briçonnet, fucceffivement Evêque de Nifmes & de S. Malo, enfuite Archevêque de Reims en 1497, & de Narbonne en 1507. Il avoit été fait Cardinal en 1495, étant Evêque de S. Malo, & on l'appela d'abord *le Cardinal de S. Malo.* Avant d'entrer dans l'Etat Eccléfiaftique, il avoit été marié à Raoulette de Beaune, dont il avoit eu deux fils, *Guillaume*, dont il eft ici queftion, & *Denis*, Evêque de Toulon, de Lodève, & enfuite de S. Malo. Lorfque leur père officioit pontificalement, ils lui fervoient de Diacre & de Soudiacre.

On lit dans l'*Hift. Eccl. des Egl. Réformées*, Liv. XV, que Guillaume Briçonnet**, Evêque de Meaux, & Abbé de S. Germain des Prés, fauteur de la nouvelle Doctrine, appela dans fon Diocèfe Jaques le Févre d'Etaples. (M. FALCONNET).

** Guillaume Briçonnet, né en 1472, fut fait Evêque de Lodève à dix-sept ans en 1489 , & de Meaux en 1516. Quoiqu’il eût appelé auprès de lui quelques savans qui favorisoient les erreurs des Prétendus Réformés , il ne s’oppofa pas avec moins de vigueur aux progrès de la nouvelle Doctrine ; auffi eft-il décoré dans fon Epitaphe du titre de *Factionis Lutheranæ debellator acerrimus*. Il mourut le 25 Janvier 1534. On trouvera des détails fort amples fur la vie de ce Prélat dans l’*Hiftoire Générale de la Maifon des Briçonnets* , par Guy Bretonneau. On a imprimé à la fin de cette Hiftoire la Harangue Latine que Guillaume Briçonnet prononça à Rome devant le Pape pour Louis XII , contre l’Empereur en 1507, & non en 1497, comme le dit La Croix du Maine.

GUILLAUME LE BRETON , Nivernois , Seigneur de la Fon , homme docte en Grec, Latin & autres langues , Poëte Latin & François, autrefois Avocat au Parlement de Paris. Il a écrit la Tragédie d’Adonis , imprimée à Paris 1579 , en quoi il faut remarquer qu’en ce Livre il eft nommé Gabriel le Breton , au lieu de Guillaume ; mais je crois que cette faute fera corrigée ès fecondes impreffions de fon Livre. Il a davantage écrit plufieurs autres Tragédies & Comédies Françoifes, entre lefquelles font celles-ci , Tullie , Charite , Didon, Dorothée , & autres Poëmes de fon invention , non encore imprimés. Il florit cette année 1584.

GUILLAUME LE BRETON , natif de la Bretagne Armorique ou Gauloife , précepteur de Charles , fils de Philippe-Augufte , l’an 1180 , Evêque de Noyon en Picardie , l’an 1200. Il a écrit en vers Latins & François [1] la Victoire que ledit Philippe-Augufte obtint devant Bovines , l’an 1214. Voy. de lui les Mémoires de Jean du Tillet , & l’Epître de Charles de la Mothe , mife au-devant des Œuvres d’Eftienne Jodelle. J’ai les Œuvres dudit le Breton écrites à la main fur parchemin de lettre fort ancienne.

[1] Je doute fort , ou plutôt je ne crois pas que Guillaume le Breton ait rien écrit en vers François. (M. DE LA MONNOYE).

GUILLAUME DU BRUEIL. Il a écrit un Traité fur le Stil & Pratique de la Cour de Parlement à Paris , lequel n’eft encore imprimé. Il a réduit le Stil fufdit par Chapitres & par Rubriches.

GUILLAUME BUDÉ , Parifien , Conféiller & Maître des Requêtes de François I du nom , Roi de France , Secrétaire & Maître de la Librairie dudit Roi , &c. Il naquit l'an 1467. C'étoit le plus docte homme de fon temps , & étoit reconnu pour tel , non-feulement des François , mais de tous les Étrangers [1]. Il a écrit en Profe Françoife le docte Livre de l'Inftitution du Prince , imprimé à Paris par Jean Foucher , l'an 1548. Il a écrit plufieurs Livres en Latin , & , entr'autres , ce tant pénible & laborieux Œuvre des Monnoyes , qu'il a intitulé de Affe , duquel l'Epitome ou Abrégé fe voit imprimé en François , tant à Paris qu'à Lyon. Il mourut à Paris au grand regret de tous les hommes doctes , l'an 1540, le 25e jour d'Août, âgé de foixante-treize ans [2]. Il fut enterré en l'Eglife de S. Nicolas des Champs à Paris. Sa vie a été décrite fort doctement par Loys le Roy , dit Regius , & imprimée à Paris par Jean de Roigny *.

[1] Il n'a pas eu de goût pour le ftyle. Son vice perpétuel , foit en Grec , foit en Latin , eft de ne dire prefque par-tout que des riens avec de grands mots. Il croyoit fe faire admirer , en inventant des phrafes Latines , pour exprimer des chofes inconnues aux anciens Romains , comme nos termes d'Eglife , de Palais , de Chaffe , de Blafon , &c. Nicot en a rempli fon Dictionnaire. Du Luc & Mornac ont imité ce jargon. (M. DE LA MONNOYE).

[2] Il mourut l'an 1540. C'eft de quoi l'on convient affez ; mais j'ai compté jufqu'à neuf opinions différentes fur le jour de fa mort. Bayle , qui en a recueilli une partie , décide pour le 23 d'Août , & fe fonde fur l'autorité de Louis le Roy , qui effectivement dans la première Edition de la vie de Budé , in-4°. à Paris , chez Jean Roigny , 1540 , a écrit *X Kal. Septembr.* ce qui revient au 23 d'Août. Cette époque a même été fuivie en diverfes Editions poftérieures faites d'après celle-là. Mais Bayle n'a pas fu qu'il y en avoit une fort belle de 1517 , auffi in-4°. chez Federic Morel , où l'Auteur qui l'a revue , mieux inftruit , ce femble , qu'auparavant , réforme fon calcul , & changeant le *X* en *VII Kal. Septembr.* apprend à fes Lecteurs que ce ne fut non pas le 23 , mais le 26 d'Août que Budé mourut. (*idem*).

* Guillaume Budé étoit d'une famille noble , où le mérite fembloit héréditaire. Dreux Budé , fon ayeul , étoit grand Audiencier de France fous Charles VII , & Conféiller du Roi , Tréforier des Chartres. Jean fon fils lui fuccéda dans fes charges , & fut père de Guillaume, dont il eft ici queftion ; un des frères de Dreux Budé étoit Religieux de S. Jean de Jérufalem , en

1377. Voy. l'*Hift. de Charles VII*, par Godefroy, pag. 884, & 892, & Piganiol, dans la *Defcription de Paris*, Tom. I, p. 571. Guillaume eut deux fils, Mathieu & Dreux Budé, qui, après la mort de leur père, embrafsè- rent le Calvinifme, & fe retirèrent à Genève avec leur mère, où leur pofté- rité fubfifte encore avec honneur, toujours fous le nom de Budé.

Le Traité de Guillaume Budé, *de Affe*, lui fit tant de réputation, qu'il en eut le furnom de *Grand*. Le célèbre Erafme appeloit cette production *le Pro- dige de la France*. On prétend qu'au commencement de ce Livre il a voulu décrire les vices des principaux de la Cour fous des noms empruntés. Guil- laume Boucherat, Avocat vers 1550, avoit écrit à la marge de fon Exem- plaire leurs véritables noms. Loifel, pag. 640. — M. Ranchin avoit un Exemplaire d'Homére, avec les notes de Dydime, chargé de notes manuf- crites de Budé, qui paffa enfuite entre les mains de M. de Boze, de l'Aca- démie des Infcriptions; c'eft un petit *in-fol.* que M. Boivin connoiffoit, & dont il parle. On lit dans les *Nouvelles Lettres* de Patin, Tom. I, Let. 64, que le grand Guillaume Budé voulant haranguer Charles-Quint, refta muet. — François I le fit Maître des Requêtes, la Ville de Paris Prévôt des Marchands, il difoit à ce fujet que la libéralité du Roi & la bienveillance du peuple le rendroient ignorant. Il paffoit pour un très-honnête homme. Mathieu Budé, fils de Guillaume, apporta d'Italie le Fragment de Dicéar- que. Henri Etienne, dans fa lettre à Nicolas Brulart, à la tête de l'Edition qu'il donna de Dicéarque, s'exprime ainfi : *Græca quidem linguæ ftudiofus, fed in Hebraïcâ præfertim cognitione eam præftantiam quam pater in Græcâ con- fecutus., attulit.* (M. FALCONNET).

V. les Mém. de Niceron, Tom. VIII, pag. 371.

GUILLAUME DE CABESTAN, ou DE CABESTAING, Gentilhomme & Poëte Provençal, iffu de la noble maifon de Servieres en Provence. Il a écrit plufieurs Poëmes en fa langue Provençale. Il fut tué par trahifon l'an 1213 *.

* Voy. Jean de Notre-Dame, Ch. 12.

GUILLAUME CAILLIER, Prêtre, autrefois Miniftre, & maintenant réduit à l'union de l'Eglife Catholique & Ro- maine, &c. Il a écrit & mis en lumière fa Confeffion de Foi, imprimée à Lyon, l'an 1568, par Michel Jove, auquel temps il floriffoit *.

* Voy. plus bas JEAN DE DÉHU.

GUILLAUME CAPEL, Parifien, Docteur en la Faculté de Paris, homme docte & très-éloquent, tant en Latin qu'en

François, fils aîné de M. l'Avocat du Roi Capel, & frère d'Ange Capel, Sieur du Luat (duquel nous avons fait mention par ci-devant) &c. Il a traduit d'Italien en François le Livre de Nicolas Machiavel, Florentin, intitulé le Prince, imprimé à Paris l'an 1553 chez Charles Eftienne. C'eft lui qui a mis en lumière les Mémoires de Meffire Guillaume du Bellay, Sieur de Langey, & de Meffire Martin du Bellay fon frère, imprimés à Paris chez l'Huillier par diverfes fois. Il a compofé plufieurs Œuvres en Latin, defquelles nous ferons mention autre part. Il florit à Paris cette année 1584, exerçeant fa profeffion de Médecine.

GUILLAUME CHARTIER (Meffire), Evêque de Paris, l'an 1470*. Il a compofé une Oraifon très-élégante fur la Police du Royaume de France, laquelle il prononça devant le Roi Loys XI, après la bataille donnée entre ledit Roi, & le Comte Charles de Charolois. Elle fe voit écrite à la main. Il mourut l'an 1472, le premier jour de Mai.

* Guillaume Chartier, originaire de Bayeux, frère du célèbre Alain Chartier, fut nommé Evêque de Paris le 4 Décembre 1447. Il affifta douze ans après au Concile de Mantoue, comme Ambaffadeur de France, & prononça une Harangue Latine qui dura plus de deux heures. (Dachery, *Spicilegium*, Tom. IX, pag. 307). Cette Harangue eft à la Bibliothèque du Roi parmi les Manufcrits de Baluze.

GUILLAUME CHARTIER DE VICTRAY, Miniftre à Genève, &c. Je n'ai point vu de fes Ecrits imprimés.

GUILLAUME DU CHOUL, dit CAULIUS, Gentilhomme Lyonnois, Confeiller du Roi, & Bailli des Montagnes du Dauphiné, homme le plus diligent & le plus grand rechercheur d'Antiquités qu'autre qui ait été de fon temps. Il a écrit plufieurs Livres, tant en Latin qu'en François, touchant la recherche des Antiquités Grecques & Romaines, entre lefquels font ceux-ci qu'il a compofés en notre langue ; Difcours fur la Caftrametation & Difcipline Militaire des Romains ; Traité des Bains & antiques Exercitations Grecques & Romaines ; Difcours de la Religion des anciens Romains, le tout imprimé à Lyon par Guillaume Roville, l'an 1557, avec les figures tirées fur les marbres antiques, & avec les médailles, monnoyes & monumens des anciens Empereurs Romains *; Epître Confolatoire à Madame de Cheurieres, imprimée par Jean Temporal, l'an 1555, à Lyon, avec une autre de Seneque à Lucile, &c. Douze Livres des Antiquités de Rome ; Traités des Animaux féroces & étranges ; les Epigrammes de toute la Gaule ; Traités de la nature des Dieux. Je ne fais fi les fufdits Livres font imprimés. Il floriffoit à Lyon l'an 1558.

* Cette Edition eft *in-4°*. Il en avoit paru une *in-fol.* dans la même Ville en 1556.

GUILLAUME CHRESTIEN, natif d'Orléans, Docteur en Médecine à Paris, premièrement Médecin de M. le Duc de Bouillon, & depuis du Roi Henri II, &c *. Il a traduit un Traité d'Hippocrat, de la Géniture & Génération de l'homme, avec le Traité de Jaques du Bois, dit Sylvius, touchant les mois des femmes, des maladies provenantes d'iceux, & de leur cure ou garifon, imprimé à Paris chez Guillaume Morel (en 1559); Traité intitulé Philalethes, fur les erreurs anatomiques de certaines parties du corps humain, réduites & colligées felon la fentence de Galien par ledit Guillaume Chreftien, imprimé à Orléans l'an 1536, & à Lyon auffi en ladite année **. Il a écrit beaucoup d'Œuvres en Latin, defquelles il y en a quelques-unes en lumière ; le refte pourra être imprimé s'il plaît à Florent Chreftien fon fils de les publier, pour le foulagement des amateurs de la Médecine. Il floriffoit l'an 1550, fous Henri II.

* Sainte-Marthe, dans fes *Eloges*, le dit originaire des confins de la Bretagne. De Thou dit auffi que c'étoit un Gentilhomme Breton, *Hift.* Liv. XVII.

** Il a traduit de Grec en François les fept livres de la *Méthode Térapeutique* de Gallien, imprimés à Paris chez Denis Janot.

GUILLAUME COLOMBE, Poëte François. Il a écrit un Chant Royal, à l'honneur de la Vierge, imprimé.

GUILLAUME COQUILLART, Official en l'Eglife de Rheims

Rheims en Champagne, l'an 1478. Il a écrit en vers François plusieurs Traités, desquels s'enfuivent les titres : les Droits nouveaux, le Plaidoyé & Procès d'entre la Simple & la Rufée, le Blafon des Armes & des Dames, le Monologue de la Botte de foin, le Monologue du Puis, le Monologue du Gendarme caffé, & autres petites Œuvres, le tout imprimé à Paris par Galiot du Pré, l'an 1532. Il a davantage écrit le Purgatoire des mauvais maris ; l'Advocat des Dames de Paris allant aux Pardons. Il floriffoit à Rheims en Champagne, l'an 1478.

¹ L'Editeur nouveau des Poëfies de Coquillart, à Paris 1723, ayant eu communication de mon Exemplaire Gothique, à la fin duquel étoient les remarques fuivantes écrites de ma main, les a inférées prefque toutes mot à mot, tant dans fon Epître Dédicatoire, que pag. 163 & 164 de fon Edition, ce qui ne doit pas m'empêcher de les repréfenter ici tout au long, telles qu'originairement je les ai conçues.

Nicolas Hori, dont les Œuvres Latines en profe & en vers, prefque toutes de dévotion, furent imprimées *in-fol.* l'an 1507, à Lyon, chez Jean Sacon, Piémontois, eft, je penfe, l'Auteur le plus ancien qui ait fait mention de Coquillart. Il adreffe *Guillermo Coquillario* trois Epigrammes, que je me fouviens n'avoir pas daigné copier, parce que, outre qu'elles font très-plattes, elles ne contiennent rien qui ferve à faire connoître ni Coquillart, ni Hori. Celui-ci, dans fon Livre, prend la qualité de *Præfectus Auxiliaris*, ce qui peut-être fignifie qu'il étoit Préfident à la Cour des Aides. Dans l'*Enquête de la Simple & de la Rufée*, il y a deux dates, l'une de 1470, l'autre de 1478, par lefquelles il paroît que Coquillart écrivoit fous Louis XI, à qui je doute qu'il ait furvécu de beaucoup. Je le crois poftérieur de quelques années à l'Auteur de la *Farce de Patelin*, & le tiens contemporain de Martial d'Auvergne, dont nous avons les *Arrêts d'Amours* & les *Vigiles de Charles VII*. Coquillart écrit avec une facilité merveilleufe, & parle très-bien pour fon temps. Marot l'a regardé comme l'honneur de la Champagne, lorfque dans fon imitation de l'Epigramme de Martial, Liv. I, *Verana docti fyllabas amat Vatis*, il a dit :

> De Coquillart s'éjoüit la Champagne.

il a pris auffi plaifir à fe jouer fur le nom & fur les armes de ce Poëte, en cette Epitaphe de quatre vers :

> La Morre eft jeu pire qu'aux quilles,
> Ne qu'aux échecs, ne qu'au quillart.
> A ce méchant jeu Coquillart
> Perdit fa vie & fes coquilles.

L'allufion de la *mourre*, ou, comme il dit, de la *morre*, à la *mort*, eft bien puérile , & ce n'eſt pas là ce badinage qu'a entendu Deſpréaux , quand il a dit :

       Imitez de Marot l'élégant badinage.

La Table des Œuvres de Coquillart promet le *Monologue du Gendarme caſſé* , qui n'eſt pourtant diſtingué par aucun titre dans le corps du Livre , mais ſe trouve ſans diviſion à la rête du *Monologue des Perruques* , comme faiſant partie de ce Poëme , ce qui auroit beſoin d'être corrigé. Une citation de Coquillart dans Névizan , Liv. IV *Silva Nuptialis* , nº 97 , donne encore lieu à un bien plus grand embarras. Ce Juriſconſulte goguenard , voulant , après avoir dit ailleurs mille maux des femmes , les juſtifier en cet endroit , allégue en leur faveur pluſieurs Ouvrages François en ces termes mal arrangés , que je vais , de peur de confuſion , enfermer entre deux crochets : [*Et in linguâ etiam Gallicâ* Guill. Coquillart , *Lib.* des Droits nouveaux *in* le Débat des Dames & des Armes. *In Libro* le trop tard marié. *Et* de la louange & beauté des Dames. *Et* le Purgatoire des mauvais maris , Ch. 9 , *ubi latè quam pœnam ibi inter cæteros ſufferat Matheolus Bigamus , propter illud opus quod compoſuit contra fœminas. Et in Libro* l'Avocat des Dames de Paris allant aux pardons , *ubi reſpondet cuidam Prædicatori.*] Voilà le paſſage tout au long , pour la ſaine intelligence duquel on doit bien prendre garde que quand Névizan , après avoir cité Coquillart dans ſes *Droits nouveaux* & dans ſon *Débat des Dames & des Armes* , cite enſuite *le trop tard marié* , la *Louange & beauté des Dames* , le *Purgatoire des mauvais maris* , & l'*Avocat des Dames de Paris allant aux pardons* , il ne faut pas s'imaginer que ce ſoient d'autres compoſitions du même Coquillart , ce ſont quatre Ouvrages appartenans à des Auteurs anonymes. François Hotman , qui a copié dans ſon *Matago de Matagonibus* les quatre ou cinq dernières lignes de l'endroit de Névizan , n'a point fait cette diſtinction , & , faute de l'avoir faite , a cité comme de Coquillart , le *Purgatoire des mauvais maris* , & l'*Avocat des Dames* , &c. C'eſt ce qui a induit en erreur La Croix du Maine , qui , après le dénombrement ordinaire des Œuvres de Coquillart , rapporte de plus les deux pièces ſeules mentionnées par Hotman , paſſant comme lui ſous ſilence le *Trop tard marié* & la *Louange & beauté des Dames* , d'où je conclus que quoiqu'il ne nomme point Hotman , il s'en eſt fié uniquement à lui , ſans avoir vu le paſſage de Névizan. Celui-ci a cité une infinité de Livres vulgaires , aujourd'hui très-rares , alors très-communs & très-connus , enſorte que ſi ceux qu'Hotman & La Croix du Maine ont attribués à Coquillart , lui avoient véritablement appartenu , les Libraires qui publièrent ſes Œuvres n'auroient pas manqué d'y joindre celles-là , & d'en groſſir leur Edition. C'eſt ce qu'il n'ont pas fait. Bien loin de-là , le *Purgatoire des mauvais maris* eſt rapporté par du Verdier , à la fin de la lettre P , comme un Livre imprimé ſans nom d'Auteur. — L'Editeur ci-deſſus marqué des Poëſies de Coquillart à Paris 1723 , ajoute à mes obſervations celle-ci , qu'il tire de Marlot , pag. 74 de ſon *Hiſtoria Remenſis* , Tom. II , ſavoir que Jean-Juvénal des Urſins Archevêque de Reims , dans ſon teſtament du 18 Septembre 1472 , nomme pour un de ſes Exécuteurs teſtamentaires Guillaume Coquillart , qu'il appelle *Procuratorem ſuum.* (M. DE LA MONNOYE).

V. la Bibliot. Françoiſe de M. l'Abbé Goujet , Tome X , p. 156.

GUILLAUME COTELAY, natif de Fontanges en Auvergne , très-excellent Muſicien de notre temps. Il a fait imprimer quelques Chanſons de Muſique , compoſées par lui , l'an 1570 , & de ſon âge 39.

GUILLAUME COUSINOT (Meſſire) , Chevalier François , très-excellent Hiſtorien. Il a écrit une Chronique très-ample & très-véritable des choſes advenues de ſon temps , laquelle n'eſt encore imprimée [1]. Jean le Feron , Avocat en Parlement (duquel nous parlerons ci-après) aſſure en ſes Œuvres l'avoir pardevers ſoi écrite à la main. Il floriſſoit ſous Loys XI , Roi de France , l'an 1469 *.

[1] Quelques-uns , mais ſans preuves , lui attribuent la *Chronique de Louis XI ,* vulgairement dite l'*Hiſtoire ou Chronique ſcandaleuſe.* (M. DE LA MONNOYE).

* Guillaume Couſinot mourut en 1471. On a publié un Abrégé de ſa vie, où il eſt qualifié Chambellan des Rois Charles VII & Louis XI , & où l'on dit qu'il fut employé dans les affaires les plus difficiles. Cet Abrégé a été tiré d'un Manuſcrit ſur la vie & les actions de Guillaume Couſinot, par Jaques Couſinot, Docteur en Médecine.

GUILLAUME CRETIN [1] , Poëte François & Hiſtorien , Secrétaire & Chroniqueur du Roi de France Loys XII , Tréſorier de la Chapelle du Bois de Vincennes , ou Vie-ſaine, près Paris , Chantre & Chanoine de la Sainte Chapelle du Palais Royal de Paris. Il a écrit en vers François les Annales & Chroniques de France , diviſées en quatre parties. Nous les avons écrites à la main en notre Bibliothèque ; elles n'ont été imprimées que j'aye pu voir. Il a écrit en vers & rithme Françoiſe le Débat de deux Dames, ſur le paſſe-temps de la chaſſe des chiens & oiſeaux, le Loyer des folles Amours, le tout imprimé à Paris l'an 1528 * ; Chants Royaux à l'honneur de la Vierge. Il floriſſoit à Paris du temps du Roi Loys XII , l'an 1500.

[1] Ménage , dans ſes *Origines Françoiſes ,* au mot CRETIN , dit que le vrai

nom de ce Poëte étoit GUILLAUME DU BOIS, comme il le déclare lui-même ; ajoute-t-il, par cette fuscription de fon Epître à Frère Jean Martin, Religieux Céleſtin :

> Le G. du Bois, *aliàs* dit Cretin,
> En plumetant fur fon petit pupitre,
> A minuté cette plaifante Epître,
> Pour l'envoyer à Frère Jean Martin.

Je crois pour moi que c'eſt une fimple allufion à la qualité qu'il avoit de *Tréforier du Bois de Vincennes*, lieu d'où il écrivoit à ce Religieux cette Epître, & la fuivante ainfi datée fur la fin :

> Ecrit au Bois Vinciennes appelé.

S'il fe fût véritablement nommé *DU BOIS*, il feroit difficile qu'il n'en parût, ou dans les Auteurs qui ont parlé de lui, ou dans fes Poëfies, quelque veſtige mieux marqué. Auffi ces mots, *le G. du Bois*, prouvent fi peu que ce fut fon nom, qu'il a été obligé d'ajouter *aliàs dit Cretin*, de peur que fon ami n'ignorât qui étoit celui qui lui écrivoit. Il naquit à Nanterre, & mourut l'an 1525. (M. DE LA MONNOYE).

² Ses *Chroniques de France*, en vers, fe voient manufcrites à la Bibliothèque du Roi, *in-fol.* avec des enluminures, en quatre volumes. Pâquier auroit pu reconnoître aifément par fes yeux qu'il s'étoit trompé, lorfque, p. 156 du Tom. I de fes *Lettres*, il avoit parlé de Cretin comme d'un homme qu'on faifoit paffer pour un grand Hiftoriographe du Roi, fans que pourtant on eût jamais rien vu de fes Ecrits, c'eſt-à-dire, de fes Ecrits Hiftoriques, car de purement poëtiques il en cite lui-même des morceaux, Ch. 13 du Liv. VII de fes *Recherches*. (*idem*).

Voy. la Bibl. Franç. de M. l'Abbé Goujet, Tom. X, p. 17.

* Le *Loyer des Folles Amours* a encore été imprimé à Paris, en 1532, *in-16*, chez Ant. Bonnemere, avec le *Blafon des fauffes Amours*.

GUILLAUME DE CURSOL (Meffire), Chevalier, Sieur de Bellefonteine & de Monteftrac *, Confeiller du Roi, & Tréforier général de France, en la charge & généralité de Guyenne, établie à Bordeaux, &c. Il a traduit d'Efpagnol en François la première & feconde partie de l'Image de la vie Chrétienne, écrite en langage Portugais, par Hector Pinto, Efpagnol, &c. imprimée à Paris chez Guillaume Chaudiere, l'an 1574.

* Ce n'eſt ni *MONTESTRAC* qu'il faut écrire, ni *MONTESTRUT*, comme le dit du Verdier, mais *MONTESTRUC*, nom d'un Bourg en Agenois.

GUILLAUME DRIEU , Mathématicien. Il a mis en lumière un Livre de son invention, intitulé le Tabulaire Astronomique, ou Calendrier perpétuel , auquel Livre sont contenus les principaux passages tant du vieil que du nouveau Testament , imprimé à Lyon par ledit Auteur & Antoine Voulant, l'an 1562 , auquel temps florissoit ledit Guillaume Drieu.

GUILLAUME DURANT , surnommé LE SPÉCULATEUR , grand Jurisconsul de son temps. Il étoit natif de Puymosson au Diocèse de Riez selon aucuns, & selon autres il étoit de Montpellier. Belleforest a écrit qu'il étoit natif de Beauvais en Picardie ; mais ce qui les fait ainsi contredire , c'est qu'il y en a eu plusieurs de ce nom de Durant : au reste , je crois plutôt que cettuy-cy ait été né en la Gaule Narbonnoise qu'autrement , car il a écrit en langue Provençale plusieurs Poësies bien estimées de son temps[1]. Il a écrit en Latin , mais nous en ferons mention autre part. Il mourut l'an 1270.

[1] Les qualités qu'on donne ici à Guillaume Durant de bon Poëte Provençal , de grand Jurisconsulte , surnommé le Spéculateur, & d'Evêque de Mende , lui conviennent toutes. Il n'y a que le temps de sa mort qui a besoin d'être corrigé. Jean de Notre-Dame & La Croix du Maine qui l'ont mise en 1270 , l'ont avancée de vingt-six ans. Guillaume Durant , âgé d'environ soixante-sept ans, mourut à Rome le 1 Novembre 1296 , & fut enterré à la Minerve , où se voit son Epitaphe en trente vers Hexamètres non Léonins. C'est une erreur de lui attribuer le Traité De Modo generalis Concilii celebrandi , & de croire que l'ayant composé à la Requête du Pape Clément V , il assista au Concile assemblé par ce Pontife l'an 1311 à Vienne en Dauphiné. L'Auteur du Livre dont il s'agit est un autre Guillaume Durant , Archidiacre de Mende , neveu de l'Evêque défunt. Le Pape Boniface VIII , qui avoit eu beaucoup de considération pour l'oncle , & qui connoissoit le mérite du neveu , le nomma Evêque de Mende , par sa lettre du 17 Décembre 1296 , peu de temps , comme on croit, après la mort de Guillaume Durant l'ancien. Les PP. Quétif & Echard ont parfaitement démêlé ce fait , Tom. I de la Bibliothèque des Ecrivains de leur Ordre , à l'Article de Guillelmus Durant. Notez que La Croix du Maine , au mot JEAN DE LA GUESLE , nomme Pierre Durand , ce Guillaume Durant , & le fait natif d'Auvergne. (M. DE LA MONNOYE).

Guillaume Durant , le Spéculateur (ainsi nommé à cause du Livre intitulé Speculum Juris , qu'il composa) second fils de Berhaud Durant , étudia le

Droit en Italie fous Hènri de Suze, & fut reçu Docteur à Bologne, enfeigna
enfuite le Droit Canonique à Modène, appelé par Clément IV à Rome,
pour être fon Chapelain & fon Auditeur. Il fut envoyé Légat au Concile
de Lyon par Grégoire X, en 1274. On prétend qu'il fut envoyé Légat au
Soudan d'Egypte par le Pape Boniface VIII, qu'il mourut à Nicofie en
Chypre, d'où fon corps fut rapporté à Rome, & enterré à la Minerve.
(Mais fon Epitaphé femble attefter qu'il mourut à Rome comme le dit M. de
la Monnoye). Il étoit d'une famille différente des Durand d'Aix, Seigneurs
de Faveau, & des Durant de Digne. Ses Ouvrages les plus connus font,
Speculum Juris, *Rationale divinorum officiorum*, *Repertorium Juris*. Guillaume
Durant, fon neveu, & Evêque de Mende après lui, eft l'Auteur du Traité
De Modo Concilii celebrandi. (M. Falconnet).

* Le *Rationale divinorum officiorum* de Guillaume Durant eft un des premiers Livres imprimés, fur vélin, par colonnes, en 158 feuillets, fans n°.
ni réclame. A la fin du fol. 158, à la feconde colonne, on lit : *Præfens
rationalis divinorum Codex officiorum, venuftate Capitalium decoratus, rubrica-
tionibufque diftinctus, artificiosâ adinventione imprimendi ac caracterizandi
abfque calami exaratione fic effigiatus... Per Johannem Fuft Civem Moguntinum
& Petrum Gernfkeim, Clericum Diocef. ejufd. anno Domini millefimo quadrin-
gefimo quinquagefimo-nono, fexto die Octobris*. Beaucoup d'Ecrivains ont cru
que cette Edition étoit le premier fruit de la Preffe ; mais nous avons les
Pfeaumes imprimés avec la date de 1457, fans parler de plufieurs Editions
non datées, antérieures encore à cette époque. *Voy*. l'Hift. de l'Impr. de
Profper Marchand, pag. 33 & fuiv.

GUILLAUME FAREL [1], natif de l'Evêché de Gap en
Dauphiné, Miniftre à Genève. Il a écrit plufieurs Livres cenfurés par Meffieurs de la Faculté de Théologie à Paris, & encore
par le Concile de Trente. Il mourut l'an 1565, le treizième jour
de Septembre, âgé de foixante-feize ans [2]. Sa réponfe à
Mᵉ Pierre Caroli, & envoyée à M. le Duc de Lorraine, a été
imprimée avec une feconde Epître dudit Farel ou Pharel.

[1] Erafme écrit toujours *Pharellus*, & quelquefois, par dérifion, le
nomme *Phallicus*. (M. de la Monnoye).

[2] On lit dans l'*Hift. des Egl. Réform.* Tom. III, p. 456, que Guillaume
Farel, en 1565, paffoit quatre-vingt ans. Il avoit été Difciple de Jaques le
Févre d'Etaples, & ami de Girard Ruffi, dont il a été parlé plus haut. Le
Févre ayant été chaffé de France, Farel fe retira à Bafle, communiqua avec
Ecolampade & Zuingle, & fonda enfuite plufieurs Eglifes dans les pays de
Vaux & de Neufchâtel. Ancillon a écrit fa vie, fous le titre de l'*Idée du fidèle
Miniftre de J. C.* Ducat. pag. 75. (M. Falconnet).

GUILLAUME FIGUIER , ou FIGUIERA, premier du nom, Citadin d'Avignon , grand Hiſtorien. Il a écrit pluſieurs Hiſtoires & autres belles Œuvres , tant en Latin qu'en langue Provençale. Il floriſſoit l'an 1270 *.

* Voy. Jean de Notre-Dame , Chap. 45.

GUILLAUME FIGUIER , ou FIGUIERA, ſecond du nom , Gentilhomme natif d'Avignon en Provence , fils du ſuſ-dit Guillaume. Il étoit ſurnommé de ſon temps LE SATYRIQUE, ayant écrit pluſieurs Satyres & invectives contre les Princes Tyrans , lequel Livre il intitule le Fléau mortel des Tyrans. Il a écrit un autre Poëme en langue Provençale , qu'il a nommé Contr'amour. Il a écrit pluſieurs Chanſons à la louange d'une Dame d'Avignon , de la maiſon des Matherons. Ses Œuvres ne ſont imprimées. Pétrarque a imité ce Poëte en pluſieurs de ſes Sonnets. Il floriſſoit en Provence l'an 1270.

GUILLAUME LE GAINGNEUR, Secrétaire & Ecrivain du Roi. C'eſt le plus renommé pour l'écriture qui vive aujour-d'hui en France. Il florit à Paris cette année 1584. Je ne ſais s'il a fait imprimer quelques-uns de ſes Alphabets ou Exemplaires d'écriture , comme avoit fait Pierre Hamon , duquel nous parle-rons ci-après.

GUILLAUME GAUTERON DE CENQUOINS , Se-crétaire de M. de Mont-Luc , lorſqu'il étoit Ambaſſadeur à Veniſe , l'an 1542. Il a traduit de Toſcan en François un Livre intitulé Scanderbeg , qui eſt un Commentaire d'aucunes choſes des Turcs & du Seigneur Georges Caſtriot , dit Scanderbeg , Prince d'Epire & d'Albanie, lequel Livre contient ſa vie & les victoires par lui obtenues , imprimé à Paris l'an 1544 chez Denys Janot. Jaques de Lavardin Sieur du Pleſſis Bourrot a écrit amplement la vie dudit Scanderbeg , imprimée à Paris , comme nous dirons en ſon lieu.

GUILLAUME GOSSELIN , natif de Caën en Normandie, homme docte ès Mathématiques. Il a mis quelques fiens Œuvres de Mathématiques en lumière, fçavoir une Arithmétique compofée par un favant Mathématicien d'Italie, augmentée & annotée par ledit Goffelin, imprimée à Anvers chez Plantin, l'an 1578*. Il a écrit quelques Livres Latins, mais ce n'eft pas notre délibération d'en faire ici mention, nous réfervant à notre Bibliothèque des Ecrivains Latins. Il florit à Paris cette année 1584. Quant à M. Jean Goffelin, Garde de la Bibliothèque du Roi, natif de Vire en Normandie, homme docte ès Mathématiques, & parent du fufdit (comme il femble) nous en ferons mention en fon ordre**.

* C'eft une Traduction Françoife de l'Arithmétique de Nic. Tartuglin.

** Voy. la Bibl. Franç. de M. l'Abbé Goujet, Tom. XII, pag. 305.

GUILLAUME DES GROS. Il a écrit un Traité de la Confeffion auriculaire, imprimé à Paris l'an 1568 ¹.

¹ Le Docteur Jaques Boileau, dans fon Hiftoire de la *Confeffion auriculaire,* n'a pas fait mention de cet Auteur. (M. DE LA MONNOYE).

GUILLAUME GUEROULT, natif de Rouen en Normandie ¹. Il a traduit de Latin en François un Livre de J. P. Cermenat, Milanois, lequel s'intitule Difcours de la droite adminiftration des Royaumes & Républiques, imprimé à Lyon par Loys & Charles Pefnot à la Salemandre, l'an 1561; le premier Livre du Naturel des Oifeaux; le fecond du Naturel des Animaux, imprimé à Lyon par Balthazar Arnoulet, l'an 1550, avec les portraits ou figures d'iceux; Chanfons fpirituelles, mifes en Mufique par Didier Lupi fecond, imprimées à Paris par Nicolas du Chemin. Il a traduit le premier Livre des Narrations Fabuleufes de Palephatus, Auteur Grec, avec le Difcours de la verité & hiftoire d'icelles, auquel ont été ajoutées quelques Œuvres Poëtiques du même Traducteur. Le tout a été imprimé à Lyon par Robert Granjon, l'an 1558, de caractères François. Le premier Livre d'Emblêmes, avec les figures, imprimé à Lyon par Balthazar Arnoulet, l'an 1550;

Sentences

Sentences des bons Auteurs Grecs & Latins , traduites en rithme Françoise par ledit Gueroult , imprimées à Lyon par Arnoulet , avec celles de Ciceron , traduites par Pierre Lagnier de Compiegne , &c. L'Hymne du temps & de ses parties ; les Chroniques & gestes admirables des Empereurs de Rome , avec leurs effigies , le tout contenant deux volumes , imprimés à Lyon par Balthazar Arnoulet , l'an 1552　Il florissoit à Lyon l'an 1569.

[1] J'ai opinion que le nommé *Guillermus Gueroaldus* , Ecolier en Médecine dans l'Université de Caën , & Auteur d'un Commentaire , *in-8°* , en lettres Gothiques , sans marque de temps ni de lieu , sur le faux Macer *de Virtutibus herbarum* , n'est autre que ce *Guillaume Gueroult*. Reinesius & Daumius , qui en ont parlé , Epître 8 & 9 , ne l'ont point connu. Il étoit alors très-jeune. L'envie de connoître les Plantes lui fit , lorsqu'il fut plus avancé en âge , entreprendre la Traduction de l'*Historia Plantarum* de Fuchsius. Il mit en François la Rhapsodie Politique du Seigneur Jean-Pierre Cermenati , *De rectâ Regnorum & Rerumpublicarum administratione* , mauvais Ouvrage , qu'il rendit encore plus mauvais par sa version , de laquelle du Verdier ne laisse pas de donner de longs extraits. Béze , dans sa vie Latine de Calvin , dit que Guéroult appréhendant d'être puni à Genève de sa vie scandaleuse , s'étoit réfugié à Lyon , & que c'est lui qui , en 1553 , corrigea les épreuves du Livre intitulé *Christianismi restitutio* , que Servet , sous le nom de *Michael Villanovanus* , faisoit imprimer à Vienne en Dauphiné. (M. DE LA MONNOYE).

GUILLAUME DE GUILLE-VILLE , Moine de Chaliz , de l'Ordre de Cisteaux. Il s'appelle en Latin GUILELMUS DE DEGUILLA-VILLA , & , selon aucuns , il étoit natif de Chaliz , & Moine de Pontigni-fille , &c. l'an 1310. Il a composé en rithme Françoise un Livre intitulé , le Pélerinage de l'homme , lequel a été revu & corrigé par un Moine de Clairvaux , imprimé à Paris par Antoine Verard , l'an 1511 [1]. Ce Livre s'intitule autrement le Roman des trois Pélerinages , le premier est de l'homme durant qu'il est en sa vie , le second de l'ame séparée du corps , le tiers est de notre Seigneur Jesus-Christ. Ce Livre a été de rechef imprimé par Mᶜ Barthole & Jean Petit , au Soleil d'Or. Il florissoit l'an 1310.

[1] Ce même Ouvrage , mis en prose sous le titre de *Pélerinage de la vie humaine* , avoit été imprimé à Lyon , *in-4°* , avec figures , par Mathieu Husz ,

1485. Du Verdier, à la fin de la lettre P, rapporte le Roman intitulé les *Pélerins de la vie humaine*, par où l'on voit qu'il a connu le Livre, mais non pas l'Auteur. (M. DE LA MONNOYE).

GUILLAUME HAUDENT. Il a traduit de Latin en vers François la Rustique de Politian [1], imprimée chez Jean Petit, & chez Martin le Megissier à Rouen.

[1] Le Traducteur auroit mieux fait d'intituler sa Traduction du *Rusticus* de Politien, le *Rustic* que la *Rustique*. Politien, à la vérité, pouvoit en Latin élégamment dire *Rusticus mea*, en sous entendant *Sylva*, de même qu'on dit *Eunuchus Terentiana*, en sous-entendant *Fabula*; mais ces sortes d'élégances ne sont pas reçues en François. (M. DE LA MONNOYE).

GUILLAUME DE HERIS, homme docte ès langues. Il a traduit plusieurs Livres, tant Grecs que Latins, en notre langue Françoise, &, entr'autres, celui de S. Jean Chrysostome ou Bouche-dor, auquel il montre que nul n'est blessé que de soi-même, imprimé à Anvers par Mathieu Crom, l'an 1544, auquel temps ledit de Heris florissoit à Anvers.

GUILLAUME HOUVET, Chartrain. Il a écrit plusieurs Epîtres, tant en Latin qu'en François, imprimées l'an 1530 à Paris, auquel temps il florissoit, & étoit grand Grammairien.

GUILLAUME DES INNOCENS, Maître Juré en Chirurgie de la Ville de Tolose. Il a traduit de Latin en François le Traité de la Peste, composé par M. Laurent Joubert, l'un des plus doctes Médecins de notre siècle. Il a écrit une question de la Paralisie, & deux Paradoxes de la révulsion, le tout en Latin, & traduit par G. des Innocens. Le tout a été imprimé ensemble par Jean Lertout, l'an 1581 *.

*Ajoutez à ces Ouvrages une *Ostéologie*, ou *Histoire des os du corps humain*.

GUILLAUME LANDRÉ, d'Orléans, Poëte & Historien François, autre que Chrestofle Landré, Médecin & Lecteur de M. le Duc d'Orléans. Cestuy Guillaume a traduit en vers François le Livre de Roland le Furieux [1]. Plus il a traduit d'Espagnol en Profe Françoife l'Hiftoire de Primaleon de Grece, imprimée à Paris l'an 1577.

¹ Je doute fort de cette Traduction du *Roland de l'Ariofte*; ce qu'il y a de sûr, c'eft qu'elle n'a jamais été imprimée. (M. DE LA MONNOYE).

GUILLAUME LAURENT, Xaintongebis, Docteur en Théologie, Profez au Couvent des Frères Prêcheurs ou Jacobins de Xaintes. Il a écrit en Profe Françoife la Déclaration de la diverfité de l'Eglife Réformée *.

* Les PP. Quétif & Echard ne font pas mention de cet Auteur dans la Bibliothèque des Ecrivains de leur Ordre.

GUILLAUME DE LAURIZ, ou **DE LORRIZ** en Gaftinois, ancien Poëte François, & J. C. l'an 1260, ou environ. Il a commencé le Roman de la Roze, lequel a été depuis continué & achevé par Jean Clopinel, furnommé de Meun ou Mehun fur Loire, comme nous dirons en fon lieu ¹. Ce Livre a été écrit en vers François par les fufdits, & contient en fomme les Commandemens d'Amour pour parvenir à la jouiffance, imprimé à Paris l'an 1531 par Galiot du Pré. Nous l'avons pardevers nous écrit à la main fur parchemin de lettre antique, & fuivant le langage ufité de leur temps. Ce Livre a depuis été imprimé fous le nom du Songe du Verger, mais c'eft un autre Livre traitant toute autre chofe. Jean Moulinet a mis en profe le fufdit Roman, afin d'être mieux entendu, & y a adjouté quelques allégories de fon invention. Il a été imprimé à Paris l'an 1521 chez Michel le Noir. Jean Gerfon a écrit un Traité contre ledit Roman, &c.

¹ On voit de lui, outre fon commencement du *Roman de la Rofe*, diverfes Ballades, divers Rondeaux, & autres Poëfies manufcrites, rapportées, pag. 13 du Catalogue des Livres de Madame la Princeffe. Il faut voir à fon fujet les mots JEAN CLOPINEL & JEAN DE MEUN. (M. DE LA MONNOYE).*

* Guillaume de Lorris vivoit fous le règne de S. Louis, & mourut en 1260, ou 1262.

Voy. la Bibl. Françoife de M. l'Abbé Goujet, Tom. IX, p. 26.

GUILLAUME DE LESRAT, G. Angevin, Sieur DE

Lancrau, Conseiller du Roi & Président au Parlement de Bretagne, fils aîné de M. le Président d'Angers, nommé Guillaume de Lesrat, lequel mourut l'an 1563, &c. & frère de M. des Briotieres Guy de Lesrat, Président d'Angers, &c. duquel nous avons parlé ci-devant. Il a mis en lumière les cinq Arrêts prononcés par lui en robe rouge au Parlement de Rennes en Bretagne, imprimés à Paris chez Nicolas Chesneau, l'an 1581. Ce Livre a été bien reçu & applaudi de tous les doctes de France & autres qui l'ont vu. Je n'ai pas cognoissance de ses autres Ecrits, tant Latins que François. Il florit cette année 1584 [1].

[1] Il mourut l'an 1586 au mois de Septembre à Paris, d'où son corps fut porté à Angers. *Voy.* son Epitaphe, pag. 171 des *Remarques* de Ménage sur la vie de Pierre Ayrault. (M. DE LA MONNOYE).

GUILLAUME LIMANDAS, natif de Trevols, Licentié ès Loix, Conseiller du Roi en la Sénéchauffée & Cour conservatoire de Lyon, l'an 1546. Il a traduit de Latin en François les trois premiers Livres des Institutions Forenses de M. Jean Imbert, lesquelles il a si heureusement tournés, que ledit Imbert avoue que l'on n'eût pu mieux faire. Ces Livres ont été imprimés à Paris & autres lieux par diverses fois. La Paraphrase du second, troisième & quatrième Livre des Institutions Forenses, ou Pratique Judiciaire dudit Imbert, traduite par ledit Lymandas, a été imprimée à Lyon par Jean de Tournes, l'an 1546. Il florissoit l'an susdit 1546.

GUILLAUME DE LORRIS. Voy. ci-deffus GUILLAUME DE LAURIS, écrit par a.

GUILLAUME MAIGNART, Poëte François. Il a écrit quelques Poëmes à l'honneur de la Vierge, imprimés à Paris.

GUILLAUME DU MAINE, dit MAINUS, natif de Loudun en Poictou, Abbé de Beaulieu, Lecteur de Madame la Duchesse de Berry, sœur unique du Roi, & depuis Précepteur de Messieurs les enfans de France, &c. homme docte ès langues,

Poëte Latin & François [1]. Il a écrit plusieurs Epîtres en vers François, l'une sur la venue de Monseigneur le Maréchal de Brissac ; le Laurier, contenant la louange de l'étude, & l'utilité qui en vient ; l'heureux partage des excellens dons de la Déesse Pallas, résignés au Roi Henri II, le tout imprimé à Paris chez Michel Vascosan, l'an 1556, auquel temps ledit Auteur florissoit.

[1] Avant que d'être Précepteur des enfans de France, il l'avoit été de ceux de Guillaume Budé, qui lui a écrit deux Epîtres Latines & treize Grecques. Salmon Macrin, son Compatriote, Liv. III de ses *Hymnes*, imprimées l'an 1537, lui adresse une Ode Sapphique, dont le titre est *Ad Gulielmum Mainum, liberorum Francisci Regis Præceptorem*, & Let. 4, lui adressant des Phaleuques, pour le remercier de ceux qu'il en avoit reçus en grand nombre, il l'appelle *Gilermum Dumanium*. (M. DE LA MONNOYE).

GUILLAUME DE LA MARE, dit DE MARA, natif de Coutances, ou Constances en Normandie, homme très-docte & très-éloquent, tant en Latin qu'en François. Il a écrit plusieurs Œuvres en notre langue, non encore imprimées que je sache. Celui qui a augmenté le Livre de Trithemius des Ecrivains Ecclésiastiques le loue grandement. Il florissoit l'an 1520, ou environ [1].

[1] On a de lui, tant en prose qu'en vers quelques mauvais Ouvrages Latins. Ses Ouvrages François, s'il en a fait, ne sont point connus. Il prend dans ses Oraisons & Epîtres, imprimées à Paris *in-4°*, 1514, la qualité de *Chanoine & Trésorier de l'Eglise de Coutance*. Il s'y qualifie aussi *Recteur de l'Université de Caën*. (M. DE LA MONNOYE).

* Il donna une Edition du Poëme Grec de Musée, sur les Amours de Léandre & de Héro, avec une version Latine. Elle fut imprimée en 1526.

GUILLAUME LE MENAND, Cordelier, ou de l'Ordre de S. François. Il a traduit de Latin en François le Livre intitulé le Grand Vita Christi, autrement la Vie de Jesus-Christ, écrite premièrement en Latin par Lodolphe Chartreux, &c. imprimée à Paris il y a près de cent ans [1]. Ce Livre a depuis été traduit en François par Jean l'Anglois, Sieur de Fresnoy, comme nous dirons ci-après. Il a davantage traduit les Livres de la Sainte Bible en notre langue, imprimés à Lyon il y a près de cent ans, suivant la Traduction Latine de Pierre Comeſtor ou Manducator, &c.

¹ On fait les railleries de d'Aubigné ſur le *Grand Vita Chriſti*, dans ſa Confeſſion de Sancy, Liv. I, Chap. 2. Jean l'Anglois qui, en 1582, donna une nouvelle Traduction du Livre, en changea le titre. (M. DE LA MONNOYE).

GUILLAUME MICHEL, dit DE TOURS. Il a traduit de Latin en Proſe Françoiſe les trois Livres de Polydore Virgile, des inventeurs des choſes, imprimés à Paris par Pierre le Brodeur, l'an 1520. (François de Belle-foreſt a traduit depuis les huit Livres dudit Polydore, imprimés à Paris). Il a traduit les Géorgiques de Virgile, imprimées à Paris l'an 1519. Il a traduit Suétone des vies des douze Céſars, imprimé à Paris chez Pierre Nidoue & Galiot du Pré, l'an 1520, lequel a été depuis traduit fort heureuſement par Georges de la Bouthiere, comme nous avons dit ci-devant. Il a traduit de Latin en François l'Epitome des Hiſtoires de Valere le Grand, recueilli par Robert du Val, imprimé à Paris l'an 1525, chez Pierre de Bourdeaux¹. Il floriſſoit l'an 1520.

¹ On a de lui le *Siècle Doré*, en vers, à Paris, le Févre, 1521, *in-4°*. (Préſident BOUHIER).

Voy. la Bibliot. Françoiſe de M. l'abbé Goujet, Tom. V, p. 57, Tom. VII, pag. 75, Tom. X, pag. 313.

GUILLAUME LE MOINE, de Villedieu en Normandie. Il a recueilli de pluſieurs Auteurs, &, ent'autres de Calepin & Nebriſenſe, un Epitome ou Abrégé des mots & dictions Latines, leſquelles il a tournées en François. Cet Œuvre a été imprimé à Caën en Normandie, l'an 1529, auquel tems vivoit ledit le Moine.

GUILLAUME MOREL, natif de la Ville du Tailleul ¹ en Normandie, homme docte ès langues, & en Grec principalement. Il a compoſé en Grec, Latin & François un fort pénible & laborieux Dictionnaire, imprimé par lui-même à diverſes fois,

& depuis à Lyon & en autres lieux. Il a écrit une brefve Déclaration de l'autorité des Ecritures , & du S. Sacrement de l'Autel,
imprimé à Paris par lui-même. Il mourut l'an 1564 , ou environ. Il avoit un sien frère , lequel fut brûlé à Paris pour le fait
de la religion , lequel s'appeloit Jean Morel , homme docte ès
langues , aussi bien que son frère susdit.

1 La Croix du Maine , comme l'a fort bien remarqué Ménage , Chap. 68
de son *Anti-Baillet* , au lieu de *natif de la Ville du Tailleul**, devoit dire *natif du Tilleul* , Bourg dans le Comté de Mortain en Normandie. Guillaume
Morel mourut en 1564 , le 19 Février. A l'égard de Jean Morel son frère ,
Béze , Liv. II du Tom. I de son *Hist. Ecclésiast.* dit que c'étoit un pauvre
Ecolier , qui , ayant employé une partie de sa jeunesse à l'Imprimerie , entra au service d'Antoine de Chandieu , Ministre de Paris , qu'en 1558 il fut
pour le fait de la Religion mis en prison , où , étant mort de mauvais trai-
temens , il fut quelque temps après déterré & brûlé le 27 Février 1559.
(M. DE LA MONNOYE).

Guillaume Morel , Imprimeur & Auteur. Baillet le fait Professeur Royal ,
Ménage dit que c'est Fréderic son frère qui le fut. *Voy.* Teissier sur de Thou,
Tom. II , pag. 174 & 178. Les Editions Grecques de Guillaume Morel sont
précieuses pour la beauté & la correction. (M. FALCONNET).

* De Thou (Liv. XXXVI) dit que Guillaume Morel étoit né à S. Julien,
Village du pays de Caux en Normandie. Il y a dans le pays de Caux un
Village nommé *le Tilleul* , ou *S. Martin du Tilleul*, peu éloigné de Fécamp ;
mais il n'y a dans cette partie de la Normandie aucun Village qui porte le nom
de *S. Julien*. Peut-être faut-il corriger *S. Martin* , au lieu de *S. Julien*, dans
de Thou , & le *Village du Tilleul* , au lieu de la *Ville du Tailleul* , dans La
Croix du Maine. Le Traducteur de De Thou dit qu'il étoit de *très-basse extraction* ; De Thou dit seulement que ses parens n'étoient pas riches , *in re tenui
natus*.

GUILLAUME LE MUNIER , ancien Poëte François. Il a
écrit un Chant Royal & plusieurs Ballades , lesquelles se voient
écrites à la main.

GUILLAUME DE NANGY , ou **DE NANGIS** en Brie ,
dit DE NANGIACO , Religieux en l'Abbaye de S. Denis près
Paris. Il a écrit en Prose Françoise les Annales & Chroniques
de France , non encore imprimées. Elles se voient en plusieurs
Bibliothèques de ce Royaume , & , entr'autres , en ladite Abbaye

de S. Denis. Il a traduit de Latin en François, & recueilli des Chroniques ou Annales de son Abbaye de S. Denis la Généalogie des Rois de France, jusqu'en l'an de salut 1285. Nous avons ce Livre pardevers nous. Il a écrit la vie du Roi S. Loys, sous lequel il florissoit, en l'an 1227 [1]. Nous l'avons pardevers nous écrite à la main, sur parchemin. Je ne sais s'il en est Auteur, ou bien le Syre de Jonville, &c. car il n'y a point de nom de l'Auteur d'icelle.

[1] La *Vie de S. Louis*, écrite par Guillaume de Nangis [*], n'est qu'en Latin ; elle se trouve, pag. 400 des *Onze Historiens de France* de Pierre Pithou, imprimés l'an 1596, *in-fol.* à Francfort, & pag. 326 du Tom. V de la *Collection* de Duchesne. (M. DE LA MONNOYE).

[*] Guillaume de Nangis a encore écrit les *Vies de Philippe-le-Hardi & de Robert*, fils de S. Louis. Il est mort environ l'an 1302.

V. les Mémoires de Niceron, Tom. XXVIII, & le Mémoire de M. de la Curne de Sainte-Palaye sur GUILLAUME DE NANGIS dans le Tom. VIII des *Mémoires de l'Académie des Belles-Lettres*, pag. 560, d'où Niceron a tiré tout ce qu'il a dit de cet Ecrivain.

M. de la Monnoye s'est trompé en croyant que la *Vie de S. Louis*, par Guillaume de Nangis, n'étoit qu'en Latin. Il est vrai que du temps de M. de la Monnoye on en connoissoit peu la Traduction Françoise. Ce fut l'Auteur qui traduisit lui-même son Ouvrage. Il a été imprimé en François pour la première fois en 1761 au Louvre, à la suite de la *Vie de S. Louis*, par Joinville. *Voy.* la Préface de cette Edition, pag. 15, & la note qui se trouve à la pag. 163. Pâquier a cru que Guillaume de Nangis vivoit sous Charles V. Il s'exprime ainsi dans le premier Chapitre du VIIIe Livre de ses *Recherches* : « Du temps de Charles-le-Quint, sous lequel Frère Guillaume » de Nangis ayant traduit en François l'Histoire de France, qu'il avoit com- » posée en Latin », &c. Le savant Editeur de la *Vie de S. Louis*, en François, par Guillaume de Nangis, prouve que cette vie fut écrite avant le 7 Juillet 1307. *Voy.* la note marginale, à la page 384.

GUILLAUME PARADIN, natif de Cuisseaux en Bourgongne, Chanoine de Beaujeu, frère de Claude Paradin, &c. Il a écrit premièrement en Latin, & depuis traduit en François, l'Histoire de notre temps, imprimée à Paris par Jean de Tournes, à diverses fois ; la Chronique de Savoye (1561) ; les Annales & Chroniques de Bourgongne, imprimées à Lyon

par

par Antoine Gryphius , l'an 1566 ; l'Hiſtoire de l'Egliſe Gallicane ; Mémoires des inſignes maiſons de France ; Mémoires
de l'Hiſtoire de Lyon ſur le Rhoſne , imprimés l'an 1575 *. Il
a traduit de Latin en François l'Hiſtoire des batailles & conquêtes des Gots , écrite par Procope de Céſarée , imprimée à Lyon
l'an 1578. Il a traduit de Latin en François la Méthode ou
briefve inſtitution , pour parvenir à la cognoiſſance de la vraie
& ſolide Médecine , compoſée par Léonard Fuſchs , Médecin
Alleman , dit Fuſchius , imprimée à Lyon par Jean de Tournes , l'an 1552 ; l'Hiſtoire d'Ariſtée , touchant la tranſlation
de la Loi de Moyſe , imprimée à Lyon l'an 1564 par Claude
Senneton [1]. Il floriſſoit l'an 1563 **. Quant à ſon frère Claude
Paradin , Auteur des Alliances Généalogiques & des Deviſes
Héroïques , &c. nous en avons parlé ci-deſſus à la lettre C.

* Ils ont paru en 1573.

[1] Les anciennes verſions Françoiſes des Auteurs Grecs ayant preſque
toutes été faites d'après les Latines , celle d'*Ariſtée*, par Guillaume Paradin ,
eſt de ce nombre. Mathias Palmier, que les uns font de Vicence , les autres
de Piſe, eſt le premier qui ait traduit *Ariſtée* en Latin. Sa verſion qui parut
en 1471 , ayant été trouvée pleine de fautes , Mathias Garbit , Profeſſeur
en Grec à Tubingue , en entreprit une nouvelle , imprimée à Bâle en 1572
Paradin n'ayant pas vu cette dernière , publia la ſienne huit ans auparavant,
ſur celle de Mathias Palmier. (M. DE LA MONNOYE).

Voy. les Mém. de Niceron , Tom. XXXIII , pag. 164 , & la Biblioth.
Françoiſe de M. l'Abbé Goujet, Tom. XII , pag. 77.

** Guillame Paradin mourut à Beaujeu le 16 Janvier 1590 , ſelon la *Bibl.
des Auteurs de Bourgogne*, Tom. II , pag. 123. La première Edition Françoiſe de ſon *Hiſtoire de notre temps* , eſt de 1550. Il publia la même année
ſa Traduction Françoiſe du *Traité du vrai amour & ſageſſe divine* , par Louis
Vives , dont La Croix du Maine n'a point parlé , non plus que de quelques
Ouvrages François , dont on trouvera les titres dans la *Biblioth. des Auteurs
de Bourgogne* , au lieu cité. On y releve quelques mépriſes de Niceron , ſur
les Editions de ces Ouvrages.

GUILLAUME DE LA PERRIERE , Toloſain. Il a écrit
en vers François un Livre intitulé le Théâtre des bons engins [1],
contenant cent Emblêmes moraux , imprimé à Paris par Eſtienne

Grou'eau *. La Morofophie, ou folle-fageffe, écrite en vers Latins & François, par ledit de la Perriere, avec les figures, le tout divifé en cent Emblêmes, qui font compris fous cent Quadrains Latins & François, imprimée à Lyon par Berthelemy Bon-homme (*en* 1553, *in*-8°.) Les Confidérations des quatre Mondes, favoir eft Divin, Célefte, Spirituel & Mondain, imprimées l'an 1552 à Lyon par ledit Bonhomme; Epître Confolatoire; le Miroir Politiq, imprimé à Lyon par ledit Bon-homme, & depuis à Paris, avec ce titre, Inftitution du Gouvernement des Républiques, &c. Il a écrit la Chronique de la noble maifon de Foix **. Il floriffoit à Tolofe l'an 1550.

¹ Son *Théâtre des bons engins* a été recherché par bien des gens qui n'y ont pas trouvé ce qu'ils s'en étoient promis fur le titre. Ses *Annales, ou Chronique de Foix*, imprimées l'an 1539, ne font qu'une traduction qu'il a faite du Latin de Bertrand-Hélie de Pamiers, dont l'Ouvrage cependant ne parut que l'année fuivante. (M. DE LA MONNOYE).

Voy. la Biblioth. Françoife de M. l'Abbé Goujet, Tom. VII, pag. 88, & Tom. XIII, pag. 103.

* En 1554. Il en avoit paru une auffi à Paris en 1539, *in*-8°. chez Denis Janot.

** Guillaume de la Perriere étoit né vers l'an 1501, car on voit fur fon portrait placé à la tête de fa *Morofophie*, en 1553, qu'il avoit alors cinquante-deux ans. Il me paroît que M. de la Monnoye fe trompe, lorfqu'il avance que les *Annales de Foix* ne font qu'une Traduction du Latin de Bertrand-Hélie de Pamiers. Le P. le Long a adopté cette opinion dans fa *Biblioth. de la France*, n° 15246. Il l'a tirée de Befly, dont il rapporte les propres paroles. Befly, dans fon premier Traité, fur la claufe *Regnante Chrifto* (pag. 128 de fes divers Traités) dit que Bertrand-Hélie de Pamiers a publié une Hiftoire-Latine des Comtes de Foix " qu'*il avoit dérobée d'un* » *Armand Squerrer*, qui auparavant avoit traité le même argument en lan- » gage du pays, comme auffi Guillaume de la Perriere, qui a traduit cet » Helie en notre langue ». Mais écoutons la Perriere lui-même. Il dit dans l'Epître Dédicatoire de fes *Annales de Foix*, 1°. qu'il s'eft fervi, pour les compofer, d'un ancien Manufcrit en langue Béarnoife, contenant les vies & geftes des Comtes de Foix, écrit par un Cordelier; 2°. à la fin de fes Annales, il ajoute que ce Manufcrit lui avoit été donné par M Bernard Capus, l'un des Syndics généraux du Comté de Foix; & qu'il termine fon Hiftoire à la mort de François Phebus, Roi de Navarre, parce que fon Original Béarnois ne va pas plus loin; 3°. il nous apprend enfin dans l'Epître Dédicatoire que je viens de citer, qu'il n'avoit pas simplement copié l'Ecrivain Béarnois, *homme beaucoup plus pourvu de bon vouloir que de savoir* ; mais qu'il avoit corrigé grand nombre de fautes, l'Auteur *ayant grandement erré aux dates & computations des temps. . . semant plusieurs contrariétés. . . rendant le Lecteur en total désespoir de parvenir à la vérité Historiale. . . qu'il avoit entrepris de chercher des perles dans un fumier*, en quoi il avoit eu autant & plus d'affaires que *les Anciens à rassembler les feuilles des arbres auxquelles jadis écrivoit séparément la Sybile*. Il résulte de-là, 1°. que la Perriere n'a fait aucun usage de l'Ouvrage Latin de Bertrand-Helie de Pamiers ; 2°. qu'on ne peut pas dire qu'il ait traduit le Manuscrit Béarnois, où il a puisé, & qui n'a servi qu'à lui fournir des matériaux pour composer ses Annales. Elles furent imprimées à Touloufe en 1539. C'est un petit *in-*4°. de 82 feuillets.

GUILLAUME PETIT (Frère), Jacobin, ou bien de l'Ordre des Frères Prescheurs, natif du pays de Normandie, premièrement Evêque de Senlis, & depuis 79 Evêque de Troye en Champagne *, Confeffeur du Roi Louis XII, & de François I, Docteur en Théologie à Paris. Il a écrit un Traité de la réformation de l'homme, & fon excellence, & ce qu'il doit accomplir pour avoir Paradis, imprimé à Paris l'an 1540 par Gilles Corrozet. Il florissoit l'an 1520. Il a écrit quelques Œuvres en Latin.

   * La Croix du Maine devoit dire qu'il avoit été Evêque de Troyes avant que de l'être de Senlis ; car il fut Evêque de Troyes en 1519, & ne fut Evêque de Senlis qu'en 1527. Il mourut le 8 Décembre 1536. Il étoit né à Montivilliers, petite ville du pays de Caux.

GUILLAUME POIET (Meffire), Baron de Beine, natif de la Ville d'Angers, fils de Mᵉ Guy Poiet, Sieur de Jupilles, Avocat en ladite Ville d'Angers. Cetuy-cy, après avoir obtenu plufieurs Etats en France, fut à la fin Chancelier dudit Royaume, l'an 1538. Il a écrit une Pratique Judiciaire, non encore imprimée. Je l'ai vue en la Bibliothèque de Mᵉ Symon Jouffelin, Sieur de Baffauges, Confeiller du Roi au Mans, neveu dudit Chancelier. Il a écrit plufieurs Oraifons & Harangues, lefquelles il a prononcées au Parlement de Paris & autres lieux. Elles ne font encore imprimées. Il fe voit plufieurs Edits & Ordonnances Royales faites par lui, pour la Police du Royaume, lefquelles font imprimées avec les grandes Ordonnances. Il

étoit homme des plus éloquens de fon fiècle , & des plus entendus aux affaires d'Etat , mais il ne fut fi bien les manier
qu'enfin le Roi François I ne lui ôtât les Seaux , l'an 1544.
Arnoul du Ferrier , Confeiller du Roi à Bordeaux , a écrit
amplement la vie dudit Chancelier en fes additions à Paule
Æmile , imprimées à Paris chez Vafcofan [1].

[1] Voyez ce que rapporte Montagne , Chap. 10 du Liv. I de fes *Effais* ,
touchant Guillaume Poyet , qui , nourri , dit-il , toute fa vie au Barreau ,
& dans l'habitude où il devoit être de la parole , ayant néanmoins en 1533 ,
à l'entrevue de Clément VII & de François I à Marfeille , apporté de Paris
la Harangue dont il étoit chargé pour le Pape , ne put le jour même qu'il
devoit la prononcer en faire une nouvelle fur le fujet que Sa Sainteté mar-
qua , en forte qu'il fallut que l'Evêque de Paris , Jean du Bellay , depuis
Cardinal , fuppléât au défaut ; en quoi cependant Montagne ne fait pas
attention , qu'apparemment l'embarras de Poyet vint de ce que la Harangue
devoit être en Latin , & qu'il ne le parloit pas avec la même facilité que le
François. Guillaume Poyet mourut en 1548 , âgé de foixante-quatorze ans ,
(dans la pauvreté & l'ignominie , privé de toutes fes charges , déclaré inca-
pable d'en poffeder aucune , par une intrigue de Cour , à la tête de laquelle
étoit la Ducheffe d'Etampes , à laquelle le Chancelier avoit refufé de fceller
quelques lettres auxquelles elle s'intéreffoit , & qui fut , pour fe venger ,
faire revivre le fouvenir de quelques malverfations , dont Poyet s'étoit rendu
autrefois coupable). L'Auteur que La Croix du Maine dit avoir parlé amplement de ce Chancelier , eft *Arnoul du Ferron* , qu'il nomme mal *du
Ferrier.* (M. de la Monnoye).

GUILLAUME POSTEL , natif de la Paroiffe de Barenton
au Diocèfe d'Avranches en Normandie , fur les fins & limites
du pays & Comté du Maine (ce qui a été caufe que plufieurs
ont penfé qu'il fut de ce pays là). [1] Il s'appeloit Dolerie , qui
étoit le nom d'une Seigneurie qui appartenoit aux Poftels ou
Potels , en laquelle il naquit environ l'an de falut 1475. Ce que
je peux préfumer ainfi, encore que je n'aie jamais fu au vrai le jour
& l'an de fa naiffance; car dès l'an 1513 il étoit fi docte , & tellement renommé , que l'on voit les Epigrammes qui s'enfuivent
en des Auteurs Latins qui écrivoient de lui , pour la rareté de
fon favoir , ce qui s'enfuit:

> *Et jura & leges , noftique , Guilelme , Poëtas ,*
> *Hifque viros unus , tres fuperare potes.*

Et autre part se lit cet autre distique fait en faveur dudit Postel, lequel est comme s'ensuit :

Legistam si quis , si quis reperire Poëtam ,
Philosophumve cupit , te petat : omnis homo es.

Les vers susdits se voient au Livre d'un Poëte nommé *Humbertus Montis-Moretanus* , intitulé *Herveis* , & au Livre qu'il composa de la guerre de Ravenne en Italie, l'an 1512, lesquels j'ai expressément allégués , afin que l'on sache combien ledit Postel avoit d'âge quand il mourut ; car il est à croire qu'en l'an 1512 ou 1513 il avoit pour le moins vingt-cinq ans, étant si docte, comme le décrit le Poëte susdit Humbert de Mont-Moret , & par conséquent qu'il seroit mort âgé de quatre-vingt-quinze ou seize ans , en l'an 1581. Ce que j'ai allégué pour contenter plusieurs qui disputent souvent de son âge , & ne savent qu'en dire au vrai. Je n'ai pas délibéré de discourir ici plus avant de la vie dudit Postel , mais seulement de ses Ecrits & Compositions en notre langue, car de ses Latines j'en ferai mention bien ample au Traité de sa vie, lequel j'ai écrit si amplement , qu'il contient plus de vingt Chapitres divers. Voici donc ce qu'il a composé en François : L'Histoire mémorable des expéditions , depuis le deluge , faites par les Gaulois ou François, depuis la France jusqu'en Asie ou en Thrace , & en l'Orientale partie de l'Europe , & des commodités ou incommodités des divers chemins pour y parvenir & retourner , le tout réduit en Epitome , pour montrer avec quels moyens l'Empire des Infidèles peut & doit être defait & ruiné par iceux , imprimée à Paris chez Sebastien Nivelle; Apologie contre les détracteurs de la Gaule , & des priviléges & droits d'icelle , avec les additions de plusieurs Histoires, obmise par la malice d'aucuns Ecrivains. Ce Livre a été imprimé à Paris chez Nivelle , l'an 1552, avec la susdite Histoire des Gaulois. La République des Turcs , imprimée à Paris ; la Carte ou Description de la France ou des Gaules , imprimée avec la Guide des chemins de France , &c. Il a traduit en François l'interprétation du Candelabre de Moyſe, ou Chandelier du Tabernacle, écrit en Hébreu & en Latin par ledit Poſtel ; le Livre de la divine Ordonnance, là où eſt compriſe la raiſon de la reſtitution de toutes choſes, & par quelle manière elle s'eſt faite, & ſe doit accomplir ; la nouvelle Doctrine, en laquelle il eſt montré comment il appartient à Meſſieurs de la Faculté de faire entendre comment le droit de la Monarchie Gauloiſe dépend du droit divin, & quelles propoſitions en tel cas dépendent de leurs cenſures ; la reſtitution de toutes choſes, & quelles perſonnes ſont requiſes à l'accompliſſement d'icelles ſous Jeſus-Chriſt, avec expoſitions des quatre Pſalmes de David, ſur le lys du divin témoignage ; la Doctrine du ſiècle doré, ou de l'Evangélique Règne de Jeſus, Roi des Rois, imprimé à Paris chez Jean Ruelle, l'an 1553. Ledit Livre a été imprimé ſur la fin du Livre, vulgairement appelé *la Mère Jeanne de Poſtel*, autrement intitulé les très-merveilleuſes victoires des femmes ; les Raiſons de la Monarchie, & quels moyens ſont néceſſaires pour y parvenir, imprimé à Paris l'an 1551, avec une Apologie contenant un brief Diſcours de la vie dudit Poſtel, écrite par lui-même ; Recueil des Prophéties de tous les plus célèbres peuples du monde, par lequel il ſe voit comment le Roi des François, ou bien celui qui entre tous les Princes d'Occident eſt le plus renommé, doit tenir la Monarchie de tout le monde ; Deſcription de la Terre-Sainte, imprimée à Paris ; l'Hiſtoire & conſidération de l'origine & coutumes des Tartares, imprimée à Poitiers par les Marnefs, l'an 1560. Il a traduit de Grec en François un Dialogue de Platon, intitulé *Axiochus*, lequel traite de la mort, imprimé à Paris ; les très-merveilleuſes Victoires des femmes du nouveau monde, & comment elles doivent commander à tout le monde par raiſon, & même à ceux qui auront la Monarchie du monde vieil, imprimées à Paris l'an 1553 chez Jean Guellart, à l'enſeigne du Phenix près le Collège de Reims ; la Loi Salique, imprimée à Paris l'an 1552 chez Nivelle ; les Raiſons ou occurences & accidens des deux miracles les plus grands de l'univers , le tout écrit en vers François de la main dudit Poftel , fur papier rouge , non encore imprimées. Nous les avons pardevers nous avec plufieurs autres de fa façon , & tant en Latin qu'en François , écrits de fa main , comme aufli il s'en voit plufieurs en la Bibliothèque de Meffire René de Voyer , Vicomte de Paulmy , Bailli de Touraine , & , entr'autres , fa Confeffion de Foi , écrite de fa main , & fignée par ledit Poftel. J'ai vu aufli plus de cinquante Traités divers écrits de la main de Poftel , pardevers le Sieur de la Serre , Provençal. Je ne fais pas qu'ils font devenus , & s'il les a encore pardevers lui. Ledit Poftel fut Lecteur du Roi en l'Univerfité de Paris ès langues étrangères , fous le règne de François I du nom. Il avoit cognoiffance de douze langues , comme il a montré par fon Alphabet & Grammaires écrites en icelles langues , imprimé à Paris l'an 1538. Il fut envoyé ès parties d'Orient , par le commandement du Roi François I du nom , avec le Sieur de la Foreft , Ambaffadeur de Sa Majefté , vers le grand Seigneur , & Empereur des Turcs , & lui fut délivré la fomme de quatre mille écus pour la première fois , duquel voyage il remporta plufieurs beaux Livres écrits à la main. Il mourut à Paris l'an 1581 , le fixième jour de Septembre , âgé de près de cent ans , comme nous avons dit ci-deffus. Nous ferons plus ample mention de fa vie autre part , enfemble de fes Ecrits Latins.

[1] Voyez à la page 213 du fixième volume de Baillet , *in*-4°. une note fort ample, qui fert à rectifier tout ce que La Croix du Maine dit de GUILLAUME POSTEL *. (M. DE LA MONNOYE).

* Voy. aufli fa vie dans les Mémoires de Littérature de Sallengre, Tom. I, Part. I , & dans les Mémoires de Niceron , Tom. VIII, pag. 285 & fuiv. où il en eft parlé fort au long , & où l'on établit par de bonnes raifons ce que l'on doit penfer des idées bifarres de cet homme fingulier , qui ne fit tant de voyages , ne compofa tant d'Ecrits , ne vécut fi long-temps que pour être dans fon fiècle un prodige d'érudition , d'extravagance , & quelquefois de raifon. Cet homme fut l'énigme de fon fiècle , & auroit été l'étonnement du nôtre s'il y eût vécu. L'Abbé Goujet en parle dans fa Biblioth. Françoife , Tom. I, pag. 306.

GUILLAUME DU PUYS , dit Puteanus , Docteur en Médecine , & excellent Profeſſeur d'icelle en la Ville & Cité de Grenoble en Dauphiné. Il a écrit quelques Œuvres, tant en Latin qu'en François , deſquelles il y en a d'imprimées. Geſnerus en fait mention.

GUILLAUME ROGER , Poëte François, l'an 1520 [1]. Il a écrit quelques Chants Royaux , à l'honneur de la Vierge Marie.

[1] Ce Roger eſt apparemment celui dont parle Jean Bouchet, Ep. 23, adreſſée à Pierre Gervaiſe :

> Entre leſquels, ſi mémoire as des noms,
> Etoit Rogier & le tant bon Riviere,
> Qui de rimer avoit l'art & manière.

Du Verdier n'oublie pas Guillaume Roger parmi les Poëtes du Pui de Rouen, au mot Guillaume Alexis. (M. de la Monnoye).

GUILLAUME RONDELET, Docteur en Médecine , & Chancelier de l'Univerſité de Montpellier , en laquelle Ville il naquit le 27ᵉ jour de Septembre, l'an 1507 [1]. Il a écrit l'Hiſtoire des Poiſſons , tant en Latin qu'en François , imprimée à Lyon. Sa vie a été décrite par Laurent Joubert , ſon ſucceſſeur à Montpellier , &c. Il mourut l'an 1566 , le troiſième jour de Juillet, l'an de ſon âge 58. Il a écrit pluſieurs doctes Œuvres en Latin , étant eſtimé le premier de ſon temps pour la Médecine & recherche des ſecrets en nature *.

[1] C'eſt lui que, par une alluſion boufonne, Rabelais, dans ſon troiſième Livre , a nommé *Rondibilis* : de quoi celui-ci ſe plaignant: « Bon ! lui dit » Rabelais, ſi je vous avois eu en vue , aurois-je fait dire à *Rondibilis*, en » parlant de Tinteville , Evêque d'Auxerre , que *le noble Pontife aimoit le vin* » *comme fait tout homme de bien ?* Je n'ai pas ſi peu de jugement que j'euſſe » fait parler de la ſorte un buveur d'eau comme vous ». Il fallut que Rondelet ſe payât de cette excuſe. Il étoit de la Religion , ſuivant la remarque de Bayle , dans ſon Dictionnaire , au mot Viret , lettre A. (M. de la Monnoye).

* Rondelet étoit fort appliqué à l'Anatomie , & ce fut à ſa ſollicitation que le Roi fit conſtruire le Théâtre d'Anatomie de l'Univerſité de Montpellier. Il mourut à Roulmont dans l'Albigeois, pour avoir mangé, dit-on, trop de figues.

figues. *Voy.* les Mémoires de Niceron , Tom. XXXIII , pag. 306 , où l'on trouve un article fort étendu sur la vie de ce savant Médecin. On y révoque en doute le petit Conte rapporté ci-deſſus par M. de la Monnoye , qui , en effet , a mal cité Rabelais. Les paroles que M. de la Monnoye a en vue ſont dans le trente-troiſième Chapitre du troiſième Livre de Pantagruel ; mais elles ſont dans la bouche de Panurge , & non pas de *Rondibilis*. Il n'en paroît pas moins conſtant que Rabelais a prétendu tourner en ridicule Rondelet. *Voy.* les notes de le Duchat ſur le trente unième Chap. de ce même Livre. De Thou , à la fin de ſon trente-huitième Livre , rapporte qu'on ſoupçonnoit fort Rondelet d'avoir tiré ſon Traité des *Poiſſons* des Commentaires ſur Pline , par Guillaume Pellicier , Evêque de Montpellier ; mais comme ce Traité parut du vivant même du Prélat , Niceron ne peut ſe perſuader que ce Plagiat ſoit réel. Le fait étoit aiſé à vérifier , car les Commentaires de Pellicier étoient pour lors dans la Bibliothèque des Jéſuites à Paris. (Voy. *Gall. Chriſt.* Tom. VI , Col. 811.) Au reſte , Rondelet auroit eu les moyens de ſe diſculper du Plagiat , car dans la Préface de ſon Ouvrage il cite l'Evêque de Montpellier comme l'une des principales ſources de ſes connoiſſances dans l'Hiſtoire Naturelle.

GUILLAUME ROSE , natif de Chaumont en Baſſigny , Docteur en Théologie à Paris , Prédicateur ordinaire du très-Chrétien Roi de France & de Pologne , Henri III du nom , grand Maître du Collège Royal de Navarre , fondé à Paris , Evêque de Senlis , &c. Je n'ai encore vu aucunes Compoſitions Françoiſes dudit Seigneur Evêque miſes en lumière , ſi eſt-ce qu'il a prononcé pluſieurs Oraiſons funèbres , & a fait pluſieurs très-doctes Prédications devant la Majeſté du Roi & de toute ſa Cour , & encore en autres lieux de la Ville de Paris , leſquelles ne ſont encore imprimées. Il florit à Paris cette année 1584. Qui voudra voir ſes louanges bien amplement décrites , liſe les Paranymphes de Michel Thinot [1].

[1] Guillaume Roſe , nommé en 1584 par Henri III , dont il avoit été Prédicateur , à l'Evêché de Senlis , fut un des plus furieux Ligueurs. On lit dans l'*Hiſt. de l'Univerſité de Paris* , Tom. VI , pag. 424 & 426 , qu'il avoit de l'acquit & du talent , ce qui lui mérite quelques louanges de Launay , pag. 529 & 530 de la même Hiſtoire. Il voulut revenir pour être grand Maître de Navarre , mais ce fut pour être flétri par le Parlement , après qu'on eût vu un libelle de Louis d'Orléans , autre Ligueur outré , apoſtillé de la main de Guillaume Roſe , il fut condamné à faire amende honorable en public , ce qu'il fit le 25 Septembre 1598 , avec ſes habits Epiſcopaux , qu'il

ne voulut point quitter *. Les fureurs de ce fanatique le rendirent rédoutable, même à ses Souverains, & cependant il mourut tranquille en 1602. Il faut voir la Critique de la *Satyre Ménippée* sur le Rectorat de Rose, en 1592. (M. Falconnet).

    * Guillaume Rose étoit né à Chaumont en Bassigny, en 1542. Il mourut le 10 Mars 1602. L'Arrêt du Parlement qui le condamna à faire amende honorable, est du 5 Septembre 1598. Voy. de Thou, *Hist.* Lib. CXX.

GUILLAUME LE ROUVILLE [1], natif d'Alençon, à dix lieues du Mans, Licentié ès Loix, Lieutenant Général de Beaumont & de Fresnay, au pays & Comté du Maine. Il naquit l'an 1494. Il a écrit en prose Françoise le Recueil de l'antique Précellence de Gaule & des Gaulois (qui est le titre de son Livre) imprimé à Paris chez Chrestien Vechel, l'an 1551 *. Il a écrit plusieurs Livres en Droit, &, entr'autres, il a commenté les Coutumes du Maine, lesquelles font imprimées à Paris. Il florissoit à Alençon l'an 1550.

    [1] Il falloit écrire LE ROUILLÉ, comme l'Auteur lui-même l'écrivoit, & comme le marque son nom *Rubigineus*, latinisé par Nicolas Bourbon *in Nugis*. (M. de la Monnoye).

    * Il y en a une Edition de Poitiers en 1546, *in*-8°. Le P. le Long en cite une de Paris, 1531.

GUILLAUME ROUVILLE, Tourangeau [1], Imprimeur à Lyon. Ç'a été par sa diligence & industrie que nous avons le Promptuaire des Médailles, imprimé par lui en Latin, François, Italien & Espagnol.

    [1] J'ai cru pendant bien du temps que *Roville*, prononcé comme *Joinville*, étoit le vrai nom de cet Imprimeur. Je m'en suis ainsi expliqué dans une grande note sur Baillet, pag. 374 du Tom. I. Depuis cependant j'ai, à n'en pouvoir douter, reconnu que c'étoit *Rouillé*. La preuve s'en tire de l'Edition *in*-8°. qu'en 1550 cet Imprimeur donna de la *Circé du Gello*, traduite en François par Denis Sauvage, où en quatre endroits, savoir, au bas du Frontispice, au-dessus de l'Epître Dédicatoire, & deux fois dans le privilège, on lit très-distinctement *Rouillé*, bien marqué d'un accent aigu à la fin ; en sorte qu'on ne peut deviner pourquoi dans les Editions de tant d'autres Livres on a négligé d'accentuer ainsi ce nom, l'omission seule de l'accent aigu étant cause de l'ignorance où l'on a été, & où plusieurs font encore de la véritable prononciation. (M. de la Monnoye).

GUILLAUME RUZÉ (Meffire), iffu de la noble & ancienne famille des Ruzez en Touraine , Docteur en Théologie à Paris , premièrement Aumônier & Confeffeur du Roi Charles V , Abbé de l'Efter [1], & maintenant Évêque d'Angers. Il a traduit fort doctement de Latin en François un Traité de Vincent Lirinenfe , ou de Lerins en Provence , touchant la verité & antiquité de la Foi Catholique, imprimé à Paris l'an 1561 chez Vafcofan , & à Lyon l'an 1570. Il florit à Angers cette année 1584. Il a compofé de fon invention , & traduit d'autres Livres , defquels je ne fais pas les titres.

[1] Il mourut le 28 Septembre 1587. Le nom de fon Abbaye de l'Ordre de S. Auguftin , au Diocèfe de Limoges , s'écrit régulièrement l'*Efterp* , *Abbatia Stirpenfis* , ou *S. Petri de Stirpe.* (M. DE LA MONNOYE).

GUILLAUME DE SALUSTE , Sieur DU BARTAS, Gentilhomme natif dudit lieu , près Bordeaux en Gafcongne, appelée des Latins Aquitaine [1]. La réputation que s'eft acquife ledit Sieur par fes doctes Ecrits, m'empêche de le louer ici davantage , car ce feroit vouloir apporter de l'eau en la mer , pour la croître , & d'autre part je me rendrois fufpect à tous ceux qui tâchent de rabaiffer fa gloire , ce que j'aime mieux taire que d'en parler plus avant , n'ayant icelui du Bartas befoin d'autre trompette de fes louanges que les Œuvres mifes par lui en lumière , depuis quelques années en çà , lefquelles ont été fi bien reçues de tous hommes de lettres , qu'elles ont été imprimées par plus de trente fois diverfes , depuis cinq ou fix ans; & l'on a vu fa Sepmaine traduite en vers Latins, par plufieurs de fes amis , & , entr'autres , par Gabriel de Lerm , duquel nous avons parlé ci-devant , & commentée par plufieurs hommes de marque , entre lefquels a été Symon Goulart, & Thevenin, duquel Thevenin les Commentaires feront bientôt imprimés. Voici donc ce qu'il a mis en lumière : la Sepmaine , ou Création du monde , imprimée chez Feubvrier & Gadouleau à Paris, par une infinité de fois ; la Mufe Chrétienne , qui eft un Poëme contenant ce qui s'enfuit , la Judith , le Triomphe de la Foi , l'Uranie , & plusieurs Sonnets , le tout imprimé à Bordeaux chez Symon de Milanges , l'an 1574, & depuis à Paris chez Buon ; l'Enfance du monde, dudit Sieur du Bartas, s'imprime maintenant à Paris chez Pierre l'Huillier , l'an 1584. Il florit cette année 1584, en son pays de Bordeaux , quoique plusieurs aient fait courir le bruit qu'il fût mort.

¹ A s'en tenir à ces paroles de M. de Thou, pag. 99 du Liv. XC de son Histoire , *Gulielmus Salustius , Bartassius , qui nobili familiâ in Ausciis natus, militaribus studiis à puero innutritus , eorum feritatem dulci Musarum consortio ita temperavit ,* &c. on croiroit que du Bartas auroit été nourri aux armes dès son enfance. Baillet l'a cru sur cette autorité, & j'avoue que je l'ai cru aussi. Du Bartas cependant lui-même auroit pu nous désabuser. On trouve en effet dans le Recueil imprimé à Bordeaux par Simon Millanges, 1574, & intitulé *la Muse Chrétienne* de G. de Saluste , Seigneur de du Bartas , après la Judith, le Triomphe de la Foi , & l'Uranie, sept Sonnets, dont le second adressé à F. Rémond , Conseiller au Parlement de Bordeaux, détruit ces idées militaires qu'a voulu donner M. de Thou. Le voici : *

> Mon cher Rémond, qui fais dextrement marier
> La lire de Phébus aux Textes de Scévole,
> Tu t'enquiers si depuis que j'ai quitté l'école
> J'ai suivi le barreau ou bien le train guerrier ?
> La vente des Etats, le mépris coutumier
> De la sainte Thémis qui de-çà-bas s'envole,
> L'horreur du fer civil qui notre France affole,
> M'ont fait tant dédaigner l'un & l'autre métier ;
> Que, loin d'ambition, d'avarice & d'envie,
> Je passe oisivement en mon Bartas la vie,
> Me contentant du bien par les miens acquèté !
>   Mais tel, mon cher Rémond, & nuit & jour se peine
> Pour s'immortaliser, dont peut-être la peine
> Ne sert tant au public que mon oisiveté.

Il mourut en 1590 , âgé de quarante-six ans. (M. DE LA MONNOYE).

Du Bartas étoit né à Ausch, pays des Chansonniers. *Voy.* Teissier sur de Thou , Tom. I , pag. 87 & 89. Il est dit dans le *Perroniana* que du Bartas étoit mauvais Poëte de tout point ; qui ne se moqueroit en effet du *Roi des lumières*, du *Duc des chandelles*, des *Coursiers d'Eole*, & d'autres expressions aussi ridicules, dont il croyoit embellir ses compositions ? Cependant il a été imprimé *in-fol.* Il a trouvé un Traducteur Latin , & il occupe encore sa place dans les grandes Bibliothèques. (M. FALCONNET).

Voy. la Bibl. Françoise de M. l'Abbé Goujet , Tom. XIII , pag. 304.

* Quoiqu'en dise le Sonnet rapporté ci-dessus par M. de la Monnoye , il n'en est pas moins vrai que du Bartas suivit le parti des armes. Il servoit en

1590 à la tête d'une cornette de Cavalerie, sous le Maréchal de Matignon, lorsque les fatigues, & quelques blessures qui n'avoient pas été bien pansées, l'enlevèrent au mois de Juillet de cette même année, à la fleur de son âge. De Thou, *Hist.* Lib. XCIX.

GUILLAUME DE S. DIDIER, Gentilhomme, natif du pays de Velay, Poëte Provençal, l'an 1185. Il a traduit de Latin en rithme Provençale les Fables d'Esope. Il a davantage écrit un fort beau Traité de l'Escrime. Il mourut l'an 1185, ou environ *. C'est une rencontre bien mémorable de ce qu'il se trouve qu'un autre Gentilhomme, de même surnom, de même qualité, & de même pays, ait à quatre cent ans après la mort du susdit Guillaume, écrit un Livre de l'Escrime, qui est Henry de S. Didier, lequel a fait imprimer son Livre de l'Escrime à Paris, depuis dix ans en çà, comme nous dirons en son lieu.

*Voy. Jean de Notre-Dame, Chap. 6.

GUILLAUME SAULNIER, Normand, Poëte Latin & François, l'an 1536. Il a écrit quelques Poësies, non encore imprimées.

GUILLAUME LE SENESCHAL, natif du pays de Normandie, Docteur en Théologie à Paris, Curé de S. Severin en ladite Ville, homme fort docte & fort estimé de son temps. Il a écrit les Sermons de Carême, imprimés à Paris chez Nicolas Chesneau, l'an 1559. Il florissoit sous Charles IX, l'an 1564.

GUILLAUME DE SILVECANE, Poëte Provençal, fort excellent à composer des vers Lyriques, &c. Il a écrit plusieurs Chansons en rithme Provençale, qu'aucuns ont voulu dire que Hugues de Penna son compagnon s'est attribuées. Il florissoit l'an de salut 1280 *.

* Voy. Jean de Notre-Dame, Chap. 44.

GUILLAUME LE SUEUR, natif de Bollongne sur la mer en France, Poëte Latin & François [1].

[1] Il prend la qualité d'Avocat au Bailliage de Boulogne sur mer, dans le Livre Apocryphe, vulgairement appelé *le troisième des Maccabées*, qu'il a

traduit de profe Grecque en vers Latins, & qu'il fit imprimer *in-*8°. à Paris, 1566, chez Robert Etienne, fils de Robert. (M. DE LA MONNOYE).

GUILLAUME TABOUROT, Avocat au Parlement de Dijon en Bourgongne, homme docte, Conseiller du Roi, & Maître extraordinaire en la Chambre des Comptes de ladite Ville, père d'Estienne Tabourot, Auteur du Livre intitulé les Rithmes Françoises, duquel nous avons parlé ci-devant en son lieu [1]. Pierre de S. Julien loue fort ledit Guillaume en son Livre de l'Origine des Bourguignons, & fondit fils en parle aussi en son Livre des Bigareures. Il mourut l'an 1561, âgé de quarante-cinq ans cinq mois, le 24ᵉ jour de Juillet. Je n'ai point encore vu de ses Ecrits imprimés.

[1] Les qualités données ici à Guillaume Tabourot sont tirées de l'Epitaphe que son fils Etienne lui a faite, inférée dans les *Bigarrures*, au Chapitre des Epitaphes. Celle que Philippe Robert, pag. 44 & 45 de ses Poësies, lui a dressée en Grec & en Latin, semble marquer que la trop grande fatigue du Barreau lui avoit avancé ses jours. Charles Févret ne l'a pourtant point nommé dans son Dialogue *de claris Fori Burgundici Oratoribus*. La Croix du Maine pouvoit bien mieux se passer de lui donner place dans sa Bibliothéque, & sur-tout d'attribuer à Etienne Tabourot, fils de Guillaume, le Dictionnaire des *Rimes Françoises*, que plus bas, mais trop tard, il reconnoît être de Jean le Févre. (M. DE LA MONNOYE).

GUILLAUME DE LA TAISSONNIERE, dit DE CHANEIN, Gentilhomme Dombois, Seigneur de la Tour des Moles, au pays de Masconnois. Il a écrit un Poëme François, qu'il a intitulé la Sourdine Royale, imprimée à Paris l'an 1569 par Federic Morel; l'Idilié de la vertueuse & modeste amitié d'un Gentilhomme, non Courtisan, imprimée par ledit Morel; les amoureuses occupations dudit Sieur de Chanein, imprimées à Lyon par Rouville, l'an 1555, & à Paris par Jean Caveillier, l'an 1556. Il promet un Livre de la Chasse, de toutes sortes d'Animaux terrestres, tant par violence de fer & bastons à trait, course de chiens & vol d'oiseaux, rets ou filets, lacqs, pièges, trebuchets, cages, gluz & empoisonnemens, qui sont en nombre de huit cens cinquante-sept sortes de chasse, différentes les unes des autres, lesquelles il a mises

par mémoire , pour par après les dilater. Ce Livre n'eſt encore
en lumière. Je ne ſais ſi l'Auteur ou l'Imprimeur ſe ſont trompés
à ce nombre de huit cens cinquante-ſept , contenu en l'Epître
dudit de la Taiſſonniere , préſentée au Roi ; Epître au Roi
Charles IX , imprimée à Paris ; Abrégé de l'Arithmétique ,
imprimé à Lyon l'an 1572 par Rigault ; l'Atifet des Damoiſelles , avec un Epithalame du même Auteur , le tout imprimé
à Paris chez Federic Morel l'an 1575. Il floriſſoit ſous Charles IX , l'an 1570 [1].

[1] Il a fait auſſi un Livre intitulé *la Géomance*, *in-4°.* à Lyon , chez Benoiſt
Rigaud , 1575. (Préſident BOUHIER).

Voy. la Biblioth. Françoiſe de M. l'Abbé Goujet , Tom. XII , p. 115 ,
Tom. XIII , p. 251.

GUILLAUME TARDIF , natif du Puy en Velay , Lecteur
de Charles VIII du nom , Roi de France , l'an 1484 [1]. Il a recueilli de pluſieurs Auteurs un Livre de la Faulconnerie *, départi en deux Livres : le premier enſeigne à cognoître les oiſeaux
de proie (deſquels on uſe) les enſeigner & gouverner , & les
médecines pour les entretenir en ſanté : le ſecond enſeigne les
médecines des oiſeaux. C'eſt ici le titre du Livre du ſuſdit Tardif,
lequel nous avons pardevers nous écrit à la main , enſemble
celui de Jean de Frachieres , leſquels ont été depuis imprimés
à Poitiers par les Marnefs & Bouchets , l'an 1567. Il floriſſoit
l'an 1480.

[1] Le P. Labbe , pag. 341 de ſa *Nova Bibliotheca Manuſcriptor.* n°. 300 ,
rapporte un *in-fol.* intitulé *Apologues traduits du Latin de Laurent Valle , par
Guillaume Tardif , Liſeur du Roi Charles VIII* , & ajoute *vieille Edition avec
figures enluminées.* Naudé , pag. 188 de ſon Addition à l'Hiſtoire de Louis XI,
ayant lu *Tardinus* pour *Tardivus* , l'appelle mal *Tardin.* Un Florentin , nommé *Franceſco Florio* , Auteur d'une Hiſtoriette Latine *de amore Camilli &
Æmilia* , compoſée à Tours vers l'an 1467 , crut devoir la dédier à ce
Guillaume Tardif , comme à un homme , dit-il , accoutumé dès long-temps
aux exercices tant de Vénus que de Mars , & de plus comme à un grand
Maître en Rhétorique , *quia & in Veneris Martisque palæſtrâ jam diù te exer-
citatum , & in Rhetoricâ facultate peritiſſimum eſſe novi.* J'ai dit que cette
Hiſtoire fut compoſée à Tours l'an 1467 , & non pas qu'elle y fut alors
imprimée , comme le croient pluſieurs , trompés par ces mots qui ſe liſent à

la fin du livre : *Francisci Florii Florentini, de duobus amantibus, Liber feliciter expletus est Turonis, editus in domo Domini Guillermi Archiepiscopi Turonensis, pridiè Kalendas Januarias, anno Domini 1467;* l'usage de l'impression étoit absolument inconnu en France avant 1470 ou 1471, comme ceux qui ont recherché ce fait avec le plus de soin, tels que Naudé & Chevillier en conviennent. Ainsi les mots *expletus* & *editus* ne signifient là autre chose, sinon qu'en 1467 le Livre fut achevé *expletus*, & la même année rédigé en copies manuscrites, pour être répandu dans le public *editus*, suivant le style de ce temps-là. C'est de quoi le quatrième Tome du *Menagiana*, pag. 55, donne des preuves incontestables. L'Histoire amoureuse dont il s'agit n'ayant pu, par la raison que nous avons dite, avoir été imprimée en 1467, il faut nécessairement qu'elle soit d'une impression postérieure. Il y en a deux Éditions, toutes deux *in-4°.* l'une en bonne lettre, l'autre Gothique, à cela près entièrement conformes. Il n'est pas possible de déterminer leurs dates ; ce qu'il y a de sûr, c'est que cette Histoire ne peut avoir été composée ni publiée sous un Guillaume, Archevêque de Tours, n'y en ayant eu aucun de ce nom là, mais bien un Gérard de Crussol, depuis 1466 jusqu'à 1472, d'où l'on peut présumer avec raison que n'ayant été imprimée que plusieurs années après qu'elle eut en 1467 paru manuscrite, l'Imprimeur ou l'Editeur trouvant en abrégé *in domo Domini G.* aura, croyant bien deviner, mis par erreur tout au long *in domo Domini Guillermi*, au lieu d'*in domo Domini Gerardi*. (M. DE LA MONNOYE).

    * Prosper Marchand, dans son Dictionnaire, cite deux Editions de la *Fauconnerie* de Tardif, bien antérieures à celles dont parle La Croix du Maine : la première à Paris, en 1492, *in-fol.* & la seconde aussi à Paris, en 1506, *in-4°.* Quant à l'Edition Latine de Solin, par les soins de Guillaume Tardif, dont parle Marchand, sur la foi du Catalogue de la Bibliothèque de le Tellier, & qu'il rapporte vers l'an 1498, elle est sans date ; mais tout annonce qu'elle est un des premiers fruits de l'établissement de l'Imprimerie en France vers l'an 1470. Cette Edition, qui est très-belle & très-rare, est dans la Bibliothèque de M. de Bréquigny, de l'Académie des Belles-Lettres, qui m'a fourni cette remarque. Si Saumaise avoit connu cette Edition, il y auroit trouvé de bonnes leçons pour son Edition de *Solin.* On lit à la tête de cette ancienne Edition quelques vers à la louange de l'Editeur Guillaume Tardif, par Louis de Rochechouart, Evêque de Saintes. Cet Evêque avoit été nommé en 1460, & résigna son Evêché à son neveu en 1492. Ainsi certainement l'Edition de *Solin* par Tardif est bien antérieure à la date que lui donne Prosper Marchand.

GUILLAUME TELIN, ou **THELIN**, de Cusset en Auvergne, Ecuyer, Seigneur de Gutmont & de Morillonvilliers, &c. Il a écrit en prose Françoise un Livre intitulé les Opuscules divins, recueillis des saintes Ecritures, imprimés à Paris l'an

1565

1565 par Mathurin Prevoſt, leſquelles ont été revues par Daniel d'Auge, comme nous avons dit ci-deſſus; Recueil d'aucunes Hiſtoires, eſquelles eſt montré que les Empereurs & Rois anciens furent plus riches & magnifiques que ne ſont ceux du jourd'hui, imprimé à Paris par ledit Mathurin Prevoſt, l'an 1565; le Sommaire des ſept vertus, ſept Arts libéraux, ſept Arts de Poëſie, ſept Arts méchaniques des Philoſophes, & pluſieurs autres choſes dudit Telin, imprimées en un volume à Paris par Galiot du Pré, l'an 1533, auquel temps ledit Auteur vivoit*.

   * Voy. la Bibl. Françoiſe de M. l'Abbé Goujet, Tom. X, pag. 325.

GUILLAUME DE TERRAUBE, Abbé de Boilas en Gaſcongne, Aumônier du Roi de France Henri II, l'an 1558. Il a écrit un brief Diſcours des choſes plus néceſſaires & dignes d'être entendues en la Coſmographie, &c. revu & recorrigé par l'Auteur, & imprimé à Paris pour la ſeconde fois, chez Federic Morel à Paris, l'an 1568.

GUILLAUME TERRIEN, Lieutenant général du Bailliage de Diepe en Normandie. Il a écrit des Commentaires du Droit Civil, tant public que privé, obſervé au Pays & Duché de Normandie, imprimés à Paris chez Jaques du Puis, *in-fol.* l'an 1574, auquel temps ledit Terrien floriſſoit.

GUILLAUME THIBAULT, Poëte Latin & François. Il a écrit quelques Chants Royaux à l'honneur de la Vierge*.

   * C'eſt un des Poëtes du Pui de Rouen.

GUILLAUME DE THIGNONVILE, ou TIGNONVILLE, Chevalier, Conſeiller & Chambellan du Roi de France Charles VI, Prévôt de Paris, l'an 1408. Il a traduit de Latin en François les dits moraux des Philoſophes, enſemble les dits des Sages, & le ſecret des ſecrets d'Ariſtote, imprimés à Paris par Pierre Vidoue & Galiot du Pré, l'an 1531. Ce Livre a été depuis imprimé à Paris par Pierre le Ber, l'an 1532, ſous

La Cr. du M. *Tome I.*   Y y

le nom & titre de la Forest , & Description des grands & sages Philosophes du temps passé.

GUILLAUME (Messire), Evêque de Tournay , Chevalier de la Toison d'or , du temps de Philippe , Duc de Bourgongne , &c. Il a écrit un Livre intitulé la Toison d'or , imprimé à Paris. Quelques-uns pensent que ce Livre traite de la Pierre Philosophale , à cause du titre d'icelui [1].

[1] Le P. Labbe , pag. 309 de sa *Nova Bibliotheca Manuscriptor.* n°. 53 , rapporte un volume intitulé *la Toison de Iacob , composé par Guillaume , Evêque de Tournay , Chevalier de l'Ordre de la Toison* , avec figures , & pag. 310 , n°. 71 , *de l'Ordre de la Toison d'or & des six Toisons , par Guillaume , Evêque de Tournay , Chancelier de la Toison , à Charles , Duc de Bourgogne* , avec enluminures. (M. DE LA MONNOYE).

GUILLAUME TROUILLARD, Sieur DE MONTCHENOU, Avocat au Mans , issu de la très-ancienne famille des Trouillards au Maine , & frère de Jaques Trouillard , Sieur de la Boulaie , Docteur en Médecine , duquel nous parlerons ci-après. Cetuy-cy étoit un des plus doctes & des plus éloquens Avocats de la Ville du Mans , en laquelle il s'en est toujours trouvé un tel nombre , que tous les autres Siéges les ont en honneur , tant pour la théorique que pour la pratique , & pour le grand jugement desquels ils sont doués ; ce que je ne dis par flaterie , mais selon que la vérité m'y convie. Aucuns pensent qu'il soit Auteur d'un Livre imprimé l'an 1564 , traitant des troubles advenus au Maine : mais je pense que le Seigneur Francour , Chancelier de Navarre , l'aye composé , comme nous avons dit en son lieu. Il florissoit au Mans du temps de Henry II , l'an 1559.

GUILLAUME VEAU , ou VIAUX , ancien Poëte François , l'an 1260 , ou environ. Il a écrit quelques Poëmes François , non encore imprimés [*].

[*] Voy. Fauchet , Ch. 73 des anciens Poëtes François.

GUILLAUME DE VILLENEUFVE , ancien Poëte François , l'an 1300 , ou environ. Il a écrit un Poëme François , des criz de Paris.

GUILLAUME VINCENT , ancien Poëte François & Hiftorien , premier Huiffier du Parlement de Bordeaux. Il a écrit plufieurs Ballades , lefquelles fe voient écrites à la main pardevers nous , & , entr'autres , il en adreffe plufieurs d'icelles à Octavien de S. Gelays , Evêque d'Angoulefme , duquel j'ai auffi les réponfes. Il vivoit en l'an 1480 , ou environ

GUILLAUME VINCENT DE CLAMECY , Poëte Fran-çois , l'an 1552 , autre que le fufdit. Il a écrit en vers François le Convy de Pallas , Déeffe de Science , au très-Chrétien Roi de France Henry II du nom , pour faire fon entrée en fa no-ble Ville de Tours , imprimé audit lieu , l'an 1552 , par Jean Rouffet *, &c.

* Voy. la Bibl. Françoife de M. l'Abbé Goujet , Tom. XIII , pag. 24.

GUILLAUME DE VINIERS (Meffire) , Chevalier , Poëte François , l'an 1250 , ou environ[1]. Il a écrit quelques Poëfies amoureufes , non encore imprimées.

[1] Il a voulu dire *GILLES LE VINIERS* , dont Fauchet parle dans fon Livre des anciens Poëtes François , Chap. 51 , & que lui-même nomme dans l'Article fuivant , quoique lui & du Verdier l'aient entièrement omis au mot GILLES. (M. DE LA MONNOYE).

GUILLAUME LE VINIERS , ancien Poëte François , l'an 1300 , ou environ, parent de Gilles le Viniers , &c. Il a écrit quelques Poëfies , affez eftimées de fon temps. Je ne fais fi les deux fufdits ne font qu'un même *.

* Il n'y a plus à en douter après la remarque précédente. *Voy.* Fauchet , Chap. 104 des anciens Poëtes François.

G.   G.

GARIN , ancien Poëte François , l'an 1260 , ou environ. Il a écrit un Fabliau , qu'il appelle le Chevalier.

G. D. P. P. Il a écrit un Difcours en forme d'Hiftoire , touchant l'Origine , Antiquité , Excellence , Progrès , Loix ,

Coutumes & autres chofes femblables du Royaume de Polongne.

G. LE BRETON, natif du pays de Normandie, Avocat
en Parlement. Il a traduit de Grec en François les Œuvres de
Platon. Il a traduit les Odes d'Anacréon en vers François,
non encore imprimées, felon que j'ai appris du Sieur de Buiffay
Roland Seigneur *, &c.

* On n'a pas plus vu le *Platon* de ce prétendu Traducteur que fon
Anacréon.

G. DREVIN. Il a écrit en profe un Traité de l'Exercice de
guerre, & inftruction des Chevaliers & Gentilhommes, imprimé à Paris par Guillaume Niverd.

G. MONTAGNE, Procureur de M. le Cardinal de Tournon. Il a écrit un Difcours de la Police des pauvres de Paris,
imprimé audit lieu.

G. RHOYER (*mieux* ROYHIER), Dijonnois. Il a traduit
en vers François la Vatrachomiomachie d'Homere, qui eft à
dire en François la bataille des Grenouilles, & des Rats ou
Souris [1].

[1] Il fut Maire de Dijon en 1581, & depuis, en 1584, 85 & 86. Etant
jeune étudiant à Touloufe, en 1552. Il fe divertit à mettre en vers François
la *Batrachomyomachie*. Antoine Macault l'y avoit mife douze ans auparavant; mais je doute fort qu'après celle du Docteur * Junius Biberius Mero,
imprimée chez Pierre-François Giffart, à Paris, 1717, il ofe jamais en
paroître aucune en vers dans la même langue. (M. DE LA MONNOYE).

* Ce Docteur eft *M. Jean Boivin*, de l'Académie Françoife & de celle des
Infcriptions & Belles-Lettres, qui fit adreffer cette Traduction à M. de Pli-
mon, fils de M. le Chancelier d'Agueffeau, âgé de quatre ans, par fon
fils feulement âgé de deux mois. Ce petit Poëme eft imprimé *in-8°.* avec le
Poëme des *Cerifes renverfées*, par Madame le Hay.

G. DE LA VIGNE, Gentilhomme Breton. Il a écrit un
brief Difcours de la furprife de la Ville & Fortereffe de Concq,
près de Vannes en Bretagne, imprimé à Paris l'an 1477 par
Pierre Laurent.

... GREBAN , natif de Compiegne en Picardie. Il a écrit un Livre, intitulé la Création du monde. Je ne fais lequel c'eft d'Arnoul, ou Symon les Grebans , frères , qui eft Auteur de ce Livre.

... LE GRAS , Avocat au Parlement de Rouen , homme fort docte ès langues , & Poëte François très-excellent. Il a compofé plufieurs Œuvres , non encore mifes en lumière. Il florit à Rouen cette année 1584.

... GRIGNON , ancien Poëte François , natif de Diepe en Normandie. Il a écrit quelques Chants Royaux à l'honneur de la Vierge Marie.

... GREVILLIER , ancien Poëte François , l'an 1264. Il a écrit plufieurs Poëmes du Jeu party d'amours *.

* Fauchet , Chap. 110 , écrit *GREIVILLIER* , & ne lui donne point de nom propre.

... GUIGNART, ou GUINGUART (ou Gaignard), Apoticaire , &c. Il a écrit quelques Chants Royaux , à l'honneur de la Vierge , imprimés à Rouen l'an 1250 , ou environ.

... GUIART [1], ancien Poëte François , l'an 1260 , ou environ. Il a écrit un Livre de l'Art d'aimer , à l'imitation d'Ovide, non imprimé.

[1] La Croix du Maine place à la fin de cette lettre G. le mot *GUIART*, comme un nom de famille , auquel manque le nom de baptême. En effet , quoique *Guiart*, venant de *Guy*, paroiffe un nom de baptême, & que plufieurs des Poëtes de Fauchet n'aient que de ces fortes de noms , joints à celui de leur pays , Borel néanmoins , dans la Table Alphabétique des Auteurs cités en fon *Tréfor* , rapporte Guillaume Guiart , d'Orléans , en l'*Art d'Amours* , l'an 1306 , & au Roman des *Royaux Lignages*. Ce dernier, dont le Manufcrit eft à la Bibliothèque du Roi , contient en vers de quatre pieds les faits mémorables de nos Rois , depuis 1165 jufqu'en 1306. Du Cange en a extrait la *Vie de S. Louis* , imprimée en 1668 à la fuite de fon *Joinville*. (M. de la Monnoye).

... GUTTHERRY [1]. Il a traduit d'Efpagnol en François

les Epîtres dorées d'Antoine de Guevarre , Prédicateur de l'Empereur , imprimées à Paris par Jean Macé par diverses fois.

[1] Son nom de famille étoit *GUTTERRY*, mal écrit ici *GUTTHERRY*, son nom de baptême *JEAN*. Il étoit Médecin de Charles , Cardinal de Lorraine en son Abbaye de Cluny. Peut-être aussi étoit-il frère de Gabriel Gutterry, que Dom Claude de Guise fit empoisonner, si l'on en croit la *Légende* de cet Abbé, p. 85 & 199. Il est parlé dans l'Epître Dédicatoire de cette Légende, pag 13 de ce *Gabriel*, dont je présume qu'étoit fils un *Gutterry*, Auteur de deux Ecrits Italiens fort libres , imprimés *in-8°*. à Paris , chez Guillaume Julien, 1586, le premier intitulé *la Priapea* , le second *la Camilletta*. Il étoit de Cluny comme ses Ancêtres. Quelques-uns ont cru que *la Priapea* & *la Camilletta* étoient de Gabriel Guttery , ce qui ne sauroit être , puisque la Légende de Dom Claude de Guise , où il est parlé de la mort de ce *Gabriel* en deux endroits, fut imprimée l'an 1581, & que l'Auteur des deux Ouvrages Italiens étoit plein de vie en 1586 , comme on le remarque par l'Epître Dédicatoire de sa *Camilletta*. Du Verdier parle de JEAN GUTTERI dans son ordre. (M. DE LA MONNOYE).

H A I.

HAISIAU, ou HESIAUX, ancien Poëte François, lequel floriſſoit l'an 1300, ou environ. Il a écrit un plaiſant Diſcours de l'Aneau qui faiſoit roidir le membre [1]. Il n'eſt encore imprimé. Voy. CL. F.

[1] Aloïſe Cinthio de Gli Fabritii, dans ſon Livre *in terża rima*, de l'origine de quelques Proverbes Italiens, ſemble avoir tiré du *Fabliau* ou *Fabel* d'Haiſiaux la longue & plaiſante explication, que, feuillet 132, il donne du proverbe *chi troppo vole, da Rabbia more*. (M. DE LA MONNOYE).

HAITON, Sieur DE COURCHY [1], Couſin du Roi d'Arménie[*]. Il a écrit les Hiſtoires des parties d'Orient en notre langue Françoiſe, lequel Livre il intitule autrement le paſſage de la Terre-Sainte, qui a été depuis traduit en Latin par Nicolas Salcoin, dit Salconi, par le commandement du Pape Clémént V du nom, &c. faiſant lors ſa réſidence à Poitiers ledit Salcoin, ou Salconi, l'an 1307. Leſdites Œuvres ſe voient écrites à la main en la Bibliothèque du Roi de Navarre à Vendoſme, & la Traduction Latine a été imprimée en Almagne l'an 1529. Ledit frère Haiton étoit de l'Ordre des Prémontrés, & floriſſoit en l'an de ſalut 1300, lequel dicta ou raconta de vive voix cette Hiſtoire audit Salconi, pour la mettre en Latin, afin d'être vue & lue de pluſieurs, n'entendants pas le François.

[1] Au lieu de *Sieur DE COURCHI*, il devoit dire *GEORGIEN*. Quelques-uns, dit Leunclaw, pag. 198 de ſes *Pandectes Turques*, croient qu'*Aiton* eſt la même choſe qu'*Antoine*, & qu'ainſi *Antoine Courchin*, c'eſt comme qui diroit *Antoine le Géorgien*. Il eſt nommé dans le Manuſcrit de la Bibliothèque du Roi *Frère Jean Hayton*. M. le Duchat a fort bien rétabli le mot *Chaiton*, ſynonime de *Haiton*, dans Rabelais, Liv. V, Chap. 31, où auparavant on liſoit *Charton*. (M. DE LA MONNOYE).

[*] Haiton nous apprend lui-même diverſes particularités de ſa vie dans quelques endroits de ſon Ouvrage, principalement dans le quarante-ſixième Chapitre. Il étoit parent d'un Roi d'Arménie, de même nom que lui. Les circonſtances dans leſquelles ſe trouva le Royaume d'Arménie l'empêchèrent d'exécuter le projet qu'il avoit formé de ſe faire Moine, enfin cet Etat devenu

plus tranquille , il eut la permiffion de remplir fon vœu , & vint prendre l'habit de Prémontré dans un Couvent de l'Ifle de Chipre en 1305. Etant venu par la fuite en France dans la Ville de Poitiers , Nicolas Faucon écrivit en François l'Ouvrage que nous avons fous le nom de *Haiton* , & que Haiton en effet lui dicta. Le même Nicolas Faucon traduifit enfuite ce Livre en Latin , en 1307. Cette Traduction a été fouvent imprimée : on l'a traduite en Hollandois , en Italien , en Anglois , & même en François , quoique l'Ouvrage eût été originairement compofé en cette dernière langue. Voyez Fabric. *Biblioth. infimæ Latinit.* Tom. I , pag. 86 , & Voffius *de Hift. Lat.* pag. 497. Le Livre de Haiton , dans quelques Manufcrits , eft intitulé *de Partibus Orientis* , & fur la fin il y eft queftion des paffages de la Terre-Sainte.

HEBERT , ou HEBERS , ancien Poëte François , l'an 1200 , ou environ. Il a traduit de Latin en François le Roman des fept Sages , écrit en Latin par un nommé Jean , Moine de l'Abbaye de Haulte-Selve *.

* Voy. Fauchet , Chap. 12 des anciens Poëtes François.

HECTOR DE BEAULIEU , natif dudit lieu en Limofin; Voy. ci-devant EUSTORG , qui eft le nom qu'il s'eft donné en fes Œuvres , imprimées , &c.

HELIAS , Gentilhomme Provençal , parent de Guy d'Uzes , Sieur dudit lieu. Il étoit bon Poëte Comique , & réputé pour tel de fon temps , favoir en l'an 1230. Ses Ecrits ne font imprimés.*

* Voy. Jean de Notre-Dame , Ch. 27 , & ci-deffus EBLES & GUI D'USEZ.

HELIE ANDRÉ. Il a écrit , mais je n'ai point vu fes Œuvres [1].

[1] Il étoit de Bordeaux , fort habile en Grec , a traduit & commenté le quatrième & plus difficile Livre de la *Grammaire Grecque* de Théodore Gare. Sa verfion Latine des *Odes d'Anacréon* accompagne d'ordinaire celle d'Henri Etienne. Je ne fache pas qu'il ait rien écrit en François. (M. DE LA MONNOYE).

HELIE CADU , Angevin. Je n'ai point vu fes Œuvres.

HELIE VINET , Xaintongeois , homme fort docte. J'ai parlé de lui ci-devant à la lettre E , auquel lieu fon nom fe voit écrit par E , fans afpiration , en cette forte ELIE VINET , &c.

J'avois

J'avois obmis à dire de lui qu'il a traduit de Grec en François la Sphère de Procle, imprimée à Poitiers par les Marnefs, l'an 1544 *.

* Nous ajouterons à ce qui en a déjà été dit à l'Article Elie Vinet, qu'il fut l'un des plus habiles Philologues de son siècle, & que fort savant dans les Mathématiques, qu'il professa long-temps à Bordeaux, où il étoit Principal du Collège de Guyenne, il chercha à les appliquer à des objets utiles.

Voy. les Mém. de Niceron, Tom. XXX.

HELINAND, natif de Beauvais en Picardie, Moine de l'Abbaye de Froidmont ou Fremont, l'an 1200, Poëte Latin, Théologien, & Historien. Il a écrit quelques Rithmes en vers François, &, entr'autres, de la mort[1]. Il a écrit une Chronique depuis le commencement du monde jusqu'au temps qu'il vivoit, savoir est en l'an susdit 1200 *. Il a écrit plusieurs autres Livres tant en Latin qu'en François, desquels fait mention Vincent de Beauvais en son Miroir Historial, Livre trentième, Chapitre cent huitième **, & Antonin, Archevêque de Florence, en la troisième partie de ses Chroniques au titre dix-huit, Chapitre cinq.

[1] Antoine Loifel fit imprimer en 1594 à Paris les vers de Dom, ou, comme on parloit alors, de Dans Hélinand, intitulés *de la Mort*. On sait qu'après avoir couru le monde & mené une vie voluptueuse, il fit profession en l'Abbaye de Froidmont, de l'Ordre de Cîteaux, où il composa divers Ouvrages, entr'autres, sa *Chronique*, dont, si elle étoit imprimée, on trouveroit la lecture fort divertissante. Il mourut le 3 Février de l'an 1223. (M. de la Monnoye).

* L'Abbé de Longuerue faifoit grand cas de la *Chronique* d'Helinand. La *Bibliotheca Cistercienfis*, en quatre volumes, est, dit-il, une rapsodie de pièces Monachales à envoyer à la beurrière. On y trouve, par exemple, un beau Commentaire de trois cens pages sur le *Salve Regina*. Dans tout ce fatras est pourtant l'Histoire (ou Chronique d'Helinand) la perle dans le fumier.

** Voici ce qu'en dit Vincent de Beauvais, sur l'an 1209 : *His temporibus in territorio Belluacenfi fuit Helinandus, Monachus Frigidi Montis, vir Religio-sus & facundiâ difertus, qui & illos verfus de morte, in Vulgari noftro (qui publicè leguntur) tàm eleganter & utiliter, ut luce clariùs patet, compofuit.* Helinand tenoit encore un rang distingué entre tous les Poëtes François; on le nomma particulièrement pour chanter quelque belle Chanson devant le Roi , c'eſt ce que l'on apprend d'un vieux Roman en vers , cité par Pâquier (*Recherches de la France ,* Liv. VII , Chap. 3).

> Quant li Roy ot mangié , s'appela Hélinand ,
> Pour ly esbanoyer commanda que il chant ,
> Cil commence à noter ainſy comme ly jayant
> Monter voldrent au Ciel , comme gent mescreants
> Entre les Diex y ot une bataille grand ,
> Si ne fuſt Jupiter à ſa foudre bruyant ,
> Qui tous les defrocha , ja ne euſſent garent.

Voy. la Bibl. Françoiſe de M. l'Abbé Goujet , Tom. IX , p. 2 & ſuiv.

HELION DE GLANDEVES, Ecuyer , natif de Peipin en Provence. Il a écrit quelques Œuvres , leſquels je n'ai point vus.

HELISENNE DE CRENNE , Damoiſelle Picarde [1]. Elle a écrit un Livre des Angoiſſes doloreuſes qui procédent d'A-mours ; Epîtres familières & invectives ; le Songe de ladite Dame Heliſenne , le tout en proſe Françoiſe , imprimé à Paris par Charles l'Angelier , l'an 1544. Nous avons parlé d'elle ci-deſſus à la lettre E. Voy. ELISENNE écrit ſans H , ou aſpiration.

[1] Quoique les deux Bibliothécaires en parlent , l'un ſous le nom de HELI-SENNE DE CRENNES , l'autre ſous le nom de Dame HELISENNE , cette Dame ou Demoiſelle Auteur n'a jamais exiſté. C'eſt un nom ſuppoſé & Roma-neſque , ſous lequel un Auteur capricieux a écrit en termes François , écor-chés du Latin , une Hiſtoire imaginée à plaiſir. Pâquier , Let. 12 du Liv. II , a cru que Rabelais avoit voulu ſe moquer de cette Dame en la perſonne de l'Ecolier Limoſin , au Chapitre ſixième de ſon *Pantagruel.* Cependant , comme un certain Jean Louis , dont il ſera parlé en ſon rang , à la lettre J , (dans du Verdier) uſoit d'un langage ſemblable dans les Livres de dévotion qu'il compoſoit , je croirois que ces Livres ayant paru dès 1516 , Rabelais pouvoit les avoir eu en vue , & non pas ceux de Dame Héliſenne , poſtérieurs de quelques années au *Pantagruel ,* qui , comme nous l'avons fait voir au mot GEOFFROI TORY , étoit déjà connu en 1529 . quinze ans avant que les Ouvrages d'Héliſenne fuſſent imprimés *. (M. DE LA MONNOYE).

* Cependant le Préſident Bouhier renvoie ſur cette prétendue HELISENNE à ce qu'en dit François de Billon , au *Fort inexpugnable de l'honneur féminin ,* fol. 35 , v°.

HENRY B. D'ANGOULESME (Meſſire) , fils naturel de Henri II du nom , Roi de France , &c. Chevalier de l'Ordre de S. Jean de Hiéruſalem , grand Prieur de France , Capitaine de cent lances des Ordonnances , Lieutenant Général aux

Armées de Levant & Ponant , Capitaine des Galères pour Sa Majefté , &c. Ce Prince a eu pour Précepteurs M. de Morel , Gentilhomme Dauphinois , & encore M. d'Aurat , tous deux tant renommés pour leur grande érudition , qu'il n'eft befoin d'écrire de leurs louanges plus avant. Or , pour venir à ce Seigneur fufdit , j'ai entendu d'hommes dignes de foi (car je n'ai jamais eu ce bien de le voir ou cognoître) qu'il eft tellement fçavant & inftruit en toutes fortes de bonnes difciplines , & principalement ès langues Grecque & Latine (fans faire mention de la Françoife qui lui eft familière pour être né en France) que l'on ne peut mettre en avant aucun de fa qualité qui le paffe en fçavoir & doctrine. Nous n'avons encore rien vu de lui mis en lumiere , touchant fes doctes compofitions , mais l'on ne peut autrement faire (fans fe tromper) que de croire qu'il en pourra compofer , quand il lui plaira s'adonner à écrire , d'autant doctes & pleines d'érudition , que font ceux qui font profeffion entière de l'étude. Il florit cette année 1584 [1].

[1] Il fut tué à Aix le 2 Septembre 1586 , par un Gentilhomme Florentin , nommé *Philippe Altoviti*, qui, ayant reçu de lui un coup d'épée , dont peu d'inftans après il mourut, lui perça l'aine d'un poignard, avant que de mourir. (M. DE LA MONNOYE).

HENRY DE BARAN. Il a écrit une Comédie Françoife , du Pécheur juftifié par la Foy , imprimée l'an 1561 *.

* Sa Comédie avoit été imprimée dès 1554 , *in-12*, fans nom de Ville ni d'Imprimeur , fous le titre de l'*Homme juftifié par la Foy ; Tragique Comédie Françoife en douze perfonnages*. Elle eft en vers & en cinq Actes , avec un Prologue & une Conclufion.

HENRY , Duc de Brabant , l'an 1250 , ou environ , ancien Poëte François , père de Marie , Roine de France , feconde femme de Philippes III , Roi de France , &c. Il a écrit plufieurs Dialogues & Chanfons amoureufes, non encore imprimées. Il mourut environ l'an 1260.

HENRY BULLINGER , Suiffe de nation, premier Miniftre à Zury, dit en Latin Tigurum. Il a écrit en François deux Sermons , de la fin du Jugement de Dieu *, prononcés par lui-même , & imprimés l'an 1561. Il a écrit plusieurs Livres en Latin , & en langue Allemande , réduits en dix volumes. Il vivoit en l'an 1574, âgé de soixante-dix ans **.

* Je ne crois pas que Bullinger ait rien écrit en François ; mais plusieurs de ses Ouvrages ont été traduits en cette langue : de ce nombre sont les deux Sermons cités par La Croix du Maine. Ils furent composés en Latin , & imprimés à Basle en 1557 , sous le titre *De fine seculi & judicio venturo D. N. J. C. deque periculis nostri hujus seculi corruptissimi gravissimis , &c. Orationes duæ.* Ils parurent en François à Genève l'année suivante, & furent intitulés *de la Fin du siècle & jugement dernier*, &c. titre défiguré par La Croix du Maine.

** Il mourut le 17 Septembre 1575 , âgé de soixante-onze ans.

Voy. les Mémoires de Niceron , Tom. XXVIII.

HENRIETTE DE CLEVES (Madame), fille & héritière de Messire François de Cleves, Duc de Nevers , Comte d'Eu & de Rhetelois , &c. femme de Messire Ludovic de Gonzague, Prince de Mantoue , &c. Cette Dame de Nevers est non-seulement recommandable par la très-noble & très-illustre maison de laquelle elle a pris origine , mais encore plus pour les vertus qui reluisent en elle , accompagnées de tant de choses extrêmement louables , qui sont rares ès autres Dames de telle & si grande maison (comme elle est) que , tout cela bien considéré , l'on jugera que je ne me suis point abusé de parler d'elle en cette façon. Voici donc ce qu'elle a traduit en notre langue Françoise. *L'Aminta* du Seigneur *Tasso* , l'un des plus renommés Poëtes modernes de toute l'Italie *. Je n'ai cognoissance de ses autres Ecrits, soit de ses inventions ou traductions, pour n'avoir encore eu ce bien de la cognoître ou fréquenter en sa maison. Elle florit cette année 1584.

* Cette Traduction n'a point été imprimée.

HENRY ESTIENNE , Parisien , fils de Robert Estienne, & neveu de Charles Estienne (duquel nous avons parlé cidevant). Ces trois ont acquis si grande réputation , & se sont tellement fait cognoître , tant par les doctes Œuvres de leur invention , que par les anciens Auteurs , soit Poëtes ou Orateurs , Grecs & Latins , qu'ils ont non-seulement imprimés ,

corrects, & de fort beaux caractères, mais encore avec conférence de tous les Exemplaires main-écrits, ou manufcripts, qu'ils
ont pu recouvrer en diverfes Bibliothèques) qu'ils ont emporté
le prix par fur tous autres, tant du fiècle paffé, que de notre
temps. Et pour dire encore un mot de cetuy-cy, nommé Henry,
je ne craindrai point d'affurer qu'il eft en réputation d'être l'un
des plus favans hommes en Grec de notre temps, & des mieux
verfés en la cognoiffance de notre langue Françoife, en laquelle
il a écrit plufieurs livres, dont aucuns appartiennent à l'illuftration de cette langue, les autres font fur divers fujets, defquels
s'enfuivent les titres.

ŒUVRES EN PROSE.

Traité de la conformité du langage François avec le Grec.

*En ce livre il eft montré (entr'autres chofes) comment le naturel
du Grec fe conforme & accorde mieux à celui du François qu'à
celui du Latin.*

*Au bout font quelques mots François, étymologifez du Grec,
mais l'Auteur dit ailleurs, touchant ce Recueil, qu'il s'en
acquitta de-leger ; pour ce qu'il ne le donnoit que comme un
furcreft de l'autre livre, & le promet beaucoup plus ample, en
rejettant toutes fois plufieurs étymologies, lefquelles il montrera
être les unes contraintes & forcées, les autres forties de l'ignorance de la langue Grecque, imprimé premièrement par l'Auteur
l'an 1567, & depuis par fon frère, l'an 1568 à Paris.*

L'Introduction au Traité de la conformité des Merveilles
anciennes avec les modernes, ou Traité préparatif à l'Apologie
d'Hérodote.

*L'Auteur fe plaind ailleurs, tant de ceux qui depuis la première
impreffion ont brouillé ce livre, par les chofes qu'ils y ont inférées, qu'auffi de ceux qui lifent là les Hiftoires choifies par
lui, pour fervir de témoignage à fon propos, fans les rapporter à leur but, qui eft l'Apologie ou défenfe d'Hérodote.*

Les plus notables & plus anciennes Hiftoires entre les Grecques & Latines, recueillies & traduites par lui. Comment chacun peut acquérir de la prudence par la lecture des Hiftoires; Harangues prinfes des plus anciens Hiftoriens, traduites par lui au plus près du Grec, & fans changer, ajouter, ou diminuer, comme il a été fait ès précedentes Traductions; deux Oraifons d'Ifocrate, traduites par lui; quatre Oraifons de Dion (furnommé Chryfoftome, à caufe de fon éloquence; c'eft-à-dire, Bouche-d'or), de fa traduction; trois Traités de Plutarque, traduits par lui; deux Oraifons de Synefius, dont l'une eft, De la Royauté, ou gouvernement d'un Royaume, de fa traduction; Advertiffement aux Princes touchant les flatteurs; Difcours fur l'opinion de Platon & Xénophon (difciples de Socrates) touchant la capacité de l'efprit féminin; des anciens Guerriers de la Gaule, & de leurs fucceffeurs; de la prééminence de la Couronne de France; Epitres Laçoniques (c'eft-à-dire, ayant une gentile brefveté) de plufieurs Grecs : enfemble les Epîtres de Brutus, avec les réponfes, recueillies & traduites par lui; de la brefveté qu'admet le langage François, non moins que le Grec, ou le Latin, avec un advertiffement de plufieurs fuperfluités de langage (appelées Pléonafmes) qui nous font ordinaires; Traité touchant les Dialectes François, montrant que notre langage en eft enrichi, comme le Grec par les fiens, & qu'auffi la diverfité eft femblable en quelques chofes; Oraifon montrant qu'il ne faut croire aifément aux accufateurs, traduite de Lucian, ou plutôt de celui auquel on a donné ce nom.

En l'Epître mife devant fa traduction, il rend raifon pour laquelle il n'eftime point ce livre être de Lucian, & pourquoi il a interprété ainfi le titre, & non pas, de ne croire aifément à calomnie. Il avertit auffi de plufieurs autres fautes notables, commifes par les précédens Traducteurs.

Plufieurs Dialogues de Lucian, traduits par lui; Obfervations de quelques fecrets du langage François, enfemble les expofitions d'aucuns mots empruntés du Grec, ou du Latin, dont la

naïve & vraie fignification eft ignorée de plufieurs ; de la différence de notre langage François d'avec l'ancien ; Dialogue intitulé, Le Correcteur du mauvais langage François , c'eft-à-dire,
des fautes que plufieurs y commettent ; de l'Orthographie &
Kakographie Françoife ; deux Dialogues , du nouveau langage
François Italianizé , & autrement déguifé , principalement entre les Courtifans de ce temps, imprimés par l'Auteur , l'an
1578 , & depuis par un autre à Lyon ; Traité des Proverbes
François ; Projet du livre intitulé , De la Précellence du langage
François , dédié au Roi , imprimé à Paris par Mamert Patiffon,
l'an 1579 ; plufieurs Advertiffemens touchant les traductions
du Grec ou Latin en François.

Œuvres dudit Henry Estienne
en Poëfie Françoife.

Epître au Roi , touchant l'enrichiffement du langage François
par le moyen du Grec , pour lui être préfentée avec le Thréfor
de la langue Grecque , compofé par ledit Eftienne ; Epigrammes
fur divers fujets ; plufieurs Epigrammes Grecs , traduits par
lui ; Poëfies Grecques & Latines , de divers , traduites par lui ;
plufieurs Sentences des Poëtes Grecs & Latins , de fa traduction ; Confeils & Enfeignemens , concernant la Philofophie morale ; autres Enfeignemens , par fimilitudes , ou comparaifons ;
Déploration de la mort de très-vertueufe Damoifelle Barbe de
Villay ; les Adieux & Contradieux à une Damoifelle ; Poëme
contre la calomnie & les calomniateurs , dédié au Roi ; Poëme
contre le babil & les babillards ; Poëme contre l'hypocrifie & les
hypocrites ; Poëme contre la flatterie & les flatteurs ; Poëme
contre l'ingratitude & les ingrats ; Poëme contre l'avarice &
les avaricieux ; Poëme contre l'orgueil & les orgueilleux ; Poëme
contre l'ivrognerie & les ivrongnes ; Poëme fur la louange de la
Poureté contente ; Poëme de la louange des lettres & des hommes lettrés ; Poëme à la louange de ceux qui ont joint l'amour
& l'étude des lettres à l'amour & l'exercice des armes ; Poëme
contre les ignorans & ennemis des lettres. Aucuns des livres

fufdits courent fous le nom du Sieur de Griere , qui eft une fienne terre. Il florit à Paris cette année 1584*.

* Henri Eftienne , fecond du nom, & qu'il faut diftinguer de fon grand-père Henri , fils de Robert Eftienne & de Perette Badius , fut un des plus habiles Imprimeurs qu'il y ait jamais eu ; il voyagea beaucoup , jouit long-temps d'une grande confidération : mais fon humeur inquiette & fon atta-chement, ainfi que celui de toute fa famille , aux nouvelles opinions , lui firent perdre le fruit de fes travaux ; au point que l'on prétend qu'il mourut dans la mifère.

Il s'étoit retiré à Genève , d'où il vint à Lyon , & fe fit Correcteur de l'Imprimerie de Cardon , qui lui donnoit fix cens écus de gages , mais qui ne fuffifoient pas à fon goût pour la dépenfe. Il mourut au commencement de Mars 1598 à l'Hôpital de Lyon , fort pauvre , & imbécille , à ce que l'on dit. Il étoit âgé d'environ foixante-dix ans. Sur la fin de fa Préface , *de la Conformité du François avec le Grec* , il dit que fon père lui avoit fait ap-prendre le Grec avant le Latin , ce qu'il confeille aux autres de faire. (M. Falconnet).

Voy. Teiffier fur de Thou , Maittaire , les Mémoires de Niceron , Tom. XXXVI , pag. 270 , & la Biblioth. Françoife de M. l'Abbé Goujet, Tom. I, pag. 6 & fuiv.

HENRY * GODEFROY (Frère), Parifien , Religieux Profès en l'Abbaye de S. Denys en France, Docteur en Théologie à Paris. Il a compofé & mis en lumière les livres qui s'enfuivent : Sermon funèbre prononcé par lui-même en l'Eglife de Notre-Dame à Paris , aux honneurs & pompes funèbres de très-puiffant Em-pereur Maximilian d'Auftriche , fecond du nom , le 9ᵉ jour de Janvier , l'an 1577 , avec un brief advertiffement pour nous confoler en Dieu , imprimé à Paris chez Denys du Pré , l'an 1577 ; Déclaration des faintes Reliques trouvées le 22ᵉ jour de Mai , l'an 1577 , en l'Eglife-Prioré de S. Denys de Lettrée, au-deffous des fépultures : efquelles premièrement étoient les corps de S. Denys, S. Ruftiq, & S. Eleuthere, avec un brief narré de la fondation dudit Prioré de S. Denys de l'Eftrée , écrit en vers François , le tout imprimé à Paris chez Nicolas Roffet , à la Rofe blanche , fur le Pont S. Michel , l'an 1577.

* Il eut l'honneur d'être tenu fur les fonds de Baptême par le Roi Henri II. Il poffeda dans l'Abbaye de S. Denis la dignité de Chantre & de Commandeur.

deur. Il y mourut le 5 Octobre 1590. On trouvera son Epitaphe dans l'Histoire de l'Abbaye de S. Denis, par D. Felibien, pag. 583. Il fit imprimer à Paris un petit Traité de l'*Ufure*, en 1577. (*Ibid.* pag. 426).

HENRY DE MESMES (Meffire), Gentilhomme Parifien, Sieur de Roiffy & de Malaffife, Confeiller du Roi & Maître des Requêtes ordinaire de fon Hôtel, Chancelier du Roi de Navarre, après la mort du Sieur de Francour, nommé Gervais le Barbier, duquel nous avons parlé ci-devant. Cetuy-cy eft fils de Meffire Jean-Jacques de Mefmes, premier & ancien Maître des Requêtes fous François I, Henri II, François II, & Charles IX, lequel mourut l'an 1569. Nous ferons plus ample mention dudit Jacques par ci-après en fon rang. Encore que nous n'ayons rien vu mis en lumière par M. de Roiffy, fi n'eft-il pas à croire qu'il n'aye dreffé plufieurs cayers & mémoires touchant le maniement des affaires qu'il a exécutées en fa charge de Chancelier & de Maître des Requêtes, lefquelles chofes s'il lui plaifoit de faire imprimer, enfemble le grand nombre de livres Grecs, Latins, François & autres en nombre infini qui font en fa Bibliothèque tous écrits à la main, il obligeroit beaucoup fon fiècle & la poftérité à lui en rendre graces, & le remercier d'un fi grand bien : ce que j'efpére qu'il fera, pour fe rendre de plus en plus aimé & favori des hommes de lettres. Il florit à Paris cette année 1584 *.

    * Il mourut au mois d'Août 1596, âgé de foixante-quatre ans.

HENRY PENNETIER, autrefois Miniftre de la Religion prétendue Réformée, & maintenant de l'Eglife Catholique, Apoftolique & Romaine. Il a fait imprimer quelques fiens Œuvres, &, entr'autres, des réponfes aux Miniftres.

HENRY ROMAIN, Licentié en l'un & l'autre Droit. Il a écrit quelques Œuvres, lefquelles on ma affuré avoir vues au Château de Gallerande au Maine (appelé d'aucuns Garlande) qui eft une maifon appartenante à M. de Clermont d'Amboife.

J'en parlerai ci-après , lorſque je ferai mention des Œuvres de Raoul de Preſles [1], &c.

[1] Le Catalogue des Livres trouvés l'an 1723 au Château d'Anet , après la mort de Madame la Princeſſe , rapporte , pag. 8 , un *in-fol.* en vélin , contenant l'Hiſtoire Manuſcrite de l'Empire Romain , jointe à celle de l'Ancien Teſtament , par Mᶜ Henri Romain , du temps de Charles V.) M. DE LA MONNOYE).

HENRY DE SAINCT DIDIER , Gentilhomme Provençal, grand Philoſophe naturel & des plus eſtimés de ſon temps , pour tirer bien de toutes ſortes d'armes , deſquelles il a écrit un Traité pour apprendre l'Eſcrime , contenant les ſecrets du premier livre ſur l'Eſpée ſeule , mère de toutes armes , imprimé à Paris l'an 1573 par Jean Metayer & Mathurin Chalange , & ſe vend chez Jean Dallier ſur le Pont S. Michel , à la Roſe blanche. Il dédia ce livre au défunt Roi Charles IX. J'ai parlé dudit Henry de S. Didier , d'autant qu'entre ces deux il y a une choſe fort digne de remarque , ſçavoir eſt (afin de répéter ce que j'ai dit ci-deſſus , lequel aucuns n'auront pas lu) que l'un & l'autre ont écrit un livre du même ſujet ou argument , ſavoir eſt de l'Eſcrime , & que tous deux avoient mêmes ſurnoms de S. Didier , tous deux Gentilshommes , & nés en une même Province , & n'y a de différence que des temps, car cetuy Guillaume floriſſoît l'an 1174, & cetuy-cy florit , & eſt encore vivant cette année 1584, qui ſont quatre cens ans entre-deux [1]. Il eſt après à faire imprimer d'autres livres touchant ſa ſcience de l'Eſcrime, & encore touchant pluſieurs autres beaux ſecrets de nature , auxquels il emploie tout ſon plaiſir.

[1] La Croix du Maine fait une confuſion groſſière dans cet Article de *Guillaume* , & *Henri de S. Didier.* Celui-ci étant Provençal , né en Provence , c'eſt mal-à-propos que le Bibliothécaire, qui le qualifie de *Gentilhomme Provençal* , le fait naître au pays de Velay , comme quatre cens ans auparavant y étoit né Guillaume de S. Didier. (M. DE LA MONNOYE).

HENRY DE SAFESSAN , ancien Poëte François. Je n'ai point vu ſes Œuvres imprimées.

HENRY DE SALLENOVE , Gentilhomme natif de Fontenay le Comte en Poiclou. Il a traduit de Latin en François le premier & second livre de la première Décade de Tite Live Padoüan , Prince des Historiens Romains , imprimée à Poictiers parles de Marnefs.

HENRY DE VALOIS , III du nom , très-Chrétien Roi de France & de Pologne , fils de Henry II du nom , & frère de Charles IX (duquel nous avons fait mention ci-devant) comme aussi nous avons parlé de son père grand le Roi François I (ce que je répéte pour montrer que les Rois de France ont aimé les lettres , & qu'ils en ont rendu témoignage par leurs Ecrits). J'ai peur que voulant dire , selon la vérité , les louanges qui font en ce Prince , l'on n'aye opinion de moi , que je le fasse plutôt par flatterie qu'autrement , d'autant que je me suis proposé de consacrer à Sa Majesté ce mien Œuvre des Ecrivains François : mais ceux qui auront bien cognu combien il est éloquent , voire des plus de son siècle , on jugera que je ne fais que le devoir d'un Historien véritable , d'assurer que Sa Majesté a cet heur là , donné de Dieu , qu'aucun ne se peut vanter de discourir & poursuivre plus élégamment un sujet proposé , qu'elle fera , si elle emploie les forces de son divin esprit , & use des dons que la nature lui a prodigieusement départis , non en ce cas seulement , mais en plusieurs autres , desquels j'en remets le jugement à la postérité , exempte de toute passion , affection , ou jalousie : & pour témoin de ceci , j'alléguerai la Harangue qu'il prononça en la présence des Etats de son Royaume , assemblés en sa Ville de Blois , l'an 1576 , le 6e de Décembre , laquelle se voit imprimée à Paris , & en autres divers lieux de son Royaume. Sa Majesté en a prononcé plusieurs autres , tant en son Parlement de Paris , qu'en d'autres endroits , non encore imprimées [1]. Les doctes hommes qu'il a d'ordinaire au service de Sa Majesté témoignent assez l'affection qu'il porte aux lettres , sans que j'en parle ici plus amplemeut. Il florit cette année 1584 , & je prie Dieu vouloir augmenter son règne en toutes fortes de félicités , & lui donner l'accompliffement de fes defirs.

[1] On a de plus la Harangue qu'il prononça en 1588 dans l'affemblée des Etats à Blois , imprimée à Paris & ailleurs. Il mourut à S. Cloud le 2 Août 1589. (M. DE LA MONNOYE).

HERMANTERE , Religieux du Monaftère de S. Honoré en l'Ifle de Lerins en Provence, homme fort docte en toutes fortes de fciences & langues , excellent pour l'Ecriture , la Peinture & Enluminure , grand Mathématicien & Architecte. Il a écrit un Recueil des vies des Poëtes Provençaux , les Œuvres defquels il a tranfcrites & recorrigées [1]. Il a fait la Defcription des Ifles d'Yeres & des Villages qui font fitués en icelles , enfemble de toutes fortes d'herbes , plantes , fleurs , fruits , arbres , bêtes & autres animaux de toutes efpèces qui font efdites Ifles. Il a fait un Recueil des victoires des Rois d'Arragon , Comtes de Provence. Il a écrit (avant que d'être Moine) quelques Poëfies amoureufes , en langue Provençale. Ses Œuvres fufdites ne font encore imprimées. Il mourut audit Monaftère ou Abbaye de Lerins , l'an 1408.

[1] Jean de Notre-Dame écrit *HERMENTERE* , & dit que ce fut par le commandement d'Ildéfonfe II du nom , Roi d'Arragon , Comte de Provence , que ce Religieux recueillit les *Vies des Poëtes Provençaux*. (M. DE LA MONNOYE).

HERVÉ FAIARD, Périgordin. Voy. ci-devant ERVÉ écrit par E fans afpiration.

HIEROSME D'AVOST , natif de la Ville de Laval à fept lieues de Victray en Bretagne , Officier de Madame Marguerite de France , Royne de Navarre , fœur du Roi Henry III , &c. Il a traduit fort heureufement , & avec beaucoup de diligence , plufieurs Sonnets de Pétrarque , imprimés à Paris , tant en Italien qu'en François , chez Abel l'Angelier , l'an 1584 , avec plufieurs Poëfies de fon invention , mifes fur la fin de fa traduction defdits Sonnets. Il fe délibère de continuer la traduction de tout le Pétrarque entier , s'il voit que ce qu'il a mis en avant

foit bien reçu : auffi n'a-t-il intitulé fon livre que par ce nom
d'Effais , &c. Il a traduit d'Italien en François le Dialogue des
graces & excellences de l'homme , enfemble de fes mifères &
difgraces, imprimé à Paris chez Pierre Chevillot, l'an 1583. Il
a traduit d'Italien en François les Amours d'Ifmene, écrits premièrement en Grec , imprimés à Paris chez Nicolas Bonfons ,
l'an 1582. Il a traduit le quatrième volume des Epîtres de
Guevare , lefquelles ne font encore imprimées. Il a écrit plufieurs Quadrains de la mort , imprimés chez Jean le Clerc à
Paris [1]. Il florit à Paris l'an 1584 , âgé de vingt-fix ans. Il a
traduit d'Italien en François , outre les Œuvres ci-deffus récitées , un livre qu'il a intitulé , les Elites & plus belles fleurs ,
recueillies de toutes les Œuvres fpirituelles du R. P. Frère Loys
de Grenade, de l'Ordre des Frères Prêcheurs , &c. Ce livre
eft le plus fpirituel qui fe foit encore vu en notre langue. Il eft
divifé en fix parties, à fçavoir , de la Converfion du Pécheur ,
de la mifère de la vie humaine , de la Contemplation , de l'Oraifon , de la Pénitence , & ce qui en dépend , & de la très-fainte
Communion. Il a davantage traduit d'Italien en François une
Comédie du Seigneur Loys Domenichi , laquelle il a intitulée
les deux Courtifanes. Ces traductions fufdites font toutes mifes
au net, & font prêtes à imprimer & mettre en lumière : ce que
j'ai opinion qu'il fera ces prochains jours pour fatisfaire aux
curieux de fi beaux Ouvrages. Je ferois plus ample mention de
lui & de fes louanges , touchant fes traductions fi heureufement
faites par lui de plufieurs livres Latins , Italiens & Efpagnols ,
fi ce n'étoit qu'aucuns pourroient penfer que ce qu'il a écrit ,
tant en ma louange en fes Œuvres , en fût caufe *.

[1] Guillaume Colletet, pag. 178 de fon Difcours de la Poëfie Morale , dit
que les Quatrains de Jérome d'Avoft furent intitulés *de la Vie & de la Mort* ,
de même que ceux que Pierre Mathieu publia quelques années après ; mais
il ne fait nulle mention des cinq cens Quatrains que Pierre Enoc donna fous
ce même titre *de la Vie & de la Mort* , long-temps , finon avant Jérome
d'Avoft , du moins avant Pierre Mathieu. (M. DE LA MONNOYE).

* V. la Bibl. Françoife de M. l'Abbé Goujet, Tom. XII, pag. 414. Il fut

affez bon Traducteur de Pétrarque pour fon temps. *Ibid*. Tom. VII , p. 314 & fuiv.

HIEROSME DE BARA , Parifien. Il eft Auteur du livre intitulé le Blafon des Armoiries , contenant plufieurs Ecus , ou Armoiries différentes , avec le Blafon de chacun d'icelles, imprimé à Lyon pour la première fois par Claude Ravot , l'an 1579 , & depuis chez Berthelemy Vincent , l'an 1581 , avec plufieurs additions & augmentations d'Armoiries, qui n'étoient pas en la première Edition , comme, entr'autres , de celles des Chevaliers de la table ronde , & plufieurs autres armes de Royaumes & maifons illuftres en la Chrétienté.

HIEROSME BOLSEC , Parifien , autrement appelé HIE-ROSME HERMES BOLSEC. Il a écrit les vies de Zuingle, Luther ; Œcolampade , Calvin & autres hommes de la Religion Réformée , imprimées enfemblement à Lyon par Jean Patraffon , l'an 1577 , & depuis à Paris chez Gervais Mallot audit an ; l'Hiftoire de la vie dudit Calvin , faite par ledit Bolfec , contenant vingt-fix Chapitres , a été imprimée féparément chez les fufdits Patraffon & Mallot *. Il a écrit un livre de la Providence de Dieu. Il a écrit un livre fous le nom de Martin Bellie , lequel il a fait imprimer en Latin & en François , auquel Théodore de Béze a fait réponfe. Il a écrit un Traité du vieil & nouvel homme , premierement écrit en Latin fous le nom de Théophile, lequel il a intitulé *Theologia Germanica*. Il a traduit la Bible de Latin en François. Théodore de Béze raconte ceci en la vie qu'il a écrite de Calvin. Ledit Hermes Bolfec floriffoit à Lyon, l'an 1577. Je ne fais s'il eft Auteur des livres fufdits , ou fi on les lui impute par animofité [1].

* Voy. fur les diverfes Editions de ces Vies beaucoup de détails dans la Biblioth. Curieufe de M. Clément , Tom. V, pag. 35 & fuiv.

[1] Cette lifte des Œuvres de Bolfec doit être rectifiée fur celle qu'en donne du Verdier, & fur la critique que Bayle en a faite dans fon Dictionnaire, au mot BOLSEC, lettre K. Le Livre *de la Providence de Dieu*, bien loin d'être de Bolfec, eft de Calvin. Quant aux verfions , foit Latines, foit Françoifes de la Bible, au Traité qui a pour titre *Theologia Germanica* , & aux Ecrits, foit Latins, foit Fran-

çois, qui ont paru fous le nom de *Martinus Bellius*, tout cela eſt conſtamment de Sébaſtien Châtillon, & l'on ne trouvera point que *Béze*, dans la vie qu'il a écrite de Calvin, attribue aucun de ces Ouvrages à Bolſec. Bayle a recueilli tout ce qui ſe trouve diſperſé ailleurs touchant ce perſonnage, qu'il dit être mort avant 1585. (M. DE LA MONNOYE).

Bolſec, natif de Paris, avoit été Carme & Aumônier chez la Ducheſſe de Ferrare. Il s'étoit retiré d'Italie pour avoir écrit contre l'Egliſe Romaine : enſuite il fut Médecin, ou plutôt *Triacleur* à Genève avec ſa femme, il y troubla l'Egliſe comme Pélagien, en fut chaſſé, & revint à Paris, où il abjura, & rentra dans le Catholiciſme*. Voy. l'*Hiſt. des Egl. Réform*. Tom. II, Liv. VI, pag. 34 & 35. (M. FALCONNET).

* Bolſec s'arrêta dans différentes Villes de France après ſon expulſion de Genève : il demeura quelque temps à Lyon & à Autun, menant toujours ſa femme avec lui. Il avoit été marié deux fois, ſans doute avec de jolies femmes, dont il fut peu jaloux, & qui ſervirent par-tout à lui faire des protecteurs de ceux même dont il devoit plus redouter les perſécutions. Il paroît qu'il rentra dans le Catholiciſme, qu'il y vécut & mourut dans l'Etat Laïc, ſans qu'on l'obligeât à rentrer dans l'Etat Eccléſiaſtique & Religieux, qu'il avoit quitté pour ſe faire Proteſtant.

HIEROSME CHOMEDEI, Pariſien. Il a traduit en François le Livre de Salluſte, Hiſtorien Latin, touchant la guerre Jugurtine, imprimé à Paris l'an 1581. Il a traduit en François un Abrégé d'Hiſtoire des Ducs de Florence. Il a traduit de Latin en François l'Advis donné à Jules Ceſar, à l'iſſue de la bataille de Pharſale, imprimé à Paris chez Denis du Pré, l'an 1582. Il a traduit d'Italien en François l'Hiſtoire d'Italie, écrite par Guicchiardin, imprimée à Paris chez Bernard Turiſan ; l'Hiſtoire de la Conjuration de Catilin, traduite par ledit Chomedei, a été imprimée à Paris par Abel l'Angelier, l'an 1575 ; avec l'extrait des Conjurations de Machiavel, traduit d'Italien. Je n'ai pas cognoiſſance de ſes autres Œuvres. Il florit à Paris l'an 1584.

HIEROSME DAVOST, de Laval. Voy. ci-deſſus HIEROSME D'AVOST par A.

HIEROSME DE GOURMONT, Imprimeur à Paris, l'an 1548. Il a mis en lumière la Carte ou Deſcription d'Eſpagne, imprimée audit an 1548 par lui-même.

HIEROSME DE HANGEST, natif de Compiegne en Picardie, Docteur en Théologie à Paris, Scholaſtiq, ou Maître d'Ecole & Chanoine en l'Egliſe de S. Julien du Mans, iſſu de la noble maiſon de Hangeſt en Picardie [1], lequel fut enfin grand Vicaire de M. le Cardinal de Bourbon, Evêque du Mans. Il étoit homme fort grand Philoſophe, & Mathématicien. Il a écrit un Livre en proſe Françoiſe contre les Hérétiques de ſon temps, qu'il a intitulé le Livre de lumière Evangélique pour la ſainte Euchariſtie, contre les Tenebrions, imprimé à Paris chez Jean Petit, l'an 1534. Il a écrit en vers François un petit Livre qu'il appelle le Jardin aux penſées, lequel il compoſa au mois d'Août, l'an 1538. Il a compoſé pluſieurs Cantiques ſur l'Advenement de Notre Seigneur, leſquels nous avons pardevers nous écrits à la main. Il mourut l'an 1538, le huitième jour de Septembre, & eſt enterré en l'Egliſe de S. Julien du Mans, en la Chapelle du Sepulchre. Il a écrit pluſieurs Livres en Latin, leſquels ont été imprimés à Paris.

[1] On a cru que Rabelais, en cet endroit du Chap. 5 de ſon Liv. I, où il dit : » l'appétit vient en mangeant, diſoit Angeſton », avoit déſigné ce Jerome d'Hangeſt, de qui Amyot emprunta ce mot, lorſque Charles IX lui reprochant ſon avidité de bénéfices, il lui répondit : « Sire, l'appétit vient » en mangeant «. (M. DE LA MONNOYE).

HIEROSME HENNEQUIN, Pariſien, iſſu de la très-ancienne famille des Hennequins, tant renommée à Paris pour ſes grandes alliances, &c. Il a écrit quelques Poëſies Françoiſes, imprimées à Paris.

HIEROSME HERMES BOLSEC. Voy. ci-devant HIEROSME BOLSEC.

HIEROSME DE LA VAIRIE, Gentilhomme du Maine, Sieur dudit lieu & de la Vaudelle, à bas pays du Maine, appelé vulgairement le pays de Nuz ou Nuſtrie, &c. Poëte Latin & François, Théologien, Orateur & Hiſtorien. Il a traduit en François les Harangues de Thucidide & de Tite-Live, non encore imprimées. Il a davantage traduit l'Hiſtoire Romaine de

Tite-Live

Tite-Live , le plus renommé Hiftorien de fon temps , laquelle
n'eft encore imprimée : il la fit tranfcrire au Mans par un Ecrivain nommé Meferette , pour la faire imprimer. J'ai apprins
ceci de Georges du Tronchay, Sieur de Balladé , duquel nous
avons parlé en fon lieu.

HILAIRE COURTOIS , natif d'Evreux en Normandie ,
Avocat aux Siéges Préfidiaux du Châtelet de Paris , & de
Mante fur Seine. Il a écrit plufieurs Epitaphes , tant en Latin
qu'en François , fur la mort de Meffire Claude d'Annebaut ,
Amiral de France , imprimés à Paris l'an 1553, chez Nicolas
Buffet [1].

[1] Nous avons de ce Courtois un mauvais petit Recueil de fes Epigrammes
Latines, imprimées à Paris, 1538, *in*-8°. fous le titre de *Volantillæ*, mot Latin
d'une nouvelle fabrique, qu'il croit avoir inventé fort à propos, parce que,
dit-il , dans l'Epître Dédicatoire à Gabriel le Veneur , Evêque d'Evreux ,
vel ad amicos partìm volaverint, vel eruditorum notas fubituræ cenforias , in
lucem nunc primùm fub tuo aufpicio fint volaturæ. Il y eut un peu plus de fel
dans les vers fuivans , dont on ne tarda pas à le régaler.

Ritè volantillas, nuper fua carmina quidam
Infcripfit vates, haud rationis inops:
Quod propriâ fublata queant levitate volare,
Per medium veluti pappus inane volat. (M. DE LA MONNOYE).

HILAIRE DES MARTINS , Gentilhomme Provençal ,
Religieux du Monaftère de S. Victor de Marfeille. [1]. Il a écrit
les vies des Poëtes Provençaux , defquelles s'eft fervi Jean de
Noftredame , en ce qu'il a mis en lumière touchant ce fujet.

[1] Jean de Notre-Dame cite les Fragmens de ce Religieux , qu'il nomme
fimplement HILAIRE dans le Catalogue des Auteurs dont il s'eft fervi , &
HILAIRE DES MARTINS , Chap. 75 de fon Livre. (M. DE LA MONNOYE).

HILAIRE VALENCHERE , natif de Mouleron en Parois,
fous la Seigneurie de la Chafteigneraie en Poictou , Greffier
de la Baronie d'Oulmes. Il a écrit un petit Traité des Préfages
des chofes à advenir à un chacun , felon la difpofition du Ciel,
au temps prefix de la Nativité , imprimé à Strasbourg l'an 1561,
auquel ledit Auteur vivoit.

HONORAT RAMBAULT , Maître d'Ecole à Marseille , l'an 1580. Il a écrit une Déclaration des abus que l'on commet en écrivant , & le moyen de les éviter , & repréfenter naïvement les paroles , imprimée à Lyon par Jean de Tournes , l'an 1578 (*in-8°*).

HONORÉ DU TEIL , natif de Monafque en Provence , homme fort heureux à compofer en vers François , & pour écrire en profe. Il a écrit plufieurs fort beaux & bien élégans Sonnets fur plufieurs diverfes matières , lefquelles il n'a encore fait imprimer , & , entr'autres , il en a écrit quelques-uns en ma faveur , dont je lui fuis fort redevable & obligé pour une fi grande amitié qu'il me porte. Il florit en Provence cette année 1584.

HUBERT DE L'ESPINE , natif d'Avignon. Il a écrit la Defcription des diverfes régions & lointains pays d'Europe , imprimée à Paris l'an 1558. Il floriffoit l'an 1542 , auquel temps il partit d'Avignon pour faire fes voyages.

HUBERT PHILIPPES DE VILLIERS , autrement appelé Philippes Hubert de Villiers. Il a traduit d'Italien en François les Cinquante Jeux divers d'honnête entretien , induftrieufement inventés par Innocent Rhingier , Gentilhomme Boullongnois , &c. imprimés à Lyon par Charles Pefnot , l'an 1555. Il a traduit fort heureufement les Lettres amoureufes du Seigneur Girolam Parabofque Italien , imprimées à Lyon par ledit Pefnot , & depuis auffi par Benoift Rigault , *in-16* , l'an 1570 , avec les Sommaires ou Argumens defdites Epîtres , lefquels n'étoient pas à la première Edition *in-4°*. Il a écrit le Triomphe fur le trépas de M. le Prince Portian fon maître , lequel mourut à Paris l'an 1567 , auquel temps floriffoit ledit de Villiers *.

* Outre les Ouvrages de cet Auteur rapportés par les deux Bibliothécaires , il a encore fait l'*Erinne Françoife* , Poëme bizarre & empoulé , où il a prétendu peindre les malheurs de la France dans les guerres civiles. Paris ,

1585. L'Auteur, à la tête de ce Poëme, prend le titre de *Conseiller du Roi & Elu en l'Election de Clamecy*.

Voy. la Biblioth. Françoise de M. l'Abbé Goujet, Tom. XIII, pag. 240.

HUBERT SUSAN [1], natif de Soissons en Picardie, fort excellent Poëte Latin. Il a écrit quelques choses en François, desquelles je n'ai pas cognoissance. Il florissoit du temps de François I, l'an 1520 *.

[1] On croit que son nom étoit SUSANNEAU, en Latin *Susannæus*, & non pas *Susanus*, qu'il a plus souvent écrit par une double *ss*, *Sussannæus*, que, comme Claude de Saintes l'écrit, *Susanæus*. Nous n'avons de lui, que je sache, aucun Ouvrage François, mais nous en avons de Latins, entr'autres, quatre Livres de menues Poësies ; qu'il appelle *Ludos*, parmi lesquelles on trouve des Phaleuques adressés à une *Claudia*, qu'on prétend être la Candide de Béze, savoir, cette *Claude Desnos*, que Béze épousa depuis. C'est de-là que Claude de Saintes, pag. 27 de sa Réponse à l'Apologie de celui-ci, l'appelle le rival de Béze, ce qu'il tenoit de Susanneau lui-même, qui, répondant aux ïambes de Béze *in Hubertum* : « Vous me spécifiez, dit-il, une » infinité de gens dont je suis connu, mais vous deviez bien dans cette grande » liste ne pas omettre votre Claude ».

> Nam debuisti carmen illud addere,
> Me Claudiæ tuæ benè esse cognitum.

Je n'assure pas au reste positivement que *Susanneau* fut son vrai nom François ; ce qui peut donner grand lieu d'en douter, c'est qu'au-devant du *Terentianus Maurus*, imprimé l'an 1531 chez Simon de Colines, *in-4°.* avec les Commentaires de *Nicolaus Brissæus*, il y a des Phaleuques à la louange du Commentateur par un *Hubertus de Susanna*, nom qui plus naturellement doit être rendu par *Hubert de Susan*, que par *Hubert Susanneau*. (M. DE LA MONNOYE).

* Le P. Niceron, Tom. XXXVIII de ses Mémoires, le nomme *Hubert Sussanneau*, & prouve qu'il étoit né en 1536, & non pas en 1538, comme Bayle l'a supposé. On ignore l'année de sa mort. Le dernier Ouvrage qu'il ait publié est de 1550. Niceron a donné un fort bon Article sur *Sussanneau*, tiré des propres Ouvrages de cet Auteur. Tous les Ecrits qu'il lui attribue sont en Latin.

HUE DE CAMBRAY, Picard, ancien Poëte François, l'an 1300, ou environ. Il a écrit le Fabliau intitulé, La male honte, qui est une Satyre ou moquerie, faite contre Henry, Roi d'Angleterre, non imprimée *.

* Voy. Fauchet, Chap. 88.

HUE LE MARONNIER, ou LI MARONNIERS, ancien Poëte François, l'an 1300, ou environ. Il a écrit les Jeux partiz d'Amours *.

* Voy. Fauchet, Chap. 115.

HUE PIANCELLES, ancien Poëte François, l'an 1260, ou environ. Il a fait le Fabel ou Fabliau de Sire Hams, & Dame Avieuse sa femme, qui est à dire un Conte fabuleux de Sire Jean & de sa femme nommée Avoye *.

* Voy. Fauchet, Chap. 195.

HUGUES DE BERCY, ou BERSSY, &, selon d'aucuns, BRESY, ou BERSIL, Chevalier, très-bon Poëte François, l'an 1250, ou environ. Il a écrit en vers François quelques Satyres contre les vices qui regnoient de son temps, non encore imprimées. Claude Fauchet, Estienne Pasquier & Henry Estienne font mention de ce Poëte *.

* Voy. Fauchet, Chap. 59. Il paroît que La Croix du Maine se trompe ici, en faisant de HUGUES DE BERCY, ou BERSSY, un *Chevalier*. Suivant Pâquier (*Recherches de la France*, Liv. VII, Chap. 3) Hugues de Bercy étoit un Religieux de Cluni, qui fit la Bible *Guyot*, Ouvrage assez considérable, dans lequel il décrit d'une plume hardie les vices qui regnoient de son temps en tous les Etats. Il commence ainsi :

> Dou siècle puant & horrible
> M'estuet commencer une Bible,
> Per poindre & per aiguillonner,
> Et per bons exemples donner :
> Ce n'est pas Bible losengère,
> Mais fine & voire & droiturière,
> Mirouer ert à toutes gens.

HUGUES DE BRAIE-SELVE, près Oignon, fort recommandé de son temps pour savoir excellemment jouer des instrumens de Musique. Il a écrit plusieurs Chansons amoureuses. Il florissoit l'an 1260.

HUGUES BRUNET. Plusieurs l'appellent BRUNET LATIN, Florentin, Précepteur de Dante [1]. Il a écrit en notre langue Françoife, ou plutôt Provençale, un Livre intitulé Il Theforo. Il a écrit un Livre intitulé Las Drudarias d'Amour. Nous avons parlé de lui ci-deffus à la lettre B, là où nous le nommons fimplement Brunet Latin, Florentin.

¹ C'eft une très-grande erreur à La Croix du Maine d'avoir cru que Brunet Latin & Hugues Brunet étoit le même, comme fi *Hugues* avoit été le nom de baptême de Brunet Latin. Il y avoit une différence totale entre ces deux hommes. Hugues Brunet, Gentilhomme né à Rodez, ayant employé tout fon temps en Provence, Rouergue & Languedoc à s'exercer en la Poëfie Provençale, & faire des vers d'Amour, eft mort l'an 1223. Brunet Latin, né à Florence, fut Notaire de fa profeffion, dans laquelle accufé de crime de faux, il fe fauva en France, où ayant appris la langue, il y compofa fon *Tréfor*. Ses autres Ouvrages, tant en vers qu'en profe, font Italiens, & ne roulent que fur des fujets de Morale, d'Hiftoire & d'Humanités. Il mourut l'an 1294 ou 1295, foixante-onze ou foixante-douze ans après Hugues Brunet. (M. de la Monnoye).

Sur Hugues Brunet, voyez Jean de Notre-Dame, Chap. 16.

HUGUES DE LOBIERES, ou LOUBIERES, Gentilhomme Provençal, natif de la Ville de Tarafcon. Il a écrit plufieurs Poëfies en langue Provençale. Il floriffoit l'an 1227 *.

* Voy. Jean de Notre-Dame, Chap. 22.

HUGUES DE MERY, ancien Poëte François, autrement appelé Hugon, ou Huon de Mery, Religieux de l'Abbaye de S. Germain des Prez à Paris. Il a écrit un vieil Roman intitulé le Tournoy de l'Antechrift, duquel fait mention Geufroy Thory de Bourges, en fon Champ-Fleury, & Henry Eftienne, pareillement en fon Livre de la précellence du langage François, enfemble Claude Fauchet. Il floriffoit l'an 1227, fous le règne de S. Loys, Roi de France *.

* Voy. Fauchet, Chap. 13.

HUGUES DE PENNA, Gentilhomme natif de Monftiers, Poëte Comique, Provençal. Il a écrit un Traité intitulé Contra las enianairas d'Amour. Il a écrit plufieurs belles Chanfons à la louange de Madame Beatrix, héritière de Provence. Il mourut l'an 1280.

HUGUES DE SAINCT CESARI, Gentilhomme & Poëte Provençal. Il a écrit le Catalogue des Poëtes Provençaux, lequel a imité Jean de Noftre-Dame, en fon Recueil des vies des Poëtes Provençaux. Il a fait un Recueil de quelques Chanfons d'Amours. Il étoit Religieux du Monaftère de S. Pierre de Montmajour, près d'Arles en Provence, & floriffoit l'an 1435*.

* Voy. Jean de Notre-Dame, Chap. 76.

HUGUES SALEL[1], natif du pays de Quercy près Tolofe, Abbé de S. Cheron près Chartres *. Il a traduit en vers héroïques François les dix premiers Livres de l'Iliade d'Homere, imprimés à Paris (*en* 1545, *in-fol.*) Il a davantage traduit l'onzième & douzième, & une partie du treizième de ladite Iliade, imprimés après fa mort (1574, *in-8°.*) Il a écrit quelques vers de la nativité de M. le Duc, premier fils de Monfeigneur le Dauphin de France, imprimés à Paris par Jaques Nyverd, l'an 1543. Il a traduit de Grec en François la Tragédie d'Heleine, comme témoigne Ponthus du Thiard en fes Erreurs amoureufes **. Eglogue marine fur le trépas de feu M. François de Valois, fils ainé du Roi, en femble un Chant Royal fur l'entreprife de l'Empereur avec plufieurs autres Poëfies Françoifes, le tout imprimé à Paris l'an 1536. Il floriffoit du temps de François I, Roi de France, & de Henry II.

[1] Il étoit Valet-de-Chambre de François I, lorfqu'il fit le Dixain qu'on voit de lui au-devant du Livre II de Rabelais, qui, en conféquence, au Prologue du Liv. V, fi ce cinquième livre étoit de lui n'auroit pas dû écrire *Sallet*. On le trouve cependant écrit de même dans Brantome, p. 58 de fa *Vie de Henri II*. Pâquier, Liv. VII de fes *Recherches*, Ch. 6, écrit avec une *l* de moins *Salet*. Je me fouviens même d'avoir lu dans un endroit des Commentaires de la langue Latine de Dolet, Tom. II, *Hugonem Saletum*. Jules Scaliger, par une autre erreur, donne à Salel, dans une de fes lettres, le titre d'*Evêque de Marfeille*, trompé fans doute, comme l'a conjeéturé M. le Duchat, par l'équivoque de *Salel* à *Seiffel*, à caufe de Claude de Seiffel, qui fut quelques années auparavant Evêque de Marfeille. (M. DE LA MONNOYE).

* Hugues Salel, dont la devife étoit l'*Honneur me guide*, né à Cafals en Quercy, mourut en 1553, âgé de quarante-neuf ans & fix mois, à fon Abbaye de S. Chéron, Ordre de S. Auguftin près de Chartres, où il s'étoit

rétiré après la mort de François I. Il avoit été nommé à cette Abbaye en 1543. On trouvera le Catalogue de ses Ecrits dans les Mémoires de Niceron, Tom. XXXVI, p. 166. Voy. aussi la Bibl. Françoise de M. l'Abbé Goujet, Tom. XII, pag. 1.

On a un Recueil d'autres Œuvres de Salel, non encore imprimées, avec les Amours d'Olivier de Magny, *in-8°*. Paris, Grouleau, 1553. Il fut fort gratifié par le Roi François I, & pour cela surnommé le *Poëte Royal*. Voy. Fr. Billon, fol. 29, v°. du *Fort inexpugnable de l'honneur féminin*. (Président Bouhier).

** Elle n'a point été imprimée.

HUGUES SAMBIN, Architecte, demeurant à Dijon en Bourgogne. Il a écrit un Livre de la diversité des Termes dont on use en l'architecture, imprimé à Lyon par Jean Durant, l'an 1572.

HUGUES DE SANTCYRE, Ecuyer, Poëte Provençal, l'an 1225. Il a écrit un Traité des riches vertuz de sa Dame *.

* Voy. Jean de Notre-Dame, Chap. 9.

HUGUES SUREAU, DU ROSIER, ou DE LA RO-SIERE, et DES ROSIERS, ainsi nommé par aucuns, natif de Rosoy en Thierasche ou Thierasse au pays de Picardie, jadis Ministre de l'Eglise prétendue Réformée, l'an 1568. Il a écrit plusieurs Livres en François, &, entr'autres, cetuy-cy, par lequel il s'efforce de montrer qu'il est loisible de tuer & Roy & Roine, ne voulans obéir à la Religion prétendue Réformée, & porter le parti des Protestans [1]. Voy. de ceci l'Histoire Françoise de notre temps, de la dernière Edition, augmentée par Jean le Frere de Laval, & encore Belle-Forest, au second volume de ses grandes Annales de France, fol. 1689, 1653, &c. Il a écrit un Traité touchant sa Confession de foy, avec abjuration de la profession Huguenotique, &c. imprimé à Paris chez Sebastien Nivelle, l'an 1573. Il fut mis prisonnier durant l'exécution qui se fit à Paris à la S. Barthelemy, l'an 1572, le vingt-quatrième d'Août, & se sauva la vie par le moyen de cette Confession de Foy.

[1] Le Livre odieux attribué ici à Hugues Sureau n'est autre que celui qui

fut imprimé à Lyon en 1563, fans nom d'Auteur ni d'Imprimeur, fous le titre de *Défenfe Civile & Militaire des Innocens & de l'Eglife de Chrift.* J'ai remarqué ci-deffus que Charles du Moulin fe juftifia de l'accufation qu'on lui avoit fufcitée d'en être l'Auteur. Béze, qui rapporte la chofe affez au long, pag. 244 & fuivantes du troifième volume de fon *Hiftoire Eccléfiaft.* dit que du Rofier ou Sureau, Miniftre d'Orléans, fut long-temps après recherché pour le même fait, dont néanmoins fon innocence étant reconnue, il fut renvoyé. Il eft vrai que, pag. 475 du même volume, Béze avoue que du Rofier, auparavant Miniftre zêlé, publia une abjuration qui caufa un grand fcandale dans le parti, qu'il tâcha d'en attirer plufieurs à fuivre fon exemple, combattant ouvertement la doctrine qu'il avoit fi long-temps prêchée ; enfuite de quoi pourtant il ajoute que ce Déferteur voulut rentrer dans l'Eglife Proteftante, mais qu'il n'y put regagner de confiance, & qu'enfin lui, fa femme & fes enfans moururent de pefte à Francfort. (M. DE LA MONNOYE).

HUGON, ou **HUON DE MERY**, ancien Poëte François, Auteur du Roman intitulé le Tournoyement de l'Antechrift, &c. Voy. de lui ci-devant HUGUES DE MERY. Il floriffoit l'an 1227 *.

* Voy. Fauchet, Chap. 13.

HUON LE ROY, ancien Poëte François, l'an 1300, ou environ. Il a écrit le Lay du vair Palefroy *.

* Voy. Fauchet, Chap. 18.

HUON DE VILLENEUFVE, Poëte François, l'an 1200, ou environ. Il eft Auteur du Roman de Regnault de Montauban, Guiot de Nantueil, & Garnier de Nantueil fon fils, & encore de Aye d'Avignon*.

* Voy. Fauchet, Chap. 14.

H. D. C. [1] Avocat à Lyon. Il a écrit un brief & utile Difcours fur l'immodeftie & fuperfluité des habits, avec deux Oraifons Latines prifes de Tite-Live, l'une de Marcus Portius Cato, Conful Romain, & l'autre de L. Valerius, Tribun du peuple, &c. Le tout a été imprimé à Lyon, l'an 1577, chez Antoine Gryphius, auquel temps il floriffoit

[1] Ces trois lettres initiales H. D. C. fignifient HIÉROME DE CHATILLON, Préfident au Parlement de Dombes & au Siége Préfidial de Lyon. Antoine de Harfy, célèbre Imprimeur à Lyon, dédia en 1574 fon Edition des Poëfies

fies de Mellin de S. Gelais à Jérome de Chatillon , & comme au-deſſus de l'Epître Dédicatoire j'avois écrit dans mon Exemplaire la note ſuivante , employée à mon inſçu en 1719 par le nouvel Editeur de ces mêmes Poëſies , je crois pouvoir ici la répéter ; elle étoit conçue en ces termes : Jérome Chatillon aimoit les lettres : nous avons quelques Ouvrages de lui , indiqués dans les Bibliothèques de La Croix du Maine & de du Verdier. Il avoit des relations avec les Savans de ſon voiſinage , entr'autres , avec Claude Mitalier , Bailli de Viennois , & Henri Etienne à Genève. Celui-ci lui dédia en 1571 ſon Traité *de Latinitate falsò ſuſpeclâ* , & en 1582 l'Epître de Mitalier écrite à ce même Chatillon , touchant les mots que les Juifs , pendant leur ſéjour en France , pouvoient avoir laiſſés aux François. Elle eſt imprimée à la ſuite du Livre qu'Henri Etienne a intitulé *Hypomneſes de linguâ Gallicâ.* C'eſt encore à ce même Jérôme qu'Antoine Gryphe , fils de Sébaſtien , dédia en 1584 la *Conſolation* , fauſſement attribuée à Ciceron par Sigonius , qui en étoit le véritable Auteur. (M. DE LA MONNOYE).

J A C.

JACQUEMARS GIELÉE, ancien Poëte François, demeurant en la Ville de l'Ifle en Flandres, l'an 1290. Il a compofé le Roman du nouveau Renard, qui eft une Satyre contre toutes fortes de gens, Rois, Princes & autres. Ce Livre n'eft imprimé *.

* Voy. Fauchet, Chap. 124.

JAQUES ACONCE [1]. Il a écrit les Ruzes, fineffes & tromperies de Sathan *, recueillies & comprinfes en huit Livres, imprimées à Bafle, l'an 1565 **.

[1] Il étoit de Trente, & s'étant retiré en Angleterre pour y vivre en liberté fuivant les principes du Chriftianifme qu'il s'étoit fait, il mourut à Londres au commencement de 1566. Son Livre *de Stratagematis Dæmonum*, que La Croix du Maine traduit par *Rufes, fineffes & tromperies de Satan*, n'eft guère moins condamné à Genève qu'à Rome ; la lecture en paffe pour dangereufe, à caufe de la tolérance des fectes, vers laquelle l'Auteur femble pencher. On ne laiffe pourtant pas de nous annoncer, pag. 770 du *Mercure de France*, *Avril*, 1725, une nouvelle verfion de ce Livre, par M. Loys, Profeffeur en Droit & en Hiftoire à Laufanne. Aconce aimoit les Mathématiques, ce qui n'augmenta pàs peu l'eftime qu'avoit pour lui Ramus, & qu'il lui témoigna par fa lettre du 19 Décembre 1565. (M. DE LA MONNOYE).

* Nous obferverons qu'Aconce, né au commencement du fiècle, vivoit encore le 6 Juin 1566, puifqu'on a une de fes lettres qui porte cette date. Les Mémoires de Niceron, Tom. XXXVI, pag. 42, où il eft parlé d'Aconce, ne difent rien de cette verfion de M. Loys, annoncée dans le *Mercure* d'Avril de 1725, quoique les Editions différentes & les verfions du Livre *de Stratagematis Dæmonum* y foient indiquées.

** On peut voir dans Niceron les titres de quelques autres Ouvrages d'Aconce écrits en Latin. Celui dont parle La Croix du Maine fut auffi compofé en cette langue ; mais il fut traduit en François la même année que l'Edition Latine parut pour la première fois. Ce Livre fit beaucoup de bruit à caufe des principes de tolérantifme qu'il renferme ; l'Auteur, en réduifant la croyance à un très-petit nombre de points, favorifoit beaucoup les Héréfies. Son Livre fut imprimé plufieurs fois, &, malgré les Editions multipliées, il eft demeuré au nombre des Livres rares. Clément, dans fa *Bibliothèque Curieufe*, pag. 36, en cite huit Editions, & ne les cite pas routes , car il omet celle de 1624 à Amſterdam , dont il eſt fait mention dans le Tom. VI des *Obſervationes ſolidæ ad rem litt. ſpectantes*. Obſerv. XV, pag. 213. On trouvera dans cet endroit bien des choſes curieuſes ſur les Ouvrages d'Aconce , & ſur les jugemens qu'on en a portés. L'Edition Françoiſe du Livre dont on vient de parler fut publiée à Baſle, en 1565 , *in-4⁰*, & répétée à Delft, en 1611, *in-8⁰*, & en 1624, *in-12*. Enfin cet Ouvrage a été traduit en Allemand en 1647 , & en Flamand en 1660. Tant d'Editions & de verſions n'ont pu lui ôter le mérite , d'ailleurs aſſez frivole , de la rareté.

JAQUES DE L'AERIERE , Abbé d'Enron. Je n'ai point cognoiſſance de ſes Ecrits , encore qu'il en ait compoſé & mis en lumière quelques-uns.

JAQUES ALBIN , natif de Valzergues , Chantre en l'Egliſe de Tholoſe. Gilbert Genebrard fait mention de lui en ſa Chronologie. Je ne ſais pas quels Ecrits il a mis en lumière, ſoit en Latin ou en François *.

* Voy. plus bas au mot JEAN D'ALBIN.

JAQUES AMIOT , natif de Meleun ſur Seine près Paris *, premièrement Abbé de Belloſane & de S. Corneille , & maintenant Evêque d'Auxerre en Bourgogne , Précepteur du Roi Charles IX , & ſon grand Aumônier, & encore de Henry III , à préſent regnant. La renommée de ce perſonnage eſt tellement eſpandue ** , non-ſeulement par la France, mais en tous les autres lieux où notre langue Françoiſe a cours , qu'il a emporté la gloire du plus ſavant & plus fidel Traducteur des Œuvres de ce divin & tant renommé Plutarque , & des autres Œuvres qu'il a traduites des Auteurs Grecs en notre langue Françoiſe : ce que mêmement ont été contraints d'avouer ceux qui par autre part ne lui ſont pas amis. Voici donc ce qu'il a traduit du ſuſdit Plutarque : les Vies des plus illuſtres hommes Grecs & Romains , imprimées à Paris par Vaſcoſan, Federic Morel & autres ; les Opuſcules Morales de Plutarque , imprimées chez les ſuſdits & en autres lieux. Pluſieurs Livres de Diodore Sicilien , Auteur Grec , ont été traduits par ledit Sieur Amiot , & imprimés à Paris par Vaſcoſan. L'Hiſtoire Æthiopique d'Héliodore , Auteur Grec , imprimée plufieurs fois. Il a traduit plufieurs Tragédies Grecques en vers François , non encore imprimées. Toutes fes Œuvres s'impriment chez Federic Morel cette année 1584 , revues & augmentées par lui. Il florit à Paris cette année 1584 , & avons efpérance de voir encore de fes doctes traductions d'Auteurs , tant facrés que profanes.

* Jacques Amyot , né à Melun le 30 Octobre 1513 , d'un petit Marchand Mercier de cette Ville , eut l'Abbaye de Bellofane de François I , fut fait grand Aumônier le 6 Décembre 1560, fans être Evêque. Il eut alors l'Abbaye de S. Corneille de Compiègne , & ne fut nommé à l'Evêché d'Auxerre qu'en 1568. Il mourut le 6 Février 1593 , âgé de foixante-dix-neuf ans.

¹ Amyot , par le moyen de Melchior Wolmar , fut fait Précepteur des neveux de Jaques Colin , Abbé de S. Ambroife , enfans de Guillaume Safli Bouchetel , alors Secrétaire d'Etat , dont la protection , & celle de Morvilliers , lui valurent la place de Précepteur de Charles IX. Sa Traduction du Roman Grec d'Héliodore (*les Amours de Théagene & de Chariclée*) fut récompenfée par l'Abbaye de Bellozane , fort bien différent de celui d'Héliodore , qui perdit , dit-on , fon Evêché pour l'avoir compofé. On prétend qu'il fit fa Traduction des *Vies de Plutarque* fur une Traduction Italienne d'un certain *Aleffandro-Batifta Jacomelli* , imprimée *in-fol.* à Aquila , 1482 ; mais quelle apparence que ce Livre fut connu en France ? C'eft fans doute le même qui dans le *Colomefiana* , pag. 124 , eft nommé *Jacomel de Rieté* (ou *Rieti*). Le *Domenichi* , Auteur contemporain , fit la Traduction de Plutarque , mais il étoit trop connu pour qu'Amyot osât s'approprier fon travail. On a dit encore que Maumont , favant Grec , qui a traduit quelque chofe de S. Juftin , & qui vivoit en même temps qu'Amyot , avoit fait la Traduction qu'il publia fous fon nom; mais ce fecret n'auroit-il pas tranfpiré , & Maumont, voyant fon fuccès, ne l'auroit-il pas revendiquée ? Ce qu'il y a de plus vraifemblable , c'eft qu'Amyot eut des fecours en tout temps , dont il fut habilement profiter. M. l'Abbé le Bœuf nous a appris qu'Amyot étant Evêque d'Auxerre , fe faifoit aider dans fes Traductions par un Avocat de Tonnerre , nommé *Luit* , bon Grammairien Grec. (M. FALCONNET).

** Il n'y a perfonne fur les talens duquel on ait parlé auffi différemment que fur ceux de Jacques Amyot ; fa naiffance obfcure , & la fortune prodigieufe qu'il fit enfuite , dont il jouit jufqu'au temps de fa mort , ont pu exciter l'envie contre lui , & donner lieu à toutes les imputations qu'on lui a faites , d'avoir profité du travail d'autrui ; ce font fes Traductions qui lui ont fait la réputation dont il jouit encore. Les agrémens de fon ftyle , fa manière naïve & énergique de s'exprimer , qui conferve même aujourd'hui tout fon

mérite , lui affurent le premier rang parmi les Ecrivains François de fon fiècle. Nous avons difcuté ci - deffus cet Article , en rapportant ce que
l'on a dit fur la manière dont il s'y eft pris pour faire fes Traductions, ne
fachant que très-médiocrement la langue Grecque. Il a traduit du Grec la
Paftorale de Longus , des *Amours de Daphnis & de Cloé*, imprimée à Paris
*in-*8°, & il a retranché de fa verfion deux endroits où cet Auteur lui a paru
un peu trop libre.

Voy. Teiffier fur de Thou , Tom. IV, pag. 122 , Kœnigius , au mot
Amyotus , l'Hiftoire de Melun , les Mémoires de Niceron , Tom. IV ,
pag. 45 , l'Hift. Eccléf. des Egl. Réform. Tom. I, p. 1534, & le Dictionnaire de Bayle , au mot Amyot. Voy. encore la note au bas du mot Jean
Maumont.

JAQUES ANDROUET , Parifien , furnommé du Cerceau , qui eft à dire , Cercle , lequel nom il a retenu pour
avoir un cerceau ou cercle pendu à fa maifon , pour la remarquer & y fervir d'enfeigne (ce que je dis en paffant pour ceux
qui ignoreroient la caufe de ce furnom). Il a été l'un des plus
favans Architectes de notre temps , & des mieux appris en
l'art de perfpective & ordonnance de bâtir. Il a par fon in-
duftrie & labeur recueilli les deffeins & protraicts de la plupart
des anciens & modernes bâtimens & édifices de Paris , lefquels
il a dreffés en planche de cuivre & taille-douce, fuivant le mandement & permiffion du Roi , le tout pour le bien & honneur
des Parifiens. Il a gravé en taille-douce la Defcription de tout
le Pays & Comté du Maine, imprimée au Mans dès l'an 1539,
pour la première fois par Mathieu de Vaucelles , & depuis encore l'an 1575 par le même. Le premier & fecond volume des
plus excellens bâtimens de France , dreffés par ledit Jaques
Androuet , dit du Cerceau , & ont été imprimés à Paris chez
Gilles Beys , l'an 1579, efquels font défignés les plants d'iceux
bâtimens & leur contenu , enfemble les élévations & fingularités d'un chacun. Il floriffoit l'an 1570.

JAQUES AUBERT, Médecin Vandomois. Il a écrit des natures & complexions des hommes, & d'une chacune partie d'iceux,
& auffi des fignes par lefquels on peut difcerner la diverfité d'icelles , imprimé à Paris chez la veuve de Pierre du Pré , l'an 1572.

JAQUES D'AUGARON, & non pas D'ANGARON (comme l'écrivent quelques-uns) Chirurgien ordinaire du Roi de Navarre. Il a écrit quelques Discours touchant la curation des arquebusades & autres playes. Il florissoit l'an 1577.

JAQUES DE BASMAISON PONGNET, Avocat à Rion en Auvergne. Il a écrit un Traité des Fiefs & Arrière-fiefs ou Rière-fiefs, imprimé à Paris l'an 1579. Il a écrit des Commentaires sur les Coutumes d'Auvergne.

JAQUES BASSENTIN, Escossois *. Il a écrit un Livre d'Astronomie, imprimé à Lyon chez Jean de Tournes.

* Il mourut en 1568. Après avoir fait ses études à Glascow, il passa en France, où il resta la plus grande partie de sa vie. Il s'appliqua uniquement aux Mathématiques, principalement à l'Astronomie, & se livra à toutes les erreurs de l'Astrologie Judiciaire qui régnoit alors. On assure qu'il ne fut jamais d'autre langue que sa langue maternelle, & que, malgré son long séjour en France, il n'apprit jamais passablement le François. Ce fut cependant en cette langue qu'il écrivit le Traité d'Astronomie dont parle La Croix du Maine ; mais on fut obligé d'en corriger le style, qui n'étoit pas supportable. C'est ce qu'on apprend de Jean de Tournes dans l'Epître Dédicatoire de la Traduction Latine qu'il fit de cet Ouvrage de Bassentin. Il publia cette Traduction en 1559 à Genève, en un gros volume *in-fol*. Bassentin écrivit en François un *Traité de l'Astrolabe*, qu'il intitula *Paraphrase de l'Astrolabe, avec une amplification de l'Astrolabe*, Lyon, 1555, *in-8°*. Il repassa en Ecosse en 1562, & y resta les six dernières années de sa vie. Voy. *Biogr. Britan.* Tom. I, pag. 541 & suiv.

JAQUES BASTARD DE BOURBON, Commandeur de S. Mauluys, d'Oysemont & Fonteines au Prieuré de France, fort vaillant & noble Chevalier. Il a écrit en prose Françoise la prise de la Ville de Rhodes, par Sultan Soliman, imprimée à Paris chez Gilles Gourmont, l'an 1526.

JAQUES DE BERNAY, Abbé de la Chapelle, Président des Enquêtes au Parlement de Tolose. Il a écrit une Paraphrase sur l'Inscription que la feue Dame Philippe Duchesse de Camerin ordonna être affigée à son Tombeau ou Sepulture, &c. imprimée avec l'altercation de l'Empereur Adrian & du Philosophe Epictete, commentée par Jean de Coras, &c.

JAQUES BESSON , Daulphinois, grand Mathématicien, Philofophe & Ingénieur. Il a écrit trois Livres, de l'art & fcience de trouver furement les eaux , fources & fontaines cachées fous terre , autrement que par les moyens vulgaires des Agriculteurs & Architectes , imprimés à Orléans chez Eloy Gibbier , l'an 1569 (*in-4°.*) Traité de l'art & moyen parfait de tirer huiles & eaux de tous médicamens , fimples & oléagineux , imprimé à Paris chez Jean Parant , l'an 1580 * ; le Cofmolabe ou Inftrument univerfel , contenant la démonftration de toutes les obfervations qui fe peuvent faire par les fciences Mathématiques , tant au ciel & en la terre , comme en la mer (*Paris* , 1567 , *in-4°.*) Traité déclaratif de diverfes machines & inventions Mathématiques , fort recommandables & néceffaires à notre République. François Beroalde de Vervile a écrit des Commentaires ou Annotations fur les Méchaniques de Jaques Beffon , imprimées à Lyon l'an 1580 & 1581 , chez Berthelemy Vincent , comme nous avons dit ci-deffus , parlant dudit François Beroalde. Le fufdit Beffon floriffoit à Paris l'an 1570.

* Il avoit été publié d'abord en Latin en 1559 , puis en François dès 1573 , *in4°.*

JAQUES DE BETON (Meffire), Archevêque de Glafco en Efcoffe , Abbé de Laffy en Poictou , Confeiller & Ambaffadeur ordinaire de la Roine d'Efcoffe , douairière de France , vers la Majefté du Roi [1] , &c. Il a prononcé plufieurs doctes Harangues ou Oraifons Françoifes , en préfence des Rois & Roines de France , pour les affaires de fa maîtreffe , la Séréniffime Roine d'Efcoffe , veuve de François II de nom , &c. lefquelles ne font encore imprimées. Il florit à Paris cette année 1584, & favorife tant les lettres & ceux qui en font profeffion , qu'il en montre affez l'expérience à l'endroit de ceux qu'il entretient aux écoles , ès Univerfités , tant de Paris que d'autres lieux *.

[1] Le Cardinal de Beton ou Betoun , Ambaffadeur d'Ecoffe en France , mourut à Paris d'un corps au pied , où la gangrène fe mit le 25 Avril 1603 ,

âge de quatre-vingt-trois ans. Il fut enterré à S. Jean de Latran, dans le Cloître duquel il demeuroit. Voy. le *Journal d'Henri IV*, *An.* 1603, p. 90 & 91. Il faut qu'il ait été Cardinal de bonne heure, car on a son Panégyrique par Archibal Hayus, sur sa promotion au Cardinalat, en 1540. Il est encore parlé de lui dans le Journal que nous venons de citer, à l'an 1540, sous le nom de *Bethunius*, Archevêque de Glasco, & il étoit à Paris dès le temps de la prison de Marie Stuart. Thomas Bicarton, Ecossois, adresse son Poëme *Apum atque hóminum Respublica*, *ad Romanum in Christo Patrem D. Jacob. Betonem*, *Arch. Glasguensem*, *Jacobi VI Rectorem*, *Regis ordinarium in Galliis Oratorem*, de même que son Poëme, *Prolis institutionum*, *Lib. II.* Il en est parlé dans les Tables de l'*Hist. de l'Univ. de Paris*, sous le nom de JAQUES DE BÉTHUNE, Archevêque de Glascou. Voy. *Chartæ authenticæ Robert. Seneschalli Scotiæ.* (M. FALCONNET).

* Voici ce qu'on lit à son sujet dans le *Longueruana*, pag. 55: " Il y avoit » en France, du temps d'Henri IV, un Ambassadeur d'Angleterre, Arche- » vêque en Ecosse, nommé *Béthon*. Il prétendit que *Béthon* & *Béthune* étoient » la même chose, & qu'il étoit de la même maison que M. de Sully; » comme il étoit dans une situation honorable, M. de Sully, sans chercher » plus grand éclaircissement, le reconnut pour tel; ce qui a donné lieu au » sot discours, que M. de Béthune s'appeloit *Béthon* ». Ainsi, c'est mal à propos que ce Cardinal Ambassadeur est appelé *Béthune* dans son Epitaphe à S. Jean de Latran; mais sa famille fut reconnue pour une branche de la maison de Béthune.

On trouvera d'amples détails Généalogiques dans la *Biographie Britannique*, à l'Article de JAQUES BÉTON ou BÉATON (oncle de celui dont parle La Croix du Maine) pour prouver que les *Béton* d'Ecosse sont de la même famille que les *Béthune* de France. (Voyez Tom. I, pag. 570, note A). On y verra aussi (pag. 593 & suivantes) un autre Article sur JAQUES BÉTON, neveu du précédent. Ils furent tous les deux Archevêques de Glascow : le premier devint ensuite Primat d'Ecosse. Il y avoit d'ailleurs un *David Beton*, aussi neveu de *Jaques*, qui fut de même Primat d'Ecosse. Ces ressemblances de noms & de titres ont produit diverses méprises. Jacques Béton, dont il s'agit ici, fut sacré Archevêque de Glascow en 1552. Il eut une grande part à la négociation du mariage de la Reine d'Ecosse avec le Dauphin, qui fut terminée en 1558. Il retourna en Ecosse la même année, & repassa en France au mois de Juin 1560. Après la mort de François II, la Reine Marie ayant choisi en 1561 Jacques Béton pour son Ambassadeur auprès du nouveau Roi, il continua de servir jusqu'à sa mort, avec le même titre, le Roi d'Ecosse, Jacques VI, selon son esprit. Béton mourut à Paris le 25 Avril 1603, à quatre-vingt-six ans; ainsi il étoit né en 1517. Il ne fut jamais Cardinal, ce fut David Béton, comme je l'ai remarqué. Jacques, dont je parle, n'étoit point Archevêque de Glascow en 1540, c'étoit Jacques son oncle. Les papiers qu'il laissa en grand nombre sur les affaires dont il fut chargé sont des

Mémoires

Mémoires bien importans pour l'Histoire de ce temps-là. Nicelſon (*Biblioth.* *Hiſlor. d'Ecoſſe*, p. 77) dit qu'on les conſervoit dans le Collège des Ecoſſois à Paris. La *Biographie Britannique* rapporte à ce ſujet une lettre curieuſe adreſſée à M. Keith par une perſonne qui demeuroit dans ce Collège le 25 Mai 1733. Voyez Tom. I, pag. 596 , note D. Il y a dans la Généalogie de Béthune , par Ducheſne , pag. 532 & ſuiv. ſur les *Bétons* ou *Béthuns* d'Ecoſſe un Article qui ſera utile à combiner avec la *Biographie* que j'ai citée ci-deſſus.

JAQUES LA BITE , Juge de la ville de Mayenne le Juhel , au bas pays du Comté du Maine , homme fort docte & bien conſommé en Droit. Il a écrit quelques Œuvres en Latin , deſquelles nous ferons mention autre part , & quant à ſes Compoſitions Françoiſes elles ne ſont encore imprimées. Il florit au Maine cette année 1584.

JAQUES DE BILLY , Abbé de S. Michel en l'Her [1], près la Rochelle , au pays d'Aquitaine , &c. iſſu de la noble maiſon de Prunay , frère de Jean de Billy , &c. Il étoit homme fort docte en Grec & en Latin , & a traduit pluſieurs Livres en notre langue Françoiſe , ſavoir eſt , la Vie de S. Gregoire Nazianzene , traduite de Grec [2]. Il a écrit pluſieurs Sonnets ſpirituels , recueíllis pour la plupart des anciens Théologiens, tant Grecs que Latins , avec autres ſemblables Traités Poëtiques , imprimés à Paris chez Nicolas Cheſneau , l'an 1573; Diſcours Politiq , imprimé. Il mourut à Paris l'an 1581 (*le 25 Décembre*) âgé de quarante-ſept ans , & fut enterré dans l'Egliſe de Saint Severin à côté dextre du grand Autel. Le Diſcours de ſa vie ſe trouve imprimé à Paris chez Pierre l'Huillier , l'an 1582.

[1] La Croix du Maine auroit dû écrire l'Abbaye de S. Michel en l'*Erm* , & non pas en l'*Her*. (M. DE LA MONNOYE).

[2] Il étoit de la maiſon de Prunè ou Prunay , fils de Louis de Billi , mort en 1560, & qui fut Gouverneur de Guiſe pour François I. Il ſuccéda dans l'Abbaye de S. Michel à ſon frère Jean de Billy , homme d'un rare mérite , qui voulut ſe faire Chartreux. Jacques avoit tiré tout ce qu'il lui plaiſoit des Manuſcrits des Chartreux , par le moyen de ſon frère Jean , Chartreux à Bourg-Fontaine. La plupart de ces Manuſcrits venoient des Chartreux d'Ecoſſe , auxquels on

permit d'emporter leurs Manufcrits, lorfqu'ils en furent chaffés par les Hérétiques. *Vigneul de Marville*, Tom. II, p. 282 & 284. (M. FALCONNET).*

* Voy. les Mémoires de Niceron, Tom. XXII, p. 177, & la Biblioth. Françoife de M. l'Abbé Goujet, Tom. XIII, pag. 143. On trouvera dans Niceron le titre de plufieurs Ouvrages François de Jacques de Billy, defquels il n'eft point fait mention par La Croix du Maine ; au contraire, Niceron ne cite point la Traduction Françoife de la *Vie de S. Gregoire de Nazianfe*, que La Croix du Maine attribue à Jacques de Billy.

JAQUES DU BOIS, ou DU BOES, dit SILVIUS, natif d'Amiens en Picardie, l'un des plus doctes Médecins de fon temps, frère de François Silvius, Orateur & Grammairien, &c. Il a écrit une Grammaire Latine & Françoife, imprimée à Paris chez Robert Eftienne, l'an 1531. Ledit Jaques Silvius naquit l'an 1478, & mourut à Paris le treizième jour de Janvier, l'an 1555, âgé de foixante-dix-fept ans. Il eft enterré à Paris au Cimetière des pauvres Ecoliers devant Montagu, près la fépulture duquel eft auffi le corps d'Adrian Turnebe, autrefois Lecteur du Roi à Paris *, &c.

*Cet Article, & celui qui fuit, regardent le même JACQUES DU BOIS, dit SILVIUS. Sa *Grammaire* eft très-mauvaife. Il fut Profeffeur en Médecine au Collège Royal ; vrai pédant, fi avare, qu'il ne voulut pas fe faire recevoir Docteur à Paris, prétendant que fon mérite devoit l'exempter de rien payer. Il fut refufé de même à Montpellier, & fe contenta du degré de Bachelier.

Voy. la Bibl. Françoife de M. l'Abbé Goujet, Tom. I, pag. 48.

JAQUES DU BOES, natif de Peronne en Picardie, autre que le fufdit Médecin dit Silvivs. Il a écrit en vers François les Pleurs tragiques de la vertu, pour le trépas du Roi de France très-Chrétien Henri II, avec fon Epitaphe, imprimé à Paris par Olivier de Harfy, l'an 1559.

JAQUES BOUJU, Angevin, natif de la Ville de Chafteauneuf en Anjou, fur la rivière de Sarte, à cinq lieues de la Ville d'Angers, Préfident au Parlement de Rennes en Bretagne, &c. Il naquit le jour de S. Jaques, le vingt-cinquième jour de Juillet, l'an 1515 ¹. J'ai eu ce bien de cognoître ledit Sieur Préfident Bouju, & n'a pas été fans remarquer les graces &

perfections qui étoient en lui, savoir, est une mémoire qui étoit admirable ; car il sçavoit dire sans livre tout ce qu'il avoit jamais composé, soit en Grec, Latin ou François, & pour être mêlé en tant de genres de doctrines & gentillesses (desquelles il faisoit profession après ses plus sérieuses études) & cela lui acquit tellement l'amitié du Roi François I , qu'il le caressoit & aimoit par sur tous ceux de sa robe. Voici ce qu'il a écrit en notre langue , dont la plupart n'est imprimé : le Royal, qui est un Œuvre écrit en vers François , contenant un succinct Discours de toutes les choses mémorables qui ont été faites par les Rois de France jusqu'au règne d'Henry III. Ce Livre n'est encore imprimé. Louanges de la vie rustique ; plusieurs vers à la louange de François I, Henry II, Charles IX & Henry III. Il a traduit de Latin en François les six premiers Livres des Décades de Tite-Live, non encore imprimés ; Poëme François , du ris de Democrit, & pleurs de Heraclit , non imprimé ; les douze Roines ; la Description de la Tournelle de Paris ; l'Epiceliere au Maine , & sa Description, écrite en vers Latins & François ; le Verger en Anjou , & sa Description , écrite en vers Latins & François. Il mourut à Angers l'an 1578 , âgé de soixante-trois ans. Je ferai mention de ses Poëmes Latins autre part , desquels nous avons quelque partie écrite à la main. Joachin du Bellay , Angevin, loue fort en ses Œuvres ce Président Bouju : nous espérons que son fils mettra peine de recouvrer tous ces Ecrits , pour les faire imprimer.

[1] C'est ce *Jacobus Bugius* dont Scévole de Sainte-Marthe, qui en a fait l'éloge , rapporte la belle Epigramme sur Marguerite , fille naturelle de Charles-Quint, *Impubes nupsi valido*, &c. touchant laquelle on peut voir le *Menagiana* , pag. 312 du Tom. III. (M. DE LA MONNOYE).

Voy. le Dictionnaire Historique de Moréri , & le Ducatiana , pag. 734.

JAQUES BOULONGNE , ou BOULOIGNE, Liégeois, ou de Liége en Almagne. Il a écrit quelques Poësies Françoises, entre lesquelles il y en a d'imprimées , avec la Sphère des deux Mondes de Darinel de Tyrel , qui est le nom supposé de Gilles Boileau de Bouillon, &c.

JAQUES BOURGEOIS. Il a écrit en vers François le premier & second Livre des Rencontres Chrétiennes à tous propos, imprimés l'an 1555 ; une Comédie Françoise, contenant les Amours d'Eroftrate, imprimée à Paris, l'an 1545, chez Jeanne de Marnef, veuve de feu Denys Janot *. Il floriffoit du temps de François I du nom, auquel il dédia ladite fufdite Comédie.

    * Cette pièce eft traduite de l'Italien.

JAQUES BOURGOING, dit BURGOINUS, Confeiller du Roi en fa Cour des Aides à Paris, l'an 1583, homme docte ès langues, & bien verfé en la Poëfie Latine. Il a écrit un jufte volume de l'origine, ufage & raifon des mots ou dictions ufitées ès langues, Françoife, Italienne & Efpagnole. Ce Livre eft écrit en Latin, & l'Epître au Roi mife au-devant eft en François, le tout imprimé à Paris chez Eftienne Prevofteau, l'an 1583. Il florit à Paris cette année 1584.

JAQUES BOURLÉ, natif de Longmefnil, au Diocèfe de Beauvais, Docteur en Théologie à Paris, & Curé de S. Germain le vieil en ladite Ville, l'an 1567, homme fort verfé en la Philofophie. Il a écrit les Livres qui s'enfuivent : l'Affliction du corps, pour recréer l'efprit, imprimé à Paris par Alexandre Guillard ; Congratulation au Roi, pour l'Edit de Janvier rompu, imprimée chez Denis du Pré à Paris ; Diffuafion de la paix fourrée, tournée du Latin de M. à Quercu, imprimée l'an 1567 chez Jean Charron à Paris ; Adhortation au peuple de France, de fe tenir fur fes gardes, chez Denis du Pré ; Prière à Jefus-Chrift, fur le mariage de Charles IX, Roi de France, & Elizabeth d'Auftriche, fille de l'Empereur Maximilian, imprimée chez ledit du Pré ; Déploration de la mort dudit Roi Charles IX, imprimée par Hulpeau ; la Meffe de S. Denis, imprimée par Guillaume de la Noüe à Paris ; Difcours fur la furprife de Mande, par les Hérétiques, imprimé par Henry Thierry à Paris, l'an 1580.

Les Livres à imprimer.

Tous les Sermons de S. Bernard en un Tome ; les Secrets

dudit S. Bernard , avec scholies & argumens ; les Œuvres de S. Denis , en Latin & en François ; deux Livres de la Clémence Chrétienne , en Latin & en François ; onze Sermons sur l'Oraison Dominicale , Latins & François ; les six Comédies de Térence , tournées vers pour vers; Sonnets François de tous les Dimanches de l'an , de tous les jours de Carême , & de toutes les fêtes de l'an , auxquels répondent autant d'Epigrammes Latins , vers pour vers ; Quadrains sur tous les Chapitres de la Genese , auxquels répondent autant de Tétrastiques Latins , vers pour vers ; les Distiques de Caton , tournés vers pour vers ; les Paraboles d'Alain , vers pour vers ; le Mépris du monde , attribué à S. Bernard ; le Florel , contenant six points des principes de la Religion Chrétienne. Il florit à Paris cette année 1584, & fait leçons ordinaires ès Escholles de Sorbonne.

JAQUES BROCHIER , natif de Pertuys en Provence , jeune homme fort docte ès Mathématiques , & grand Astrologue. Il a écrit la Prognostication pour l'an 1570 , en laquelle sont insérées dix figures Célestes , sur l'élevation du Méridian de Paris , imprimée à Paris , l'an 1569 , par Nicolas du Mont. Il a écrit l'Almanach pour l'an 1570 , calculé sur l'élévation de quarante-huit degrés , avec les présages de ladite année , avec quatre figures célestes , & encore avec l'Almanach de la Cour du Parlement de Paris, & autres choses singulières , le tout imprimé par ledit Nicolas du Mont, l'an 1570. Il florissoit à Paris l'an 1569.

JAQUES CAPEL, Parisien, Avocat du Roi au Parlement de Paris , père de Guillaume Capel , Docteur en Médecine, & d'Ange Capel , Sieur du Luat (desquels nous avons fait mention ci-dessus). C'étoit l'un des plus estimés de son temps pour l'éloquence & doctrine , en divers arts & sciences , en quoi n'ont pas dégénéré ses enfans. Il a écrit plusieurs Livres en Latin , desquels nous parlerons en autre lieu , & quant à ses Ecrits François, l'on voit quelques doctes Plaidoyez faits par lui, lorfqu'il étoit Avocat du Roi audit Parlement, &, en-tr'autres, celui qu'il prononça pour les Comtés de Flandres, Arthois & Charrolois, imprimés à Paris chez Charles l'Ange-lier, l'an 1561, auquel temps il floriffoit.

JAQUES CARTIER, natif de S. Malo en Bretagne, l'un des plus favans & expérimentés Pilotes de fon temps. Ceux qui ont fait la Defcription des Terres neuves, ou nouveau Monde, font mention très-honorable dudit Jaques Cartier, Breton. Je n'ai point vu les Mémoires de fes voyages efdits pays, & ne fais s'il les a jamais fait imprimer [1]. Il floriffoit du temps de François I, Roi de France.

[1] Jacques Cartier alla dans l'Amérique Septentrionale en 1534. Il a donné depuis une Defcription des Terres, Côtes, Ifles & Détroits qu'il reconnut, qui paffe pour exacte*. *Voy.* ce qu'en difent Rabelais & fon Commentateur, Liv. V, Chap. 31. (M. DE LA MONNOYE).

* Les deux Relations du voyage de Jacques Cartier, en 1534 & 1535, font imprimées en Italien dans le IIIᵉ Tom. du *Recueil de Voyages* de Ra-mufio. On en a donné le Sommaire dans l'*Hiftoire du Canada*, par Marc Lefcarbot.

JAQUES DU CERCEAU, dit ANDROUET, Parifien, le plus grand Architecte de fon temps. Nous en avons parlé ci-deffus. Voy. JAQUES ANDROUET, furnommé DU CERCEAU.

JAQUES DE CHISON, excellent Poëte François, l'an 1250, ou environ. Il a écrit plufieurs Chanfons amoureufes en viel langage François*.

* Voy. Fauchet, Chap. 36.

JAQUES DU CHESNE, Sieur DE LA GACELINIERE au Maine, frère aîné d'Hector du Chefne, tous deux enfans de M. Fœlix du Chefne ou le Chefne, Procureur du Roi en la Sénéchauffée & Siége Préfidial du Mans. Ceftuy-cy, nommé Jaques, a écrit plufieurs Poëmes Latins & François, & en-tr'autres, il fe voit quelques-uns de fes Sonnets avec le Livre du Recueil des Chanfons mifes en mufique, imprimés à Paris. Il florit cette année 1584.

JAQUES DU CLERC. Il a traduit de Latin en profe Françoife le Colloque du vrai pudiq , & fincère Amour , concilié entre deux Amants , imprimé à Paris chez Galiot du Pré , l'an 1590, auquel temps vivoit ledit Auteur.

JAQUES CŒUR , Baron de S. Forgeau , natif de Bourges en Berry , Tréforier & Argentier du Roi de France Charles VII , en l'an de falut 1453 , en laquelle année fut prononcé un Arrêt ou Sentence , donnée contre lui pour plufieurs chofes qu'on lui a mifes à fus , & ne fais fi elles font vraies : fomme qu'il fut condamné à payer la fomme de quatre cens mille écus, & tous fes biens confifqués , & encore déclaré inhabile à tenir Etats , & banni pour jamais du Royaume de France. Plufieurs ont penfé qu'il favoit faire la pierre philofophale , & que les pièces d'argent nommées de fon nom , & appelées vulgairement *des Jaques Coëurs* , avoient été faites & fabriquées par fon invention , mais nous déduirons ceci bien amplement au Difcours des vies que nous avons écrites des Tréforiers de France. Or , pour venir à parler de fes Ecrits , voici ce que j'ai vu de fon invention : le Calcul ou dénombrement de la valeur & revenu du Royaume de France , fait par ledit Argentier, & baillé à fon maître le Roi Charles VII , lequel fe voit au Livre de Jean Bouchet de Poiêtiers, intitulé le Chevalier fans reproche , & encore au Livre de Jaques Signet , intitulé la Divifion du monde. Il a écrit plufieurs autres Mémoires & Inftructions , pour policer l'Etat & Maifon du Roi , enfemble tout le Royaume de France , mais ils ne font encore imprimés *.

* On eft furpris de trouver Jacques Cœur au nombre des Ecrivains François. Ce n'eft pas certainement à ce titre qu'il s'eft illuftré , & que , malgré fes malheurs , on aime à fe rappeler la mémoire d'un homme dont les fervices contribuèrent autant à affermir le Roi fon maître fur le trône , que la valeur du brave Dunois, & l'Héroïfme fingulier de la Pucelle Jeanne. On regrette encore qu'un Prince auffi bon que Charles VII , mais trop foible , ait permis qu'une intrigue de Cour ofât tenter de conduire fur l'échafaud, finon le premier, du moins le plus utile de fes fujets, & celui dont il devoit conferver le crédit avec le plus de foin. Dans fa difgrace, fes commis & fes facteurs , qui avoient continué fon commerce fous fon nom , lui donnèrent

les moyens de s'échapper de son ingrate patrie , & d'aller former un nouvel établissement en Chypre , où il mourut. En vain sa mémoire fut réhabilitée , il fut rappelé, & il n'eut pas le courage de venir s'exposer de nouveau à la jaloufie & à l'injustice de ses compatriotes. On rendit quelqu'uns de ses biens à ses enfans, & Jean son fils, Archevêque de Bourges, se fit estimer par son mérite.

JAQUES COLIN , Abbé de S. Ambroise à Bourges , Secrétaire ordinaire du Roi François I. Il étoit homme docte, & a écrit plusieurs Livres en François , & , entr'autres de ses Compositions , se voit imprimée une sienne Epître , mise au-devant de l'Histoire de Thucidide , traduite par Claude de Seicel. Il florissoit sous François I , l'an 1540. Voy. de lui les nouvelles Recréations de Bonadventure des Periers , le Livre des Bigareures , & l'Histoire de Berry , qui en font mention [1].

[1] Jacques Colin étoit d'Auxerre , comme en font foi ces paroles de Germain de Brie , en Latin *Germanus Brixius Altissiodorensis* , dans une lettre du 23 Décembre 1530 à Jérôme Vida : *Jacobus Colinus nostras* , *Regius Anagnostes* , *ob id Regis lateri semper affixus* , *tum autem & versatili ingenio* , *& eruditione Latinâ* , *& rerum multarum usu perpaucis ex nostris concedens.* On voit quelques-uns de ses vers Latins dans l'Edition de ceux de Theocrenus, à Poitiers , *in-4°.* chez les Marnefs , 1536. Je suis surpris que parmi ses Ouvrages François on ait oublié de rapporter le principal , savoir , la Traduction du *Courtisan de Baltazar Castillon* , revue après la mort du Traducteur , & corrigée par Mellin de S. Gelais , en mémoire de l'amitié qui étoit entre lui & le défunt. Ce détail est tiré des Phaleuques de Nicolas Bourbon l'ancien , imprimés au-devant de cette Traduction chez François Juste , *in-8°.* à Lyon , 1538. J'ai parlé plus au long de Jacques Colin dans mes notes sur les Contes attribués à Bonaventure des Periers , & sur les Poëfies de Mellin de S. Gelais. *Voy.* dans La Croix du Maine & du Verdier le mot JEAN CHAPERON. (M. DE LA MONNOYE).

V. la Bibl. Françoise de M. l'Abbé Goujet , Tom. XI , p. 398.

JAQUES COPPIER , de Velay. Il a écrit en vers François le Déluge des Huguenots , imprimé à Paris chez Dallier , l'an 1572.

JAQUES CORLIEU , d'Angoulesme. Il a composé quelques Poëfies Françoises , desquelles fait mention Gilles Corrozet en son Parnasse. Il y a un François Corlieu d'Angoulesme , lefme , duquel nous avons parlé ci - deffus , & ne fçay s'ils étoient parens.

JAQUES DE COURTIN , Sieur de Cyssé , Gentilhomme Percheron , fils aîné de M. le Bailly du Perche défunt. Il a traduit de Grec en vers François les Hymnes de Synefius , Evêque de Ptolemaïde, avec un tel heur & tant de grace, que c'eft chofe digne d'admiration pour le bas âge auquel il étoit , quand il en fit la verfion , laquelle a été approuvée par les plus doctes de notre fiècle. Il les a fait imprimer à Paris avec autres Poëfies de fon invention , chez Gilles Beys. Il a écrit à l'imitation de Remy Belleau , & du docte Sannazar , Italien , une Bergerie , non encore imprimée ; plufieurs Sonnets & autres vers fur la pulce de M. des Roches de Poictiers, defquels les uns font imprimés , & les autres il les mettra bientôt en lumière. Il florit à Paris cette année 1584, âgé de vingt-quatre ans , ou environ*.

* Voy. au mot Remi Belleau. Courtin mourut cette même année 1584, le 18 Mars , à l'âge qu'on lui donne.

Voy. la Bibl. Françoife de M. l'Abbé Goujet , Tom. XII , pag. 301.

JAQUES DE CUJAS , Tolofain , Confeiller du Roi en fa Cour de Parlement à Grenoble, & Profeffeur ordinaire en Loix à Bourges en Berry , & auparavant à Valence en Dauphiné , & autres Univerfités de France , efquelles il a fait telle preuve de profonde & folide doctrine , tant par fes doctes lectures , que par fes laborieux & très-accomplis Œuvres , qu'il a mis en lumière , que notre fiècle ne fe peut vanter d'en avoir un plus grand , foit pour les Loix ou pour les autres fciences & langues, efquelles il eft tellement verfé,que même les Etrangers,Allemands, Italiens & autres le recognoiffent pour un miracle de notre fiècle. Il n'a pas beaucoup écrit en notre langue , n'étant pas fa profeffion , mais en Latin il s'en voit plufieurs volumes , imprimés à Paris , defquels nous ferons mention autre part[1]. Voici donc ce qu'il a écrit en François : l'Oraifon funèbre qu'il prononça aux obféques & funérailles de Meffire Gafpard de la Chaftre en

Berry , Seigneur de Nancey , non encore imprimée. Quelques-uns penfent qu'il ait écrit les défenfes pour M. de Mont-Luc, Evêque de Valence en Dauphiné , imprimées à Paris, l'an 1575, chez Robert le Mangnier , mais je n'en affure rien à caufe que fon nom n'eft pas en ce Livre. Il florit à Bourges , Ville Capitale du Berry , cette année 1584.

[1] Cujas étant de Touloufe , à la manière de ceux de fon pays , qui aiment le *de*, fignoit ordinairement *de Cujas*. C'eft une remarque de Ménage fur la *Vie de Pierre Ayrault* , pag. 185. Nous ne difons cependant que *Cujas*. Une heureufe rencontre fur les lettres initiales de fon nom & de fon furnom, c'eft que J. C. ne dénote pas moins *Jurifconfulte* que *Jacques Cujas*. La Croix du Maine a eu tort de douter que la *Défenfe de Montluc* fût de Cujas. Peut-être La Croix du Maine a-t-il marqué de l'incertitude par confidération pour Cujas , qu'il favoit ne vouloir pas être connu pour Auteur du Livre. Ce n'eft pas au refte , comme difent quelques-uns, le 25 Septembre, mais le Jeudi 4 Octobre 1590 , que Cujas mourut , âgé de foixante-dix ans au plus. (M. DE LA MONNOYE).

L'Anagramme de *Cujas* étoit *Caius*, que ce favant Jurifconfulte avoit adoptée. Il fut fupérieur en tout à François Hotman. Il s'eft trompé fur la Loi *Glicia* , qu'il attribue à un Dictateur *Claudius Glicia*. Hotman a affez bien prouvé qu'il faut lire *Lex Titia*, quoique Calvin , à la fin de fon *Lexicon Juris* , pag. 99 , faffe mention de la Loi *Glicia* , mais fans doute c'étoit fur l'autorité de Cujas. Il fut regardé comme le premier favant de fon temps , & un de ces génies heureux qui apprennent tout d'eux-mêmes. Son Ouvrage le plus médiocre eft celui fur la *Loi des douze Tables*. Cujas étoit fujet à s'enivrer , il croyoit Socin le plus fubtil de tous les Docteurs , & difoit fur les matières de Religion *Nihil hoc ad edictum Prætoris*. Cujas fe maria en premières noces le 24 Mai 1558 à une femme Juive; il n'en eut point d'enfans ; & de fon fecond mariage il laiffa une fille , nommée *Sufanne* , fameufe par fes déréglemens , qui n'avoit guère plus de quatre ans quand fon père mourut; ainfi ce n'eft pas de fon vivant qu'elle a pu donner lieu à la plaifanterie des Etudians en Droit, qui difoient *qu'ils commentoient les Œuvres de leur maître.* (M. FALCONNET).

Voy. Pâquier , Liv. XIX, Let. 13 & 14, l'éloge de Cujas par Papyre Maffon, Teiffier fur de Thou, Tom. IV, p. 71 & 85, Peroniana , Pithœana, Menagiana , Tom. III, pag. 201 & pag. 253 , Vign. Marville , Tom. I, pag. 39 , & les Mémoires de Niceron, Tom. VIII, pag. 160 , & Tom. X.

JAQUES DALECHAMPS, natif de Caën en Normandie, homme très-docte en Grec , Docteur en Médecine, & Profeſſeur d'icelle en la Ville de Lyon. Il eſt Auteur d'un Livre intitulé la Chirurgie Françoiſe , imprimé à Lyon. Il a traduit de Grec en François les Livres de Galien , de l'uſage des parties du corps humain , deſquels fait mention Jaques Aubert , Vandomois , en ſa Préface ſur ſon Livre des natures & complexions des hommes. Antoine du Verdier fait mention de lui en ſa Proſopographie , & Gabriel Chapuis auſſi , en ſes Additions au Promptuaire des Médailles [1]. Il floriſſoit à Lyon l'an 1580. Je ne parle point ici de ſa docte verſion d'Athenée , d'autant qu'elle eſt en Latin , imprimée depuis un an à Lyon , ce que nous réſervons à dire en notre Bibliothèque Latine.

[1] Il eſt à propos d'ajouter ici ce que je trouve dans M. Huet, pag. 509 de ſes *Origines de Caën :* « Le principal , dit-il , des Ouvrages de Jacques Dalé» champs , fut l'*Hiſtoire des Plantes ,* enrichie d'un grand nombre de figures, » qui n'avoit pourtant pas reçu la dernière main * ». Ce Livre manuſcrit étant en la poſſeſſion de l'Univerſité de Caën, elle en fit préſent à M. le Chancelier Seguier , lorſqu'en l'année 1640 il vint à Caën. Daléchamps s'étoit établi & marié à Lyon , où il mourut le premier de Mars 1588 , âgé de ſoixantequinze ans, étant né l'an 1513. On voit ſon Epitaphe dans l'Égliſe des Jacobins de Lyon , où il fut inhumé. (M. DE LA MONNOYE).

* On pourroit inférer des paroles de M. Huet que l'*Hiſtoire des Plantes ,* par M. Daléchamps , n'étoit encore que manuſcrite en 1640 , mais elle avoit été publiée en Latin en deux volumes *in-fol.* à Lyon , en 1587 , & traduite depuis en François par Jean des Moulins, qui avoit fait imprimer cette verſion en 1615 , auſſi à Lyon , en deux volumes *in-fol.*

JAQUES DAVI DU PERRON , Sieur dudit lieu, Lecteur du Roi de France & de Polongne , Henri III du nom , fils aîné de défunt Julien Davi du Perron (duquel nous parlerons ci-après) tous deux nés en la Ville de S. Lo en Normandie *, &c. Il a fait un Recueil des Diſcours ſur pluſieurs différens ſujets, en Philoſophie & Mathématiques , leſquels il a prononcés devant la Majeſté du Roi. Il y en a plus de ſoixante feuilles imprimées , chez Federic Morel à Paris, leſquels ne ſont pas encore en lumière , encore qu'il y ait près de trois ans qu'ils aient été commencés à imprimer ; mais j'ai opinion que la principale occaſion qui l'a retenu de les faire publier , eſt qu'il y a pluſieurs chofes en ce Livre , faifant mention de Caie Jules de Guerfans (duquel nous avons parlé ci-devant) lefquelles il ne voudroit mettre en public auparavant que de l'avoir bien revu , d'autant que pour lors ils n'étoient joints de telle amitié , comme ils ont été par après. Je crois donc que le retardement de l'Edition de fon Livre ne provient que pour cette raifon , ou pour avoir été depuis empêché à chofes qui ne lui permettoient d'y vaquer , felon qu'il l'eût bien defiré. Je n'ai encore vu ce Livre , qui eft caufe que je n'en peux pas donner jugement , ni même parler au vrai des matières contenues en icelui. Si pourrai-je bien toutefois affurer que ledit Sieur du Perron ne cede en rien aux plus rares efprits de fon fiècle , foit pour la cognoiffance des langues , ou pour la Philofophie & les Mathématiques , ou bien encore pour toutes les autres parties que l'on voudra rechercher en fon divin efprit , même jufque là , que d'avoir une perfection de compofer en tous genres de vers : ce que je ne dis pour penfer m'acquérir fon amitié par ces propos fufdits , mais felon que la vérité , que je cognois en cela , me convie à la dire : étant contraire en ceci à beaucoup , qui , étant jaloux des autres , ne peuvent louer aucun. Ce n'eft pas feulement pour les perfections fufdites que l'on fait tant de cas du Sieur du Perron , mais encore pour la divine mémoire qu'il a plu à Dieu lui départir , laquelle eft telle , & fi émerveillable , que fi je n'euffe moi-même fait l'expérience d'icelle , je n'euffe jamais cru ce que j'y ai cognu de tant miraculeux ; mais je fuis contraint (pour le refpect & amitié que je lui porte) d'en laiffer ici le témoignage qu'il m'en fit il y a plus d'un an : ce que je répéterai d'autant plus volontiers pour les propos qu'il me tint durant cette affaire , qui étoient tels , qu'il avoit mieux aimé faire cet effai de lui en mon endroit , qu'à pas un autre , quel qu'il fût , à caufe (difoit-il) que je m'en pourrois mieux fouvenir & rendre témoignage (en quoi il ne s'eft point abufé) car il prévoyoit bien en cela ce qu'il en verra advenir tout maintenant. Voici donc ce qu'il y a de tant remarquable touchant fa divine mémoire (ce qui ne devra être odieux à pas un , fi je fuis un peu long à le difcourir) car je pourrois dire autres chofes qui ne feroient pas de telle conféquence , & pour perfonnes de moindre valeur. L'an paffé 1583 , Mathieu Boffulus , Parifien (l'un des premiers Philofophes , & des plus éloquens Orateurs de notre fiècle) prononça une fort docte Harangue , au Collège de Boncour à Paris , en la louange de l'Art Oratoire & des Orateurs , laquelle dura environ d'une heure & demie, à la prononciation de laquelle étoit ledit Sieur du Perron, avec autres des premiers hommes de ce fiècle (lefquels je nommerai par honneur) fçavoir eft , Meffieurs Cujas , Scaliger , Baif , des Portes , & autres en nombre infini , & il advint qu'à trois jours après le Sieur du Perron me rencontra dans la grande falle du Palais de Paris , auquel je fis récit du plaifir que j'avois reçu , ayant ouï haranguer un fi gentil perfonnage que ledit Boffulus , il me répondit alors que fi je voulois ouir répéter de mot à mot toute ladite Harangue , qu'il me la réciteroit promptement , & fans y faillir d'un feul point , ce que , l'ayant prié de ce faire , il commença à réciter cette docte Oraifon par les mêmes vers defquels avoit ufé ledit Boffulus , & la continua fi avant , que , voyant affez de preuve de fa mémoire, je le priai de ceffer ; car cela eût duré plus d'une heure , mais feulement je me contentai de l'avoir oui difcourir par l'efpace d'une demi-heure , ou environ ; & , de peur que l'on ne penfe que je ne fçeuffe pas s'il répétoit la même chofe qui avoit été dite , j'avertis ceux qui liront ceci , que je me fouvenois bien fi ce qu'il difoit étoit ainfi , car je fus préfent à ladite Oraifon prononcée par Boffulus , & m'en fouvenois auffi-bien que fi je l'euffe lue écrite dans un livre ; mais , ce qui eft le plus à admirer , c'eft que je le priois de me répéter les périodes entrelacées , fans les continuer , ce qu'il fit encore : & fur ce qui eft le plus difficile en ceci , c'étoit de nommer toutes les fortes d'armes , & tous les noms ufités en guerre , defquels ufa ledit Boffulus , parlant d'un certain Orateur , qui fembla être defcendu du Ciel pour empêcher que les deux armées du Roi François I, & l'Empereur Charles le Quint, ne se combattissent : il usa pour lors d'une infinité de mots usités entre les Guerriers , & n'en laissa pas un seul , ni même les vers ou carmes de plusieurs Auteurs contenus en la Harangue dudit Bossulus. Que si quelques-uns avoient opinion qu'il eût appris ladite Harangue , soit devant ou après qu'elle fut prononcée , cela ne se peut faire , car le Seigneur Bossulus ne l'eût pas su lui-même répéter de mot à mot , comme il l'avoit récitée , d'autant qu'il l'avoit prononcée tout autrement en chaire , qu'il ne l'avoit préméditée en son cerveau , tant à cause des célèbres personnes qui se trouvèrent audit Boncour pour l'ouir (desquelles il n'étoit pas averti) que aussi pour avoir de coustume de ne rien écrire au long de ce qu'il avoit à dire en public (tant il est éloquent) mais bien seulement ayant mis par articles les points qu'il veut traiter. Ce que je dis pour prévenir aucuns qui pourroient tourner ceci autrement que selon la vérité du fait. M. de la Ruelle Pepin , Gentilhomme de Bretagne , pourroit témoigner ceci avec moi , en la présence duquel il fit la preuve de cette belle & heureuse mémoire , laquelle je prie à Dieu lui vouloir conserver. Ceci n'est moins digne de merveille que ce que nous lisons ès diverses leçons de Muret , touchant un Sicilien. J'entends qu'il traduit maintenant les Livres d'Aristote , traitans de l'Ame. Il florit à Paris cette année 1584 , & devons espérer voir une infinité de belles choses rares , tant de son invention que de sa traduction , s'il plaît à Dieu lui donner une longue vie , laquelle je lui prie vouloir donner telle , que je me la desire pour moi-même.

* Jacques Davi du Perron , Evêque d'Evreux en 1594 , & Cardinal en 1604, est un de ces hommes singuliers, sur lesquels il est difficile de porter un jugement sûr. Il saisit les circonstances pour faire éclater ses talens ; & comme il vouloit se faire un nom , & aller à la fortune, il profita de toutes les occasions qui pouvoient l'y conduire , bien secondé en cela par son génie hardi & entreprenant. Il naquit dans le Canton de Berne le 25 Novembre 1556, de parens Calvinistes, qui se disoient d'une maison noble & ancienne de Basse-Normandie. Son père, *Julien Davi*, Médecin & Ministre , professoit les Belles-Lettres à Genève, & on croit qu'il prit le surnom de

du Perron, du quartier où il demeuroit ; *Jacques*, dont nous parlons, & fon frère cadet, nommé *la Guette*, ne favoient trop quelle profeffion choifir. L'aîné enfeignoit le Latin dans une école, le cadet montroit à jouer du luth & de la viole ; ils demeuroient à Paris. Jacques fut Calvinifte jufqu'à vingt-cinq ans. Il avoit été Précepteur des fils d'un Tréforier de France, nommé *Joulets*, dont l'un mourut Chanoine d'Evreux. Il fe fit connoître par une Traduction de quelques endroits de Ciceron, ce qui contribua à lui procurer la place de Lecteur du Roi Henri III, qui le chaffa bientôt de fa préfence, à caufe de fes difcours trop libres, où il croyoit reconnoître une impiété marquée. Touchard, qui avoit été Précepteur du Cardinal de Bourbon, l'introduifit chez ce Prince, que du Perron trahit, en révélant à Henri IV le fecret du tiers-parti, ce qui le mit dans les bonnes graces du Roi. Ce fut alors que du Perron commença à faire quelque figure dans le monde. Il gagna enfuite la bienveillance de Gabrielle d'Eftrées, en faifant des vers pour elle ; le Roi s'en fervoit auffi pour écrire des billets galans à fa maîtreffe. Ses intrigues lui firent des protections qui lui valurent l'Evêché d'Evreux. Son crédit augmenta, il devint en quelque forte le protecteur & le juge de tous les Savans ; on le regardoit, dit l'Abbé de Longuerue, comme le Colonel Général de la Littérature Francoife ; cependant il prononçoit mal le Latin, favoit peu de Grec & prefque point d'Hébreu, mais il avoit obtenu le privilège de faire imprimer en toute langue, & cela feul en impofoit ; d'ailleurs il étoit le premier des Catholiques qui eût ofé écrire avec quelque prétention fur les matières de la Religion, ce qui jufqu'alors fembloit avoir été le partage des Réformés ; il étoit fanfaron, avoit une mémoire prodigieufe, & fe donnoit pour un homme univerfel. Appuyé de la faveur, il n'eft pas étonnant qu'il ait réuffi jufqu'à un certain point ; il avoit fingulièrement le don de perfuader, &, lorfqu'étant Cardinal, il fut envoyé à Rome pour accommoder le différend du Saint Siége avec la République de Venife, le Pape Paul V difoit : *Prions Dieu qu'il infpire le Cardinal du Perron, car il nous perfuadera ce qu'il voudra.* Sa méthode dans les difputes qu'il eut avec les Proteftans, & fur-tout dans la Conférence de Fontainebleau avec du Pleffis-Mornay, étoit d'accabler fon adverfaire de citations, & il eut bon marché d'un homme qui n'ayant lu aucun des Auteurs cités, & ne les connoiffant que fur les recueils qu'on lui avoit fournis, paffa le temps de la Conférence les bras croifés & les yeux levés au Ciel ; il employa la nuit à vérifier les paffages pour difputer le lendemain, mais la peine qu'il y prit le rendit malade, & la Conférence n'eut pas lieu. Ce fut dans cette occafion que Henri IV dit à M. de Sulli que fon Pape étoit un peu mal mené : « Sire, lui répondit-il, il eft plus Pape que vous ne penfez, car il » donne le chapeau à M. d'Evreux ». Enfin on dit de lui que c'étoit un homme plus charlatan qu'éloquent, plus éloquent que favant, plus favant qu'homme de bien, &, par-deffus tout, le Courtifan le plus délié, affez adroit dans la difpute, ramaffant tout ce qu'on lui oppofoit en un feul corps, & répondant à tout en même temps ; faifant illufion & s'attirant des applaudiffemens, que fouvent il ne méritoit pas : il embarraſſoit ſes adverſaires ſans les réfuter ni les convaincre. On a dit encore que , quoique comblé de biens par Henri IV, il étoit Ligueur dans le fond de l'ame, & Ligueur paſſionné , ſi l'on peut regarder le *Perroniana* comme le recueil de ſes ſentimens. On ſe fonde ſur la diſtinction qu'il fait (au mot Sujet) des Princes Payens d'avec les Princes Chrétiens qui deviennent Hérétiques , contre leſquels il inſinue que la rébellion devient légitime : il s'appuye ſur l'autorité de S. Thomas. Là, & ailleurs , il traite Pepin & Hugues Capet d'uſurpateurs ; enfin il dit aſſez nettement qu'un Prince, devenu Hérétique, délie ſes ſujets de la fidélité qu'ils lui doivent. On ne peut pas nier qu'il n'ait mis en avant toutes ces idées aux Etats Généraux de 1614, & c'eſt ce qui a fait dire qu'il étoit Ligueur paſſionné , & qu'il oublia dans cette occaſion tout ce qu'il devoit au ſang d'Henri IV. Mais que l'on diſtingue les temps , & on verra que le Cardinal du Perron , Chef du Clergé de France dans ce moment , vouloit établir ſur la foibleſſe du Gouvernement actuel le deſpotiſme de la Cour de Rome, qui prétendoit avoir le droit de diſpoſer des Couronnes ; il ne pouvoit que flatter le haut Clergé, en lui faiſant concevoir que , réuni en corps , il étoit l'arbitre de la deſtinée des Rois ; ce qu'il y eut d'étonnant, c'eſt qu'il parvint à gagner le corps de la nobleſſe, qui s'unit d'intérêt avec le Clergé, & s'oppoſa à la demande que faiſoit le Tiers-Etat, que l'on reçût comme une loi fondamentale, qu'aucune puiſſance, ni temporelle, ni ſpirituelle, n'a droit de diſpoſer de la Couronne , & de diſpenſer les ſujets de leur ſerment de fidélité , & que l'opinion qu'il ſoit loiſible de tuer les Rois eſt impie & déteſtable. Nous ſommes actuellement tous perſuadés de la vérité de cette aſſertion , qui certainement a force de loi ; cependant le Cardinal du Perron s'y oppoſa , & fut aſſez hardi pour avancer qu'il ſeroit obligé d'excommunier ceux qui s'obſtineroient à ſoutenir que l'Egliſe n'a pas le pouvoir de dépoſſéder les Rois , il parloit alors comme Cardinal & Evêque plutôt que comme Ligueur ; il fit entrevoir à la Nobleſſe qu'unie avec le Clergé , elle étoit cette puiſſance temporelle qui pouvoit, avec la ſpirituelle, diſpoſer du trône, & cette idée d'un pouvoir ſi étendu , quoique fort éloigné de l'exécution, la gagna. Tout ce que le Tiers-Etat put obtenir, ce fut que l'on convint qu'il n'étoit jamais permis de tuer ſon Roi. Au milieu de ces diſputes ſi délicates & toujours ſi dangereuſes, le Parlement, qui avoit été exclus de l'aſſemblée des Etats Généraux, rendit un Arrêt célèbre qui déclaroit l'indépendance abſolue du trône , loi fondamentale du Royaume ; & le haut Clergé, ayant à ſa tête le Cardinal du Perron , eut aſſez de crédit ſur la Cour pour l'engager à ſupprimer une loi ſur laquelle ſa ſureté étoit établie, ſous prétexte que le Parlement n'avoit aucun droit de ſtatuer ſur les délibérations des Etats Généraux, qu'il leur manquoit de reſpect, & que ce n'étoit pas à lui à établir ni à promulguer des loix fondamentales. Ce fut dans cette occaſion que , lors de la Harangue du Cardinal du Perron contre le Tiers-Etat, le Parlement lui reprocha tacitement les obligations qu'il avoit au Préſident de Harlai, qui l'avoit ſauvé, à la prière de Desportes, des

pourſuites

pourſuites qu'on faiſoit contre lui pour avoir tué un homme pendant ſa jeuneſſe. Celle du Cardinal n'avoit pas été fort régulière, il couroit, dit-on,
les lieux de débauches à Paris & à Rome : il y avoit gagné une maladie
honteuſe dont Desportes ſon ami le fit guérir , mais dont les reſtes le
tourmentèrent pendant toute ſa vie ; il n'en mourut cependant pas, comme
le prétend le cauſtique Patin , mais de la pierre , dont il ne voulut pas ſe
faire tailler. Il mourut le 5 Septembre 1618 à ſoixante-un ans & neuf mois à
Bagnolet près Paris , où il avoit une Imprimerie. Toutes ſes Œuvres furent imprimées *in-fol.* en 1623. M. de la Monnoye, dans une note ſur cet
Article , ſe contente de dire que le Miniſtre Charles Drelincourt , pag. 165
de ſa réponſe au Prince Erneſt Landgrave de Heſſe , a terriblement calomnié
le Cardinal du Perron , mort il y avoit quarante-ſix ans.

   * Nous avons du Cardinal du Perron trois Pſeaumes de ſa verſion , des
vers au Roi , à M. d'Epernon & autres Princes & Seigneurs de la Cour , &
beaucoup de vers amoureux , qui ſont imprimés par Guillemot en 1589 ,
dans le *Recueil des Muſes Françoiſes.*

   Voy. le Mercure François , Tom. III & V , les Mémoires de la vie de
d'Aubigné , Amſterd. 1731 , le Borboniana , Vigneul-Marv. Tom. I , & le
Longueruana. . . la Bibl. Franç. de M. l'Abbé Goujet, Tom. I, p. 364, &
Tom. V, p. 81 , & ſur-tout la vie du Cardinal du Perron , que vient de
publier M. de Burigny , de l'Académie des Belles-Lettres.

JAQUES D'ESPINOIS , ou D'ESPINAY , parent de
Gaultier d'Eſpinois , &c. ancien Poëte François , vivant l'an
1250 , ou environ. Il a écrit pluſieurs Chanſons d'amours &
autres Poëſies.

JAQUES FILLASTRE , dit Fillaster , Poëte Latin &
François. Il a écrit quelques Chants Royaux à l'honneur de la
Vierge.

JAQUES FIOLE , ou DE LA FAIOLLE , natif de Nantes
en Bretagne , Fourier de la Compagnie de M. de la Trimouille.
Il a écrit pluſieurs Chanſons , & , entr'autres , celles qu'il fit à
l'honneur des Dames du Mans , lorſqu'il y étoit avec ſon
maître , imprimées audit lieu , l'an 1568 , par Hiéroſme Olivier. Il a écrit pluſieurs Satyres ou Coqs à l'aſne , & , entr'autres , celui du Coq au lievre , imprimé. Il floriſſoit l'an 1568.

JAQUES FONTEINE , natif de S. Maxemin en Provence.

Il a écrit un Discours de la puissance du Ciel sur les corps infé-
rieurs, & principalement de l'influence, contre les Astrologues
judiciaires, avec une dispute des Elémens contre les Paracel-
sistes, imprimé à Paris chez Gilles Gourbin, l'an 1581.

JAQUES DE FORAIS, Provençal, Docteur en Médecine
& Astrologie. Il a écrit un Almanach universel pour l'an 1571,
composé & calculé sur tous les climats de France & autres
lieux, imprimé à Paris par Symon Calvarin, audit an 1571,
auquel temps il florissoit.

JAQUES DU FOUILLOUX, Sieur dudit lieu, au pays
de Gastine en Poictou (duquel lieu il est natif) Gentilhomme
des plus exercés à la chasse & vénerie, qu'autre de son temps.
Il a mis en lumière son livre de la Vénerie *, ensemble un
Poëme François, contenant son adolescence, ou Discours de
sa vie, étant jeune, le tout imprimé ensemble à Poictiers par les
Marnefs & Bouchets frères, l'an 1562, & depuis imprimé à
Paris chez Galiot du Pré, l'an 1573. Il florissoit sous Charles IX,
l'an 1560.

* Jacques du Fouilloux mourut pendant le règne de Charles IX, auquel
il dédia son Poëme sur la *Chasse*. C'est un des Ouvrages le plus estimé en ce
genre, & M. de Buffon le cite souvent dans son *Histoire Naturelle*. Il a été
imprimé bien des fois, & on en a publié une Traduction Italienne à Milan,
en 1615. *Voy.* son Article dans la *Bibliothèque des Auteurs qui ont écrit sur la
Chasse*, pag. 107.

JAQUES FOURRÉ, Chartrain, né ès Fauxbourgs de la
Ville de Chartres *, &c. Docteur en Théologie à Paris, Abbé
de Livry, près ladite Ville, Prédicateur du Roi Charles IX.
Il étoit de l'Ordre des Frères Prêcheurs ou Jacobins, du Couvent de Chartres, & fut créé Evêque de Chalon sur Saone,
l'an 1574. Il a écrit un Sermon funèbre, prononcé aux obséques & funérailles de l'Empereur Ferdinand, célébrées en
l'Eglise de Nostre-Dame à Paris, le dix-neuvième jour de
Septembre, l'an 1544, imprimé à Paris chez Guillaume Niverd.
Il mourut le vingtième jour de Janvier, l'an 1578 1. Voy. sa

vie écrite affez amplement par Pierre de S. Julien, aux Antiquités de Chalon, imprimées avec fon grand volume de l'Origine des Bourgongons, ou Bourguignons, &c.

* Jacques Fourré étoit né, non dans les Fauxbourgs de Chartres, mais à Mainvilliers, Village fitué à trois ou quatre lieues de cette Ville.

1 Il mourut dans fa foixante-troifième année. Jean Fourré, Chanoine de Lifieux fur la fin du quinzième fiècle, étoit de cette famille. J'ai vu des vers adreffés en 1498 *ad circumfpectum virum Magiftrum Joannem Fourré*; & comme dans ce temps-là on n'accentuoit pas les mots, l'Imprimeur, au lieu de *Fourré*, avoit imprimé *Fourre*, nom qui, précédé de *Joannes*, donnoit lieu à une fâcheufe équivoque. (M. de la Monnoye).

JAQUES GIRARD, de Tournus en Mafconnois, au pays de Bourgongne. Il a traduit de Latin en François l'Aumofnerie de Jean Loys Vives, Efpagnol, divifée en deux livres, imprimée à Lyon par Jean Stratius, à l'Efcu de Bafle, l'an 1583. Il a traduit d'Italien en François un Opufcule de Claude Céleftin, traitant des chofes merveilleufes en nature, où il eft fait mention des erreurs des fens, des puiffances de l'ame, & des influences des Cieux, imprimé à Lyon par Macé Bonhomme, l'an 1557. Il a traduit de Latin en François un Livre de Roger Bachon, touchant l'admirable pouvoir de l'art & de la nature, imprimé à Lyon l'an 1558. Il florifloit en fa maifon de Boye près Tournus, l'an 1549, & encore l'an 1583.

JAQUES GODARD, Curé & Chanoine de la Chaftre en Berry. Il a écrit en vers François un Dialogue férieux & moral de Narcis ou Narciffus, & d'Echo, imprimé à Poictiers au Pelican, l'an 1539. Il a écrit une Epître Latine & Françoife, laquelle il envoya à Me Jean des Foffez, Lieutenant du Bailly de Berry 1, &c.

1 Il a de plus fait une pièce en vers, imprimée *in-8°*. à Paris, 1528, intitulée la *Déploration de toutes les prifes de Rome, depuis fa fondation, jufqu'à la dernière, arrivée le 6 de Mai 1527.* (M. de la Monnoye).

V. la Bibliot. Françoife de M. l'Abbé Goujet, Tome XI, p. 356.

JAQUES GOHORRY, Parifien, furnommé le Solitaire,

Lecteur ordinaire ès Mathématiques à Paris , Philofophe &
grand Chimifte , &c. Il s'appelle en plufieurs de fes Œuvres ,
tant Latins que François , Leo Suavius , Solitarius , &c.
Il a fait imprimer plufieurs de fes Œuvres , fans y mettre autre
chofe que ces trois lettres J. G. P. qui eft à dire, Jaques Gohorry,
Parifien , ou bien n'y mettant que cette devife , Envie , d'envie ,
en vie, &c. Il a traduit de Latin en François le premier & fecond
Livre de la première Décade de Tite-Live Padouan , imprimés à
Lyon chez Balthazar Arnoulet , l'an 1553 , lefquels il appelle
autrement Décades Romaines , & les Difcours Italiens , formés
fur icelles. Il a traduit les fept Livres de l'Art Militaire de Nicolas Machiavel , Florentin , écrits par lui en langue Tofcane ,
& depuis faits Latins par Jean Morel , Parifien. Il a traduit
quelques Livres d'Amadis de Gaule , d'Efpagnol en François ,
favoir eft , le dixième , onzième & treizième , imprimés à Paris
chez Robert le Mangnier , l'an 1560 & 1563 , & à autres diverfes fois *. Le fufdit Gohorry promettoit d'écrire l'Hiftoire
de France , mais elle n'eft encore en lumière. Il a traduit de
Latin en François les occultes Merveilles & fecrets de nature
de Levin Lemne , Médecin de Zirizée en Hollande , imprimés
à Paris l'an 1567 par Pierre du Pré. Ce Livre a été auffi traduit
par Antoine du Pinet , & imprimé à Lyon. Il a écrit en profe
le Devis fur la vigne , vin & vendanges , auquel la façon ancienne du plant , labour & garde eft découverte & réduite au
préfent ufage , imprimé à Paris par Vincent Sertenas , l'an
1549. Il a mis par écrit , & réduit par ordre l'Hiftoire de Jafon,
laquelle René Boyvin , d'Angers , (très-excellent homme pour
le burin) a gravée en planches de taille douce. C'eft le Livre de
Jean de Monregard , de la Conquête de la Toifon d'or , par le
Prince de Theffalie , imprimée à Paris , l'an 1563 , avec les
figures , comme nous dirons ci-après en fon lieu , parlant dudit Jean de Monregard. Commentaires dudit Gohorry fur un
Livre François , intitulé la Fontaine périlleufe , avec la Chartre
d'Amours , autrement intitulé le Songe du Verger , imprimés

à Paris, l'an 1572 , par Jean Rüelle [1]. Il a écrit un Difcours
refponfif à celui d'Alexandre de la Torrette , fur les fecrets de
l'Art Chimique , & confection de l'or potable , fait en la défenfe de la Philofophie & Médecine antique , contre la nouvelle
Paracelfique , fous le nom de L. S. S. qui eft à dire , Leo
Suavius , Solitarius , imprimé à Paris chez Jean de Laftre ,
1575 ; Inftruction de la cognoiffance des vertus & propriétés
de l'herbe nommée Petum , appelée en France l'herbe à la
Roine ou Medicée , enfemble la racine Mechoacan , ou Me-
chiocan , &c. imprimée à Paris chez Jean Parent, l'an 1580 [**].
Il peut avoir écrit plufieurs autres Œuvres , defquels je n'ai pas
cognoiffance , & en a auffi beaucoup fait en Latin , mais nous
en parlerons autre part. Il mourut à Paris le Jeudi , quinzième
jour de Mars , l'an 1576 [2]. Il eft enterré en l'Eglife des Cordeliers à Paris , comme il avoit ordonné par fon teftament : autres
difent que c'eft à S. Eftienne du Mont.

* Il a auffi traduit le quatorzième.

[1] J'ignore pourquoi le Livre , intitulé *la Fontaine Périlleufe* , commenté par
Gohorri , eft appelé *le Songe du Verger* , puifque ce titre , qu'y ajoute mal-à-
propos l'Editeur , appartient proprement au fameux Dialogue touchant la
puiffance fpirituelle & la temporelle , intitulé d'abord en Latin *Somnium Viridarii* , & depuis dans la Traduction Françoife , *le Songe du Verger*.
Il n'y a au refte qu'à lire , feuillet 21 , v°. de la *Fontaine Périlleufe* , ces
vers touchant les Amans malheureux ,

> Souvent fe pamoient de trifteffe ,
> Puis crioient par voix importune.
> Chacun regrettoit fa maîtreffe ,
> Maudiffant la mort & fortune.
> Efpérance n'avoient aucune
> D'iffir hors de ce lieu vilain ,
> Auquel , felon leur voix commune ,
> Fut jadis enclos Maître Alain.

il n'y a , dis-je , qu'à lire ces vers , pour convaincre d'erreur tant Gohorri que
Pierre Borel , le premier , fur ce qu'il croit Guillaume de Lorris & Jean de
Meun poftérieurs à l'Auteur de la *Fontaine Périlleufe* ; le fecond , fur ce que,
pag. 140 de fa *Bibliotheca Chimica* , il attribue cette *Fontaine* à Guillaume
de Lorris , puifqu'il eft fûr qu'Alain Chartier , clairement défigné dans cette

Fontaine, eft mort plufieurs années, non-feulement après Guillaume de Lorris, mais encore après Jean de Meun. (M. DE LA MONNOYE).

** Ce Livre avoit paru dès 1572 *in-8°*.

² Selon le *Nobiliaire de Touraine* de l'Hermite, pag. 501, Jacques étoit fils de Pierre de Gohorri, Sieur de la Tour & de Laval, & de Catherine de Riviere. Cette famille eft venue de Florence, où il y a eu un Gohorri Gonfalonier en 1321. Il n'eft point dans Nardi, mais il avoue qu'il lui en a échappé quelques-uns. (M. FALCONNET).

JAQUES LE GRAND ¹. Il a écrit en François le Livre des bonnes Œuvres & bonnes mœurs.

¹ Ceux qui, avec Trithème, l'ont fait de Toléde, fe font trompés. Il étoit de Touloufe. Il fut Confeffeur de Charles VII, & refufa l'Archevêché de Bordeaux. Son *Sophologium* fut, fi l'on en croit Naudé dans fa quarante-neuvième Epître, abrégé & mis en François par une Demoifelle Parifienne, nommée *Chriftine*. C'eft Chriftine de Pifan, crue & appelée *Parifienne*, parce qu'à l'âge de cinq ans elle fut de Boulogne, lieu de fa naiffance, amenée l'an 1369 à Paris, en forte qu'en 1420 il y avoit cinquante-un ans qu'elle y étoit. M. Boivin n'a point mis l'*Abrégé du Sophologium* au nombre des Œuvres de Chriftine, dans le Catalogue qu'il en a donné, tel qu'au mot CHRISTINE DE PISE je l'ai ci-deffus rapporté. C'eft apparemment de cet Abrégé qu'il fe trouve deux Exemplaires à la Bibliothèque du Roi, fous le titre de l'*Archiloque Sophie* par Jacques le Grand, Auguftin. Jean Tenaffax, Ch. 32 de fon Livre intitulé *Maître Regnard & Dame Herfand*, imprimé en lettre Gothique, *in-4°*. à Paris, 1516, chez Michel le Noir, reconnoît ce Jacques le Grand pour fon maître, en ces termes : *Et m'eft avis que la partie qui fe forfait en mariage, fait contre la loi de nature, encores par les oifeaux: comme par la Sigogne, laquelle eft de telle condition, que celui ou celle qui fe forfait eft mis à mort, ainfi que raconte Alexandre le Manvers en fon Livre des Natures, & comme dit mon maître Jaques le Grand, de l'Ordre de S. Auguftin, que les hommes font fouvent fufpeélionneux de leurs femmes par leurs mauvais maintiens & regards, &c.* Cet Alexandre le Manvers (il faut lire *le Mauvers*) n'eft autre qu'*Alexander Nequam*, cité plufieurs fois dans le *Sophologium*, & particulièrement Liv. X, Chap. 10, qui eft l'endroit ici défigné. Le *Sophologium* eft dédié à Michel de Creney, Evêque d'Auxerre, mort le 13 Octobre 1409, Confeffeur de Charles VI. Pour ce qui eft d'Alexandre le *Mauvers*, c'eft-à-dire, le *Mauvais*, il a été ainfi appelé en François par rapport au Latin *Nequam*, dont on fe fervoit pour exprimer l'Anglois *Neckam*, fon nom de famille. Il mourut l'an 1227 Chanoine Régulier de l'Ordre de S. Auguftin. On peut voir dans Pitfeus, & ailleurs, la lifte de fes Ouvrages, parmi lefquels eft celui *De Naturis rerum*. (M. DE LA MONNOYE).

JAQUES LE GRAS , Avocat au Parlement de Rouen , de laquelle Ville il eſt natif. Il a compoſé pluſieurs Poëmes en Grec, Latin & François , leſquels ne font encore imprimés , ſinon les deux Sonnets qu'il fit en ma faveur pour mettre au-devant de mon Diſcours , leſquels ont été imprimés avec aucuns de mes Œuvres. C'eſt ce qui me cauſe de paſſer ſous ſilence les perfections qui font en lui ; car l'on pourroit penſer que cette courtoiſie reçue par moi de ſa part , occaſionneroit ce que je dirois de lui tant à ſon avantage. Il florit à Rouen cette année 1584. Nous avons jà fait mention de lui ci-devant à la lettre G , au feuillet 357; mais nous ne ſavions pas encore qu'il s'appelât de ce nom de Jaques : c'eſt pourquoi nous avons attendu à faire mention de lui en ces additions ou augmentations de notre ſuſdite Bibliothèque.

JAQUES GREMOND , Prêtre , natif de Chaſtel-Chalon , au Comté de Bourgongne. Il a écrit en vers François la Réformation du Chrétien , ſelon le Myſtère de la Réſurrection de Notre Seigneur Jeſus-Chriſt , & du S. Sacrement de l'Autel , imprimé à Paris par Thomas Richard , l'an 1568.

JAQUES GREVIN , natif de Clermont en Beauvoiſis, au pays de Picardie, Docteur en Médecine à Paris , & Médecin de Madame la Ducheſſe de Ferrare [1] , &c. Ceſtuy-ci étoit fort bien verſé en la Poëſie Françoiſe , & dès ſes plus tendres ans il écrivit un juſte volume de ſes Amours , lequel Livre s'intitule l'Olympe , imprimé à Paris chez Robert Eſtienne. Il le compoſa en faveur de ſa maîtreſſe, nommée Nicole Eſtienne, femme de M. Jean Liebaut , Docteur en Médecine , & fille de Charles Eſtienne (duquel nous avons parlé ci-deſſus). Ce qu'il en faiſoit, c'étoit en eſpérance de l'avoir en mariage. Le Théâtre dudit Grevin , enſemble la ſeconde partie de l'Olympe , & de la Gelodacrie , ont été imprimés à Paris pour Vincent Sertenas & Guillaume Barbé, l'an 1562. Ce Livre contient la Tragédie de Cæſar. Une Comédie intitulée La Thréſorière ; la Comédie des Esbahiz, & autres Poëſies Françoiſes [2]. Il a traduit de Grec en François les Préceptes de Plutarque , de la manière de se gouverner en mariage , imprimés à Paris chez Martin l'Homme, l'an 1558. Il a traduit de Grec en vers François les Œuvres de Nicandre, Médecin & Poëte Grec : enfemble deux Livres des Venins, auxquels il eft amplement difcouru des bêtes venimeufes , Theriaques, poifons & contre-poifons, imprimés à Anvers par Plantin, l'an 1567 & 1568. Il a traduit l'Anatomie d'André Vefal , dit Vefalius , le plus excellent Anatomifte de notre temps, imprimée à Paris chez André Vechel , l'an 1569 , ou environ. Il a traduit de Latin en François les cinq Livres de l'impofture & tromperie des Diables , des enchantemens & forceleries , écrits par Jean Uvier , Médecin du Duc de Cleves, imprimés à Paris par Jaques du Puis , l'an 1567. Simon Goulard de Senlis les a depuis traduits plus amples, imprimés à Genève & à Lyon. C'eft celui qui a commenté la Sepmaine du fieur du Bartas. Poëme en vers , fur l'Hiftoire des François & hommes vertueux de la maifon de Médici , imprimé à Paris, l'an 1567 , chez Robert Eftienne. Il femble par cet Œuvre qu'il promet d'écrire l'Hiftoire de France , mais elle n'a point encore été mife en lumière. Je ne fais fi elle eft encore par devers ledit Eftienne, auquel il la bailla pour imprimer. Il a traduit en vers François les Emblêmes de Jean Sambucus & d'Adrian le Jeune , dit Junius , imprimées par Chreftofle Plantin à Anvers , l'an 1567 & 1568. Hymne à Monfeigneur le Daulphin, fur fon mariage , & de Madame Marie d'Eftevard , Roine d'Efcoffe , imprimée à Paris l'an 1558 chez Martin l'Homme ; Difcours de l'Antimoine , avec une Apologie à M. Loys de Launay , Médecin à la Rochelle , &c. imprimé à Paris chez Jaques du Puis, l'an 1567. Il mourut l'an 1570 , ou environ , étant au fervice de Madame la Ducheffe de Ferrare.

1 Il étoit Médecin de Marguerite , fœur unique d'Henri II , Ducheffe de Savoye , & non pas de *Ferrare*, comme le dit ici deux fois par mégarde La Croix du Maine. (M. DE LA MONNOYE).

2 Il dit dans le Difcours Préliminaire de fon *Théâtre*, que, lorfqu'il publia fa *Tragédie de Jules-Céfar* , bien des gens crurent qu'il l'avoit prife du Latin

Latin de celle de Muret, ce qu'ils reconnurent faux, en conférant les deux pièces. Il convient avoir été Auditeur de Muret dans les Humanités, & ne nie pas en avoir imité la Tragédie pour quelques fentimens, mais il dit que la fienne étoit fort différente pour la conduite. *Voy.* touchant la méfintelliligence de Ronfard & de Grevin, ce que j'en ai écrit, pag. 78 du fixième volume de Baillet, *in-*4°. (*idem*).

Voy. les Mém. de Niceron, Tom. XXVI, pag. 339, où il eft dit que Grévin mourut à Turin le 5 Novembre 1570, n'ayant pas encore trente ans, étant alors au fervice de Marguerite de France, Ducheffe de Savoye, dont il fut très-regretté.

Voy. la Biblioth. Françoife de M. l'Abbé Goujet, Tom. XII, pag. 152.

* Jacques Grévin étoit né en 1538, & non en 1541, comme l'ont cru Baillet & la Monnoye, ni en 1540, comme l'a cru Niceron. On lit fur fon portrait, gravé en 1561, qu'il n'avoit alors que 23 ans, comme l'a remarqué M. de Beauchamps dans fes *Recherches fur le Théâtre François*, Edit. *in-*4°. pag. 27, premier âge. On y trouvera les dates précifes des premières repréfentations de fes pièces Dramatiques, & dans Niceron, les dates des Editions de fes autres Ouvrages. Grévin avoit compofé une Comédie, intitulée *la Mauhertine*, qui lui fut volée, & qui, par cette raifon, ne fe trouve point dans fon *Théâtre*. Louvet, *Mém. de Beauvais*, pag. 229, dit que Grévin avoit compofé un Poëme dans lequel il avoit célébré fon pays de Beauvoifis. Le P. le Long, *Biblioth. Hiftor. de la France*, cite la *Defcription du Beauvoifis*, par Jacques Grévin, imprimée à Paris, en 1558, *in-*8°.

JAQUES GRIGNON, Sieur DE LA CORBONNIERE, natif de la Ville du Mans, Avocat au Parlement de Paris, homme doâte en Grec, Poëte Latin & François. Il a compofé plufieurs Poëfies en notre langue, non encore imprimées. Il florit à Paris cette année 1584.

JAQUES GUILLEMEAU, natif d'Orléans, Chirurgien à Paris, l'an 1583. Il a écrit une méthodique divifion & le dénombrement de tous les vaiffeaux du corps humain, réduits en fix tables, imprimée à Paris chez Jean Charron, l'an 1571 *.

* Il mourut l'an 1609, le 13 Mars.

JAQUES DE GUISE, natif dudit lieu de Picardie (comme il femble) de l'Ordre des Frères Mineurs ou de S. François, Doâteur en Théologie. Il a écrit en Latin [1], & depuis traduit en François trois volumes de la Chronique & Hiftoire du pays &

Comté de Haynau, en la Gaule Belgique, lefquels il compofa à la requête du Comte Guillaume de Haynau. Ils font imprimés à Paris chez Galiot du Pré, l'an 1531. La Chronique Latine du fufdit fe voit écrite à la main au Couvent des Frères Mineurs de la Ville de Valenciennes en Hainaut, comme témoigne Jean le Maire en fes Illuftrations de Gaule*. Il continue fon Hiftoire jufqu'en l'an de falut 1244. Je ne fais fi c'eft le temps auquel il floriffoit.

¹ La Croix du Maine fait ici deux fautes, l'une de fuppofer que la Traduction des trois Livres de la *Chronique Latine* de Jacques de Guife eft de Jacques de Guife même, l'autre d'avoir cru que cette *Chronique* ne contenoit que trois Livres, quoiqu'elle en contienne fix. L'Auteur mourut en 1348. La date correcte de fa mort fait voir qu'il y a eu des additions de près de foixante-dix ans faites à fon Hiftoire, favoir, jufqu'à Philippe le Bon, Duc de Bourgogne, mort en 1467. (M. DE LA MONNOYE).

*Aubert le Mire, dans fes *Eloges Belgiques*, p. 194, dit qu'il avoit lu les Annales du Hainault, compofées en Latin par Jacques de Guife, & dont le Manufcrit en parchemin, formant trois volumes, étoit dans la Bibliothèque des Cordeliers de Mons, que ce qu'on en a imprimé en François, n'eft qu'un Abrégé, & que c'eft un Ouvrage qui méritoit d'être publié. Le P. le Long, dans fa *Bibl. de la France*, ajoute que l'Original de ces Annales eft dans la Bibliothèque du Roi, & que le titre porte qu'elles s'étendent jufqu'en 1390. On voit par-là que M. de la Monnoye s'eft trompé en plufieurs chofes. Il a été fans doute induit en erreur par Voffius, *de Hift. Lat.* quand il a dit que Jacques de Guife étoit mort en 1348 ; c'eft une faute du copifte dans Voffius, car il n'a fait que copier Aubert le Mire, qui place la mort de Jacques de Guife en 1398.

JAQUES DE HEDINQ, ou HEDIN, en Picardie, ancien Poëte François, l'an 1260, ou environ. Il a écrit quelques Chanfons amoureufes*.

* Voy. Fauchet, Chap. 47.

JAQUES DE LA HOGUE, Sergent à cheval du Châtelet de Paris. Il a traduit de Latin en vers François le Livre d'un Poëte Latin affez ancien, nomme Facet ou Facetus ¹. Il a écrit en vers François la vie de Robert le Diable, fils du Duc de Normandie, laquelle fe voit écrite à la main : celle qui eft imprimée eft en profe.

¹ J'avois cru que *Facetus* étoit plutôt le nom du Livre que de l'Auteur.

Les Manuſcrits cependant de M. de Thou portent : *Doctrina Joannis Faceti ad Catonem.* C'eſt un ſupplément aux préceptes omis dans les Diſtiques de Caton. L'Ouvrage eſt d'un peu moins de trois cens Hexamètres, rimés preſque tous comme nos vers en rime plate. (M. DE LA MONNOYE).

JAQUES LE HONGRE, Religieux Profez de l'Ordre des Frères Prêcheurs, ou Jacobins d'Argenthan en Normandie, Docteur en Théologie à Paris, homme docte & très-éloquent. Il a écrit quatre Homélies, touchant les ſaintes Images en la Religion des Chrétiens, imprimées à Paris chez Nicolas Cheſneau, l'an 1564 ; Sermon, ou Oraiſon funèbre, prononcé par lui en l'Egliſe de Notre-Dame à Paris, le 20ᵉ de Mars, l'an 1562, aux obſéques & enterrement du cœur de feu très-illuſtre Prince, Meſſire François de Lorraine, Duc de Guiſe, imprimé à Paris par Gilles Corrozet, l'an 1563, auquel temps il floriſſoit à Paris *.

  * Il mourut à Rouen l'an 1575, âgé d'environ cinquante-cinq ans.

JAQUES HOULIER, natif d'Eſtampes près Paris, Docteur en Médecine le plus renommé de ſon temps, & faiſant profeſſion d'icelle à Paris. Il a écrit pluſieurs doctes livres en Médecine, tant en Latin qu'en François, deſquels pluſieurs ſont imprimés, &, entr'autres, la Pratique de Chirurgie. Il mourut à Paris l'an 1562, durant les premières peſtes. Il étoit père de Jaques de Houllier, Pariſien, Conſeiller aux Généraux des Aydes à Paris, l'un des ſavans hommes ès langues de notre ſiècle, lequel florit à Paris cette année 1584. Je n'ai rien vu écrit en notre langue par ceſtuy-cy. Je ferai mention de lui plus amplement en ma Bibliothèque Latine.

JAQUES IVER, Sieur DE PLAISANCE & DE LA BIGOTTIERE, Gentilhomme Poictevin. Il a écrit un Livre extrémement bien venu, & recueilli des hommes d'eſprit & d'entendement, lequel il a intitulé le Printemps d'Yver, qui eſt un Œuvre contenant cinq Hiſtoires, écrites en autant élégant ſtyle que nous en ayons vu de notre temps, imprimé à Paris par Jean Ruelle, l'an 1572, & par autres diverſes fois. La ſuite ou continuation de ce Livre montre bien que ce n'eſt pas de ſa façon, car elle ne ſemble pas au commencement: ou bien il a été imprimé ſur la minute, ou plutôt brouillard, non encore mis au net par l'Auteur de cet Œuvre. Je n'ai jamais eu cet heur de le voir ou cognoître que par ſes écrits mis en lumière, mais c'eſt celui que j'ai deſiré extrêmement voir & communiquer avec lui, tant j'ai pris de plaiſir à ſa façon d'écrire. Il mourut avant que ſon Livre fût imprimé, & à l'imitation, ou plutôt pour la gloire qu'avoit reçue l'Auteur pour ſon Livre, il s'en eſt trouvé un qui a écrit l'Eſté, lequel s'appelle Benigne Poiſſenot, duquel nous avons parlé ci-devant.

JAQUES JUSSY, de Viliers en Perthois. Il a écrit en proſe Françoiſe un Dialogue ſur les fondemens de la Grammaire, entre le maître & le diſciple, &c. imprimé à Toloſe par Guyon Boudeville, l'an 1552. L'Auteur dudit Livre floriſſoit en la ville d'Avignon l'an 1549.

JAQUES DE LALAIN (Meſſire), Chevalier, iſſu de la noble & très-ancienne famille de Lalain en Hainault, au pays de Flandres. Il a écrit un Livre, ou plutôt l'Hiſtoire de pluſieurs ſiennes entrepriſes & faits d'armes. Cette Hiſtoire ſe voit écrite à la main en la Bibliothèque du Roi de Navarre dreſſée à Vendoſme, &c. Il floriſſoit du temps de Philippes de Bourgongne, & de Charles, Comte d'Anjou, l'an 1400. J'ai apprins ceci par les lettres que m'a autrefois écrites Loys Servin, ſieur de Pinoches, homme très-docte en Grec, & bien verſé en autres bonnes diſciplines, lequel florit à Paris cette année 1584, exerçant la profeſſion d'Avocat au Parlement de Paris. Je ferai plus ample mention de lui, parlant de M. Magdeleine des Champs, ſa mère.

JAQUES DE LAVARDIN, Gentilhomme Vandomois, Sieur du Pleſſis Oroër, & de Bourot en Touraine, iſſu de la noble maiſon de Rannay en Vandomois, frère de Meſſire Jean de Lavardin, Abbé de l'Eſtoille, &c. tous deux très-doctes

& très-favans perfonnages , & iffus de la noble maifon de Lavardin près Montoire en Vendomois, (qui eft une autre Seigneurie différente de celle de Lavardin à fix lieues du Mans , de
laquelle les Seigneurs s'appellent en leur furnom de Beaumanoir,
iffus de Bretagne , comme nous dirons autre part). Cette maifon de Lavardin eft couftumière de produire des hommes doctes
& de toute ancienneté , car Hildebert , Evêque du Mans , &
depuis Archevêque de Tours , il y a cinq cens ans paffés , étoit
de cette maifon , & portoit ce furnom , lequel a été de fon
temps eftimé le plus docte Poëte & Orateur , comme témoignent fes Epîtres & fes Poëmes Latins , lefquels nous avons par
devers nous écrits à la main , & de divers Exemplaires ; & pour
témoigner de ceci , je répéterai les Œuvres de cetuy-cy nommé
Jaques , me réfervant de parler du fufdit Hildebert autre part ;
enfemble de M. Jean de Lavardin , duquel nous ferons mention
en fon rang. Ledit Jaques de Lavardin a écrit bien doctement &
amplement l'Hiftoire des faits & geftes de Georges Caftriot ,
dit Scanderbeg , Roi d'Albanie , lequel mourut l'an 1467 , âgé
de foixante-trois ans ; la plupart de fes guerres furent contre les
Turcs. Ce Livre a été imprimé à Paris chez Chaudiere , l'an
1576 [1]. Il a écrit l'Hiftoire des Turcs , non encore imprimée;
Traité de l'honnête Amour , non encore imprimé. Il a traduit
d'Italien en François la Tragicomédie de Celeftine , écrite premièrement en langue Efpagnole , imprimée l'an 1578 , chez
Gilles Robinot. Elle a été revue par l'Auteur en la dernière Edition , car elle avoit été imprimée plus de trente ans auparavant [2].
Il a pu compofer de fon invention plufieurs autres Livres , &
encore en traduire de diverfes langues , defquels je n'ai pas cognoiffance pour le préfent. Il florit cette année 1584.

[1] Le P. du Poncet, Jéfuite, qui donna en 1709 l'*Hiftoire de Scanderberg*
en fix Livres , imprimée à Paris *in*-12 chez Jean Mariette , parlant de celle
que Jacques de Lavardin a traduite de l'Original , dit que c'eft une verfion
trop littérale de Marin Barlet , dans laquelle fe trouvent tous les défauts de
l'Original Latin, & tous ceux du vieux langage François. (La Croix du Maine
donne cette *Hiftoire de Scanderberg* comme un Ouvrage original de Jacques

de Lavardin ; du Verdier, plus exact, l'annonce comme une Traduction du Latin de *Marinus Barletius*)... (M. DE LA MONNOYE).

² La première Traduction de cette *Tragicomédie*, fans nom d'Auteur, étoit connue dès le commencement du feizième fiècle, car je fuis perfuadé que Marot, qui, dans fon fecond *Coq-à-l'âne*, fait en 1536, cite *la Céleftine*, ne la connoiffoit que par une verfion Françoife qui en couroit avant celle de Jacques Lavardin *. *Voy.* la note fur l'Art. 1231 de Baillet, Tom. IV. (*idem*).

* Cette pièce intitulée *Califte & Mélibée*, ou plus communément *la Céleftine*, avoit été compofée en Efpagnol par le Bachelier Fernand de Rojas.

JAQUES LE LIEVRE, Poëte François ¹. Il a écrit un Chant Royal à l'honneur de la Vierge.

¹ Ce n'eft pas *JACQUES LE LIEVRE* qu'il s'appeloit, c'eft *JACQUES LE LIEUR*. Il eft nommé, au mot GUILLAUME ALEXIS parmi les Poëtes du Palinod. Jean Bouchet, qui étoit en grand commerce d'Epîtres en vers avec lui, le qualifie *Bourgeois de Rouen, grand Poëte & grand Orateur* ; il lui adreffe plufieurs Epîtres, & en a même inféré parmi les fiennes une de ce Jacques le Lieur en rime équivoquée. Dans fa quatre-vingt-dix-huitième Epître familière, il le remercie de trois Chants Royaux, l'un qui apparemment eft celui que rapporte ici La Croix du Maine, & les deux autres par les Poëtes Thibaut & Crichon. (M. DE LA MONNOYE).

Voy. la Bibl. Franç. de M. l'Abbé Goujet, Tom. XI, p. 352.

JAQUES MANGOT, Parifien, Maître des Requêtes de l'Hôtel du Roi, & Procureur Général de Sa Majefté en la Chambre des Comptes à Paris, fils de Claude Mangot, de Loudun en Poiétou, tant renommé pour la Jurifprudence & pour les Confultations des procès, efquelles il s'emploie tous les jours au Parlement de Paris, &c. comme nous avons dit ci-devant à la lettre C. Cettuy-cy, nommé Jaques, a écrit plufieurs beaux Difcours des procès qu'il a eus entre mains, &, entr'autres, celui de M. le Général Bohier, imprimé à Paris chez Pierre l'Huillier, l'an 1583. L'on appelle ces Difcours là vulgairement Factums de procès, &c. Il florit à Paris cette année 1584, & efpérons voir de lui chofes qui témoigneront de fes pénibles études ès bonnes lettres, & fur-tout en fa profeffion ¹.

¹ Jacques Mangot, Avocat Général au Parlement de Paris, fils de Claude, célèbre Avocat, dont il a été parlé plus haut, eut pour Précepteur Pierre

Picheret, grand perfonnage, Théologien, retiré en Champagne, difciple de Lambin & de Cujas. Il mourut en 1587 à l'âge de trente-cinq ans. *Voy.* Loifel, pag. 706. Dans le premier Tome des *Recueils*, in· 4ᵉ. Bibl. Colbert, on trouve *Cænotaphium ejus à Francifco ducatior Santaventino*. *Voy.* Kœnig, au mot *MANGOTIUS JULIODUNENSIS*, où il eft parlé des Poëfies de Jacques Mangot, & Teiffier, Tom. III, p. 433. (M. FALCONNET).

JAQUES DE MIGGRODE. Il a traduit d'Efpagnol en François un Traité contenant les tyrannies & cruautés des Efpagnols, perpétrées ès Indes Occidentales, autrement appelées le Nouveau Monde, &c. imprimé à Paris chez Guillaume Julien, l'an 1582 [1].

[1] L'Ouvrage dont il eft ici queftion eft celui de Barthelemi Las Cafas, né l'an 1474 à Séville; il reçut en l'an 1510 la Prêtrife à la Véga, Capitale de S. Domingue, fe rendit Dominicain en la même Ifle en 1522, fut en 1544 facré à Séville Evêque de Chiapa, & ayant travaillé pendant plus de quarante ans avec tout le zèle poffible au foulagement des Indiens, durement traités par la nation Efpagnole, il crut, pour être en état de leur être d'un plus grand fecours auprès du Souverain, devoir fe démettre de fon Evêché & retourner en Efpagne. C'eft ce qu'il exécuta en 1551, ne ceffant d'agir tant de vive voix que par écrit en faveur de ces pauvres peuples, jufqu'à fa mort arrivée en 1566, l'an de fon âge quatre-vingt-douzième. Jean Melendez, Dominicain Efpagnol, dans fon Ouvrage intitulé *Teforos Verdaderos de las Indias*, a tâché de décréditer cette relation de fon confrère, & de la faire paffer pour un écrit fuppofé; mais ni lui, ni ceux qui long-temps auparavant ont voulu la rendre fufpecte, n'ont perfuadé qui que ce foit. (M. DE LA MONNOYE).

JAQUES MILET, Parifien, ancien Poëte François. Il a écrit en vers ou rithme Françoife la Defcription de Troye la grande. Nous l'avons par devers nous écrite à la main. L'Auteur d'icelle étoit Ecolier étudiant aux loix en l'Univerfité d'Orléans, l'an 1450. Il faut noter que ce Livre a été imprimé à Lyon l'an 1545, ou environ, & que celui qui l'a mis en lumière affure que ç'a été Jean de Meun (dit Clopinel) qui l'a compofé, en quoi il fe trompe; car j'en ai vu plus d'une douzaine d'Exemplaires écrits à la main, en tous lefquels fe lit le nom dudit Jaques Milet, & peut-être celui-là qui a fait imprimer ledit Livre s'eft abufé à ces deux lettres abrégées J. M. penfant que ce fût Jean de Meun [1].

[1] La Croix du Maine, en remarquant ici que ceux qui attribuent à Jean

de Meun le Poëme de la *Deſtruction de Troye*, ſe trompent, parce qu'il eſt de Jacques Milet, Ecrivain poſtérieur de cent cinquante ans, pourroit bien s'être trompé lui-même, en ce qu'il ſemble n'avoir pas fait attention qu'il y avoit deux Poëmes de la *Deſtruction de Troye*, l'un Epique, de Jean de Meun; où, pour le dire en paſſant, le Poëte a régulièrement obſervé le mélange des rimes maſculines & féminines, l'autre Dramatique, de Jacques Milet, comme en fait foi le Manuſcrit de la Bibliothèque du Roi, coté 788, dont le P. Labbe, pag. 321 de ſa *Biblioth. nova Manuſcript.* rapporte le titre en ces termes : *La Deſtruction de Troye la grande, miſe en vers François par perſonnages, par Jaques Milet,* 1450. Cretin, dans ſa *Déploration ſur le trépas d'Okergam,* parle de ce JAQUES MILET en ce vers :

> Un Meſchinot, un Milet, un Neſton.

& avant Cretin, plus amplement Octavien de S. Gelais, en cette Stance du troiſième Livre de ſon *Séjour d'Honneur,*

> Près de lui (*Alain Chartier*) vis Maître Jaques Milet,
> Qui mit en vers l'Hiſtoire Dardanide,
> Cil à Paris or enſeveli eſt,
> A mort n'y a reſſource, ne remide.
> Savoir n'y peut, armes n'y font aïde ;
> A tous vivans convient paſſer le pas.
> Hélas ! mon Dieu ! je ne penſaſſe pas
> Que gens ſi clercs, au moins en ſi jeune âge,
> Fuſſent vaincus par mort, dont c'eſt dommage. (M. DE LA MONNOYE).

On trouve dans les Recueils de M. Falconnet, à la lettre M, JAQUES MILET, d'Orléans, Auteur du Myſtére de la *Deſtruction de Troye* *, vers 1450, & il renvoie à la *Biographie des Poëtes Gaulois.* (M. FALCONNET).

* Voici comme s'exprime M. de Beauchamps, dans ſes *Recherches ſur les Théâtres de France,* Édit. in-4°. pag. 130 des Auteurs avant Jodelle. *La deſtruction de Troye la grande, miſe en Rime Françoiſe, & ſelon le Vrai, ordonnée par perſonnages, en quatre journées.* Puis il ajoute : " *La même,* nouvellement " revue & corrigée, & très-diligemment réduite en la vraie langue Françoiſe, " attribuée fauſſement par l'Editeur à Jean de Meun, dans l'Épître Dédica- " toire, hiſtoriée d'Hiſtoires nouvelles, contenant entièrement les faits " des Troyens & des Grégeois, *in-fol.* 1544, Lyon. " Il paroît par-là que le Poëme attribué à Jean de Meun n'eſt pas différent du Poëme Dramatique ſur la *Deſtruction de Troye.*

JAQUES MINFANT (ou MIFFANT), natif de Dieppe en Normandie. Il a écrit une Comédie Françoiſe, qu'il a intitulée, *La Déeſſe Aſtrée,* de laquelle il y a quelques vers ès Œuvres de Clement Marot ſon contemporain [1].

[1] Il y a eu deux Ecrivains François du ſurnom de *MIFFANT,* ou *MINFANT,* tous deux de Dieppe, *DAVID* en 1502, dont parle du Verdier, & *JAQUES*

en 1550, dont il eſt ici queſtion. Le *Minfant*, Auteur de la Comédie citée par Marot, dans ſon Epître en proſe à Marguerite, ſœur de François I, eſt ſans difficulté ce *David*, ancien Ecrivain, comme en fait foi ſa verſion des Offices de Ciceron, imprimée l'an 1502, d'où j'ai conclu que la Comédie citée par Marot, ne pouvoit être de Jacques Miffant ou Minfant, qui vivoit en 1550. Cette époque ſe tire de l'Edition rapportée par du Verdier, à l'Article JAQUES MIFFANT, du Dialogue intitulé *le Tyrannique*, traduit du Grec de Xénophon en François par Jacques Miffant, & imprimé l'an 1550. Il faut remarquer encore que Marot, lorſqu'il cite cette Comédie, ne l'appelle pas de la *Déeſſe Aſtrée*, mais de *Fatale Deſtinée*, titre emprunté de ce paſſage du fameux Docteur Suiſſe *Félix Hemmerlin*, en Latin *Malleolus*, feuillet 77 de ſon Traité *de Nobilitate*, en ces termes : *Rota fatalis comprehendit ſex rotas, quarum prima paupertas eſt quæ generat humilitatem : ſecunda humilitas quæ generat pacem : tertia pax quæ generat divitias : quarta divitiæ quæ generant ſuperbiam : quinta ſuperbia quæ generat guerram : ſexta guerra quæ generat paupertatem, & ſic reditur ad primam rotam & ſequentes.* Cet *Hemmerlin*, ou *Malleolus*, Auteur d'un grand nombre de Traités, pleins la plupart de traits hardis, vivoit au milieu du quinzième ſiècle. Il y a un gros *in-fol.* très-rare de ſes Œuvres en lettre Gothique, ſans marque de temps, ni de lieu. Geſner qui en rapporte le Catalogue, croit que c'eſt à Strasbourg qu'elles ont été imprimées. (M. DE LA MONNOYE).

JAQUES MORIN, de Loudon, Sieur dudit lieu, & du Tronchet au Maine, Conſeiller du Roi en ſon Parlement de Paris, Gentilhomme des plus curieux d'Antiquités, & ſur-tout des généalogies & alliances des maiſons nobles de France, qu'autre de ſon temps, comme il a montré par le Livre des alliances de ſa très-illuſtre & très-ancienne maiſon, commençant dès l'an de ſalut 1180, juſqu'au règne du Roi Henry II, ſous lequel il floriſſoit. Ce Livre n'eſt encore imprimé. Ceſtuy-cy étoit frère puîné de Guy Morin de Loudon, duquel nous avons parlé ci-devant en ſon rang. Et dirai encore que le ſieur de Loudon, lequel fut tué devant la Rochelle, l'an 1573, ſous le règne de Charles IX, étoit ſon fils aîné. Et par honneur je nommerai Madame de Seronville en Beaulſe, ſa fille aînée, laquelle il a fait tellement inſtruire aux lettres Grecques & Latines, qu'elle mérite d'être nombrée entre celles qui honorent la France par leurs divins eſprits.

JAQUES MONDOT, natif du Puy en Velay, Docteur en

Droit Canon. Il a traduit en vers François les cinq Livres des Odes d'Horace, Poëte Latin le plus renommé entre les Anciens, &c. imprimés à Paris chez Nicolas Poncelet, l'an 1579 *.

* Il n'y a point eu de N. Poncelet Imprimeur à Paris, mais à Lyon.

JAQUES DU PARC, Poëte François *. Il a écrit quelques Chants Royaux à l'honneur de la Vierge.

* C'eſt un des Poëtes du Puy de Rouen. *Voy.* au mot GUILL. ALEXIS.

JAQUES PELLETIER, du Mans, Docteur en Médecine à Paris, frère puîné de Maître Jean le Pelletier, Docteur en Théologie, & Grand-Maître du Collège de Navarre fondé à Paris, &c. tous deux oncles de M. Jean le Pelletier, Préſident au Siège Préſidial & Sénéchauſſée du Maine, & de M. François le Pelletier, Conſeiller du Roi au Parlement de Paris, &c. Ceſtuy-cy étoit eſtimé l'un des plus grands Philoſophes & Mathématiciens de ſon temps. Il étoit fort excellent Poëte Latin & François, bien verſé en la Médecine, Art Oratoire & Grammaire, en toutes leſquelles ſciences il a écrit des Livres, leſquels ont été imprimés tant en Latin qu'en François. Il naquit en la Ville du Mans le 25e jour de Juillet, à quatre heures du matin, l'an 1517 [1]. Il tourna de Latin en François l'Art Poëtiq d'Horace, lequel il fit imprimer l'an 1544, & depuis chez Vaſcoſan, l'an 1545. L'Art Poëtique de l'invention dudit Pelletier, départi en deux livres, a été imprimé à Lyon par Jean de Tournes & Guillaume Gazeau, l'an 1555 ; les Amours des Amours, contenans pluſieurs Sonnets amoureux & autres vers lyriques, imprimés à Lyon par Jean de Tournes, l'an 1555 ; Œuvres Poëtiques dudit Jaques Pelletier du Mans, imprimés à Paris chez Robert Colombel, l'an 1581 ; Dialogues de l'Orthographe & Prononciation Françoiſe, départis en deux livres, imprimés à Lyon par Jean de Tournes, l'an 1555 [2] ; l'Arithmétique dudit Pelletier, revue & recorrigée, imprimée à Lyon chez Jean de Tournes, l'an 1554, & depuis à Paris chez Nicolas du Chemin. Les Œuvres Poëtiques dudit Pelletier ont été imprimées à Paris chez Vafcofan , l'an 1547 , & font toutes autres que celles qui ont été imprimées chez Colombel , contenant les matières qui s'enfuivent : La Traduction des deux premiers Livres de l'Odyffée d'Homère , le premier Livre des Géorgiques de Virgile , trois Odes d'Horace , un Epigramme de Martial , douze Sonnets de Petrarque , Vers lyriques de l'invention dudit Pelletier , Congratulation fur le nouveau règne du Roi Henry II, Epigrammes, l'Antithèfe du Courtifan & de l'homme de repos, le tout imprimé enfemble en un volume chez ledit Vafcofan, l'an fufdit 1547 ; l'Algebre, imprimée à Lyon par de Tournes ; Oraifon funèbre fur la mort de Henry VIII , Roi d'Angleterre, prononcée par lui l'an de fon âge 30 , en l'Eglife de Notre-Dame à Paris , par le commandement du Roi François I, lorf-qu'il étoit Principal du Collège de Bayeux à Paris ; l'Exhorta-tion de la Paix entre Charles V, Empereur des Romains , & Henry II du nom , Roi de France , imprimée à Paris chez André Vechel , l'an 1558 , tant en Latin qu'en François. Les nouvelles Recréations de Bonaventure des Periers , eft un Livre de l'invention dudit Pelletier & de Nicolas Denifot du Mans , furnommé le Comte d'Alfinois. Je ne veux pas nier qu'il n'y ait quelques Contes en ce livre de l'invention dudit Bona-venture , mais les principaux Auteurs de ce gentil & plaifant Livre de faceties , font les fufdits Pelletier & Denyfot, quoi-qu'il ait été imprimé fous le nom dudit des Periers , comme nous avons dit ci-deffus à la lettre B 3. La Savoye , qui eft un Poëme François de l'invention dudit Pelletier, contenant ce qu'il a vû de beau & remarquable en ce pays , lorfqu'il faifoit fa demeure à Annecy , près Chamberry , Ville Capitale de Savoye , &c. imprimée audit lieu , l'an 1572 , par Jaques Ber-trand. Il a compofé plufieurs beaux & doctes Livres en Latin , tant imprimés en Almagne qu'en France & autres lieux , def-quels je ferai mention en ma Bibliothèque Latine des Ecrivains Gaulois. Il mourut à Paris au Collège du Mans (duquel lieu il étoit Principal, l'an 1581 ou 1582 , environ Pâques) âgé de foixante-cinq ans. Il étoit frère du Grand-Maître de Navarre, Docteur en Théologie (comme nous avons dit ci-deſſus, & encore de M. Julien Pelletier, Avocat en Parlement, &c.

[1] Pâquier, Let. 4 du Liv. III, dit que Jacques Pelletier, grand Poëte, Arithméticien, bon Médecin, fut le premier qui mit nos Poëtes François hors de Pages. (M. Falconnet).

[2] Il vouloit réformer l'ortographe & les accens fur la prononciation de fon pays; *tête*, par exemple, il vouloit que l'on écrivît & que l'on prononçât *téte*. Verville, *Palais des Curieux*, p. 344. « Ce fut lui qui le premier remua, dit » Pâquier, l'orthographe ancienne de notre langue, foutenant qu'il falloit » écrire comme on prononçoit. Après lui, Louis Meigret entreprit cette » querelle fortement, qui fut depuis reprife & pourfuivie par Ramus, & » quelque temps après par J. Antoine de Baïf ». Pâquier, *Rech.* Liv. VII, Chap. 6, pag. 702. (*idem*).

[3] La remarque de La Croix du Maine, touchant la part que Pelletier & Denifot avoient aux Contes imprimés fous le nom de *Bonaventure des Périers*, eft non-feulement curieufe, elle eft vraie. Je crois l'avoir appuyée par d'affez bonnes raifons, qu'on peut voir, pag. 387 du Tom. VI de Baillet, *in-4°.* (M. de la Monnoye).

Voy. les Mémoires de Niceron, Tom. XXI, pag. 366, & ce qu'en dit Tabourot, en fes *Bigarrures*, Part. II, Chap. IV, fol. 45 v°. & la Biblioth. Françoife de M. l'Abbé Goujet, Tom. XII, pag. 307, & encore Tom. I, pag. 83 & fuiv.

JAQUES PETIT, de l'Ordre des Auguftins. Il a écrit des Mémoires touchant le Gouvernement du Royaume de France du temps de Charles VI, fous lequel il floriffoit l'an 1410. Je ne fais s'ils font imprimés [1].

[1] Il y a très-affurément ici du mécompte, & je ne doute nullement que cet inconnu *Jaques Petit* ne foit venu prendre mal-à-propos la place de l'*Auguftin Jaques le Grand*, Auteur du Livre intitulé *Des bonnes mœurs*, divifé en cinq Parties, dans la feconde defquelles il eft traité de l'*Etat des gens d'Eglife*, dans la troifième de l'*Etat des Princes*, & dans la quatrième de l'*Etat du commun peuple*. Cet Ouvrage, & les Mémoires du prétendu Jacques Petit, touchant le Gouvernement du Royaume de France fous Charles VI, ne font, à mon fens, qu'une même chofe. Les temps fe rapportent. L'Auguftin Jacques le Grand vivoit, de l'aveu général, en 1410, & a vécu plufieurs années au-delà, puifqu'il a été Confeffeur de Charles VII. Il eft très-connu par fes Livres. Les Bibliothécaires Auguftins en font honorable mention dans leurs Catalogues, & n'en font aucune de Jaques Petit, dont

il n'y a que La Croix du Maine, postérieur de cent cinquante ans , & ses Copistes qui en aient parlé. (M. DE LA MONNOYE).

JAQUES PORRY , Provençal. Il a écrit en vers François un Chant Royal sur la bien-venue de Philebert Emanuel, Duc de Savoye , ensemble la Solennité du Mariage entre Madame Marguerite de France , Duchesse de Berry , sœur unique de Henry II, Roi de France , imprimés à Paris , chez Pierre Gaultier , l'an 1559 , auquel temps il florissoit à Paris.

JAQUES PREVOST , Gentilhomme natif de Loudun en Poictou , sieur DE VILDAN , puîné de la Maison de Charbonnieres. Il a écrit plusieurs Poësies non encore imprimées , & entre autres l'Entelechie. Il florissoit A Angers l'an 1574.

JAQUES PREVOSTEAU , Chartrain, premier Régent au Collège de Montagu à Paris , Poëte Grec, Latin & François , Philosophe & Orateur. Il a écrit un Hymne triomphal sur l'entrée du Roi de France , Charles IX , & de la Roine , son épouse , faite en leur ville de Paris le 6ᵉ jour de Mars, l'an 1571 , auquel lieu elle fut imprimée audit an par Guillaume Niverd. Il mourut à Paris l'an 1572 ou environ , âgé de vingt-huit ou trente ans. Il a écrit plusieurs Livres en Latin.

JACQUES DE ROCHEMORE , natif du Pays de Languedoc , Lieutenant particulier en la Sénéchauffée & Siège Présidial de Beaucaire , & Nismes en Languedoc. Il a traduit d'Espagnol en François le Livre d'Antoine de Guevare , intitulé le Favory de Cour : contenant plusieurs advertissemens & bonnes doctrines pour les Favoris des Princes , & autres Seigneurs & Gentilshommes qui hantent & fréquentent la Cour , imprimé par Chrestofle Plantin à Anvers , l'an 1557 ¹. Il florissoit à Nismes l'an 1555.

¹ Ce Traducteur de Guévare a ignoré que le titre original étoit *El menos precio de corte*. Antoine Alaigre , quatorze ans auparavant , en avoit donné une version sous son vrai titre , & depuis en 1591. Il en parut une de *L. T. L.* c'est-à-dire , de *Louis Turquet, Lyonnois* , meilleure que les précédentes ,

en un volume *in*-16, où se trouve l'Espagnol de Guévare , & de plus une Traduction Italienne , le tout en trois caractères différens. (M. DE LA MONNOYE).

JAQUES DE ROMIEU , Gentilhomme, natif de Vivarets en Languedoc, frere de Damoiselle Marie de Romieu, femme docte, (de laquelle nous parlerons ci-après) & neveu de Monsieur Desaubiers , &c. Il a écrit une Invective, & quelques Satyres contre les femmes ou sexe féminin , à laquelle sa sœur, Marie de Romieu, a fait une Réplique, contenue en ses premières Œuvres Poëtiques, imprimées à Paris , chez la veuve de Lucas Breyer, l'an 1581. Il y a un autre Lanteofme de Romieu , Gentilhomme d'Arles , duquel nous ferons mention ci-après.

JAQUES SAGUIER , natif d'Amiens en Picardie, Docteur en Théologie, & Chanoine d'Amiens. Il a écrit une Oraison funèbre sur le trépas de Monsieur le Révérendissime Cardinal de Crequy, prononcée par lui en l'Abbaye de Saint Waft de Moreul le 15e jour de Novembre, l'an 1574, imprimée à Paris, chez Thomas Belot, l'an 1575. Il florissoit à Paris l'an 1574.

JACQUES SIGNOT. Il a écrit la Description générale de tous les passages, lieux & détroits, par lesquels on peut passer & entrer des Gaules en Italie : & signamment par où passèrent Hannibal, Jules César, & les Très-Chrétiens Rois de France, Charles-Magne , Charles VIII , Loys XII & François I, &c. imprimée à Paris l'an 1515, & depuis chez Alain Lotrain, l'an 1539, sous ce titre, La Division du Monde, &c. L'Auteur florissoit sous François I l'an 1520.

JAQUES DE SILLAC , surnommé de la Chaftre , & issu de cette noble & ancienne maison de la Chaftre en Berry. Il a écrit & composé plusieurs Poësies Françoises, , & entre autres l'on voit plusieurs de ses Sonnets imprimés avec ceux de Messieurs Ronsard , Baïf, des Portes & autres , mis en musique par Nicolas de la Grotte , &c. Il mourut l'an 1569 ou environ.

JAQUES DE SILLY (Meſſire) , Baron de Rochefort , Chevalier de l'Ordre du Roi , Gentilhomme ordinaire de la Chambre , Damoiſeau de Commercy , &c. frere de Meſſire Loys de Silly , Baron de la Roche-Guyon , &c. Il a écrit une fort docte harangue prononcée par lui devant l'aſſemblée des Etats d'Orléans ſous le règne du Roi , Charles IX , le premier jour de Janvier 1560 , imprimée à Paris , chez Charles Perier , l'an 1561 , (*in*-4°.) *

* Il prononça ce Diſcours au nom de la Nobleſſe. Il eſt écrit avec beaucoup de force & de dignité. C'eſt de ce Diſcours qu'il eſt dit dans l'Hiſt. de M. de Thou : *Jacobus Sillius , Rupifortii Comes , luculentam juxtà & fiduciæ plenam Orationem habuit* , Liv. XXVII , init.

JAQUES SPIFAME [1] , Gentilhomme Pariſien , Préſident en la Cour de Parlement à Paris , Maître des Requêtes ordinaire du Roi Henri II, & enfin Evêque de Nevers*. Il a écrit pluſieurs choſes tant en Latin qu'en François , leſquelles je n'ai point encore vues. ** Il mourut à Genève ſous le règne de François II , ou environ , auquel lieu il s'étoit retiré pour la religion.

[1] Il fut décapité à Genève le 23 Mars 1566 , ſuivant Jacob Spon , pag. 45 du Tom. II de ſon *Hiſtoire de Genève.* D'autres diſent que ce fut au mois de Mars 1565 ; variété qui pourroit bien venir de ce que Pâques , en 1566 , étant le 12 Avril , les uns accoutumés à placer le commencement de l'année à Pâques , comptoient 1565 juſqu'à l'échéance du 12 Avril , pendant que les autres , commençant l'année au mois de Janvier , comptoient 1566. Touchant les raiſons de la condamnation à mort de Spifame , voyez JOLY , pag. 748 , ſur les Opuſcules de Loiſel ; SPON , au lieu marqué ; GUI PATIN , Let. 8 du Tom. I ; BAYLE , dans ſon Dictionnaire , au mot SPIFAME , & pag. 460 des nouvelles lettres de la Critique du Calviniſme. On a varié plus d'une fois ſur le nom propre de Spifame , Evêque de Nevers. Patin , dans ſa lettre ci-deſſus alléguée , l'appelle *Paul.* Jacob Spon , Bayle , &c. l'appellent *Jaques-Paul.* Le plus ſûr eſt de s'en tenir aux Anciens , la plupart ſes contemporains , qui l'ont appelé ſimplement *Jaques* ; de ce nombre eſt ſon propre frère *Raoul Spifame* , feuillet 144 du Tom. I des prétendus Arrêts , qu'il a publiés in-8° , l'an 1556 , & attribués à Henri II ; titre bizarre , puiſqu'il n'en a jamais paru de Tom. II , & que tous ces Arrêts , au nombre de trois cens huit , étant purement en langue Françoiſe , le nom qu'il leur a donné de *Dicæarchia Henrici* étoit dans une langue qui ne leur convenoit pas. On eſt ſurpris de trouver dans le centième de ces Arrêts beaucoup de particularités peu honorables à l'aîné des cinq frères Spifame , ſavoir , à

Gaillard Spifame, qui, ayant malverfé dans fa Charge de Tréforier de l'extraordinaire des Guerres, & prévoyant qu'il ne pourroit éviter le fupplice auquel il feroit condamné pour n'avoir pas fourni à Odet de Foix Lautrec les fommes néceffaires pour le Siége de Naples, fut caufe de la perte de ce Royaume en 1528, & tombant dans le défefpoir, fe défit lui-même. (M. DE LA MONNOYE).

Jacques Spifame avoit été Chancelier & Recteur de l'Univerfité, fans doute depuis qu'il étoit entré dans l'Etat Eccléfiaftique. Il fe réfugia à Genève en 1559, où il fut fupplicié fix ans après, fous prétexte de bigamie & d'adultére, mais plutôt, à ce que l'on croit, parce qu'il entretenoit des intelligences avec Catherine de Médicis, fur les avis du Prince de Condé, Voy. l'*Hift. de Genève*, in-4°. Tom. I, pag. 310. On lit dans l'*Hift. des Egl. Réformées*, Tom. II, Liv. VI, pag. 155, " qu'il n'avoit faute d'efprit, ni de langue, " ni d'expérience, ayant été Préfident des Enquêtes, puis Maître des Requê- " tes, & Chancelier de la Reine mère ". Suivant une anecdote de tradition confervée à Genève, & rapportée dans les Mémoires de Trévoux, Février, 1736, pag. 316, Spifame difoit *Figura Corporis Chrifti*, au lieu de *Corpus Domini noftri Jefu-Chrifti*. (M. FALCONNET).

* *Voy.* ce qui a été dit plus haut des Spifames au mot ETIENNE SPIFAME. Les deux Bibliothécaires ne font aucune mention de Martin Spifame, Gentilhomme François, Seigneur du grand Hôtel & d'Azy, proche parent du fameux Jacques Spifame, pour lequel il avoit beaucoup d'eftime & de refpect, ainfi qu'il le témoigne dans fes Poëfies, qui confiftent en quelques Sonnets, entre-mêlés de Chanfons morales & de quelques prières fort dévotes. La première Edition dédiée au Roi Henri II, fut faite à Bourges ; comme elle étoit pleine de fautes, l'Auteur les fit réimprimer a Paris en 1583. Le même Auteur a fait imprimer une Harangue en profe de la *Parfaite Amitié*.

Voy. la Bibl. Françoife de M. l'Abbé Goujet, Tom. XII, pag. 111.

** Jacques Spifame (ou plutôt Jacques-Paul Spifame). Il eft bien étonnant que La Croix du Maine fe ferve de cette expreffion, *il mourut à Genève*, en parlant de la mort d'un homme qui fut décapité. La date n'eft pas moins extraordinaire, *fous le régne ds François II*, ou environ ; il falloit dire *cinq ans après le régne de François II*. Voici les Ouvrages attribués à cet homme célèbre : 1°. *Harangue du Seigneur de Paffy* (c'étoit le nom qu'il avoit pris lorfqu'il avoit quitté la Religion Romaine & l'Evêché de Nevers, pour fe faire Miniftre à Genève) *à l'Empereur Ferdinand I, au nom du Prince de Condé & des Proteftans de France, à la diette de Francfort en 1561*. Cette pièce eft imprimée dans les Additions de le Laboureur aux *Mémoires de Caftelnau*, Tom. II, & dans les *Mémoires de Condé*, Edition de 1743, Tom. IV. & dans l'*Hift. Eccl. des Eglifes Réformées de France*, Tom. II. On trouve dans ce dernier Ouvrage un feconde Harangue de Spifame, *prononcée devant le Roi des Romains, lui feul étant en fa chambre*, & le Sommaire d'une troifième,

devant

devant tous les Princes de l'Empire ; 2°. Une *Lettre adreſſée à la Reine mère
du Roi* , *contenant une utile admonition.* On ſuppoſe cette lettre écrite
de Rome, & traduite de l'Italien. Elle eſt datée du 2 Juin 1563 , & ſignée
Gio-Marco-Bruccio , qui , ſelon le P. le Long , n'eſt autre que *Jacques-Paul
Spifame*. Elle eſt auſſi imprimée dans les *Mémoires de Condé.* 3°. *Diſcours ſur
le congé obtenu par le Cardinal de Lorraine de faire porter armes défenſives à ſes
gens* , &c. Paris, 1565, *in*-8°. Ce Diſcours eſt auſſi attribué à Spifame par le P.
le Long. On trouvera dans le *Dictionnaire Hiſtorique & Critique* de Proſper
Marchand un très-bon Article ſur Jaques-Paul Spifame. On eſt tenté de
croire qu'on peut lui attribuer encore quelques Ecrits publiés ſous le nom
de *Théophile Spifame;* mais cette conjecture ne paroît pas ſuffiſamment établie.

JAQUES TAHUREAU , Gentilhomme du Maine , frère
puîné de Pierre Tahureau ſieur de la Chevallerie & du Cheſnay
au Maine , tous deux enfans de M. le Juge du Maine , nommé
Jaques Tahureau , & de Damoiſelle Marie Tiercelin , iſſue de
la très-noble & très - ancienne famille des Tiercelins ſieurs de
la Roche-du-Maine en Poictou , &c. Ses premières Poëſies
ont été imprimées à Poitiers par les de Marnefs, l'an 1554 ,
fort correctes & de belle impreſſion ; elles ont été depuis
imprimées à Paris chez Gabriel Buon. Les Mignardiſes dudit
Tahureau ont été imprimées audit lieu , & contiennent pluſieurs Sonnets , Odes & Mignardiſes amoureuſes de ſon
Admirée (qui eſt le nom qu'il donne à ſa Maîtreſſe). Il a traduit en vers François l'Eccléſiaſte de Salomon , non encore imprimé. Oraiſon au Roi, de la grandeur de ſon règne , & de
l'excellence de la Langue Françoiſe, avec quelques vers François
dédiés à Madame Marguerite ; le tout imprimé à Paris , chez la
veuve de Maurice de la Porte, l'an 1555. Les Dialogues dudit
Tahureau , auxquels ſont entreparleurs le Democritiq & Coſ-
mophile, &c. ont été imprimés après ſa mort par Gabriel Buon,
l'an 1565 pour la première fois , & depuis par pluſieurs autres
diverſes, chez le même Buon ; nous avons ſes Dialogues écrits
à la main, leſquels nous eſpérons faire imprimer bien plus amples qu'ils n'ont été en la première édition [1]. Il a écrit pluſieurs
autres Œuvres tant en proſe qu'en vers François, leſquelles ne
ſont encore imprimées ; elles ſe voient écrites à la main en la

Bibliothèque de Monfieur de la Chevalerie Tahureau , fon frere, duquel nous parlerons ci-après en fon rang. Il mourut l'an 1555. Je n'ai point eu ce bien que de le voir ou cognoître , car lorf-qu'il mourut j'étois en trop bas âge : mais j'ai entendu de ceux qui l'avoient vu , que c'étoit le plus beau gentilhomme de fon fiècle , & le plus adextre à toutes fortes de gentilleffe.

¹ Il mourut à l'âge de vingt-huit ans , peu après s'être marié. Maurice de la Porte , dans fes *Epithètes* , au mot TAHUREAU , témoigne qu'outre les deux Dialogues que nous avons de cet Auteur , nous en aurions deux autres dont il les auroit accompagnés , fans fa mort prématurée. Ils auroient eu de quoi plaire s'ils avoient reffemblé aux deux premiers du *Démocritiq*. Pâquier a eu tort de s'en être moqué dans une Epigramme Latine , *In Democriti Scriptorem* , 3 Epig. 59 , en ces termes : *Omnia qui ridet , ridetur ab omnibus ipfe*. Il devoit fonger à fon *Monophile* , & à fes *Colloques d'Amour* , Dialogues dont tout le monde auroit grand fujet de fe moquer, mais dont perfonne cependant ne fe moque,parce que perfonne ne les lit. (M. DE LA MONNOYE).

Voy. fur JAQUES TAHUREAU , & PIERRE , fon frère , les Mémoires de Niceron , Tom. XXXIV , pag. 207 & fuiv. & la Bibl. Françoife de M. l'Abbé Goujet , Tom. XII , pag. 40.

JAQUES DE LA TAILLE , Gentilhomme natif de Bon-daroy , au pays de Beaulfe , frere puîné de Jean de la Taille (duquel nous parlerons ci-après.) Il a compofé plufieurs Tragé-dies & Comédies Françoifes en l'an de fon âge 17 & 18 , def-quelles Tragédies s'enfuivent les titres ou appellations : Saul , Alexandre , Daire ou Darius , Athamant , Progné & Niobé. Il a écrit un Traité de la manière de faire des vers en François comme en Grec & en Latin. Les Tragédies de Saul , Daire , Alexandre , & autres Œuvres dudit Jaques de la Taille , ont été imprimées à Paris , chez Féderic Morel , l'an 1573*. Il mou-rut de pefte à Paris l'an 1562 , âgé de vingt ans. Je ne fais quelle inimitié il portoit fi grande aux Mançois & aux Normands, que d'avoir laiffé par écrit, en fes Œuvres, qu'il louoit Dieu entre autres chofes de ne l'avoir point fait naître au Maine ou en Nor-mandie , mais en Beaulfe.

* Tous les Ouvrages de Jacques de la Taille ont été publiés après fa mort par Jean de la Taille fon frère. Son Traité fur la manière de faire des vers en

Grec comme en Latin, c'eſt-à-dire, des vers meſurés, eſt un petit Ecrit de vingt-deux feuillets *in*-8°. imprimé à Paris en 1573. Sa Tragédie de *Daire*, & celle d'*Alexandre*, ſuivie de quelques pièces de vers, furent imprimées la même année. Il avoit auſſi paru un petit Recueil d'Inſcriptions, d'Anagrammes, &c. par Jacques de la Taille, en 1572, à la ſuite d'une Tragédie de Jean ſon frère, intitulée *Saül furieux*. La Croix du Maine ſe trompe, quand il attribue cette Tragédie de *Saül* à Jacques de la Taille. Rien n'eſt moins exact que ce que dit ſur les deux frères *de la Taille* l'Auteur de la *Bibl. des Théâtres*, pag. 77.

JAQUES TIGEOU, Angevin, Docteur en Théologie de la Faculté de Rheims, Chanoine & Chancelier en l'Egliſe Cathédrale de Mets en Lorraine *. Il a traduit de Latin en François les Œuvres de S. Cyprien, imprimées à Paris l'an 1570.

* Il a traduit du Latin en François un Diſcours où l'on trouve des particularités qui peuvent ſervir à l'Hiſtoire du Cardinal de Lorraine & de ſon frère. L'Ouvrage Latin a pour titre : *Caroli Lotharingiæ, & Franciſci, Ducis Guiſii, Litteræ & Arma, in funebri Oratione habitâ, Nancei à Nicolao Bocherio*. Paris, 1577, *in*-4°. La Traduction qui parut deux ans après eſt intitulée : *La Conjonction des Lettres de Charles, Cardinal de Lorraine, & de François, Duc de Guiſe, frères, in*-4°. Reims, 1579.

JAQUES TROUILLARD, ſieur DE LA BOULAYE, Docteur en Médecine à Montpellier, natif de la ville du Mans, Médecin du Roi de Navarre, homme docte ès Langues, grand Philoſophe naturel & bien verſé dans la Médecine, frere de Guillaume Trouillard ſieur de Montchenu, Avocat au Mans (duquel nous avons parlé ci-deſſus, &c.) Il a traduit de Latin en François un Dialogue de Théophraſte Paracelſe, contenant la Défenſe de la Chriſopoie, ou manière de faire l'or, & au contraire l'accuſation de l'Alchimie ſophiſtique. Ce Livre n'eſt encore imprimé. Il florit en Anjou cette année 1584.

JAQUES VAILLER, Miniſtre à Genève. Je n'ai point vu de ſes écrits*.

* Il avoit été Prêtre & Maître-d'Ecole à Briançon en Dauphiné.

JAQUES VEIRAS de Niſmes en Languedoc, Docteur en Médecine à Montpellier l'an 1598, oncle de Pierre Veiras de Niſmes, Médecin, &c. Il a écrit un Traité de Chirurgie, con-

tenant la vraie Méthode de guérir les plaies des Arquebufades ;
imprimé à Lyon par Barthelemy Vincent, l'an 1581.

JAQUES VIARD, fieur DE LA FONTAINE, Médecin & Philofophe, Aftrologue & Mathématicien. Il a écrit un Almanach
& Prophétie pour huit ans, commençant l'an 1561, contenant
plufieurs Difcours de Philofophie tant divine que naturelle & judiciaire, avec un Recueil des chofes mémorables advenues depuis la création du monde jufques à préfent, imprimé au Mans par
Hiérofme Olivier l'an 1561 ; le Période du Monde, dédié & préfenté au Roi Charles IX ; Médecine préfervative & très-nécef-
faire pour guérir tous égarés de la Foi Chrétienne. Cet Œuvre
eft écrit en vers François & annoté en marge d'annotations Latines, imprimé au Mans par ledit Olivier, l'an 1569. Oraifon
du Traité de la Paix, entre le grand Roi des Rois, & fes Sujets, imprimée au Mans par Hiérofme Olivier, l'an 1559. Almanach pour l'an 1564, calculé fur l'horifon du pol folaire
d'Anjou, imprimé à Paris par François Moreau, l'an 1562. Il
a écrit plufieurs Almanachs & prognoftications, autres que les
fufdits, imprimés à Paris, à Angers, au Mans & autres lieux.
Il a fait fa demeure un fort long-temps en la ville de Pontualein
au Maine l'an 1559, & depuis à Gouis près Dureftal en Anjou,
l'an 1574.

JAQUES VINCENT, natif de Creft Arnauld ou Arnoul
en Dauphiné, Aumônier de Monfieur le Comte d'Anghien,
& Secrétaire de Monfieur l'Evêque du Puy en Velay. Il a traduit en François les Livres de Palmerin d'Angleterre. Il a traduit d'Italien en François l'Hiftoire de Rolan Furieux *. Il a traduit d'Efpagnol en François l'Hiftoire amoureufe de Dom Flore
& Blanchefleur, fon amie, avec la complainte que fait un Amant
contre l'Amour & fa Dame, imprimée à Lyon par Benoit Rigault ; l'an 1571. Il a traduit de Latin en François, l'Oraifon
de maître Patrice Cocburne, Ecoffois, traitant de l'utilité &
excellence du Verbe divin.

* Il faut lire *Roland Amoureux*, & non pas *Furieux*. Le même a encore

traduit de l'Italien la *Pyrotechnie* de Vanoccio Bringuccio , imprimée à Paris chez Claude Fremy, *in-*4°. 1556, réimprimée en 1572. (Préfident BOUHIER).

JAQUES DE VINTIMILLE, ou DE VINTEMILLE, Confeiller du Roi au Parlement de Dijon en Bourgogne l'an 1580, autrement appelé Jacques des Comtes de Vintemille en l'Ifle de Rhodes , de laquelle maifon il étoit iffu [1]. Il a traduit de Grec en François la Cyropœdie, ou Inftitution du Roi Cyrus, écrite en Grec par Xénophon, imprimée à Paris l'an 1547 par Vincent Sertenas. (*in-*4°.) Il a traduit de Grec en François l'Hiftoire de Herodian, imprimée à Paris chez Federic Morel , l'an 1580, revue & recorrigée par l'Auteur, outre les premières éditions *. Jean Colin a auffi traduit ladite Hiftoire comme nous dirons en fon lieu. Il a écrit un carme Saturnal, tant en Latin qu'en François, imprimé avec le Dialogue de Platon, intitulé le Theages, ou de la Sapience, imprimé à Lyon par Charles Pefnot, l'an 1564. Il floriffoit à Dijon l'an 1580. Nous ferons mention de fes Œuvres Latins autre part.

[1] Il naquit à Rhodes, où s'étoit retiré fon père, *Alexandre des Comtes de Vintemille*, ou *Vintimille*, de l'ancienne maifon ainfi nommée de la Ville de Vintemille, fur la côte de Gènes. Alexandre ayant été tué en 1522 à la prife de Rhodes, le Chevalier Georges de Vauzelles, Lyonnois, ami du défunt, crut, en reconnoiffance des bons offices qu'il en avoit autrefois reçus, devoir prendre foin de Jacques de Vintemille , âgé pour lors de dix ans. Il le fit donc élever, l'amena en France, & , l'entretenant aux études , le mit en état de faire de grands progrès dans les Mathématiques, la Jurifprudence , les Langues & les Belles-Lettres. Son mérite , étant connu, lui ouvrit l'entrée à la Cour de François I, & de fon fucceffeur Henri II. Les deffins qu'il donna pour l'ornement de la belle maifon d'Anet , que la Ducheffe de Valentinois faifoit bâtir , lui procurèrent une charge de Confeiller au Parlement de Dijon , dans laquelle il fut reçu le 10 Mai 1550. Après vingt ans de mariage , étant demeuré veuf , & devenu en 1570 Eccléfiaftique , il fut Archidiacre de Notre-Dame de Beaune , Chanoine de S. Lazare d'Autun , & Doyen de S. Vincent de Chalon-fur-Saone. Il aimoit fort la Poëfie Latine , dans laquelle, tout favant qu'il étoit en Grec, il ne laiffoit pas , de même que Philelphe, Béze, & quelques autres , de faire plufieurs fautes de quantité , comme on le voit dans les vers de fa façon, inférés au Recueil qu'il fit imprimer l'an 1580 à Paris, fous le titre de *Tumulus Macuti Pomponii*, c'eft-à-dire, *de Maclou Popon*, Confeiller comme lui au Parlement de Bourgo-

gne. Il mourut l'an 1582, âgé de soixante-douze ans, & fut enterré en l'Eglife de S. Michel à Dijon. (M. DE LA MONNOYE).

Voy Palliot, en fon *Parlement de Bourgogne*, pag. 198, & le P. Jacob, *de Scriptorib. Cabilon.* pag. 31.

* La première Edition parut à Lyon chez Guillaume Roville, en 1554, *in-fol.* On trouve à la tête une Epître Dédicatoire de l'Auteur, au Connétable Anne de Montmorency, datée de 1544, puis une Lettre de Pontus de Thyard à l'Auteur, à qui il paroît qu'il avoit dérobé fa Traduction, & l'avoit fait imprimer à fon infçu.

Fin des Jaques. S'enfuivent ceux defquels le nom fe commence par ce nom de Jean.

JEAN ALPHONSE, natif du pays de Xaintonge, près la ville de Congnac, Capitaine & Pilote très-expert à la Mer, &c. Il a écrit un Difcours très-ample de fes voyages, tant par Mer que par Terre, lequel Livre a été mis en lumière par Melin de Saint Gelais, l'ayant recouvré fubtilement & avec grand peine : & enfin le fit imprimer à Poitiers chez Jean de Marnef, l'an 1559. Sur la fin dudit Livre ont été ajoutées les tables de la déclinaifon ou eflongnement que fait le Soleil en la ligne æquinoctiale, chacun jour des quatre ans, ordonnées par Olivier Biffelin, comme nous dirons ci-après.

JEAN ALINE, Poëte François. Il a écrit quelques Chants Royaux à l'honneur de la Vierge *.

* C'étoit un Poëte du Pui de Rouen, que du Verdier nomme au mot GUILLAUME ALEXIS.

JEAN DE AMELIN, Gentilhomme Sarlado's ou de Sarlat en Périgort. Il a traduit de Latin en François quelques Livres de l'Hiftoire de Tite-Live Padouan, imprimés à Paris [1]. Il a écrit l'Hiftoire de France non encore imprimée, de laquelle fait mention Ronfard en fes Œuvres ; Hymne à la louange de M. le Duc de Guife, imprimée à Paris chez Federic Morel, l'an 1558. Il a écrit plufieurs autres Poëfies Latines & Françoifes, non encore imprimées. Il florissoit sous le règne d'Henri II, Roi de France.

¹ Ronsard, Liv. II de ses *Poëmes*, a extrêmement loué la Traduction que Jean Amelin avoit commencée de Tite-Live. (M. DE LA MONNOYE).

JEAN-ANTOINE DE BAIF ¹, Secrétaire de la Chambre du Roi, Gentilhomme Vénitien, car il naquit à Venise l'an 1532 *, lorsque Lazare de Baif son père étoit Ambassadeur à Venise pour le Roi François I, lequel Lazare de Baif étoit Maître des Requêtes ordinaire de l'Hôtel du Roi, & naquit en sa terre des Pins près la Fleche en Anjou, &c. Ledit Lazare étoit oncle de M. de Malicorne Messire Jean de Chourses, Chevalier des deux Ordres du Roi. Cetuy-cy, Jean-Antoine de Baif, fut instruit dès ses plus tendres ans aux bonnes lettres, & sur-tout en la langue Grecque, en laquelle il a tellement profité, qu'il a été estimé l'un des premiers de notre siècle, témoin ce qu'en a écrit Joachim du Bellay, Angevin, quand il dit :

> *Docte* BAIF *des doctes le Doctime*, &c.

Il a écrit dès ses plus tendres ans les Amours de Francine & Meline **, imprimées à Paris chez André Vechel l'an 1555 & en autres divers lieux; le Brave, Comédie Françoise dudit sieur de Baif, représentée devant le Roi Charles IX, l'an 1567, le 28ᵉ jour de Janvier, imprimée à Paris chez Robert Estienne audit an 1567; Estrenes de Poësie Françoise en vers mesurés, contenant plusieurs Poëmes, imprimés chez Denis du Val, l'an 1574, de caractères nouveaux, & suivant l'orthographe dudit Jean-Antoine de Baif; deux Traités, l'un de la Prononciation Françoise, & l'autre de l'Art metric, ou de la façon de composer en vers : ils ne sont encore imprimés. Complainte sur le trépas de Charles IX, imprimée à Paris chez Federic Morel, l'an 1574; Imitations ou Traductions de quelques Chants de l'Ariofte, imprimés à Paris par Lucas Breyer, l'an 1573; Traité de Jean Pic de la Mirande ou Mirandole, touchant l'imagination, traduit par ledit Baif de Latin en François, imprimé à

Paris chez André Vechel, l'an 1557; Epître au Roi, pour l'inſtruction d'un bon Roi, imprimée à Paris chez Federic Morel, l'an 1575; première Salutation au Roi, ſur ſon advenement à la Couronne de France, imprimée par Federic Morel, l'an 1575; Advertiſſement Saint & Chrétien, touchant le port des armes, écrit en Latin par Jaques Charpentier, Juriſconſul de Toloſe, &c. imprimé à Paris chez Sebaſtien Nivelle, l'an 1575 : je ne ſais s'il en eſt le Traducteur, comme l'aſſurent aucuns. Mimes, Proverbes & Enſeignemens dudit ſieur de Baif, imprimés à Paris l'an 1576, avec pluſieurs de ſes Poëſies, chez Lucas Breyer, pour la première fois, & depuis augmentés de beaucoup, & imprimés chez Mamert Patiſſon, l'an 1581, à Paris. Il a traduit en vers François meſurés pluſieurs Pſalmes de David, non encore imprimés. Il compoſe maintenant de fort beaux & bien doctes Sonnets, leſquels il eſpére mettre bientôt ſur la preſſe. Ses Œuvres ont été imprimées en deux volumes à Paris. Il a écrit, outre les Œuvres ci-devant mentionnées, quelques fort doctes Œuvres en Mathématiques, imprimées il y a fort long-temps. Il florit à Paris cette année 1584, & a dreſſé une Académie, laquelle eſt fréquentée de toutes ſortes d'excellens perſonnages, voire des premiers de ce ſiècle, laquelle a été diſcontinuée pour quelque temps, mais lorſqu'il plaira au Roi de favoriſer cette ſienne & louable entrepriſe, & frayer aux choſes néceſſaires pour l'entretien d'icelle, les Etrangers n'auront point occaſion de ſe vanter d'avoir en leurs pays choſes rares, qui ſurpaſſent les nôtres.

[1] S'il eſt vrai, comme l'a marqué Scévole de Sainte-Marthe, que ce fut à l'âge de ſoixante ans que Jean-Antoine de Baïf mourut, peu de jours avant que Henri IV ſe rendît maître des Faubourgs de Paris, c'eſt à-dire, peu de jours avant le mois d'Août 1590, il s'enſuivra que Baïf, puiſqu'il étoit alors ſexagénaire, naquit l'an 1530, & non pas 1532, comme le poſe La Croix du Maine, ſuivant lequel il ſeroit mort à cinquante-huit ans. (M. DE LA MONNOYE).

Jean-Antoine Baïf, appelé quelquefois *Jean-François*, étoit bâtard de Lazare, Ambaſſadeur à Veniſe. Il étudia ſous Dorat & Tuſan, fut Condifciple

difciple de Ronfard & au nombre des Poëtes de la Pléïade, fous Charles IX.
Il tenta de mettre en ufage les comparatifs & les fuperlatifs Latins en François, docte, *doctieur*, *doctime* ; hardi, *hardieur*, *hardime*. Du Bellai s'en
moque dans un Sonnet, fur la fin de fes *Jeux Ruftiques*. . . Pâquier, Let. 2,
Liv. XXII. Il forma le projet de l'établiffement d'une Académie de Poëfie
& de Mufique. *Hift. de l'Univ. de Paris*, Tom. VI, pag. 242 & 246. Il
montra plus d'ardeur que de talent, & eft traité de *fou*, avec quelque
raifon, dans le *Pithœana*. (M. Falconnet).

* Jean-Antoine de Baïf, fils d'une Vénitienne, fut enfuite légitimé par
Lazare fon père. Son projet d'Académie eut lieu, & en 1571 elle fut établie
par l'autorité & fous la protection du Roi Charles IX. Henri III eut auffi de
l'affection pour cette Compagnie naiffante, que les troubles des Guerres Civiles eurent bientôt dérangée. On n'en parla plus à la mort de fon Fondateur.

V. la Bibl. Françoife de M. l'Abbé Goujet, Tom. XIII, p. 340.

** Les *Amours* de Baïf parurent à Paris dès 1552, *in-8°*. Edition fort
rare, & inconnue à La Croix du Maine. On y trouve les *Amours de Meline*
en deux livres, les *Amours de Francine* en quatre livres, & *Diverfes Amours*
en trois livres. Il y en a une autre Edition *in-4°*. Paris, 1576. Baïf fit imprimer le Recueil de fes Œuvres en deux volumes *in-8°*. à Paris, en 1572 &
1573. Il ne contient qu'une partie de fes Ecrits. La Bibliothèque curieufe de
M. Clément prétend que ce Recueil eft auffi fort rare. Les titres de fes diverfes pièces de théâtre, imprimées ou manufcrites, fe trouvent dans les
Recherches fur les Théâtres de France, par M. Beauchamps, pag. 38, Edit.
in-4°. premier âge. Ses *Etrennes de Poëfie Françoife* font non-feulement un
livre rare, mais un chef-d'œuvre d'impreffion en caractères Italiques.

Voy. la Bibl. Françoife de M. l'Abbé Goujet, Tom. IV, pag. 149.

JEAN ARGUERIUS [1]. Il a traduit de Latin en François le
Livre de Jean Garæus, imprimé à Bafle l'an 1566, touchant la
prédeftination, &c.

[1] *ARGUERIUS* paroît un nom fuppofé ; il n'a pas du moins l'air d'un nom
François : *GARÆUS* ne m'eft pas plus connu, peut-être faut-il lire *GARCÆUS*.
(M. de la Monnoye).

JEAN D'ARRAS. Il a écrit l'Hiftoire * de Lufignan, autre-
ment appelée l'Hiftoire de Melufine, imprimée à Lyon, l'an
1500, ou environ, chez Gafpard Ortuin & Pierre Schenck.

* Son *Hiftoire de Lufignan, ou de Melufine, fille du Roi d'Albanie & de
Madame Preffine, faite par le commandement de Jean, fils du Roi de France,*
par Jean d'Arras, en 1387, fut imprimée en 1500. à Paris, *in-fol*. & à
Lyon, *in-4°*. Voy. *Bibl. des Romans*, Tom, II, pag. 278. Cette Edition eft

très-rare, mais il y en a beaucoup d'autres. L'Hiſtoire, ou plurôt le Roman écrit par Jean d'Arras, revu & mis en meilleur ordre, fut imprimé à Paris en 1584, *in-*4°. & pluſieurs fois dans le ſiècle ſuivant. Il avoit été traduit en Allemand dès 1539.

JEAN AUBE DU THOURET ET **DE ROQUEMAR-TINE**, Gentilhomme Provençal. Il a écrit en vers François une Lamentation de la France, ſur le décès de Madame Magdeleine de Thurene, Comteſſe de Tande; Déploration ſur la mort de ſa mère, Dame Laudune du Thouret & de Roquemartine, enſemble le décès de ſon frère François de Roquemartine, &c. le tout imprimé à Paris chez Jean Gourmont, l'an 1581, auquel temps l'Auteur vivoit.

JEAN AUBERT, Sieur DE LA MORELIERE, natif du Pays & Comté du Maine. Ce Seigneur de la Moreliere eſt l'un des plus renommés Avocats de tout le Siége Préſidial du Mans, & quand je dirai de tout le Maine, je n'avancerai rien en cela pour ſa gloire, qu'il n'en mérite encore plus : car ſi l'on veut regarder combien il eſt docte & profond en la Juriſprudence, & ſur-tout bien façonné & appris aux Conſultations, l'on me confeſſera que même les voiſins du Maine, ſoit d'Anjou, Touraine & autres lieux, s'adreſſent à lui en ce cas pour recevoir ſon avis, avant qu'entreprendre des procès & autres affaires de ſemblable conféquence. Il n'a encore fait imprimer aucun de ſes Œuvres, & toutefois j'ai bonne cognoiſſance qu'il a fait pluſieurs doctes & bien curieuſes obſervations ſur le Droit, & encore ſur les Coutumes du Maine. Il florit au Mans cette année 1584, âgé de plus de cinquante ans.

JEAN D'AUBUSSON BERRUYER, dit DE LA MAISON-NEUVE [1]. Il a écrit en vers François le Colloque ſocial de paix, juſtice, miſéricorde & vérité, pour l'heureux accord entre le Roi de France & d'Eſpagne, imprimé à Paris chez Martin l'Homme, l'an 1559; Diſcours ſur le magnifique Recueil fait par les Vénitiens à M. le Cardinal de Lorraine, imprimé à Paris par Eſtienne Deniſe, l'an 1556; Huictains Poëtiques, de

l'onction des Rois élus de Dieu , & de l'obéiſſance que leurs Sujets leur doivent porter , avec une Oraiſon de la Vierge Vérité au peuple Gaulois , l'exhortant à pacifier les diſcordes
civiles & féditions populaires , imprimés à Paris chez Pierre
Gaultier , l'an 1561.

¹ Le P. Hilarion de Coſte , pag. 293 de ſon Livre intitulé *le Parfait Eccléſiaſtique* , rapporte une *Déploration* en vers , *ſur le trépas de noble & vénérable
perſonne M. Maître François le Picart , Docteur en Théologie , Doyen de
S. Germain de l'Auxerrois* , au bas de laquelle on trouve ces mots Latins
DENA SUASU BONI , qui ſemblent indiquer le *Décalogue* , & dans leſquels
eſt renfermé par anagramme le nom de *Jean d'Aubuſſon*. La pièce conſiſte
en vingt huitains , imprimés auparavant chez Etienne Deniſe , l'an 1556.
Du Verdier , qui apparemment n'a point ſu que *d'Aubuſſon* étoit le nom de
famille de cet Auteur , n'en parle que ſous le nom de *Jean de la Maiſon-
neuſve* , dont il a été fait mention plus haut au mot ANTOINE HEROET. (M. DE
LA MONNOYE).

JEAN D'AUCY (Frère). Il a écrit quelques Mémoires des
Antiquités de Lorraine * , allégués par Richard de Waſſebourg
en ſes Chroniques de la Gaule Belgique. Je ne ſais s'ils ſont imprimés.

* Jean Daucy étoit Cordelier & Confeſſeur des Ducs de Lorraine François
& Charles. Le P. le Long , n°. 15469 de ſa *Bibl. Hiſtor. de la France* , cite
une Hiſtoire manuſcrite des Ducs de Lorraine , par Jean Daucy , qui lui
paroît être la même choſe que les *Mémoires des Antiquités de Lorraine* , dont
parle La Croix du Maine. Cette Hiſtoire faiſoit partie des Manuſcrits de la
Bibliothèque de Séguier , qui ont paſſé , comme l'on ſait , dans celle de
S. Germain des Prés.

JEAN AURAT , OU D'AURAT , dit AURATUS ¹ , Poëte
du Roi , Grec , Latin & François , iſſu de l'ancienne famille
des Dinemandy & Bremondais , tant renommés à Limoges ,
&c. autrefois Lecteur du Roi à Paris en la langue Grecque , de
laquelle charge il s'eſt demis , pour en pourvoir ſon gendre
M. Nicolas Goulu , dit Gulonius , homme fort célèbre , & duquel nous ferons mention autre part. La Ville de Limoges ſe
doit reputer bien heureuſe d'avoir produit en notre temps (ſans
faire mention des ſiècles paſſés) deux tant renommés & ſi excel-

lens hommes, que cetui-cy & Marc-Antoine de Muret, Citoyen de Rome, son contemporain : car c'est une chose toute assurée, & déjà assez reconnue par un si grand nombre d'hommes qui l'ont mis par écrit, que peu d'hommes se peuvent vanter d'être doctes en la langue Grecque, & entendre bien les anciens Poëtes Grecs & Latins, sans avoir été disciples ou auditeurs dudit sieur d'Aurat : & ceux-là seroient reputés par trop ingrats, qui ne l'advoueroient pas : vu que les plus savans de l'Europe s'estiment bien heureux de confesser d'avoir eu un tel maître, duquel ont fait tant d'état & font encore les Rois de France & tous les grands Seigneurs & autres. Il a écrit plusieurs Poëmes très-doctes, tant en Grec & Latin, qu'en François, desquels il s'en voit quelques-uns imprimés, mais non pas réduits ou assemblés en un volume, comme il espere faire, & les publier en bref, pour le contentement de tous amateurs des Muses. Il florit à Paris cette année 1584, âgé de soixante-sept ans, & non plus (comme pourroient penser aucuns) car il naquit l'an 1517, & ce qui fait croire à plusieurs qu'il ait quatre-vingt ans, ou davantage encore, c'est qu'ils mesurent l'âge de ses disciples au sien, ou bien le temps depuis que son nom est en vogue, & qu'il a fait lectures publiques : mais ils ne regardent pas qu'il étoit fort jeune d'ans, quand il commença à paroître. Il fait encore tous les jours leçons ordinaires de sa profession à Paris, tant il aime à profiter au public, & faire des disciples qui témoigneront de sa science par les doctes leçons qu'il leur fait : ce que plusieurs, tant étrangers que François, ont jà témoigné par écrits publics, n'ayant voulu demeurer ingrats ou craintifs d'advouer ce qu'ils avoient appris de lui.

¹ On a extrêmement varié sur l'orthographe du nom François de cet Auteur. Originairement c'étoit *Dorat*. Le Latin *Auratus*, qu'il se donna, fut cause que les uns l'appelèrent *Aurat*, & que les autres, qui l'entendoient appeler *Dorat*, écrivirent *d'Aurat*. On en revint à la fin à l'origine ; & la règle aujourd'hui, quand on parle de cet Auteur en François, est d'écrire *Dorat*, comme du Verdier l'a écrit au mot JEAN DORAT. Il mourut au mois de Novembre 1588, âgé de quatre-vingt ans, ou seulement de soixante-

onze , s'il eſt vrai qu'il ne ſoit né qu'en 1517 , comme le dit ici bien poſi-
tivement La Croix du Maine. (M. DE LA MONNOYE).

Béze , dans ſon *Paſſavant*, l'appelle *J. Pierre Doré* (*J. Petrus Auratus*).
Son vrai nom de famille étoit *Dinemandi*, en Limoſin *Dinematin* ; ſa mère
étoit de la famille de Bermondet. *Voy.* Naudé , dans la *Préface de Niphas*,
ſur les changemens de nom. Papire Maſſon penſe qu'il faut l'appeler *d'Aurat*,
& non *Dorat* ; il en tire l'étymologie *ab Aurancia ripâ*. — C'étoit un Poëte
médiocre , dont les meilleurs vers, s'ils étoient de lui , feroient ceux-ci :

> Roma quod inverſo tam delectetur amore
> Nomen ab inverſo nomine fecit amor. (M. FALCONNET).

Voy. le Menagiana , Tom. III , p. 307. Voy. auſſi ſur le nom de *Dorat* ,
ſa famille , ſes qualités naturelles & ſes Ouvrages , les Mém. de Niceron ,
Tom. XXVI, p. 109 & ſuiv. Il eut le titre de *Poëta Regius* , ſous Charles IX ,
& fut de la Pleïade , avec Baïf , Jodelle , du Bellai , Belleau , Ronſard
& Pontus de Thyard. — Voy. la Biblioth. Françoiſe de M. l'Abbé Goujet ,
Tom. XIII , pag. 286.

JEAN AVRIL , Sieur DE LA ROCHE , Prieur de Corzé ,
natif de la Ville du Pont de Cey , à deux lieues d'Angers , Poëte
Latin & François. Il a écrit en vers François les regrets ſur la
rupture de la paix , l'an 1568 ; Ode ſur les victoires obtenues
par M. le Duc d'Anjou , le tout imprimé enſemble , l'an 1570.
Il a traduit de Latin en vers François les deux premiers Livres
de Marcel Palingene , Italien , le plus excellent Poëte de notre
tems , &c. il ne les a encore mis en lumière. Je ne ſçay ſi ce qui
l'a empêché de ce faire , a été qu'il a vu les imitations de Scévole de Sainte-Marthe , ſur ledit Palingene , ſi heureuſement &
ſi doctement traduites , que cela l'ait retardé de faire imprimer
les ſiennes [1]. Poëme dudit Jean Avril , touchant ſa naiſſance ,
non encore imprimé ; le Bienveignement à Monſeigneur , en-
trant en Anjou , imprimé à Angers par René Troiſmailles , l'an
1578. Il florit à Angers cette année 1584. S'il a compoſé d'autres Œuvres , je n'en ai pas cognoiſſance.

[1] Guillaume Colletet , pag. 94 & 95 de ſon Diſcours de la Poëſie Morale ,
dit que Scévole de Sainte-Marthe ayant mis au jour quelques-unes de ſes imitations de divers endroits du *Zodiaque* de Palingéne , fut cauſe que Jean
Avril n'oſa publier ſa Traduction en vers François des deux premiers Livres ,
mais qu'en 1619 il en parut une entière, par un autre Auteur qu'il ne nomme
point. (M. DE LA MONNOYE).

JEAN - AYMÉ DE CHAVIGNY, natif de Beaune en Bourgogne, Poëte Latin & François. Il s'appelle en Latin JOANNES-AMATUS CHAVIGNEUS SEQUANUS [1], &c. Il a écrit les larmes & foupirs fur le trépas d'Antoine Fiancé, Bourguignon , Philofophe & Médecin , &c. imprimés à Paris chez Eftienne Prevofteau , l'an 1582.

[1] Quelques-uns le confondent avec *Jean Chevigny de Beaune* , quoique celui-ci ne joigne point le nom d'*Aymé* à celui de *Jean* , ne s'appelant point non plus *Chavigny* , mais *Chevigny* en François , *Chevigneus* en Latin , comme on le peut voir dans le Recueil intitulé *Macuti Pomponii tumulus*. Ce n'eft pas d'ailleurs *Sequanus* que Chavigny devoit être appelé en Latin , s'il étoit de Beaune , c'eft *Heduus* ; mais il étoit véritablement *Sequanus* , puifqu'au-devant de fon Difcours fur la vie de Michel Noftradamus , il fe qualifie lui-même *Franc-Comtois* ; ainfi la méprife de La Croix du Maine , quand il le fait de Beaune *, eft évidente. (M. DE LA MONNOYE).

* Jean-Aymé de Chavigny étoit véritablement de Beaune , fils de noble homme Jean Chevignard de Chavigny , & de Pallas le Blanc.

Voy. la Biblioth. Françoife de M. l'Abbé Goujet , Tom. XIV , pag. 41 , & la Biblioth. des Auteurs de Bourgogne , Tom. I , pag. 139 , que Goujet a copiée. On y trouvera un Catalogue exaĉt des Ouvrages de cet Ecrivain , foit en vers, foit en profe. La Croix du Maine en a fait deux Auteurs différens , *Jean-Aymé de Chavigny* , & *Jean de Chevigny*. Teiffier s'eft trompé plus groffièrement , quand il a pris *Aymé* pour le nom de famille , & *Chavigny* pour le nom du lieu où cet Auteur étoit né. Chavigny mourut en 1604, âgé de plus de quatre-vingt ans. M. de Chavigny, ci-devant Ambaffadeur en Suiffe , & qui eft mort cette année 1771, étoit de cette même famille.

JEAN BACQUET, Parifien , Avocat du Roi en la Chambre du Thréfor à Paris. Il a écrit un fort doĉte & bien laborieux ouvrage, touchant le Domaine des Rois de France, imprimé à Paris, l'an 1577. René Chopin , l'honneur d'Anjou , & des plus favans Avocats du Parlement de Paris, en a auffi écrit en Latin , lefquels font imprimés à Paris chez Nicolas Chefneau (comme nous dirons en notre Bibliothèque Latine). Ils floriffent tous deux à Paris cette année 1584 *.

* Les Œuvres de Bacquet ont été imprimées *in-fol*. à Paris , 1588.

JEAN-BAPTISTE MULER , dit MULERUS, natif du pays de Rhetie , en la Baffe Allemagne , près de Suiffe. Il a traduit de Latin en François les trois Livres de Loys Lavather, ou Lavatherus, touchant les apparitions des efprits, fantômes, prodiges & accidens merveilleux : plus, trois queftions propofées & réfolues par Pierre Martir, touchant lefdits efprits, le tout imprimé l'an 1571, & encore depuis. Il a traduit de Latin en François plufieurs Livres de Henry Bullinger, &, entr'autres, ceux des perfécutions de l'Eglife, &c. imprimés l'an 1573.

JEAN-BAPTISTE RICHARD [1], Bourguignon, Avocat au Parlement de Dijon *. Il a mis en lumière un fien Plaidoyé pour les Habitans de Coulches, contre le Prieur & Baron de ce même lieu, lequel il prononça en Parlement l'an 1581, le 22 de Février, imprimé à Paris chez Nicolas Chefneau, l'an 1582.

[1] Charles Févret, célèbre Jurifconfulte Dijonnois, Auteur du Traité de l'*Abus*, publia en 1654 un Dialogue *de claris Fori Burgundici Oratoribus*, dans lequel, à l'imitation de celui de Ciceron, *des Orateurs Romains*, il repréfente & caractérife les plus illuftres Avocats du Parlement de Dijon, depuis environ 1576 jufqu'en 1620 & 1630. Jean-Baptifte Richard n'y eft pas oublié, qu'il dit cependant avoir eu plutôt la réputation de docte que d'éloquent. Il en exalte fur-tout le talent pour la Poëfie Bourguignone, regrettant extrêmement qu'il ne reftât de lui aucune pièce en ce genre, parce qu'après fa mort Jean Richard fon fils, Eccléfiaftique grave jufqu'à l'auftérité, les brûla toutes, ne voulant point qu'on mît en parallèle ces Compofitions badines, quoiqu'ingénieufes, de fon père, avec fes Ouvrages d'érudition, qui, felon lui, devoient feuls faire honneur à fa mémoire. Je ne fache pas qu'on ait autre chofe de Jean Richard en François que le Plaidoyer ici rapporté. Nous avons en Latin fes *Antiquités de Bourgogne*, imprimées dès 1585. Ses *Notes fur Pétrone* ont été attribuées par erreur à un *Chriftofle Richard*, de Bourges. Il en promettoit de plus amples fur cet Auteur, témoin l'extrait qu'en 1611 il donna d'une digreffion qu'il y faifoit *de antiquâ Francorum origine*, à l'occafion de ces mots : *Ego autem frigidior Hieme Gallicâ factus.* Le petit Poëme Macaronique, intitulé *Cagafanga Reiftro-Suiffo Lanfquenetorum per M. J. B. Lichiardum, Recatholicatum Spaliporcinum Poëtam*, 1588, eft auffi de lui pour chofe que ce foit. (M. DE LA MONNOYE).

* Il étoit né à Dijon, en 1545, car il avoit trente-fix ans en 1581, comme il eft dit dans une Enquête par Turbe, imprimée dans la *Coutume de Bourgogne* du Préfident Bouhier. Il plaidoit encore en 1615. Outre fon Plaidoyer, cité

par La Croix du Maine, on en a imprimé un autre, qu'il fit pour le sieur de Tintry, contre Dame Antoinette de Rouvray, veuve du Baron de Rully, sur les formes & solennités dès testamens. Il fut imprimé à Paris, en 1595, *in-12*. Chopin, dans sa Préface sur la *Coutume d'Anjou*, attribue à Richard un Commentaire entier sur la *Coutume de Bourgogne*, mais il y a lieu de croire que Chopin se trompe. Voy. la *Bibl. des Auteurs de Bourgogne*, Tom. II, pag. 204.

JEAN DE BARO (Frère), Docteur en Théologie, de l'Ordre des Frères Mineurs, ou Cordeliers. Il a traduit de Latin en François les Postiles & expositions des Epîtres & Evangiles Dominicales, avec celles des Fêtes qui sont solennelles, ensemble les cinq Fêtes de la très - sacrée Vierge Marie, & la Passion de Notre Seigneur Jesus-Christ, premièrement traduites par Pierre Desray, natif de Troye en Champagne, lequel florissoit sous Louis XII, l'an 1499 & 1510, comme nous dirons ci-après.

JEAN DE BARRAUD (Frère), Bourdelois, Religieux de l'Ordre de l'Observance de S. François. Il a continué la traduction du quatrième livre des Epîtres de Guevare, faite par autres avant lui, imprimée à Paris chez Robert le Fizelier, l'an 1584*.

* Cet Auteur & celui qui précéde paroissent être le même nom diversement écrit.

JEAN DE LA BAULME, Gentilhomme Bourguignon. Il a traduit plusieurs Livres de Latin en François, & de François en Latin.

JEAN DE BEAUBREUIL, Lymosin, Avocat au Siége Présidial de Lymoges, l'an 1582, Poëte François & Latin. Il a écrit en vers François la Tragédie d'Atilius Regulus, Consul de Rome, imprimée à Lymoges par Hugues Barbou, l'an 1582, laquelle il a dédiée à M. d'Aurat, Poëte du Roi*.

* Cette Dédicace lui valut les éloges de Dorat.

Voy. la Bibl. Françoise de M. l'Abbé Goujet, Tom. XIII, p. 174.

JEAN

JEAN DE BEAUCHESNE, Parisien. Il a écrit un Livre de l'Art d'Ecriture, imprimé à Lyon l'an 1580.

JEAN BEAUFILS, Avocat & Doyen au Châtelet de Paris, l'an 1541. Il a traduit de Latin en François deux Livres de Marfil Ficin, Italien, l'un traitant de la vie faine, & l'autre de la vie longue, qui font les titres du Livre, &c. imprimés à Paris par Denis Janot, l'an 1541.

JEAN DE BEAUGUÉ, Gentilhomme François (je ne fais fi c'eft un nom fuppofé)*. Il a écrit l'Hiftoire de la guerre d'Ecoffe, traitant comme le Royaume fut affailli, & en grande partie occupé par les Anglois, & depuis rendu paifible à fa Roine, & réduit en fon ancien état & dignité, imprimé l'an 1556.

* JEAN DE BEAUGUÉ. Nicolfon dans fa *Bibliot. Hiftor. d'Ecoffe*, le nomme JAQUES. Il dit que fon *Hiftoire d'Ecoffe* fut imprimée en 1556, à Paris, *in-8°*, & qu'elle contient le récit des guerres qui troublèrent l'Ecoffe, après le règne de Jacques V, mort en 1542.

JEAN BEAUSSAY, Licentié ès Loix. Il a écrit & compofé en vers François un Livre intitulé l'Etat & Ordre Judiciaire, fuivant les Edits, Statuts & Ordonnances, imprimé.

JEAN LE BEL, Chanoine de S. Lambert de Liege, en Almagne, Hiftorien François, &c. Il a écrit les Chroniques de France & d'Angleterre, fuivant ce qui eft advenu de fon temps, l'an 1326. Froiffard, Hiftorien François, des plus renommés, a fuivi lefdites Chroniques de Jean le Bel, & les a pourfuivies ou continuées jufqu'à fon temps, comme il témoigne au Prologue mis devant fon Hiftoire, ou Chronique. Nous n'avons pas ladite Hiftoire de Jean le Bel imprimée.

JEAN DU BELLAY (Meffire), Cardinal, Evêque de Paris, & du Mans auffi, Doyen des Cardinaux, l'an 1560, frère puîné de Meffire Guillaume du Bellay, Seigneur de Langey (duquel nous avons parlé ci-devant). Il a été employé en divers Ambaffades de par le Roi François I, & a compofé beaucoup d'Harangues, Oraifons, Epîtres & autres chofes, tant en Latin qu'en François, &, entr'autres, celle qu'il écrivit, fuivant l'intention du Roi fon maître, à tous les Etats du S. Empire, affemblés en la Ville de Spire en Almagne. Elle a été imprimée à Paris par Robert Eftienne, l'an 1544. Il a écrit plufieurs Lettres ou Epîtres à fon frère fufdit, lefquelles nous avons par devers nous écrites à la main [1]. Il mourut à Rome, l'an 1560, (*âgé de foixante-huit ans*).

[1] Nous avons trois Livres de fes Poëfies Latines, imprimées à la fuite de trois Livres d'Odes de Salmonius Macrinus, en 1546, *in-8°*, chez Robert Etienne. J'ai vu quelques Epîtres en vers Latins de fa façon, non imprimées, qu'il écrivoit de Rome au Chancelier de l'Hôpital, dans lefquelles il y avoit des traits hardis, tant contre la Cour de Rome que contre la France *, où j'ai été furpris de trouver quelquefois des fautes de quantité. Le P. le Long, dans fa *Bibl. Hiftor. de France*, fait mention des Lettres Françoifes manufcrites de Jean du Bellay, confervées en diverfes Bibliothèques. (M. DE LA MONNOYE).

* Il ne faut pas être étonné des traits hardis qui fe trouvent dans les Lettres du Cardinal du Bellay contre Rome & contre la France ; il eft probable qu'il penchoit beaucoup vers le Luthéranifme, fi l'on doit ajouter quelque foi à l'hiftoire de fon mariage avec Madame de Chatillon, dont parle Brantôme, Tom. II des *Dames Galantes*. Ayant perdu fon crédit à la mort de François I, il fe retira à Rome, où il paffa le refte de fes jours avec une grande confidération.

JEAN BELLERE, Flamand, natif de la Ville d'Anvers. Il a traduit d'Italien en François l'Inftitution d'une fille de noble maifon, imprimée à Paris par Jean Caveiller, l'an 1558.

JEAN BERNARD, Secrétaire de la Chambre du Roi. Il a écrit un Difcours des plus mémorables faits des Rois & grands Seigneurs d'Angleterre, depuis cinq cens ans, avec les Généalogies des Rois d'Angleterre & d'Ecoffe * ; plus un Traité de la guide des chemins, les affietes & defcription des principales Villes, Châteaux & Rivières d'Angleterre, le tout imprimé enfemble à Paris, l'an 1579, par Gervais Mallot, après la mort dudit Secrétaire Bernard.

* La *Biblioth. Hiftor.* du P. le Long, N°. 11967, cite un des Ouvra-

ges de Jean Bernard , qui fe trouve manufcrit dans la Bibliothèque de M. d'Agueffeau & dans celle des Minimes de Paris ; il a pour titre : *Sommaire Recueil des querelles & prétentions anciennes des Anglois fur les François.*

JEAN BERTRAND, Poëte François. Il a écrit des Rondeaux , Ballades & autres Poëfies à l'honneur de la Vierge Marie *, &c.

* Voy. du Verdier, au mot GUILLAUME ALEXIS.

JEAN LE BIGOT, natif du Tailleul en Normandie. Il a compofé un vœu & actions de graces à très-illuftre Prince Monfeigneur le R. Cardinal de Bourbon , ayant accepté la charge de Confervateur des privilèges de l'Univerfité de Paris , &c. imprimé audit lieu chez Denis du Pré, l'an 1570; Elégie fur la mort de Meffire Sebaftien de Luxembourg , Comte de Martigues, &c. imprimée à Paris *.

* On a auffi publié à Paris , en 1574 , *in-4°*. & *in-12* la *Prife de Fontenay-le-Comte, le 21 Septembre, par le Duc de Montpenfier*, écrite en vers par Jean le Bigot.

JEAN DE BILLY, Abbé de Notre-Dame des Chafteliers [1]. Il a traduit de Latin en François le Traité des Sectes & Héréfies de notre temps , pour cognoître leur origine & fruits qui en font iffus , avec la confeffion & contradiction de la doctrine des nouveaux Evangeliftes de ce temps, imprimé à Paris chez Nicolas Chefneau , l'an 1561.

[1] Cet Article , & le fuivant , ont pour objet le même *Jean de Billy*, dont La Croix du Maine fait mal - à - propos deux Auteurs différens. Ce *Jean de Billy* , d'abord Abbé de Notre-Dame des Châteliers, fut enfuite Chartreux à *Bourg-Fontaine* , & non pas à *Belle-Fontaine*. On croit qu'il a vécu jufqu'en 1600. (M. DE LA MONNOYE).

JEAN DE BILLY, Chartreux de l'Abbaye de Belle-Fonteine. Il a traduit de Latin en François le Miroir fpirituel de Loys de Blois, Abbé de Lieffes, &c. Il y a un Jean de Billy , frère de Jaques de Billy, Abbé de S. Michel en l'Her , près la Rochelle (duquel nous avons parlé ci-deffus). Je ne fais lequel de ces deux de ce nom de Jean , eft fon frère , pour ne m'en être pu informer plus avant : fi fçay - je bien que l'un des deux eſt iſſu de la noble maiſon de Billy , ſieurs de Prunay au Per-che , & de Courvile en Beaulſe , près la Ville de Chartres.

JEAN BLAVET, Doƈteur en Médecine, Mathématicien & Aſtrologue. Il a écrit pluſieurs Almanachs & Prognoſtications , imprimées en divers temps , ſavoir eſt, celle de l'an 1548 , 1549 & 1552 , imprimées à Lyon & à Paris. Il floriſſoit eſdites années *.

* Voy. plus bas, au mot JEAN GUIDO , où il eſt dit que les *Prognoſtications* imprimées ſous le nom de *Blavet* , ſont de *Guido*.

JEAN LE BLOND , Sieur DE BRANVILLE , natif d'Evreux en Normandie , ſurnommé L'ESPÉRANT MIEUX , qui étoit ſa deviſe , Poëte François & Orateur. Il a écrit en ſes jeunes ans un Livre plein de Poëſie Françoiſe , intitulé le Printemps de l'humble Eſpérant , imprimé par Arnoul l'Angelier , l'an 1536 ; Traité de la Trinité. Il a traduit de Latin en François Valere le Grand , des faits & geſtes mémorables , imprimé à Paris , l'an 1548 (*in-fol.*) Il a traduit de Latin en François les Chroniques de Jean Carion , imprimées à Paris par pluſieurs fois. Il a traduit la Deſcription de l'Iſle d'Utopie , écrite par Thomas Morus , Chancelier d'Angleterre , qui eſt un miroir des Républiques du monde , imprimé à Paris chez Charles l'Angelier , l'an 1550. Il a davantage traduit le Livre de Police humaine de François Patrice , de Siene en Italie , qui eſt un extrait des neuf livres dudit Patrice , touchant la République , fait par Gilles d'Aurigny , Avocat en Parlement , duquel nous avons parlé ci-deſſus , auquel Livre a été adjouté un brief Recueil du Livre d'Eraſme , touchant l'enſeignement ou inſtitution du Prince Chrétien , le tout imprimé enſemble à Paris , l'an 1553 , chez Magdeleine Bourſette. Il floriſſoit l'an 1536 , ſous François I , & encore ſous Henri II , 1550 , ou environ *.

* Ce Poëte fut un des ennemis de Clément Marot , qui ne daigna jamais lui répondre , tant il le mépriſa. On peut juger de ſon goût par la pièce de ſon Recueil , intitulée *le Temple de Diane & le plaiſir de la Chaſſe*. La Deſ-

cription de fon *Temple de Diane* eft fingulière. Il y met des Chanoines , des Chapelains, des Chantres , des Cloches & des Orgues , un Bénitier , de l'Encens, des Autels , des lieux contemplatifs ; il eft vrai que les *Chantres* fignifient les *chiens de chaffe qui aboyent* ; les *Cloches & l'Orgue* , le *fon du cor & des trompettes* ; l'*Encens , l'odeur des bêtes fauves*. Tout cela eft le comble du ridicule. L'Epître du *pauvre Fourvoyé* nous apprend qu'il fut long-temps tourmenté d'une maladie , fuite de fes débauches , dont il fait une fale Defcription.

V. la Bibl. Françoife de M. l'Abbé Goujet , Tom. XI , pag. 108.

JEAN BODEL , natif d'Arras en Picardie , ancien Poëte François, l'an 1260, ou environ[1]. Il a écrit un petit Œuvre , en forme d'Adieu aux Bourgeois d'Arras.

[1] Voy. Fauchet, Chap. 96. Un Romancier anonyme de la *Bataille de Roncevaux* , cité par Antoine Galland dans fon Difcours Académique de quelques anciens Poëtes François, appelle *JEAN BODIAUX* ce *JEAN BODEL*, & lui attribue un Poëme fur cette même Bataille. — Voy. le Tom. II des *Mémoires de l'Académie des Infcriptions* , pag. 680.(M. DE LA MONNOYE).

JEAN BODIN , Angevin , Avocat des plus doctes & renommés de tout le Parlement de Paris , Maître des Requêtes de Monfieur , frère du Roi , homme fort docte ès langues, bien verfé en toutes fortes d'Hiftoires , facrées ou profanes , Poëte Latin, comme il a bien montré en fa verfion des Livres d'Opian, Auteur Grec , &c. Il a compofé fix Livres de la République , imprimés à Paris chez Jaques du Puis , à diverfes fois , tant ce Livre a été bien reçu & prifé de plufieurs pour la variété des chofes qu'il contient; la Démonomanie des Sorciers , contenant quatre livres , avec les réfutations de Jean Uvier , Médecin du Duc de Cleves , &c. le tout imprimé à Paris chez Jaques du Puis , l'an 1580 , & autres diverfes fois ; Réponfes au Paradoxe de M. de Maleftroit , touchant l'enchériffement de toutes chofes , & le moyen d'y remédier , imprimées à Paris chez Martin le Jeune , l'an 1568 , & par autres diverfes fois. Je n'ai pas cognoiffance de fes autres Compofitions Françoifes : quant à fes Latines , j'en ai parlé autre part. Il florit à Laon en Laonnois , au pays de Picardie , cette année 1584[1].

[1] Il mourut de pefte , l'an 1596 , en fa foixante-feptième année , à Laon ,

où il étoit Procureur du Roi. Ménage, de qui je tiens ceci, a épuisé dans ses Remarques sur la vie de Pierre Ayrault tout ce qui peut se dire de Bodin & de ses Ecrits, parmi lesquels cependant il a omis cet *in-8°*, rapporté dans la Bibliothèque de Descordes. *Paradoxon quod nec virtus ulla in mediocritate, nec summum hominis bonum in virtutis actione consistere possit.* A Paris, chez Denis Duval, 1596. Une chose encore à observer touchant Bodin, c'est qu'il a inséré mot à mot de longs endroits de son *Theatrum mundi* dans son *Colloquium Heptaplomeres de abditis rerum sublimium arcanis.* (M. DE LA MONNOYE).

Naudé met le Livre de Bodin, *de Republicâ,* au nombre des quatre meilleurs Livres. Il dit encore que les héritiers de Bodin ayant un procès pardevant le Président de Mesmes, lui prêterent l'*Heptaplomeres*, dont il fit tirer copie, & croit que de-là sont venues toutes les autres, dont l'Original étoit resté entre les mains du Président; d'autres disent de Des-Cordes. Cet Ouvrage est intitulé *Heptaplomeres*, du nombre des Interlocuteurs, & non de celui des Livres, comme quelques-uns l'ont cru. *Voy.* la Républ. des Lettres; Juin, 1684, à l'occasion du Livre *de Naturalis. Bodini* de Dieckman. Conringius & Boinebourg s'intriguoient fort pour en avoir une copie, le Livre n'en valoit pas la peine. *Voy.* Loisel, pag. 639 & 640. Son Livre de la *Méthode* est plus propre aux gens avancés qu'aux commençans... Vigneul-Marv. Tom. I, pag. 370 & 371. Patin, ne cherchant qu'à mordre, dit, Tom. IV, Let. 188, que « Bodin étoit Juif dans l'ame, selon toute appa-» rence, ne citant que le vieux Testament, ne parlant jamais de JESUS-» CHRIST ». Il n'en dit pas un mot en mourant. On lit à-peu-près la même chose dans le *Borboniana.* — Il est qualifié dans la *Gallia Orientalis,* pag. 48, *Homo magni ingenii, nullius judicii.* Il étoit très-présomptueux, & attaqua mal-à-propos Turnèbe & Cujas. On dit qu'il avoit été Carme, & qu'il avoit appris, étant Novice, les vers de Baptiste Mantuan, qu'il cite souvent dans ses Ouvrages. — Le Président de Thou lui sauva la vie à la S. Barthelemi, & son Livre de la *Démonomanie* avoit fait croire au bon Président Fauchet qu'il étoit sorcier. *Pithœana.* — Il mourut de la peste à Laon, âgé de soixante-sept ans, quoiqu'il eût écrit que passé soixante ans on ne pouvoit plus en être attaqué. (M. FALCONNET).

Voy. les Mém. de Niceron, Tom. XVII, pag. 245. Il se trompe, lorsqu'il cite une Edition de la *Démonomanie* de Bodin en 1578. Ce Livre n'a vu le jour qu'en 1580, comme l'a prouvé M. Clément, dans sa *Bibl. Curieuse*, pag. 402. On trouvera dans cette Bibliothèque bien des détails sur les Editions & les Traductions des divers Ouvrages de Bodin.

JEAN BOICEAU, Poictevin, Sieur DE LA BORDERIE. Il a écrit en vers François plusieurs divers Poëmes, desquels les titres sont l'Aigle & Robineau, desquels Jean de la Peruse, excellent Poëte Tragic , fait mention en son Ode audit Boiceau , imprimée avec sa Tragédie de Medée. L'Eglogue Pastorale dudit Boiceau, sur le vol de l'Aigle en France , par le moyen de Paix, &c. a été imprimée à Paris chez Jean André, l'an 1539.

JEAN DE BOISSIERES, natif de la Ville de Mont-ferrant en Auvergne. Il a traduit d'Italien en François le Roland furieux d'Arioste, imprimé à Lyon l'an 1580 [1]; la Croisade, ou Voyage des Chrétiens en la Terre-sainte, imprimée à Paris chez Pierre Sevestre, l'an 1583. Les trois volumes de diverses Poësies Françoises dudit Jean de Boissieres ont été imprimés l'an 1579, chez Jean Poupy.

[1] Il n'y a point de Traduction entière de l'*Arioste*, soit en prose, soit en vers, par Jean de Boissieres, ainsi que La Croix du Maine semble l'annoncer; il n'y en a que quelques Chants, comme du Verdier l'a fort bien remarqué au même mot *. (M. DE LA MONNOYE).

* Jean de Boissieres a moins traduit qu'imité l'*Arioste*. Son Poëme, qui a pour sujet la fameuse Croisade de Godefroy de Bouillon, est un tissu ridicule d'aventures, tantôt tragiques, tantôt galantes, les exercices de dévotion y sont mêlés avec ceux de l'amour ; l'ébauche de ce Poëme, qui ne va qu'au troisième Chant, fut imprimée en 1584.

V. la Bibl. Françoise de M. l'Abbé Goujet, Tom. XIII, pag. 195.

JEAN DU BOIS, dit DE BOSCO, Prêtre & Secretain en l'Eglise Parochiale de S. Michel à Bordeaux, l'an 1478. Il a mis par écrit quelques siennes révélations, touchant sainte Susanne, & de plusieurs autres choses. Voy. de lui fort amplement la première Edition des Gestes des Tolosains, *in*-4°. l'an 1517.

JEAN LE BON, HETROPOLITAIN [1], c'est-à-dire, d'Autreville, près Chaumont en Bassigny, Médecin de M. le Cardinal de Guise, l'an 1572. Il a écrit plusieurs Livres sous noms déguisés, desquels je ferai mention autre part, n'étant ma délibération de réciter ici autre chose que ce qu'il desire bien être su de tous, avoir été écrit par lui, savoir est l'Oraison ou Invective contre les Poëtes confrères de Cupidon & Rithmailleurs François de notre temps, imprimée à Rouen l'an 1554, sous le nom de Jean Nobel, qui est son Anagramme ; la Philosophie d'Adamant Sophifte, interpretée par ledit Jean le Bon, imprimée à Paris par Guillaume Guillard ; Adages & Proverbes François, fous le nom de Solon de Voge, imprimés chez Bonfons à Paris, l'an 1576 ; Advertiffement à Ronfard, touchant fa Franciade, imprimé à Paris par Denis du Pré, l'an 1568 ; Lucien de la Beaulté, traduit par Jean le Bon, & imprimé à Paris l'an 1557 ; Dialogue du Coural, imprimé à Paris chez la veuve de Nicolas Chreftien, 1557 ; Poëmes contre Jaques Grevin, Médecin. Je ne fais s'ils font imprimés ; Etymologicon François, imprimé à Paris chez Denis du Pré, l'an 1571 (*in*-8°.) Traduction du Livre de Galien, de la mutation du corps & de l'ame ; le Tumulte de Baffigny, imprimé à Paris par Denis du Pré, l'an 1573 (*in*-8°.) Abrégé de la propriété des Bains de Plommieres en Lorraine, imprimé à Paris chez Charles Macé, l'an 1576 *. Il a traduit les cinq Livres des Antiquités de Berofe Chaldéen ; Philippique, contre les Poëtaftres & Rimailleurs de notre temps, imprimé fous le nom de J. Macer ; Traité de Galien, que les mœurs de l'ame fuivent la complexion du corps, &c. imprimé à Paris chez Guillaume Guillard, l'an 1556 ; Paradoxe de la langue Françoife ; Polemon ; plufieurs Epîtres envoyées à plufieurs de fes amis, imprimées avec fes autres Œuvres ; Oraifon du Rhin, & des terres appelées Communes, qui font deçà & de-là le Rhin ; l'Hiftoire de France, promife par ledit Jean le Bon (mais je ne fais fi elle eft bien avancée). La Grammaire Françoife ; l'Oraifon d'Ifocrates, touchant la louange d'Helene ; Traité de l'origine de la Rithme ; Recueil des Epitaphes qui font au Cemetière des Sarrafins en Lorraine ; la Hierarchie de Paradis. Ces Œuvres fufdites ne font encore en lumière : quant à fes Latines, j'en ferai mention autre part, & difcourai amplement de la vie dudit Jean le Bon pour beaucoup de raifons, car il a fait parler de lui en fon temps pour beaucoup d'occafions dignes de remarque.

¹ *HÉTROPOLITAIN* eft dit pour *HÉTÉROPOLITAIN*, mais l'abbréviation d'ἕτερος pour ἕτερος en ce mot-là eft fans exemple. (M. DE LA MONNOYE).

* Son *Abrégé des propriétés des eaux de Plombieres* fut imprimé *in*-16 ; c'eft
l'extrait

l'extrait fait par lui-même d'un Livre Latin fur le même fujet. L'*Hiftoire de France*, à laquelle il travailloit, & dont parle La Croix du Maine, eft probablement le Livre intitulé *les Bâtimens, Erections & Fondations des Villes & Cités affifes ès trois Gaules, par Jean le Bon, Médecin du Roi*; imprimé *in-16*. à Lyon, en 1590.

JEAN DE BONNEFONS, natif de Clermont en Auvergne [1], Avocat au Parlement de Paris, l'un des plus excellens Poëtes Latins de notre temps, & lequel a le plus heureufement imité les Baifers de Jean Second, natif de Hage en la Gaule Belgique, tant renommé par tous ceux de notre fiècle. Il a écrit quelques Poëmes François, mais il ne les a encore fait imprimer, non plus que fes Latins. Il florit à Paris cette année 1584 *.

[1] Il mourut en 1614 à Bar-fur-Seine, dans la foixantième année de fon âge. Voyez ce que j'ai dit de lui & de fa *Pancharis*, pag. 369 du *Menagiana*, Tom. II, & depuis encore en deux Préfaces, mifes au-devant d'une impertinente Edition des Poëfies de Bonnefons, & des imitations en vers François, qu'en a faites Gilles Durant, le tout publié *in-12* à Paris, 1725, par des ignorans, fous le faux nom de *Wetfteins*, à Amfterdam. (M. DE LA MONNOYE).

* Jean Bonnefons, d'abord Avocat à Paris, & enfuite Lieutenant Général à Bar-fur-Seine, où il mourut, eut un fils, nommé *Jean* comme lui, & auffi Poëte Latin, mais qui eut moins de réputation que fon père. Le père imita beaucoup les Italiens, & fa Latinité eft fort critiquée dans le *Menagiana*. Jacques Pinon, Confeiller au Parlement de Paris, fit fon Epitaphe, que l'on trouve à la fuite de fes vers Latins.

JEAN BOQUILLET, Prêtre, natif d'Aubigny. Il a traduit de Latin en vers François les Hymnes fur le Chant de l'Eglife, avec un Cantique fur le Livre de Genefe, fait par ledit Boquillet, imprimé à Rheims par Nicole Baquenois, l'an 1558, auquel temps floriffoit ledit Auteur, en la ville de Mefieres.

JEAN BORBEL [1], Miniftre de la Religion Prétendue Réformée, l'an 1558. Il a écrit une Confeffion de fa foi, imprimée avec l'Hiftoire des Mart.

[1] Il femble que La Croix du Maine n'ait ofé nommer ce Miniftre par fon vrai nom, qui étoit *JEAN DU BORDEL*, comme l'atteftent l'*Hiftoire* même

des Martyrs, ici alléguée ; Jean de Léry, fur la fin de fon *Hiftoire de l'Amérique* ; & Béze , tant dans fon *Hift. Eccl*, p. 161 du Tom. I, qu'en fes *Icones* dans l'éloge de *Joannes Bordellus*. (M. DE LA MONNOYE).

JEAN BOUCHET , Poictevin , natif de la Ville de Poictiers en Aquitaine [1], Avocat audit lieu , furnommé en plufieurs de fes Œuvres l'ESCLAVE FORTUNÉ , & le TRAVERSEUR DES VOIES PÉRILLEUSES , Poëte François , Hiftorien & Orateur. Il a écrit en vers François les Angoiffes & remèdes d'amour , imprimés à Poictiers l'an 1537 par les Marnefs, & auparavant imprimé à Paris l'an 1501 , & depuis à Lyon par Jean de Tournes , l'an 1550 ; le Chapelet & gouvernement des Princes , contenant cinquante Rondeaux & cinq Ballades , imprimé avec le Temple des Nobles malheureux de Georges Chaftelain , l'an 1517 ; le Jugement Poëtiq , de l'honneur féminin & féjour des Nobles Dames , imprimé à Poictiers chez les Marnefs , l'an 1533 ; le Conflict ou Debat du bonheur & malheur , imprimé à Paris chez Denis Janot ; les Regnards traverfans , & Loups raviffans ; les Annales d'Aquitaine , qui eft un Œuvre extrêmement laborieux & plein de belles Hiftoires très-mémorables : & afin de répéter le jugement qu'en donne Robert Ceneau , dit Cenalis , Evêque d'Avranches , &c. au Livre très-docte qu'il a écrit des François , ce Livre des Annales de Jean Bouchet eft l'un des plus dignes que nous ayons entre toutes nos Hiftoires Françoifes , & qui mérite le plus d'être traduit en Latin , afin que les Etrangers en aient la cognoiffance ; les Epîtres familières & morales dudit Jean Bouchet , imprimées à Paris l'an 1545 , *in-fol.* Le Labirinth de fortune , & féjour des trois nobles Dames, imprimé à Paris par Philippes le Noir, l'an 1533 (*& auparavant à Poitiers , en* 1524). Déploration de l'Eglife militante , fur fes perfécutions ; l'Hiftoire du Roi de France , nommé Clothaire , & de Saincte Radegonde fa femme , préfentée à la Roine de France par l'Auteur (*Poitiers* , 1527, *in-*4°.) Les Généalogies des Rois de France , tant anciennes que modernes , avec leurs Epitaphes , &c. imprimées à Paris chez Galiot du Pré , l'an

1536 , & auparavant (*en* 1527, 1530 & 1534). Il a traduit de Latin en François l'Hiſtoire de Juſtin Martir, Auteur Grec; le Panégyriq du Chevalier ſans reproche, traitant de la vie , mœurs & faits d'armes de Meſſire Loys de la Trimouille , Chambellan du Roi de France , imprimé à Poiċtiers par Jaques Bouchet, l'an 1527 ; le Palais & Epigrammes des Claires Dames , qui eſt un Traité à la louange de la Roine, mère de François I; le Temple de bonne renommée, & le repos des hommes & femmes illuſtres , imprimé à Paris chez Galiot du Pré , l'an 1516 ; la Forme & ordre de plaidoirie , en toutes les Cours Royales & ſubalternes du Royaume de France , rédigée par coutumes , ſtyles & Ordonnances Royales , &c. avec la forme & manière d'expédier les criminels , imprimée à Paris par Jean Ruelle (*& encore par Arnoul & Charles les Angeliers , in-8°.* 1552). Les Triomphes de la noble & amoureuſe Dame ; les Cantiques de l'âme dévote; le Débat d'entre la chair & l'eſprit ; Expoſition du Pſalme de David , qui ſe commence *Miſerere mei Deus* ; Contemplations & Oraiſons à la Vierge Marie, à tous les Anges & Saints de Paradis ; Traité de l'amour de Dieu. Il a compoſé pluſieurs autres Œuvres *, leſquels je n'ai pas vus. Il floriſſoit à Poiċtiers , ſous le règne du Roi François I , l'an 1530.

    ¹ Bouchet étoit Procureur, & non pas Avocat à Poitiers , comme le dit La Croix du Maine ; il le déclare lui-même , finiſſant ainſi ſa ſeconde Epître familière :

    Par ton ami , compagnon de Bazoche,
    C'eſt Jean Bouchet à préſent Porte-poche.

& plus clairement, dans ſa cent-unième Epître, où il s'excuſe d'aller à Bourges ſur ce qu'étant Procureur , ſa charge l'attachoit à Poitiers :

    Je ſuis ſujet à charge Palatine ,
    Qui ne veut point qu'ailleurs on ſe deſtine,
    Un Procureur en un mois tout perdra,
    Son bruit, & nom. Rien plus ne lui viendra,
    Si par un mois de ſon état s'éloigne.

Son premier Ouvrage a été l'*Amoureux tranſi ſans eſpoir* ; le ſecond, *les Angoiſſes & remèdes d'Amour* ; le troiſième , *les Rénars traverſans & loups ravissans*, qui lui acquirent le surnom de *Traverseur*. Il a marqué ce détail dans sa soixante-unième Epître, en ces termes :

> Autre plaisir n'ai guère prins au monde,
> Depuis trente ans, & ne fais, chose immonde,
> Avoir écrit fors en l'an mil cinq cens,
> Que fol amour avoit surprins mes sens,
> Qui contraignit ma folle main écrire
> L'Aymant transi, voulant amour décrire,
> Dont, non à tort, me répentis soudain
> Par un livret faisant d'amour dédain.
> Depuis me mis, pour au mal satisfaire,
> A mes Renars & loups ravissans faire,
> Où je conquis le nom de Traverseur.

Il est vrai qu'ailleurs parlant de ces *Renars traversans*, il semble les reconnoître pour son premier Ouvrage. C'est dans la seconde Partie de ses Epîtres Morales, Epître XI & dernière, dont j'extrairai ces quatorze vers, qui, (comme je crois) quoique mal tournés, ne déplairont point aux curieux :

> Le premier fut les *Renars traversans*,
> L'an mil cinq cens qu'avois vingt & cinq ans,
> Où feu Vérard, pour ma simple jeunesse,
> Changea le nom, ce fut à lui finesse,
> L'instituant, au nom de Monsieur Brand,
> Un Alemand en tout savoir très-grand,
> Qui ne fut onc parler langue Françoise,
> Dont je me tus sans pour ce prendre noise,
> Fors que marri je fus, dont ce Vérard
> Y ajouta des choses d'un autre art,
> Et qu'il laissa très-grand part de ma prose,
> Qui m'est injure, & à ce je m'oppose
> Au Châtelet, où me pacifia
> Pour un présent, lequel me dédia.

Il ne me paroît pas qu'on puisse concilier autrement cette contradiction apparente, qu'en disant qu'il n'appelle les *Renars traversans* son premier Ouvrage, que parce que cet Ouvrage, quoique le troisième dans l'ordre de la composition, a été le premier imprimé. Les Epîtres morales & les Epîtres familières de Jean Bouchet, toutes mal limées qu'elles sont, méritent d'être lues, celles-ci sur-tout, à cause des particularités qu'on y trouve des Auteurs ses contemporains, & de quelques-uns du siècle précédent. Les Epîtres morales sont divisées en deux parties, dont la première contient quatorze Epîtres, la seconde onze. Les familières sont au nombre de cent vingt-sept, parmi lesquelles il y en a dix-huit de ses amis. — Quant à ce que Bouchet dit dan les derniers vers cités de son différend avec Vérard, qui publia son Ouvrage des *Renars traverfans*, fous le nom de *Sebaftien Brand*, il faut favoir que parmi les Poëfies Latines de cet Allemand, imprimées à Strasbourg, *in-4°.* en 1498, il y a une Elégie de cent vers, adreffée à Maximilien, Roi des Romains, fous le titre d'*Alopekiomachia, de fpectaculo, conflictuque vulpium*, & qu'à caufe du cours qu'avoit alors cette pièce, Vérard crut que fon Edition des *Renards traverfans* de Bouchet feroit d'un meilleur débit, s'il la faifoit paroître fous le nom de *Sebaftien Brand*. Bouchet, mortifié de fe voir traité de la forte, alla droit au Châtelet, où il fe pourvut, & n'auroit pas manqué de pourfuivre, fi Vérard n'eût trouvé le moyen de l'appaifer par une fomme d'argent. *Voy.* dans La Croix du Maine l'Article Michel d'Amboise, & dans du Verdier celui de Sébastien Brand. — Jean Bouchet naquit ** en 1475, & pouvoit être en fa quatre-vingt-unième année, lorfqu'il finiffoit la dernière Edition de fes *Annales d'Aquitaine*, au commencement de l'année 1556, qui, fuivant le Calendrier alors reçu, n'étoit que 1555. (M. de la Monnoye).

Voy. les Mém. de Niceron, Tom. XXVII, & la Bibliot. Françoife de M. l'Abbé Goujet, Tome XI, p. 242.

* Les *Triomphes du Roi François I*, en vers François, *in-fol.* Poitiers, 1550, font encore de Jean Bouchet, ainfi que le *Parc de Nobleffe*, la *Defcription du très-puiffant Prince des Gaules, & de fes Faits & Geftes*; la *Forme de vivre de ceux du bon temps, qu'on nommoit l'âge doré*, Poitiers, 1565, *in-fol.*

** Ce que M. de la Monnoye dit de l'année de la naiffance de Bouchet n'eft pas exact. Bouchet effectivement, pag. 281 de fes *Annales*, marque qu'il naquit le 30 Janvier 1475 (mais, c'eft-à-dire, 1476, felon le ftyle actuel). La Croix du Maine fe trompe, en donnant à Jean Bouchet le furnom de l'*Efclave fortuné*. Il n'y a que Michel d'Amboife qui ait été connu fous cette dénomination, comme l'ont remarqué le Clerc & l'Abbé Goujet. Il y a eu beaucoup d'Editions des *Annales d'Aquitaine* par Bouchet, & cependant elles font toutes rares. La première eft de Poitiers, 1524, *in-fol.* On trouvera fur cette Edition & fur celles qui l'ont fuivie des détails précieux aux Bibliographes dans la *Bibliothèque Curieufe* de M. Clément, Tom. V, pag. 146 & fuiv.

JEAN DE BOVES [1], ancien Poëte François, l'an 1300, ou environ. Il a écrit plufieurs Poëmes François, qu'il appelle Fabliaux, &, entr'autres, celui des deux Chevaux.

[1] Fauchet, Chap. 120, parle de ce Poëte. On ne fait comment Fauchet, La Croix du Maine & du Verdier prononçoient ce nom, parce qu'ils n'emploient nulle part la diftinction de l'*v* confonne & de l'*u* voyelle. Il n'y a guère d'apparence qu'on prononçât *de Boves*, comme nous prononçons *Paul Jove* & *Caftel-nove*, & j'incline bien plutôt à croire qu'on prononçoit

Bouès en deux *syllabes* , comme le plurier de *jouet* , de *rouet* , &c. Dans l'incertitude j'emploie ici les mêmes *V* capitaux que nos deux Bibliothécaires, écrivant comme eux *JEAN DE BOVES*. (M. DE LA MONNOYE).

JEAN BOUILLON , Prêtre , natif de Sens en Bourgongne. Il a traduit de Latin en François le Livre de l'Imitation de Jésus-Chrift , & du contemnement de toutes chofes mondaines , imprimé à Paris l'an 1 5 7 1 , par Claude Fremy.

JEAN BOTRU [1], Angevin , Sieur DES MATRAS , l'un des plus doctes Avocats , & des plus renommés du Parlement de Paris , frère de M. Botru des Matras , grand Referendaire en la Chancellerie de France , &c. Il a écrit plufieurs chofes en Latin & en François, lefquelles ne font encore imprimées. Il mourut d'une dyffenterie , à fept lieues de Paris , le Mardi 2 3 ᵉ jour d'Août , l'an 1 5 8 0 , âgé d'un quarante ans.

[1] La bonne & commune ortographe de ce nom eft *BAUTRU.* C'eft néanmoins par allufion à ßότρυς , *Racemus* , que la Mothe le Vayer , dans fon *Hexaméron Ruftique* , a défigné le fameux Guillaume Bautru fous le nom de *Racemius.* Le *Bautru* , qualifié ici *Grand Référendaire en la Chancelerie de France* , eft celui que Ménage , dans fes *Remarques fur la vie de Pierre Ayrault* , pag. 1 7 6 , appelle plus correctement *Guillaume Bautru , Confeiller au grand Confeil, & grand Rapporteur de France.* (M. DE LA MONNOYE).

JEAN BOULAISE , Prêtre , Profeffeur des faintes Lettres Hébraïques , & Pauvre du Collège de Montagu à Paris , natif de la Paroiffe d'Aroul au Perche Goüet, au Diocèfe de Chartres [1]. Il a écrit l'Hiftoire du grand miracle advenu à Laon, l'an 1 5 6 6 , touchant la fainte Hoftie , ou Sacrement de l'Autel , en la perfonne d'une femme poffédée du malin efprit , &c. imprimée à Paris chez Nicolas Chefneau & autres.

[1] Voy. ce qu'en ont remarqué du Boulay, Tom. VI de fon *Hift. de l'Univ. de Paris* , pag. 9 4 8 , & Colomiès, dans fa *Gallia Orientalis.* Il écrivoit fon nom *BOULÆSE* , contre l'ufage de notre langue , qui n'admet point la diphthongue Æ dans fon orthographe. (M. DE LA MONNOYE).

Jean Boulaife commença par être Bourfier & Profeffeur au Collège de Montaigu , il enfeigna enfuite l'Hébreu au Collège des Lombards , & devint Principal du Collège de Montaigu. Dans une lettre à Grégoire XIII , il prétend que la difcipline obfervée dans ce Collège a été l'original & le modèle de l'Inftitut des Jéfuites. Ce fut effectivement dans ce Collège que S. Ignace fit quelques études. Voy. l'*Hift. de l'Univ.* Tom. VI, pag. 361 & 364 , & Colomiès , pag. 38 de fa *Gallia Orientalis.* (M. FALCONNET).

JEAN DE BOURDIGNÉ , Angevin , Docteur ès Droits, iffu de la maifon de Bourdigné au Maine , à cinq lieues du Mans , en la Paroiffe de Bernay. Il a écrit les Annales & Chroniques d'Anjou , imprimées à Paris par Galiot du Pré, l'an 1529. Il floriffoit en l'an 1514 [1].

[1] Il mourut le 19 Avril 1545, & étoit de la même famille apparemment que *Charles de Bourdigné*, dont il a été parlé ci-deffus. (M. DE LA MONNOYE).

JEAN DE BOURGES , Médecin à Paris , natif du Comté de Dreux , près Chartres. Il a traduit de Latin en François un Livre d'Hippocrates , de la nature humaine.

JEAN LE BOUTEILLER , ou BOUTILLIER, Sieur DE FROIT-MONT, Confeiller du Roi à Paris. Il a écrit un Livre touchant la pratique du Droit , lequel il a intitulé Somme Rurale, imprimé à Paris il y a près de cent ans. Ledit Boutillier commença à écrire ledit Livre, le 13e jour de Juin, l'an 1460. Son teftament fe voit fur la fin de fon Livre , dans lequel s'apprendra le Difcours de fa vie.

JEAN BRECHE , de Tours. Il a écrit en vers François le premier Livre de l'honnête exercice du Prince , imprimé à Paris par Michel Vafcofan , l'an 1544. Il promet davantage les fecond & tiers Livres de l'exercice du Prince, lefquels je n'ai point vus imprimés. Il a réduit en Epitome ou Abrégé les trois premiers Livres de Galien , de la compofition des médicamens en général , imprimés à Tours l'an 1545. Il a traduit de Grec en François les Aphorifmes d'Hippocrates , avec les Commentaires de Galien fur le premier Livre , imprimés à Paris chez Jaques Kerver, l'an 1552. Il floriffoit à Tours l'an 1550 [*].

[*] Jean Bouchet en a fait le plus grand éloge , pour répondre à une Epître qu'il lui avoit adreffée.

Voy. la Bibl. Françoife de M. l'Abbé Goujet , Tom. XI , pag. 353.

JEAN BRETEL, ou BRETIAN, ET BRETIAUX, ancien

Poëte François. Il a écrit plusieurs Chansons en Jeux partiz. Il florissoit du temps du Roi S. Loys, l'an 1270 *.

* Voy. Fauchet, Chap. 107.

JEAN LE BRETON, Seigneur de Villandry, Secrétaire du Roi François I, l'an 1537. Il a écrit plusieurs Mémoires & affaires d'Etat, sous le règne de son maître susdit, duquel il étoit bien aimé & favori. Nous en avons quelques-uns par devers nous écrits de sa main.

JEAN BRETONNEAU. Il a écrit en vers François la Complainte que font les sept Arts libéraux, sur les misères & calamités de ce temps, imprimée à Poictiers par André Citois, l'an 1576.

JEAN DE BRIE, surnommé LE BON BERGER, natif de Viliers sur Rougnon, en la Chateleine de Coulommiers en Brie, lequel vivoit en l'an de salut 1379, sous Charles V, Roi de France. Il a écrit un Livre du vrai régime & gouvernement des Bergers & Bergeres, traitant de l'état, science & pratique de l'art de Bergerie, & de garder ouailles & bêtes à laine, imprimé à Paris par Denis Janot, l'an 1542 [1]. Il a écrit une Prognostication, imprimée à Paris par Guillaume de la Mothe.

[1] La Croix du Maine & du Verdier disent que le Livre de Jean de Brie a été imprimé chez Denys Janot, mais du Verdier dit que l'Edition n'y est point datée, & La Croix du Maine au contraire qu'elle est de 1542. Ils peuvent avoir tous deux raison, parce qu'il y a eu deux *Denys Janot*, savoir, le père sur la fin du quinzième siècle, & le fils vers le milieu du seizième. Le père, suivant la manière assez ordinaire des anciens Imprimeurs, ayant imprimé sans date le Livre de Jean de Brie, plusieurs Exemplaires en demeurèrent à Denis Janot le fils, qui, pour leur donner un air de nouveauté, mit au-devant un premier feuillet, avec la date de 1542, & voilà d'où est venu que, suivant la rencontre des Exemplaires, du Verdier en avoit un sans date, La Croix du Maine un daté. Je remarquerai ici par occasion une erreur plus considérable, causée par cette ressemblance de noms des deux Janots. L'*Amadis*, comme je l'ai observé plus haut, n'ayant paru en France que vers les dernières années du règne de François I, Denis Janot, qui vivoit alors, en imprima les premiers Livres, traduits par Herberai, lesquels n'ont pu être connus de Denis Janot le père, qui n'a vécu tout au plus

plus que jufqu'à 1506 ou 1510, à quoi la Caille, pag. 62 de fon Livre de *l'Imprimerie de Paris*, ne faifant pas attention, a fuppofé que c'étoit cet ancien Denys Janot qui avoit imprimé l'*Amadis*. (M. DE LA MONNOYE).

JEAN BRINON, Parifien, Sieur DE VILLENES, Confeiller du Roi au Parlement de Paris, fils unique & feul héritier de M. Brinon, premier Préfident de Rouen, & Chancelier d'Alençon. Il a écrit en vers François les Amours de Sydere, imprimés à Paris. Qui voudra voir fa vie écrite en bref, life les Mimes, Proverbes & Enfeignemens du Seigneur Jean-Antoine de Baïf, auquel lieu fe voit en peu de paroles la fin. dudit fieur de Villenes Brinon, duquel il parle en paroles couvertes, l'appelant Norbin, qui eft l'anagramme ou nom retourné dudit Brinon*, &c.

* Voy. ce qu'en remarque Tabourot, dans fes *Bigarrures*, au Chapitre des *Anagrammes*.

JEAN BROÉ, de Tournon en Vivarets. Il a écrit en vers François un Traité des mœurs pour les enfans, imprimé à Lyon.

JEAN BROHON, Médecin de Coutances ou Conftances en Normandie. Il a écrit un Almanach ou Journal Aftrologique avec les Jugemens prognoftiques pour l'an 1572, imprimés à Rouen l'an 1571. Il a écrit plufieurs autres Prognoftications. Il floriffoit en Normandie l'an fufdit 1571, en la Ville de Coutances.

JEAN BROUARD, Prêtre, natif de Laval au Maine. Il a écrit un Livre intitulé, La leçon à ceux qui difent, Je ne fais quelle religion je dois tenir, &c. Je ne fais s'il eft imprimé *.

* Ce Livre, s'il avoit été bien raifonné, auroit été fort curieux.

JEAN BROULLIER, Chanoine de l'Eglife Cathédrale de S. Julien du Mans. Il a écrit un Recueil des vies des Evêques du Mans, lequel n'eft encore imprimé. Il florit au Mans cette année 1584, & s'étudie de tout fon pouvoir de remettre en leur entier & première fplendeur les chofes ruinées en ladite

Eglife, aux premiers troubles & féditions advenues l'an 1562, pour le fait de la Religion.

JEAN LE BRUN, Poëte François, l'an 1558. Beranger de la Tour d'Albenas fait mention du fufdit Poëte. Je n'ai point vu fes Ecrits.

JEAN BRUNEAU, Avocat à Gyen fur Loire, près Orléans, autrefois Miniftre, & maintenant réduit à l'Eglife Catholique & Romaine. Il a écrit une Epître contenant les raifons & moyens de fa réunion en l'Eglife Catholique, Apoftolique & Romaine, imprimée à Paris chez Leon Cavelat, l'an 1578 ; Difcours Chrétien de l'Antiquité des Conftitutions, Ordonnances & vraies marques de l'Eglife Catholique, Apoftolique & Romaine, contraire aux fectes & prétendues Eglifes de ce temps, imprimé à Paris l'an 1581, auquel temps floriffoit à Paris ledit Auteur.

JEAN BUDÉ, Parifien, Confeiller du Roi & Audiencier de France, l'an 1487. (Je fuis en doute fi c'étoit le père de Guillaume Budé, duquel nous avons parlé ci-deffus) [1]. Ledit Jean Budé a fait un Recueil très-ample des Arrêts, Edits & Ordonnances Royales, prononcées tant en Latin qu'en François ès fouveraines Cours de France, & principalement à Paris. Nous les avons par devers nous écrits à la main de lettre antique, & paraphés ou fignés de fa main. Ce Livre contient foixante-dix feuilles de papier minuté, qui font deux mains & demie de papier écrit en Lettre preffée. Il floriffoit à Paris l'an fufdit 1487, & acheva ce Livre le quatrième jour d'Août.

[1] Ça été une grande négligence à Louis le Roi de n'avoir pas marqué le nom ni du père, ni de la mère de Guillaume Budé, dont il publia la vie, l'année même de la mort de Budé. (M. DE LA MONNOYE) [*].

[*] Voy. ci-deffus le mot GUILLAUME BUDÉ, où il eft établi que le *Jean*, dont il eft ici queftion, étoit le père de *Guillaume*.

JEAN DE BUIGNON, Rochelois. Il a écrit quelques

Poëfies Françoifes, defquelles fait mention Albert Babinot en fa Chriftiade, fol. 24, au Sonnet qu'il lui dédie.

JEAN BULLAUT, Architecte de M. le Duc de Montmorency, Pair & Connétable de France, &c. Il a écrit un Traité de Géométrie & d'Horologiographie pratique , qui eft le titre qu'il a impofé à fon Livre , imprimé à Paris chez Guillaume Cavelat , l'an 1564 ; Recueil d'Horologiographie , contenant la defcription , fabrication & ufage des horloges folaires , compofé par ledit Jean Bullaut, & imprimé à Paris chez Jean Bridier pour Vincent Sertenas , l'an 1561 , *in-4°*. Il floriffoit à Efcoan près Paris, l'an 1561.

JEAN CABOSSE. Il a écrit un Traité du très-haut & excellent Myftère de l'Incarnation du Verbe Divin , extrait du vieil & nouveau Teftament , démontrant le chemin de l'éternelle félicité , imprimé à Paris chez Denis Janot , l'an 1542 ; le Miroir de Prudence, écrit en vers François , imprimé à Paris par ledit Janot , l'an fufdit 1542.

JEAN CALVIN, ou CAUVIN, et CHAUVIN, dit en Latin Calvinus, & par anagramme Alcuinus , fous lequel nom il a mis des Œuvres en lumiere , afin de voir ce que l'on en jugeroit , fans que l'on fût qu'ils fuffent de fa façon , &c. Il naquit en la Ville de Noyon en Picardie , l'an 1509, le 10 de Juillet. Il fut grand Miniftre & le Chef de l'Eglife de Genève après Guillaume Farel. Il a écrit plufieurs Livres, tant en Latin qu'en François , & , entr'autres, fon Inftitution Chrétienne , imprimée tant de fois, & tant alléguée par tous les Théologiens qui ont écrit contre lui. Quant à fes autres Œuvres en François, tant fur le nouveau Teftament, que fur le vieil, & touchant les Sermons & leçons & autres Traités , imprimés en divers lieux , enfemble fes réponfes au Cardinal Sadolet & autres , je n'en ferai pas ici plus ample mention, de peur de tomber en l'inimitié de plufieurs, lefquels ne defirent que l'on faffe un récit de fes Œuvres : toutefois le Catalogue en eft bien ample au Livre des Livres cenſurés par Meſſieurs de la Théologie de Paris , & au Catalogue des Livres défendus & prohibés par le Concile de Trente. Théodore de Béze en a auſſi fait mention au Diſcours de la vie dudit Calvin & autres en nombre infini [1]. Il mourut à Genève , l'an 1564 , âgé de cinquante-ſix ans [2].

[1] Calvin , dans ſon temps , a fort bien écrit en notre langue , ce qui a donné lieu à Patru de le citer en divers endroits de ſes *Remarques ſur Vaugelas* , preſqu'auſſi ſouvent qu'il y cite Amyot. (M. DE LA MONNOYE).

[2] Il naquit à Noyon le 10 Juillet 1509 , & mourut à Genève le 27 de Mai 1564 , âgé de cinquante-quatre ans dix mois , dix-ſept jours , par où l'on voit que La Croix du Maine , lui donnant cinquante-ſix ans de vie , s'équivoque de treize mois treize jours dans ſon calcul. (*idem*).

Le vrai nom de CALVIN étoit CHAUVIN. Il avoit fait d'aſſez bonnes études à Paris , à Orléans & à Bourges ; il avoit été Précepteur de Meſſieurs du Tillet , qui furent à cauſe de cela ſoupçonnés de nouvelles opinions ; il fut Chapelain de Notre-Dame de la Geſine à Noyon , & non Chanoine , comme on l'a dit ; il donna quelques Ouvrages ſous le nom d'*Alcuin* , & changea enſuite ſon nom de *Chauvin* en celui de *Calvin*. Obligé de quitter Paris , à cauſe de la hardieſſe de ſes opinions , il ſe retira à Angoulême , où il prit le nom de *Parcan* ; ne s'y croyant pas encore en ſureté , il alla juſqu'à Ferrare , où il ſe préſenta à la Ducheſſe Renée de France , qui le protégea ; il y portoit le nom de *Happeville* ou *Heppeville*. Enfin il vint à Genève en 1536 , & il y fut fait Profeſſeur de Théologie ; il s'y montra d'une ſévérité outrée , & deux ans après il en fut banni par le Conſeil des *deux cens* , pour n'avoir pas voulu admettre à la cène des femmes trop parées ; ce furent les Bernois qui ſollicitèrent ſon éloignement ; il ſe retira à Strasbourg , où , en 1540 , il épouſa Idelette , veuve d'un Liégeois , Anabaptiſte , qu'il avoit converti. Cinq ans après ſon banniſſement , après avoir paſſé quelque temps à Baſle , où on dit qu'il acheva ſon *Inſtitution* , il fut rappelé avec honneur à Genève , où il paſſa le reſte de ſes jours , jouiſſant d'un tel crédit , qu'on l'appeloit *le Pape de Genève*. Vignon , qui a donné pluſieurs Editions de ſon Livre de l'*Inſtitution* , s'aviſa de mettre dans une vignette , à la fin du Livre , un bras ſortant d'un nuage , armé d'une épée flamboyante , avec ces mots de S. Math. Chap. 10 , ℣ 34 , *Non veni pacem mittere in terram*. Cette Edition fut fort recherchée par les Catholiques , pour s'autoriſer ſur les violences de Calvin. Il avouoit lui-même , à l'occaſion de la véhémence dont Bucer & d'autres réformateurs l'accuſoient que c'étoit un défaut de ſon tempérament plutôt que de ſon eſprit , & qu'il n'avoit encore pu dompter cette bête féroce*. *Voy.* la note au bas de la page 302 , Tom. III des *Cérémonies des Religions* , qui commence par ces mots , *Calvin étoit colére* , &c. Turretin (Jean Alfonſe)

Tom. II de ses *Differtations*, pag. 45, le juftifie fur le fupplice de Servet.
Calvin ne favoit point d'Hébreu que ce que lui en difoit le favant Chevalier, dont il a été parlé plus haut, mais il avoit beaucoup d'efprit, & écrivoit
fi bien en Latin & en François, que l'on fit ce Diftique fur fon Livre de
l'*Inftitution* :

> Præter Apoftolicas, poft Chrifti tempora, Chartas
> Huic peperere libro fecula nulla parem.

Si Calvin eut la paffion de dominer, il n'eut pas celle d'accumuler ; il ne
laiffa que deux cens écus pour payer fes dettes, & une taffe d'argent à fon
héritier. (M. Falconnet).

Voy. les Lettres de Patin, Tom. I, Let. 39, Teiffier, Tom. I, pag. 64
& 65, le Journal des Savans, 1700, pag. 107, Pithœana, &c. — On trouve dans du Verdier le Catalogue des Ouvrages de Calvin, qui ont été imprimés à Amfterdam en 1671, en neuf volumes *in-fol.* La meilleure Edition
du Livre de l'*Inftitution* de Calvin eft celle de Robert Etienne, *in-fol.* 1553.

* Calvin avoit véritablement le caractère altier, dur & inflexible d'un
réformateur enthoufiafte ; fon attachement opiniâtre à fes idées étouffoit en
lui tout autre fentiment, toute autre paffion ; il ne donna dans aucun excès
de débauche, comme la plupart des autres Chefs de Secte, qui fembloient
agir plus pour l'intérêt de leur paffion, que pour celui du parti qu'ils formoient ; on prétend même qu'il ne fe feroit jamais marié, fi fes ennemis ne
lui avoient reproché qu'il ne reftoit dans le célibat que pour devenir un jour
Cardinal, en fe réconciliant avec l'Eglife Romaine. Il prêcha avec une véhémence étonnante contre l'ufage de fe fervir de pain Azyme à la Cène, ce
qu'il appeloit un refte de la fuperftition de la Proftituée, & il ne confentit à
revenir à Genève qu'à condition qu'on lui feroit fatisfaction fur cet article,
& fa dure fierté l'emporta. L'efprit de fanatifme, alors dominant, le faifoit
regarder comme un homme néceffaire, quoique les différentes exécutions
qu'il fit faire, & pour des caufes très-légères, duffent dévoiler toute l'atro-
cité de fon caractère ; mais il avoit une force dans l'ame qui l'emporta toujours fur les efprits plus foibles, qui fe foumirent à fon gouvernement.
L'Abbé de Longuerue prétend qu'il ne connoiffoit des Pères que S. Auguftin
& S. Thomas, que tout ce qu'il a écrit fur l'Ancien Teftament ne vaut pas
la peine d'être lu, parce qu'il ne favoit pas l'Hébreu. Ses autres Ouvrages fur
l'Ecriture font pleins de digreffions étrangères, d'invectives & de fens contraires. Sa doctrine même fur la juftification & fur la manière de la préfence
de Jefus - Chrift dans l'Euchariftie, n'eft plus fuivie depuis long-temps ;
les Miniftres d'Aillé & Blondel en faifoient peu de cas, & le Miniftre Claude
ne craignit pas de prêcher un jour à Charenton contre le fentiment de Calvin
fur l'Euchariftie, qu'il regardoit comme une idée particulière, incompréhen-
fible & inexplicable.

JEAN DE CAMBERIE *. Il a écrit le Miroir Royal , bla-
fonnant les Armoiries de France & le nom du Roi : enfemble
une Epître à Madame Catherine de Médicis , imprimée à Paris
l'an 1549 , par Vincent Sertenas, (in-8°.)

* Le P. le Long écrit CAMBERY.

JEAN CANAPE , Docteur en Médecine , & Lecteur public
des Chirurgiens à Lyon , l'an 1542 , Médecin du Roi François I , &c. Il a traduit de Grec en François plufieurs Livres de
Galien , favoir eft le Livre des fimples médicamens , imprimé ;
le Livre dudit Galien , traitant du mouvement & des mufcles ,
imprimé à Paris chez Denys Janot, l'an 1541. Il a traduit de
Latin en François l'Anatomie du corps humain , écrite par Jean
Vaffe , dit Vaffeus, imprimée à Lyon par Jean de Tournes &
par Eftienne Dolet , l'an 1542 ; les Tables Anatomiques dudit
Vafeus , imprimées ; Commentaires & annotations fur le Prologue , & Chapitre fingulier de Guy ou Guyon de Cauliac ,
Docteur en Médecine & Chirurgien , traitant de la Chirurgie ,
&c. imprimé à Lyon par Eftienne Dolet , l'an 1542. Il a traduit l'Anatomie des os du corps humain , écrite par Galien ,
imprimée à Lyon par Jean Stratius , l'an 1583, à la Bible d'or,
(in-8°.) Il floriffoit l'an 1540.

JEAN CANTIN , ou QUENTIN , Docteur en Théologie.
Il a fait , dit & proféré vingt-fix Sermons , tant en l'Eglife de
S. Severin à Paris , qu'en autres lieux , lefquels ont été recueillis
& mis par écrit par Jean Panier, fieur de Bougival , l'an 1480,
le douzième jour de Mai. Ces vingt-fix Sermons fe voient écrits
à la main fur papier in-4°. l'an fufdit 1480 par ledit Panier , &
font en la Bibliothèque de Georges du Tronchay , fieur de Balladé , duquel nous avons parlé ci-deffus *.

* C'eft le même que Jean Quentin , Docteur en Théologie, & Pénitencier
fur la fin du quinzième fiècle.

JEAN DE CARCASSONNE (Frère) , Hermite de l'Ordre
de S. Auguftin , Docteur en Théologie. Il a écrit plufieurs Epî-

tres , Traités & Admonitions , tant en Latin qu'en langue
Françoise. Nicolas Bertrand fait mention de lui en son Histoire
de Tolose *.

* Il vivoit en 1550.

JEAN CARON, Astrologue & Mathématicien [1]. Il a mis
en lumière une sienne prognostication pour l'an 1540, imprimée
audit an.

[1] Son vrai nom étoit CARION. Il mourut à Berlin , en 1538 , âgé de trente-
neuf ans. La *Prognostication* ici mentionnée, étoit une Traduction Françoise de
l'Allemand. Carion a aussi composé une Chronique en Allemand. Herman Bonn
la traduisit en Latin ; ce n'étoit originairement qu'un petit *in-16*, les additions de Mélanchton, de Peucer & du Traducteur François Simon Goulart
en ont fait deux gros volumes *in-8°*. qui conservent néanmoins toujours le
titre de *Chronique de Carion*. (M. DE LA MONNOYE).

JEAN CARRIER, ou **CHARRIER**, natif d'Apt en Provence , Avocat du Roi au Parlement d'Aix en Provence, jadis
Secrétaire de M. Bertrand, Conseiller du Roi en son privé Conseil , & Président en sa Cour de Parlement à Paris , &c. Il a
traduit de Latin en François les cinq Livres de Gaspard Con-
taren, ou Contarin, Gentilhomme Vénitien, touchant les Ma-
gistrats & République des Vénitiens , imprimés à Paris par
Galiot du Pré, l'an 1544. Il a traduit d'Italien en François le Discours de Nicolas Machiavel , Florentin , traitant de l'art Militaire, ou de la Guerre. Il a écrit un Discours de son voyage
en Angleterre fait pour le Roi, non encore imprimé. Il a écrit
plusieurs vers tant en Latin qu'en François. Il florissoit audit an
1544. Voy. ci-après Jean Charrier.

JEAN DE CAUMONT, Langrois, ou né en l'Evêché de
Langres, Docteur ès droits, Avocat au Parlement de Paris ,
&c. Cetuy-ci est un homme bien docte & très-éloquent, & prêt
pour discourir promptement de tous sujets proposés touchant
les Arts libéraux & autres disciplines, desquelles choses il a fait
preuve devant la Majesté du Roi Henri III par plusieurs & diverses fois. Ses Disputes ou Propositions prononcées par lui de

vive voix devant le Roi de France & autres, ne font encore imprimées. Il a écrit un Advertiffement au Roi pour le Royaume de France, imprimé à Bordeaux. Traité contenant cette Difpute : favoir, s'il eft loifible de châtier le fils pour le délit du père, écrit en Latin & en François par l'Auteur. Il florit à Paris cette année 1584.

JEAN DES CAURRES, natif de Moreul en Picardie, Principal du Collège d'Amiens, & Chanoine en l'Eglife de S. Nicolas en ladite ville d'Amiens, &c. Il a mis en lumière un fort docte & bien laborieux ouvrage, lequel il a intitulé Œuvres morales, divifé en plufieurs Livres, lefquels contiennent une infinité d'Hiftoires très-mémorables de beaucoup de beaux exemples vertueux, lefquels il a recueillis de plufieurs Auteurs Grecs & Latins tant anciens que modernes. Le tout imprimé à Paris pour la premiere fois chez Guillaume Chaudiere l'an 1575, & depuis augmenté de plus de la moitié par ledit Jean des Caurres, & imprimés l'an 1583 chez ledit Chaudiere; Advertiffement & Remontrance à gens de tous états, pour fubvenir aux pauvres en temps de cherté & de famine; Sermon des circonftances que doit avoir l'aumône; Traité de la Charité, tendant à même fin, écrit en vers François, le tout imprimé à Paris chez Guillaume Chaudiere l'an 1574. Il florit à Amiens en Picardie cette année 1584, & ne ceffe de profiter au Public tant par fes doctes écrits que pour l'inftruction qu'il donne à la jeuneffe qu'il a en charge en fon Collège audit lieu d'Amiens. Il a écrit & compofé de fon invention plufieurs Livres, defquels s'enfuivent les titres que nous avions omis ci-deffus. Les premiers Elémens de la Piété Chrétienne; Opufcule de la Croix de Notre-Seigneur Jéfus-Chrift; Un Recueil d'aucunes Sentences notables extraites de celles de Nil, Evêque & Martyr, & traduites de Latin en vers François; Exhortation & Inftitution à la Fille Chrétienne, imprimée à Paris chez Guillaume Chaudiere 1573; Traité fpirituel, contenant une brève Inftitution pour guider & conduire la Jeuneffe à la voie de perfection chrétienne; un petit Traité

de

de la confervation de fanté en vers François, imprimé à Paris
chez Guillaume Chaudiere 1575 ; deux Eclogues fur le mariage
de haut & puiffant Seigneur Meffire Gilles de Mailly, & illuftre
Dame Madame Marie de Blanchefort, imprimées à Paris chez
Guillaume Chaudiere 1575 ; Odes fur l'heureux avénement &
facre de Révérend Père en Dieu Meffire Geoffroy de la Mar-
tonie, Evêque d'Amiens, imprimé à Paris chez Guillaume
Chaudiere 1577 ; la vraie forme & manière de vivre des Chrétiens en tous états ; la Remontrance que fit Jacob à fes enfans
un peu auparavant qu'il rendît l'efprit, accompagnée de celles
de fes douze enfans Patriarches, & de Tobie à fon fils, imprimée à Paris chez Guillaume de la Nouë 1577 ; les Dialogues
ou Colloques de Mathurin Cordier, illuftrés en plufieurs endroits de Scholies Chrétiennes, imprimés à Paris chez Michel
de Roigny 1578.

Livres non encore imprimés.

Œuvres morales, ou Difcours facrés, contenant une Inftitution
en bonne mœurs, comme chacun fe doit bien & fagement gouverner en toutes actions humaines, & en quelconques charges
& occupations publiques & particulières ; Difcours facrés com-
prins en trois Livres : le premier, contenant, comme l'Eglife
Chrétienne, depuis la Nativité du fils de Dieu, jufques à ce
temps préfent, a été perfécutée par les Juifs, Empereurs,
Rois, Princes, Ethniques, & autres défaillans de la Foi, la fin
malheureufe d'iceux ; comme au milieu de tant de changemens
des Royaumes & émotions violentes, Dieu l'a tellement pré-
fervée, qu'elle demeure faine & fauve, & demeurera perpétuelle : le fecond, traitant de l'aftuce de Sathan, lequel voyant
que par les tourmens des corps il ne s'avançoit en rien, a introduit en la famille du Sauveur des fchifmes & héréfies, pour
empoifonner & engloutir les enfans de Dieu : le troifième, contenant le moyen de porter patiemment la fpatieufe Mer des
perfécutions & afflictions qui arrivent ordinairement aux Chrétiens ; Hiftoire naturelle de l'Homme, & des parties d'icelui

qui font le corps & l'ame. Œuvre utile & profitable à tout homme pour apprendre à fe bien connoître foi-même, à fe bien mefurer de la mefure de fa propre nature, pour fe favoir bien contenir dedans les limites d'icelle, & entendre plufieurs points difficiles de la Théologie, Philofophie, Médecine & Chirurgie; Petit Catéchifme, ou compofition familière des points principaux & myftères fignalés de la Doctrine Chrétienne, en forme de dialogue; la Tragédie de David combattant Goliath. Il florit en la ville d'Amiens cette année 1584. Et quant à fes compofitions Latines, j'en ferai mention dans ma Bibliothèque Latine [1].

[1] Jean des Caurres mourut à Paris le 17 Mars 1587, dans fa quarante-cinquième année. C'étoit, comme le remarque du Verdier au mot PIERRE BRESLAY, un grand Plagiaire. On peut voir l'Article de JEAN DES CAURRES dans les Supplémens au Dictionnaire de Bayle. (M. DE LA MONNOYE).

JEAN CHABANEL, Tholofan, jeune homme docte ès Mathématiques & autres difciplines; il a mis en lumière quelques Œuvres imprimées chez Gervais Mallot l'an 1581, ou environ. Je ne fais fi fon livre s'intitule la République Chrétienne; à la feconde édition de ce mien livre, je m'en informerai plus avant; mais je n'en ai le loifir, étant trop preffé pour l'édition de cet ouvrage [1].

[1] On a publié deux de fes Ouvrages long-temps après fa mort : l'un intitulé l'*Antiquité de l'Eglife de Notre-Dame de la Daurade à Touloufe*; l'autre de l'*Etat & Police de la même Eglife*, par Jean de Chabanel, Docteur en Théologie, & Recteur de cette Eglife, tous deux *in-8°*. à Touloufe, chez Colomiez, le premier en 1621, le fecond en 1623 *. (M. DE LA MONNOYE).

* On avoit imprimé en ce même lieu un Livre de Chabanel, intitulé de l'*Antiquité des Eglifes Parochiales*, &c. dès l'an 1608.

JEAN CHALUMEAU, Secrétaire de M. le Vicomte de la Guierche. Il a mis en lumière deux Traités de M. Claude d'Efpence, Docteur en Théologie; favoir eft, l'un traitant de ce qui eft convenable à un Prince d'être ftudieux, l'autre de l'excellence des trois Lys de France; le tout imprimé à Paris l'an 1575 chez Guillaume Auvray.

F. JEAN CHAMPAGNE, Docteur en Théologie. Il a écrit un Livre d'Epîtres, imprimées à Reims en Champagne l'an 1575 [1].

[1] Les PP. Quétif & Echard, à l'Article de leur Confrère JEAN CHAMPAGNE, n'ont point fait mention de ces *Epîtres*, ce qui me fait croire qu'elles ne font autre chose que le *Discours du Sacre*, &c. dont parle du Verdier au même mot. (M. DE LA MONNOYE).

JEAN CHAPELAIN (Sire), ancien Poëte François, l'an 1260, ou environ. Il a écrit le Fabliau, ou plaisant Discours du Secretain de Clugny, non encore imprimé [1].

[1] Comme les Auteurs, sur-tout les Faiseurs de Contes, se copient la plupart les uns les autres, le *Fabliau* de Jean Chapelain a été copié par le Massuccio Salernitano, qui en a fait la première de ses *Cinquante Nouvelles*. Le Massuccio a eu ensuite pour copiste l'Auteur anonyme des *Contes du Monde avantureux*, qui, croyant mieux déguiser son emprunt, a fait de ce Conte, non pas le premier des siens, mais le vingt-troisième. (M. DE LA MONNOYE).

JEAN CHAPERON, dit LE LASSÉ DE REPOS. Il a traduit d'Italien en François un Livre de Christine de Pise en Italie, intitulé le Chemin de long estude, traitant du Prince digne de gouverner le monde [1], &c. imprimé à Paris l'an 1549 [*].

[1] La Croix du Maine, en moins de deux lignes, fait ici quatre bévues. La première d'avoir dit *Christine de Pise* pour *Christine de Pisan*, comme plus haut, dans son Article, on a vu qu'elle s'appeloit ; la seconde, d'avoir ignoré que cette *Christine* étoit née à Boulogne, & non pas à *Pise* ; la troisième d'avoir cru que le *Chemin de long étude*, vieux Livre François, étoit Italien, & la quatrième de n'avoir pas su que Christine ayant écrit ce Livre en rime Françoise, Jean Chaperon avoit simplement travaillé à le mettre en prose. (M. DE LA MONNOYE).

[*] Il a composé le *Dieu Garde Marot*, & autres Poësies, imprimées en 1537, *in-16*.

JEAN CHARDAVOINE, natif de Beaufort en Anjou. Il a fait un recueil des plus belles chansons modernes, lesquelles il a mises en musique, imprimé à Paris l'an 1576.

JEAN DE CHARRIER, Gentilhomme natif en Auvergne. Il a écrit un Poëme François dédié au Roi Henri III, faisant mention de fon retour de Polongne en France, imprimé au Mans par Hiérofme Olivier l'an 1574, & à Paris auffi.

JEAN DU CHASTEL, natif de Vire en Normandie, de l'Ordre de S. François. Il a écrit une Epître mife au-devant du Livre de frere Jofeph, intitulé : Le Meffager de tout bien, &c. imprimé par Engelbert & Jean de Marnef, l'an 1500, ou environ, auquel temps vivoit ledit du Chaftel.

JEAN DU CHASTELET, ancien Poëte François, vivant l'an 1260, ou environ. Il a mis en vers François les dicts moraux de Caton, non encore imprimés *.

* Voy. Fauchet, Chap. 97.

JEAN CHARTIER, natif d'Orléans, excellent Peintre & Graveur en Taille douce. Il a mis en lumière fon premier Livre des Blafons vertueux, contenant dix figures gravées en taille douce, & imprimées par lui-même à Orléans l'an 1574.

JEAN CHAUMEAU, Sieur DE LASSAY, dit en Latin CALAMEUS, Avocat au Siège Préfidial de Bourges, &c. Il a écrit & compofé l'Hiftoire de Berry, contenant l'origine, antiquité, geftes, proueffes, priviléges & libertés des Berruiers, imprimée à Lyon par Antoine Gryphius l'an 1566, auquel temps florifloit ledit fieur de Laffay.

JEAN DE CHEVIGNY *, natif de Beaune en Bourgogne, Poëte Latin & François. Il a traduit de Latin en François la vie de Cornelius Gallus, excellent Poëte Latin, &c. laquelle n'eft encore en lumière. Il a compofé plufieurs autres Œuvres, defquelles je n'ai connoiffance **.

* Lifez DE CHEVIGNARD.

** Voy. ci-deffus l'Article JEAN-AYMÉ DE CHAVIGNY.

JEAN CHOISNIN, natif de Chafteleraud en Poiĉtou, Secretaire du Roi de France & Pologne, Henri III du nom, &c. frère de François Choifnin, Officier de la Roine de Navarre,

&c. Il a écrit un Difcours de tout ce qui s'eft fait & paffé pour
l'entière négociation de l'élection du Roi de Pologne, &c. divifé
en trois livres, & imprimé à Paris chez Nicolas Chefneau l'an
1574 [1].

[1] Le *Difcours* dont il eft queftion à cet Article, eft de Jean de Montluc,
Evêque de Valence. La vingt-neuvième Epître de la feconde partie des *Epî-*
tres Françoifes, écrites à Jofeph Scaliger, eft de François Choifnin, frère
de Jean, quoique fignée *Choifny*. (M. DE LA MONNOYE).

JEAN DU CHOUL, Gentilhomme Lyonnois, (frère de
Guillaume du Choul, Bailly des Montagnes du Dauphiné, duquel nous avons parlé ci-deffus) &c. [1]. Il a écrit un Dialogue
de la Ville & des Champs, avec une Epître de la vie folitaire,
le tout imprimé à Lyon l'an 1565.

[1] Il étoit fils & non pas *frère* de Guillaume du Choul, comme le dit La
Croix du Maine. Ce qui l'a trompé, c'eft qu'ayant trouvé à la tête du petit
in-8°. De varia quercûs hiftoria de Jean du Choul, *Auclore Joanne du Choul*
G. F. a cru que ces deux lettres *G. F.* fignifioient *Gulielmi Fratre*; mais il lui
eût été aifé de reconnoître qu'elles fignifioient *Gulielmi Filio*, s'il eût voulu
feulement, ou lire les cinq ou fix premières lignes de l'Epître Liminaire, ou
confulter la Table, au mot *Gulielmus du Choul, Auctoris pater*. (M. DE LA
MONNOYE).

JEAN DES CINQ-ARBRES, ou DE CINQ ARBRES,
dit QUINCARBOREUS, Lecteur du Roi à Paris ès Lettres Hébraïques, Doyen des Lecteurs Royaux en l'Univerfité de
Paris, natif de la Ville d'Aurillac en Auvergne, &c. Il florit
à Paris cette année 1584. Je ne fais quels écrits François il
a mis en lumière. Je ferai mention de fes Œuvres Latins autre
part *.

* Il mourut à Paris en 1587.

JEAN DE CIS, ou DE CYS, & felon d'autres DE THIS,
ancien Poëte François. Il a traduit de Latin en vers François
les Livres de Boëce touchant la Confolation. Cet Œuvre n'eft
encore imprimé que j'aie vu, je l'ai écrit à la main [1].

[1] Un Anonyme, dont j'ai vu la Traduction en vers François de ce même

Ouvrage de Boëce, imprimée en petit *in-fol.* Gothique à deux colonnes, sans marque de temps, ni de lieu, après avoir d'abord dit:

> Ttans laté le trouvay en profe,
> Mais moult me fembla rude chofe.

dit enfuite vingt vers plus bas:

> Mais puifque j'eus tout ce parfait,
> Je trouvay qui l'avoit extrait,
> Moult bien le Maître Jehan de Tis,
> Fors que métres fit fi précis,
> Que nul bien ne les entendoit,
> Qui ailleurs ne les comprendoit,
> Pourquoy encore eft bon le mien,
> Que j'ay extrait non veu le fien.

par où il femble n'avoir point connu la Traduction en vers de ce Livre de Boëce par Jean de Meun, n'en ayant fait nulle mention. (*Mais n'eft-ce pas celle dont l'Anonyme parle, & que M. de la Monnoye méconnoît, parce qu'il la croit en vers, quoiqu'elle foit en profe?* Préfident Bouhier) — J'incline au refte à croire qu'il faut plutôt lire Jean *de Cis* que Jean *de Tis*, tant parce que la Croix du Maine a lu *de Cis* dans fon Manufcrit, que parce que les rimes dans les anciens Poëtes étant d'ordinaire très-riches, celle de *Précis* employée par l'Anonyme fuppofe plutôt *Cis* que *Tis*, & que d'ailleurs les Copiftes formoient alors le *T.* & le *C.* d'une manière fi reffemblante, qu'il étoit aifé de s'y tromper. Quant au temps où vivoit le Traducteur Anonyme que j'ai cité, fon ftyle & ces vers me font préfumer que c'étoit fous Charles VII.

> Car de cueur & corps aprefté,
> En mettre tranflation afin
> Que Charles Roy qui a efté
> Souef nourry Duc & Dauphin,
> En fa nouvelle Magefté
> Ne foit à courroux trop enclin,
> Quant voit fon peuple molefté
> De la Baniére Anti Chriftin.

c'eft-à-dire, par l'Anglois, oppofé au Roi très-Chrétien. (M. de la Monnoye).

Le Préfident Bouhier remarque fur cet Article qu'il y a une autre Traduction en vers du même Ouvrage, faite à ce qu'il croit fous Charles VIII, & qui eft parmi fes Manufcrits, coté B. 89.

JEAN DE CLAMORGAN, Sieur de Saave, premier Capitaine & Chef de la Marine du Ponent, &c. * Il a écrit le Difcours de la chaffe du Loup, imprimé chez Jaques du Puis à Paris, avec la Maifon Ruftique de Charles Eftienne, &c. l'an 1566, & par plufieurs autres diverfes fois; la Carte univerfelle en forme de Livre, fur un point non accoutumé de la figure & plan de tout le monde, en laquelle font les mers & terres affifes en longitude & latitude ; Il fait mention de cette Carte en fon Epître au Roi. Je ne fais s'il l'a fait imprimer. Il promet davantage en la fufdite Epître mife au-devant de la Chaffe du Loup ; un Livre de la façon & manière de conftruire les grands navires, les armer & victailler, dreffer le combat par mer, faire les navigations loingtaines par le foleil, la lune & étoiles fixes, autrement que l'on a accoûtumé. Je n'ai point vu les livres fufdits imprimés. Il floriffoit fous Charles IX, & auparavant fous François I & Henri II.

* Il vécut long-temps, car il fervit quarante-cinq ans fur mer. Il dédia à François I une nouvelle forme de Mappemonde, avec les latitudes & les longitudes. Ce Prince la fit placer dans fa Bibliothèque de Fontainebleau.

Voy. la Bibliothèque des Auteurs qui ont écrit fur *la Chaffe*, pag. 107.

JEAN LE CLERC, dit CLERICI, Confeffeur des fœurs de l'Annonciade de Béthune en Picardie, &c. Il a compofé l'Inftruction des petits enfans, imprimée à Béthune par Pierre du Puis.

JEAN LE CLERC, natif de Meaux, Miniftre de Metz en Lorraine, l'an 1523. Je n'ai point vu de fes écrits foit Catholiques ou autrement.

JEAN COLIN, Licencié ès Loix, Bailly du Comté de Beaufort, &c. Il a traduit de Latin en François, fuivant la traduction Latine d'Ange Politian, les huit Livres de l'Hiftoire de Herodian, Auteur Grec, traitant des Empereurs Romains depuis Marcus jufques à Gordian, & l'a annoté de fort doctes annotations fur les paffages les plus difficiles, &c. imprimé à Paris par Jean Foucher & Vivant Gaulterot, l'an 1541 *in-8°*. chapitre 28 *. Jaques de Vintimille, Rhodien, a traduit ledit Livre de Herodian (comme nous avons dit ci-deffus.) Il a traduit de Latin en François les trois Livres des Loix de Ciceron, le tout avec de très-doctes annotations dudit Colin, imprimés à Paris chez Denis Janot, l'an 1541. Il a traduit d'Italien en François le Courtifan de Balthazar de Chaftillon, revu & recorrigé par Melin de S. Gelais, &c. imprimé à Paris chez Gilles Corrozet l'an 1549. Je fuis en doute fi ça été ledit Jean ** Colin, ou bien Jaques Colin, Abbé de S. Ambroife à Bourges, qui ait traduit ledit Courtifan : car à la traduction, il n'y a que ce nom de Colin fans le prænom de Jean ou Jaques. ***

* Il a auffi traduit le Livre de Ciceron *de l'Amitié*, imprimé à Paris, 1537, *in-8°*.

** C'eft *Jaques Colin*, lié d'amitié avec Melin de S. Gelais, qui par cette raifon voulut bien revoir & corriger la verfion de fon ami, mort avant l'an 1538. La Croix du Maine n'a pu favoir que la Traduction Françoife de l'Ouvrage Italien de Balthazar de Chaftillon étoit de Jean Colin que par l'Epigramme de Borbonius, qui eft au commencement de la verfion.

*** Voy. ci-deffus JAQUES COLIN.

JEAN DE COMBES, ou DES COMBES, Confeiller & Avocat du Roi en la Sénéchauffée de Rion en Auvergne, fils aîné de M. des Combes, premier Préfident des Généraux de Montferrand, audit pays d'Auvergne, &c. Il a écrit un bien docte Livre de l'inftitution & origine de toutes les charges & impofitions tant ordinaires qu'extraordinaires, qui fe levent en France, & des Officiers ayant charge d'icelles, imprimé à Paris chez Federic Morel, l'an 1575.

JEAN COSSET, (Frere), Gardien du Convent des Cordeliers au Mans, Docteur en Théologie à Paris, natif de la Paroiffe d'Efpineu le Chevreul, au Comté du Maine. Il a écrit un Livre intitulé la Bataille de Dieu & de Gedeon contre Madian, fous la defcription de la bonne & mauvaife confcience, imprimé au Mans l'an 1553 par Hiérofme Olivier, auquel temps ledit frère Jean Coffet floriffoit, &c.

JEAN COUSIN, excellent Peintre [1]. Il a écrit en François
un

un Livre de l'art de Peinture ; je ne fais s'il eſt imprimé. Loys le
Roi dit Regius en fait mention en ſon Livre de la Viciſſitude
des choſes.

[1] Félibien a parlé de ce Peintre avec éloge dans la troiſième partie de ſes
Entretiens ſur les ouvrages des Peintres. Le Livre de *Perſpective* de Jean
Couſin fut imprimé à Paris *in-fol.* l'an 1560 ; un autre de *Portraiture*, auſſi
à Paris, 1603. Jean Couſin vivoit encore ſur la fin du ſeizième ſiècle* ; celui
de l'Article ſuivant n'eſt pas le même. (M. DE LA MONNOYE).

* Jean Couſin, Peintre & Sculpteur, né à Soucy près de Sens, eſt le premier des Peintres François qui ſe ſoit fait quelque réputation. Le meilleur
de ſes tableaux eſt celui du *Jugement Univerſel*, qui eſt à la Sacriſtie des
Minimes du Bois de Vincennes, & qui a été gravé par Pierre de Jode, Flamand, bon Deſſinateur. Mais comme de ſon tems la mode étoit de peindre
ſur le verre, il s'y attacha plus qu'à faire des tableaux ; il a peint ſur les
vitres du Chœur de S. Gervais à Paris le *Martyre de S. Laurent*, *la Sama-
ritaine* & l'*Hiſtoire du Paralytique*. On peut juger de ſes talens pour la
Sculpture par le *Tombeau de l'Amiral Chabot*, élevé dans la Chapelle
d'Orléans de l'Egliſe des Céleſtins de Paris, & qui eſt de ſa main. On a encore de lui un petit Traité des *Proportions du corps humain*, qui eſt fort
eſtimé. Ses talens & ſon eſprit l'introduiſirent à la Cour, & le firent eſtimer
pendant les règnes de Henri II, François II, Charles IX & Henri III.

JEAN COSSIN, ou COUSIN, (je ne fais ſi c'eſt le ſuſdit)
excellent faiſeur de Cartes Marines, demeurant à Dieppe l'an
1575, &c. Il a écrit un livre rempli de Cartes marines, de
rombs & vents, &c. à l'exemple du Théâtre d'Orthelius, lequel
il eſpère bientôt faire imprimer. J'ai appris ceci par les lettres
que m'a reſcrites Charles Michal, Savoiſien, en l'an ſuſdit 1575.

JEAN CORBICHON, François de nation, de l'Ordre des
Auguſtins, Docteur en Théologie, Chapelain du Roi Charles V,
l'an 1370. Il a traduit de Latin en François, par le commandement dudit Charles V, le Grand Propriétaire des choſes, de
Berthelemy l'Anglois [1], imprimé à Paris par Philippe le Noir,
l'an 1525, lequel livre ledit Corbichon dédia au Roi Charles V,
ſon maître, l'an 1364.

[1] Le *Grand Propriétaire des choſes* eſt le Livre *de Proprietatibus rerum* du
Cordelier Barthelemi Glaunville, dit communément *Bartholomæus Anglicus*

que La Croix du Maine indique feulement fous le furnom de l'*Anglois* , ne
fachant pas fans doute celui de *Glaunville*. Ce Livre ayant été mal compofé ,
a été auffi , comme il le méritoit , & mal traduit & mal imprimé. La Traduction qui , d'après la révifion qu'en fit un Théologien Auguftin , nommé
PierreFarget , fut imprimée l'an 1485 à Lyon, chez Mathieu Huff , *in-fol.*
en lettre Gothique , eft pire de beaucoup que l'Original. Jean Corbichon devoit , ou ne là pas entreprendre , ou s'en mieux acquitter , puifqu'il l'avoit
entreprife. Il ne devoit pas , comme il a fait , en retrancher tout au moins
le quart ; il étoit , en qualité d'interprète , obligé de repréfenter fidèlement ,
jufqu'au ridicule endroit du quinzième livre , *tit. de Provinciis* , au mot
FRANCIA , en ces termes : *Francia quæ & Gallia à Francis primitus dicitur
nominata , vel à Franco Carnifice* (par *Carnifice* il entend *Boucher*) *qui fucceffit
in Regem Parifius , de quo Carnifices privilegiati funt ergà Regem , & ab illo ut
dicitur nominata.* Corbichon en auroit été quitte pour une note au bas de
la page , où il auroit réfuté cette impertinente fable , introduite peu de temps
auparavant par le Poëte Dante , Chant 20 de fon *Purgatoire* , & plus de cent
cinquante ans après très-mal-à-propos rappelée par François Villon dans la
Ballade de fon *Appel.* (M. DE LA MONNOYE).

JEAN DE CORAS , Tolofain , Docteur ès Droits , Confeiller du Roi au Parlement de Tolofe. C'étoit l'un des plus doctes
& renommés Jurifconfuls de France , & lequel a écrit autant
doctement que pas un autre de fon fiècle [1]. Il a écrit en François des Commentaires très-doctes fur l'Arrêt de Martin Guerre ,
imprimés à Paris & à Tolofe par diverfes fois. Il a traduit de
Latin en François l'Altercation en forme de dialogue de l'Empereur Adrian & du Philofophe Epictète , contenant foixante
& treize queftions & autant de réponfes , à laquelle il ajoute
une Paraphrafe , ou Commentaire fur icelle , imprimée à Tolofe
l'an 1558 chez Boudeville; Remontrance fur l'inftallation faite
par ledit Jean de Coras de Meffire Honorat de Martins & de
Grille , en l'état de Sénéchal de Beaucaire le 4 de Novembre
l'an 1566 à Nifmes , &c. imprimée à Lyon par Guillaume Rout-
ville l'an 1567. Il fut fait mourir à Tolofe l'an 1572 durant les
féditions de la S. Barthelemy commencées à Paris , & pourfuivies ès autres villes de France , à l'endroit de ceux de la Religion
réformée. Je ferai mention de fes Œuvres Latines autre part.

[1] Duaren , qui l'a traité de *Plagiaire* , l'a défigné par une maligne allufion à
Κόραξ , que Cujas , Chap. 29 du Liv. II de fon *Mercator* , appliqua depuis

à Jean Robert, difciple de Coras. L'orthographe *Corrafius* offroit une étymologie *à corradendo* également injurieufe. Il fut tué à Touloufe comme Huguenot en 1572, âgé de cinquante-fept ans. Ses defcendans fignent encore aujourd'hui *Coras*. Un d'entr'eux, petit-fils d'un petit-fils de Jean Coras, en a écrit la vie, imprimée à Montauban cent & un an après la mort de ce Jurifconfulte fon Trifayeul *. (M. DE LA MONNOYE).

Voy. les Mémoires de Niceron, Tom. XIII, pag. 1, & Tom. XX, p. 58.

* Il prouve que Jean Coras étoit né en 1513 ; ainfi M. de la Monnoye fe trompe, en difant que Coras n'avoit que cinquante-fept ans lorfqu'il fut tué en 1572 ; il en avoit cinquante-neuf. La Croix du Maine n'a pû parler de trois autres Ouvrages écrits en François par Coras, parce qu'ils ne parurent tous trois qu'en 1605, long-temps après fa mort. L'un eft la *Paraphrafe fur l'Edit des mariages clandeftins*, l'autre eft une Traduction des *Douze Règles pour parvenir à la vertu*, écrites en Latin par Jean Pic de la Mirandole, & le troifième un Difcours fur l'*Office d'un bon Juge*.

JEAN CRESPIN, natif d'Arras, en la Gaule Belgique. Il a écrit l'Hiftoire des Martyrs, contenant plufieurs vies d'hommes exécutés pour la Rel. réf. enfemble leurs Difp. & Conf. de F. imprimée à G. &c. [1].

[1] Ce que La Croix du Maine a écrit ici par abbréviation, doit être ainfi lu tout au long : *Pour la Religion réformée, enfemble leurs difputes & conférences de foi, imprimées à Genève.* Outre fon *Martyrologe*, que non feulement il a imprimé, mais à la collection & compofition duquel il a eu beaucoup de part, on voit de lui une Tragédie intitulée le *Marchand converti*, imprimée à Genève chez Gabriel Cartier, 1582. Il mourut à Genève l'an 1572. *Voy.* Bayle, au mot CRESPIN, ma note fur l'Art. 31 de Baillet, pag. 376 du Tom. I *in*-4°. & du Verdier, à la fin de la lettre M ; au mot LE LIVRE DES MARTYRS. (M. DE LA MONNOYE).

JEAN DE CUCHERMOIS [1], natif de la ville de Lyon fur le Rhône. Il a traduit d'Italien en François le premier Livre de Guerin Mefquin, fils de Milon de Bourgogne, Prince de Tarente & Roi d'Albanie, contenant les faits & geftes dudit Guerin, &c. imprimé à Lyon l'an 1530 ; Defcription du voyage que fit ledit de Cuchermois en Hierufalem, l'an 1490, imprimée avec l'Hiftoire dudit Guerin Mefquin. Il floriffoit fous Charles VIII, Roi de France, l'an fufdit 1490.

[1] Le vrai nom eft CUCHERMOIS, comme il eft écrit ici, & non pas CUCHARMOIS, comme fait du Verdier. Henri Cuchermois eft nommé parmi

les Echevins de Lyon en 1492 , & Jacques Cuchermois en 1509 , &c. (M. DE LA MONNOYE).

JEAN LE CUNELIER , ou LI CUNELIERS , ancien Poëte François , l'an 1260 , ou environ. Il a écrit plusieurs Poësies Françoises non encore imprimées.

* Voy. Fauchet , Chap. 65. Il est Auteur du Roman de Bertrand du Guesclin. Bibl. du Préfid. Bouhier.

JEAN DALBIN , dit DE SERES. Il a écrit un Discours Chrétien , de la vocation légitime d'un chacun, imprimé à Paris l'an 1567 ; Six Livres du Saint Sacrement de l'autel , imprimés à Paris , *in-8°* l'an 1566 ; les Marques de l'Eglise , imprimées à Paris l'an 1568 ; Opuscules spirituelles imprimées à Paris l'an 1567.

JEAN DANTHON (Frere) [1] , de l'Ordre de S. Augustin, Abbé de l'Angle en Poitou, Poëte François & Historien, Chroniqueur du Roi Loys XII , duquel il a écrit les gestes & vie, &c. Il florissoit l'an 1512. Jean le Maire de Belges l'appelle frere Pierre Danthon, & Jean Bouchet de Poitiers le nomme Jean d'Auton.

[1] La Croix du Maine auroit mieux fait d'écrire *D'Anton* que *Danthon* , & *Abbé d'Angle* qu'*Abbé de l'Angle.* Quant à sa remarque touchant JEAN LE MAIRE & JEAN BOUCHET, il est vrai que le premier , à la fin de sa *Légende des Vénitiens* , parlant de cet Abbé d'Angle , l'appelle *très-authentique Seigneur Prieur Frère Pierre D'Anton , Illuftrateur des Chroniques de France* , en quoi il s'est mépris , & l'a plus correctement nommé *Jean* au - dessus de sa réponse à Hector de Troie. Pour ce qui est de Bouchet , il y a apparence que si l'on trouve dans ses Œuvres *d'Auton* écrit pour *d'Anton* , la faute est plus vraisemblablement de l'Imprimeur que de l'Auteur. La ressemblance *u* en *n* dans l'écriture courante est cause que bien des gens, même habiles , ont lu *d'Auton* pour *d'Anton*. Cretin & Jean le Maire , l'un & l'autre contemporains de cet Abbé , ont toujours écrit *d'Anton*. Une preuve du moins certaine que Cretin , plus ancien que Jean le Maire , ne prononçoit pas autrement , se tire de cet endroit de son Épître à Macé de Villebrême :

> Et se l'écrit, comme on le voit issu
> De moi, n'est tel que se l'avoit tissu
> Ce révérend Abbé le bon d'Anton ,
> Merveille n'est , car il abonde en ton
> D'harmonieux & suave langage,
> Et ne saurois y mettre de l'an gage
> Correspondant.

Comme toutes les rimes de cette Epître confiſtent en équivoques affectées avec grand ſoin, on voit que nonobſtant les Editions fautives qui portent *d'Auton*, il faut lire *d'Anton*, ſans quoi l'équivoque ne vaudroit rien. Il eſt vrai que dans la ſoixante-ſeptième des *Epîtres Familières* de Bouchet, on trouve une équivoque oppoſée, qui ſemble prouver que c'eſt *d'Auton* & même *d'Authon* qu'on écrivoit. L'Epître eſt en rime tierce, où il y a:

> Georges avoit une veine élégante,
> Grave & hardie, & frère Jean d'Authon
> Douce & vénuſte, & le Maire abondante,
> Le Charretier proſe avoit de haut ton.

Je réponds à cela, premièrement, que Bouchet n'ayant pas rimé ſon Epître par équivoques, peut fort bien avoir écrit *d'Anthon*, & rimé ce mot avec *haut ton*, ſans deſſein d'équivoquer; ſecondement que ſi ce n'eſt pas une faute d'impreſſion, & qu'il ait véritablement écrit *d'Authon*, il a erré, n'ayant pu, étant éloigné de la Cour, ſavoir auſſi ſûrement le nom de cet Abbé que Cretin. *D'Anthon* pour *d'Anton* eſt une mauvaiſe orthographe, introduite par des ignorans, qui ont écrit *Anthoine* pour *Antoine*, que La Croix du Maine a ſuivie, ayant trouvé *Danthon* écrit à l'antique, ſans apoſtrophe. (*idem*).

Voy. la Bibl. Françoiſe de M. l'Abbé Goujet, Tom. XI, pag. 356.

JEAN DANIEL, Organiſte. Il eſt Auteur (comme il ſemble) d'un petit Livre intitulé, l'Ordre funèbre triomphant, & pompe pitoyable, tenue à l'enterrement de feu M. le Comte de Laval, &c. Admiral de Bretagne & Lieutenant du Roi, &c. imprimé à Angers chez Jean Baudouin, l'an 1531, ou environ [1].

[1] J'ai remarqué ci-deſſus, au mot CHARLES BORDIGNÉ, que l'Epître en vers au-devant de la *Légende Joyeuſe* de Me Pierre Faifeu étoit de ce *Jean Daniel*. Il eſt de plus Auteur de pluſieurs Noëls anciens, imprimés en lettre Gothique, *in* 8°. chez Jean Olivier, 1524, au bas deſquels eſt écrit: *Joannes Danielus, Organiſta.* (M. DE LA MONNOYE).

JEAN DARCES, appellé en Latin *Darcius*, Aumônier de M. le Cardinal de Tournon [1]. Il a traduit de Latin en François les 13 Livres des choſes ruſtiques de *Palladius Rutilus Taurus Æmilianus*, &c. imprimés à Paris l'an 1553 chez Michel de Vaſcoſan, auquel temps ledit Jean Darces floriſſoit ſous le règne du Roi Henri II.

[1] J'ai opinion que ce JEAN DARCES, ou D'ARCES, eſt le même que *Joannes Darcius*, Auteur d'un Poëme Latin, qui a pour titre *Canes*. Il étoit de

Venofa dans la Bafilicate, mais, par fon long féjour en France, s'y étant comme naturalifé, il en apprit fi bien le langage, qu'il fe rendit capable d'y faire des Traductions. Ménage, dans fes *Origines Françoifes*, au mot *Epagneul*, cite le Poëme *Canes* de *Jan d'Archius*. C'eft ainfi qu'il écrit ce nom. (M. DE LA MONNOYE).

JEAN DEDEHU, Prédicateur de M. le Duc de Montpenfier. Il a écrit une briève Expofition fur chacun article de la Confeffion Catholique de Guillaume Caillier, Prêtre, defvoyé de l'Ordre des Prêtres, & nouvellement retiré de fon erreur, imprimée à Lyon l'an 1578 chez Michel Joue *.

* Voy. le mot GUILLAUME CAILLIR.

JEAN D'IVRY, Bachelier en Médecine, natif de Beauvais en Picardie, appellé en Latin Diurius, &c. * Il a traduit de Latin en vers François, les triomphes de France, felon le texte de Charles de Curres, natif de Mamers au Maine, appellé en Latin Carolus Currus Mamertinus, &c. imprimés à Paris, avec plufieurs autres Poëfies, fur le mème fujer, & de pareil argument, l'an 1508, chez Guillaume Euftace **. Il floriffoit en l'an 1519.

* Ce JEAN D'IVRY, que du Verdier écrit D'IVERY, pourroit bien être Auteur d'un petit Livre intitulé *Eftrennes des filles de Paris*, écrit en vers, & imprimé vers l'an 1510. Ce qui le fait croire eft cette devife *Riand Ihe vy*, qui fe trouve à la fin, & qui eft l'Anagramme jufte de fon nom. Le temps où vivoit ce Médecin affure encore cette conjecture.

** Il a revu en 1509 l'*Enéide*, mife en vers François par Octavien de S. Gelais. Ce Poëte a écrit quelque chofe fur la Médecine, dont il fut cependant moins occupé que du foin de faire fa cour aux Grands, qui ne le tirèrent pas de la pauvreté dans laquelle il vécut toute fa vie, avec affez de patience, fi on l'en croit. Il dit dans une Ballade :

> Dame fortune tous les jours me tourmente
> Deffoubs fa tente ;
> Grace à Dieu toutes foys,
> Puifqu'il lui plaît que pauvreté je fente,
> Près moy préfente,
> Murmurer n'en vouldroys.

Dans cette mème pièce il s'adreffe au Roi en cés termes :

> Prince Seigneur, le très-Chrétien des Rois,
> Par vos arrois,

> Donnés-moy quelque placé
> Où je pourchaſſe
> Quelque fruit une fois :
> Bon chien de choix
> Ne perd jamais ſa trace.

V. la Bibl. Françoiſe de M. l'Abbé Goujet, Tom. XI, pag. 362.

JEAN DONGOIS MORINIEN [1], Imprimeur & Libraire, demeurant à Paris l'an 1579. Il eſt Auteur du Livre intitulé, le Promptuaire de tout ce qui eſt advenu de mémorable depuis la Création du Monde juſques à préſent, réduit en forme de Calendrier ou Journal, imprimé à Paris par ledit Dongois l'an 1576 pour la première fois, & depuis imprimé par Jean de Bordeaux l'an 1579, ayant été ajouté de près de la moitié *.

[1] *Morinien*, pour dire *de Térouane*, eſt auſſi ridicule que le feroit *Tarbellien* pour *de Bayonne*. La Caille a changé *Morinien* en *Morinion*, &, pour mieux défigurer encore ce mot, a dans la table alphabétique de ſon Livre, lettre *D*, écrit *Dongois Morion*. (M. DE LA MONNOYE).

* Ce *Promptuaire* de Jean Dongois, à chaque nouvelle Edition, étoit toujours augmenté, la dernière s'eſt terminée à 1589.

JEAN DORAT, Poëte du Roi. Voy. ci-deſſus JEAN AURAT ou D'AURAT.

JEAN DE DORMANS. Je n'ai point vu de ſes écrits [1]. Jean le Feron, Hiſtorien, fait mention de lui en ſon Livre de la prééminence des Heraulds.

[1] C'eſt JEAN DE DORMANS *, Cardinal, Evêque de Beauvais, Fondateur en 1370 du Collège de Dormans (plus connu ſous le nom de Collège de Beauvais) & mort le 7 Novembre 1373. On ne lit point qu'il ait écrit quoi que ce ſoit. Mais il n'eſt pas le ſeul que La Croix du Maine ait placé de fantaiſie dans ſa Bibliothèque. (M. DE LA MONNOYE).

* C'eſt le même qui, exerçant la profeſſion d'Avocat au Parlement de Paris, s'y fit une ſi grande réputation, que Charles V l'éleva à la dignité de Chancelier de France, qu'il quitta enſuite pour être Légat de Grégoire XI. Il eſt enterré aux Chartreux de Paris.

JEAN DOUBLET, natif de Dieppe en Normandie, homme docte ès Langues. Il a traduit de Grec en François quelques

Œuvres de Xenophon, imprimées à Paris, chez Denis du Val l'an 1582. Les Elégies ou Complaintes & autres Poëmes François dudit Jean Doublet Diepois ont été imprimées à Paris il y a trente ans ou environ [1].

[1] J'ai parlé de ce JEAN DOUBLET dans le *Ménagiana*, p. 330 du Tom. IV, à l'occasion de ses vers touchant l'*Hermaphrodite*, que l'on peut voir dans du Verdier à ce mot. (M. DE LA MONNOYE).

JEAN DROUYN [*], ou DROYEN, Bachelier ès Loix & en Decrets, natif d'Amiens en Picardie. Il a mis en Profe Françoife l'Hiftoire des trois Maries, laquelle avoit été premiérement compofée en vers & rithmes Françoifes, par Jean Venette, de l'Ordre de Notre-Dame des Carmes, duquel nous parlerons ci-après. Ledit Jean Drouyn acheva de traduire ledit Livre le Jeudi 8 de Mai, l'an 1505, à la requête d'un Gentilhomme du Dauphiné, nommé Antoine Regnault, fieur de la Roche & Doyffin. Ce Livre des trois Maries a été imprimé à Paris par Nicolas Bonfons.

[*] La véritable orthographe de ce nom eft DROUIN.

JEAN DROSSEUS, natif de Caën en Normandie, I. C. & homme docte ès Langues [1]. Il a écrit une Grammaire en Hébreu, Grec, Latin & François : en laquelle il a traité de la Langue Françoife, imprimé à Paris l'an 1544, chez Chrétien Vechel, & chez Charles Perier.

[1] Son nom françois étoit *Jean de Drofay*, en latin *Joannes Drofæus*, & non pas *Droffeus*. Il y ajoutoit *Samarianus*, parce qu'il étoit né à Sainte-Marie, village du pays d'Auge, près de Séez. Il n'a écrit qu'en Latin, & c'eft uniquement par rapport à la langue Françoife, dont il enfeignoit les principes dans fa *Grammatica Quadrilinguis*, que la Croix-du-Maine lui a donné place dans fa Bibliothéque. (M. DE LA MONNOYE).

JEAN-ESTIENNE DURAND, Tolofain, premiérement Avocat Général au Parlement de Tolofe, & depuis premier Préfident en icelle Cour. Ce Seigneur Durand a compofé une très-docte exhortation à la Nobleffe de France, touchant la fidélité & obeïffance qu'elle doit à fon Roi, imprimée à Tolofe

&

& à Paris, & autres divers lieux, fans que ledit Sieur y ait
voulu mettre fon nom, non pour qu'il y eût rien que de bien
dit en icelle, mais pour ce qu'il eſt peu curieux de l'honneur
mondain , mais feulement defirant de profiter au public par
tous les moyens qu'il voit lui pouvoir fervir. Il a davantage
recueilli plufieurs Arrêts très-notables donnés au Parlement de
Tolofe & autres lieux, lefquels ne font encore en lumière, non
plus qu'un nombre infini de très-doctes & très-mémorables Plaidoyers prononcés par lui audit Parlement , durant fon état
d'Avocat & encore depuis. Il florit à Tolofe cette année 1584.

¹ Il falloit écrire DURANTI. Il fut tué le 10 Février 1589, (âgé de 55 ans)
dans une émotion populaire excitée par les Ligueurs, (après la nouvelle de
la mort du Duc de Guife) à laquelle il voulut s'oppofer pour le fervice
du Roi. On a prétendu , mal-à-propos & fans preuve, que le livre *de Ritibus
Ecclefiæ*, publié fous fon nom, étoit de Pierre Danès : (*le P. Martenne l'a
prétendu fur ce que les livres de Pierre Danès lui avoient été vendus après
fa mort , & le Préfident le Bret l'a dit de même.*) C'eſt une fauſſeté que j'ai
réfutée, pag. 517 & 518 de mes Remarques fur le VIᵉ Tom. de Baillet *in*-4°.
(M. DE LA MONNOYE).

JEAN DURET , Licentié ès Loix, Enquefteur pour le Roi
au pays de Bourbonnois. Il a écrit l'Harmonie & Conférence
des Magiftrats Romains , avec ceux des François, tant Eccléfiaftiques que Séculiers , divifé en trois livres imprimés à Lyon
chez Benoît Rigault l'an 1574 *.

* Avant l'Ouvrage cité par La Croix du Maine , Jean Duret avoit publié
une Paraphrafe fur le *Style du Duché de Bourbonnois*, à Lyon , 1570 , *in*-8°.

JEAN EDOARD DU MONIN , Poëte Latin & François,
Philofophe & Mathématicien , &c. natif de Gy en Bourgogne,
& non pas de Gien (comme pourroient penfer aucuns , voyant
qu'il s'appelle Gyanin , voulant exprimer fon pays) &c. Il a
fait imprimer à Paris un jufte volume de fes Poëfies Françoifes
chez Jean Parant l'an 1582 , lequel contient plufieurs Difcours,
Hymnes, Amours, Contr'amours, Eglogues, Elégies, Anagrammes & Epigrammes ; l'Uranologie, ou Difcours du Ciel ,

contenant plufieurs Difcours de la Sphère & autres chofes appartenantes aux Mathématiques, lequel Œuvre il a dédié à M. Des
Portes, &c. imprimé à Paris chez Guillaume Julien l'an 1584.
Il a traduit en vers Latins la Sepmaine du fieur du Bartas; mais
j'en ferai mention autre part. Je n'ai pas connoiffance de fes autres Œuvres & Compofitions Françoifes. Il florit à Paris cette
année 1584 [1].

[1] J'ai dit dans une de mes notes fur l'article 1495 de Baillet, pag. 248 du
Tome V, que du Monin fut tué à Paris le 5 Novembre 1586, dans fa 27ᵉ
année, & mon calcul touchant fon âge étoit fondé fur ce Diftique de Dorat;

> Annis ante tribus quàm fint fex luftra peracta
> Intempeftivâ morte, Monine, cadis.

furquoi, ayant appris depuis que du Monin lui-même, p. 113 de fon *Manipulus
Poëticus*, imprimé l'an 1579, parloit de fon portrait, où il étoit repréfenté
âgé de 22 ans, il s'enfuivoit qu'à ce compte, en 1586, il étoit dans fa 29ᵉ
année. Il fe vante, dans la Préface de fon *Quafimodo*, d'avoir, à l'âge de 20
ans, vû lire publiquement fes ouvrages au Collége d'Harcourt. Ce n'eft pas
un grand éloge pour ce Collége; une chofe à remarquer, eft que lui-même,
pag. 8 & 18 de fon *Manipulus Poëticus*, dit n'avoir pas employé deux mois
entiers à traduire en vers Latins, (mauvais, à la vérité) la première *Semaine*
de du Bartas, ouvrage de 7000 vers. *Voyez* Bayle au mot MONIN, (Jean
Édouard du)... & les Mémoires de Niceron, Tome XXXI, pag. 198, où
on trouve une longue épitaphe Latine que lui fit la Croix-du-Maine, pour
être placée dans l'Églife de Saint Côme, où du Monin fut enterré. (M. DE
LA MONNOYE).

Voy. la Bibl. Franç. de l'Abbé Goujet, Tome XII, pag. 373. & auffi fur
quelques Piéces de Théâtre de du Monin, les *Recherches fur les Théâtres
par Beauchamps*, pag. 58, fecond âge, Edit. *in-4°*.

JEAN ERARD, ou **ERARS**, ancien Poëte François,
lequel floriffoit l'an de falut 1250, ou environ. Il a écrit plufieurs chanfons d'amours & autres Poëmes non encore imprimés [*].

[*] Voy. Fauchet, Chap. 32. Du Verdier l'a omis.

JEAN EUSEBE, Bourbonnois, Docteur en la Faculté de
Médecine à Montpellier. Il a écrit en François un Livre de la
fcience du Poulx, qui eft le meilleur & le plus certain moyen

de juger des maladies, imprimé à Lyon l'an 1568 chez Jean
Sangrain *.

*Il fit imprimer à Lyon, en 1566, *in-8°*. fa *Philofophie rationale*, appelée
Diabolique par les Chirurgiens François.

JEAN FALUEL (Frère), Docteur en Théologie, Religieux
de l'Ordre des Jacobins, Chanoine de l'Eglife de Notre-Dame
de Boullongne l'an 1577. Il a prononcé une Harangue, ou
Oraifon funèbre à l'imitation des Anciens, pour deux excellens
Chevaliers François, l'un Seigneur du Biez, Maréchal de
France, l'autre Sieur de Vervin, Meffire Jaques de Couffy,
fon gendre, Gouverneur de Boullongne fur la mer, &c. imprimée à Paris l'an 1578 chez Jean de Laftre. Nous avons fait
mention dudit Faluel ici devant, parlant de François de l'A-
louette, Préfident de Sedan, &c. Auteur defdites Harangues [1].

[1] J'ai dit ci-deffus dans ma note fur FRANÇOIS L'ALOUETTE, mon opinion
touchant l'auteur de l'*Oraifon Funèbre du Maréchal de Biez & du Seigneur de
Coucy*. Faluel vivoit encore en 1588. (M. DE LA MONNOYE).

JEAN FELOT, Angevin, Sieur DU PONCEAU, Docteur
en Médecine, autrefois Médecin de la Royne de Navarre défunte, homme fort docte en Grec, en Philofophie & ès Mathématiques, il n'a encore fait imprimer fes Tables & autres
Recueils très-doctes touchant la Médecine, lefquels il a écrit
tant en Latin qu'en François. Il florit au Mans cette année 1584,
en laquelle ville il exerce fa profeffion de Médecine.

JEAN FERE, de l'Ordre des Freres Mineurs ou Cordeliers.
Il a écrit un Livre de Sermons par le commandement de Philippes, Roi de France, l'an 1212 [1]. Il fe trouve écrit à la main
fur parchemin, l'an 1474.

[1] On met ici ce Cordelier en 1212, temps auquel l'Ordre de S. François
n'avoit pas encore été approuvé, puifqu'il ne le fut qu'en 1515 par le Pape
Innocent III, au quatriéme Concile de Latran. (M. DE LA MONNOYE).

JEAN FEREI (Meffire), Chevalier, Sieur de DUR-
ESCU & de FONTEINES en Normandie, Confeiller du Privé

Conseil du Roi Henri III. Il naquit l'an 1516. Il a traduit de Latin en François le premier Livre de François Patrice [1] traitant de la Monarchie & de l'Institution du bon Roi, imprimé à Paris l'an 1577. Il florissoit l'an 1576 âgé de 60 ans.

[1] Bayle, au mot *Patrice*, se moque avec raison de l'empressement qu'on a eu de traduire les Traités *de Regno* & *de Republicâ*, d'un si pauvre Auteur. Il s'en seroit bien plus moqué, s'il avoit su qu'il avoit paru une Version Françoise du Traité *de Republicâ*, dès l'an 1520, à Paris, près d'un siécle avant celle du Sieur de la Mouchetière. On voit à la Bibliothéque Royale un exemplaire de cette vieille Traduction *in-folio*, en vélin, avec des figures enluminées. Il sera parlé plus amplement de FRANÇOIS PATRICE à la Lettre F. sur ce mot, dans du Verdier. (M. DE LA MONNOYE).

JEAN LE FERON, Avocat au Parlement de Paris, natif de Compiegne en Picardie, l'un des plus diligens & des plus curieux hommes de France pour la recherche des maisons nobles, des armoiries, & de l'Histoire, comme il l'a montré par les Livres qu'il a mis en lumière ; sçavoir est : * Le Catalogue des Connestables de France, Grands Maîtres, Maréchaux, Admiraux, Chanceliers & Prevôts de Paris, &c. imprimé à Paris avec les Escussons ou Armoiries des susdits, & le Blason d'icelles, chez Michel de Vascosan l'an 1555 ; Traité de la primitive Institution des Rois, Hérauts & poursuivans d'armes, imprimé à Paris chez Maurice Menier l'an 1555 *in-4°*. chap. 12 ; l'Histoire Armoriale réduite en 12 volumes contenant les Escussons, Blasons, noms, surnoms, qualité & mémoire perpétuelle des Rois, Princes, Seigneurs, Gentilshommes & Nobles de plusieurs Royaumes Chrétiens & infidèles & principalement du Royaume de France. Ce Livre n'est encore mis en lumière. Il a recueilli le Catalogue des Chevaliers de divers Ordres, institués par les Rois de France. Il n'est encore imprimé. Généalogie de la très-noble & très-ancienne maison de Sanzay en Poictou, contenant cent Ecussons ou Armoiries des alliances les plus nobles de ladite Maison. Elle se voit écrite à la main chez mesdits sieurs de Sanzay, faite par ledit Jean le Feron l'an 1561. Il a écrit les Généalogies de plusieurs Maisons nobles de France, sçavoir est

de Luxembourg, Croy ou Crouy en Picardie, Ducs d'Arſcot,
Bollongne ſur la mer, Harcour en Normandie, & autres; le
grand Blaſon d'armoiries compoſé l'an 1544; le Symbole armorial de France & d'Eſcoſſe, fait l'an ſuſdit 1544 (*Paris* 1555
*in·*4°.) les Armoiries de tous les Roys, Roynes & Enfans de
France, depuis Pharamond juſques au règne du Roi Henri II,
avec une briève Deſcription de leurs actes vertueux : ce Livre
n'eſt encore en lumière non plus que les ſuſdits. Il en fait mention en ſon Epître au Roi miſe au-devant de ſon Catalogue des
Connétables de France. Il floriſſoit à Paris l'an 1564 ſous le
règne de Charles IX, âgé de plus de 60 ans, ſous le règne duquel Roi il mourut.

* L'ouvrage le plus célèbre de Jean le Feron eſt l'*Hiſtoire des Connétables*
& *autres grands Officiers*, qu'il publia à Paris en 1555, *in-folio*. Le même
parut en 1628, corrigé & augmenté par Claude Morel. Enfin, Denis Godefroy le publia en 1658, revu, continué & augmenté de recherches & piéces
curieuſes, non imprimées. Godefroy convient que le Feron a commis bien
des fautes; par exemple, d'avoir donné à nos premiers Rois des Officiers,
avec les mêmes titres & honneurs que poſſédoient ceux de ſon temps : il
pouvoit ajouter encore d'avoir donné des armoiries à tous les Officiers de la
Couronne dès le temps de Pharamond. Godefroy relève ſouvent le Féron,
mais il n'a rien voulu changer dans l'ouvrage de cet Auteur. Le P. le Long
dit que François Ducheſne s'eſt plaint de ce qu'on a fait uſage dans cette
édition de quelques Notes d'André Ducheſne ſon pere, ſans le citer. Voyez
Biblioth. Hiſt. de la France, N° 13480.

JEAN FERRON, de l'Ordre des Frères Preſcheurs ou Jacobins de Paris. Il a traduit de Latin en François le Livre du
jeu des Eſchets, écrit premiérement en Latin par Jaques de
Courcelles, Jacobin, Docteur en Théologie. Je l'ai autrefois
vu écrit à la main chez Jean de Bordeaux, Libraire, demeurant
à Paris [1].

[1] Le Jacobin qui, vers l'an 1290, moraliſa en Latin *le jeu des Echets,*
étoit un Picard de Tiérache nommé *Jacques de Ceſſoles,* & non pas, comme
dit La Croix du Maine, *de Courcelles.* Les manuſcrits de ſon Livre *de ludo
ſcachorum* ſont communs, & les imprimés n'en ſont pas rares. Paul du May
n'étant pas encore Conſeiller au Parlement de Dijon, fit préſent d'un exemplaire de ce Livre à Caſaubon qui l'en remercia par ſa lettre du 30 Octobre

1607, où il lui témoigna l'avoir conféré avec un de la Bibliothèque du Roi tout semblable. La traduction de Jean Ferron ici rapportée fut, comme porte le Manuscrit, commencée l'an 1347 ; elle n'a point, que je sache, été imprimée. On parle d'une autre Allégorie du Jeu des Echets prétendue faite par Gilles de Rome, & traduite à la requête de Jean, Duc de Normandie, depuis Roi de France, premier du nom, par Jean de Vignay, Hospitalier de Saint-Jaques du Haut-pas. Je ne trouve cependant nulle part que Gilles de Rome ait travaillé sur le *Jeu des Echets* ; & la traduction de Jean du Vignay, quoique différente de celle de Jean Ferron, a été de même faite d'après le Latin de Jacques de Cessoles, comme le reconnoissent les PP. Quétif & Echard dans la Bibliothèque des Ecrivains de leur ordre. (M. DE LA MONNOYE).

JEAN LE FEBVRE, ou FEVRE, natif de Dijon en Bourgogne, Secrétaire de M. le Cardinal de Givry, & Chanoine de Langres, &c. autre que Jean le Fevre, Prêtre natif de Dreux, (duquel nous ferons mention après cettuy-cy.) Ledit Jean le Febvre de Dijon est Poëte, Théologien, Mathématicien & Peintre, curieux des arts méchaniques, & sur-tout de l'Horlogerie & de la Peinture. Il a écrit un Dictionnaire des Rithmes Françoises, imprimé à Paris chez Galiot du Pré l'an 1572. Il a traduit de Latin en vers François les Emblêmes d'André Alciat *, imprimées à Paris chez Chrétien Wechel l'an 1536, avec les vers Latins & François. Claude Minos de Dijon les a aussi traduites & fait imprimer chez Jean Richier à Paris l'an 1584, comme nous avons dit ci-dessus **.

* Sa Traduction en vers François des *Emblêmes* d'Alciat parut pour la première fois en 1536, *in-8°*. Le P. Nicéron, & ceux qu'il copie, se sont trompés en plaçant la première Édition de cette Traduction en 1540. Le Fevre n'a traduit que cent quinze *Emblêmes*. On a souvent réimprimé cette version. La Bibliothèque des Auteurs de Bourgogne (Tom. I, pag. 209) cite une autre Traduction en vers, dont La Croix du Maine n'a point parlé. C'est le *Livre de lamentation de mariage & de Bigamie*, *composé en vers Latins par M. Mathieu, & mise en vers François par Jean le Fevre.* Cet Ouvrage non imprimé étoit dans la Bibliothèque de feu M. le Président Bouhier, laquelle a passé à M. le Président de Bourbonne, son petit-fils.

** Il mourut l'an 1565, âgé de soixante-douze ans. Son Epitaphe est dans les *Bigarrures* de Tabourot. Ce fut Etienne Tabourot qui fit imprimer ce *Dictionnaire de Rimes* que le Fevre avoit divisé en cinq parties, selon les cinq voyelles, & que Tabourot remit suivant l'ordre Alphabétique. Il y en eut une seconde Édition, avec beaucoup de changemens, en 1587.

Voy. la Bibl. Françoise de M. l'Abbé Goujet, Tom. III, pag. 419, & Tom. VII, pag. 79.

JEAN LE FEUBVRE, Prêtre, natif de Dreux près Chartres. Il a écrit un Livre en vers François, qu'il a intitulé les Fleurs & Antiquités des Gaules : auquel Livre il traite principalement des anciens Philosophes Gaulois, appelés Druides, avec la Description des bois, forêts, vignes, vergers & autres lieux de plaisirs, situés près ladite ville de Dreux, imprimé à Paris chez Pierre Sergant l'an 1532, auquel temps florissoit ledit Auteur.

JEAN FIGON, de Monteilimar en Dauphiné. Il a traduit de Latin en vers François, un Livre intitulé l'Amitié bannie du monde, écrite en forme de Dialogue par Cyrus Théodoretus, &c. ¹. La Course d'Atalante, qui est un Poëme François, imprimé à Tolose l'an 1558, chez Pierre du Puis, auquel lieu florissoit ledit Figon l'an susdit 1558.

¹ *Cyre*, ou *Cyrus Théodorus*, Κυρὲς Θεόδωρος ὁ πρόδρομος, nommé par honneur Κυρὲς, synonime de Κύριος, vivoit au commencement du XI siècle *. *Voyez* ce qu'en dit Jean Albert Fabrice, pag. 816 de sa *Bibliothèque Grecque*, Liv. V, chap. VI, où parlant des Traducteurs de l'Ἀπόδημος φιλία de ce Poëte, il n'oublie pas Jean Figon.

* Cyrus Théodore Prodrome étoit Prêtre, Philosophe & Médecin. On connoît de lui entr'autres ouvrages un Roman Grec qui a pour titre *Les Amours de Dosicle & de Rhodante*, dont M. de Beauchamps a donné une imitation en 1746, mais non une traduction exacte & complette, qui serviroit à faire connoître les mœurs des Grecs de ce temps-là.

JEAN FILLEAU, Jurisconsulte, natif de Clermont en Beauvaisis. Il a traduit quelques Livres en François imprimés à Paris.

JEAN FLAMEN, Ministre à Genève, natif de Toulon en Provence. Je n'ai point vu de ses écrits.

JEAN FLEURY, dit FLORIDUS. Il a traduit en vers François le livre des deux amans, Guischar ou Guisgard & Sigismonde, fille de Tancredus, Prince de Salerne, &c. imprimé à Paris [1]. Léonard Arétin, Italien, avoit premiérement écrit ce Livre en langue Latine.

> [1] Le Livre des *deux Amans* n'eſt autre choſe que la *premiere Nouvelle de la quatrieme Journée du Décaméron*. Bien des gens n'ayant lu cette Nouvelle que dans le latin de Léonard d'Arezzo, la lui attribuèrent. On ne ſongea point à Bocace. L'Hiſtoire imprimée ſéparément, puis traduite de proſe Latine en proſe Françoiſe, fut intitulée *Le Livre des deux Amans*. Jean Fleuri le mit en vers François ſous ce titre; & de ſon côté La Croix du Maine, fort en repos de Bocace, a cru que pour tout éclairciſſement, il ſuffiroit de dire que Léonard Arétin avoit premiérement écrit ce Livre en langue Latine. Philippe Béroalde l'ancien avoit auſſi été cru Auteur de cette même Nouvelle, pour l'avoir miſe en vers Latins. (M. DE LA MONNOYE.)

JEAN DE FOIGNY, Imprimeur de M. le Cardinal de Lorraine, à Rheims en Champagne l'an 1563. Il a traduit de Latin en François l'Oraiſon funèbre prononcée à Rome aux obſèques & funérailles de feu M. le Duc de Guiſe, Meſſire François de Lorraine, &c. par Julien Pogian, dit Pogianus, imprimée à Rheims par ledit de Foigny, & à Paris par Nicolas Cheſneau l'an 1563 [1].

> [1] L'Auteur Latin de l'*Oraiſon Funèbre de François*, *Duc de Guiſe*, eſt *Julius Pogianus*, qu'il falloit par conſéquent appeller en François *Jule Poggien*. C'étoit un Cicéronien célèbre qui a donné de grandes preuves de ſon éloquence dans le peu d'écrits qu'on voit de lui, & qui en auroit donné de plus grandes s'il ne fût mort le 5 Novembre 1568 dans la quarante-ſeptième année de ſon âge. (M. DE LA MONNOYE).

JEAN DE LA FONTAINE, natif de Valenciennes, au Comté de Hénault en la Gaule Belgique, ancien Poëte François, Philoſophe & Mathématicien, lequel floriſſoit en l'an de ſalut 1413, &c. Il a écrit & compoſé en vers François un livre contenant pluſieurs ſecrets touchant l'Alchimie, lequel il a intitulé la Fontaine des Amoureux de Science. Ce Livre a été revu & mis en ſon entier, avec les figures, par Antoine du Moulin, Mâconnois, & imprimé à Lyon par Jean de Tournes l'an 1545, & à Paris par Guillaume Guillard l'an 1561, avec trois autres petits Traités de la transformation métallique, &c.

JEAN

JEAN FONTAINE, autre que le fufdit. Il a écrit en Latin, & depuis traduit en François, un Livre qu'il a intitulé le Petit Jardin pour les enfans, contenant les noms & appellations de toutes fortes d'oifeaux, animaux, poiffons, ferpens, arbres, herbes, plantes & autres chofes femblables, le tout réduit par lieux communs, & encore par ordre alphabétique ou d'A, b, c, avec le Latin à côté du François : & au livre Latin, il a mis le François après, imprimé à Lyon par Charles Pefnot l'an 1581.

JEAN DE LA FOREST, Protenotaire du S. Siége Apoftolique. Il a traduit en François la très-élègante Oraifon du Seigneur Berthelemy Cavalcanti, Florentin, imprimée à Paris par Galiot du Pré l'an 1530 [1].

[1] Bartolomeo Cavalcanti, Gentilhomme Florentin, Auteur d'une Réthorique eftimée, mourut à Padoue le 9 Décembre 1562, âgé de 59 ans *. (M. DE LA MONNOYE).

* Il étoit né à Florence en 1503, homme intègre & capable des plus grandes affaires. Outre les fept Livres de *Réthorique*, on a de lui un *Commentaire fur le meilleur Etat d'une République.*

JEAN DE LA FOSSE, Parifien. Il a traduit de Latin en François, les vies & geftes des anciens Patriarches, écrites en Latin par Joachim Perion, Moine de l'Abbaye de Cormery en Touraine, &c. imprimées à Paris chez Jaques Kerver l'an 1557, (*in*-8°.)

* Joachim Périon, de Cormeri en Touraine, célèbre Bénédictin, mourut en 1559.

JEAN FORNIER. Il a écrit en vers François un Poëme qu'il a intitulé l'Uranie, contenant la naiffance du Roi Henri II, qui fut l'an 1519 le dernier jour de Mars à fix heures quinze minutes du matin, imprimé à Paris chez Charles l'Angelier l'an 1555.

JEAN FOURNIER, de Montauban. Il a traduit en François les Affections d'Amour de Parthenius, ancien Auteur Grec, & les Narrations d'Amour écrites par Plutarque, le tout imprimé à Lyon l'an 1555. Je ne sais si ces deux Fornier & Fournier ne font qu'un même *.

* Les deux Articles précédens ne font qu'un feul & même Auteur.

JEAN DE FRANCIERES, ou FRANCHIERES (Meffire), Chevalier de l'Ordre de S. Jean de Hierufalem, Commandeur de Choiffy en France, grand Prieur d'Aquitaine, &c. * Il a écrit en François un Livre de la Faulconnerie, lequel nous avons pardevers nous écrit à la main de lettre antique ; il a été depuis imprimé à Poictiers chez les Marnefs , avec les Livres de Faulconnerie de Guillaume Tardif, &c.

* Jean de Francieres, qu'on a quelquefois nommé *de Franquieres,* vivoit fous Louis XI. Naudé , dans fes additions à l'hiftoire de ce Prince pour répondre à ceux qui reprochoient à la Nobleffe Françoife d'avoir méprifé les Sciences jufques au règne de François I, cite Meffire Jean de Francieres comme un exemple capable de détruire cette imputation. Son *Traité de l'Art de la Fauconnerie avec le déduit des chiens de chaffe,* fut imprimé en Lettres Gothiques à Paris chez Pierre Sergent *in-4°.* fans date. La Bibliothèque des Auteurs qui ont écrit fur *la Chaffe,* croit cette édition de 1511. Elle eft extrêmement rare. Celle de Poictiers des Marnefs , citée par La Croix du Maine , eft de 1567 *in-4°.* On y a joint la *Fauconnerie* de Guillaume Tardif & la *Volerie.*

JEAN LE FRERE, de Laval au Maine fur les frontières de Bretagne , Principal du Collège de Bayeux fondé à Paris, &c. homme docte en Grec & en Latin. Il a écrit en François une très-ample Hiftoire de notre temps , imprimée à Paris chez Nicolas Chefneau par diverfes fois, & depuis augmentée de plus de la moitié, par ledit le Frere, & imprimée par ledit Chefneau & Jean Poupy l'an 1581 , fans qu'il y ait voulu mettre fon nom, à caufe de plufieurs hiftoires contenues en ce Livre, defquelles il ne vouloit en être eftimé l'Auteur , pour ne déplaire à aucun de fon temps 1. Il a traduit la Chronique d'Eufebe ; il a traduit l'Hiftoire de Jofephe de Grec en François, imprimée avec la verfion Latine & Françoife, en deux diverfes colomnes, à côté l'une de l'autre, chez Nicolas Chefneau & autres : François Bourgoing l'avoit auparavant traduite ; & Gilbert Genebrard, Docteur en Théologie à Paris, &c. a été le dernier de ces trois qui l'a traduite en notre langue, comme nous avons dit ci-devant parlant de lui. Il a écrit un Livre intitulé le Charideme, ou du mépris de la mort, avec plufieurs vers chrétiens, le tout imprimé enfemble à Paris l'an 1579 chez Nicolas Chefneau; plufieurs Noëls ou Cantiques fur l'avénement de Notre-Seigneur Jefus-Chrift, imprimés à Angers & en autres lieux ; il a traduit dé Grec & de Latin en notre langue Françoife , plufieurs vies de Saints & Saintes , imprimées avec les trois grands volumes de l'Hiftoire des Saints chez Nicolas Chefneau & autres ; il a augmenté de beaucoup le Dictionnaire François & Latin après Jean Thierry de Beauvais; ledit Jean le Frere l'avoit de beaucoup enrichi , & mêmement il y avoit ajouté un recueil des noms propres modernes de la Géographie , conférés aux Anciens , le tout par ordre d'A, b, c, ou alphabétique , avec une briève obfervation de leurs fituations. Ce Livre avoit été imprimé chez Michel Sonnius, Jaques du Puis & autres l'an 1572, & je ne fais qui a été caufe de mêler ce Livre mis à part , avec toutes les autres dictions Françoifes, car c'étoit une chofe plus prompte à trouver , (étant réduit en un bref recueil de chofes de même matière) que de l'aller chercher parmi cent mille mots, qui n'ont rien de pareille fignification. Il a pu écrire autres Œuvres , defquelles je n'ai pas connoiffance. Il mourut de pefte à Paris, le mardi 12 , ou mercredi 13, jour de Juillet, l'an 1583.

[1] Paul-Emile Piguerre , Chartrain , Confeiller au Mans, paffe pour Auteur d'une partie confidérable de l'Hiftoire de France qui a paru fous le nom de JEAN LE FRÉRE , dans la dernière Edition de laquelle celui-ci ne voulut pas mettre fon nom , comme le dit La Croix du Maine , tant ici , qu'au mot JEAN DE LA HAÏE fur la fin, & au mot PIERRE BONNEAU. *Voy.* touchant cet Ouvrage les différentes opinions de plufieurs Ecrivains, ramaffées par le P. le Long, n°. 7942 de fa *Bibliothèque Hiftòrique de France*, première Edit. (M. DE LA MONNOYE).

JEAN DE FRESSE, Evêque de Bayonne, appellé par aucuns le Sieur DE FRESNES, Ambaffadeur pour le Roi Henri II en Allemagne l'an 1552 [1]. Il a écrit un Livre intitulé le premier Livre des Etats & Maifons plus illuftres de la Chrétienté , imprimé à Paris l'an 1549 chez Vincent Sertenas, sans que le nom dudit Evêque y soit mis. Il harangua pour son Maître Henri II, Roi de France, en une Diete des Princes de l'Empire l'an susdit 1552. Cette harangue se trouve enregistrée ès Commentaires de celui qui a écrit de l'Etat & l'Empire & Religion d'icelui. François Balduin, Jurisconsulte, fait mention dudit de Fresse en son Panégyrique sur le mariage du Roi Charles IX ; & celui qui a écrit les faits & gestes du Roi Henri II, en parle aussi.

¹ Son nom de famille étoit JEAN DES MONSTIERS. C'est ainsi que l'appelle du Verdier. Il étoit de la maison des Vicomtes de Mérinville. On prononce DES MOUTIERS. La Croix du Maine, trompé par la diversité des noms, a séparé cet Auteur en deux. Du Verdier écrit *des Montiers & le Fresse* ; La Croix du Maine *de Fresse, du Fresse, la Fresse & du Fresne** . On sait que cet Auteur signoit *de Fresse*. (M. DE LA MONNOYE).

* Plusieurs autres Ecrivains sont tombés dans diverses méprises sur le nom de cet Evêque de Bayonne. Oihenart en a fait deux, dont il nomme l'un JEAN DU MONSTIER, & l'autre JEAN DE FRESNE. C'est sous ce nom de JEAN DE FRESNE, *Joannes Fraxineus*, qu'on a imprimé dans un Recueil de Goldast le petit Ecrit de ce Prélat, intitulé *Belli inter Franciscum Galliæ Regem & Carolum V, Imperatorem, anno 1542, inchoati, historia apologo expressa.* Voy. la Bibl. Histor. du P. le Long, première Edition, n°. 7590. De Fresse mourut vers l'an 1569. On peut voir dans de Thou, Livre X, sous l'an 1552, l'Histoire de son Ambassade à la Diette de Passau ; on y trouvera l'Extrait de la Harangue qu'il y prononça le 3 Juin de cette année, & la Lettre qu'il écrivit aux Princes de l'Empire, au nom du Roi, le 29 du même mois.

JEAN DE FRIGEVILE, natif de Realmont en Albigeois, homme docte ès Mathématiques, & sur-tout en la Chronologie ou Supputation des temps, issu de la maison du Gault, &c. Il a mis en lumière une sienne Chronologie, contenant la générale durée du Monde, démontrée par la parole de Dieu, écrite par l'Auteur, tant en Latin qu'en François, imprimée à Paris chez Abraham Dauvel l'an 1582, & par le Verrier. Il a écrit un autre second Discours, touchant l'argument susdit, imprimé à Paris par Thimothée Jouan l'an 1583. Il florit à Paris cette année 1584.

JEAN FROISSART, natif de Valenciennes en Haynault,

Tréforier & Chanoine de Chimay. Ceftui-cy a été l'un des plus renommés Hiftoriens de France. Il a écrit les Chroniques de France, d'Angleterre, d'Ecoffe, d'Efpagne, de Bretagne, Gafcongne, Flandres & lieux d'alentour, ou circonvoifins, le tout réduit en trois volumes imprimés à Paris l'an 1505 par Michel le Noir & autres. Il commence fon Hiftoire dès l'an de Salut 1326 jufqu'en l'an 1390 & 1391 [1]. Son Hiftoire ou Chronique a été revue & recorrigée par Denis Sauvage *, fieur du Parc, natif de Fontenailles en Brie, &c. & imprimée à Paris chez Sonnius & autres depuis peu de temps en çà (comme nous avons dit ci-deffus parlant dudit fieur du Parc). Il floriffoit l'an 1326, & fon Hiftoire a été fuivie par Monftrelet & autres.

[1] La Croix du Maine s'explique très-mal, lorfqu'après avoir dit que l'Hiftoire de Froiffart s'étendoit depuis 1326 jufqu'en 1391, il ajoute que cet Auteur floriffoit en 1326. Le terme *floriffoit*, fignifie qu'il étoit en réputation par fes Ecrits, ce qui donne l'idée d'un homme âgé tout au moins de quarante ans, d'où il s'enfuivroit qu'il feroit né l'an 1286, & qu'en 1400, temps où il vivoit encore, il auroit eu cent quatorze ans. Froiffart lui-même au Prologue de fes *Chroniques*, témoigne qu'avant la prife du Roi Jean à la bataille de Poitiers, c'eft-à-dire, avant l'an 1356, *il étoit bien jeune de fens & d'âge*, que cependant au fortir de l'école s'étant occupé à rédiger par écrit les guerres qui avoient précédé cette prife, il préfenta le Recueil qu'il en avoit compofé à la Reine Philippe d'Angleterre. Je préfume de-là qu'il pouvoit avoir quelques vingt-cinq ans, lorfque le Roi Jean fut pris, qu'ainfi étant né l'an 1330 ou 31, il avoit foixante-dix ans commencés ou complets en 1400. Il ne s'attachoit pas tellement à écrire l'Hiftoire, qu'il ne trouvât le loifir de s'exercer en Poëfie. C'eft de quoi un Manufcrit de la Bibliothèque du Roi, coté 457, fait foi. Il contient plufieurs Traités tant d'Amours que de Moralités, achevés par Jean Froiffart, Tréforier de Chimay l'an 1394. Les Allemands nous accufent d'avoir extrêmement corrompu le texte de Froiffart. (M. DE LA MONNOYE).

* La Reine d'Angleterre à laquelle Froiffart préfenta fon premier Recueil d'Hiftoires étoit Philippe de Hainault, femme d'Edouard III, dont il fut très-protégé tant qu'elle vécut. Ce fut par fes ordres qu'il compofa la plupart de fes Poëfies. Bodin & la Popeliniere ont prétendu qu'il avoit vécu jufqu'en 1420. Ce que l'on peut affurer, c'eft qu'il vivoit encore en 1400, puifqu'il rapporte les événemens de cette année. Mais il n'alla pas loin au-delà. Il paroît par l'obituaire de l'Eglife de Sainte Monegonde de Chimay qu'il mourut au mois d'Octobre, & il eft affez probable qu'il finit fes jours dans

fon Chapitre, vers 1402. Sleïdan a fort abrégé Froiffart, & a réduit fa *Chronique*, qui eft en quatre volumes *in-fol.* en un feul petit *in-*8°. Je ne fais pourquoi M. de la Monnoye, à la fin de la note ci-deffus, dit que les Allemands nous accufent d'avoir extrêmement corrompu & eftropié le texte de Froiffart. La meilleure Edition de Froiffart avec la continuation de Monftrelet jufqu'en 1467 eft celle de Lyon 1559, en 4 vol. *in-fol.* — Pâquier, *Rech. de la Fr. Liv.* VII, Chap. 5, dit... « Celui que je voy avoir grandement advancé cette » nouvelle Poëfie (les Chants Royaux, les Ballades, &c.) fut Jean Froiffard... & » m'eftonne comme il n'ait été recommandé en cette qualité de Poëte par » l'ancienneté : car autrefois ai-je vu en la Bibliothèque du grand Roi François » à Fontainebleau un gros Tome de fes Poëfies, dont l'intitulation étoit » telle : *Vous devez favoir que dedans ce Livre font contenus plufieurs dictiez ou* » *traitez amoureux & de moralité, lefquels Sire Jean Froiffard, Preftre &* » *Chanoine de Canay, & de la nation de la Comté de Haynault & de la ville de* » *Valentianes a fait dicter & ordonner à l'aide de Dieu & d'Amours, à la con-* » *templation de plufieurs nobles & vaillans, & les commença de faire fur* » *l'an de Grace 1362, & les cloift en l'an de Grace 1394. Le Paradis d'Amour,* » *le Temple d'Honneur, un Traité où il loue le mois de May, la Fleur de la* » *Margueritte, plufieurs Laiz amoureux, Paftorales, la Prifon amoureufe,* » *Chanfons Royales en l'honneur de Notre-Dame, le Dicté de l'Efpinette amou-* » *reufe, Balade, Virelaiz & Rondeaux, le Plaidoyé de la Rofe & de la* » *Violette* ». Ce paffage peut fervir de Catalogue aux Œuvres de Froiffart. Pâquier ajoute : « *Je vous ai voulu par exprès cotter mot après mot cette intitu-* » *lation, d'autant que depuis ce tems-là, toute notre Poëfie confiftoit prefque en* » *ces mignardifes* ».

Voy. les Mém. de Niceron, Tom. XLII, pag. 210 & fuiv. & la Bibl. Franç. de M. l'Abbé Goujet, Tom. IX, p. 121. Voy. auffi les Mémoires de M. de S. Palaye fur Froiffart dans le treizième volume des Mémoires de l'Académie des Belles-Lettres, & la notice qu'il a donnée des Poëfies de cet Ecrivain dans le Tome XIV de l'Hiftoire de cette Académie.

JEAN FRUMIAUX, natif de l'Ifle en Flandres (comme aucuns penfent), ancien Poëte François l'an 1260, ou environ. Il a écrit plufieurs Poëfies Françoifes, & entr'autres des chanfons amoureufes, lefquelles ne font imprimées.

* Voy. Fauchet, Chap. 72. Du Verdier l'a omis.

JEAN DE GAIGNY, ou **DE GANNEY**, dit Ganeius, ou Gayneius [1], Docteur en Théologie, & Chancelier de l'Univerfité de Paris, premier Aumônier du Roi François premier du nom, &c. parent du Chancelier de France, Meffire Jean de Gannay, &c. Cetui-ci étoit fort docte en Grec & en Latin, &

bien renommé entre les Poëtes Latins. Il a traduit de Latin en
François les Commentaires de Primatius, Evêque d'Afrique,
fur les Epîtres de S. Paul, par le commandement du Roi François, fon Maître. Il a traduit les fermons des fix paroles de
Jefus-Chrift en croix, imprimés à Lyon par Jean de Tournes
l'an 1543 ; il a traduit de Latin en François les Sermons de
Guerricus, Abbé d'Igny, imprimés à Paris chez Symon de Colines dit Colinet. Il florissoit l'an 1543. Je ferai mention de fes
écrits latins autre part.

¹ On trouve encore *Gagneius, Gagnæus* & de *Gagneyio.* Baillet le nomme
Gagné, & l'on pourroit croire qu'on auroit auffi écrit *Gannay* & *Ganay*,
s'il étoit vrai qu'il fût parent du Chancelier de Ganay. Il mourut le 25 Novembre 1549. (M. DE LA MONNOYE).

Il fut ennemi déclaré de Robert Etienne. Launay (*Hift. de l'Univ.*) l'appelle mal *Gagnæus* ; Robert Eftienne l'a mieux appelé *Gagneius*, ce qui
indique que fon vrai nom étoit *Gagné.* Voy. le *Ducatiana*, pag. 293, & le
Menagiana, Tom. IV, pag. 6, fur les *æus* abufifs. (M. FALCONNET).

JEAN GALLERY, ou GUALLERY, natif de la ville du
Mans, Oncle de maître Prothais Coulom, Chirurgien des plus renommés du Maine, &c. Ceftuy Jean Guallery étoit Poëte François,
Philofophe, Mathématicien & bien verfé en autres fciences. Il
a compofé quelques Tragédies, Comédies & autres Poëfies
Françoifes non encore imprimées. Il fut accufé enfin d'être ma-
gicien, & fut condamné aux galères *. Le Livre mis au nom de
la Roine de Navarre, intitulé l'Heptameron ou fept journées,
fait mention dudit Gallery & de ce qu'il lui advint. Il étoit Principal du Collège de Juftice à Paris, auquel lieu il fit jouer &
repréfenter plufieurs Tragédies & Comédies, tant en Latin
qu'en François, compofées par lui. Ses Œuvres ne font en lumière. Il florissoit à Paris fous le règne de François premier du
nom, Roi de France.

* C'eft dans la première Nouvelle de l'*Heptaméron* qu'il eft parlé du Ma-
gicien GALLERY.

JEAN LE GALLOIS, ancien Poëte François l'an 1260,

ou environ, natif d'Aubepierre. Il a écrit le Fabliau moral, de la Bourſe pleine de Sens, non encore imprimé. Voy. CL. F. *

* Voy. Fauchet, Chap. 88.

JEAN GARDEY FAGET. Il a traduit de Latin en François le Recueil des Fleurs & Sentences de Lactance Firmien, pleines de piété & doctrine, le tout réduit en lieux communs par Thomas Beçon, imprimé à Lyon l'an 1558 par Clément Baudin.

JEAN GARDET, ou GUARDET, Bourbonnois. Il a fait & recueilli avec Dominique Bertin, Pariſien, l'Epitome ou extrait abrégé des dix Livres d'architecture de Marc Vitruve Pollion, enrichi de figures & protraicts pour l'intelligence du Livre, imprimé à Paris par Gabriel Buon l'an 1567, le tout avec annotations ſur les plus difficiles paſſages de l'Auteur, &c. Ce Livre a été auſſi imprimé à Toloſe l'an 1556, auquel temps floriſſoit l'Auteur d'icelui.

JEAN GARNIER, Sieur DE LA GUIARDIERE, natif de Laval au Maine, Poëte François & Hiſtorien. Il a écrit pluſieurs Poëſies Françoiſes, & entr'autres, un Poëme qu'il intitule la Mer rouge. Ce Livre n'eſt encore imprimé. J'ai appris ceci de M. de Loriere, frère du ſuſdit *.

*Voy. ci-deſſous le mot JEAN SAUGRIN.

JEAN GARNOT, Medecin, natif de Juerre *. Il a traduit de Latin en François la catholique démonſtration de la divine eſſence de Dieu.

* C'eſt d'*Ivoire*, Bourg de Savoye dans le Chablais.

JEAN GASSOT, Hiſtorien François. Il a écrit un Diſcours de ſes voyages en Hieruſalem & au mont de Sinay l'an 1547. Il floriſſoit l'an 1550, ou environ. J'ai vu ce Livre écrit à la main, avec les voyages faits par frère Bonadventure Brochard & Greffin Arfagart, ſieur de Courteilles, deſquels nous avons parlé ci-devant.

JEAN

JEAN GAULTIER, Sieur DE BRUSLON, Gentilhomme Angevin, Maître des Comptes en Bretagne. Il a écrit un Livre de
l'origine, excellence & progrès de l'état & office de Maître des
Comptes, lequel n'eſt encore imprimé. Il florit cette année
1584.

JEAN LE GENDRE, Pariſien. Il a compoſé une briève
introduction en la Muſique, imprimée à Paris chez Nicolas du
Chemin. Il y a un autre Jean le Gendre, natif d'Orléans ; mais
je ne ſais s'il a rien compoſé.

JEAN GERMAIN, natif de Clugny en Bourgongne, Docteur en Théologie, Evêque de Nevers, & depuis de Châlon-
ſur-Saone, Chancelier de l'Ordre de la Toiſon d'or ſous Philippes, Duc de Bourgongne, &c. Il eſt Autheur de l'Oraiſon
Françoiſe qu'il prononça au Concile de Conſtance en Almagne,
l'an de ſalut 1414, au nom de Philippes, Duc de Bourgogne,
ſon maître, &c. Je ne l'ai point vue imprimée [1]. Pierre de S. Julien parle amplement dudit Jean Germain en ſon Livre de l'o-
rigine des Bourgongnons *.

[1] Il mourut le 2 Février 1460. Il prononça deux Harangues au Concile de
Conſtance, mais l'une & l'autre Latines. *Voy.* le P. Jacob, pag. 11 de ſon
Livre *de Scriptoribus Cabilonenſibus.* (M, DE LA MONNOYE).

* Tous ceux qui ont écrit les vies des Evêques de Châlon ont parlé de
Jean Germain comme d'un homme de baſſe naiſſance. Ils racontent qu'étant
encore enfant il préſenta à la Ducheſſe de Bourgogne de l'eau bénite avec tant
de grace, que cette Princeſſe le prit en affection, & l'envoya étudier dans
l'Univerſité de Paris, où il ſe diſtingua, & d'où il paſſa à la Cour du Duc de
Bourgogne, Philippe le Bon. Cependant le P. Jacob, dans ſon Livre ſur
les *Écrivains de Châlon*, dit que Germain étoit de famille illuſtre (*præclaris
parentibus*). Son père ſe nommoit *Jacques Germain*, & mourut en 1424,
aſſez long-temps avant la grande fortune de ſon fils : car cinq ans après, dans
un compte rendu en 1429 à la Chambre des Comptes de Dijon, Jean
Germain eſt ſimplement qualifié *Conſeiller du Duc étudiant à Paris.* Jacques
Germain avoit fait bâtir la nef de l'Egliſe des Carmes de Dijon, leur Bibliothèque & leur Chapitre. Nous apprenons ces faits du teſtament même de
Jean Germain (*Gall. Chriſt.* Edit. 2, Tom. IV, Col. 932) qui légue 200 liv.
pour achever le Cloître de cette même Egliſe, où ſon père étoit enterré. Il

y a donc lieu de croire que le père de Jean Germain étoit au moins un homme riche. Celui-ci fut fait Chancelier de l'Ordre de la Toiſon d'Or avec 150 liv. de gages, par le Duc de Bourgogne, en 1431. Il fut Evêque de Nevers en 1432, & le Duc lui donna deux cens écus d'or pour fournir aux frais de ſa conſécration. L'année ſuivante il l'envoya Ambaſſadeur à Rome, & enſuite au Concile de Baſle. Il y reſta depuis le 1 Janvier 1434 juſqu'au dernier Août 1436. Ces dates ſont juſtifiées par l'état de la maiſon des Ducs de Bourgogne & les comptes rendus à la Chambre des Comptes de Dijon, imprimés dans des Mémoires, pour ſervir à l'Hiſt. de Fr. & de Bourg. Tom. II, p. 186. Mais on ſe trompe, quand on dit dans ce même endroit qu'il fut envoyé au Concile de Baſle étant Evêque de Châlon; il ne fut fait Evêque de Châlon qu'au mois d'Octobre 1436, à la place de Jean Rolin, qui avoit été transféré à l'Evêché d'Autun, vacant par la mort de Frédéric de Grancé, arrivée dans le mois d'Août précédent. La mépriſe de La Croix du Maine & de la Monnoye eſt bien plus forte, quand ils ſuppoſent qu'il harangua au Concile de Conſtance comme Ambaſſadeur de Philippe le Bon, Duc de Bourgogne; ce Prince n'étoit point encore Duc de Bourgogne pendant le Concile de Conſtance, commencé en 1414, & fini en 1418 : il ne le devint qu'en 1419. Cependant La Croix du Maine ne balance pas à dire que ce fut en 1414 que Jean Germain prononça ſa Harangue devant ce Concile, au nom de Philippe ſon maître; il devoit dire que ce fut au Concile de Baſle en 1434. En effet Germain y parla ſur la queſtion de la préſéance avec tant de ſuccès, qu'il obtint pour le Duc de Bourgogne le rang immédiat après les têtes couronnées. Je ne crois pas que ſes Harangues dans le Concile ſoient imprimées, non plus que les autres Ouvrages qu'on lui attribue. (Voyez *Illuſtre Orbandal*, Tom. I, pag. 502, *Gall. Chriſt. ubi ſuprà*). Ces Ouvrages ſont, 1°. un Livre ſur l'*Immaculée Conception de la Vierge*; 2°. quelques *Ecrits contre les Mahométans*; 3°. un *Ouvrage contre les héréſies d'Auguſtin de Rome*; 4°. un *Commentaire ſur les quatre Livres des Sentences*; 5°. un *Traité de la purgation des ames*. Tant d'Ecrits lui méritoient une place dans la *Bibliothèque des Auteurs de Bourgogne*, où il a été oublié. Il étoit né à Clugny, comme l'atteſte l'acte de fondation qu'il fit de la Chapelle de Notre-Dame de Pitié, en 1450, dans l'Egliſe de S. Vincent de Châlon. (Cet acte eſt imprimé au Tom. II de l'*Ill. Orband.* pag. 153). A la tête de cet acte il prend les titres ſuivans : *Joannes Germani de Clugniaco, Matiſconenſis Diœceſis, in Artibus Magiſter, & Sacræ Theologiæ Profeſſor, Cabilonenſis Epiſcopus, Conſiliarius Illuſt. Principis Philippi, & ſui Ordinis Vellerei Aurei Cancellarius.* Pour achever de relever les mépriſes où l'on eſt tombé ſur cet Evêque, je dirai que M. de la Monnoye qui place ſa mort au 2 Février 1460, devoit la placer en 1461, ſuivant le calcul actuel.

JEAN GERSON, dit CHARLIER, qui eſt ſon vrai ſurnom; & quant à ce qu'il a toûjours retenu ce nom de Gerſon, c'eſt qu'il étoit natif dudit lieu de Gerſon au pays de Champa-

gne, foubs l'Archevêché de Rheims. Il naquit l'an 1362 le quatorzième jour de Décembre. Il fut Docteur en Théologie à Paris,
des plus renommés de fon temps, & enfin Chancelier de l'Univerfité. Il a écrit plufieurs Sermons en notre langue Françoife,
lefquels ont été depuis traduits en Latin. Il a compofé l'inftruction des Curés, imprimée à Paris par André Roffet l'an 1557;
Harangue faite par ledit Gerfon, & prononcée par lui-même au
nom de l'Univerfité de Paris, devant le Roi Charles VI & fon
confeil, imprimée à Paris par Gilles Corrozet l'an 1561, & auparavant imprimée par Durand Gerlier, &c. Il a écrit un fort
grand nombre de Livres en Latin, defquels je ferai mention
autre part. Il mourut à Lyon fur le Rhône l'an 1429 en l'an de
fon âge 66, felon qu'a écrit Tritemius, & felon Jean Bouchet
aux Annales d'Aquitaine, il mourut l'an 1432 [2]. Il eft enterré
en l'Eglife des Céleftins à Lyon, & eft réputé de plufieurs,
homme de fainte vie, encore qu'il n'ait pas été canonifé. Il étoit
difciple de Pierre d'Ailly, dit de Aliaco, Cardinal & Evêque
de Cambray. Il fut en perfonne au concile de Conftance * en Almagne, pour effayer d'extirper les héréfies qui avoient cours
en ce temps-là.

[1] On a écrit & prononcé anciennement JARSON. Entre les Ecrits de François de Gerfon, il en eft un peu connu, que Pierre Gervaife, Affeffeur de
l'Official de Poitiers, nomme *les Géorgines*, & dont il fait mention dans
fa lettre en vers, inférée la vingt-deuxième en nombre parmi les *Epîtres Familières* de Jean Bouchet. (M. DE LA MONNOYE).

[2] Son Epitaphe porte qu'il mourut le 12 Juillet 1429. Ainfi La Croix du
Maine a eu tort de propofer la date que donne Bouchet. Gerfon eft enterré
dans la Chapelle de S. Laurent à Lyon, & non pas aux Céleftins. (*idem*).

Selon le *Journ. des Sav.* du mois de Janvier 1701, Gerfon né d'Arnoul Charlier & d'Elifabeth de la Chardonniere le 14 Août 1363, mourut à Lyon le 9
Juillet 1429. Il fit fes études au Collège de Navarre, fut Chanoine de l'Eglife
de Paris, Chancelier de la même Eglife & de l'Univerfité, fut envoyé au
Concile de Pife & à celui de Conftance, d'abord comme Député de l'Univerfité, enfuite comme Ambaffadeur. — Son Livre de l'*Autorité des Conciles* fut faifi par le Nonce à Paris, autorifé d'une commiffion du Chancelier.
Le Libraire en eut main-levée trois jours après. *Journal d'Henri IV*, Tom. III,
pag. 371. — L'Auteur d'une Differtation fur l'état des Sciences fous

Charles VI & Charles VII fait mention d'un Ouvrage de Gerſon, intitulé *Floretus*, qui eſt un Commentaire ſur la Somme de Théologie de S. Thomas. Dupin, Editeur des Ouvrages de Gerſon, n'a pas connu ce Livre. — La meilleure Edition de ſes Œuvres eſt celle faite par Dupin en 1706, en cinq vol. *in-fol.* (M. Falconnet).

* Pâquier, *Recherc. de la Fr.* Tom. I, Liv. III, Chap. 26, colonne 264, parlant des ſages Loix qui furent faites au Concile de Conſtance pour la réformation des abus & l'établiſſement d'un ordre nouveau dans le Gouvernement Eccléſiaſtique, dit : " Maiſtre Jean Gerſon, Docteur en la Faculté de » Théologie, & Chancelier de l'*Univerſité* de Paris, avoit compoſé un Livre » en Latin de l'*Auferibilité du Pape*, non que par cela il voulût dire qu'il » falloit oſter la Papauté, & que ſans elle notre Egliſe peut ſubſiſter, comme » quelques Lucianiſtes de notre tems l'ont voulu prétendre : mais bien que, » ſelon les néceſſités, on pouvoit pour le repos de l'Egliſe, ſous l'autorité » d'un Concile Général faire démettre un Pape de ſa dignité ». — Le titre Latin de cet Ouvrage eſt *de Auferibilitate Papæ.* — Selon le même Pâquier, Chap. 33 du Livre ci-deſſus cité, col. 288, Gerſon dans le Traité qu'il fit lors du Concile de Conſtance de la Puiſſance Eccléſiaſtique, contribua beaucoup à l'établiſſement de l'*Appel comme d'abus*, malgré la réſiſtance de tout le haut Clergé, même de celui de France, qui voyoit l'autorité ſans bornes, dont il avoit joui ſi long-temps, anéantie en quelque ſorte par un uſage ſi raiſonnable : " de-là eſt venu l'*Appel comme d'abus*, quand nous appelons des » Eccléſiaſtiques pardevant le Roi en ſon Parlement par les raiſons qui ſeront » cy-aprés par moi déduites en leur rang, comme lui en apartenant naturel-» lement la connoiſſance par les anciens Conciles & Réglemens de cette » France ". — On conçoit que l'inflexibilité de Gerſon à ſoutenir la vérité, appuyée de ſa réputation, de ſa doctrine, d'une vie irréprochable, des mœurs les plus pures, & d'un déſintéreſſement entier lui firent des ennemis puiſſans, tant à la Cour de Rome, que dans tout l'Ordre Epiſcopal, qui ne lui pardonna jamais le zèle avec lequel il avoit défendu un point ſi important des libertés de l'Egliſe Gallicane. Il avoit encore à redouter le reſſentiment du Duc de Bourgogne, auquel il avoit été ouvertement oppoſé, lorſque ce Prince voulut juſtifier au Concile de Conſtance l'aſſaſſinat du Duc d'Orléans. La crainte de tant d'ennemis lui fit abandonner Paris, l'Univerſité, ſes places & ſes dignités ; cet homme célèbre, l'oracle des Conciles, l'honneur de la France & la gloire du Clergé, ſe réfugia à Lyon où il vécut dans la retraite, dans les exercices d'une dévotion ſolide & d'une vie vraiment chrétienne, occupé à inſtruire la jeuneſſe pour gagner de quoi ſubſiſter : c'eſt ainſi que paſſa ſes dernières années cet homme illuſtre, abandonné de ſon ingrate patrie, qui lui a rendu depuis toute la juſtice qu'il méritoit.

JEAN DE LA GESSÉE, ou JESSÉE, dit Jesseus, natif

de Mauvaiſin en Gaſcogne, Poëte très-excellent, tant Latin que François, &c. Il a écrit en l'an de ſon âge 26, les Amours de Graſinde, imprimés à Paris chez Galiot Corrozet, fils de feu Gilles Corrozet, &c. l'an 1578; pluſieurs vers Latins & François, ſur la mort & trépas de Jean de Morel, Gentilhomme, natif d'Ambrun en Daulphiné, père de Madamoiſelle Camille de Morel, &c.(de laquelle nous avons parlé ci-devant). Il a écrit un fort gros & bien juſte volume de toutes ſes Poëſies Françoiſes, imprimées à Anvers chez Plantin l'an 1583. Il florit cette année 1584*.

* Ce Poëte a eu aſſez de réputation dans ſon temps. Il n'avoit pas neuf ans lors de la mort de Henri II, c'eſt-à-dire, qu'il étoit né en 1550. Il fut Secrétaire de la Chambre de François, Duc d'Alençon, avec lequel il alla en 1579 en Angleterre; il le ſuivit de même dans tous ſes voyages. Il publia ſur la mort de ce Prince, en 1584, une pièce intitulée *Larmes & regrets*. Il donna la collection de ſes Œuvres en 1584, en 4 vol. *in-4°*, à Anvers, chez Plantin, à la tête deſquelles on voit ſon portrait couronné de lauriers. Depuis il reparut en 1595, en qualité d'Auteur, & fit paroître ſa *Philoſophie Morale & Civile*, compoſée de cent cinquante Quatrains ſuivant Colletēt dans ſon Traité de la *Poëſie Morale*. Cet Ouvrage fut dédié à Renaud de Beaune, Archevêque de Bourges, Grand Aumônier de France. Depuis cette date on n'a plus parlé de la Geſſée.

Voy. les Mém. de Niceron, Tom. XLI, pag. 377, & la Bibl. Franç. de M. l'Abbé Goujet, Tom. XIII, pag. 174.

JEAN GILLOT, Champenois. Il a traduit de Latin en François, le Cathéchiſme compoſé & mis en lumière ſelon le decret du Concile de Trente, imprimé à Paris l'an 1568 chez Jaques Kerver*.

* Voy. le même Article dans *DU VERDIER*.

JEAN GIRARD, Sieur DE COLOMBIERS, Conſeiller du Roi au Siége Préſidial & Sénéchauſſée du Maine, homme bien docte en Grec & Latin. Il a écrit pluſieurs choſes tant en Latin qu'en François ſur pluſieurs différens ſujets, leſquelles il n'a encore fait imprimer. Il florit au Mans cette année 1584, âgé d'environ 40 ans.

JEAN GIRARD, de Bourges en Berry. Il a écrit quelques Œuvres, deſquelles je n'ai pas connoiſſance.

JEAN GLAPION, natif de la ville de la Ferté-Bernard,
au Comté du Maine, à dix lieues de la ville du Mans, &c., Religieux de l'Ordre des Frères Mineurs, ou Cordeliers, jadis
Miniſtre Provincial de Belges, Docteur en Théologie, & Confeſſeur de l'Empereur Maximilian, l'an 1520. Il a écrit pluſieurs
Livres, tant en Latin qu'en François, ſoit en proſe ou en vers:
il a prononcé pluſieurs Oraiſons & Sermons devant ledit Empereur, ſon maître, & entr'autres celui qu'il fit du jour des
Cendres ſur le Pater noſter, &c. recueilli par Nicolas VOLKIR,
dit le Poligraphe (duquel nous parlerons ci-après) & l'a fait imprimer avec ſes autres Œuvres l'an 1523. Il mourut d'une dyſ-
fenterie en la ville de Valdoly en Eſpagne, au Royaume de Caſ-
tille l'an 1522 le 14e jour de Septembre, comme j'ai lu dans
l'épitaphe fait ſur ſa mort par ledit VOLKIR. Eraſme ſe mocque,
& fait un Diſcours plein de riſée dudit Jean Glapion, Confeſſeur de l'Empereur, ne le voulant nommer de ſon nom, mais
ſeulement le donnant à connoître par ſon pays & par ſes qualités, ce que l'on pourra voir en ſon livre, intitulé *Ciceronianus Dialogus*, ou de la prononciation, &c. fol. 135 [1], de l'impreſſion de Gryphius à Lyon l'an 1528, & répete en cet en-
droit-là la mauvaiſe grace qu'eut ledit Glapion Manceau en pro-
nonçant une Oraiſon Latine devant l'Empereur Maximilian,
laquelle il dit qu'un Italien avoit faite, &c. & toutesfois ledit
Eraſme au Catalogue de ſes livres, le loue grandement & l'appelle ſon ami, &c. J'ai dit ceci en paſſant, & ſelon que l'amour
du pays me l'a fait faire : car ledit Glapion étoit voiſin de la Seigneurie de la Croix-au-Maine, & le reſpecte pour avoir été
homme de lettres, comme je fais tous autres ſes ſemblables,
quoiqu'Eraſme l'ait voulu blaſonner : & crois que c'étoit plutôt
pource qu'il étoit Cordelier que pour autre raiſon, car il en a
toujours voulu faire à ceux-là, ſur tous autres, comme il a aſſez
donné à connoître en ſes Colloques & autres lieux de ſes
Œuvres.

[1] De la manière dont s'exprime la Croix du Maine, il semble qu'il ait cru

que le Dialogue qu'il cite d'Erafme étoit intitulé *Ciceronianus*, ou *de Pronunciatione*. Ce font néanmoins deux Ecrits très-différens. C'eft fur la fin du dernier, publié fix ans après la mort de Glapion que fe trouve l'endroit ici marqué. La Croix du Maine, en nommant fon compatriote, l'a plus deshonoré que n'a fait Erafme, qui l'a fimplement défigné, fans avoir en vue qu'il fût Cordelier, en ne le reprenant d'autre chofe que de fa prononciation trop Françoife, en parlant Latin. (M. DE LA MONNOYE).

JEAN GOEVROT [1], Vicomte du Perche, Médecin du Roi François premier, lequel fut premiérement Médecin de Madame Marguerite de Lorraine, Ducheffe d'Alençon. Il a compofé le Sommaire & Entretenement de vie, qui eft un extrait très-fingulier de toute la Médecine & Chirurgie, imprimé à Paris l'an 1530.

[1] La lettre Capitale V, ainfi formée, n'étant pas moins voyelle que confonne dans nos deux Bibliothécaires, qui écrivent Jean AVBE & Jacques AVBERT, quoiqu'ils prononcent AUBE & AUBERT, il s'enfuit qu'on ne peut favoir fi, lorfqu'ils ont écrit GOEVROT, ils ont plutôt prononcé GOEVROT que GOEUROT. Du Cange, dans fon *Gloffaire Latino-Barbare*, au mot ARCHIATRI, pag. 299, avoit écrit GOÛEUROT, qui eft une orthographe différente, mais qui indique la vraie prononciation. (M. DE LA MONNOYE).

JEAN GOLAIN (Frere), Normand, de l'Ordre de Notre-Dame du Carme, Prieur du Convent de Rouen, Docteur en Théologie en l'Univerfité de Paris l'an 1372, Provincial de France, &c. Il a traduit de Latin en François, à la requéte de Charles V, Roi de France, un Livre Latin, intitulé le Rational des divins Offices, ou Cérémonies de l'Eglife des Catholiques, &c. compofé par Guillaume Durand, Evêque de Mande, l'an 1286, imprimé à Paris l'an 1503, chez Antoine Verard [1]. Ce Livre contient huit parties, & ledit Golain n'en a traduit que fept. Il laiffe la huitième à traduire aux Aftronomes. Il a traduit de Latin en François, les Collations des Saints Pères anciens, traduites premiérement de Grec en Latin par Caffiodore, imprimées à Paris chez Antoine Verard [2]. Il floriffoit du temps de Charles V, Roi de France l'an 1373.

[1] Ce fut en 1364 que le *Rational* fut traduit. La preuve s'en tire du Manufcrit de la Bibliothèque du Roi, cotté 703, à la fin duquel Charles V a

écrit de sa propre main que cette Traduction avoit été faite par son ordre cette année-là. (M. DE LA MONNOYE).

² Quant aux *Collations des anciens Pères*, prétendues traduites, premièrement de Grec en Latin par Cassiodore, puis de Latin en François par Jean Golain, ce sont des méprises qu'il faut pardonner à un siècle aussi peu éclairé que l'étoit le quatorzième. Il est visible qu'on a mis *Cassiodore* à la place de *Cassien*, & qu'on a supposé que celui-ci, qui a sûrement écrit ses *Collations* en Latin, n'avoit fait que les traduire du Grec ; double erreur que Naudé rapporte sans la corriger, pag. 358 de son Addition à l'*Histoire de Louis XI.* Jean Golain est nommé par du Verdier *Jean Goulain.* M. Boivin le Cadet, sur la foi sans doute des Manuscrits, ne le nomme pas autrement. Il n'y a que le P. Labbe qui, après l'avoir nommé en un endroit *Golein*, l'appelle en deux autres Jean *Gobein.* (M. DE LA MONNOYE).

JEAN DE GORRIS, dit GORREUS ¹, Docteur en Médecine à Paris, fils de Pierre de Gorris, Médecin, natif de Bourges en Berry, &c. Il a écrit plusieurs Livres en Latin, touchant la Médecine, imprimés à Paris chez Vechel : & en François il a traduit une sienne Epître liminaire, ou mise au-devant de ses définitions de Médecine, &c. imprimée à Paris l'an 1564. Il mourut l'an 1577, âgé de 62 ans, ou environ. Il étoit père de Loys de Gorris, Avocat au Parlement de Paris, &c.

¹ Il devoit écrire GORRÆUS en Latin, conformément à l'Auteur, en François DES GORRIS, & remarquer qu'il mourut âgé, non pas de soixante-deux ans environ, mais de soixante-douze, suivant MM. de Thou & de Sainte-Marthe *. Le P. Niceron écrit DE GORRIS comme La Croix du Maine. Voy. ses Mémoires, Tom. XXXII, pag. 25. (M. DE LA MONNOYE).

* De Thou (Liv. IV de son *Hist.*) fait un grand éloge de ce Médecin. Il étoit né à Paris en 1506. Pierre son père étoit de Bourges. Jean laissa deux fils : *Louis*, qui fut Avocat au Parlement, comme le dit La Croix du Maine; l'autre, nommé *Jean*, ainsi que son père, & Médecin comme lui, publia en 1622 un Ouvrage François, que quelques Ecrivains ont attribué à son père, dont le titre est : *Discours de l'origine, des mœurs, fraudes & impostures des Charlatans*, 1622, *in-8°.* Jean de Gorris se nommoit en Latin *Joannes Gorræus*, & quelquefois *Joannes de Gorris.*

JEAN GOSSELIN, natif de Vire ¹ en Normandie, Garde de la Bibliothèque ou Librairie des Rois de France, Charles IX & Henri III, &c. homme fort docte ès Mathématiques, bien versé en la Philosophie, & ayant connoissance de beaucoup de langues,

langues, &c. Il a écrit en notre langue Françoife, une table de la réformation de l'an, imprimée à Paris l'an 1582 ; il a traduit de Latin en François le Calendrier Gregorian perpétuel , imprimé à Paris par Pierre le Verrier l'an 1582 ; les Ephémérides, ou Almanachs pour cent ans, imprimés à Paris chez Guillaume Chaudiere ; il a écrit en Latin plufieurs beaux préceptes & enfeignemens pour la Mufique tant antique que moderne, defquels nous ferons mention autre part. Il florit à Paris cette année 1584.

¹ M. Huet, pag. 351 de fes *Origines de Caën*, dit que La Croix du Maine a , contre toute forte d'apparence , avancé que Jean Goffelin étoit de Vire ; du Verdier l'a pourtant avancé comme La Croix du Maine , & ce n'eft pas une chofe contre l'apparence que les branches des familles s'éloignent d'habitation ; rien au contraire n'eft fi fréquent. Il n'étoit pas d'ailleurs plus difficile de favoir la patrie de Jean , que celle de Guillaume ; il étoit même d'autant plus aifé de favoir celle de Jean , que fa charge de Bibliothécaire du Roi le rendoit plus connu. Il l'exerça non-feulement fous Charles IX & fous Henri III , mais encore fous Henri IV jufqu'au mois de Novembre 1604 , qu'étant demeuré feul le foir dans fa chambre près de fon feu, il y tomba , & n'ayant pu , à caufe de fon âge , fe relever , il fut le lendemain trouvé fans vie & demi-brûlé. C'eft le fens de ces paroles de Cafaubon , dans fa lettre du 22 Novembre 1604 à Scaliger : *intereà Goffelini triftiffimo obitu (reliclus enim à famulo , decrepitus fenex , antè focum , femi-uftulatus & vitæ expers poftridiè eft inventus) rediit ad nos cura Bibliothecæ*. M. Huet qui dit que Goffelin , le feu ayant pris dans fa Bibliothèque , fut enveloppé dans l'embrafement , parce que la pefanteur de fa vieilleffe ne lui permit pas de fuir, n'a bien été inftruit ni du temps , ni des circonftances du fait ; elles font mieux marquées dans le *Scaligerana fecunda* , où Goffelin , conformément à ce qu'en avoit écrit Cafaubon , eft traité de *fâcheux* & de *fou*. (M. DE LA MONNOYE).

Lorfque Jean Goffelin fut trouvé brûlé & mort dans fa chambre, il avoit près de cent ans. Il s'attacha beaucoup à l'Aftrologie. Il a compofé le Livre intitulé *Hiftoria imaginum cœleftium* , — la *Main harmonique* , — les *Ephémerides fur la réformation du Calendrier Grégorien*. —Voy. le *Journ. d'Henri IV* , Tom. III , pag. 244. — Les trois Goffelins, Normands, *Guillaume , Jean* & *Antoine* , grands Mathématiciens. — *Antoine* , Auteur de l'*Hiftoria veterum Gallorum Cadomi*. 1636 , in-8°. (M. FALCONNET).

JEAN GOUJON , autrefois Architecte de Monfieur le Connétable Meffire Anne de Montmorency , & depuis du Roi

Henri II, &c. homme très-expert en sa profession. Il est Auteur des figures touchant la massonnerie, lesquelles ont été ajoutées aux Livres d'Architecture de Marc Vitruve Pollion, traduits de Latin en François par Jean Martin, Parisien, imprimés à Paris chez les Marnefs l'an 1572.

JEAN DES GOUTES, Lyonnois [1]. Il a écrit en profe Françoise le premier Livre de la belle & plaisante histoire de Philandre, surnommé le Gentilhomme, Prince de Marseille & de Passe-Rose, fille du Roi de Naples, imprimée à Lyon par Jean de Tournes l'an 1544; il a traduit d'Italien * en François, les Œuvres d'Ariofte tant estimé en Italie. Il florissoit à Lyon l'an 1544 sous François premier.

[1] La Croix du Maine, fur ce que Jean des Gouttes demeuroit à Lyon, le fait *Lyonnois*; Nicolas Bourbon l'ancien, pag. 39 de fes *Nugæ*, le fait *Bourbonnois*, car je fuis perfuadè que les fix petits vers qui ont pour infcription *Jano Gutta Boio*, s'adreffent à ce Jean des Gouttes, à qui, pag. 428, il en adreffe quatre autres, qui ont pour titre *Jano Guttano*. Il eft appelé *Joannes à Guttâ* dans les Poëfies de Claude Roffelet, Jurifconfulte & Gentilhomme Lyonnois, imprimées l'an 1537, à Lyon, chez Gryphius, où le furent celles de Bourbon l'année fuivante. (M. DE LA MONNOYE).

* Il n'a point publié la Traduction des Œuvres de l'*Ariofte*, mais feulement du Poëme de *Roland Furieux*. Il femble même qu'il n'en foit pas le Traducteur, car il s'exprime ainfi dans fon Epître Dédicatoire à Hyppolite d'Eft, Cardinal de Ferrare. « Telle fut l'opinion du Tranflateur François, quand » premièrement à ma Requête il mit la main à la plume, affavoir qu'il ne » doutoit point que l'*Ariofte* tourné en profe Françoise, ne perdît beaucoup » de fa naïveté » &c. Des Goutes ne pouvoit dire plus formellement que la Traduction n'étoit pas de lui. Elle fut imprimée à Lyon, en 1543, *in-fol.* Il y a bien de l'apparence que c'eft l'Ouvrage de Jean Martin, comme je le remarque à fon Article.

JEAN GOWER, Anglois, Chevalier de l'Ordre d'Angleterre [1], &c. Il a écrit en notre langue Françoise le Miroir du Penfif *, contenant dix Livres, comme récite Jean Balée, Anglois, en la feptième Centurie des Ecrivains d'Angleterre. Il florissoit en l'an de falut 1402.

[1] Il devint aveugle fur fes vieux jours. Comme il étoit de noble race, &

qu'il s'étoit signalé par ses vers , tant Anglois, Latins, que François, on lui fit l'honneur après sa mort de lui ériger une statue , ornée d'une couronne de roses & de lierre , pour marquer sa double qualité de Chevalier & de Poëte. *(M. DE LA MONNOYE).*

* Le *Miroir Pensif*, écrit en François par Gower , est conservé manuscrit dans la *Bibliothèque Bodléienne* à Oxford : il y en a même deux copies. Elles portent pour titre : *Traitié selon les Auteurs pour ensampler les Amans mariés au fin qu'ils la foy de lour seints espousailles pourent par fine loyalté guarder ,* &c. Voy. *Tanner. Biblioth.* pag. 336 , & le quatrième Tome de la *Biogr. Brit.* pag. 2243. M. de la Monnoye a tronqué & mal compris un passage de Balœus, où il est parlé des attributs de la statue de Gower. Ce n'est pas la couronne de roses & de lière qui désignoit la double qualité de Poëte & de Chevalier , cette couronne ne désignoit que le Poëte. Mais la statue portoit au col un collier d'or , attribut de la Chevalerie. Voici le passage : *Habet statuam duplici notâ insignem, nempè aureâ torqui & hederaceâ coronâ rosis interfertâ ; illud Militis, hoc Poëta ornamentum.* (*Balœus, Scriptor. Britann.* pag. 515). Gower mourut fort avancé en âge suivant Pitseus , en 1402.

JEAN LE GRAND. Il a recueilli une instruction générale sur le fait des Finances & Chambre des Comptes, divisée en trois parties : ensemble un Traité des Receveurs-Généraux, la forme de compter par iceux, avec les questions sur toutes les matières qui y sont décidées , imprimée à Paris l'an 1553 chez Guillaume le Noir.

JEAN GRANDIN, Angevin. Il a écrit quelques Conférences avec les Ministres de Genève, touchant les passages de l'Ecriture Sainte , &c. imprimées à Paris l'an 1566.

JEAN DE LA GRANGE, dit GRANGIANUS , natif de Semur en Bourgogne, Avocat au Parlement de Paris. Il a écrit quelques Œuvres tant en Latin qu'en François. Je ne sais si elles sont imprimées [1].

[1] Il y a eu de cette famille des Maîtres des Comptes à Dijon & des Conseillers au Parlement de la même Ville. Claude-Barthelemi Morisot , mort le 23 Octobre 1661, fort connu par ses Ouvrages Latins de prose & de vers *, étoit en grand commerce d'esprit depuis 1620 jusqu'en 1643 avec un *Bernard de la Grange , sieur de Montilles ,* Maître des Comptes à Dijon. (M. DE LA MONNOYE).

* Il avoit une des plus curieuses & des plus nombreuses Bibliothèques qu'un

particulier pût alors rassembler. Il recherchoit aussi les médailles, & en avoit une assez grande collection en bronze, qui, ayant été portées en Provence après sa mort pour être vendues, furent achetées pour le Cabinet du Roi, où elles furent mises.

JEAN GROSLIER, Lyonnois, Trésorier de France, &c. l'un des plus curieux d'antiquités (& sur-tout des Médailles) qu'autre qui fût de son temps, comme l'ont témoigné presque tous les modernes Ecrivains qui ont traité des antiquités ; & entr'autres Celius Rhodiginus, qui lui a dédié quelques livres, Jaques de Strada, Mantuan, antiquaire; Gabriel Syméon, Florentin; Guillaume du Choul, & une infinité d'autres qui ont été rechercheurs de l'antiquité comme lui. Je ne sais si ledit Trésorier Groslier en a point écrit des Mémoires, pour le moins je ne les ai pas vus. J'entends qu'il avoit l'une des plus superbes & magnifiques Bibliothèques de son temps, remplie de toutes sortes de livres en diverses langues. Il florissoit sous le règne de François premier, père des Lettres [1].

[1] Il mourut le 22 Octobre 1565 dans sa quatre-vingt-sixième année à Paris, où il fut enterré dans l'Eglise de S. Germain-des-Prés. *Voy.* son éloge, Liv. 38 de l'*Histoire* de M. de Thou. Il y est dit que Grolier fit imprimer le Livre *de Asse* de Budé chez Alde Manuce, en 1522, c'est-à-dire, dans la boutique de feu Alde Manuce, appelée toujours *Aldina Officina*, quoique Alde fût mort dès 1515. (M. DE LA MONNOYE).

JEAN DU GUÉ, Avocat au Parlement de Paris, oncle de Charles Fonteine, Parisien, Poëte François, &c. (duquel nous avons parlé ci-devant.) Il a écrit plusieurs Poësies Françoises, savoir, est Virlais, Rondeaux, Ballades, Jeux & autres sortes de Poësie, desquelles ledit Jean du Gué fait mention en sa réponse audit Charles Fontaine, au Livre intitulé les Ruisseaux de la Fontaine, &c.

JEAN DE LA GUESLE (Messire)*, natif dudit lieu en Auvergne, Seigneur de la Chau, premiérement Procureur-Général du Roi en son Parlement à Paris, & depuis Président en ladite Cour. Le Pays d'Auvergne a cette grace donnée de Dieu, de produire une infinité de graves & doctes personnages, non-

feulement ès fiécles paffés, mais encore de notre temps, la plupart defquels font venus faire leur demeure en cette tant renommée & par-tout célébrée ville de Paris, lefquels ont obtenu
des états & offices les plus honorables au Parlement d'icelle, &
l'ont tellement illuftré, qu'il feroit difficile d'en pouvoir trouver
d'autre pays, en fi-grand nombre comme ont été ceux de cette
nation d'Auvergne : entre lefquels je nommerai par honneur,
Meffire Antoine du Prat, Chancelier de France & Cardinal,
&c. Antoine du Bourg, Chancelier, oncle d'Anne du Bourg,
Confeiller en Parlement, Meffire Michel de l'Hôpital, Chancelier, Pierre Lifet, premier Préfident, MM. de Saint André,
père & fils, Préfidens en ladite Cour, Charles de Marillac,
Avocat du Roi, Jean Bardon, Procureur du Roi ; Antoine
Matharel & les fieurs de la Guefle ; fans faire mention de Martial d'Auvergne, lequel floriffoit il y a près de quatre-vingts
ans, enfemble de Jean Amariton, Antoine Fontanon, Pellifier,
Bonnefons, Amy, & autres defquels je n'ai pas fouvenance
pour cette heure : auffi que je n'ai voulu parler que de ceux qui
font profeffion du droit ; & fi j'euffe voulu parler des anciens
Jurifconfuls d'Auvergne, j'euffe nommé Pierre Durand, dit le
Spéculateur, Maffuere, Vincent Cigault, & plufieurs autres
qui tous ont pris naiffance en Auvergne. Quant aux Théologiens, Poëtes & Orateurs de ce pays-là, defquels Sidonius
Apollinaris, Evêque de Clermont en Auvergne l'an 480, eft le
chef & le plus renommé d'entr'eux, j'en ferai mention en autre
lieu & plus à propos. Or, pour revenir à parler du fieur de la
Guefle, Préfident au Parlement de Paris, père de Jaques de la
Guefle (lequel il a pourvu de fon état de Procureur du Roi) qu'il
tenoit auparavant) j'oferai dire qu'il eft tellement docte & fi
éloquent, & fi bien verfé en la connoiffance des affaires d'Etat,
qu'il s'en trouvera peu qui le furpaffent en cela, non plus qu'en
plufieurs autres chofes louables qui font en lui. Il a prononcé
beaucoup de Harangues ** très-doctes en ladite Cour de Parlement, & a plaidoyé plufieurs belles caufes & bien dignes de

remarque, tant au Parlement de Paris qu’en autre de ce Royaume, lefquelles né font encore en lumière. Il florit à Paris cette année 1584.

* Jean de la Guefle étoit fils de François, Gouverneur d’Auvergne, d’une famille noble de cette Province. Il mourut en 1588, & laiffa de Marie Poiret, Dame de Laureau, fon époufe, cinq fils, dont le plus connu eft *Jacques de la Guefle*, Procureur Général du Parlement de Paris, celui qui introduifit Jacques Clément dans la chambre de Henri III, à S. Cloud, & qui tua ce Religieux Fanatique dans le moment même qu’il venoit d’affaffiner le Roi. Jacques de la Guefle mourut le 3 Janvier 1612. Il fut toujours très-attaché à Henri IV, qu’il fervit utilement.

** De Thou parle d’une des Harangues que ce Magiftrat prononça dans 'affemblée de S. Germain, en 1583, étant Préfident au Parlement. Il l’avoit préparée dès le temps qu’il étoit Procureur Général. Elle rouloit fur la néceffité de rétablir l’ordre judiciaire, & en parlant de l’impunité des crimes, il s’éleva avec force contre le privilège accordé à la châffe de S. Romain à Rouen, vulgairement connu fous le nom de privilège de la *Fierte*, en vertu duquel le Chapitre de la Cathédrale de Rouen délivre tous les ans le jour de l’Afcenfion un criminel qui a mérité la mort. Cette Harangue de la Guefle fit grand bruit, & ne fit pas ceffer l’abus. Voy. de Thou, Liv. 78.

JEAN GUY, Procureur au Parlement de Tolofe. Il a écrit l’Hiftoire des Schifmes & Héréfies des Albigeois, imprimée à Paris chez Pierre Gaultier l’an 1561.

JEAN GUYARD, fieur de la Bruneliere. Il a écrit plufieurs Poëmes François, non encore imprimés, enfemble plufieurs Oraifons, Epîtres & Harangues affez bien diƈtées. Il mourut au Mans (lieu de fa nativité) le 3e jour de Mai 1568.

JEAN GUIDO, Doƈteur en Médecine & Aftrologue. Il a écrit des Prognoftications de l’an 1548, imprimées à Paris audit an, auquel temps il vivoit: cette Prognoftication fufdite a été auffi imprimée à Lyon fous le nom de Jean Blavet, duquel nous avons parlé ci-deffus.

JEAN GUITOT, Nivernois, Secrétaire du Duc de Lorraine. Il a traduit de Latin en François les Méditations des Zélateurs de piété, compilées & recueillies des Œuvres de S. Auguftin (*& d’autres Saints Pères*), imprimées à Paris.

JEAN DE LA HAIE, Gentilhomme Poiƈtevin , ſieur dudit lieu en Poiƈtou , Baron des Coutaux , Lieutenant du Sénéchal de Poiƈtou l'an 1574. Cet homme étoit non-ſeulement né aux lettres , mais auſſi aux armes , comme il l'a montré par les divers effets qui s'en ſont enſuivis en l'une & l'autre charge, qu'il a priſe durant les guerres civiles & troubles de France (ce que nous dirons autre part & plus à propos). Il a écrit l'Hiſtoire de notre temps , contenant les guerres civiles advenues en France , & principalement en la Gaule Aquitanique , ou Guiennoiſe (dont le pays de Poiƈtou en eſt l'une des principales parties) juſques au règne du Roi Henri III. Cette Hiſtoire n'eſt encore imprimée. Il a écrit quelques Mémoires [1] & Recherches de la France & Gaule Aquitanique, ou du pays de Poiƈtou , &c. imprimés à Paris l'an 1581 chez Jean Parant. Ce Livre contient entr'autres choſes un bien ample diſcours de la noble & bien ancienne Maiſon des ſieurs de Sanzay , Comtes héréditaires de Poiƈtou. Il fut tué au pays de Poiƈtou l'an 1574 * ou environ. Jean le Frère de Laval fait aſſez ample mention de ſa vie, en l'hiſtoire de notre temps , imprimée chez Poupy & Cheſneau à Paris , à la dernière édition de laquelle il n'a pas mis ſon nom , comme il avoit fait en la première , car il parle de choſes de plus de conſéquence, qu'aux précédentes (ce que nos François appellent plus chatouilleuſes) &c.

[1] Les *Mémiores* publiés ſons le nom de Jean de la Haye ſont remplis de fauſſetés. *Voy.* ce qu'après André Duchefne & Jean Beſly en a remarqué le P. le Long, n°. 15130 de ſa *Bibliot. Hiſtor. de France.* (M. DE LA MONNOYE).

* Il étoit dans Poitiers , en 1569 , lorſque cette Ville fut aſſiégée par Coligny , & il y commandoit les ſix Compagnies de la Bourgeoiſie. Il publia ſous un nom emprunté l'Hiſtoire de ce Siège. (*Ample Diſcours de ce qui s'eſt fait & paſſé au Siège de Poitiers* , Paris , 1569 , *in* 12). Il y fait de lui-même un pompeux éloge. Voy. *folio* 24 *verſo* & 25 *recto.* De Thou nous apprend , Liv. 56 & 60 , que de la Haye étoit né Gentilhomme , mais ſans bien. Une riche veuve qui l'avoit chargé de ſuivre des procès qu'elle avoit au Parlement de Paris , l'épouſa , & le mit en étar d'acheter la charge de Lieutenant Général de la Sénéchauſſée de Poitiers. Ses ſervices au Siège de cette Ville

ayant augmenté ses prétentions , il demanda une charge de Maître des Requêtes, qui lui fut refusée. Il ne put même obtenir la charge de Président au Présidial de Poitiers. Piqué de ces refus, il voulut se lier avec les Protestans ; mais ils ne se fièrent pas à lui. Pour les convaincre de sa fidélité , il projeta plusieurs fois de surprendre Poitiers & quelques autres places. Quand ses complots étoient découverts, il venoit à bout de persuader qu'il n'avoit cherché qu'à servir la Cour. Mais enfin il fut la victime d'une dernière tentative ; un des Conjurés le trahit. On lui fit son procès , & il fut condamné comme criminel de Lèze-Majesté le 16 Juillet 1575. Il pouvoit fuir , & ne le voulut pas. Il s'étoit retiré dans une maison qu'il avoit à la campagne , à une lieue de Poitiers. Il s'y laissa attaquer , & se fit tuer en se défendant. Ainsi la sentence ne fut exécutée que sur son cadavre. La *Bibl. Histor. de la France* dit qu'il fut tué dans une sédition , sans doute parce que sa mémoire fut réhabilitée par l'Edit de pacification qui fut signé l'année suivante. Les *Mémoires & Recherches de la Gaule Aquitanique* ont été mal-à-propos publiés sous le nom de Jean de la Haye , si nous en croyons Duchesne (*Biblioth. Histor. de la France* , pag. 291). Besly qui a fait une critique de cet Ouvrage, dit aussi qu'il a été faussement attribué au sieur de la Haye , & que la supposition de nom pouvoit se vérifier par beaucoup de marques & de preuves. La critique qu'en a publiée Besly est à la fin de son *Histoire des Comtes de Poitou & Ducs de Guienne*.

JEAN HELVIS, natif de Beauvois en Picardie, Précepteur de Messeigneurs d'Aumalle ; il a écrit les tombeaux & discours des faits , & la déplorable mort de Messire Claude de Lorraine, Duc d'Aumalle, pair & grand veneur de France, [1] &c. ensemble des plus signalés de ce Royaume, occis ès guerres civiles, mues pour le fait de la Religion depuis l'an 1562 jusques à présent , imprimé à Paris par Denis du Pré l'an 1575. Il florissoit l'an 1573.

[1] Claude de Lorraine , Duc d'Aumale, fut tué d'un coup de canon le 14 Mars 1573 au Siège de la Rochelle. (M. DE LA MONNOYE).

JEAN HENRY, Chantre & Chanoine en l'Eglise de Notre-Dame à Paris , & Président des Enquêtes du Palais (*mort le 2 Février 1483*)*. Il a écrit en notre langue Françoise un Traité de Nativité de Notre-Seigneur, contenant la visitation des Pastoureaux & des Rois, pris sur le Psalme *Eructavit*, imprimé à Paris l'an 1506 par Pierre le Dru , pour Durand Gerlier.

* Le Livre du *Jardin de Contemplation* , par lui composé par lettres du
Roi ,

Roi, fur les inſtances des Religieuſes de Sainte Claire, imprimé à Paris, *in*-12, l'an 1516 ; le Livre de *Réformation* , utile pour toutes Religieuſes. *Ibid.* Le Livre d'*Inſtruction pour Novices & Profeſſes. Ibid.*

JEAN DE HESNAULT , Miniſtre à Genève. Il a traduit de Latin en François les fondemens de la Religion Chrétienne , du temps de l'Egliſe primitive, &c. pris du Latin d'André Hiperius, &c. le Symbole des Apôtres, &c. & autres, le tout imprimé à Lyon l'an 1565 chez Benoît Rigault. L'état de l'Egliſe depuis le temps de l'Empereur Léon, juſqu'au temps de Charles V, Empereur, imprimé à Genève l'an 1557 * par Jean Creſpin. Ledit Jean Henault vivoit en l'an 1564.

* Jean de Henault , ou de *Hainaut*, étoit Miniſtre à Saumur. La *Biblioth. Hiſtor. de la Fr.* ne cite point l'Edition de 1557 de ſon *Etat de l'Egliſe*, & La Croix du Maine ne parle point du *Recueil des troubles advenus en France ſous François II & Charles IX,* par le même Jean de Hainault, publié à Strasbourg, en 1564 , *in*-8°.

JEAN-JAQUES DE MESMES, (Meſſire) Seigneur de Roiſſy , Docteur ès droits à Toloſe , & lequel a autrefois lu publiquement en ladite Univerſité. Cetui-cy fut premiérement Lieutenant civil au Châtelet de Paris l'an 1544 , & depuis Maître des Requêtes de l'Hôtel du Roi François I , Henri II, François II & Charles IX. Il étoit natif de la ville de Roque-fort ou Rochefort, ſituée ès Landes de Bordeaux ; & ſelon d'autres, il étoit du Mont de Marſant , petite ville ſituée au bas des monts Pyrénées. Je n'ai pas vu ſes écrits ; mais j'ai opinion que Meſſire Henry de Meſmes, ſon fils aîné, Seigneur de Roiſſy & Malaſſiſe (duquel nous avons parlé ci-devant) les mettra un jour en lumière, pour montrer qu'il eſt iſſu d'un père orné d'une rare littérature, & d'un jugement & eſprit eſmerveillable. Il mourut à Paris en ſa maiſon l'an 1569, le Mardi vingt-cinquième jour d'Octobre, & fut enterré en l'Egliſe des Auguſtins à Paris le Mercredi enſuivant.

JEAN IMBERT , natif de la ville de la Rochelle près Bordeaux, licentié ès droits, Avocat au Siége de Fontenay-le-Comte en Poiĉtou. Il eſt Auteur du Livre vulgairement appellé l'Enchiridion ou Manuel d'Imbert : auquel Livre eſt expliquée la pratique du droit gardé & obſervé en France, & auſſi du Droit non écrit, c'eſt-à-dire, aboli par les Coutumes. Il a été imprimé par une infinité de fois, tant il a été bien reçu. Je ne ſais ſi ledit Imbert l'a écrit en François, comme je ſais qu'il l'a compoſé en Latin, car nous avons la traduĉtion d'icelui faite par Nicolas Theveneau, &c. imprimée à Poiĉtiers & autres lieux, comme nous dirons ci-après. Ledit Imbert a traduit de Latin en François la Paraphraſe du premier Livre de ſes Inſtitutions Forenſes, autrement intitulé la Pratique judiciaire, imprimée à Paris par Symon de Colines ou Colinet, & depuis imprimée l'an 1566. Guillaume Lymandas, Conſeiller du Roi à Lyon, les a auſſi traduites fort fidellement, comme nous avons dit ci-deſſus.

JEAN IMBERT (autre que le ſuſdit) Apothicaire, demeurant à Montpellier. Il a recueilli quelques mémoires du Seigneur Laurent Joubert, Médecin du Roi de Navarre, &c. leſquels il a fait imprimer, avec la ſeconde partie des erreurs populaires dudit Joubert, à Paris chez Abel l'Angelier 1580.

JEAN JOLIVET de Limoges, l'un des excellens hommes de France pour la Chorographie, ou Deſcription des Provinces & Nations. Il a fait une très-ample Deſcription de la France & des Gaules & ſes confins, imprimée à Paris l'an 1565 par Alain de Mathonière & autres; il a fait les Deſcriptions de pluſieurs Provinces & Nations de France par le commandement du Roi Henri II, leſquelles ne ſont pas imprimées, d'autres les ont eues après ſa mort, & comme plagiaires ſe les ſont attribuées, & les ont fait imprimer en leur nom ſans faire mention dudit Jolivet; mais nous parlerons de ceci autre part.

JEAN DE JOUVILLE, ou DE JONVILLE (mais mieux DE JOINVILLE (Meſſire), Chevalier, ſieur dudit lieu,

& Sénéchal de Champagne , appellé par aucuns Jean Sire de Jonville. Il fut au fervice du Roi S. Loys l'an 1270 par l'ef-pace de 32 ans. Il a écrit une hiftoire très-ample de la vie , faits & geftes du Roi S. Loys , fon maître, laquelle nous avons par devers nous écrite à la main fur parchemin en langage Fran-çois ufité pour lors. Cette hiftoire a été depuis imprimée à Poicliers par les de Marnefs *. Loys Lafferé , grand maître du Collège de Navarre fondé à Paris , &c. lequel floriffoit l'an 1520 (comme nous dirons en fon lieu) a écrit l'Hiftoire dudit S. Loys , & avoue s'être aidé en cela de ladite Chronique du Sire de Jonvile , comme auffi a fait Joffe Clitoue , Chanoine de Chartres , dit Jodocus Clitoveus , &c. L'Hiftoire dudit Roi S. Loys écrite par Loys Lafferé , Tourangeau , fe voit impri-mée avec le grand volume qu'il a fait imprimer à Paris touchant la vie de Saint Hiérofme , du temps de Loys XII & fous Fran-çois I.

* Nous avons quatre Editions , dont trois anciennes , de l'*Hiftoire de Saint Louis par le Sire de Joinville*. La *première* , imprimée à Poitiers , en 1547 , *in-4°*. eft d'Antoine-Pierre de Rieux , qui la dédia à François I. Mais l'Edi-teur , loin de fuivre fidèlement le texte du Manufcrit de Joinville , l'altéra , le changea , le défigura , & fit une Hiftoire à fa mode. La *feconde* Edition fut publiée en 1617 *in-4°*. par Claude Mefnard , Lieutenant de la Prevôté d'Angers , fur un Manufcrit qu'il trouva , mais déjà corrompu & altéré. La *troifième* Edition , imprimée *in-fol.* à Paris , en 1668 , eft celle de Charles Dufrefne , fieur du Cange. Il emprunta pour faire fon Edition , tantôt celle d'Antoine-Pierre de Rieux , & tantôt celle de Mefnard. Cette Edition enri-chie d'obfervations curieufes & intéreffantes , feroit encore aujourd'hui la meilleure , fi celle de 1761 n'avoit pas paru , imprimée en ladite année , *in-fol.* à l'Imprimerie Royale , fous ce titre : *Hiftoire de faint Louis par Jehan Sire de Joinville ; les Annales de fon règne , par Guillaume de Nangis , &c. le tout publié d'après les Manufcrits de la Bibliothèque du Roi , & accompagné d'un Gloffaire*. Cette *quatrième* Edition fut d'abord confiée principalement à feu M. Melot , qui mourut au mois de Septembre 1759 , fans avoir pu y mettre la dernière main. M. l'Abbé Sallier , qui avoit travaillé de concert avec M. Melot , ne lui furvécut pas long-temps , étant mort le 9 Janvier 1761 , & c'eft M. Capperonnier , fi digne de remplacer ces deux illuftres favans , qui , après avoir partagé leurs travaux , a achevé cette magnifique Edition , faite par l'ordre du Roi , fur un Manufcrit authentique du Sire de Joinville ,

conſervé à la Bibliothèque du Roi, de 391 pages, écrit ſur velin, petit *in-4°*, à deux colonnes.

JEAN ISSANDON, ou YSSANDON, (par y grec) natif de Leſſart en la Comté de Foix. Il a écrit un Traité de la Muſique pratique, diviſé en deux parties, imprimé à Paris chez Adrian le Roy & Robert Ballard, l'an 1582. Il floriſſoit en la ville d'Avignon l'an 1582.

JEAN LAMBERT, Religieux de l'Ordre de Clugny. Il a traduit la ſeconde partie de l'Horloge de l'Empereur M. Aurelle, imprimée à Paris l'an 1580.

JEAN DE LA LANDE, natif de Bretagne, Gentilhomme de la Maiſon de M. le Duc d'Anghien ou d'Anguyen. Il a traduit de Grec en François l'Hiſtoire de Diꞔtis de Crete, traitant des Guerres de Troye & du retour des Grecs en leur pays, après Ilion ruiné, imprimée à Paris par Etienne Grouleau, l'an 1556. Ledit ſieur de la Lande eut la tête tranchée à Paris l'an 1563, ou environ, pour avoir mal verſé en quelques de ſes charges; les uns diſent que ce fut pour avoir contrefait les ſceaux ou bien le cachet du Roi; je n'en peux rien juger au vrai. Mathurin Heret, Médecin au Mans, avoit traduit ledit Livre de Diꞔtis de Crete & de Darès de Phrygie, auparavant ledit Jean de la Lande, comme nous dirons ci-après.

JEAN LANGE DE LUXE, Conſeiller & Avocat de la Royne au Parlement de Bordeaux. Il a fait une Harangue pour le peuple & Tiers-Etat de France, prononcée par lui aux Etats Généraux tenus à Orléans l'an 1560 ſous Charles IX, imprimée à Orléans l'an 1560 par Eloy Gibier.

JEAN LANGE, Miniſtre de Noyon & Burſin. Je n'ai point vu de ſes écrits, encore qu'il en ait compoſé pluſieurs.

JEAN L'ANGLOIS, Sieur DE FRESNOY, Avocat au Parlement de Paris. Il a traduit en François la vie de Notre-Seigneur Jeſus-Chriſt, écrite en Latin par un Saxon nommé Ludolphus de l'Ordre des Chartreux à Strasbourg en Allemagne l'an 1334, &c. Ladite vie a été imprimée à Paris en deux volumes l'an 1582 chez Nicolas Chefneau. Il florit à Paris cette année 1584.

JEAN DE LAVARDIN, Gentilhomme Vandomois, Abbé de l'Eſtoile & maître de l'Hôtel-Dieu de Vendoſme, frère aîné de Jaques de Lavardin, ſieur du Pleſſis, &c. (duquel nous avons parlé ci-deſſus) tous deux iſſus de la noble & ancienne Maiſon de Ranay près Lavardin & Montoire en Vandoſmois. Il a traduit pluſieurs Livres Grecs & Latins en notre langue Françoiſe, deſquels s'enſuivent les titres. La Confeſſion de foi écrite par le Cardinal Hoſius, Polonnois, imprimée à Paris chez Claude Fremy l'an 1566; Dialogues touchant le ſaint Sacrifice de la Meſſe, imprimés à Paris; Traité de l'amour que nous devons avoir envers les Pauvres, écrit en Grec par Grégoire Nazianzene; Apologie de l'Office des Prélats écrite par ledit Nazianzene; Abrégé de la Guerre des Juifs; les dix Livres de l'Euchariſtie, traduits en François, ſur le Latin de Claude de Saintes, Evêque d'Evreux, &c.; Traité du jugement & prévoyance de Dieu, écrit par S. Salvian, Evêque de Marſeille; les Livres du Cardinal Hoſius contre Brence; les Livres de la Majeſté de Dieu, traduits par lui en François, ſur le Latin de Marc Anthoine Natta; les Livres & leçons touchant les Sacremens, dictées par M. Maldonat, Eſpagnol (le plus docte de tous les Jéſuites, & reconnu pour tel de ſon temps) &c. la plus grande partie des traductions ſuſdites ne ſont encore en lumière; j'ai opinion toutesfois qu'il les fera bientôt imprimer, pour le deſir qu'il a de profiter au public, & pour l'avancement de la Religion Chrétienne; le retour d'un Gentilhomme à l'Egliſe Catholique, imprimé à Paris chez Robert le Fizelier l'an 1582. Je ne dis point pour qui a été fait ce Livre, ne ſachant ſi celui qui en eſt le ſujet le trouveroit bon; il a traduit les Epîtres de S. Hiéroſme, imprimées à Paris l'an 1584 chez Chaudiere, & les Vies des Saints du Vieil Teſtament non encore imprimées. Je les ai vues écrites à la main & miſes au net prêtes à imprimer. Ledit ſieur

Abbé de l'Eſtoile florit cette année 1584 en ſon pays de Vandoſmois, auquel lieu il fait ſa demeure ordinaire.

JEAN DE LAURIS, Gentilhomme & Poëte Provençal, iſſu de l'ancienne maiſon de Lauris en Provence. Il a écrit pluſieurs Poëmes en ſa langue *.

*Voy. Jean de Notre-Dame, Chap. 65.

JEAN DE LERY, Bourguignon, natif de la Margelle, terre de S. Sene au Duché de Bourgogne, Miniſtre à Genève, l'an 1555. Il a traduit l'Hiſtoire d'un voyage fait en la terre du Breſil, autrement dite Amérique l'an 1555 [1], imprimée à la Rochelle l'an 1578 *; Diſcours du Siège & de la famine de Sancerre, l'an 1573, ou environ, imprimé *in-8°*.** Il étoit encore vivant l'an 1577.

[1] La plus ample & meilleure Edition du *Voyage d'Amérique* de Jean de Léry eſt celle de Genève, *in-8°*. chez les Héritiers d'Euſtache Vignon; l'Auteur avoit alors ſoixante-cinq ans. La Croix du Maine s'eſt extrêmement trompé d'avoir cru que Jean de Léry n'avoit point été en Amérique, ni compoſé, mais ſeulement traduit la relation de ce voyage. On ne comprend pas qu'ayant vu le titre du Livre, il ait pu tomber dans une mépriſe ſi groſſière. Bayle le reprend avec raiſon d'avoir dit que Jean de Léry avoit fait ſon voyage en 1555, puiſqu'il ne partit de Genève pour le faire que le 10 de Septembre 1556. L'*Amérique* de Jean de Léry eſt fort prônée dans le *Scaligerana ſecunda*. (M. DE LA MONNOYE).

*Le Commandeur de Villegagnon ayant demandé aux Genevois des Miniſtres pour établir la Religion Réformée dans le Bréſil, où il projetoit un établiſſement, on lui envoya de Léry avec deux Miniſtres. Ainſi il eſt fort douteux que Jean de Léry ait été Miniſtre, comme La Croix du Maine le dit, ce dont Bayle le reprend. Il eſt cependant probable qu'il en faiſoit les fonctions à Sancère, lors du Siège fameux que cette Ville ſoutint en 1573, dont il a donné la Deſcription. Jean de Léry ſe retira enſuite à Berne, où il mourut en 1611, fort avancé en âge.

**L'*Hiſtoire du Siège de Sancère* fut imprimée en 1574, *in-8°*. & non en 1573, comme le dit La Croix du Maine. Geſner eſt auſſi tombé dans l'erreur, en diſant que cet Ouvrage eſt en Latin, & qu'il a été publié en 1547. Voy. *Biblioth. Hiſtor. de la France*, n°. 7849, & *Biblioth. des Auteurs de Bourgogne*, Tom. I, pag. 410.

De Léry tiroit ſon nom de celui du Village où il étoit né près de la Mar-

gelle, & non pas à la Margelle même, comme on le dit communément.
Voy. *Biblioth. Hiflor. de la France*, Tom. II , n°. 18199 , nouvelle Edition.
Son *Hiſtoire du voyage au Breſil* parut en Latin en 1586 , & ce fut lui-même
qui le traduiſit en cette langue , par ordre du Prince Guillaume Landegrave
de Heſſe : elle fut auſſi inférée dans la troiſième partie de *l'Amérique* de
Théodore de Bry. Son *Hiſtoire du Siège de Sancère* fut également traduite en
Latin, & imprimée en cette langue à Heidelberg, en 1576. Ce n'eſt proprement qu'un Abrégé de l'Ouvrage François. Ces Traductions ont pu induire
en erreur ceux qui ont cru que les Ouvrages de Léry étoient originairement
en Latin. Il fut Miniſtre à la Charité ſur Loire , & non pas à Genève. L'Auteur de la *Biblioth. des Auteurs de Bourgogne* a relevé cette faute de La Croix
du Maine; mais il s'eſt trompé lui-même , en plaçant le *Siège de Sancère* en
1577 , il devoit dire en 1573. Au reſte il y a lieu de croire que c'eſt une
faute d'impreſſion, car il obſerve que l'Hiſtoire de ce Siége parut en 1574. Je
n'ai pu trouver dans la *Bibliothèque* de Geſner (*je me ſers de l'Edit. de Zurich,
1574*) ce que dit l'Auteur de la *Bibliothèque des Ecrivains de Bourgogne* ,
que Geſner avoit parlé de l'*Hiſtoire du Siège de Sancère* comme d'un Ouvrage
Latin , qui avoit paru en 1547; & en effet Geſner n'a pu citer l'*Hiſtoire du
Siège de Sancère* en 1573 , puiſqu'il mourut en 1565. Si ceux qui ont augmenté ſa Bibliothèque ont daté l'Hiſtoire de ce Siège de 1547 , il eſt viſible
que c'eſt par une tranſpoſition de chiffre, au lieu de 1574 , qui eſt la vraie
date. Quant à ce qu'ils ont dit que cette Hiſtoire eſt en Latin , c'eſt qu'ils
écrivoient en Allemagne , où la Traduction Latine de l'Hiſtoire de Léry ,
imprimée à Heidelberg , étoit beaucoup plus connue que l'Ouvrage François.

JEAN DE L'ESPINE, Angevin , dit de Spina , Miniſtre
de la Religion réformée l'an 1560. Il a écrit pluſieurs Livres en
François , traitant de la Théologie, deſquels les titres ſe voient
au Catalogue des Livres cenſurés par les Docteurs de Sorbonne.

JEAN DE L'ESPINE , Manceau, Docteur en Médecine &
grand Aſtrologue , Médecin de la Royne de Navarre. Il a traduit de Latin en François pluſieurs Prophéties des Sibylles &
Révélations de Madame Sainte Brigide , Caſſandre & autres ,
&c. Elles ne ſont encore imprimées.

JEAN LIEBAUT, natif de Dijon en Bourgogne , Docteur
en Médecine à Paris , gendre de Charles Eſtienne , Docteur en
ladite faculté, (duquel la fille s'appelle Nicole Eſtienne , comme
nous avons dit ci-deſſus parlant dudit Charles , &c.) [1]. Il a écrit
un Livre des Maladies des Femmes, imprimé à Paris chez Ja-

ques du Puis (*l'an* 1582 *in*-8°) [2]. Il a traduit de Latin en François quatre Livres des fecrets de Médecine & de la Philofophie chymique, colligés & recueillis premiérement par Gafpard Wolphe, Médecin Almand, imprimés à Paris chez Jaques du Puis l'an 1573 (*in*-8°.) Il a revu & augmenté de beaucoup la Maifon ruftique de Charles Eftienne, fon beau-père, tant au texte que de plufieurs belles figures fervantes aux diftillations, imprimée chez Jaques du Puys à Paris par diverfes fois. (la première en 1572 *in*-4°.) Il florit à Paris cette année 1584.

[1] Jean Vetus fit fon *Paranymphe* de Licencié en Médecine. On y voit que Liébaut avoit enfeigné la Rhétorique dans le Collège de la Marche, & la Philofophie dans celui de Beauvais; que la Comteffe Charlotte de Piffeleu & Marie fa fœur, Abbeffe de Maubuiffon, l'affiftèrent de leurs libéralités. (M. DE LA MONNOYE).

[2] Le Livre ici annoncé des *Maladies des femmes*, & celui de l'*Embelliffement & ornement du corps humain*, que rapporte du Verdier, font extraits de deux Ouvrages de Giovan Marinello, le premier defquels a pour titre : *le Medicine partenenti alle infermità delle Donne*; le fecond *Gli ornamenti delle Donne*. Voy. Bayle aux mots LIÉBAUT & MARINELLO. Il mourut à Paris le 21 Juin 1596. (*idem*).

Voy. le *Journal d'Henri IV*, Tom. I, pag. 135, & la *Biblioth. des Auteurs de Bourgogne*, Tom. I, pag. 411 & 412.

JEAN LIEGE, Médecin. Il a écrit un Livre touchant la raifon de vivre pour toutes fiévres, imprimé à Paris chez Michel Vafcofan l'an 1557.

JEAN LI NEVELOIS, ancien Poëte François. Il a écrit en vers Alexandrins la vie d'Alexandre le Grand. Pierre de Saint Cloct, ou Saint Clou, ancien Poëte François, a été l'un de ceux qui a parachevé ladite Hiftoire en vers Alexandrins, lefquels font appellés vers de longue ligne, (comme l'Auteur du Livre des Efchets l'interprete en fon Livre) & faut noter que l'on a depuis appellé vers Alexandrins ou de douze fyllabes, tous les Poëmes François faits de cette façon. Geofroy Thory fait mention des fufdits en fon Champ Fleury *

* Voy. Fauchet, Chap. 5.

JEAN

JEAN LE LISEUR, de l'Ordre des Frères Prefcheurs. Il a écrit un Livre intitulé la Règle des Marchands, imprimée à Provins en Brie par Guillaume Tavernier l'an 1497 [1].

[1] Le Livre ici rapporté n'eft qu'un Extrait en François, tiré d'un Article de la *Somme des Confeffeurs*, imprimée pour la première fois *Reutlingæ*, à Reutlingue en Souabe, 1487, *in-fol*. Son Auteur étoit de Fribourg en Brifgau, d'où il eft ordinairement appelé *Joannes de Friburgo*. On le trouve auffi nommé fimplement *Joannes Lector*, en François Jean *le Lifeur*, parce qu'il lifoit & expliquoit publiquement tout ce qui concernoit la doctrine du Sacrement de Pénitence pour l'inftruction des Confeffeurs. Au lieu de *Lifeur*, comme on a vu ci-deffus que Guillaume Tardif étoit appelé *Lifeur du Roi Charles VIII*, on diroit aujourd'hui *Lecteur*. Il mourut l'an 1314 à Fribourg, & y fut enterré le 10 Mars dans l'Eglife des Dominicains fes Confrères. Les PP. Quétif & Echard parlent amplement de lui, Tom. I de la *Bibliothèque des Ecrivains de leur Ordre*, pag. 523 & fuiv. (M. DE LA MONNOYE).

JEAN LODÉ, Licentié ès Loix, natif du Diocèfe de Nantes en Bretagne [1]. Il a traduit de Latin en François un Livre de la nourriture des Enfans, écrit en Latin par François Philelphe, Italien; il a traduit un Traité de Plutarque, touchant le Gouvernement du Mariage, imprimé à Paris l'an 1535 [*].

[1] La Bretagne ayant été défolée, en 1488, par les armes des François, Jean Lodé, natif de Nantes, quitta fon pays, & chercha une retraite à Orléans. Comme il étoit homme de Lettres, il y ouvrit une école. Il y avoit en 1513 plus de vingt-quatre ans qu'il la tenoit. L'Epître Dédicatoire des Traductions ci-deffus rapportées eft datée du premier Avril de cette année-là. Il avoit eu pour écolier Gentien Hervet, qui dans fon Oraifon *de Patientiâ*, imprimée au commencement de 1541, parle de lui & de Thomas Lupfet Anglois, fon autre maître, comme de deux hommes morts il y avoit déjà du temps. Thomas Lupfet mourut à l'âge de 36 ans, le 27 Décembre 1532. Il y a lieu de croire que Jean Lodé, avancé en âge, l'avoit précédé. (M. DE LA MONNOYE).

[*] Voy. cet Article dans *DU VERDIER*.

JEAN LOYS MIQUEAU, maître d'Ecole en l'Eglife réformée d'Orléans l'an 1560. Il a écrit un Traité contre Gentien Hervet, Orléanois, auquel ledit Hervet a fait réponfe comme nous avons dit ci-deffus; il a traduit les Epîtres de Brutus, &c.

JEAN LOIS PASCHAL, ou **PASQUIER**, dit PASCASIUS, natif de Piedmont, Miniftre à Genève & à Laufane. Il fut brûlé pour le fait de la Religion l'an 1560, le 10ᵉ jour de Septembre. Je n'ai point vu fes écrits.

JEAN L'ORGUENEUR, ou L'ORGANNEUR, qui eſt à dire Organiſte ou joueur d'orgues, Poëte François, l'an 1250, ou environ. Il a écrit pluſieurs Poëmes François non encore imprimés *.

* Voy. Fauchet, Chap. 50.

JEAN LOUVEAU, natif d'Orléans. Il a traduit de Latin en François les Amours d'Iſmene, imprimés à Lyon chez Rouville, leſquels ont été depuis traduits par Hieroſme d'Avoſt de Laval, & imprimés chez Bonfons à Páris l'an 1582, comme nous avons dit ci-devant ; il a traduit de Latin en François l'Aſne doré d'Apulée, imprimé à Lyon ¹ ; il a traduit le Dialogue de la Vie & de la Mort, compoſé en langue Toſcane par Innocent Ringhier, Gentilhomme Boulongnois, imprimé à Lyon chez Robert Grandjon l'an 1557, de caractères François. Philippes de Mornay, ſieur du Pleſſis Marly, a écrit un fort excellent Traité ſur le même ſujet, imprimé à Paris chez Perier & Auvray ; il a traduit de Latin en François le Tréſor des Antiquités de Jaques de Strada, Mantuan, contenant les portraits des vraies médailles des Empereurs tant d'Orient que d'Occident, imprimé à Lyon l'an 1553 par ledit Jaques de Strada, & Thomas Guerin ; il a traduit d'Italien en François les Nuits facétieuſes de Jean-François Straparole, imprimées à Lyon chez Guillaume Rouville l'an 1577 & 1578 ; il a traduit de Toſcan en François, les Problêmes de Hiéroſme Garimbert, imprimés à Lyon chez Rouville l'an 1559. Il floriſſoit à Lyon l'an 1553.

¹ Sa Traduction de l'*Ane d'or d'Apulée* eſt fort mauvaiſe. Jean de Montlyard en 1612 & 1623 en donna une autre, où il remarqua les fautes de la précédente. Il en parut une nouvelle en 1707, ſous le nom du ſieur de S. Martin *in*-12. Celles de Guillaume Michel & de Georges de la Boutiere ont été les deux premières. (M. DE LA MONNOYE).

JEAN DE LUXEMBOURG, Abbé d'Yvry & de l'Arruiour, ou plutôt de la Rivou, iſſu de la noble Maiſon des

Princes de Luxembourg, &c. C'étoit l'un des plus éloquens Seigneurs de son temps, comme il se peut aisément juger par ceux qui auront lu ses doctes écrits ou compositions, & entr'autres ses Oraisons Françoises, desquels s'ensuivent les noms. L'Oraison ou Remontrance de Madame Marie de Cleves, sœur de M. le Duc de Juilliers, de Clèves & de Gueldres, &c. faite au Roi d'Angleterre & à son Conseil, imprimée à la Rivou par Maître Nicole Paris ; Oraison funèbre, contenant les louanges de Henri II du nom, très - Chrétien Roi de France, imprimée audit lieu de la Rivou par le susdit Nicole Paris, l'an 1547 ; il a revu, corrigé & annoté l'Institution du Prince, écrite en François par Guillaume Budé, Parisien, imprimée l'an 1547. Il florissoit l'an 1545 sous François I *.

* Il fut Evêque de Pamiers ; & mourut l'an 1548 à Avignon, où il fut enterré aux Célestins.

JEAN MACER, Bourguignon, Licentié en Droit. Il a écrit une Philippique contre les Poëtastres & Rimailleurs de notre temps, imprimée à Paris chez Guillaume Guillard l'an 1557 ; il a écrit l'Histoire des Indes en Latin, & depuis il l'a traduite en François *, imprimée à Paris chez Guillaume Guillard l'an 1555. Il florissoit en l'an de salut 1557.

* Il étoit né à Santigny proche de Montréal en Auxois. Il écrivit son *Histoire des Indes* d'après les conversations qu'il avoit eues avec une personne qui y avoit demeuré trente ans. La *Bibliothèque des Auteurs de Bourgogne* ne parle point de la Traduction Françoise de cette Histoire.

JEAN DE LA MAGDELEINE, Sieur DE CHEVREMONT, Avocat au Parlement de Paris l'an 1575. Il a écrit un Discours de l'état & office d'un bon Roi, Prince & Monarque, pour bien & heureusement régner sur la terre, & pour garder & maintenir ses Sujets en paix, union & obéissance, imprimé à Paris l'an 1575 par Lucas Brayer.

JEAN DE MAISONS, ancien Poëte François l'an 1250, ou environ. Il a écrit plusieurs Poëmes & Chansons amoureuses *.

* Voy. Fauchet, Chap. 61.

JEAN MAILLARD, de Caux, &c. Poëte du Roi & fon Ecrivain, &, outre cela, Conducteur des eaux, fources & fontaines, &c. Il a écrit un petit Livre tant en vers qu'en profe, lequel s'intitule le premier Recueil de la Mufe Cofmopolitique, &c. imprimé à Paris chez Jean-Loys & Hierofme Gourmont. Le commencement de ce Livre contient une paraphrafe harmonique fur l'Oraifon dominicale, & enfin il traite de diverfes maladies & de leurs remèdes, &c.

JEAN DE MALETTY, excellent Muficien, natif de Saint Maxemin en Provence. Il a mis les Amours de Ronfard en mufique, à quatre parties, imprimés à Paris l'an 1578.

JEAN LE MAIGNEN, Docteur en Médecine, grand Philofophe & Mathématicien, &c. Abel Foulon fait honorable mention de lui, & confeffe qu'il a appris les Mathématiques fous lui. Je n'ai point vu les écrits dudit le Maignen.

JEAN LE MAIGNEN, de l'Ordre des Frères Mineurs, ou Cordeliers, Bachelier en Théologie. Il a écrit en François un petit Livre de l'Arbre de confanguinité, imprimé à Paris.

JEAN LE MAIRE, natif de la ville de Belges ou Bavay, au Comté de Hainault, en la Gaule Belgique, fur la riviere de Sambre, &c. Il a été de fon temps l'un des plus renommés pour l'art Oratoire & pour écrire bien en vers François. Il étoit grand Hiftorien [1]. Il a écrit un fort laborieux Œuvre des illuftrations de la France & des Gaules, contenant quelques fingularités de Troye, imprimées à Lyon par Jean de Tournes, & auparavant à Paris en plufieurs endroits & à diverfes années *; les Epîtres de l'Amant verd, écrites en vers François **; Traité de l'ouverture du Saint Sépulcre, duquel fait mention Jean le Feron en fon Livre des Rois d'armes ou Heraults, *fol.* 39. Ce Livre s'intitule autrement, Recueil fommaire du voyage des Chrétiens en la Terre Sainte. Le Promptuaire des Conciles de l'Eglife Catholique, avec les fchifmes & la différence d'iceux, imprimé à Paris par Guillaume le Bret l'an 1543 ; la Légende des Vénitiens, imprimée avec fes illuftrations de Gaule*** ; Généalogie des Turcs & leurs geftes jufques à notre temps ; Géographie, ou Defcription de la Terre de Turquie & de Grè- ce, & des ifles voifines. Il floriffoit l'an 1520 fous François I.**** Pierre de S. Julien, Doyen de Châlons en Bourgogne, fait mention dudit Jean le Maire, en fon Livre de l'origine des Bourgongnons, & dit qu'il étoit Précepteur de fon père : & outre ce, il afferme que ledit Jean le Maire devint fur la fin de fes ans troublé de fon entendement.

¹ Il étoit de Bavai, petite Ville de Hainaut. Ses Ouvrages écrits dans le ftyle de l'*Ecolier Limofin* de Rabelais, ont été autrefois fort eftimés. Je ne trouve nulle part la date précife de fa mort. La Croix du Maine le fait florir en 1520, mais *florir* en cet endroit doit fignifier *mourir*, & l'on auroit même affez de peine à prouver que Jean le Maire ait vécu jufques là, quoique Crétin, qu'il appelle fon véritable Précepteur, ne foit mort qu'en 1525. Cette mort du Maître, poftérieure à celle de fon Elève, eft peut-être ce qui a induit Gratien du Pont en erreur dans fon *Art de Rhétorique métrifiée*, où, tout au rebours de la vérité, il prend Crétin pour le difciple de le Maire. On n'obfervoit point avant lui la coupe féminine dans les vers. Marot avoue qu'il ne l'avoit point obfervée dans fon *Eglogue à François I*, & que ce fut Jean le Maire, qui, en le reprenant, lui apprit la régle. Il ne manqua pas en conféquence de corriger fon *Eglogue*, dans laquelle depuis il inféra plufieurs chofes qui ne pouvoient originairement y être, n'étant arrivées que long- temps après. C'eft ce qu'il eft aifé de reconnoître, en confultant les Editions antérieures à 1530. (M. DE LA MONNOYE).

* La dernière & la meilleure Edition eft celle de 1549, *in-fol.* revue par Ant. du Moulin.

** Il faut ajouter ici *la Couronne Marguaritique*, à la louange de Margue- rite d'Autriche, fille de l'Empereur Maximilien. Ce Livre a été imprimé par Tournes, en 1549, ainfi que les Epîtres de l'*Amant verd*.

***Ecoutons ce que dit Pâquier (*Rec. de la Fr.* Tom. I, Liv. VII, Chap. 5, Col. 699 :) "Le premier qui à bonnes enfeignes donna vogue à notre Poëfie, fut » Maiftre Jean le Maire de Belges, auquel nous fommes infiniment redevables, » non-feulement pour fon livre de l'*Illuftration des Gaules*, mais auffi pour » avoir grandement enrichi notre langue d'une infinité de beaux traits, tant en » profe que poëfie, dont les mieux efcrivans de notre tems fe font fceu » quelquefois bien aider. Car il eft certain que les plus riches traits de cette » belle Hymne que notre Ronfard fit fur la mort de la Royne de Navarre, » font tirés de lui, au jugement que Pâris donna aux trois Déeffes. Cet Au-

» teur florift fous le règne de Louis XII , & vit celui de François I ». On croit qu'il mourut en 1524.

V. la Bibl. Françoife de M. l'Abbé Goujet, Tom. X, pag. 68.

**** Jean le Maire étoit né en 1473 , car il dit lui même dans l'Epître Dédicatoire de fes *Illuftrations de la Gaule*, que l'an 1500, lorfqu'il conçut le projet de cet Ouvrage, il étoit âgé de vingt-fept ans. On trouvera les détails de fa vie, qui ont paffé jufqu'à nous, raffemblés dans un Mémoire de M. l'Abbé Sallier, imprimé parmi les Mémoires de l'Académie des Belles-Lettres , Tom. XIII, pag. 593. L'Abbé Goujet a parlé fort au long des Œuvres Poëtiques de Jean le Maire (*Biblioth. Fr.* Tom. X , pag. 68). En 1498 le Maire prenoit la qualité de *Clerc des Finances au fervice du Roi & de Monfeigneur le bon Duc Pierre de Bourbon.* (*Illuftration de la Gaule*, Liv. III, Épître à Cretin). Il fut Secrétaire de Louis de Luxembourg , Prince d'Albemare, Comte de Ligny , mort le 31 Décembre 1503. Il fut attaché à Marguerite d'Autriche dès cette même année. En 1509 il prend le titre d'*Indiciaire & Hiftoriographe ftipendié du feigneur Archiduc & de cette Princeffe.* Il voyagea en Italie en 1506, & il y étoit encore en 1508. De retour en 1509 , il publia fon premier Livre des *Illuftrations de la Gaule & fingularités de Troyes.* Le fecond & le troifième ne parurent qu'en 1512. Il s'y qualifie , *Secrétaire, Indiciaire ou Hiftoriographe de Madame Anne , deux fois Royne de France.* Cet Ouvrage eft rempli de fables aujourd'hui décriées, adoptées autrefois par tous les Hiftoriens , qui faifoient fortir notre nation des ruines de Troye. Il devoit donner un quatrième Livre de fes *Illuftrations* , dont l'objet auroit été de prouver que les Turcs étoient auffi defcendus des Troyens , & qu'ils avoient par conféquent une même origine avec les François. Le Maire avoit fait paroître dès 1509 fa *Légende de Venife* , fatyre contre les Vénitiens , & juftification de la Ligue de Cambray. Jules II s'étant féparé de la Ligue , le Maire , pour venger la France , fit imprimer en 1511 fon *Traité de la différence des Schifmes & des Conciles,* &c. qui a été depuis traduit en Latin par Simon Scardius, & publié en cette langue à Bafle, *in-fol.* en 1566, à la fuite de l'Hiftoire de Thierry de Niem ; ce que j'obferve, parce que la *Bibliot. Hift. de la France* ne rapporte cette Traduction qu'à l'an 1609 (Tom. I de la nouv. Edit. n°. 7125). M. de la Monnoye dans fes *Remarques fur Saint Gelais*, VIIe Huitain , doute que Jean le Maire ait vécu jufqu'en 1520, & le nouvel Editeur de la *Biblioth. Hift. de la France* croit que le Maire a vu feulement les deux ou trois premières années du règne de François I. Mais fes trois Contes de *Cupido & d'Atropos* furent évidemment compofés en 1520, car le différent entre l'Amour & la Mort , qui fait l'objet de ces Contes, eft terminé dans une affemblée indiquée par Jupiter au premier Septembre de cette année 1520. La *Couronne Marguaritique* ne parut qu'après fa mort. C'eft un Ouvrage d'une affez grande étendue , qui contient les éloges du Duc Philebert de Savoye & de la Princeffe fon époufe.

JEAN MACÉ, Médecin Champenois. Voy. ci-après Jean Massé, écrit par deux ſſ, & non par un c.

JEAN DE MANDEVILLE, Chevalier, natif de S. Aubin en Angleterre [1]. Il a mis par écrit un Diſcours très-ample de ſes voyages * par l'eſpace de 33 ans, lequel nous avons par devers nous écrit à la main en langage François. Il floriſſoit en l'an de ſalut 1332. Ses voyages furent en Scythie, en la grande & petite Arménie, en Egypte, Lybie, Arabie, Syrie, Médie, Méſopotamie, Perſe, Chaldée, Grèce, Illyrie, Tartarie, & en pluſieurs autres régions. Il a écrit ſes Voyages en langue Latine, Françoiſe & Angloiſe.

[1] La Croix du Maine devoit dire natif de *S. Alban*, & comme on ſait bien quand mourut Jean de Mandeville, mais non pas quand il naquit, au lieu de ces mots, *il floriſſoit en* 1332, le plus ſûr auroit été de mettre : *il mourut en* 1372. (M. de la Monnoye).

* Jean de Mandeville a été nommé quelquefois en Latin *Magnovillanus*, quelquefois *de Montevillâ*. Il commença à voyager en 1322, & non pas en 1332, comme diſent la plupart des Bibliographes Anglois, car il revint en 1355, dans la trente-quatrième année de ſes voyages. Il mourut à Lyon le 17 Novembre 1372, ſelon ſon Epitaphe. Il écrivit d'abord en François ſes *Relations* ; puis il les mit en Latin & en Anglois. Elles furent depuis traduites en Flamand, en Italien & en Eſpagnol. Quoique La Croix du Maine ſemble inſinuer que de ſon temps elles n'étoient pas encore imprimées, cependant elles l'avoient été en François à Lyon dès 1487, en Flamand dès 1483, en Italien dès 1496, en Eſpagnol en 1540. Elles furent imprimées en Latin au commencement du quinzième ſiècle, ſans date de nom & de lieu, en caractères Gothiques. Je ne ſais ſi elles ont été publiées en Anglois avant 1696. Tannerus, dans ſa *Bibliothèque*, indique divers Manuſcrits de cet Ouvrage en Latin & en Anglois, conſervés dans la Bibliothèque de Cambrige & d'Oxford. Il y en a auſſi pluſieurs en ces deux langues & en François parmi les Manuſcrits Cottenſiens & Harléiens, dans la *Biblioth. de la Ville de Londres*. Mandeville étoit Médecin, & Tannerus dit qu'il avoit écrit pluſieurs Ouvrages ſur la Médecine. Voſſius a fait deux Auteurs différens de Jean *de Mandeville* & de Jean *de Montevillâ*, qui ne ſont qu'un. Il y a auſſi pluſieurs méprifes dans l'Article qui ſe trouve ſur cet Ecrivain dans la *Biblioth. des Auteurs de la baſſe Latinité* par Fabricius. Une choſe aſſez ſingulière, c'eſt que ſes Ouvrages, quoique pleins de fables & peu eſtimés, ont été imprimés très-ſouvent, & que, malgré ce grand nombre d'éditions, ils ſont devenus aſſez rares.

JEAN DE MANREGARD, (*ou plutôt* DE MAUREGARD), Greffier des Prévôtés & fous-Baillif de Poiſſy, &c. à 6 lieues de Paris. Il a mis en lumière un Livre intitulé la Conquête de la Toiſon d'or, par le Prince de Theſſalie, le tout figuré en taille douce par René Boyvin, Angevin, avec l'explication deſdites figures par Jaques Gohorry, Pariſien, imprimé à Paris l'an 1563 *in-fol.* & contient 15 feuilles.

JEAN MARCHANT. Il a écrit la Réponſe aux calomnies naguères inventées malicieuſement contre Jaques Grevin, Médecin à Paris, ſous le nom fauſſement déguiſé de M. A. Guymara, Ferrarois, Avocat de M. Jaques Charpentier, &c. imprimée à Paris chez Challos Billet, l'an 1564, qui eſt un nom déguiſé *.

*Marc-Antoine Guymara n'eſt autre que Jaques Charpentier, & Jean Marchand que Jaques Grevin.

JEAN DE MARCOVILLE *, ou MARCOUVILLE, Sieur DU Deffais, & DE Montgoubert, Gentilhomme Percheron. Il a écrit la manière de gouverner & policer la République, imprimée à Paris par Jean Dallier l'an 1563 ; la bonté & mauvaiſtié des femmes, imprimée à Paris par Jean Dallier l'an 1562 ; Opuſcules dudit Marcouville, imprimées chez Dallier ; Recueil mémorable d'aucuns cas merveilleux advenus de nos ans, & d'autres choſes étranges & monſtrueuſes, advenues ès ſiècles paſſés, imprimé à Paris chez Dallier l'an 1565 ; c'eſt preſque une choſe ſemblable aux hiſtoires prodigieuſes de Boiſtuau ; la diverſité des hommes, imprimée à Paris chez Dallier l'an 1562 ; l'heur & malheur de Mariage, enſemble les loix connubiales de Plutarque, le tout imprimé chez Dallier l'an 1564 & 1565 ; Traité de l'origine des Temples des Chrétiens, Juifs, Turcs, & des Gentils, imprimé chez Dallier l'an 1563 ; Traité de la dignité du ſel, & de la grande charté, & preſque famine d'icelui l'an 1574, imprimé audit an à Paris chez la veuve de Jean Dallier & Nicolas Roffet ; il a traduit en François un Traité de

Plutarque

Plutarque de la tardive vengeance de Dieu, imprimé à Paris l'an 1563 chez Jean Dallier. Il floriſſoit en ſon pays l'an 1564. Je ne ſais s'il eſt encore vivant.

* Ce nom s'écrivoit MARCONVILLE , & ſe prononçoit MARCOUVILLE , comme MONTIER & CONVENT ſe prononcent MOUTIER & COUVENT.

Voy. les Mém. de Niceron, Tom. XXXV, pag. 92.

JEAN MARIA COLONI, Piedmontois, Docteur en Médecine & Mathématicien. Il a écrit les Préſages généraux & particuliers , ſelon les quatre révolutions de l'an 1574, imprimés à Lyon audit an, & depuis à Paris; Almanach & Préſages pour l'an 1577, imprimé à Rouen audit an. Il floriſſoit à Romans en Dauphiné l'an 1576.

JEAN MARIETTE, Sieur DES BARRES, Avocat au Siège Préſidial du Mans, &c. Encore qu'il n'ait mis aucunes Œuvres en lumière, ſi dirai-je néanmoins qu'il eſt tellement curieux de lire toutes ſortes de bons livres, & principalement de ceux qui traitent de l'Hiſtoire (outre ceux de ſa vacation ordinaire, qui eſt en droit) qu'il a fait un Recueil de tout ce qu'il a pu remarquer de mémorable & digne d'obſervation , & le réduit en tel ordre que s'il en vouloit faire le Public participant , il le ſoulageroit de beaucoup. Il florit au Mans cette année 1584.

JEAN MAROT de Caën en Normandie, père de Clément Marot de Cahors en Quercy (duquel nous avons parlé ci-devant) tous deux Poëtes très-renommés pour leurs temps. Ceſtuy Jean Marot étoit Poëte [1] de la Roine, Anne Ducheſſe de Bretagne, & depuis il fut valet de chambre du Roi François I. Il a fait la Deſcription des deux heureux voyages de Gènes & Veniſe, victorieuſement mis à fin par le Roi Loys XII du nom, imprimés à Lyon chez François Juſte l'an 1537, le tout écrit en vers héroïques*; il a davantage écrit quelques Chants royaux à l'honneur de la Vierge. Il floriſſoit ſous Loys XII, Roi de France, l'an 1509.

[1] Je prendrai ici l'occaſion de rapporter un Huitain mis au-devant d'un

Exemplaire des Poëſies de Jean Marot, envoyées à M. le Préſident Bouhier, honneur du Parlement de Dijon (& depuis de l'Académie Françoiſe) :

> En ce recueil, qui n'eſt pas des moins vieux,
> De Jean Marot les Œuvres pourrés lire.
> Pas toutes fois, je veux bien vous le dire,
> N'y trouverés ce qu'il a fait de mieux.
> Ailleurs pourrés trouver ce digne Ouvrage;
> Si plein de ſens, d'eſprit & d'agrément.
> Ja n'eſt beſoin s'expliquer davantage,
> Bien entendés que c'eſt Maître Clément.

Jean Marot, né au Village de Mathieu proche de Caën, mourut vers la fin de 1515, âgé de ſoixante ans. Cela paroît par le temps de ſon Epître à la Reine Claude, & par les ſix vers de Clément Marot, imprimés au bas de cette Epître. (M. DE LA MONNOYE).

*Jean Marot, père de Clément (dit Pâquier) fut Poëte aſſez élégant, duquel j'ai vu pluſieurs petites Œuvres Poëtiques, qui n'étoient de mauvaiſe grace. *Voy.* les Remarques ſur la perſonne & les Ouvrages de Jean Marot, dans les Mémoires de Littérature, Tom. I, pag. 249, la nouvelle Edition de ſes Œuvres, Paris, Coutelier, 1723, & les Mémoires de Niceron, Tom. XVI, pag. 97. Voy. auſſi la Bibl. Françoiſe de M. l'Abbé Goujet, Tom. XI, pag. 1.

JEAN MARQUIS, dit en Latin MARQUISIUS, natif de la ville de Condrieu au Dioceſe de Vienne près Lyon, Principal du Collège du Cardinal Bertrand, Evêque d'Authun, fondé à Paris, &c. Médecin à Paris, &c. Il n'a encore rien fait imprimer de ſes écrits François [1]. Il florit à Paris cette année 1584.

[1] Il publia en 1583, ſous le titre de *Mauſolée Royal*, un Recueil de vers Grecs, Latins & François, compoſés, à ſa ſollicitation, par les plus beaux eſprits de ſon temps, pour honorer la mémoire de Jean Morel d'Ambrun, ſon intime ami, mort l'an 1581. Il a continué la *Chronique* de Genebrard juſqu'en 1609, & paroît avoir eu envie de mettre en Latin le Traité de Joubert, *du Ris*. Il mourut l'an 1625, âgé de ſoixante-douze ans. Voy. ci-deſſous JEAN-PAUL ZANGMAISTRE. (M. DE LA MONNOYE).

JEAN MARTIN, Pariſien, Secrétaire de M. le Cardinal de Lenoncour, & auparavant du Vicomte Maximilien Sforce, &c. Il a traduit d'Italien en François l'Arcadie de Jaques de Sannazar, Gentilhomme Néapolitain, imprimée à Paris chez Vaſcoſan l'an 1544. Cet Œuvre eſt moitié en proſe & en vers. Il a

revu & recorrigé le Dialogue du Peregrin, traduit par François
d'Affy, Breton, auquel Livre il a ajouté quelques annotations
fur chacun chapitre. Il a traduit d'Italien en François le Livre
de Jean-Baptifte Gello, Florentin, intitulé la Circé, imprimée
à Lyon par Rouville, & depuis revûe par le fieur du Parc, &
imprimée à Paris par Galiot du Pré l'an 1572 ; il a traduit d'I-
talien en François le Roland furieux, imprimé * ; il a traduit de
Latin en François l'Oraifon funèbre faite en Latin par Pierre
Galland, dit Gallandius, fur le trépas du Roi François I, imprimée à Paris l'an 1547 chez Vafcofan. Il a traduit d'Italien
en François les Azolains de Bembo, traitans de la nature d'A-
mour, imprimés ; le fonge du Poliphile, traduit d'Italien en
François par ledit Jean Martin, traitant de plufieurs chofes rares,
& fur-tout de la Philofophie, imprimé à Paris chez Jaques Kerver l'an 1546 ; il a traduit les huit Livres de l'Architecture de
Vitruve Pollion, imprimés à Paris chez Hiérofme de Marnef
& Guillaume Cavellat l'an 1572 ; les fix Livres d'Architecture
de Sébaftien Serlio, Italien, imprimés à Paris ; il a traduit les
Hiérogliphes d'Orus Apollo ; il a traduit de Latin en François
l'Architecture & art de bien bâtir de Léon Baptifte Albert, Gentilhomme Florentin, divifée en dix livres, imprimée à Paris chez
Jaques Kerver l'an 1553 ; ce Livre a été mis en lumière par
Denis Sauvage, fieur du Parc, après la mort dudit Jean Martin,
fon ancien & fidel ami ; la Théologie naturelle [1]. Il floriffoit à
Paris l'an 1546 fous François I.

* La Traduction de *Roland Furieux* de Jean Martin n'eft, felon Niceron,
autre chofe que celle que La Croix du Maine a attribuée à Jean Des Gouttes,
qui en avoit fait l'Epître Dédicatoire. (Voy. ci-deffus l'Article de JEAN DES
GOUTTES). Il eft cependant affez fingulier que Des Gouttes l'ait fait imprimer, fans nommer le Traducteur, qui vivoit alors, & qui ne paroît pas
avoir eu de raifons pour ne fe pas faire connoître comme Traducteur de pareils Ouvrages, car dans ce même temps il publioit fous fon nom fa Traduction de l'*Arcadie de Sannazar*. Jean Martin n'a fait que revoir la Traduction Françoife du *Songe du Poliphile*. L'Auteur de cette Traduction eft
un Gentilhomme François, dont on ignore le nom, qui l'avoit communiquée à Jacques Gohorri. Elle paffa enfuite dans les mains de Jean Martin,

qui la retoucha & la publia. Les deux premiers Livres d'*Architecture* de Sarlio, traduits par Jean Martin, parurent en 1545. Niceron doute qu'il ait traduit les quatre derniers. On lit à la tête de la Traduction de l'*Architecture* de Léon Alberti, par Martin, une fort longue Epitaphe de ce Traducteur, & beaucoup d'autres vers à fa louange : mais ce font des éloges fi vagues, qu'on n'y trouve pas un feul mot qui ferve à faire connoître le moindre trait de la vie de cet Auteur, ou de l'Hiftoire de fes Ecrits.

[1] Il faut croire que le père de Michel de Montagne ne lui auroit pas ordonné de traduire la *Théologie Naturelle* de Raimond de Sebonde, s'il eût ou connu, ou eftimé la Traduction que Jean Martin en avoit faite ; mais, comme l'a fort bien remarqué Bayle, l'Ouvrage traduit par Montagne contient trois cens trente Chapitres, où il n'y a que l'Auteur qui parle, au lieu que l'Ouvrage qu'a traduit Jean Martin, eft divifé en fept Dialogues. (M. DE LA MONNOYE). **

** Cette Traduction fut faite par ordre de Madame Léonore, Reine douairière de France, & imprimée à Paris chez Vafcofan, 1541, *in-fol.* en 140 feuillets. Cet Ouvrage eft divifé en fix Dialogues, & non pas en fept, comme le dit du Verdier, & Bayle après lui, erreur que M. de la Monnoye auroit dû relever, & contient 86 Chapitres fuivis.

Voy. les Mémoires de Niceron, Tom. XLII, pag. 330. Jean Martin mourut vers l'an 1553. Sa Traduction de l'*Arcadie de Sannazar*, dédiée au Cardinal de Lénoncourt, eft partie en profe, partie en vers. Il la termine par quelques vers, qui témoignent qu'il ne mettoit pas de grandes prétentions à ce travail :

> Ce n'eft efpoir de grand loz acquerir
> Qui m'a induict ce labeur entreprendre,
> Sachant qu'il faut premier le conquérir
> A plus haults faits, ou ne s'y point attendre.

Voy. la Bibl. Françoife de M. l'Abbé Goujet, Tom. VII, p. 383.

JEAN MARTIN, Seigneur de Choify, natif de Dijon en Bourgogne. Il a écrit en vers héroïques le Vol du Papillon de Cupido, imprimé pour la feconde fois à Paris par Jaques Fezandat l'an 1543 pour Nicolas du Chemin (*imprimé à Lyon par Thibaud Payen in-8°. même année*) *.

* Ce Poëte fut d'une hardieffe fingulière dans fes Satyres, & n'y refpecta rien. La pudeur eft fouvent offenfée de fes defcriptions obfcènes ; il a cependant l'imagination affez vive, & peint avec force. Il a compofé en Latin un Traité de l'*Ufage de l'Aftrolabe*, Paris, 1554.

Voy. la Bibl. Françoife de M. l'Abbé Goujet, Tom. XI, pag. 207.

JEAN MARTIN, Religieux de l'Ordre, Convent de Va-
lencheres, fort renommé Prédicateur en l'an 1500, ou environ. Il a tranftaté de Latin en François la légende de S. Dominique, Père & premier fondateur de l'Ordre des Frères Prefcheurs ou Jacobins, imprimée à Paris par Jean Treperel.

JEAN MARTIN, Procureur en Parlement. Il a écrit un
Traité de la Police & Réglement du Bureau des Pauvres de la
ville & fauxbourgs de Paris, avec un Traité de l'Aumône, enfemble un Poëme François de la Complainte de Charité malade,
& avec ce l'Exhortation de la manière de prier Dieu, le tout
imprimé enfemblement à Paris par Gervais Mallot l'an 1580,
auquel tems floriffoit à Paris ledit Jean Martin.

JEAN LE MASLE, Angevin, Enquefteur à Baugé, au
Pays & Duché d'Anjou, homme docte en Grec & Latin, &
Poëte François. Il a écrit en François un Difcours de l'origine
des Gaulois, enfemble des Angevins & Manceaux, avec un
Poëme fuccinct de la vie de frère Jean Porthais, dit Porthafius,
Docteur en Théologie, de l'Ordre des Frères Mineurs, ou Cor-
deliers, &c. le tout imprimé en la ville de la Flèche en Anjou
l'an 1575 chez René Trois-mailles; tous ces Difcours fufdits
font écrits en vers François; Chant d'allégreffe fur la mort de
Gafpard de Colligny, jadis Admiral de France, imprimé à Paris
chez Nicolas Chefneau l'an 1572; les Œuvres poëtiques dudit
Jean le Mafle, Angevin, lefquelles il intitule Nouvelles Ré-
créations poëtiques, &c. ont été imprimées à Paris chez Jean
Poupy l'an 1579; il a traduit de Grec en François le Criton de
Platon, lequel il a commenté & annoté, imprimé à Paris chez
Jean Poupy l'an 1582. Pierre du Val, Evêque de Sées en
Normandie, avoit traduit ledit Livre en François il y a près
de quarante ans [1], lequel a été imprimé à Paris chez Vafcofan.
Il peut avoir écrit d'autres Œuvres en Latin ou en François,
defquelles je n'ai pas connoiffance. Il florit cette année 1584 *.

[1] Ici, & au mot SIMON DE VALLAMBERT, la Traduction du Dialogue

intitulé *Criton*, faite par l'Evêque de Séez, Pierre du Val, eft mal attribuée à Jean le Mafle, qui n'en eft que le Commentateur, fuivant que La Croix du Maine lui-même le reconnoît au mot PIERRE DU VAL. (M. DE LA MONNOYE).

* Cet Auteur fage & fort fenfé cultiva les Lettres pour fa propre fatis-faction, & fans aucune prétention à la renommée ; auffi négligea-t-il beau-coup de conferver fes Ouvrages ; la plupart de fes Poëfies, très-bonnes pour le temps, ont été perdues. Il paroît qu'il étoit très-honnête homme, & pré-féroit l'étude & la retraite au vide & à la diffipation de la plupart des fociétés.

Voy. la Bibl. Françoife de M. l'Abbé Goujet, Tom. XII, pag. 380.

JEAN MASSÈ, Champenois, Docteur en Médecine. Il a traduit en François un Livre intitulé l'Art vétérinaire, autre-ment appellé la grande Marefchallerie, en laquelle il eft ample-ment traité de la nourriture, maladie & remèdes des bêtes Che-valines, imprimé à Paris chez Charles Perier l'an 1563 ; ledit Livre fut premiérement écrit en Grec par Hierocles, & depuis traduit en Latin par Jean Ruel, dit Ruellius, fort docte Mé-decin, & enfin mis en François par ledit Jean Maffé.

JEAN LE MASSON, Angevin, furnommé LA RIVIERE, inftitué le premier Miniftre à Paris l'an 1555, & depuis à An-gers, & en autres divers lieux de France. Il a écrit plufieurs Livres, lefquels je n'ai point vus. Il fut tué à Angers pour le fait de la Religion, l'an 1572.

JEAN LE MASSON, Confeiller & Référendaire en la Chancellerie à Paris, frère puîné de Papyrius le Maffon, Avo-cat en Parlement, & Subftitut de Monfieur le Procureur Gé-néral, &c. ¹. Je n'ai encore rien vu imprimé en François dès Œu-vres & compofitions dudit fieur Référendaire ; mais je peux bien affurer que s'il met en lumière les Recueils qu'il a amaffès avec tant de peine & diligence par plufieurs endroits de la France, foit touchant les Epitaphes, Sépultures & autres chofes très-dignes d'une mémoire perpétuelle, qu'il fe rendra autant re-nommé que fon frère, lequel a bien emporté cette gloire (entre ceux qui favent juger de lui & de fes doctes écrits) de l'un des

plus grands rechercheurs d'hiftoires & des plus éloquens Orateurs de notre temps. Il floriffoit à Paris cette année 1584.

¹ Il fut depuis Archidiacre de Bayeux. Le P. le Long, n°. 3984, rapporte
un long titre de la vie de S. Exupére, &c. *in-8°.* à Paris, 1627, recueillie
par Jean-Baptifte Maffon, Foréfien, Archidiacre de Bayeux; il falloit dire
par *Jean le Maffon*, fuivant que le nom de cette famille eft énoncé, tant
ici, qu'au Dialogue des Avocats d'Antoine Loifel, & ce qui eft plus authentique, dans le privilège accordé l'an 1618 à Jean le Maffon, pour l'impreffion du Livre de fon frère Papirius le Maffon, fous le titre de *Defcriptio
fluminum Gallia quâ Francia eft.* Quelque foin cependant qu'ait ici La Croix
du Maine de dire *Jean le Maffon* & *Papire le Maffon*, il ne laiffe pas ci-deffous, à la lettre *P*, de dire *Papyrius Maffon*, écrivant mal l'un & l'autre
nom. Du Verdier en ufe de même. (M. DE LA MONNOYE).

Jean le Maffon, Archidiacre de Bayeux, a donné une petite Edition de
Quint-Curfe. (M. FALCONNET).

JEAN MAUGIN, furnommé LE PETIT ANGEVIN, natif
de la ville d'Angers. Il a traduit & augmenté de la plus grande
partie le Parangon de Vertu pour l'inftitution des Princes, imprimé à Paris par Eftienne Grouleau; l'Amour de Cupido & de
Pfiché, mere de Volupté prife des cinquième & fixième Livres
de la Métamorphofe d'Apulée, ancien Philofophe, &c. nouvellement hiftoriée & expofée tant en vers Italiens que François par ledit Maugin, imprimée à Paris chez Eftienne Grouleau l'an 1557*; le nouveau Triftan, Prince de Léonnois, Chevalier de la Table ronde & de Haute Princeffe d'Irlande, Royne
de Cornuaille, traduit en François par Jean Maugin furnommé
l'Angevin, imprimé à Paris chez Gabriel Buon l'an 1567 ¹; il
a écrit plufieurs Cantiques & Noëls fur l'avénement de Notre-
Seigneur Jéfus-Chrift, imprimés en divers lieux; le Miroir &
Inftitution du Prince dudit Maugin a été imprimé à Paris chez
Jean Ruelle l'an 1573. Il floriffoit en l'an de falut 1566.

* Il avoit déjà été imprimé dès l'an 1546 chez Jean de Marnès.

¹ Le Roman de *Triftan de Léonnois* a été autrefois fort célèbre. (*Voy.* dans
du Verdier le mot PIERRE SALA). Ce fut par oppofition au titre de *Vieux
Triftan* que Jean Maugin ayant retouché le Livre entier, l'intitula *le nouveau
Triftan.* Il eft dit dans l'ancien Manufcrit que l'Original étoit Latin, mais par

Latin, fuivant le ftyle de ce temps-là , il faut entendre *Italien* , comme il fera remarqué au mot **Laurent du Premier**. Il eft vrai qu'Agrippa , Chap. *64 de Vanitate fcientiarum* , cite les Hiftoires fabuleufes *Lancelloti , Triftanni* , &c. d'où le bon Gefner a pris occafion de rapporter dans fa Bibliothèque *Lancellotus* & *Triftannus* comme des Romanciers Latins-Barbares , ce que fes Abbréviateurs n'ont pas manqué de répéter. (M. **de la Monnoye**).

JEAN DE MAUMONT [1], natif dudit lieu au pays de Limofin , qui eft une très-ancienne Baronie de laquelle ledit fieur de Maumont eft iffu, homme très-docte ès Langues , & principalement en Grec [2], Théologien & Orateur très-fécond, comme il a montré par fa traduction de l'Hiftoire Grecque de Jean Zonare , laquelle il a de beaucoup enrichie & augmentée ; elle a été imprimée à Paris chez Vafcofan. Il a traduit de Grec en François Juftin Martir, imprimé à Paris chez ledit Vafcofan. Il florit à Paris au Collège de S. Michel, dit de Senach (duquel il eft Principal) cette année 1584 *.

[1] Colomiés en parle dans fa *Gallia Orientalis* , pag. 42. — On voit dans les Epîtres de Jules Scaliger que Jean de Maumont étoit un de fes meilleurs amis. (M. **Falconnet**).

[2] J'ai vu, touchant ce **Jean de Maumont**, une note affez fingulière d'un Avocat au Parlement de Dijon , mort le 3 Mai 1641 , nommé *Louvent Gélyot* , Auteur de l'*Indice Armorial* , augmenté depuis tout au moins de moitié par Claude Palliot. La voici telle qu'il l'a écrite de fa main dans un Exemplaire de La Croix du Maine , à côté du mot **Jean de Maumont** : « Il » y en a plufieurs qui croyent que ce Maumont foit le vrai Traducteur de » *Plutarque* , & qu'Amyot fe le foit attribué , ayant dérobé fes papiers après » fa mort ». De toutes les fables qu'on a débitées au préjudice d'Amyot touchant fon *Plutarque* , celle-ci eft la plus ridicule , puifque Gélyot , par la remarque même de La Croix du Maine , pouvoit reconnoître qu'en 1584 , c'eft-à-dire , plus de dix ans après l'Edition du *Plutarque* entier d'Amyot , Jean de Maumont étoit encore plein de vie. (M. **de la Monnoye**).

* Jean de Maumont avoit été nommé à l'Abbaye de Bellozane en 1564. Cette même Abbaye avoit été auffi poffédée par Amyot. On verra ci-après , à l'Article de **René de Birague** , que Maumont avoit écrit en Latin une vie de ce Cardinal.

JEAN DE LA MELESSE , autrement appellé Noble frère **Jean de la Melesse** , &c. Il a écrit quelques Œuvres de Chirurgie, lefquelles j'ai vues écrites fur parchemin.

JEAN

JEAN MENIER, Sieur d'Oppede, Gentilhomme Proven-
çal, premier Préfident au Pays de Provence, 1. &c. Il a traduit en
vers François les Triomphes de Pétrarque, non encore imprimés.

1 C'eft ce premier Préfident de Provence, fi fameux par l'Arrêt rendu l'an
1540, contre les habitans de Cabrieres & de Merindol*. (M. DE LA MONNOYE).

* Il le fit exécuter en 1545 avec tant de cruauté, que peu s'en fallut qu'il
ne portât fa tête fur l'échaffaut, ainfi qu'il arriva à l'Avocat Général Guérin,
qui fut condamné à la mort pour avoir abufé de fon pouvoir, en donnant
trop de licence aux foldats. Il fut exécuté en Place de Grève à Paris. Le Préfident Menier fe fauva par la force de fon éloquence, & mourut en 1558.
On conferve dans la Bibliothèque du Roi quelques Ouvrages manufcrits
d'Accurfe Meinier, ou Menier fon Ayeul, touchant les *Droits du Roi de
France fur les Royaumes de Naples & de Sicile.*

JEAN MEOT. Il a compofé plufieurs Comédies & Tragédies Françoifes, lefquelles il a fait jouer & repréfenter en public, lorfqu'il étoit Régent au Collège de Gourdaine, fitué en
la ville du Mans, &c. Elles ne font encore imprimées. Il a écrit
quelques Poëmes fur le trépas du feu Prince de Condé, Loys
de Bourbon, & quelques vers fur la venue de M. le Cardinal
de Rambouillet en fon Evêché du Mans. Il floriffoit l'an 1574.

JEAN DE MEUN, ou MEHUN, natif dudit lieu, fur
la riviere de Loire, furnommé CLOPINEL, qui eft à dire, BOI-
TEUX (felon aucuns), Docteur en Théologie à Paris, de l'Ordre
des Frères Prefcheurs ou Jacobins, ancien Poëte François &
Orateur, Philofophe & Mathématicien le plus renommé de fon
temps. Il a parachevé le Roman de la Rofe, commencé en vers
François par Guillaume de Lauris ou Loris, duquel nous avons
parlé ci-deffus (lequel nous avons par devers nous écrit à la
main fur parchemin de lettre antique, & felon le langage ufité
de fon temps). Ceux qui ont été imprimés depuis foixante ou
quatre-vingt ans, n'ont pas le langage pareil à mon exemplaire,
témoin ces vers qui s'enfuivent :

> *Et puis viendra Jean Clopinel,*
> *Au cœur gentil, au cœur ifnel,*
> *Qui naiftra deffus Loire à Meun, &c.*

LA CR. DU M. *Tome I.*　　　　　　　Z z z

Les autres font ainfi , en autres Livres écrits à la main :

Et puis viendra Jehan Clopinel ,
Au cuer jolis , au cuer ifnel ,
Qui naiftra fus Loire à Meung , &c.

Mais voici comme il y a en celui que j'ai par devers moi, écrit à la main de lettre antique :

Puis vendra Johans Clopinel ,
Au cuer jolif , au cors ifnel ,
Qui naiftra fur Leire à Meun , &c.

Qui eft la plus vraie & plus fure lecture , encore que M. le Préfident Fauchet m'en aie montré chez lui trois exemplaires divers tous écrits à la main , lefquels contiennent les mêmes vers que nous avons allégués pour les feconds , & lefquels il a fait imprimer en fon Livre des Poëtes François , imprimé à Paris , comme nous avons dit ci-devant [1] ; ledit Roman de la Rofe a été réduit en profe Françoife par Jean Moulinet , & imprimé à Paris l'an 1521 , comme nous avons dit ci-devant parlant dudit Moulinet ; ce Roman de la Rofe a été imprimé par une infinité de fois pour plufieurs occafions ; car les uns fe plaifent à la lecture d'icelui , à caufe de la Philofophie cachée qu'ils penfent être contenue en icelui par paroles couvertes & déguifées ; les autres s'y plaifent pour y voir des difcours amoureux ; ce qui a été caufe que Jean Gerfon , Docteur en Théologie , le plus renommé de fon temps , a ecrit un Traité à part contre ledit Livre ; aucuns ont penfé que ce Roman étoit le fonge du Verger , & l'ont ainfi intitulé , pource qu'ils voyoient tant demander le Livre appelé *Somnium Viridarii* , lequel traite de la Puiffance Eccléfiaftique & Séculière ; & ce qui les a fait ainfi fe méprendre pour le titre , c'eft à caufe que ledit Roman de la Rofe fe commence par ces mots :

Maintes gens vont difant qu'en fonges ,
Ne font que fables & menfonges :
Mais on peut tel fonge fonger
Qui pourtant n'eft pas menfonger.

J'ai dit ceci affez amplement, & en ai peut-être traité trop au
long ; mais ce qui m'a fait arrêter fur ce point, ç'a été pour fatisfaire à quelques-uns qui pourroient être en doute des points
que nous avons éclaircis ; faut encore noter que les vers allégués
ci-deffus, font tels qu'on les voit au Livre imprimé à Paris chez
Galiot du Pré l'an 1531, & n'ai voulu expreffément mettre
ceux qui font dans mon vieil Roman de la Rofe, à caufe que
le François feroit trop difficile à entendre à plufieurs qui pourront lire ce paffage. Pour revenir aux autres compofitions dudit
Jean de Meun, en voici le catalogue de fes traductions. Vegece,
de l'Art militaire ; le Livre des Merveilles d'Irlande ; les Epîtres
de Pierre Abelard, Théologien tant renommé ; les Livres de
Boëce touchant la Confolation de Philofophie ; le Livre de
Aelred, de la fpirituelle amitié. M. le Préfident Fauchet & Papirius Maffon, enfemble Jean Bouchet, Corrozet & autres ont
fait mention trés-ample dudit Jean de Meun, en leurs Hiftoires
& Chroniques ; & quant à moi, je ferai plus ample mention de
lui ès vies des Poëtes François. Voici les Œuvres de fon invention. Le plaifant jeu du Dodechedron de Fortune, non moins
récréatif qu'ingénieux, imprimé à Paris l'an 1560 par Jean Longis & Robert le Mangnier ; Deftruction de Troye la grande,
imprimée à Lyon l'an 1544 ; le Codicile ou Teftament dudit
Jean de Meun ; les fept articles de la Foi & Proverbes dorés,
imprimés à Paris l'an 1503 ; Remontrances à l'Alchimifte errant,
imprimées à Paris chez Guillaume Guillard l'an 1561. Il floriffoit à Paris fous Philippe le Bel, Roi de France, l'an 1300,
ou environ.

   [1] La Remarque fur les diverfes leçons du texte de Jean de Meun, fuivant les temps différens qu'on en a fait des copies, eft digne d'attention. Il
eft vifible, par exemple, que l'endroit où l'on a originairement lu : *Au cuer
jolif, au cors ifnel*, eft plus correct qu'il ne l'eft, quand on y lit, comme
depuis on a fait, *Au cuer jolis, au cuer ifnel*, tant parce que l'Auteur n'ufe
nulle part de ces fortes de répétitions, que parce que *ifnel*, fouple, agile,
difpos, convient mieux à *corps* qu'à *cœur*. Quant au *Poëme de la deftruction
de Troie*, nous avons déjà remarqué (au mot JAQUES MILET) qu'il eft de
Jean de Meun. Du Verdier parle de ce Livre comme l'ayant vu, & en in-

dique le format & la groſſeur avec le nom de l'Imprimeur. On y remarque comme une choſe ſingulière que le Poëte a obſervé par-tout le mêlange régulier des rimes maſculines & féminines. J'ai marqué ſur Baillet, pag. 283 du quatrième volume in-4°. la mépriſe de Fauchet, touchant le vers où il prétend que commence la continuation du Roman de *la Roſe*, par Jean de Meun après Guillaume de Lorris *; mépriſe fidèlement copiée dans une compilation intitulée : *Lettre à S. Evremond ſur le Roman de la Roſe*. (M. DE LA MONNOYE).

* On peut prendre une idée de Guillaume de Lorris & de Jean de Meun dans ce qu'en dit Pâquier (*Rec. de la Fr.* Tom. I, Liv. VII, Chap. 3, Col. 690): » de ce même téms (ſous le règne de S. Louis) nous eumes Guillaume de » Lorry, & ſous Philippe-le-Bel Jean de Mehun, leſquels quelques-uns des » noſtres ont voulu comparer à Dante, Poëte Italien; & moy je les oppoſerois » volontiers à tous les Poëtes d'Italie, ſoit que nous conſidérions ou leurs » mouëlleuſes ſentences, ou leurs belles loquutions . . . Tel depuis eux a » été en grande vogue, lequel s'eſt enrichi de leurs plumes ſans en faire » ſemblant ; auſſi ont-ils conſervé & leur œuvre & leur mémoire juſques à » huy ; au milieu d'une infinité d'autres qui ont été enſevelis avecque les » ans dedans le cercueil des ténèbres. Clement Marot les voulut faire parler » le langage de notre temps, afin d'inviter les eſprits flouëts à la lecture de » ce Roman. . . Guillaume de Lorry n'eut le loiſir d'avancer grandement » ſon Livre : mais en ce peu qu'il nous a baillez, il eſt, ſi ainſi j'oſe le dire, » inimitable en deſcriptions. Liſés celle du *Printems*, puis du *Tems*, je deffie » tous les Anciens, & ceux qui viendront après nous, d'en faire plus à pro- » pos. Jean de Mehun eſt plus ſavant que Lorry, auſſi eut-il plus de loiſir » & de ſujet que ſon devancier ».

Voy. la Bibl. Françoiſe de M, l'Abbé Goujet, Tom. IX, p. 26.

JEAN LE MERCIER, Angevin, Sieur DE LA SAUVAGERE, Avocat au Siège Préſidial d'Angers, homme fort excellent pour la Poëſie Françoiſe & pour pluſieurs autres dons de grace que Dieu lui a départis. Il a écrit en vers François un très-docte & très-excellent Poëme, lequel il a intitulé Allégreſſe pour la Paix, avec un Diſcours des troubles derniers advenus en France l'an 1570, ou environ, non encore imprimé. Il a traduit de Latin en vers François la Deſcription de la ſuperbe & magnifique maiſon de M. le Prince de Guémenay, laquelle s'appelle vulgairement le Verger, en Anjou, écrite premièrement en vers Latins par Jaques Bouju, Angevin, Préſident de Rennes en Bretagne, duquel nous avons parlé ci-devant. Il ne l'a encore fait imprimer. Ledit fieur de la Sauvagere a écrit plufieurs Sonnets & autres Poëfies Françoifes, tant de l'amour que fur autres divers fujets, lorfqu'il étoit à Tolofe, &c. Il florit à Angers cette année 1584 *.

* Voy. plus haut le mot JAQUES BOUJU.

JEAN DES MERLIERS, natif d'Amiens en Picardie, grand Philofophe & Mathématicien. Il a écrit l'Art ou Inftruction pour mefurer toutes fuperficies de droite ligne, tirée des Elémens d'Euclide, imprimée à Paris l'an 1568 chez Denis du Pré. Il floriffoit à Paris l'an 1568. Caye Jules de Guerfens a autrefois été fon ferviteur, lorfqu'il faifoit le Cours de Philofophie au Collège du Pleffis à Paris l'an 1563 & 1564.

JEAN MESCHINOT, ou MECHINOT, Ecuyer, natif de Nantes en Bretagne [1], furnommé LE BANNI DE LYESSE, (qui eft auffi le furnom que s'eft donné François Habert, d'Iffouldun en Berry, duquel nous avons parlé ci-devant). Cettuy Jean Mechinot étoit Maître d'hôtel du Duc de Bretagne, nommé François, & de la Royne de France auffi. Il a compofé en vers François un Livre intitulé les Lunettes des Princes, imprimé à Paris par Alain Lotrain l'an 1534, auquel Livre ont été ajoutées plufieurs Ballades dudit Mefchinot, avec une commémoration de la Paffion de Notre-Seigneur Jefus-Chrift, enfemble l'Oraifon de Notre-Dame, le tout imprimé chez ledit Lotrain. Il floriffoit en l'an 1500 *.

[1] D'Argentré, Liv. III de fon *Hiftoire de Bretagne*, Chap. 67, le qualifie *Ecuyer, Sieur de Mortieres, natif de Nantes*. (M. DE LA MONNOYE).

* Marot, dans fon Epigramme à Hugues Salel, où il fait état de quelques Poëtes, tant anciens que de fon temps, dit :

Nante la Brete en Mefchinot fe baigne ...

Mefchinot mourut au fervice de la Reine de France, Anne de Bretagne, le 12 Septembre 1509.

Voy. les Mém. de Niceron, Tom. XXXVI, pag. 357, & la Bibl. Franç. de M. l'Abbé Goujet, Tom. IX, p. 404.

JEAN MICHEL, Angevin, Poëte ancien, très-éloquent &
fcientifique Docteur [1]. Il a écrit en vers François le Myftère de
la Paffion de Notre-Seigneur. Ce Myftère fut joué en la ville
d'Angers, avec beaucoup de triomphes & magnificences fur la
fin du mois d'Août l'an 1486, auquel temps floriffoit l'Auteur.

[1] Il étoit de Beauvais, fut Chanoine de l'Eglife d'Aix, & enfuite de
celle d'Angers, dont il fut Evêque (en 1438) & mourut le 11 Septembre
1447 dans la dixième année de fon Epifcopat. Pierre Gervaife, Affeffeur de
l'Official de Poitiers, dans une Epître à Jean Bouchet, parle ainfi de Jean
Michel :

> Voi par après ce Maître Jean Michel,
> Qui fut d'Angers Evêque & Patron tel
> Qu'on le fit Saint. Il fit par perfonnages
> La Paffion & autres beaux Ouvrages.

Cette Epître qui eft comptée la vingt-deuxième parmi celles de Jean Bouchet, dit *le Traverfeur*, eft une fiction où la Rhétorique parle à Gervaife. Le
Myftère de la Paffion, accommodé au Théâtre par Jean Michel, fut imprimé
l'an 1490 par Antoine Vérard, à Paris, la même année qu'il y fut joué.
Alain Lotrien l'y réimprima *in-4°*. 1542. L'Imprimeur y compte cent quarante-un perfonnages, mais il y en a cent quarante-deux*. (M. DE LA MONNOYE).

* Nous remarquerons ici que M. de la Monnoye, ainfi que tous ceux qui
ont parlé de Jean Michel depuis Bouchet, fe font trompés, en attribuant à
l'Evêque d'Angers le *Myftère de la Paffion*; il eft d'un autre Jean Michel,
Angevin, Docteur en Médecine, qui mourut près de quarante ans après
l'Evêque; La Croix du Maine auroit dû les détromper, il dit que l'Auteur
du *Myftère de la Paffion* étoit Angevin, & floriffoit en 1486, ce qui ne
convient point à l'Evêque, qui étoit de Beauvais, & mourut en 1447; le
titre de *très-éloquent & fcientifique Docteur*, qu'il lui donnoit, & qui lui eft
auffi donné au titre du *Myftère de la Paffion*, imprimé à Paris en 1507,
convient plutôt à un Docteur en Médecine qu'à un Evêque. Ce Jean Michel
fut premier Médecin de Charles VIII, & Confeiller au Parlement en 1491.
Il accompagna ce Prince en Italie en 1494. Au retour, il tomba malade à
Quiers en Piémont, où il mourut le 22 Août 1495. (Voy. les Mémoires
de Niceron, Tom. XXXVII, pag. 395). Selon le *Journal du voyage de
Charles VIII*, par André de la Vigne, pag. 172, & l'*Hiftoire du Théâtre
François*; Tom. II, pag. 238 & 288. Jean Michel eft auffi l'Auteur du
Myftère de la Réfurrection; mais les Auteurs de l'*Hiftoire du Théâtre François*
prouvent qu'il n'eft point l'Auteur du *Myftère de la Paffion*, qu'il en a feu-
lement retranché quelques endroits trop libres, & qu'il y a ajouté un Prologue affez ennuyeux. Voy. auffi *Recherches fur les Théâtres*, p. 117 & 121,
Edit. *in-4°*. où l'Auteur des *Myftères* eft pris pour l'Evêque d'Angers.

JEAN MILET, natif de Saint-Amour en la Comté de Bourgongne. Il a traduit de Latin en François l'Hiſtoire d'Æneas
Sylvius (qui depuis a été nommé le Pape Pie II) touchant les
Amours d'Eurialus & Lucreſſe, auquel Livre eſt démontré l'iſſue
malheureuſe de l'amour défendue, imprimée à Paris chez Nicolas Chrétien l'an 1551 [1]. Il a traduit de Latin en François
les cinq dialogiſmes ou délibérations des cinq nobles Dames,
compoſés en Latin par Pierre Nannius, imprimés à Paris chez
Arnoul l'Angelier l'an 1550, avec les argumens ſur chacune d'i-
celles délibérations, &c. Il a traduit en François l'Hiſtoire ou
Chronique de Zonare, imprimée à Lyon, & depuis à Paris, l'an
1583, chez Guillaume Julien, Jean Parent & autres, en laquelle
dernière impreſſion ils le nomment Jean Miles au lieu de Milet [2].

[1] La Traduction de l'Hiſtoriette d'*Euriale & de Lucrece*, par Jean Milet, me
donne l'occaſion de relever ici une groſſe faute de Borel, qui ſur ce que cette
Hiſtoriette eſt adreſſée au Juriſconſulte Marien Socin, a cru qu'elle étoit de
la compoſition de Marien Socin lui-même, dont il défigure de plus le nom,
l'appelant *Martian* ou *Marian Sorin*. On trouvera cette mépriſe en deux endroits de la Table Alphabétique des Auteurs qu'il a miſe au-devant de ſon
Tréſor, ſavoir, à la lettre L, au mot LUCRÉCE, où il renvoie à SORIN, &
à la lettre S, au mot Sorin, où la bévue eſt tout au long. (M. DE LA
MONNOYE).

[2] Jean de Maumont & Jean Milet ont tous deux traduit *Zonare*, preſque en même temps, ſans rien ſavoir l'un de l'autre. (*idem*).

JEAN LE MOINE, Ecrivain à Paris, des plus renommés
de ſon temps. Il a écrit en vers François l'inſtruction de bien &
parfaitement écrire, tailler la plume, & autres ſecrets pour ſe
gouverner en l'art d'Ecriture, avec quatrains mis en ordre d'A,
b, c, pour ſervir d'exemples aux Maîtres exerçans ledit art,
imprimée à Paris par Jean Bridier & Jean Hulpeau, l'an 1556 *,
avec la copie de pluſieurs lettres miſſives, adreſſées au Roi François I, & à la Roine Eléonor & autres, pour apprendre l'uſage
de bien coucher par écrit. Il floriſſoit à Paris l'an 1564.

* Colletet, n°. 61 de ſon Diſcours de la Poëſie Morale, parle de ces
Quatrains de Jean le Moine.

JEAN MOLINET, ou MOULINET, natif de Valen-
cienne en Haynault, Chanoine audit lieu, excellent Poëte &
Orateur bien estimé de son temps. Il a réduit le Roman de la
Rose (écrit en vers par Jean de Meun) en prose Françoise, & l'a
enrichi de plusieurs allégories de son invention, imprimé à Paris
chez la veuve de Michel le Noir l'an 1521 ; les Faits & Dits
dudit Jean Moulinet, contenant plusieurs beaux Traités, Oraisons & Chants Royaux, &c. ont été imprimés à Paris l'an 1537.
Loys Guicchiardin fait mention de lui en sa Description des
Pays-Bas, *fol.* 433 de la première édition. Ledit Molinet florissoit l'an 1480, ou environ [1].

[1] Il mourut l'an 1507. Paradin, pag. 919 de ses *Annales de Bourgogne*,
l'appelle *le gentil Poëte Molinet* ; là même néanmoins à la marge, il l'appelle *Poëte vulgaire*, ce qui n'est pas une contradiction, parce qu'en cet
endroit *Poëte vulgaire* signifie un *Poëte qui écrit en langue vulgaire*. On ne
laisse pourtant pas de convenir que, nonobstant cette explication, Jean Molinet, même pour son temps, étoit un mauvais Poëte. Il a de plus laissé une
Chronique depuis l'an 1474 jusqu'à 1487, le Manuscrit de laquelle le P. le
Long, n°. 15627 de sa *Biblioth. Histor. de la France*, Edit. de 1719, dit
être gardé dans la Bibliothèque de S. Wast d'Arras. J'apprens par une lettre
de M. le Duchat, datée de Berlin le 12 Avril 1726, que ce Manuscrit,
revu par M. Godefroy de Lille, va incessamment paroître chez Foppens à
Bruxelles, sous le titre de *Mémoires pour servir à l'Histoire de la Maison de
Bourgogne* *. (M. DE LA MONNOYE).

* Cet Ouvrage n'a pas encore été imprimé, M. Godefroy étant mort avant
que d'avoir fini son travail.

Voy. la Biblioth. Françoise de M. l'Abbé Goujet, Tom. X, pag. 1.

JEAN DE MONCHASTRE (Frère), natif du pays du
Maine, Docteur en Théologie à Paris, & Prieur du Convent
des Jacobins audit lieu. Il étoit grand Théologien & fort éloquent Orateur. Il a prêché & annoncé la parole de Dieu en divers endroits de ce Royaume, tant à Paris, à Rouen & au
Mans, qu'en autres villes, esquelles il a prêché le Carême & les
Avens : ces Sermons ne font en lumière. Il mourut de peste
en son Convent à Paris, l'an 1583 en Octobre, âgé de
quarante

quarante ans, ou environ, ayant pour lors la charge & dignité
de Prieur *.

* Il n'en est point parlé dans la Bibl. des Auteurs de son Ordre.

JEAN MONIOT [1], natif d'Arras en Artois, en la Gaule
Belgique, Poëte François, l'an 1250, ou environ. Il a écrit
plusieurs Poësies Françoises, non encore imprimées.

[1] Il y a eu deux Moniots, selon Fauchet; l'un d'Arras, l'autre de Paris, comme
ils sont ici spécifiés tous les deux. Il parle du premier, Chap. 23, & du second,
Chap. 30, mais il ne fait auquel des deux attribuer *Le Ditelet de fortune*,
c'est-à-dire, *petit Dit* ou *Discours*, comme si de *Dictum* on formoit le diminutif *Dictellum*. (M. DE LA MONNOYE).

JEAN MONIOT [1], c'est-à-dire, Petit Moine, natif de Paris, autre que le susdit. Il florissoit l'an 1250, ou environ, &
a composé en vers François un Livre intitulé le Ditelet de fortune. Il a davantage écrit plusieurs autres Poësies non encore imprimées.

[1] Il faut écrire & prononcer en trois syllabes *Moniot*, petit Moine, &
non pas comme Borel, dans son *Trésor*, MONJOT. Le vers qu'il cite, *Or
veut ici Moniot son Ditelet finer*, se doit lire comme dans Fauchet, Chap. 30,
Or veut-ci Monjot son Ditelet finer. La prononciation *Monjot* est Provençale,
car les Provençaux appellent *Monje* un Moine. (M. DE LA MONNOYE).

JEAN DE MONTLUC (Messire), Evêque & Comte de
Valence & de Dye, Conseiller de Sa Majesté en son privé-Con-
seil, & son Ambassadeur vers les Etats de Polongne, frère de
M. de Montluc, Maréchal de France sous Charles IX, &c. *.
Ce Seigneur est tellement docte & orné d'une telle éloquence,
qu'il a été employé en divers Ambassades pour les Rois de France, François I, Henri II, Charles IX, & encore dernièrement
en Pologne pour le service de son maître Henri III. Il a écrit
deux instructions & trois Epîtres faites & envoyées au Clergé
& peuple de Valence & de Dye, &c. imprimées à Paris chez
Vascosan & Federic Morel, son gendre, l'an 1557; Remontrances faites par le sieur de Valence, aux villes & diocèses
d'Uzez, Nismes & Montpellier, & aux Etats-Généraux de Lan-

guedoc, tenus à Beziers au mois d'Avril l'an 1578, &c. imprimées à Paris chez Abel l'Angelier l'an fufdit 1578 **. Il a écrit les Harangues faites & prononcées par lui de la part du Roi très-Chrétien Charles IX, en l'affemblée des Etats de la Nobleffe de Polongne l'an 1573, imprimées à Paris chez Jean Richier audit an. il floriffoit l'an 1578.

*Jean de Montluc, Evêque de Valence & de Die, frère du célèbre Blaife de Montluc, Maréchal de France, eft un de ces hommes finguliers que la hardieffe de leurs fentimens & leur conduite bifarre font remarquer autant que leurs talens & les places diftinguées qu'ils occupent. Celui dont nous parlons entra jeune dans l'Ordre de S. Dominique, où il fe fit une réputation par fes Sermons, quoiqu'il ne fût pas encore dans les Ordres facrés. Il montroit dès-lors du penchant vers la Religion Réformée, pour laquelle cependant il ne fe déclara jamais ouvertement; c'eft ce qui détermina Marguerite, Reine de Navarre, à le faire fortir du Cloître, & à le mener à la Cour, où elle le fit employer à diverfes Ambaffades, dans lefquelles il réuffit très bien. Il fut envoyé en Allemagne, en Angleterre, en Ecoffe, à Conftantinople, en Pologne, & par-tout il fe conduifit en habile politique, & fit preuve de fa fcience & de fon efprit. Il alloit au Concile de Trente avec la qualité d'Ambaffadeur, mais du Ferrier, Pibrac & Morvilliers l'avertirent à Pignerol de n'aller pas fe livrer imprudemment entre les mains des Efpagnols, foupçonné comme il étoit d'héréfie. — Il eut d'une Demoifelle Picarde, nommée *Anne Martin*, d'autres difent d'une belle-Grecque qu'il avoit amenée du Levant, un fils naturel, qu'il fit élever, auquel il acheta la terre de Balagny, & qui fut fait Maréchal de France par Henri IV en 1594. Son père l'avoit reconnu & légitimé en 1567, étant alors dans les Ordres facrés, & même Evêque. Il prêchoit avec éloquence, & fon ufage étoit de monter en chaire en foutane & en mantau, la tête couverte de fon chapeau, à la manière des Miniftres Proteftans. Une femme de fon Diocèfe ofa même, dans ces circonftances, le traiter publiquement d'Hérétique. Le Doyen & le Chapitre de Valence s'en plaignirent, & s'adrefferent à la Cour de Rome, où, fur leurs accufations, Jean de Montluc fut condamné comme Hérétique; ils lui impuroient, entr'autres griefs, de faire chanter les Pfeaumes par les Huguenots dans la nef, pendant qu'il difoit la Meffe dans le Chœur. L'Evêque fe pourvut au Parlement contre le Doyen & le Chapitre, qui n'ayant pu prouver aucune de leurs accufations, furent condamnés par Arrêt du 14 Octobre 1560 à lui faire réparation d'honneur folennelle. Si Montluc eut quelque penchant pour les nouvelles opinions, il revint fincérement de fes erreurs. Il mourut à Touloufe le 13 Avril 1579 dans des fentimens fincères de piété & d'attachement à la Religion Catholique. — On lit dans l'*Hift. des Egl. Réform.* Tom. III, pag. 277, qu'il étoit homme de merveilleux efprit, & fembloit pencher du côté des Réformés, lefquels cependant n'eurent jamais pleine confiance en lui. Ils l'arrêtèrent à Annonay, & lui trouvèrent des papiers contre eux ; mais il s'échapa de leurs mains. — Ses Sermons furent mis au Catalogue des Livres défendus. *Hift. de l'Univ.* Tom. VI, pag. 143.

** La Croix du Maine a omis quelques Ouvrages de cet Ecrivain, dont voici les titres : 1°. *Election du Roi Henry III, Roi de Pologne, décrite par Jean de Montluc, Evêque de Valence*, Paris, 1574, *in-4°*. 2°. *Harangue faite devant François II à l'affemblée des Etats de 1560*, imprimée dans les Mémoires de Condé, Tom. I. 3°. Ses *Sermons*, imprimés *in-16* en 1562. D'ailleurs on conferve à la Bibliothèque du Roi, parmi les Manufcrits de Dupuy & de Gui Patin, beaucoup de letttes de Jean de Montluc. Ayant été envoyé à Venife pour juftifier les liaifons de la France avec les Turcs, il prononça en Italien une Harangue, dont on trouve la Traduction Françoife dans les Commentaires de Blaife de Montluc fon frère, Tom. I, pag. 132. De Thou le blâme de n'avoir pas fu fe retirer à propos de la Cour, où il effuya fur la fin de fes jours des mortifications auxquelles doit s'attendre un Courtifan difgracié, qui s'obftine à y refter. *Imprudenter fecit quod vellenti aurem Deo, monentique ut receptui caneret, in tempore non paruerit, antequàm productâ ad decrepitam fenectam vitâ, cunctis defpectus, inter muliercullarum greges in Aulâ deficeret.* Hift. Lib. 68.

JEAN DES MONSTIERS, furnommé LA FRESSE. Il a traduit de Latin en François, l'Hiftoire de Paule Emile Italien *, touchant les vies des Rois de France, &c. imprimée à Paris ; le Microcofme ou petit Monde, qui eft un Poëme François, divifé en trois livres, & contient trois mille vers & plus. Il a été imprimé à Lyon par Jean de Tournes l'an 1562. L'Auteur des Additions au Promptuaire des Médailles, parlant de Maurice Sceve, Lyonnois, dit qu'il eft Auteur dudit Livre appelé le Microcofme : nous parlerons de ceci autre part **.

* L'Auteur de la Traduction Françoife de l'*Hiftoire de France* de Paule Emile, imprimée à Paris en 1556, *in-4°*. ne fe nommoit point *Jean*, mais *Simon* du Monftiers. Cette Traduction ne comprenoit que les deux premiers Livres.

** Voy. plus haut JEAN DU FRESSE.

JEAN DE MONSTREUL, ou MONSTRUEIL en Picardie, Prévôt de l'Ifle en Flandres du tems de Charles VII, l'an 1423, ou environ. Il a écrit le fecond Livre de la Chronique, appelée vulgairement Martinienne *, lequel par aucuns est attribué à un nommé Castel, & à Robert Guaguin aussi : ce Livre a été imprimé à Paris par Antoine Verard l'an 1500 ; il a davantage écrit un Traité, contenant la raison pour laquelle Edouard, Roi d'Angleterre, se disoit avoir droit au Royaume de France. Estienne Pasquier & Gilles Corrozet font mention dudit Jean de Monstreul.

* Ce que dit ici La Croix du Maine sur les *Chroniques Martiniennes* est fort peu exact. On les appelle ainsi, parce que toute la première partie est tirée de Martin le Polonois, Dominicain, qui finit en 1276. On trouvera sur ces *Chroniques* un savant Mémoire de M. l'Abbé le Beuf parmi ceux de l'Acad. des Belles-Lett. Tom. XX, p. 224. Divers Ecrivains ont travaillé successivement aux *Chroniques* dont il s'agit. Bernard Guidonis les continua en Latin jusqu'en 1340, d'autres jusqu'en 1394, toujours en Latin. L'Original Latin n'a jamais été imprimé ; mais Sebastien Mamerot, de Soissons, le traduisit en François en 1458 ; & Antoine Vérard vers l'an 1503 imprima cette Traduction en un volume *in-fol.* Il y joignit un second volume, qui n'est qu'un ramas de divers Ecrits contenant l'Histoire de France, & donna à cet Ouvrage un titre général, qui a induit en erreur La Croix du Maine & beaucoup d'autres. Ce titre est ainsi conçu : *La Chronique Martinienne de tous les Papes qui furent jamais, & finit au Pape Alexandre, dernier, décédé en 1503; & avec ce, les Additions de plusieurs Chroniques ; c'est à sçavoir de Messire Ververon, Chanoine de Liege, Monseigneur le Chroniqueur Castel, Monseigneur Guaguin, Général des Mathurins, & plusieurs autres Chroniqueurs.* M. l'Abbé le Beuf discute avec beaucoup de sagacité, ce qui appartient à chacun de ces Ecrivains dans le second volume des *Chroniques Martiniennes.* Il suffira de dire ici que Jean de Montreuil n'y peut réclamer que les quatre premiers feuillets de ce second volume, sur la mort de Richard, Roi d'Angleterre, en 1399 ; un Traité écrit en François contre les prétentions du Roi d'Angleterre à la Couronne de France, qui est l'Original de l'Ouvrage qu'il composa depuis en Latin, & une lettre anonyme sur le mauvais état des affaires de France, écrite, ainsi que le Traité précédent, vers l'an 1415. Ce Jean de Monstreuil, Prevôt de l'Isle en Flandres, porte le titre de *Secrétaire du Roi de France,* dans les lettres de sauf-conduit qui lui furent expédiées par le Roi d'Angleterre en 1394, lorsqu'il fut nommé par Charles VI pour voir jurer la trève entre l'Angleterre & l'Ecosse. (Rymer, Tom. III, Part. IV, pag. 101). Deux ans après, en qualité de Notaire Royal & Apostolique, il rédigea le Traité de transport que les Génois firent à Charles VI de la Ville & Seigneurie de Gènes. (Camusat, *Mélanges Hist.* pag. 5). L'Ouvrage de Jean de Montreuil contre les prétentions des Anglois, cité par La Croix du Maine, paroît être la même chose que ce qui est imprimé dans les *Chroniques*

Martiniennes, à moins qu’on ne fuppofe que ce qui fe trouve dans ce Recueil, eft feulement un Abrégé de ce qu’il en avoit écrit. Il eft certain qu’il en avoit fait un Abrégé en Latin. On le trouve manufcrit à la Bibliothèque du Roi. M. l’Abbé Sallier en a donné l’extrait dans le XVIIᵉ Tom. des *Mémoires de l’Académie des Belles-Lettres*, p. 339.

JEAN MOREAU, Docteur en Théologie à Paris, Chanoine en l’Eglife de S. Julien du Mans, (de laquelle ville il eft natif). Il a écrit les vies des Evêques du Mans, lefquelles il a réduites en épitome ou abrégé, & les a extraites des grands volumes qu’il a recouvrés au tréfor ou chapitre de ladite fufdite Eglife du Mans [1]. M. Pierre Viel en a traduit en François plufieurs defdites vies (comme nous avons dit ci-deffus) & ledit fieur Moreau a auffi fait la traduction de quelques-unes. Il florit au Mans cette année 1584, âgé de plus de 60 ans.

[1] C’eft en Latin que Jean Moreau écrivoit les vies ici mentionnées, d’où Pierre Viel les traduifoit en François. Voy. *Biblioth. Hiftor. de France* du P. le Long, nº. 4261. (M. de la Monnoye).

JEAN DE MOREL, Gentilhomme, natif d’Ambrun en Dauphiné, (& non pas en Provence, comme penfent aucuns) Maître d’Hôtel ordinaire de la Maifon du Roi, & Gouverneur de M. le Grand Prieur B. d’Angoulefme, &c. Cetuy-ci étoit homme fort docte en Grec & en Latin, & favoit bien écrire en François, tant en vers comme en profe. MM. d’Aurat, Ronfard, du Bellay, & plufieurs autres excellens Poëtes de notre temps l’ont fort célébré en leurs œuvres, & encore fe voit un Recueil de plufieurs Epitaphes Grecs, Latins & François, faits fur fa mort par les plus célèbres hommes de notre temps, imprimé à Paris l’an 1583. Je n’ai point vu de fes écrits imprimés; mais l’on peut affez juger de fa fuffifance, tant par l’inftruction qu’il a donnée à Monfeigneur le grand Prieur (lequel il avoit en charge dès fes plus tendres ans, & auquel il a fait apprendre les bonnes Lettres & les langues Grecque & Latine, que l’on peut bien, fans fe tromper, affurer pour chofe véritable, que c’eft l’un des plus doctes Princes de toute la France, voire de toute l’Europe) que pour avoir pris alliance avec une fi fage, docte

& vertueuſe Damoiſelle, comme étoit ſa défunte femme Antoinette de Loynes, duquel mariage ſont iſſues ces trois Damoiſelles, Camille, Lucrece & Diane de Morel, eſtimées des plus doctes de notre temps, comme nous l'avons jà déclaré par ci-devant, ſans en faire plus ample mention en cet endroit. Il mourut à Paris le dix-neuvieme jour de Novembre l'an 1581 [1].

[1] Jean de Morel, Ambrunois, Seigneur de Griny & du Pleſſis-le-Comte, Maître-d'Hôtel de François I, Gouverneur du bâtard d'Auvergne, ami d'Eraſme, fit un Livre ſur les langues Grecque, Latine & Françoiſe. Il eut d'Antoinette de Loynes, femme ſavante, trois filles, *Camile, Diane* & *Lucréce*, qui ſe firent auſſi un nom dans la Littérature. *Voy.* la Biblioth. du Dauphiné d'Allard, pag. 155. Il a été déjà parlé de ces trois ſavantes plus haut. — Sander, *Deſcriptio Gandavi*, pag. 30, *Janus Morellus Grynæus, & filia ejus, quas erudivit Carolus Utenhovius...* Jean de Morel mourut aveugle, âgé de ſoixante-dix ans. (M. FALCONNET).

JEAN MOREL, OU **MORELLI**, Pariſien. Il a écrit un Livre de la Diſcipline & Police Chrétienne, imprimé à Lyon l'an 1562, comme témoigne Charles du Moulin, Juriſconſulte Pariſien, en ſa défenſe contre les Calviniſtes, *fol.* 151. J'ai opinion que c'eſt celui Morel, frère de Guillaume Morel, Imprimeur à Paris, tous deux natifs du Tailleul en Normandie [1], hommes doctes ès langues, duquel le plus jeune frère, nommé Jean Morel, fut brûlé à Paris pour ſon héréſie, comme nous avons dit ci-devant, parlant de Guillaume Morel, &c.

[1] Jean Morel, natif du Tilleul (c'eſt ainſi que ce mot ſe prononce, & non pas *Tailleul*) Bourg au Comté de Mortain en Normandie, ne peut pas, ayant été brûlé à Paris pour la Religion en 1559, être le même que Jean-Baptiſte Morelli, Pariſien, qui, ſuivant Béze, pag. 34 du Tom. II de ſon *Hiſt. Eccléſiaſt.* aſſiſta en perſonne l'an 1562 au Sinode d'Orléans, où ſon Livre fut condamné. C'eſt ce que j'ai déjà remarqué, pag. 368 du Tom. I de Baillet, *in*-4°. (M. DE LA MONNOYE).

JEAN DE MORIN, Nantois, Sieur DE LA SORINIERE, Gentilhomme Breton, Préſident en la Chambre des Comptes de Bretagne. Il a écrit des Mémoires & Recherches, touchant les antiquités & ſingularités de la Bretagne Armorique, leſquels ne ſont encore imprimés. Scevole de Sainte Marthe, Gentilhomme, natif de Lodun en Poiĉtou, fait mention en un fien Sonnet, imprimé avec fes premières Poëfies, *fol.* 108, & témoigne audit lieu que le Seigneur Morin de Nantes en Bretagne (qui eft ledit Sieur de la Sorinière, a écrit plufieurs Oraifons & Poëfies Françoifes, & entr'autres un Difcours par lequel il méprife les biens de fortune. Je n'ai point vu de fes Œuvres imprimées. Il florit cette année 1584.

JEAN MOTHE, Gentilhomme natif d'Arles en Provence, appellé par aucuns Jaume ou Jammes (qui feroit à dire Jaques, &c.)[1]. Il a écrit un Traité contenant la Defcription des Mauzolles ou Maufeolles, Pyramides, Obelifques & autres anciens monumens, qui fe trouvent en Provence, lequel Livre n'eft encore en lumière. Il floriffoit en Provence l'an 1230.

[1] Jean de Notre-Dame, de qui ceci eft tiré, Chap. 27 de fes *Vies des Poëtes Provençaux*, n'écrit point *Jean Mothe*, mais *Jeaume* ou *Jaume Motte*. La Croix du Maine interpréte mal *Jaume* par l'Anglois *James*, qui fignifie *Jacques*. En Provence *Jaume* c'eft *Guillaume*. *Mauzeolles* pour *Maufolées*, eft un mot qu'il faut pardonner au fiècle & au pays de Jaume Motte. (M. de la Monnoye).

JEAN DES MOULINS, Doĉteur en Medecine. Il a traduit de Latin en François les doĉtes Commentaires de Pierre-André Matheole, très-favant Médecin de Siene en Italie, &c. fur les fix Livres de Diofcoride, touchant la matiere médicinale, imprimés à Lyon, l'an 1572, chez Guillaume Roville. Antoine du Pinet, fieur du Noroy, Gentilhomme Bourguignon, avoit traduit auparavant lefdits Commentaires ; mais ils font bien plus amples en cette dernière traduĉtion faite par Jean des Moulins, laquelle a été revue & augmentée en plus de mille lieux par l'Auteur même, & enrichie pour la troifieme fois d'un grand nombre de portraits ou figures, de plantes & animaux tirés d'après le naturel.

JEAN NAGEREL, Archidiacre & Chanoine de l'Eglife de Rouen. Il a fait la Defcription & Chronique de Normandie; la defcription a été imprimée à Rouen l'an 1578 avec lefdites

Chroniques. Ledit Nagerel a compris en ses Annales du Pays & Duché de Normandie le Catalogue de tous les Archevêques de Rouen, leur vie & le temps auquel ils florissoient, comme témoigne Paschal Robin, sieur du Faux en Anjou, en la vie de S. Romain écrite par lui, & imprimée au troisième Tome des vies des Saints, *fol.* 877 de la première édition ; ce que je dis afin que l'on ne se trompe au chiffre, si après elles sont imprimées de rechef. Je ne sais s'il a pris l'extrait de vies des susdits Archevêques, dans la Chronique & gestes des Normans, écrite par un Anglois Saxon, nommé Ordericus Vitalis, lequel vivoit en l'an de salut 1070 (il y a cinq cens ans passés) laquelle nous avons par devers nous écrite à la main en fort beau style & très-élégant pour ce temps-là. Cette Histoire est si rare, que mêmement Jean Balée (le plus diligent rechercheur de Livres antiques de tout notre temps) n'en a jamais fait mention en son grand Catalogue des Ecrivains d'Angleterre, ni même Tritemius, Gesnerus, Licosthenes, Symlerus & autres qui ont recueilli les noms des hommes doctes. Nous la ferons imprimer en brief (Dieu aidant) pour le soulagement des studieux & amateurs des bonnes lettres, nous contentant de laisser par écrit qu'elle sera sortie de notre Bibliothèque, & que par notre diligence elle aura été mise en lumière, comme aussi j'espère faire d'une infinité d'autres, que nous avons recouvrés de toutes parts avec de grands frais, coûts & dépenses [1].

[1] Ordericus Vitalis, Anglois, Moine de S. Evroul au Diocèse de Lisieux, vivoit encore vers la fin du douzième siècle. Son *Histoire*, dont La Croix du Maine promettoit ici l'Edition, fut publiée l'an 1619 par André du Chesne dans sa *Collection des Historiens de Normandie*. (M. DE LA MONNOYE).

JEAN NESTOR, Docteur en Médecine à Paris. Il a écrit l'Histoire des Hommes illustres de la Maison de Médicis tant célébrée par l'Univers, avec un abrégé des Comtes de Bolongne & d'Auvergne, imprimée à Paris chez Charles Perier l'an 1564. Il florissoit à Paris audit an 1564.

JEAN LE NEVELOIS, ou NEVELET [1], Champenois,

ancien

ancien Poëte François, lequel floriffoit en l'an de falut 1193. Il
a écrit un Roman de la Vengeance du Roi Alexandre, duquel
font mention Geufroy Thory en fon Champ Fleury, & Claude
Fauchet en fon Livre des Poëtes François, *fol.* 84.

1 Jean le Nevelois n'a jamais, par qui que ce foit, été appelé *Nevelet.* Ce
qui a donné lieu à La Croix du Maine de le nommer ainfi, n'eft fondé que
fur ce qu'il avoit lu dans Fauchet, que ce Poëte étoit Champenois, *y ayant
même encore* (ce font les paroles de Fauchet) *en 1581, une honnête famille
à Troies portant le nom de Nevelet.* (M. DE LA MONNOYE).

JEAN NICOT 1, Confeiller du Roi & Maître des Requêtes
de fon Hôtel, Ambaffadeur de Sa Majefté au Royaume de Por-
tugal, l'an 1559, 60 & 61. C'eft celui du nom duquel la plante
ou herbe, appelée Nicotiane, a pris fon nom, laquelle eft autrement appelée Petum, ou bien l'herbe à la Roine ou Medicée.
Il a écrit un fort docte Livre de la Marine & des propres noms
& termes ufités entre lesMariniers, pour fignifier toutes chofes
dépendantes de l'art de naviger, & de la Navire, lequel n'eft
encore imprimé. Il s'en trouve une grande partie d'iceux, lefquels ont été ajoutés au Dictionnaire François & Latin; imprimé
chez Jacques du Puis à Paris par diverfes fois. Il florit cette année 1584. Je n'ai point connoiffance de fes autres écrits. Charles Etienne & Jean Liebault, fon gendre, tous deux Docteurs
en la Faculté de Médecine à Paris, font un grand récit & fort
honorable mention dudit fieur Nicot, en leur maifon ruftique,
imprimée à Paris chez Jaques du Puis par diverfes années. V. le
Difcours dela Nicotiane contenu au deuxième livre, chap. 44. *.

1 Quiconque voudra voir un ample & curieux éloge de Nicot, le trouvera
pag. 73 & 74 du Tom. II des Obfervations de Ménage fur la langue Françoife. Je n'y ajouterai rien autre chofe, finon que Nicot mourut le 10
Mai 1600. (M. DE LA MONNOYE).

* C'eft de lui qu'eft le Dictionnaire *in-fol.* François-Latin, connu fous fon
nom.

JEAN DE NOTRE-DAME, dit NOSTRADAMUS, Procureur
en la Cour du Parlement de Provence, frère de Michel Noftradamus, Aftrologue & Mathématicien tant renommé. Cetui-ci

Jean de Notre-Dame a recueilli de divers Auteurs les vies [1] des plus célèbres & anciens Poëtes Provençaux qui ont flori du temps des Comtes de Provence, écrites premiérement en langue Provençale, & depuis traduites par lui en notre langue Françoise, imprimées l'an 1575 à Lyon par Basile Bouquet, pour Alexandre Marsilii. Nous avons employé en cet Œuvre les noms desdits Poëtes, allégués par le susdit de Notre-Dame; mais il faut penser que nous avons aussi recueilli ce Catalogue de ceux qui ont écrit de ce sujet avant lui, comme de ces trois excellens Florentins, Dante, Petrarque & Bocace, & encore des Œuvres du Cardinal Bembo, lesquels en ont fait mention en leurs Œuvres, & autres aussi qui sont modernes, savoir est du livre Italien, intitulé *I Marmi del Doni*, auquel Livre il fait très-ample mention d'Arnault Daniel, Poëte Provençal, & raconte sa vie & ses compositions écrites en langage usité pour lors en Provence, & confesse l'avoir prise du Livre contenant les vies des anciens Poëtes Provençaux, lequel fut donné à M. le Légat du Pape à Venise Messire Loys Beccatel, qui avoit été pris de la Bibliothèque dudit R. Cardinal Bembo. Ledit Jean de Notre-Dame a encore écrit les Livres qui s'ensuivent. L'Histoire de Provence, imprimée à Lyon ou autre part. Il florissoit en la ville d'Aix en Provence l'an 1575. Je ne sais s'il est encore vivant. Je prie Dieu de lui donner longue & heureuse vie, & lui faire cette grace que de poursuivre sa recherche tant louable & curieuse des anciens personnages illustres pour les Lettres, lesquels ont flori en son pays & autres lieux de France.

[1] Quelques-uns disent que ses *Vies des Poëtes Provençaux* sont pleines de fables *. Cela peut être; mais ces fables ne sont pas de son invention; il les a trouvées dans les anciens Auteurs qu'il a copiés. Son Livre ne laisse pas d'être estimé & recherché. Il y en a deux versions Italiennes. La première est de Jean Giudici, fort méprisée, à cause de son peu de conformité avec l'Original qu'il n'a pas entendu. La seconde, imprimée à Rome *in-4°.* l'an 1710, est du Chanoine Giovan Mario Crescimbeni, qui l'a illustrée d'amples remarques, ayant presque par-tout fort bien entendu le texte, auquel il a de plus ajouté à la fin du volume, par ordre alphabétique, les noms de divers Poëtes Provençaux, dont Jean de Notre-Dame, ou n'a point fait d'articles

particuliers , ou n'a point parlé du tout. Il a joint au nom de chacun de ces
Poëtes des obfervations hiftoriques , tirées des Manufcrits du Vatican &
d'ailleurs. Jean de Notre-Dame eft mort l'an 1590. Il laiffa des Mémoires
manufcrits pour l'*Hiftoire de Provence*, depuis 1080 jufqu'en 1494 , dont
Cefar Noftradamus fon neveu a tiré , dit-on , ce qu'il y a de meilleur dans
la fienne. (M. DE LA MONNOYE).

* Ces *Vies des Poëtes Provençaux* font en effet pleines de fables , comme
on pourra s'en convaincre par les vies de la plupart de ces mêmes Poëtes ,
fur les Mémoires de M. de Sainte-Palaye, & d'après les Ouvrages mêmes
de ces Poëtes , qu'il a fait copier dans les plus célèbres Bibliothèques de
France & d'Italie. M. de Sainte-Palaye s'occupe actuellement du foin de
faire mettre la dernière main à cet Ouvrage, qui fera publié inceffamment.
Il fera précieux non-feulement par l'exactitude des faits , mais encore par
les Anecdotes Hiftoriques & par les détails intéreffans qu'on y trouvera fur la
littérature , les mœurs & les ufages de notre nation dans les treizième &
quatorzième fiècles. Le P. le Long cite dans fa *Biblioth. Hiftor. de la Fr.*
n°. 15270 , des Mémoires manufcrits de Jean de Notre-Dame , depuis 1080,
jufqu'en 1494 , qui étoient dans la Bibliothèque de M. de Mazangues. On
y retrouve tout le fond de l'Hiftoire de Provence par Cefar Notre-Dame ,
neveu de Jean , qui n'y a mis du fien que quelques liaifons & quelques
digreffions.

JEAN OLIVIER , Parifien , Evêque d'Angers , dit JANUS
OLIVARIUS, oncle de Meffire François Olivier , Chancelier de
France , &c. Il a écrit en Latin un fort docte Poëme, qu'il appelle Pandore. Je ne fais quels écrits François il a pu compofer.
Il mourut à Angers du temps du Roi François I, auquel lieu fe
voit fa fépulture magnifiquement élevée & enrichie de plufieurs
belles chofes, avec fon épitaphe écrit par lui-même en fort
beaux vers Latins, peu de temps avant fa mort [1].

[1] Il mourut le 12 Avril 1540. On voit à Angers derrière le Chœur de la
Cathédrale, où eft la fépulture de Jean Olivier , une Epitaphe qu'il s'eft
faite ; adreffée au paffant, laquelle finit ainfi :

>Jam nofti abundè qui fuerim, at altiffimis
>
>Quando in tenebris nequeo te agnofcere,
>
>Saltem, hofpes, unum hoc, te te ut agnofcas, rogo.

Cela eft ingénieufemet tourné , *argutè & eleganter*, dit Scévole de Sainte-
Marthe dans l'éloge du Chancelier Olivier , neveu de cet Evêque ; mais cela
eft pris mot à mot de l'Epitaphe qu'à Naples dès l'an 1492 Jean Jovien Pontan
s'étoit préparée , dont voici les trois dernières lignes : *Scis jam qui fim , aut*

qui potiùs fuerim. Ego verò te, hospes, in tenebris noscere nequeo, sed te ipsum ut noscas rogo. Vale. Son Poëme intitulé *Pandora*, traduit en vers François par Pierre Bouchet de la Rochelle, fut imprimé *in-8°.* à Poitiers, 1548. (M. DE LA MONNOYE).

JEAN D'OREVILLE, Chevalier, dit en Latin OREVILLA. Il a écrit en notre langue Françoise la guerre d'Afrique, lequel Livre se voit écrit à la main en la Bibliothèque de Papirius Masson, Avocat en Parlement, homme très-docte & très-diligent Historien.

JEAN ORY, Avocat au Mans, natif de la Paroisse de Courcité au pays du Maine. Il étoit Poëte François, comme il se voit par aucunes de ses Poësies, imprimées avec celles de Charles Fontaine, Parisien [1]. Il a écrit quelques mémoires & recherches des Antiquités du Maine, selon que j'ai entendu d'aucuns siens parens & amis, mais je ne les ai point vus, & n'ont été mis en lumière. Il a écrit quelques vers François sur la mort de M. de Langey, Messire Guillaume du Bellay, non encore imprimés. Il a écrit un Art Poëtiq François, non encore imprimé. Il florissoit au Mans, exerceant son état d'Avocat, l'an 1544, sous le règne de François I.

[1] Cet ORRY, car il écrivoit son nom par une double R, dit naïvement à Charles Fontaine pour excuse de n'avoir pu lui faire plutôt réponse :

> Dont cause sont mille cinq cens affaires
> Que j'ai le jour, qui me sont nécessaires :
> Et puis la nuit faut à la femme entendre,
> Qui jour & nuit ne fait que ses laz tendre,
> Tant qu'il convient, quand dois prendre repos
> De mon esprit, travailler o le dos ;
> Ou lendemain faudroit, qui fort me poise,
> De Xantippé ouïr la dure noise.

Ceux qui lisent les vieux livres entendront bien que dans cette phrase *o le dos*, *o* signifie *avec*. Jean Orry étoit ayeul maternel de Michel Bourrée, dont La Croix du Maine parle amplement ci-dessous. (M. DE LA MONNOYE).

JEAN PALSGRAVE, Anglois de nation, natif de la Ville

de Londres [1]. Il a écrit trois Livres de l'Illustration de la langue
Françoise.

[1] Ayant acquis pendant son séjour à Paris une connoissance parfaite de la
langue Françoise, il eut pour écoliers, étant de retour à Londres, les gens
de la première qualité, & c'est lui qui fut donné pour maître en cette langue
à la Princesse Marie *, sœur du Roi d'Angleterre Henri VIII, future épouse
du Roi de France Louis XII. (M. DE LA MONNOYE).

* Ce fut à Paris & avant son retour à Londres qu'il fut donné pour maître
de langue Françoise à la Reine Marie, femme de Louis XII. Il repassa en
Angleterre avec elle, après la mort de ce Prince, & y enseigna la langue
Françoise, sur laquelle même il écrivit le Traité cité par La Croix du
Maine. Il le dédia à Henri VIII, & le publia à Londres en 1530, *in-fol.* avec
une longue Préface. Il écrivit aussi plusieurs autres Ouvrages en Latin & en
Anglois. On en peut voir la liste dans Balcus, pag. 710, dans la *Biblioth. de
Tannerus*, pag. 571, &c.

JEAN PANIER, Sieur DE BOUGIVAL. Il a recueilli & mis
par écrit vingt-six Sermons, faits, dits & proférés, tant à
Paris qu'en autres lieux par M. Jean Cantin ou Quentin,
Docteur en Théologie, écrits le 12e jour de Mai, l'an 1480,
lesquels se voient écrits à la main en la Bibliothèque de Georges
du Tronchay, comme nous avons dit ci-devant, parlant dudit Jean Cantin.

JEAN PAPON, natif de Mont-brison au pays de Forêts,
& Lieutenant Général pour le Roi audit Lieu, l'an 1554, auparavant Conseiller de Sa Majesté au Parlement de Paris,
homme fort bien versé en Droit & autres sciences [1]. Il a recueilli plusieurs Arrêts notables, donnés ès souveraines Cours
& Parlemens du Royaume de France, imprimés à Lyon, &
depuis à Paris chez Chesneau, l'an 1565, & encore cette année
1586, chez Robert le Mangnier, avec plusieurs additions de
Nicolas Bergeron, Avocat au Parlement de Paris, &c. Les
trois Notaires dudit Papon, imprimés en divers volumes à Paris
& autres lieux. Il a traduit quelques Philippiques de Demos-
thene & de Ciceron, imprimées à Lyon l'an 1554 chez Maurice Roy & Loys Pesnot. Il florissoit en son pays de Forêts,

exerceant l'état de Juge audit lieu , l'an 1582. Je ne fais s'il eft encore vivant.

[1] Jean Papon , fils d'un Notaire de Rouanne , fort riche , étoit né , non pas à Montbrifon, mais à Croizet , Village à quatre lieues de-là. Il fut annobli en 1580 , & mourut à Montbrifon en 1590 , âgé de près de 90 ans. Papon qui , au fentiment de Cujas, ignoroit le Droit Romain , a été peu exact dans la *Collection d'Arrêts* , y en ayant même inféré de faux , ce qui avoit donné lieu à divers plaideurs trop crédules de s'engager en de mauvais procès. Du Moulin n'en parle pas de même fur la *Coutume du Bourbonois*. — On ne croit pas que Papon ait , comme le dit ici La Croix du Maine , été Confeiller au Parlement de Paris ; il n'eft pas du moins dans la lifte que Blanchard en a donnée. (Ce qui a pu donner lieu à l'erreur, c'eft qu'il fut Maître des Requêtes ordinaire de Catherine de Médicis)... (M. DE LA MONNOYE).

Jean Papon , Lieutenant Général du Roannois, de qui font *les Notaires* , appelé l'*Arrètifte* , fut député aux Etats d'Orléans en 1560. Il paffe pour avoir aidé M. d'Urfé , grand Baillif de Forèz dans la compofition de fon *Aftrée* , où il eft défigné fous le nom d'ADAMAS. Voy. le *Scaligerana fecunda* , & M. Huet , *Origine des Romans*. (M. FALCONET).

JEAN PARADIN , de Louhans en Bourgogne , Clerc de Greffe au Parlement de Dijon , parent (comme il femble) de Guillaume & Claude les Paradins. Il a traduit en vers François un Livre , qu'il intitule Micropédie , imprimée à Lyon l'an 1546 par Jean de Tournes. Ce Livre contient les chofes qui s'enfuivent : De la mifère & calamité du temps , Dialogue de la mort & du pélerin , cent Quadrains contenans les cent Diftiques de Faufte Andrelin , Poëte Latin moderne , plus quelques Epigrammes , Dixains & Huitains , le tout imprimé enfemble audit an 1546 , chez ledit Jean de Tournes [1].

[1] Il écrivoit fon nom par une double R , PARRADIN , & ne prenoit dans fes Poëfies imprimées l'an 1546 , à Lyon , nulle autre qualité que celle de *Clerc au Greffe du Parlement de Dijon*. Le P. Jacob cependant , qui , pag. 23 de fon Catalogue *de Scriptoribus Cabilonenf.* lui attribue tous les Ouvrages que rapportent La Croix du Maine & du Verdier , le qualifie *Médecin* , & même *premier Médecin de François I* ; car ces mots *Francifci I , Francorum Regis , Archiater præftantiffimus* , ne peuvent fignifier autre chofe. Mais cela n'ayant aucune vraifemblance , il faut croire que le P. Jacob s'eft trompé. Il dit de même fans preuve que Jean Paradin , Médecin , vivoit à Dijon vers

1588, & mourut âgé de plus de quatre-vingts ans à Belleneuve proche Mirebeau, d'où fon corps fut apporté à l'Eglife S. Michel de Dijon. Guillaume Paradin, dans fes *Epigrammes Latines*, imprimées l'an 1581 à Lyon *in-4°.* en adreffe deux à un Jean Paradin, mais enfant : *Ad Janum Paradinum puerum* *. (M. DE LA MONNOYE).

* Voy. les Mémoires de Niceron, Tom. XXXIII, pag. 170, où ce que nous venons d'écrire ici de Jean de Paradin eft rapporé dans ces mêmes termes. Voy. auffi Biblioth. des Auteurs de Bourgogne, Tom. II, pag. 125 & 126, où l'on réfute le P. Niceron, tant fur la qualité de Médecin de François I, qu'il refufe fans raifon à Jean Paradin, que fur le lieu de la fépulture de cet Auteur, mort en 1588, & enterré dans la Chapelle des Bernards, en l'Eglife de S. Etienne de Dijon, auprès de fa fille unique, qui avoit époufé le célèbre Etienne Bernard.

JEAN DE PARDEILLAN, Panias fecond, Prothenotaire de Pangeas (qui font les qualités qu'il fe donne). Il a écrit en vers François les Amours de fa Colombe. Voy. OLIVIER DE MAGNY, en fes Odes, *fol.* 138.

JEAN PAUL ZANGMAISTRE *, Gentilhomme natif d'Ausbourg en Allemagne, difciple de M. Laurent Joubert, Docteur en Médecine & Régent à Montpellier, qui eft un nom fuppofé dudit Alleman, &c. Faut noter ici que ledit Jean Paul Zangmaiftre n'a point traduit de Latin en François le deuxième & troifième Livres du Ris fur le Latin dudit Joubert, car ledit fieur ne l'a point écrit autrement qu'en notre langue vulgaire ; & pour éclaircir davantage ce propos, je veux bien advertir ceux qui liront ceci que ledit fieur Joubert n'a onques écrit fon Traité du Ris qu'en langue Françoife, comme nous verrons par les lettres envoyées à un fien parent & ami M. Jean Marquis, de Condrieu, au Diocèfe de Vienne, Médecin à Paris, &c. duquel nous avons parlé ci-devant Voici donc l'Extrait de quelques Articles contenus ès lettres envoyées audit fieur Marquis, faifant fa demeure à Paris au Collège du Cardinal Bertrand, Evêque d'Authun, duquel il eft Principal : *Quant à mon Livre du Ris, fachez qu'il n'a jamais été en autre langue que Françoife. Et ce que je mets traduit de Latin en François par un Allemand, c'eft une fiction, car je vous affeure de ne l'avoir pas* *fait en Latin*, &c. Et en autres Lettres il met ce qui s'enfuit : *Touchant le Traité du Ris, j'aimerois fans comparaifon plus votre traduction, que d'homme que j'aie encore cogneu.* Je ne fais mention de plufieurs autres propos, efquels il loue infiniment ledit fieur Marquis, par fes lettres écrites de fa main ès années 1581 & 1582. Et ce qui m'a occafionné de réciter ceci affez amplement, ç'a été pour l'opinion que pourroient avoir quelques-uns, que ledit Livre eût été fait Latin par icelui Joubert, & mis depuis en François par cet Alleman, qui font chofes inventées pour quelques caufes particulières. J'ai opinion que cetui-cy, M. Marquis, s'acquittera de la promeffe qu'il en fit audit fieur Joubert fon parent, comme il le peut aifément faire, pour être bien verfé en fa profeffion, & pour avoir la langue Latine fort à commandement ; ce que je peux témoigner pour l'expérience que j'en ai. Ledit fieur Joubert mourut l'an 1582, en Octobre, comme nous dirons en fon lieu *.

* C'eft un faux nom fous lequel Joubert a écrit,

JEAN PASSERAT, natif de Troye en Champagne, Lecteur du Roi en l'Univerfité de Paris, homme très-docte en Grec & en Latin, & des plus excellens Poëtes Latins & François de notre temps, & lequel fe rend admirable par les doctes leçons qu'il fait à l'explication des Poëtes Grecs & Latins, outre la cognoiffance qu'il a en la Jurifprudence & autres arts [1]. Il a compofé plufieurs Tragédies & Comédies, tant en Latin qu'en François, lefquelles ne font encore imprimées. Il a écrit les louanges & l'Hiftoire des Troyens ou Champenois, defquelles chofes il fait mention en fon Chant d'allégreffe, pour l'entrée du Roi Charles IX en fa ville de Troie en Champagne. Ladite Hiftoire des Troyens n'eft encore en lumière. Il a écrit une Hymne de la paix, imprimée chez Buon l'an 1563 ; Complainte fur la mort d'Adrian Turnebe, imprimée à Paris chez Federic Morel, l'an 1565. Il a compofé plufieurs * autres Poëmes François, lefquels ne font encore en lumière, & defquels je ne fais pas les titres, pour ne les avoir vu. Il florit à

Paris

Paris cette année 1584, & fait leçons ordinaires en sa profession de Lecteur du Roi. **

¹ Passerat étoit un de ces hommes de qui l'on a dit qu'*ils n'avoient rien de pédant que la robe*. On trouve de l'esprit dans sa prose & dans ses vers, soit Latins, soit François. On les imprima tous à Paris en 1606, *in-8°*. Ses Oraisons, ses Préfaces y furent imprimées la même année, conjointement avec le Traité *de cognatione & permutatione literarum*, qu'on dit avoir été son Ouvrage favori. Sa Traduction d'*Apollodore* avoit paru *in-12*, l'an 1605. Son Discours, *De Ridiculis*, fait voir qu'il n'aimoit pas les Jésuites. Ce qu'on a dit que, prêt à mourir, il avoit jeté au feu son *Commentaire sur Rabelais*, m'a tout l'air d'une fable, débitée premièrement par un boufon de profession, connu sous le nom de *Bruscambille*, dans sa première *Harangue de Midas*, & depuis par un Prêtre Manceau, nommé *Antoine le Roi*, dans la Préface de son *Floretum Philosophicum*. Le P. Garasse, pag. 958 de sa *Recherche des Recherches de Pâquier*, impute aussi à Passerat de s'être vanté dans quelques-unes de ses Préfaces, ce que je n'ai pourtant point trouvé, d'avoir *lu quarante-deux fois tout Plaute, & de ne pouvoir s'assouvir de sa lecture*. (M. DE LA MONNOYE).

Jean Passerat, né à Troies en Champagne le 18 Octobre 1534, Professeur Royal d'éloquence après Ramus, mort de paralysie à l'Hôtel de Mesmes le Samedi 14 Octobre 1602, âgé de soixante-huit ans, ayant long-temps langui aveugle, ou d'avoir trop étudié, ou d'avoir trop bu, homme docte, délié, homme d'esprit, & qui estimoit Ronsard. Voy. le *Journal d'Henri IV*, Tom. III. — Nicolas le Févre ne lui rend pas justice, quand il dit : . . . *Passerat hors Ciceron ne savoit rien. . . . . .* Son Livre *de cognatione litterarum* est excellent ; c'est celui que l'Auteur aimoit mieux avoir fait. Jos. Scaliger en faisoit grand cas. *Plures habebit qui non capiant, quam qui eo capiantur.* Colom. Bibl. Choisie, Art. 22. — Vossius, Ménage & d'autres en ont bien profité. — Patin loue fort, Let. 33, Tom. II, son Discours *de Ridiculis, ubi grex Loyoliticus depingitur. Ejus Præfatiuncula* fut mise à l'Index en 1608. Voy. le *Merc. François*, Tom. I, fol. 268. Henri-Etienne en portoit le jugement le plus avantageux : *Passeratii judicium quod mihi instar multorum est, cum ejus & soluta oratio & carmen, tantam ei laudem ob tantam elegantis Latinitatis cognitionem, adjudicent.* Palæstra, de Lipsii Latinit. pag. 548. — Son *Commentaire sur Properce* est infiniment estimé par Scioppius. — Il a fait les *Distiques de l'horloge du Palais & de l'Arsenal*. (M. FALCONNET).

* On voit un Sonnet de sa façon dans les premières amours de Ph. Des Portes, en réponse à un Poëte de ce temps-là. Dans les *Muses Françoises*, on trouve un Poëme sur la *Métamorphose d'un homme en oiseau* (le Coucou) ou *le Cocuage*, & un autre intitulé *de la Divinité des procès*.

** Ses Contemporains parlèrent de lui avantageusement. Jean Passerat

(dit Pâquier , *Rech.* Tom. I, Liv. VII , Chap. 11) homme duquel on ne sauroit assez honorer les vers , soit Latins ou François, quand il en a voulu faire , fit une Ode en vers saphiques , c'est-à-dire , des vers mesurés en notre langue , à l'imitation des vers Grecs & Latins , dont voici les deux premières Strophes :

> On demande en vain que la serve raison
> Rompe pour sortir l'amoureuse prison,
> Plus je veux briser le lien de Cypris ,
>   Plus je me vois pris.
> L'esprit insensé ne se paist que d'ennuis ,
> Plaintes & sanglots, ne repose les nuits :
> Pour guérir ces maux que l'aveugle vainqueur
>   Sorte de mon cœur.

On trouve dans les Manuscrits de la *Biblioth. Colbertine* beaucoup d'ouvrages de Passerat, qui marquent qu'il avoit étudié la langue Françoise, & qu'il avoit du goût pour les recherches qui la concernent . . Un Manuscrit *in-4°.* n°. 5070 , intitulé *Recueil de vieux mots du Roman du Comte d'Anjo.* Ce recueil est par ordre alphabétique , en forme de *Glossaire.* Passerat y paroît assez versé dans le vieux François. N°. 5019 & 5020. Deux volumes des Tables des *Rithmes Françoises selon l'ordre des choses.* N°. 5022. *Bibliothèque d'Apollodore* : (elle a été imprimée) : & N°. 5021. Extrait de l'*Iliade d'Homère.* N°. 2350. Diverses Poësies Françoises dans les Manuscrits de Baluze. N°. 752. Abrégé des *Métamorphoses d'Ovide* par Jean Passerat , écrit de sa main.

Voy. les Mémoires de Nicéron , Tom. II , pag. 320 , & Tom. X de la Biblioth. Françoise de M. l'Abbé Goujet , Tom. XIV , pag. 1.

JEAN DU PEIRAT , Sarladois , ou de Sarlat en Perigort. Il a traduit d'Italien en François le Livre de Jean de la Case , Archevêque de Benevent , Gentilhomme Florentin , &c. intitulé en Italien *Gli Coustumi* , & en François le Galathée , ou la manière & façon , comme le Gentilhomme se doit gouverner en toute compagnie , imprimé à Paris chez Jaques Kerver l'an 1562. François de Belle-Forest dit qu'il en est le Traducteur , à eux en soit le débat [1].

---

[1] Si Belleforest avoit été véritablement Auteur de cette version du *Galatée*, il auroit bien eu le loisir de la réclamer, pendant vingt-un ans qu'il a vécu depuis qu'elle fut imprimée , en 1562 ; il faut donc prendre pour un oui-dire ce qu'en rapporte ici La Croix du Maine. Je ne relève point ses deux grosses fautes d'orthographe dans les mots *Galatée* & *Costumi*, qu'il écrit *Coustumi* & *Galathée* , parce que lui & du Verdier ayant absolument ignoré l'orthogra-

phe, il n'y auroit pas une page où il n'y eût beaucoup de corrections à faire, & qu'il eſt même bon que les fautes qu'ils ont faites ſubſiſtent, afin qu'en cela on reconnoiſſe leur négligence & plus ſouvent leur incapacité. — Il parut en 1671 une nouvelle Traduction Françoiſe du *Galatée*. (M. DE LA MONNOYE).

JEAN PELLETIER, natif de la Ville & Cité du Mans, Docteur en Théologie, Grand-Maître du Collège Royal de Navarre, fondé à Paris, Curé de S. Jaques de la Boucherie en ladite Ville, homme des plus renommés pour la Théologie ſcholaſtique qu'autre de ſa faculté, & ce qui fut cauſe qu'il fut envoyé au Concile de Trente dernier. Il étoit frère aîné de Jaques Pelletier du Mans, Docteur en Médecine, duquel nous avons parlé ci-devant. Je n'ai point vu les Ecrits François dudit Jean le Pelletier, encore que je ſache qu'il en ait compoſé quelques-uns, leſquels ne ſont encore en lumière. Il mourut à Paris le vingt-huitième jour de Septembre, l'an 1583, & fut enterré le jour enſuivant en l'Egliſe de S. Eſtienne du Mont près de Sainte Geneviève à Paris [1].

[1] Le P. Hilarion de Coſte, Liv. III des *Hommes illuſtres en piété du ſeizième ſiècle*, dit que c'eſt au Chœur de la Chapelle Royale de S. Louis qu'eſt le Tombeau de Jean LE *PELLETIER*. C'eſt ainſi qu'il écrit ſon nom, quoique Jacques, frère de Jean, ne l'ait jamais écrit qu'avec une L, PELETIER, & ſans l'article LE, enſorte que PELLETIER, LE PELLETIER & LE PELETIER ſont autant de corruptions. (M. DE LA MONNOYE).

La Croix du Maine confond ici mal-à-propos Jean Peletier, Grand-Maître du Collège de Navarre, homme ſage, dont il eſt parlé avec éloge dans l'*Hiſtoire de l'Univerſité*, avec Julien Pelletier ſon frère, forcené Ligueur, Curé de S. Jacques de la Boucherie. Voy. l'*Hiſt. de l'Univ.* Tom. VI, p. 27, 134, 441 & 442. (M. FALCONNET).

JEAN DE LA PERUSE, Angoulmois, ou natif d'Angoulſme, en la Gaule Aquitanique, l'un des premiers Tragiqs de France pour ſon temps. Il a compoſé cette docte Tragédie de Mèdée, laquelle a été revue & recorrigée par Sçévole de Sainte-Marthe, Gentilhomme de Lodun en Poictou, lequel la fit imprimer après la mort dudit la Peruſe, l'an 1555, à Poictiers chez les Marnefs & Bouchets, frères, & encore imprimée depuis, l'an 1566 ou 1567. Il a davantage écrit plusieurs & diverses Poësies Françoises, imprimées audit lieu, l'an 1555, par les susdits. Il florissoit sous Henri II, l'an 1550[1].

[1] Il mourut vers 1556, temps auquel sa *Médée* & ses autres Poësies furent imprimées à Poitiers*. (M. DE LA MONNOYE).

* « La Peruse, dit Pâquier (Tom. I, Liv. VII, Chap. 6, Col. 704 des *Rech.*) » fit une Tragédie sous le nom de *Médée*, qui n'étoit point trop descouzue, » & toutes fois par malheur elle n'a été accompagnée de la faveur qu'elle mé- » ritoit». Ronsard en fit l'éloge :

> Tu vins aprés enchoturné Peruse,
> Espoinçonné de la tragique Muse,
> Muse vraiment qui t'a donné pouvoir
> D'enfler tes vers & grave concevoir
> Les tristes cris des misérables Princes
> A l'impouryû chassez de leurs Provinces...

Nous remarquerons à ce sujet que les Poëtes vivoient alors très-unis entre-eux. Lorsque la *Cléopatre* de Jodelle fut représentée devant le Roi Henri II à Paris en l'Hôtel de Reims, & ensuite au Collège de Boncour, les Entreparleurs (Acteurs) dit Pâquier, étoient tous hommes de nom, car même Remi Belleau & Jean de la Peruse jouoient les principaux Roulets.

Voy. la Biblioth. Françoise de M. l'Abbé Goujet, Tom. XII, pag. 92.

JEAN PICARD, ou LE PICARD. Il a écrit un Traité de la manière de confesser, imprimé à Paris l'an 1546 chez Estienne des Hayes. Les trois Miracles du monde, écrits par Jean le Picard, & imprimés à Paris l'an 1530*.

* Ce dernier Livre a pour titre *les trois Miroirs*, & non *les trois Miracles du Monde*.

JEAN PICOT, Conseiller du Roi, & Président des Enquêtes en sa Cour de Parlement à Paris. Il a traduit de Grec en François les Enseignemens pour gouverner un Empire, ou Royaume, écrits en Grec par Agapetus, Evêque de Rome, imprimés à Paris chez Guillaume Morel, l'an 1563, auquel temps florissoit ledit sieur Picot[1].

[1] Dans le dénombrement que fait Jean-Albert Fabrice des Traducteurs François d'Agapet, pag. 572 du Liv. V, Chap. 5 de sa *Biblioth. Grecque*,

il pouvoit, outre Jean Picot, Pardoux du Prat, Jérome de Bénévent, & même le Roi Louis XIII, qui fur une verfion Latine, en fit, à l'âge de douze ans, une Françoife, qu'on publia en 1612, *in-8°.* compter encore Nicolas de Nancel, fur le témoignage de La Croix du Maine. Un Religieux Théatin en fit une, l'an 1720, en vers François, pour le Roi actuellement régnant, généralement eftimée. (M. DE LA MONNOYE).

JEAN PIERRE DE MESMES, Parifien, fils naturel (comme l'affurent aucuns) de Meffire Jean-Jaques de Mefmes, père de Meffire Henry de Mefmes, fieur de Roiffy & Malaffife, defquels nous avons parlé ci-deffus. Il étoit bien verfé en plufieurs arts & fciences, & avoit cognoiffance de beaucoup de langues étrangères. Il a traduit plufieurs Livres d'Italien en François, &, entr'autres, quelques Livres de Mathématiques, efquelles il étoit bien verfé. Il eft Auteur d'une Grammaire Italienne & Françoife, imprimée à Paris chez Gilles Corrozet, l'an 1548 & l'an 1567, chez Robert le Mangnier, en laquelle il n'a pas voulu mettre fon nom : mais ce qui m'a fait cognoître qui en étoit Auteur, ç'a été une fienne devife, mife fur la fin de ladite Grammaire Italienne, qui eft telle : *Per me fteffo fon faffo,* laquelle expliquée en François, fignifie *De moy-mefmes je fuis Pierre,* qui eft un équivoque ou allufion fur fon nom & furnom, Pierre de Mefmes, comme s'il eût voulu dire je fuis Pierre de Mefmes, qui ai compofé cet Ouvrage. Ce que j'ai récité affez amplement à caufe de plufieurs qui n'ont pas cognoiffance ni de l'Auteur de cette Grammaire Italienne & Françoife, ni de cette devife; car s'il eût mis fon nom par lettres capitales ou Majufcules en cette façon J. P. D. M. plufieurs euffent penfé que c'eût été le nom de Jaques Peletier du Mans, tant cognu par fes Œuvres, & plufieurs ont eu opinion que les vers Italiens mis au tombeau de Madame Marguerite, Roine de Navarre, fœur du Roi François I, fous ces lettres fufdites, fignifiaffent le nom dudit Pelletier, mais leurs devifes les ont fait recognoître, car ledit Jean-Pierre de Mefmes a cette-cy en Latin, *Cælum non folum,* & Peletier a cette autre Françoife, *Moins & Meilleur :* mais c'eft trop s'arrêter fur ce point, il faut

voir quels autres Œuvres a composé ledit Jean Pierre de Mefmes. Il a écrit en vers François un Epithalame fur le mariage de
Henry de Mefmes, fieur de Malaffife, & Jeanne Hannequin
fa femme, imprimé à Paris l'an 1552, avec un Difcours de
l'origine ou extraction des fieurs de Mefmes, Seigneurs de
Roiffy, &c. Ledit Jean-Jaques de Mefmes floriffoit à Paris l'an
1556.

JEAN PILLEU, natif de Chartres, Muficien, Mathématicien & Aftrologue. Il a écrit un Almanach & prognoftication,
compofés & calculés fur tous les climats de France, Efpagne,
Romanie & Almagne, &c. pour l'an 1571, imprimés à Paris
chez Michel Buffet, l'an 1570, auquel temps floriffoit à Paris
ledit Pilleu.

JEAN DU PIN, Théologien, Médecin, Poëte François
& Orateur, autres l'appellent DU PAIN, mais c'eft à l'imitation des Parifiens, qui ont ce dialecte ou façon de prononcer
Pain pour Pin, &c. Cetui-cy étoit Moine de l'Abbaye de Vaucelles. Il naquit en l'an de falut 1302 ou 1303. Il a écrit un
Traité qu'il intitule Mandevie[1], ou bien le champ vertueux de
bonne vie, contenant huit Livres, lequel il a écrit moiti é en
vers & moitié en profe. Il le commença en l'an de falut 1324,
& en l'an de fon âge 22, & l'acheva en l'an de falut 1340,
& de fon âge 37 ou 38. Ce Livre a été imprimé à Paris chez
Michel le Noir, in-8°. char. 24. Il a plus de foixante ans. Il a
écrit un Opufcule, intitulé l'Evangile des femmes, compofé
en vers Alexandrins ou de douze fyllabes, que les Anciens appeloient longue ligne. Il floriffoit fous Philippes le Bel & Philippes de Valois, Rois de France, l'an 1324 & 1340[2]. Il
mourut âgé de foixante-dix ans au pays de Liege en Almagne,
l'an 1372. Il eft enterré en l'Abbaye des Guillemins. Plufieurs
Auteurs de marque ont fait mention de lui en leurs Œuvres,
favoir eft Loys Guichardin en la Defcription des Pays-bas,
René Chopin en fon Livre *de facra Politia Forenfi, fol. 468 de*

la première édition , & Claude Fauchet, Président de Paris , & autres encore.

[1] Le Manufcrit de la Bibliothèque du Roi, coté 419 , dont le titre, felon le P. Labbe, eft *les Mélancholies de Jean du Pin*, ou *la Somme de fa vifion* , 1340 , me paroît être la même chofe que le Livre intitulé *Mandevie*, c'eft-à-dire , *Main de vie*, comme *Mandegloire* , *Main de gloire*. Fauchet, Chap. 85 , cite un vers où cet Auteur écrit fon nom JEHANS DU PAIN. (M. DE LA MONNOYE).

[2] La Croix du Maine n'a pas dû dire que Jean du Pin floriffoit fous Philippe-le-Bel , puifque ce Roi eft mort en 1314, temps auquel Jean du Pin n'avoit que Douze ans. Il pouvoit encore, parlant de l'Abbaye de Vaucelles, ajouter *Diocèfe de Cambray* , à caufe d'une Abbaye de même nom dans le Diocèfe d'Apt. (*idem*).

Voy. la Biblioth. Françoife de M. l'Abbé Goujet, Tom. IX, pag. 92.

JEAN PISSEVIN , natif d'Yffoire en Auvergne, homme docte & bien promeu en plufieurs bonnes difciplines. Il a écrit plufieurs Traités, tant en Latin qu'en François, foit en profe, ou en vers , lefquels ne font encore imprimés [1]. Il florit à Paris cette année 1584 , âgé de cinquante ans ou environ.

[1] Lorfque Antoine Matharel , Procureur de la Reine mère, Catherine de Médicis, fut fur le point de publier fa réponfe à la *Franco-Gallia* d'Hotman , fes bons amis, qui favoient faire des vers Latins , en firent làdeffus à fa louange, & comme en bon compatriote Jean Piffevin fut du nombre, Hotman , dans fa *République burlefque*, fous le nom de *Matago de Matagonibus* , ne manqua pas de l'envelopper dans la raillerie qu'il fit de tous ces panégyriftes de Matharel. (M. DE LA MONNOYE).

JEAN POICTEVIN , Chantre en l'Eglife de Sainte Radegonde à Poiétiers. Il a traduit les cent Pfalmes de David , lefquels reftoient de la traduction de Clement Marot. Ils ont été mis en mufique par Philebert Jambe de fer, Lyonnois , & imprimés à Paris chez Nicolas du Chemin l'an 1558. Lefdits Pfalmes ont été auffi imprimés à Poiétiers par Nicolas Peletier , l'an 1551 [1].

[1] Colomiès, comme l'on peut voir , pag. 827 du Recueil de fes Œuvres, imprimé à Hambourg, *in-4°*. 1709, raifonne fort jufte , lorfqu'il dit que « Béze pouvoit fe paffer de tourner en vers François les cent Pfeaumes qui

» n'avoient pas été traduits par Marot, puifque dès l'an 1551 Jean Poitevin,
» Chantre de Sainte Radegonde de Poitiers, les avoit tournés d'une manière
» auffi fidèle qu'édifiante, & les avoit fait imprimer la même année avec le
» privilège d'Henri II, » &c. M. Defmaizeaux, dans fa remarque mife au bas
de celle de Colomiés, dit que les vers de Poitevin font *affez doux & natu-
rels*, & pour ce qui eft du chant, qu'*il varie plutôt qu'il ne change celui
dont on fe fert dans les Eglifes Proteftantes*. (M. DE LA MONNOYE).

JEAN POISLE, natif de Chamberry en Savoye, Confeiller du Roi au Parlement de Paris, l'an 1581. Il a écrit un
Difcours ou Inftruction de procès, vulgairement appellé Factum, par lequel il prétend fe défendre & abfoudre des chefs
d'accufation qui lui ont été mis à fus par M. René le Roullier,
Confeiller en Parlement, imprimé à Paris l'an 1580 *.

* Ce *Factum* ayant été imprimé l'an 1580, femble ne pouvoir être la
réponfe à l'Ecrit imprimé l'an 1582, dont il fera parlé au mot RENÉ LE
ROULLIER.

JEAN POLDO D'ALBENAS, natif de la ville de Nifmes
en Languedoc en la Gaule Narbonnoife. Il a traduit de Latin
en François l'Hiftoire des Taborites en Boheme, écrite par
Ænas Sylvius, depuis appellé le Pape Pie II. Il a écrit un Difcours hiftorial de l'antique & illuftre cité de Nifmes, avec les
portraits des plus antiques & infignes bâtimens dudit lieu, réduits en leur vraie mefure & proportion, enfemble de l'antique
& moderne ville, imprimé à Lyon l'an 1560 par Guillaume
Rouville.

JEAN PORTAIS ¹ (Frère), ou PORTHÆIS, dit POR-
THÆSIUS, Docteur en Théologie, & Provincial de l'Ordre des
Cordeliers, ou de Saint François, homme fort docte ès langues,
& des plus renommés Théologiens de fon Ordre, comme il l'a
bien fait paroître en divers lieux de France & autres pays étranges, où il a fait fes prédications, &c. Il eft né au pays du
Maine, en la paroiffe de Saint Denis de Gaftines, à trois lieues
de la ville de Laval ; ce que je dis expreffément pour l'aife que
j'ai de voir que le pays du Maine eft heureux à produire des
hommes defireux de profiter au public en toutes fortes. Il a
écrit

écrit en François la Chrétienne Déclaration de la chute & ruine de l'Eglife Romaine, avec une fuccinte doctrine du fervice de Dieu en icelle, enfemble deux réponfes à certaines objections, contre la Confeffion & Euchariftie, &c. imprimée à Anvers, chez Emanuel Philippes Tornefius l'an 1567. Il a davantage écrit de la vanité & vérité de la vraie & fauffe Aftrologie contre les abufeurs de notre fiècle, imprimée à Poictiers chez François le Page l'an 1578 ; il a écrit plufieurs Livres tant en François qu'en Latin ; mais je n'en ai pas connoiffance. Il florit cette année 1584. Qui voudra voir un ample Difcours de fa vie, il le trouvera dans les Œuvres de Jean le Mafle, Angevin, Enquefteur à Baugé, lequel il a fait imprimer avec fon Poëme de l'Origine des Angevins & Manceaux, &c.

¹ Son vrai nom étoit PORTHAISE *. Les Huguenots en ont bien fait des Contes. On peut voir ceux qu'en a inférés Daillé le fils dans le *Scaligerana fecunda*, au mot PORTHAISE ; mais, pour en juger fans prévention, & fe faire une jufte idée de fon mérite, il faut lire ce que pour & contre en a recueilli Colomiés, pag. 67 & 68 de fa *Gallia Orientalis*. (M. DE LA MONNOYE).

* Paul de-Foix, Ambaffadeur de France à Rome, en parle plufieurs fois dans fes Lettres au Roi, à l'occafion des troubles qui s'étoient élevés parmi les Cordeliers à Paris, en 1582. Il le nomme toujours PORTAISE. Ce Moine fe comporta fort indifcretement durant les troubles auxquels il eut grande part, & le Parlement le manda pour l'admonefter, mais il refufa par deux fois de fe préfenter, & s'exprima en termes injurieux au Parlement (Voy. *Lettres de Foix*, pag. 558). M. de Thou qui en parle fur l'an 1589, le qualifie ainfi : *Johannes Portafius Francifcanus, aliquâ litterarum oftentatione clarus, cœterùm impudentiâ fingulari præditus.* Il vivoit encore en 1603. Dans le Recueil des Lettres de Cafaubon, il y en a une que ce favant lui écrit cette même année 1603. Il paroît par cette lettre que Porthaife étoit alors fort âgé. On a imprimé à Paris, en 1594 cinq de fes *Sermons prononcés à Poitiers, efquels eft traité de la fimulée converfion du Roi de Navarre,* &c.

JEAN DE POUGES, Poëte François. Il a écrit en vers François un Poëme hiftorial, appelé la Vandomeide, qui eft un Œuvre contenant les louanges du Roi de Navarre. Albert Babinot fait mention dudit Jean de Pouges en fon Livre intitulé la Chriftiade, *fol.* 111 & 112, lui dédiant une Ode, en laquelle il parle de cette Vandomeide. Je ne l'ai point encore vue imprimée.

JEAN PRAILLON, Secrétaire des Trezes de Metz en Lorraine. Il a écrit un Recueil d'Histoires, duquel fait mention Richard de Waffebourg, au Catalogue des Auteurs, desquels il s'est aidé pour écrire les Antiquités de la Gaule Belgique.

JEAN PREVOST, Docteur en Théologie, Curé de l'Eglise de Saint Severin à Paris, homme fort docte & bien versé en sa profession, & autres Sciences libérales. Il a écrit plusieurs Oraisons funèbres, lesquelles il a prononcées aux obsèques d'hommes & femmes illustres, & entr'autres celle de Messire Chrestofle de Thou, premier Président de Paris, prononcée en l'Eglise de Saint André des Arts à Paris l'an 1582 le 14e jour de Novembre, imprimée à Paris chez Mathurin Prevost l'an 1583. Il florit à Paris cette année 1584, non sans se travailler pour annoncer & prêcher la parole de Dieu, tant en son Bénéfice de S. Severin qu'en autres lieux de Paris.

JEAN PROUST, Angevin. Il a écrit des annotations & brèves expositions sur quelques passages poëtiques les plus difficiles, contenues au Livre de Joachim du Bellay, Angevin, intitulé Recueil de Poësie par J. D. B. A. &c. imprimé sur la fin dudit Recueil chez Guillaume Cavelat à Paris l'an 1549.

JEAN QUENTIN, Docteur en Théologie & Pénitencier à Paris. Il a écrit en François un Traité de la manière de bien vivre, lequel nous avons par devers nous écrit à la main. Nous avons parlé ci-devant d'un Jean Cantin, je ne fais si c'est le même.

JEAN QUINTIN, Docteur ès Droits, & Professeur ordinaire en l'Université de Paris, natif d'Authun en Bourgogne. Il a composé en notre langue une Harangue qu'il prononça devant le Roi de France Charles IX. l'an 1561. Elle se voit imprimée avec les Commentaires de la Rel. au quatrième Livre ; la Ha-

rangue du Clergé prenant congé du Roi , &c. imprimée avec
les ſuſdits Commentaires de la Relig. au quatrième livre ¹. Il
floriſſoit à Paris l'an 1561 ſous Charles IX.

¹ Il mourut le 9 Avril 1561 du chagrin , dit-on , que lui cauſa le mauvais
ſuccès de ſa Harangue aux Etats d'Orléans *. (M. DE LA MONNOYE).

* Jean Quintin , né à Autun , Profeſſeur en Droit Canonique à Paris ,
montra d'abord de l'attachement aux nouvelles opinions de Luther & de
Calvin. Il ſe déclara même ſi hautement , qu'il fut obligé de s'enfuir de Poitiers. — Voici ce qu'en dit Béze (*Hiſt. Eccléſiaſt.* Tom. I, pag. 63... « Un
» Ecolier , natif d'Autun , nommé Quintin , avoit fait auſſi une levée de
» bouclier , mais ayant été contraint de ſe retirer , tant s'en fallut qu'il per-
» ſévérât , qu'au contraire il s'en détournât du tout , & finalement devenu
» célèbre Docteur en Droit Canon en l'Univerſité de Paris (en 1536) &
» ayant attrapé un gros bénéfice de l'Ordre des Chevaliers de Rhodes , ſe
» rendit perſécuteur en ce qu'il put »... La Harangue de Quintin aux Etats
d'Orléans du mois de Décembre 1560 juſtifie ce que Béze avance à ſon ſujet ; elle ne reſpire que l'intolérance & la perſécution. Il y apoſtropha & dé-
ſigna l'Amiral de Coligny de manière que tout le monde le reconnut.
L'Amiral s'en plaignit , & le Roi fit venir l'Orateur pour rendre raiſon
de ce qu'il avoit avancé. On peut voir au Tom. I de l'*Hiſt. Eccléſiaſt.* de
Béze , pag. 437 , l'Ecrit que les Proteſtans publièrent contre la Harangue
de Quintin , où ils démontrèrent la fauſſeté de la plupart de ſes imputations
odieuſes. Le Préſident de Thou , Liv. XXVII , dit préciſément que la douleur qu'il reſſentit d'avoir ſi mal réuſſi dans ſon entrepriſe , lui cauſa un chagrin dont il mourut , bon homme d'ailleurs , dit-il , mais plus habile dans
la ſcience du Droit Canonique que dans la conduite des affaires. — Il fut enterré à Paris au Chœur de l'Egliſe de S. Jean de Latran. On trouve le Catalogue de ſes Ouvrages dans l'Abrégé de la Bibliothèque de Geſner.

JEAN RANDIN , Prêtre Licentié en Decret , Promoteur
& Advocat des cauſes d'office de l'Evêque de Paris l'an 1514. Il
a extrait & colligé des Saints Decrets , les Statuts Synodaux &
Provinciaux , enſemble pluſieurs Ordonnances , touchant le fait
& état de l'Egliſe , leſquels il a fait imprimer à Paris , tant en
Latin qu'en François l'an 1514 *in-*4°. Il floriſſoit à Paris audit
an , & étoit Avocat en icelle Cour.

JEAN RAOUL , Chirurgien , dit RADULPHUS OU RODUL-
PHUS , &c. Il a recueilli les Fleurs & Sentences de Guy de Cauliac très-excellent Docteur en Médecine , & fort eſtimé de ſon

temps pour la Chirurgie. Ce Livre a été imprimé à Lyon par Jean Foyvart l'an 1547, & contient plusieurs questions très-utiles pour ceux qui font amateurs de Chirurgie.

JEAN REGNARD, ou RENART, Angevin, Sieur DE LA MINGUETIERE, homme fort adextre & aux lettres & aux armes, & lequel a eu charge de Capitaine en plusieurs guerres tant en France qu'en Italie. Il a traduit de Latin en François les cinq premiers Livres de l'Histoire des François ou Gaulois, écrite par Paule-Emile très-éloquent Orateur & grand Historien, imprimée à Paris par Claude Micard l'an 1573.*. Il florissoit l'an 1555, ou environ fous le règne de Henri II.

* Les cinq premiers Livres de Paul Emile parurent dès 1553, selon Niceron, Tom. XL, pag. 61, Paris, *in-8°*. & depuis en 1556 & 1573. Il avoit aussi traduit les cinq autres Livres avec la continuation de le Feron. Ils furent publiés après sa mort *in-fol.* Paris, 1581.

JEAN REGNIER, Ecuyer, Sieur DE GARCHY, Poëte François, &c. [1]. Il fut prémiérement Elu, & depuis Bailly d'Auxerre en Bourgogne par l'espace de 36 ans l'an 1463, & étoit natif de ladite ville. Il épousa Isabeau Chrestienne, & étoient mariés ensemble l'an 1460 (lesquelles choses j'ai colligées de ses Œuvres, comme nous dirons ci-après.) Il a écrit en vers François un Discours de ses fortunes & adversités, lorsqu'il étoit prisonnier en la ville de Beauvais en Picardie l'an 1431, auquel lieu il y fut par l'espace d'un an & huit mois, & paya pour sa rançon trois ou quatre mille écus, comme lui-même témoigne au Discours suſdit, imprimé à Paris l'an 1526 par Jean de la Garde, *in-8°*. & contient dix-huit feuilles. Ledit Jean Regnier voyagea par toute l'Europe, l'Asie & l'Afrique, & savoit parler beaucoup de langues étrangeres. Il florissoit du tems de Charles VII, Roi de France, & de Philippes le Bon, Duc de Bourgongne, son Maître, ès années 1433 & 1463, & mourut fort vieil fous leurs règnes, &c. *.

[1] Dans une Lettre insérée au *Mercure de France*, Juillet 1725, & datée

d'Auxerre le 12 Juin de la même année , ce *Jean Regnier* est appelé *Seigneur de Guerchi*. (M. DE LA MONNOYE).

* Dans l'*Etat des Maisons & Officiers des Ducs de Bourgogne de la dernière race* , à la suite des *Mémoires pour servir à l'Histoire de France & de Bourgogne, in-4°*. Paris , 1729 , on trouve , IIᵉ Part. pag. 188 , un *Jean Regnier*, Ecuyer , *Conseiller du Duc Philippe-le-Bon, & Bailli d'Auxerre*. Le même , pag. 228 , est au rang des Ecuyers Pannetiers ordinaires , qualifié de *Seigneur de Garchy*, & dans la note, *Bailli d'Auxerre en* 1425 , & dans l'*Etat des Officiers du Duc Charles le Guerrier*, pag. 263 , le même *Jean Regnier* est qualifié *Licentié en Loix* , *Conseiller du Duc* , & , pag. 268 , il est parlé de *Jean Regnier* , Ecuyer, *Seigneur de Montmercy* , *Conseiller & Ecuyer d'Ecurie de M. le Duc, & Bailli d'Auxerre*; dans la note, au bas, il est dit qu'*il fut mandé à Dijon pour être en ladite ville avec autres des Seigneurs & Barons, pour aviser & conclure la provision qui étoit à faire pour la défense des pays de Monseigneur le Duc*; c'étoit environ l'an 1470.

Voy. la Bibl. Françoise de M. l'Abbé Goujet, Tom. IX , pag. 324.

JEAN DE RELY , Docteur en Théologie, Confesseur du Roi de France Charles VIII , & Chanoine en l'Eglise de Paris , enfin Evêque d'Angers l'an 1498. Il étoit natif de la ville d'Arras en Artois sur les fins de la Picardie , en la Gaule Belgique : son père s'appeloit Bauldoin de Rely , & sa mère Damoiselle Jeanne Brioys. Il étoit grand oncle de François Balduin , natif d'Arras , tant renommé pour la Jurisprudence & l'Histoire, (comme nous avons dit ci-dessus, lorsque nous avons fait mention dudit François Balduin.) La Harangue que fit & prononça ledit Jean de Rely à Tours, l'an 1483 au mois de Février , devant le Roi Charles VIII [1] & son Conseil (ayant été député par les trois Etats de France , pour cet effet) a été imprimée à Paris chez Galliot du Pré l'an 1558 ; elle se trouve imprimée avec le Livre intitulé l'ordre tenu & gardé en l'assemblée des trois Etats convoqués en la ville de Tours l'an 1483. Je n'ai vu autres de ses écrits en notre langue Françoise *.

[1] Il fit l'*Oraison funèbre de Charles VIII* en 1498 , & mourut le 27 Mars 1499 , selon le calcul Romain. Dans le troisième Livre des *Epîtres* de Jean-François Pic , la neuvième est écrite à Jean de Rely , désigné par ces lettres initiales *A. Ep. P. S.* qui signifient *Andegavensi Episcopo plurimam salutem*. (M. DE LA MONNOYE).

Je crois que c'est Jean de Rely qui a fait une version Françoise de *la Bible*, dont parle Richard Simon en sa *Bibliothèque Critique* , Tom. IV, pag. 116, où il l'appelle *Jacques* , mais par erreur, si je ne me trompe. (Président Bouhier).

* On lui attribue les Remontrances qui furent faites à Louis XI par le Parlement sur les privilèges de l'Eglise Gallicane, en 1461. Elles sont imprimées dans le Recueil de du Tillet , dernière Partie , pag. 139. François Duaren les traduisit en Latin, & elles ont été plusieurs fois imprimées en cette langue. Les propositions faites devant Charles VIII & son Conseil par Jean de Rely ; au nom des Etats, sont insérées dans le Recueil des Etats de Quinet.

JEAN RICHIER , natif de Paris, grand Réthoricien. Il florissoit à Lyon l'an 1510. Je n'ai point vu de ses écrits, encore qu'il en ait composé plusieurs.

JEAN RIVIERE , Prêtre. Il a mis en lumière la Réponse du Peuple Anglois à leur Roi Edouard sur certains articles , qui en son nom leur ont été envoyés touchant la Religion Chrétienne , imprimée à Paris l'an 1530.

JEAN RIVIERE , autre que le susdit. Il a traduit de Latin en François un Discours de Pierre Gorry , ou de Gorris , Médecin de Bourges , dit Gorreus, père de Jean de Gorris , Médecin à Paris , &c. (duquel nous avons parlé ci-dessus) traitant des remèdes singuliers , desquels les Médecins usent en toutes maladies , imprimé à Paris chez Robert le Magnier l'an 1581.

JEAN ROBERT , Docteur en l'Université d'Orléans, homme fort versé en la Jurisprudence, &c. Il a écrit une Réponse aux injures & calomnies écrites contre lui par Robert le Maçon , surnommé la Fontaine , Ministre de la Religion prétendue Réformée , laquelle Réponse a été imprimée à Orléans par Eloy Gibier l'an 1569. Il florit en l'Université d'Orléans cette année 1584 , & fait leçons ordinaires en sa profession. Il est père de Anne Robert , Avocat très-docte & bien renommé en cette Cour de Parlement à Paris [1].

[1] Il mourut l'an 1590. Cujas , sous le nom d'*Antoine Marchand* , son valet , l'insulta terriblement l'an 1581 , dans sa réponse intitulée *Notata*

Antonii Mercatoris ad Libros Animadverſionum Joannis Roberti, ce qui n'a
pas empêché Pâquier d'appeler Jean Robert, *Honneur de l'Univerſité d'Orléans*. Il eſt vrai que c'eſt dans une lettre à Anne Robert, fils de Jean. —Cujas
qui ſe plaiſoit à déſigner par des Anagrammes ceux qu'il ne daignoit pas
nommer, trouva dans *Joannes Robertus*, ſans y rien changer, *ſerò in orbe
natus*, pour donner à entendre que ſi Robert fût venu au monde deux cens
ans plutôt, il eût pu acquérir quelque réputation, mais qu'il étoit né dans un
ſiècle trop éclairé pour s'y diſtinguer. C'eſt ce qu'il lui déclare nettement
dans la Préface de ſes *Notata*. (M. DE LA MONNOYE).

JEAN ROBERTET, Notaire & Secrétaire du Roi & de
Monſeigneur de Bourbon, Greffier de l'Ordre & du Parlement
de Dauphiné. Je trouve par autres de ſes qualités qu'il a été
Secrétaire de trois Rois de France & de trois Ducs de Bourbon.
Il étoit grand Poëte & grand Orateur François. C'étoit (comme
je penſe) le pere de Meſſire Florimond Robertet, Baron d'A-
luye, Secrétaire d'Etat ſous François I, &c. duquel nous avons
parlé ci-devant. Ledit Jean Robertet a traduit de Latin en vers
François les Dicts prophétiques des Sybilles, imprimés à Paris
l'an 1531 avec le Livre de Symphorian Champier intitulé la
Nef des Dames. Il a davantage écrit quelques Elégies & Complaintes ſur la mort de Georges, &c. deſquelles fait mention
Jean le Maire de Belges en ſes Poëmes [1]. Il floriſſoit l'an 1480,
ou environ ſous Charles VIII.

[1] On voit de lui à la Bibliothèque du Roi des Lettres manuſcrites en vers
& en proſe, cotées 1124, & mentionnées par le P. Labbe, pag. 326 de ſa
Biblioth. nova Manuſcript. (M. DE LA MONNOYE).

JEAN DE LA ROCHE, Baron de Florigny, Gentilhomme
François, (qui ſont tous noms ſuppoſés). Il a écrit la vie & actes
triomphans de Catherine des Bas ſouhaits, femme d'un Conſeiller au Parlement de Bordeaux, imprimée à Troye en Champagne, chez Nicole Paris, & depuis à Lyon, à Paris & autres
lieux [1].

[1] Ce Livre, prétendu imprimé à Troyes chez Nicole Paris, *in-4°.* 1546,
& depuis ailleurs, *in-8°.* ſans date, eſt intitulé : *La Vie & Actes triumphans
d'une très-illuſtre Damoiſelle, nommée Catharine des Bas-ſouhaits, femme d'un
riche Conſeiller au Parlement de Bordeaux.* L'Auteur de cet Ecrit ſatyrique y

donne de fa *Catherine* une idée toute femblable à celle que Pétrone a donnée de fa *Quartilla*, & Clément Marot de fon *Alix*. Elle vécut, felon lui, dès fa plus tendre jeuneffe dans la proftitution. Son mariage avec Jean de la Borne, Confeiller au Parlement de Bordeaux, ne la rendit pas plus réfervée. Elle s'abandonna comme auparavant au premier venu, jufqu'à ce qu'étant devenue amoureufe d'un beau jeune Gentilhomme, elle s'y attacha uniquement & fe ruina, engageant, pour l'entretenir, fes pierreries, la vaiffelle de la maifon, & jufqu'à fes habits. Ce fut alors que le mari, tout débauché que l'Hiftoire médifante le peint, ouvrant, mais trop tard, les yeux fur les défordres de fa femme, vouloit la tuer. On voit cependant peu après comment il lui pardonna, & l'entremife infame par où elle parvint à obtenir fon pardon.

Le volume où cette fatyre eft imprimée en contient une autre de même ftyle & du même Auteur, fous le nom de *Colin Royer*, Bachelier formé *in utroque*, & Docteur de Montpellier. Cette pièce, plus fcandaleufe encore, & plus fabuleufe de beaucoup que la première, roule fur un Eccléfiaftique d'Avignon, devenu Evêque, fans qu'on nomme l'Evêché, fot au refte, & expofé par fa bêtife à tout le ridicule qu'on fe peut imaginer; témoin la léthargie de deux fois vingt-quatre heures qu'on fuppofe que lui caufa une potion dormitive, en forte qu'ayant été porté à l'Eglife comme mort, le pauvre homme après le fervice n'auroit pas manqué d'être enterré, fi dans ce moment, l'opération de la drogue étant venue à ceffer, une réfurrection inopinée ne l'eût fauvé. Je tais dans ce récit comme dans le précédent les circonftances aggravantes, & conclus que ces deux Ecrits, quoique l'Auteur s'y feigne Catholique, ne peuvent partir que d'un Proteftant malin, qui, fuivant le caractère que je penfe y découvrir, me paroît être Pierre Viret, d'autant plus que le lieu où ils ont été imprimés n'eft point *Troies*, mais conftamment *Genève*, & que le faux *Nicole Paris* n'eft autre que *Jean Girard*, comme le marque le Palmier, à la branche duquel un enfant eft fufpendu, enfeigne dont ce même Girard, qui a imprimé dans ce même temps-là divers Ouvrages de Viret, fe fervoit au-devant & à la fin de fes Editions. (M. DE LA MONNOYE).

JEAN LE ROY, natif d'Amiens en Picardie. Il a traduit d'Italien en François le Livre des divers Ordres de Chevalerie, écrit par Sanfouin, lequel n'eft encore imprimé en François; il eft après pour le mettre en lumière [1]. Il florit à Paris cette année 1584.

[1] Le Livre Italien eft intitulé *Origine de Cavalieri*. François Sanfovin, Vénitien, qui l'a compofé, fils de Jacques Sanfovin, excellent Sculpteur, a été un des plus féconds Ecrivains de fon temps. Il mourut l'an 1585. (M. DE LA MONNOYE).

JEAN

JEAN ROUEN, Angevin, natif de la ville d'Angers, Sieur de la Barre-Rouen. Il a écrit plusieurs Poëmes François, lesquels ne sont encore imprimés, & entre autres quelques vers sur les Commandemens de Dieu : ses Œuvres se voient écrits à la main chez Mademoiselle de la Rouvraye sa femme, laquelle fait sa demeure à Brein sur la rivière de Longne, à quatre lieues d'Angers. Il fut tué l'an 1567 par quelques-uns de ses ennemis.

JEAN DE LA ROVERE, dit ROBOREUS, élu Evêque de Tolon l'an 1569. Il a écrit & prononcé deux Oraisons funèbres aux obsèques & enterremens du feu Roi de France très-Chrétien Henri II du nom, l'une à Notre-Dame de Paris, le Samedi 12 d'Août, & l'autre à S. Denis en France, le Dimanche ensuivant : il les a fait imprimer à Paris chez Robert Etienne l'an 1569, auquel temps il florissoit *.

* Il fut depuis Archevêque de Turin & Cardinal. Son nom étoit JÉROME & non pas JEAN. Il mourut à Rome au Conclave, le 26 Janvier 1592. Cette maison de la Rouere, illustre en Piémont, & fort ancienne, avoit, suivant l'ancien Droit féodal, un privilège sur les prémices des filles qui se marioient dans ses terres. Le Cardinal dont nous parlons, au rapport d'un Auteur Italien, en brûla le privilège : *Cotal Costume da Paganie, da Gentili fu gia in Piemonte, & il Cardinale illustrissimo Hieronimo della Rouere mi diceva aver egli stesso abbruciato il privilegio chè havea dicio la sua casa.* Voy. *Franc. Sanfovino della origine, & de fatti delle familie illustri d'Italia,* in-4°.

JEAN ROUSSART, natif de l'Evêché de Langres, sur les fins & limites de la Champagne & Bourgogne, Conseiller du Roi au Siège Royal de ladite ville de Langres, neveu de Richard Roussard, Chanoine de Langres, tous deux hommes bien doctes, &c. Il a écrit quelques Mémoires touchant les Antiquités de Langres, lesquels ne sont encore imprimés [1].

[1] Le P. le Long, n°. 14516 de sa *Biblioth. Historique de France,* cite plus correctement le Manuscrit intitulé, *Recherches & Antiquités de la Ville de Langres,* par *Jean Roussat, Président au Présidial de Langres,* & ajoute que l'Auteur est mort en 1603. Voy. le mot RICHARD ROUSSAT. (M. DE LA MONNOYE).

JEAN SABELAT, Chanoine en l'Église de Chartres. Il a

écrit une Défenſe Apologétique contre l'accuſation faite en ſon endroit au Chapitre de Chartres ; je ne ſais ſi elle eſt imprimée [1].

[1] Le ſujet de l'accuſation formée contre ce Chanoine étoit qu'en diſant la Meſſe , & en chantant les Hymnes , il prononçoit *Paracletus* au lieu de *Paraclitus*. La choſe alla ſi loin, que, ſur le refus qu'il fit de ſe conformer à la prononciation commune, l'Evêque Nicolas de Thou , frère de Chriſtophle, premier Préſident , le ſuſpendit *à Divinis*. Le Chanoine en appela comme d'abus , & ſe juſtifia par de fort bonnes raiſons, contenues dans ſa *Défenſe Apologétique* , ici mentionnée. Heureuſement pour l'honneur de l'Evêque , l'affaire, comme nous l'apprend Pâquier , Chap. 19 du Liv. V de ſes *Recherches* , fut accordée (par quelques amis de l'Evêque , dit-il , afin qu'il ne ſervît de riſée au peuple. . . Je dis ceci en paſſant , pour montrer quelle tyrannie exerce ſur nous le commun uſage). Sanrey en parle dans ſon Livre intitulé *Paracletus*. (M. DE LA MONNOYE).

JEAN DE SAINT ANDRÉ , Chanoine en l'Egliſe de Notre-Dame de Paris , &c. frère de Jaques de Saint-André , Préſident en la Cour de Parlement, tous deux enfans de F. S. André, jadis Préſident en ladite Cour , &c. Ce Seigneur de S. André mérite autant de gloire & d'honneur que pas un de ceux deſquels nous ayons fait mention ci-devant, & ce pour avoir avec tant de peine & ſi grande diligence dreſſé une ſi ample & riche Bibliothèque remplie de toutes ſortes de livres , & principalement des écrits à la main, deſquels il en fait imprimer pluſieurs tant des Auteurs Grecs que Latins, leſquels n'avoient point encore été mis en lumière par ci-devant, ce que a bien témoigné M. Feu-ardent, Docteur en Théologie à Paris , en ſon Epître miſe au-devant de la traduction de Pſellus , pris de la Bibliothèque du ſieur de S. André. Papyrius Maſſon en fait auſſi mention en ſes Annales, au Catalogue des Auteurs deſquels il s'eſt aidé , enſemble le ſieur du Haillan en ſa Préface ſur l'Hiſtoire de France , auquel lieu il dit que ledit ſieur de Saint-André a recueilli quelques mémoires touchant l'Hiſtoire de France. Je ne les ai point vus imprimés. Il florit à Paris cette année 1584.

JEAN DE SAINTE FERE , Lymoſin. Il eſt Auteur d'un Livre intitulé la République Chrétienne.

JEAN DE SAINT MELOIR, natif de la ville de Saint Calais au Maine, homme des plus renommés pour le Droit & Confultations qu'autre du Parlement de Paris. Il n'a point fait imprimer fes Plaidoyers & Recueils d'Arrêts prononcés en diverfes Cours & Parlemens de France. Il mourut en l'an de falut 1570, ou environ, âgé de plus de foixante ans.

JEAN DE SAINT VICTOR (Frère), Chanoine régulier, &c. Il a écrit un Livre intitulé l'Arbre de Vie, de la très-facrée & triomphante Croix de Notre-Seigneur Jefus-Chrift, contenant quatre volumes, dont le premier traite des Oracles, le fecond du Triomphe de la Croix, & le tiers de l'Adoration, le quatrième des Serviteurs de la Croix, le tout imprimé à Paris par Jean Loys 1544. Il vivoit au quinzième fiècle.

JEAN DE SALIGNAC, Docteur en Théologie à Paris, natif du pays de Lymofin, homme fort docte ès langues & principalement en Hébreu. Il a écrit plufieurs Livres tant en Latin qu'en François, defquels il y en a quelques-uns imprimés à Paris & en autres lieux [1]. Il floriffoit à Paris du temps de Charles IX, l'an 1564 [*].

[1] Il étoit Profeffeur Royal en Hébreu, difciple de Vatable, & chofe affez particulière, ami tout enfemble de Génébrard & de Calvin. Les vers Grecs & Hébreux de Génébrard au-devant de fon *Ifagoge Rabbinica*, marquent combien grande étoit fa confidération pour Salignac, & la lettre de celui-ci, du 13 Décembre 1561, inférée parmi celles de Calvin, fait voir que ce Miniftre & lui étoient liés d'amitié & de fentimens. Auffi dit-on que ce fut principalement à la perfuafion de Salignac que Turnébe fe déclara Proteftant à l'article de la mort. *Voy.* Colomiés, pag. 33 & 34 de fa *Gallia Orientalis.* (M. DE LA MONNOYE).

[*] La Croix du Maine, dans fon *Supplément*, pag. 493, fait quelque changement à cet article, & dit que Salignac *étoit du Périgord, & qu'il vécut fous Henri II.* On ne peut douter qu'il n'ait vécu fous les deux règnes de Henri II & de Charles IX, puifqu'il avoit été écolier de Vatable, mort en 1547, & qu'il vivoit encore en 1561. Quant à fa patrie, M. de Thou dit qu'il étoit du Périgord, & d'une famille noble. (*Hift. ad ann.* 1547).

JEAN SAMXON, Licentié ès Droits, Lieutenant du Bailly

de Touraine au Siège Préſidial de Châtillon, l'an 1523. Il a traduit en proſe Françoiſe l'Iliade d'Homère, imprimée à Paris, ou bien à Lyon il y a environ ſoixante ans & plus, *in-4°.* de caractères bâtards *. J'ai opinion que c'eſt celui qui a commenté les Coutumes de Touraine.

* Cette Traduction fut faite ſur la Latine de Laurent Valle, qui parut pour la première fois à Breſſe, 1497, *in-fol.* car Samxon n'entendoit pas le Grec.

JEAN SAUGRIN. Il a traduit en François l'Hiſtoire du Lazare de Tormes, Eſpagnol, en laquelle (outre ce, qu'elle eſt aſſez plaiſante & facétieuſe) l'on peut encore reconnoître une grande partie des mœurs, vie & condition, ou façons de faire des Eſpagnols, imprimée à Paris l'an 1561 chez Vincent Sertenas [1].

[1] Jean *Saugrain*, car c'eſt ainſi qu'on écrit ordinairement ce nom, imprima en 1560, à Lyon, le *Lazarille*, qu'on a cru qu'il avoit traduit en François, parce que l'Epître Liminaire le donne à entendre. Cependant comme au bas du titre le nom du Traducteur eſt marqué par ces lettres initiales *J. G. de L.*, on pourroit croire que c'eſt *Jean Garnier de Laval*, placé ci-deſſus en ſon ordre. Cette Traduction a été depuis, à ce qu'on dit, revue par d'Audiguier le jeune. A l'égard de l'Original, la première partie qui paſſe pour un chef-d'œuvre de la langue, eſt attribuée au fameux Hurtado de Mendoze, mort l'an 1575. Mais, au rapport de D. Nicolas Antoine, pag. 224 du premier volume de ſa *Biblioth. Script. Hiſpaniæ*, le P. Joſeph de Siguenza, Liv. I, Chap. 35 de ſon *Hiſtoria de la Orden de San Geronimo*, dit, ſans faire aucune diſtinction de la première ni de la ſeconde Partie, que le *Lazarille* eſt du père Juan Ortega Hiéronimite. Voy. à la fin de la lettre *L*, dans du Verdier, les *Livres anonymes*. (M. DE LA MONNOYE).

JEAN SERVIN, Muſicien. Il a mis en muſique le troiſième volume des Pſalmes de David compoſés à trois parties, imprimé à Orléans par Loys Rabier l'an 1565. Je ne ſais s'il y a mis les deux autres volumes précédens.

JEAN SEVE, ou **SCEVE**, Lyonnois, parent (comme il ſemble) de Maurice Sceve, Lyonnois, duquel nous ferons mention ci-après. Il a écrit en vers Alexandrins la ſupplication aux Rois & Princes Chrétiens, de faire la paix entr'eux, & prendre les armes contre les Infidèles , avec une exhortation au peuple François, d'avoir son recours à Dieu pour obtenir sa grace & la paix , imprimée à Paris chez Barbe Regnault, l'an 1559.

JEAN SLEIDAN , Allemand de nation, homme des plus renommés de son temps pour l'Histoire & pour la langue Latine qu'il avoit à commandement. Il a traduit de François en Latin l'histoire de Froissard & de Philippe de Commines, les deux plus recommandés Historiens de France pour les choses qu'ils ont écrites de leur temps [1]. Je ne sais pas quelles Œuvres en François a pu écrire ledit Sleidan ; mais je sais bien qu'il avoit bonne connoissance de notre Langue Françoise , comme il l'a bien montré ès susdites traductions. Il mourut de peste à Strasbourg en Almagne l'an 1556 , âgé de 50 ans.

[1] Il n'est qu'Abbréviateur Latin de Froissard & de Commines. Ce n'est que par rapport à sa version de *la Monarchie de France* de Seyssel qu'il peut être appelé *Traducteur*. Voyez parmi les Poëmes de Georges Sabin l'Epître qu'il adressa le premier de Septembre 1556 à Sleidan , deux mois avant la mort de celui-ci. — Sleidan , né l'an 1506 à Sleiden , petite Ville d'Allemagne , sur les frontières du Duché de Juliers , mourut à Strasbourg d'une maladie épidémique le 31 Octobre 1556 *.

* On trouve un ample Catalogue des Ouvrages de Sleidan dans les Mémoires de Niceron XLIX , pag. 23 **. (Niceron relève les faussetés qui se trouvent dans Varillas sur Sleidan & sur ses Ouvrages).

** Le Jésuite Pontanus , dans ses notes sur *Cantacuzene* , dit que l'Empereur Charles-Quint convenoit que Sleidan , en parlant de lui , avoit dit beaucoup de faussetés ; mais comme elles étoient à son avantage , il ne lui en vouloit pas moins de bien ; c'est sans doute pour cela qu'il l'appeloit en riant , *son menteur* , ce que l'on prenoit pour un éloge de la part de ce Prince.

JEAN DE STARACH, Gascon. Il a traduit en François le Livre de Claude Galen ou Galien, Prince des Médecins, &c. traitant des viandes qui engendrent le bon ou mauvais suc, imprimé à Paris l'an 1553 par Vincent Sertenas. Il florissoit à Paris l'an 1552.

JEAN DE LA TAILLE , Ecuyer, natif de Bondaroy au

pays de Beaulſe, frère aîné de Jacques de la Taille, duquel nous avons parlé ci-devant, &c. Il a écrit, à l'imitation de Catan de Genes en Italie, une Geomance pour ſavoir les choſes paſſées, préſentes & à venir, enſemble le blaſon des pierres précieuſes contenant leurs vertus & propriétés, le tout imprimé enſemble à Paris chez Lucas Breyer l'an 1574. Le Prince néceſſaire, qui eſt un Poëme François contenant trois Chants; Remontrance pour le Roi à tous ſes Sujets qui ont pris les armes contre Sa Majeſté, imprimée à Paris chez Federic Morel l'an 1568 en vers François; s'enſuivent les Œuvres poëtiques dudit Jean de la Taille, imprimées à Paris chez Federic Morel; Saül le Furieux, qui eſt une Tragédie priſe de la Bible (1572); la Famine, ou les Gabéonites, qui eſt une Tragédie tirée de la Bible (*imprimée en 1573 avec les ouvrages ſuivans*); la Mort de Paris, Alexandre & Oënonne; le Courtiſan retiré; le Combat de Fortune & de Pauvreté; les Corrivaux & le Necromant ou Negromant, qui ſont Comédies tirées de l'Italien d'Arioſte [1]; Poëmes, Hymnes, Elégies, Cartels, Epitaphes, Chanſons, Sonnets d'amour, Anagrammes & autres Poëſies Françoiſes. Il floriſſoit en l'an 1573.

[1] Nos deux Bibliothécaires mettent au nombre des Œuvres de Jean de la Taille, apparemment d'après Jean de la Taille lui-même, les *Corrivaux* & le *Négromant*, *deux Comédies tirées de l'Italien de l'Arioſte*. Des cinq Comédies de l'*Arioſte*, il y en a une qui a pour titre *il Négromante*, mais nulle des quatre autres n'eſt intitulée *i Rivali*. Je crois donc que par ces *Corrivaux* il faut entendre la Comédie de l'*Arioſte*, intitulée *i Suppoſiti*; où ſont introduits Eroſtrate & Cléandre, Amans l'un & l'autre de Polineſta, & par conſéquent rivaux *. (M. DE LA MONNOYE).

* Jean de la Taille, né vers 1540 à Bondaroy, Village à une demi-lieue de la petite Ville de Pithiviers, dans le Diocèſe d'Orléans, vivoit encore en 1607, temps auquel il fit imprimer chez Claude Rigault à Paris ſon Diſcours notable des *Duels*, in-12. de 176 pages, petit Livre curieux par la quantité de faits ſinguliers qu'il contient.

Voy. les Mém. de Niceron, Tom. XXXIII, pag. 255. (Il prouve que la Taille n'a point prétendu avoir traduit les *Corrivaux* de l'Italien de l'*Arioſte*. C'eſt une méprise de La Croix du Maine, à laquelle a donné lieu une faute d'impreſſion, qui ſe trouve dans le Recueil des Ouvrages Poëtiques de la Taille).

JEAN TALPIN, natif de Coutances ou Conſtances en Normandie, Docteur & Chanoine Théologal à Perigueux l'an 1570. Il a écrit une Remontrance aux Chrétiens qui ſont ſéparés de l'Egliſe Romaine, par opinion qu'ils ont qu'elle n'eſt point la vraie Egliſe, imprimée à Paris chez Nicolas Cheſneau l'an 1567; Traité des Ordres & Dignités de l'Egliſe, avec l'interprétation des Cérémonies & Offices de tous les Etats Eccléſiaſtiques, là où eſt déclarée toute la forme que l'Evéque garde quand il les ordonne, imprimé à Paris chez Cheſneau l'an 1567; la Police Chrétienne, imprimée chez ledit Cheſneau l'an 1568; l'Examen & Réſolution de la vérité & de la vraie Egliſe, imprimé chez Cheſneau l'an 1567; Accord des difficultés de la Meſſe, imprimé à Paris chez Cheſneau l'an 1565, & depuis imprimé l'an 1568 avec augmentation dudit Talpin; Advertiſſement au Chrétien pour ne tomber en héréſie, imprimé par Cheſneau l'an 1567; Conſeil au Chrétien, imprimé in-4°. 1565; Réſolution de la Meſſe, imprimée l'an 1565, & depuis augmentée & imprimée l'an 1568; Inſtruction des Curés & Vicaires, imprimée 1567 par Cheſneau; Inſtitution du Prince Chrétien, imprimée 1567 par Cheſneau; Inſtruction pour ſe préparer à la Communion, imprimée, 1568 par Cheſneau; Marques pour connoître les Miniſtres, imprimées, 1568, par Cheſneau; de la Sacrificative de l'Egliſe, ou nouveau Teſtament, imprimé l'an 1568, le tout chez N. Cheſneau à Paris; il en peut avoir écrit pluſieurs autres; mais je n'en ai pas connoiſſance; il floriſſoit l'an 1570; je ne ſais s'il eſt encore vivant.

JEAN TARON, Sieur DE LA ROCHE, Conſeiller du Roi au Siège Préſidial & Sénéchauſſée du Maine, &c. frère puîné de M. René Taron, autrefois Avocat du Roi au Mans, (duquel nous ferons mention ci-après en ſon lieu). Ce Seigneur de la Roche-Taron, outre ſa profeſſion du Droit, s'eſt plu autrefois à la Poëſie Latine & Françoiſe, & mêmement il ſe voit quelques-uns de ſes vers ès Œuvres de Jaques Tahureau, Gentilhomme du Maine. Outre cela, il eſt beaucoup à eſtimer pour la grande & louable curioſité qui eſt en lui de faire amas de toutes ſortes de beaux & doctes livres, deſquels ſa Bibliothèque eſt tellement enrichie, qu'elle eſt eſtimée l'une des plus belles & plus riches qui ſoit au Maine voire en Anjou & Touraine, non-ſeulement pour les belles & propres relieures ou couvertures de ſes Livres, mais pour avoir choiſi les plus beaux & plus corrects exemplaires, à quelque prix qu'ils ayent été. Il florit au Mans cette année 1584, & n'a encore fait imprimer aucuns de ſes Œuures que j'aie pu ſavoir. Il peut, quand il voudra, en écrire de bien fort beaux ſur pluſieurs différens ſujets, étant homme docte, & ayant tant de beaux Livres en ſa poſſeſſion : ce que je penſe qu'il fera, ayant donné relâche aux affaires de ſa principale étude, qui eſt en la Juriſprudence.

JEAN THAVOUD (Frère), Maître ès Arts, Docteur en Théologie, Gardien des Frères Mineurs ou Cordeliers d'Angouleſme, l'an 1512 & 1523. Il a écrit le voyage de Hiéruſalem, imprimé à Paris chez la veuve de Jean de Saint-Denis.

JEAN THIBAULT, Médecin ordinaire du Roi François I, & ſon Aſtrologue [1]. Il a écrit le Tréſor du remède préſervatif & guériſon bien expérimentée de la Peſte & Fièvre peſtilencielle, avec la déclaration dont procèdent les gouttes naturelles, & comme elles doivent retourner avec recettes pour le mal caduc, pleuréſies & apoplexies, & ce qu'il appartient de ſavoir à un parfait Médecin, le tout imprimé enſemble à Paris l'an 1544; la grande & merveilleuſe prophétie trouvée en la Librairie dudit Thibault, après ſa mort, commençant l'an 1545 juſques en l'an 1556, imprimée au Mans par Denis Gaingnot, l'an 1545. Il a écrit pluſieurs autres prognoſtications, ſavoir eſt pour les années 1539, 1540, 1541, 1542, 1543 & 1544, toutes imprimées à Paris & au Mans; les Tables du Soleil & de la Lune, ſelon leur mouvement d'heures, de jour à autre, calculées par ledit Jean Thibault, imprimées à Paris par Chrétien Wechel,

Wechel. Ledit Auteur promet en son Epître à M. le Cardinal de Lorraine, deux Livres pour connoître les mutations des vents, gresles, pluyes, tonnerres & tempêtes, & les lieux où seront leurs effets. Il a écrit un autre Livre ou Table de la dignité des planettes & maisons de la Lune, non encore imprimé. Il florissoit l'an 1544, auquel il mourut, ou environ ce temps-là.

[1] Il se mêloit de Médecine & d'Astrologie dès le temps de Louis XII, dont il se qualifioit *Médecin ordinaire*. Il se qualifia ensuite *Médecin ordinaire, & Astrologue de François I*. Les Médecins d'Anvers ayant voulu le troubler dans l'exercice de ces deux arts, qu'il pratiquoit en leur pays, Agrippa lui rendit contre eux, au Parlement de Malines, un témoignage avantageux, qu'on peut voir dans sa septième lettre du sixième Livre, datée d'Anvers 1530. Ce n'étoit dans le fond qu'un Charlatan, dont Mellin de S. Gelais, qui le connoissoit, a eu raison de se moquer dans ce Dixain:

> Maître Jean Thibaut va jurant
> Qu'il n'est ni fol ni évanté,
> Et encore moins ignorant,
> Et qu'il a tout seul inventé
> L'écrit qu'un autre s'est vanté
> D'avoir fait, DU TOURNER DES CIEUX,
> Maître Jean Thibaut faites mieux,
> Donnés-lui le livre & l'étofe,
> Et l'on tiendra votre envieux
> Pour un très-mauvais Philosophe.

Ce Livre *du Tourner des Cieux*, que le P. Garasse intitule *de motu Cœlorum*, le croyant Latin, n'est autre apparemment que celui-ci : *Les Tables du Soleil & de la Lune selon leur mouvement*, &c. Feu M. Baluze me fit voir autrefois une Epître manuscrite de l'*Ane au Coq*, datée de 1544, dans laquelle étoit ce trait contre Jean Thibaut :

> As-tu oüi parler du veau
> Naguéres né avec deux têtes ?
> C'est signe que les grosses bêtes
> Porteront pour deux cornes quatre ;
> De fait Jean Thibaut le folâtre
> L'a tout ainsi pronostiqué.

On peut voir, pag. 227 du S. Gelais, imprimé à Paris, *in-12*, l'an 1719, deux autres Epigrammes contre cet Astrologue, lesquelles n'avoient point paru dans les précédentes Editions. (M. DE LA MONNOYE).

LA CR. DU M. *Tome I.*   F f f f

JEAN DU THIER (Meſſire), Chevalier, Seigneur de Beauregard, Conſeiller du Roi & l'un de ſes Secrétaires d'Etat, ſi-
gnant en ſes finances & commandemens, Général du Comté de
Blois, &c. Cetui-ci étoit natif de Sens en Bourgogne, & étoit fils
de Olivier du Thier, natif de Ruillé au pays du Maine, comme
j'ai appris de Olivier du Thier, ſon neveu, excellent Poëte François & Latin, &c. duquel nous parlerons ci-aprés en ſon ordre.
Ledit ſieur de Beauregard étoit homme très-éloquent & des
plus entendus ès affaires d'Etat, comme bien l'a témoigné le Seigneur Pierre de Ronſard, le louant infiniment en ſes Œuvres
& Poëſies Françoiſes. Il a traduit d'Italien en François les
Louanges de la Folie, qui eſt un Traité fort plaiſant, en forme
de Paradoxe, imprimé à Poictiers l'an 1566 par les de Marnefs
& Bouchets frères [1]. Je n'ai point vu ſes autres écrits. Il floriſſoit ſous le règne du Roi Henri II l'an 1550.

[1] L'Ecrit Italien de *la Louange de la Folie*, traduit en François par Jean
du Thier eſt d'Aſcanio Perſio. Franceſco Turchi l'a inſéré dans ſon Recueil
de *Lettere Facete*. (M. DE LA MONNOYE).

JEAN THIERRY de Beauvais en Picardie, homme docte.
Il a corrigé & augmenté de beaucoup de mots & dictions Françoiſes, le Dictionnaire François-Latin écrit premiérement par
Robert Etienne, père de Henri Etienne, auquel Dictionnaire
les mots François avec les manières d'uſer d'iceux ſont tournés
en Latin, avec pluſieurs étimologies Françoiſes, enſemble pluſieurs dictions appartenantes à la Fauconnerie & Venerie, le
tout imprimé chez Jean Macé & Jaques du Puis l'an 1565; le
Dictionnaire ſuſdit a depuis été beaucoup augmenté par Jean
le Frère de Laval, & encore par M. Jean Nicot, Ambaſſadeur
du Roi, à laquelle édition dernière ont été ajoutés les mots de
la Marine, comme nous avons dit ci-deſſus, lorſque nous avons
fait mention deſdits Jean Nicot & Jean le Frère. Ledit Jean
Thierry a corrigé & annoté en pluſieurs endroits les Œuvres de
Columelle traduits par Claude Cotereau, imprimés à Paris l'an
1556 chez Jaques Kerver.

JEAN DU TILLET (Meſſire)*, Gentilhomme Pariſien,

iffu de la très-noble & très-ancienne famille Du-Tillet, tant renommée à Paris & autres lieux, &c. Evêque de Meaux, frère
de M. le Greffier Du-Tillet (duquel nous ferons mention après
cettuy-cy). Ils étoient tous deux hommes doctes & des plus diligens rechercheurs d'hiftoires que pas un autre de notre fiècle,
& fur-tout de celles qui appartenoient à notre France. J'ai entendu que cettuy-cy avoit la mieux fournie Bibliothèque & plus
remplie de toutes fortes de bons Auteurs qu'autre Prélat qui fût
de fon temps. Il a écrit premiérement en Latin, & depuis traduit en François la Chronique des Rois de France, depuis Pharamond jufques au règne du Roi Henri II du nom, fuivant la
computation des ans jufques en l'an 1553 ; cet abrégé a été imprimé à Paris par René Avril pour Galiot du Pré audit an 1553,
& le Latin a été imprimé chez Michel Vafcofan l'an 1551. Je
peux affurer de n'avoir point vu de Chronologie fi fuccincte &
mieux ordonnée que cette-cy pour les affaires de France, tant
il y a de belles recherches & de diligentes obfervations de toutes chofes mémorables contenues en cet Œuvre. Il n'a mis fon
nom en ce livre que par ces deux lettres I, T, qui eft à dire
Joannes Tilius, ou Du-Tillet. Il mourut à Paris au mois de
Novembre l'an 1570.

* Jean du Tillet, Evêque de Meaux en 1564, après avoir été Evêque de
S. Brieux, eft Auteur de beaucoup d'Ouvrages en Latin. Je ne parlerai ici
que de fon Edition de l'Ouvrage attribué à Charlemagne, au fujet du culte
des Images. Du Tillet la publia en 1549, *in-16*. C'eft la première que l'on
connoiffe de cet Ecrit, & elle eft extraordinairement rare. Elle ne porte
point de nom de lieu, ni d'Imprimeur, & l'Editeur s'eft caché fous le nom
d'*Elias Phylira*. En voici le titre : *Opus Caroli Magni contrà Synodum quæ in partibus Græcis pro adorandis Imaginibus ftolidè five arroganter gefta eft.* De Thou
(Liv. XLVII) dit que du Tillet avoit vifité avec la permiffion de François I
les grandes Bibliothèques des Monaftères & des autres lieux du Royaume,
avant qu'elles euffent été pillées ou difperfées, & qu'il en avoit tiré les
monumens précieux qu'il donna enfuite au public. Sa *Chronique des Rois de
France* fut imprimée en Latin en 1548, & en François en 1549. Il dut fa
fortune au befoin que les Guifes crurent avoir de fon frère, Greffier au
Parlement de Paris, qui le plaça en qualité de Protonotaire auprès du
Cardinal de Lorraine, pour entretenir plus sûrement la correfpondance. Le

Cardinal procura pour récompenſe à notre du Tillet l'Evêché de S. Brieux, en 1553. Voy. l'*Hiſtoire de François II*, par la Planche, pag. 372 & ſuivantes. Cet Auteur ſe trompe, en ſuppoſant que l'Evêché de S. Brieux ne fut donné à Jean du Tillet que ſous le règne de François II.

JEAN DU TILLET, Greffier au Parlement de Paris *, frère du ſuſdit Evêque de Meaux. Il a écrit pluſieurs beaux Mémoires & Recherches, touchant pluſieurs choſes mémorables pour l'intelligence de l'Etat & des affaires de France, imprimés à Rouen pour la première fois l'an 1577 pour Philippe de Tours ; mais la ſeconde édition faite par Jaques du Puis à Paris eſt bien plus ample & plus correcte, & a été revue ſur la minute de l'Auteur, avec pluſieurs figures & portraits des Rois de France, de leurs monnoyes & autres choſes remarquables qui n'étoient pas en la première édition ; il a davantage écrit les autres Œuvres qui s'enſuivent, leſquels ne ſont encore imprimés ; il en fait mention en ſon Epître au Roi Charles IX miſe au-devant de ſes Mémoires ; Recueil en forme d'hiſtoire & ordre de règne de toutes les querelles des trois lignées des Rois de France avec leurs voiſins ; les Domaines de la Coronne de France ſelon les Provinces ; les Loix & Ordonnances depuis la Sallique, par volumes & règnes, & par recueil ſéparé de ce qui concerne les perſonnes & maiſons royales ; la forme ancienne du Gouvernement des trois Etats, & l'ordre de Juſtice du Royaume, avec les changemens qui y ſont ſurvenus, le tout contenant ſix volumes ; ſavoir eſt quatre des Querelles, le cinquième des Ordonnances, & le ſixième concernant leſdites perſonnes & maiſons Royales, leſquels ſix volumes ne ſont encore en lumière ; il les préſenta au Roi Henri II ; Traité de la majorité du Roi **, contenant comme les Rois peuvent commander en l'âge de quinze ans, & qu'ils ſont ſuffiſans d'eux-mêmes pour appeler auprès d'eux tel conſeil qu'il leur plaît. Il mourut à Paris en ſa maiſon au même mois & an que ſon frère ſuſdit l'Evêque de Meaux, ſavoir eſt au mois de Novembre l'an 1570, qui eſt une rencontre mémorable de voir que deux frères de même nom

& furnom, tous deux ayant écrit de pareils fujets, être morts
en même ville, en même mois & en même an, & de pareil âge,
ou peu s'en falloit.

* Jean du Tillet, Greffier au Parlement de Paris, étoit l'aîné de l'Evêque
de Maux, dont il a été queftion dans l'Article précédent. Ces deux frères
ont été auffi célèbres par leurs talens & leurs connoiffances, que par les places diftinguées qu'ils ont occupé dans l'Etat. Cette famille a eu une fuite
d'hommes recommandables par leur mérite. L'Evêque de Meaux, entr'autres Ouvrages, tant de controverfe que de Théologie & d'Hiftoire, a compofé en Latin une *Chronique des Rois de France*, qui va jufqu'en 1547, qui
a été traduite en François, & continuée jufqu'en 1604. Le Greffier en chef
du Parlement s'acquit une grande réputation par d'excellens Ouvrages, dont
un des principaux eft le *Recueil des Rois de France*, que l'on regarde comme
important & néceffaire à l'Hiftoire de France. Ils eurent un frère, nommé
Louis du Tillet, Chanoine d'Angoulême, & Curé de Clai en Poitou, dont
Calvin avoit été Précepteur, & qu'il avoit engagé dans fes opinions. Lorfque cet Héréfiarque fe retira à Angoulême, il compofa, à la prière de Louis
du Tillet, de courtes Exhortations Chrétiennes, que celui-ci faifoit lire
aux prônes de quelques Paroiffes, tant d'Angoulême que des environs,
afin d'accoutumer peu-à-peu le peuple à la recherche de la vérité, ainfi
que le rapporte Béze dans la vie de Calvin. Louis du Tillet fe retira enfuite
avec fon Maître du côté de Bafle, où il faifoit profeffion ouverte du
Calvinifme, cependant encore mal établi ; mais fon frère, l'Evêque de
Meaux, alla le chercher dans fa retraite, le gagna par fes exhortations, &
le ramena au fein de l'Eglife Catholique, où il mourut.

** La Croix du Maine fe trompe, lorfqu'il met au nombre des Livres non-
imprimés le *Traité de la Majorité du Roi* de du Tillet. Ce Livre fut imprimé
dès 1560, & fit alors beaucoup de bruit. Il avoit été publié par ordre du Roi
François II, & il fut attaqué par les ennemis de la Cour. Du Tillet répondit
par un Ecrit intitulé : *Pour l'entière Majorité du Roi très-Chrétien, contre le
légitime Confeil malicieufement intitulé par les Rebelles.* (*Rec. des Rois de Fr.*
pag. 701 & fuiv.) Cette réponfe fut imprimée à Paris en 1560, *in-4°*. & à
Tours, la même année, *in-8°*. La Croix du Maine n'a pu faire mention de
quelques autres Ouvrages de du Tillet, poftérieurs à l'Edition de la Biblioth.
Franç. Tels font, 1°. Un *Sommaire de l'Hiftoire de la guerre faite contre les
Albigeois*, extrait du *Tréfor des Chartres.* Ce Livre parut à Paris en 1590,
in-12. 2°. *Mémoire & Avis fur les Libertés de l'Eglife-Gallicane*, en 1551,
imprimé à Paris en 1594, *in-8°*. & depuis, à la fin du *Recueil des Rois de
France*, il ajoute que le Recueil concernant les *Lits de Juftice & Séances des
Rois ès Cours de Parlement*, inféré dans le Tome II du *Cérémonial François*,
par Godefroy (pag. 247) eft attribué au Greffier du Tillet.

JEAN TOUCHART *, Abbé de Belloſane, Précepteur de Monſeigneur le Révérendiſſime Cardinal de Vendôme, Charles de Bourbon, Prince du ſang de France, &c. homme fort docte en Grec & en Latin, & ayant encore en ſoi pluſieurs autres bonnes parties & vertus très-louables, comme l'on peut juger, ayant été choiſi pour Maître & Précepteur de mondit ſieur le Cardinal, à l'inſtruction duquel il s'eſt tellement porté, qu'il eſt aujourd'hui eſtimé l'un des mieux appris & plus vertueux Princes de ce Royaume, & eſt reconnu pour tel, non-ſeulement du Roi Henri III, ſon parent, mais de tous autres qui ont cet heur que de le fréquenter. Cettuy-cy Jean Touchart n'a encore fait imprimer beaucoup de ſes écrits François; mais en Latîn il en a écrit pluſieurs, deſquels nous ferons mention autre part. Voici ce qu'il a compoſé en notre langue : Poëme François intitulé l'Allégreſſe Chrétienne de l'heureux ſuccès des guerres de ce Royaume, imprimé à Paris chez Michel de Roigny l'an 1572. Il florit à Paris cette année 1584.

* Il étoit du Village d'Iſſy près Paris. Il fut Tréſorier de la Sainte Chapelle à Paris, puis nommé à l'Evêché de Meaux en 1594. Mais il ne reçut ſes Bulles que le 8 Juillet 1597, & mourut ce jour-là même, ſans avoir été ſacré. Ce qu'il y a de ſingulier, c'eſt que ſon prédéceſſeur Alexandre de la Marche étoit mort de même en 1592, avant d'avoir été ſacré, quoique nommé dès 1585; & Louis de l'Hôpital, ſucceſſeur de Touchart, nommé Evêque en 1597, ne fut point ſacré non plus; mais il céda l'Evêché à Jean de Vieuxpont, après l'avoir tenu en commende environ cinq ans. De Thou (Lib. 101) dit que Touchart publia un Ecrit anonyme, qui fut la cauſe de la troiſième Faction qui ſe forma en France en 1591, & qu'on appelle *le Tiers-Parti*. Cet Ecrit, compoſé par les ordres du Cardinal de Bourbon, & imprimé à Angers, étoit en forme de Requête au Roi, pour le ſupplier d'abjurer l'Héréſie; annonçant qu'autrement ceux qui avoient ſuivi le parti du Roi, dans l'eſpérance de le voir rentrer dans le ſein de l'Egliſe, l'abandonneroient. Le célèbre du Perron avoit eu part à cet Ecrit. C'étoit Touchart qui avoit fait entrer du Perron dans la maiſon du Cardinal.

JEAN TOURAILLE, Aſtrologue & Mathématicien. Il a écrit pluſieurs Almanachs & Pronoſtications pour les années 1543, 1549, 1550, 1551 & 1552, imprimés à Rouen par

Guillaume de la Mothe, ès années fufdites, auquel temps il floriſſoit.

JEAN TRENCHANT. Il a écrit une Arithmétique de partie
en trois livres, enfemble un petit Difcours des changes, avec
l'art de calculer aux jettons, le tout imprimé à Lyon l'an 1558,
auquel temps il floriſſoit en ladite ville.

JEAN TRIGUEL, Cordelier au Convent de Laval au
Maine, fur les frontières de Bretagne. Il a compofé plufieurs
Noëls ou Cantiques fur l'avénement de Notre-Seigneur, imprimés au Mans l'an 1565 par Hiérofme Olivier, auquel temps
floriſſoit ledit Auteur.

JEAN DE TROYES *, Hiſtorien François du temps de
Loys XI, Roi de France. Il a écrit la Chronique dudit Roi,
laquelle eſt vulgairement appelée la Chronique fcandaleufe, à
caufe qu'elle fait mention de tout ce qu'a fait ledit Roi, & récite des chofes qui ne font pas trop à fon avantage, mais
plutôt à fon deshonneur & fcandale. Gilles Corrozet en fait
mention en fon Tréfor des Hiſtoires de France, imprimé l'an
1583 par fon fils Galliot Corrozet; je n'ai encore pu voir cette
Hiſtoire [1].

* JEAN DE TROYES. C'eſt ainſi, dit le P. le Long, que Gabriel Naudé &
Denys Godefroy nomment l'Auteur de la *Chronique de Louis XI*, vulgairement appelée *Scandaleufe*, & attribuée à un Greffier de l'Hôtel-de-Ville de
Paris. D'autres nomment cet Auteur DENYS HESSELIN. Quoi qu'il en foit,
l'Ouvrage du Greffier fe réduit à bien peu de chofes; car il s'eſt borné à ajouter un préambule & quelques petits faits, à la continuation des *Chroniques de
S. Denis* par Jean Caſtel. M. l'Abbé le Beuf l'a remarqué le premier dans un
Mémoire fur les Chroniques Martiniennes, lu à l'Académie des Belles-Lettres,
en 1745, & imprimé dans le Tom. XX des Mémoires de cette Académie.
M. Lenglet, qui a fait réimprimer la *Chronique Scandaleufe* dans le IIe Tom.
de fon Édition de *Commines*, en 1748, a reconnu à la vérité que ce n'eſt
qu'un morceau des Chroniques compilées fucceffivement par divers Auteurs,
fous le titre de *Chroniques de S. Denys*; mais il auroit dû remarquer qu'une
main étrangère *qui n'avoit pas été ordonnée pour écrire des Chroniques, & à
qui cela n'étoit pas permis*, en s'appropriant le fond du Chroniqueur de
S. Denys, y avoit ajouté du fien. *Voy.* le Mémoire de M. l'Abbé le Beuf,

Tom. XX, pag. 263 & fuiv. des Mémoires de l'Académie des Belles-Lettres.

¹ On a premièrement dit que cette *Chronique* étoit d'un Greffier de l'Hôtel-de-Ville de Paris. Ce fut pour la première fois, dans l'Edition qu'en 1558 Galiot du Pré en donna, qu'elle fut intitulée *la Chronique Scandaleufe*; enfuite Gilles Corrozet, titre dernier de fon *Tréfor des Hiftoires de France*, publié en 1583 par Galiot Corrozet fon fils, a été le premier qui a nommé *Jean de Troies* l'Auteur de cette *Chronique*. Sorel a cru que le titre de *Scandaleufe* lui avoit été donné par les Libraires pour achalander l'Edition; mais il eft bien plus vraifemblable que cette Chronique rapportant divers faits fcandaleux, qui deshonorent plufieurs familles, a été par cette raifon nommée la *Chronique Scandaleufe*. Le P. Garaffe, pag. 3 de fa *Recherche des Recherches*, dit que cet Hiftorien ayant eu en vue de diffamer Louis XI, fon Hiftoire fut de-là intitulée *la Médifante*, en quoi il y a double erreur. (M. DE LA MONNOYE).

JEAN DE VALIECH, Tolofain, homme des plus heureux pour faire les anagrammes que j'aie point connu après Meffieurs d'Aurat & de Roffant. Ce Seigneur de Valiech a compofé un Calendrier hiftorial, lequel il n'a encore fait imprimer. Il nous en a autrefois communiqué & montré fes deffeins, pour en faire encore un plus ample que le fufdit. Il ne les a encore fait imprimer, non plus que fes Recueils d'Anagrammes de plufieurs illuftres hommes & dames, avec beaucoup de Sonnets & autres Poëfies Françoifes, tant de fon invention qu'autrement. Il floriffoit à Paris l'an 1571. Je ne fais s'il eft encore vivant.

JEAN DE LA VAQUERIE, Docteur en Théologie à Paris. Il a écrit en Latin & en François une Remontrance adreffée au Roi, aux Princes Catholiques & à tous Magiftrats & Gouverneurs de Républiques, touchant l'abolition des troubles & émotions qui fe font aujourd'hui en France, caufés par les héréfies qui y règnent & par la Chrétienté, imprimée à Paris l'an 1574, chez Jean Poupy *.

* Il étoit Licentié de Sorbonne en 1546.

JEAN VAUQUELIN, Sieur DE LA FRESNAYE AU SAULVAGE, Confeiller du Roi, Juge Préfidial & Lieutenant Général

au

au Bailliage de Caën en Normandie, fils de M. Jean Vauquelin, fieur de la Frefnaye, &c. Ils font tous deux natifs de Caën, ou de Falaife en Normandie [1]. Cettuy-cy premiérement nommé, il a écrit en vers François deux Livres de Forefteries, imprimés à Poiétiers par les de Marnefs l'an 1555 ; Traité pour la Monarchie de ce Royaume contre la Divifion, imprimé à Paris chez Federic Morel, l'an 1569 ; l'Ifraëlide ou l'Hiftoire de David, de laquelle fait mention le fieur de la Boderie, Gui le Fevre en fon Œuvre intitulé l'Enciclie, *fol.* 130 & 131 de la première édition chez Plantin *in-4°.* Je ne fais fi ladite Hiftoire a été imprimée. Il florit cette année 1584.

[1] D'Avocat du Roi au Bailliage de Caën, il parvint à la charge de Lieutenant Général, par la démiffion que lui en fit Charles de Bourgueville, en lui donnant fa fille en mariage. * Il fut enfuite Préfident au Préfidial de Caën, & mourut l'an 1606, âgé de foixante-treize ans. Ce font à-peu-près les termes de M. Huet, pag. 354 de fes *Origines de Caën.* Colletet qui, pag. 31 de fon Difcours du *Poëme Bucolique,* dit que les deux Livres d'*Idyles* de Jean de la Frefnaye ne furent imprimés que fur fes vieux jours à Caën fa patrie, l'an 1613, n'a pas pris garde que la prétendue Edition de 1613, n'étoit autre que celle qui, du vivant de l'Auteur, parut à Caën l'an 605 ; ce qui vient de ce que l'Imprimeur, huit ans après l'Edition, voyant que la plupart des Exemplaires lui reftoient, s'avifa de changer feulement le premier feuillet, au bas duquel, pour faire croire que c'étoit une feconde impreffion, il fubftitua la date de 1613 à celle de 1605. (M. DE LA MONNOYE).

* Il fut père de Nicolas Vauquelin des Yvetaux, Précepteur de Louis XIII. Ses trois autres fils font : *Charles,* Abbé de S. Pierre fur Dive en Normandie ; *Guillaume,* Lieutenant Général au Bailliage & Siège Préfidial de Caën ; *Jean-Jacques,* Seigneur de Sacy, Député de la Nobleffe de Normandie au Roi Henri IV... Les Poëfies de Jean Vauquelin font plus à rechercher pour la penfée que pour la beauté de l'élocution.

Voy. la Biblioth. Françoife de M. l'Abbé Goujet, Tom. XIV, pag. 78.

JEAN LE VAULDOIS, Citoyen de Lyon fur le Rhône, l'an 1170 [1]. Il eft Auteur de l'héréfie appelée de fon nom Vauldoife, ou des Vauldois, pour laquelle il y a eu tant de troubles, & s'appeloient ceux-là les pauvres de Lyon. Il vivoit du tems de Jean Bellomays, Archevêque de Lyon l'an fufdit 1170.

[1] Celui qui en 1160 donna fon nom à la feéte des Vaudois, s'appeloit

Pierre de Vaud, en Latin *Petrus Valdo* , & non pas *Jean*. On n'a , que je fache , produit aucun Ecrit de fa façon *. (M. DE LA MONNOYE).

* Il avoit cependant fait quelques études , car il expliquoit à fes difciples le Nouveau Teftament en langue vulgaire. Ce Chef de fecte eft trop connu pour nous arrêter à en parler davantage.

JEAN DE VAUZELLES, Lyonnois, Prieur de Montrotier, Parent de Maurice Scéve, Lyonnois, &c. Il femble que ledit de Vauzelles foit Auteur d'un Livre intitulé l'Hiftoire Evangélique des quatre Evangéliftes en un, contenant les notables faits de Notre-Seigneur Jéfus-Chrift, &c. imprimée à Lyon l'an 1526 par Gilbert de Viliers, & ce qui me fait avoir opinion qu'il en foit l'Auteur, c'eft pour la devife qui eft audit Livre en cette forte, *Crainte de Dieu vault zelle* , qui eft un équivoque ou allufion fur fon nom, &c. Il a traduit d'Italien en François la Genèfe de Pierre Aretin, Italien, avec la vifion de Noë, en laquelle il vit les Myftères du vieil & nouveau Teftament, le tout divifé en trois Livres, & imprimé à Lyon l'an 1542 chez Sébaftien Gryphius, *in*-8°. & contient dix-fept feuilles. Ledit de Vauzelles ne met pas fon nom en fa traduction, mais fa devife feulement qui eft telle, *D'un vrai zelle*, qui eft une autre fienne devife, outre la précédente. Il a traduit d'Italien en François la Paffion de Jéfus-Chrift, écrite par Pierre Aretin, imprimée à Lyon l'an 1539 par Melchior & Gafpard Trechfel, frères [1] ; il a traduit le Livre de l'húmanité de Jéfus-Chrift, & l'a dédié à la Roine de Navarre, fœur du Roi François I. Il florilloit à Lyon du temps de François I, l'an 1540.

[1] De tous les Ouvrages que donnoit de temps en temps l'Arétin , les plus extravagans, tant pour les penfées que pour le ftyle, étoient ceux de dévotion ; il y régnoit d'un bout à l'autre un pieux galimatias , qui leur faifoit trouver des admirateurs. Jean de Vauzelles fut du nombre. Il entreprit de traduire ce qu'il n'entendoit pas , & y réuffit , en donnant une verfion Françoife auffi peu intelligible que l'Original. L'Arétin , qui entendoit beaucoup moins le François que Jean de Vauzelles l'Italien, écrivit deux lettres de remercîment à fon Traducteur, l'une en 1545, l'autre en 1548, dans fón jargon ordinaire. On les trouve dans le troifième & quatrième livre adreffées *al Mon Trottieri* , & à *Monfignor di Mon Trottieri*. Ortenfio Lando dans fon

Cicero revocatus, pag. 75, parlant de Jean de Vauzelles, a dit *Clariſſimus vir Joannes Voʒellus, Montis Troterii Regulus*. Le vrai nom eſt *Montortier*, Prieuré à cinq lieues de Lyon, de 4 à 5000 liv. de revenu. (M. DE LA MONNOYE).

JEAN VENETTE, de l'Ordre de Notre-Dame des Carmes à Paris, natif dudit lieu de Venette près Compiegne en Picardie. Il a traduit de Latin en vers François l'hiſtoire des trois Maries, laquelle a éte réduite en profe par Jean Drouin d'Amiens l'an 1505, comme nous avons dit ci-deſſus; ledit Jean de Venette floriſſoit à Paris au Convent des Carmes l'an 1362, auquel an il acheva ledit Livre des trois Maries au mois de Mai, comme il ſe voit au 197e. chapitre dudit Livre [1].

[1] Le P. Labbe, pag. 353 de ſa *Nova Bibliotheca Manuſcriptorum*, le nomme Frère JEAN VENEUR[*], & en cite une vieille impreſſion de Paris, *in*-4°. (M. DE LA MONNOYE).

[*] Il étoit Carme de la Place Maubert. On peut juger de ſon goût par ſon exclamation ſur le vin des noces de Cana :

> Pleuſt à Dieu pour moy esbattre
> Qu'en teniſſe trois los ou quatre,
> Voire une iſdrie toute plaine,
> Si en buvroie à grant alaine.

Et quand la Meſſe finiſſoit, il diſoit : ..

> Moult aiſe ſui quant *audio*
> Le Preſtre dire *in principio*,
> Car la Meſſe ſi eſt finée,
> Ly Preſtres ont fait la journée;
> Qui veut boire ſi puet *aler*.

Voy. la Bibl. Françoiſe de M. l'Abbé Goujet, Tom. IX, p. 146.

JEAN DE LA VEPRIE, Abbé de Clervaux [1]. Il a recueilli pluſieurs proverbes & adages François, leſquels ont été faits Latins, & mis en vers hexamètres & pentamètres, par un nommé Io. Ægidius Nucerienſis, &c. imprimés à Paris le Latin & François tout enſemble l'an 1519 par Badius Aſcenſius. Hubert Suſan, Poëte Latin, a augmenté ce Livre de Proverbes, de beaucoup d'autres, lefquels ont été imprimés l'an 1552 à Paris chez Pregent Calvarin.

    ¹ Il étoit Prieur de Clairvaux en 1495, comme l'a fort bien marqué Du Verdier. Pierre Virey, mort l'an 1497, en étoit alors Abbé. Jean de Chalon qui lui fuccéda, étant mort l'an 1509, eut pour fuccefleur Emond de Saulieu, qui ne mourut qu'en 1552. Aufli Jofle Badius, dédiant la *Métamorphofe Moralifée* de Thomas Walleys à ce Jean de la Véprie, le 15 de Juillet 1509, ne la lui dédie que comme à un fimple Religieux, en ces termes : *Religiofo admodùm Patri Joanni de Veprià, fub Divo Bernardo in clarâ Valle egregiè militanti.* (M. DE LA MONNOYE).

JEAN DE VELNOY, Prevôt de Lorris en Gâtinois l'an 1554. Il a écrit en François l'Epitome ou Abrégé du Droit Civil, pris des quatre Livres des Inftitutions Impériales & des neuf Livres du Code, imprimé à Paris l'an 1554 chez Pierre Thierry.

JEAN VERRY, Serviteur de l'Eglife & Abbaye Royale de Saint Victeur près Paris. Il a compofé un Almanach perpétuel pour Pâques & autres Fêtes mobiles & immobiles, imprimé à Paris *in-fol.*

JEAN LE VIEIL, dit VETUS, Seigneur de Ville-faillieres, Confeiller du Roi & Maître des Requêtes ordinaire de fon Hôtel, natif de Bourgongne, &c. homme fort docte & très-éloquent, comme il l'a montré par fes Oraifons Latines prononcées par lui aux écoles de Médecine à Paris l'an 1560 lorfqu'il faifoit le Paranymphe, &c. ¹. Il a écrit quelques Œuvres en François, defquels je n'ai pas connoiffance ; aucuns penfoient qu'il fut Auteur du Livre intitulé Arrêt ou Jugement notable, donné à Orléans fur certain affaffinat commis au pays des Vendômois, &c. imprimé l'an 1574 à Orléans, avec les Commentaires fur icelui ; mais j'ai entendu que c'eft un Docteur d'Orléans, duquel je ferai mention autre part.

    ¹ Son vrai nom étoit VÉTUS, & fe prononçoit VÉTU. Gilbert Coufin de Nozeret (*Gilbertus Cognatus*) en parle avec éloge dans fes Ecrits, & l'appelle *Noftras*, ce qui fait voir que Jean Vétus étoit de la Franche-Comté. S'étant rendu à Paris vers le milieu du 16ᵉ fiècle, il commença par régenter au Collège

d'Autun. Ses *Paranymphes*, au nombre de vingt-un, pour autant de Licenciés en Médecine, furent imprimés *in-8°.* chez Fédéric Morel l'Ancien en 1560. Il les dédia au Procureur-Général du Parlement, *Gilles Bourdin*, qui l'avoit donné pour Précepteur à Jacques Bourdin son fils. S'élevant ainsi peu-à-peu, il acheta une charge de Secrétaire du Roi ; & comme il avoit du génie pour les affaires, il devint à quelque temps de-là Secrétaire de la Chambre du Roi. Ayant résigné en 1571 la charge de Conseiller au Parlement de Dijon, qu'environ deux ans auparavant Charles IX lui avoit donnée, il parvint en 1573 à celle de Maître des Requêtes, & fut ensuite Président au Parlement de Bretagne *. *Voy.* Palliot, pag. 272 de son *Parlement de Bourgogne.* (M. DE LA MONNOYE).

    * Il a composé en Latin & en François un Livre intitulé : *Défense première de la Religion & du Roi contre les pernicieuses Factions & entreprises de Calvin, Béze & autres leurs complices,* imprimé *in-8°.* à Paris, 1672.

JEAN DE VILLEMERAU, Sieur DE LA ROCHE, natif de Bourgueuil en Touraine, Avocat du Roi à Angers, homme docte en Grec & Latin, lequel fut pourvu de cet état de par son beau-père M. Raoul Surguin, sieur de Belle-croix, duquel nous parlerons ci-après. Il a traduit d'Italien en François plusieurs harangues & concions faites par les Ambassadeurs de la Seigneurie de Venise, à leurs retours de leurs légations & Ambassades faites en divers pays étranges, &c. Ce Livre n'est encore imprimé. Il florit à Angers cette année 1584 *.

    * *Voy.* le mot RAOUL SURGUIN.

JEAN DE VIGNAY, ou **DU VIGNAY**. Il a traduit de Latin en François le Miroir des Histoires du Monde de Vincent de Beauvais, ce qu'il a fait par le commandement de Madame Jeanne de Bourgogne, Royne de France. Ledit Miroir se voit translaté en François, & imprimé à Paris il y a plus de 60 ans. Je ne sais si c'est de sa traduction. Il a traduit de Latin en François la Légende des Saints, autrement appelée la Légende dorée, imprimée à Paris l'an 1546 *in-fol. Ch.* 8°. Il fait mention de sa traduction dudit Miroir de Vincent de Beauvays en son prologue mis au-devant de sa translation du Catalogue des Saints. Il florissoit l'an 1300 ou environ ¹.

    ¹ Il étoit Hospitalier de S. Jacques du Haut-pas, & écrivoit vers le milieu

du quatorzième fiècle. Outre fa Traduction du *Miroir Hiftorial* de Vincent de Beauvais, Jacobin, mort l'an 1264, & de la *Légende Dorée* de Jacques de Voragine, autre Jacobin, mort Archévêque de Gênes l'an 1298, on a encore fa verfion du *Jeu des Echets*, *moralifé*, foit du Latin de Jacques de Ceffoles, comme d'après les PP. Quétif & Echard je l'ai ci-deffus remarqué au mot JEAN FERRON, foit, comme d'autres le veulent, du Latin de Gilles de Rome *. On voit encore du même Jean de Vignay aux Jacobins de la rue S. Honoré à Paris un Manufcrit en parchemin, contenant la Traduction de toutes les Epîtres & Evangiles qui font dans le Miffel, fur quoi on peut voir les *Nouvelles Obfervations* de Richard Simon fur le texte & les verfions du Nouveau Teftament, Chap. 2 de la IIe Partie, où il en eft parlé amplement. — La Reine Jeanne, par ordre de laquelle il eft dit que Jean de Vignay travailloit, étoit femme de Philippe de Valois, dit *le Long* (fille d'Othon IV, Comte Palatin de Bourgogne, morte à Roye en Picardie le 22 Janvier 1325). Elle avoit fondé à Paris le Collège de Bourgogne. (M. DE LA MONNOYE).

* M. le Préfident Bouhier en avoit le Manufcrit dans fa Bibliothèque, intitulé, *La Moralité des hommes nobles & des gens du pueple fur le Gieu des efchès, tranflaté de Latin en François.* Il y prend auffi la qualité d'*Hofpitalier de S. Jacques du Haut-pas.* Ce Livre eft dédié à Jean de France, Duc de Normandie, fils aîné du Roi Philippe, & qui fut depuis Roi.

JEAN VIRET, du Devens au Duché de Chablex fur le lac Leman, homme docte ès Langues, & favant aux Mathématiques & en la Philofophie, parent de Pierre Viret, Savoifien, &c. Il a pu écrire quelques œuvres qui ne font pas venues à ma connoiffance. Il mourut à Paris d'une fièvre peftilencielle l'an 1583 en Septembre, âgé de 40 ans ou environ.

JEAN VIROLEAU, Cordelier, Lecteur du Convent des frères Mineurs, ou Cordeliers, en la ville d'Angoulefme. Il fut tué par les Proteftans l'an 1568. Jean le frère de Laval fait mention de lui en fon hiftoire de notre temps, de la dernière édition.

JEAN DE VIRTOC, ancien Poëte François. Je n'ai point lu de fes écrits [1].

[1] L'Auteur anonyme de l'*Art Poëtique*, imprimé l'an 1493 par Antoine Vérard, dit, parlant de *Baguenaudes*, que ce font *Couplets faits à voulenté*, contenant certaine quantité de fyllabes fans rime & fans raifon, peu recommandée, imò répulfée de bons ouvriers, & fort autorifée du tems de *Maiftre Jehan de Virtoc*; Borel écrit DE VIRTOY *. (M. DE LA MONNOYE).

* Pâquier, Tom. I, Liv. VII de fes *Rech.* Chap. 1, parlant d'après un ancien

Art Poëtique de l'efpèce de Poëfie appelée *Baguenaude*, & qui fembloit avoir été introduite de propos délibéré, en dépit de la vraie Pofie, cite pour exemple les vers fuivans :

> Qui veut très-bien plumer fon coq,
> Bouter le faut dans un houzeaux,
> Qui boute fa tète en un fac,
> Il ne voit goutte par les trouz;
> Sergens prennent gens par le nez,
> Et mouftarde par les deux bras.

« Quand vous lirés, ajoute-t-il, un long Poëme fait fur ce moule, vous n'y » trouverés ni rithme ni raifon ; ce néantmoins vous y trouverés de la dou- » ceur ; » c'eft-à-dire, l'agrément qui peut réfulter de la mefure obfervée dans ce gente d'écrire.

JEAN DE VOYER (Meffire) Chevalier de l'Ordre du Roi, père de Meffire René de Voyer, Vicomte de Paulmy & Bailly de Touraine. Il a traduit d'Efpagnol en François le Roman de Palmerin d'Olive, ou d'Olvide. Je ne fais fi fa traduction a été imprimée*. Il mourut l'an 1571. Il fe voit un Recueil d'Epitaphes fur fa mort, imprimé à Paris, compofé par les plus doctes hommes de France.

* Cette Traduction eft de Jaques Vincent.

JEAN LE VOYER, dit **VISORIUS**, Sieur DE SAINT PA-VASSE, natif de la ville du Mans, homme docte en Grec & en Latin, comme il a bien fait paroître en plufieurs Univerfités de France, & entre autres à Paris, fous le règne du Roi Fran-çois I. Il a compofé plufieurs Œuvres, tant en Latin qu'en Fran-çois, foit en vers ou en profe, lefquels font par devers fon fils écrites à la main [1]. J'ai opinion qu'il les fera imprimer pour le refpect qu'il lui porte & pour le foulagement de ceux qui font curieux de voir tant de belles hiftoires qu'il a écrites des chofes les plus mémorables qui fe font paffées de fon temps. Il mourut au Mans l'an 1568.

[1] Il a commenté les *Topiques* de Cicéron & fait un Livre *de inventione & judicio Dialectices*, que Gefner dit être un Abrégé de l'Ouvrage d'Agricola *de inventione Dialecticâ*. Il régentoit la Rhétorique à Paris au Collège de Bour-

gogne. Son fils , qu'on ne nomme point ici , eſt ce Felix le Voyer , mal
écrit Fœlix ci-deſſus , à la letrre F. (M. de la Monnoye).

JEANNE DE LA FONTAINE , native du Pays de Berry ,
Dame très-illuſtre & fort recommandée (pour ſon ſavoir) de
pluſieurs hommes doctes. Elle a écrit en vers François l'Hiſtoire
des faits de Théſée & autres Poëſies non encore imprimées [1].
Jean Second , Poëte très-excellent , natif de Hage en Flandres , appelé en Latin *Joannes Secundus Hagienſis* , fait très-
honorable mention d'elle en ſes Elégies Latines imprimées avec
ſes Baiſers , l'an 1560 , ou environ.

[1] C'eſt quelque choſe d'aſſez ſingulier qu'au commencement du ſeizième
ſiècle il ſe ſoit trouvé deux Dames , ſavoir , *Anne de Graville* à Paris , &
Jeanne de la Fontaine à Bourges , qui , inſtruites toutes deux à la Poëſie ,
aient en même temps , quoiqu'à l'inſçu , & éloignées l'une de l'autre , mis en
vers François la *Théſéïde* de Bocace. Il ſera parlé dans du Verdier d'Anne de
Graville. Il paroît que c'eſt Jeanne de la Fontaine , que Jean Second a dé-
ſignée dans la quinzième Elégie de ſon troiſième Livre , dont voici le titre :
*In Hiſtoriam de rebus à Theſeo geſtis , duorumque rivalium certamine Gallicis
numeris ab illuſtri quâdam Matronâ ſuaviſſimè conſcriptam.* On voit qu'il y déſigne clairement Jeanne de la Fontaine , ſans la nommer. Il la nomme en
deux autres Elégies de ſon Livre *Funerum* , l'une deſquelles commence ainſi :

Hoſpes, Joannæ hoc Fontanæ habet oſſa ſepulchrum

où , entr'autres vers , celui-ci mérite d'être remarqué :

Noverat & quicquid ranca Poëſis habet.

Cette Dame mourut au plus tard en 1536 , puiſque Jean Second , qui en a
déploré la mort , mourut lui-même au mois de Septembre de cette année-là
(M. de la Monnoye).

Fin du premier Volume.

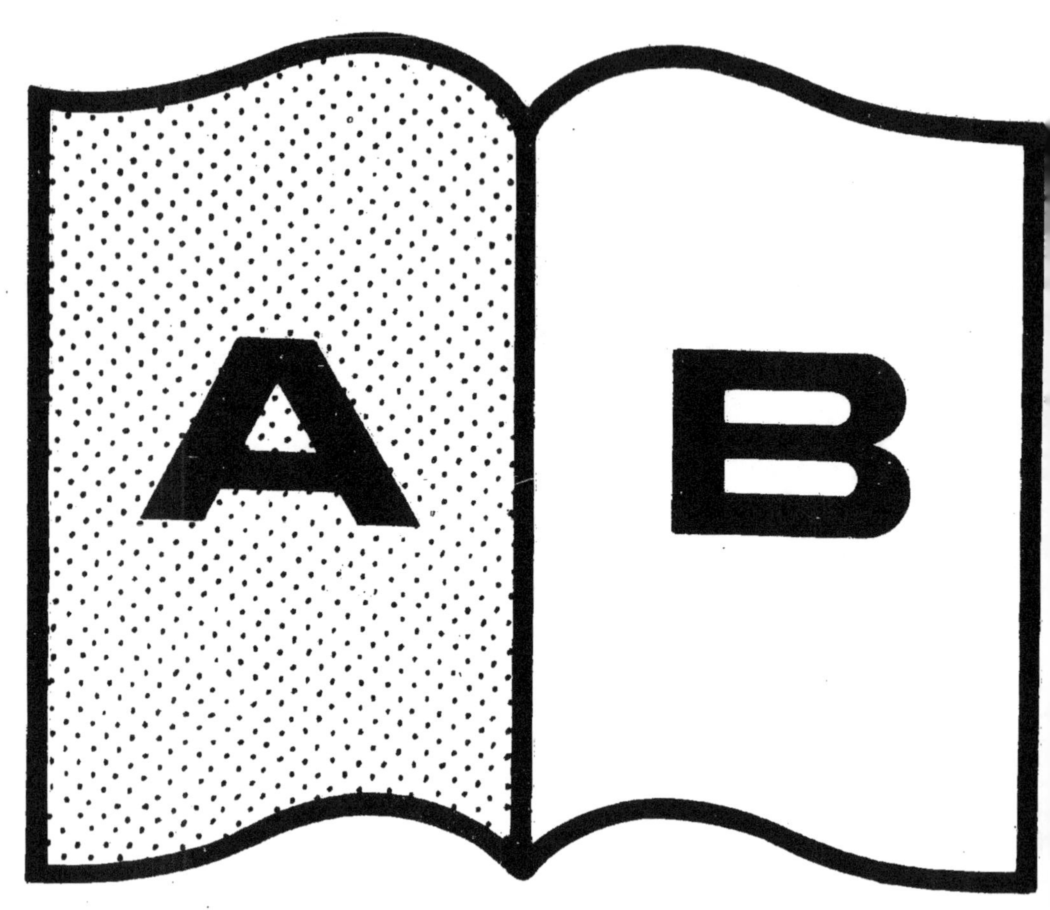

Contraste insuffisant

NF Z 43-120-14

9 782012 573833